Les microrégions du guide :
(voir la carte à l'intérieur de la couverture ci-contre)

Aquitaine

Bordelais, Landes, Pays basque, Béarn, Lot-et-Garonne

Collection Le Guide Vert sous la responsabilité d'Anne Teffo

Édition
Hélène Payelle, Émilie Morin, Aude Gandiol

Rédaction
Sandrine Salier, Séverine Cachat, Sophie Pothier

Cartographie
Véronique Aissani, Stéphane Anton, Évelyne Girard, Michèle Cana, Cristina Ferecatu, Thierry Lemasson, Aura Nicolae, Fabienne Renard

Relecture
Caroline Théry

Remerciements
Didier Broussard, Éliane Bailly

Conception graphique
Christelle Le Déan

Régie publicitaire et partenariats
michelin-cartesetguides-btob@fr.michelin.com
Le contenu des pages de publicité insérées dans ce guide n'engage que la responsabilité des annonceurs.

Contacts
Michelin Cartes et Guides
Le Guide Vert
46 avenue de Breteuil - 75324 Paris - Cedex 07
✆ 01 45 66 12 34 - Fax 01 45 66 13 75
cartesetguides.michelin.fr

Parution 2010

Note au lecteur

Michelin a apporté le plus grand soin à la rédaction de ce guide et à sa vérification. Toutefois, les informations pratiques (formalités administratives, prix, adresses, numéros de téléphone, adresses Internet...) doivent être considérées comme des indications du fait de l'évolution constante de ces données.

Il n'est pas totalement exclu que certaines d'entre elles ne soient plus, à la date de parution du guide, tout à fait exactes ou exhaustives. N'hésitez pas à nous signaler toute omission ou inexactitude que vous pourriez constater ainsi qu'à nous faire part de vos avis et suggestions sur les adresses contenues dans ce guide.

Avant d'entamer toute démarche formalités administratives ou douanières notamment, vous êtes invités à vous renseigner auprès des organismes officiels. Ces informations ne sauraient, de ce fait, engager notre responsabilité.

Le Guide Vert, mode d'emploi

Le Guide Vert, un guide en 3 parties

- **Organiser son voyage** : les informations pratiques pour préparer et profiter de son séjour sur place
- **Comprendre la destination** : les thématiques pour enrichir son voyage
- **Découvrir la destination** : un découpage en **microrégions** *(voir carte générale dans le 1er rabat de couverture et sommaire p. 1)*

En ouverture de chaque **microrégion**, retrouvez un **sommaire** et une **carte** qui indiquent :

- les villes et sites traités dans le chapitre
- les itinéraires conseillés

Pour chaque chapitre, consultez « **Nos adresses...** » :

- des informations pratiques
- des établissements classés par catégories de prix
- des lieux où boire un verre
- des activités à faire en journée ou en soirée
- un agenda des grands événements de l'année

En fin de guide

- un **index général** des lieux et thèmes traités
- un **sommaire** des cartes et plans du guide
- la légende des symboles du guide
- la liste de nos publications

Et en complément de notre guide

- Créez votre voyage sur **Voyage.ViaMichelin.fr**

Votre avis nous intéresse
Rendez-vous sur : **www.votreaviscartesetguides.michelin.fr**

Sommaire

1/ ORGANISER SON VOYAGE

2/ COMPRENDRE L'AQUITAINE

3/ DÉCOUVRIR L'AQUITAINE

1 BORDEAUX ET LE VIGNOBLE BORDELAIS

2 LES LANDES DU MÉDOC ET LE BASSIN D'ARCACHON

3 LES LANDES DE GASCOGNE

4 LE PAYS DE L'ADOUR

5 LA CÔTE BASQUE ET LE LABOURD

6 LA BASSE-NAVARRE ET LA SOULE

7 LE BÉARN

8 LE LOT-ET-GARONNE

1/ ORGANISER SON VOYAGE

M. Barraud/Ojo Images/Photononstop

Venir en Aquitaine

Par la route

LES GRANDS AXES

A 10 (Paris-Bordeaux),
A 62 (Toulouse-Bordeaux),
A 63 (Bordeaux-Bayonne),
A 64 (Toulouse-Pau),
A 89 (Bordeaux-Lyon).
Infos autoroutières
✆ 0 892 681 077 - www.autoroutes.fr
fréquence FM 107.7.

LES CARTES MICHELIN

Cartes **Départements 335** (Gironde, Landes), **336** (Gers, Lot-et-Garonne) et **342** (Hautes-Pyrénées, Pyrénées-Atlantiques).
Carte **Région 524** (Aquitaine).
Carte de France 721.
En ligne : calcul d'itinéraires sur **www.ViaMichelin.fr**

En train

GRANDES LIGNES

Au départ de Paris, nombreux **TGV** pour Bordeaux (3h), Agen ou Dax (4h), Pau (5h).
Train Corail Téoz entre Bordeaux et Nice, Marseille, Toulon.
Train Corail de nuit **Lunéa** entre Pau et Paris (8h10), Nice (10h30), Genève (10h40) relie aussi Bordeaux à Nice.
Informations et réservations – ✆ 3635 (0,34 €/mn) - www.voyages-sncf.com

TRAINS EXPRESS RÉGIONAUX

Depuis Bordeaux, vous pouvez rejoindre la pointe de Grave (2h), Arcachon (1h), Dax (1h), Mont-de-Marsan (1h30), Agen (1h15).
Depuis Dax, gagnez Orthez (30mn), Pau (1h), d'où vous accéderez même à Oloron-Ste-Marie (37mn).
Informations et réservations – ✆ 3635 (0,34 €/mn) - www.ter-sncf.com/aquitaine.

En avion

LES COMPAGNIES AÉRIENNES

Air France – ✆ 3654 (0,34 €/mn, achat de billets) ou 0 820 320 820 (0,12 €/mn, infos réservation) - www.airfrance.fr. Vols pour **Bordeaux** depuis Brest, Lille, Lyon, Marseille, Nantes, Nice, Paris, Rennes et Strasbourg. Vols pour **Pau** depuis Paris et Lyon. Enfin vols pour **Biarritz** depuis Paris, Lyon, Nice et Genève.

DISTANCES	Agen	Arcachon	Bayonne	Bordeaux	Mont-de Marsan	Pau
Agen	-	197	231	141	121	194
Arcachon	197	-	184	65	130	253
Bayonne	231	184	-	184	106	114
Bordeaux	141	65	184	-	131	200
Mont-de Marsan	121	130	106	131	-	84
Pau	194	253	114	200	84	-

CCM-Airlines – ✆ 3654 (0,34 €/mn) - www.aircorsica.com. Vols pour **Bordeaux** depuis Ajaccio, Bastia et Calvi (avr.-oct.).
Easyjet – www easyjet.com. Vols pour **Bordeaux** depuis Bâle/Mulhouse. Vols pour **Biarritz** depuis Paris et Lyon.
Compagnie Baboo – www.flybaboo.com - ✆ 0 800 445 445. Vols pour **Bordeaux** et **Biarritz** depuis Genève.
Ryanair – www.ryanair.com. Vols pour **Biarritz** depuis Marseille.

LES AÉROPORTS DE LA RÉGION

Aéroport international Bordeaux-Mérignac – 33700 Mérignac - ✆ 05 56 34 50 50 - www.bordeaux.aeroport.fr
Aéroport international Pau-Pyrénées – 64230 Uzein - ✆ 05 59 33 33 00 - www.pau.aeroport.fr
Aéroport international de Biarritz-Anglet-Bayonne – 7 esplanade de l'Europe - 64600 Anglet - ✆ 05 59 43 83 83 - www.biarritz.aeroport.fr

LIAISONS DEPUIS LES AÉROPORTS

Aéroport Bordeaux-Mérignac

En bus – La navette Jet'Bus (hall B, niveau Arrivée) relie l'aéroport à la gare de Bordeaux via le centre-ville, ttes les 45mn. Trajet de 45mn. Horaires depuis l'aéroport : 8h30-22h45 ; depuis la gare de Bordeaux : 7h30-21h45. 7 € aller, 12 € A/R.
En taxi – Devant l'aérogare, côté hall A.
En voiture – Les comptoirs de location de voitures se trouvent dans le hall A.

Aéroport Pau-Pyrénées

En taxi – Devant l'aérogare. Vers le centre-ville, le temps moyen est de 15mn et le tarif de 20 à 25 € (jour), de 25 à 30 € (nuit, dim. et j. fériés).
En voiture – Les comptoirs de location de voitures se trouvent dans la « rue » commerçante de l'aérogare.

Aéroport Biarritz-Anglet-Bayonne

En bus STAB – L'aéroport est desservi par les lignes 6 (sf dim. et fêtes), C (uniquement dim. et fêtes) et la navette des plages.
Ces lignes relient Bayonne, Anglet et/ou Biarritz (voir plan exact des lignes aux arrêts). 1,20 €.
En autocar ATCRB – La ligne St-Jean-de-Luz-Bayonne passe par l'aéroport. Comptez 30mn et 3 € vers St-Jean ; 15mn et 1 € vers Bayonne. Horaires et arrêts desservis : voir sur www.transdev-atcrb.com.
En taxi – Devant l'aérogare. Tarif moyen de 12 € pour Biarritz, 15 € pour Bayonne.
En voiture – Les comptoirs de location de voitures se trouvent dans le hall Arrivée.

Avant de partir

Météo

SERVICES MÉTÉO FRANCE

Tapez **3250** suivi de :
1 : toutes les météos départementales jusqu'à 7 jours (DOM-TOM compris).
2 : météo des villes.
3 : météo plages et mer.
4 : météo montagne.
6 : météo internationale.
Accès direct aux prévisions du département – ✆ 0 892 680 2 suivi du numéro du département (0,34 €/mn) - www.meteo.fr

SAISONS

Printemps : douceur, pluies fréquentes, gare aux changements rapides de météo.
Été : chaleur, ciel dégagé, orages fréquents mais vite dissipés, imprévisibilité.
Automne : très doux et ensoleillé.
Hiver : douceur, imprévisibilité, brume, neige en basse altitude près des Pyrénées.

Adresses utiles

LES INSTITUTIONS

Comité régional du tourisme d'Aquitaine
Cité Mondiale - 23 parvis des Chartrons - 33074 Bordeaux Cedex - ✆ 05 56 01 70 00 - www.tourisme-aquitaine.fr

Maison de l'Aquitaine
21 r. des Pyramides - 75001 Paris - ✆ 01 55 35 31 42 - www.maisonsregionales.com

Comités départementaux de tourisme
Maison du tourisme de la Gironde – 21 cours de l'Intendance - 33000 Bordeaux - ✆ 05 56 52 61 40 - www.tourisme-gironde.fr
Landes – 4 av. Aristide-Briand - BP 407 - 40012 Mont-de-Marsan Cedex - ✆ 05 58 06 89 89 - www.tourismelandes.com
Lot-et-Garonne – 271 r. de Péchabout - 47000 Agen - ✆ 05 53 66 14 14 - www.tourisme-lotetgaronne.com
Pyrénées-Atlantiques / Agence touristique du **Béarn** – 22 ter r. J.-J.-de-Monaix - 64000 Pau - ✆ 05 59 30 01 30 - www.tourisme64.com
Béarn Pays basque – 2 allée des Platanes - 64100 Bayonne - ✆ 55 59 46 52 52 - www.tourisme64.com

Offices de tourisme
Les adresses des offices de tourisme se trouvent dans la rubrique « S'informer » de chaque ville ou site dans la partie « Découvrir l'Aquitaine ».
En ligne : une mine d'informations pour faire du tourisme en France sur **www.franceguide.com**

INTERNET

www.lespyrenees.net et **www.pyrenees-online.fr** : annuaire des sites pyrénéens et infos sur les stations de ski.
www.camping-gironde.fr : adresses de camping sur le bassin d'Arcachon, sur le littoral ou dans les vignes.
http://musees-aquitaine.com : près de 120 musées répertoriés.
www.tourisme-landes.com : les

331 communes du département sous divers aspects (hébergement, patrimoine…).
www.landes-reservation.fr : hébergements et séjours à thème sur le littoral landais.
www.reservation-lotetgaronne.com : même contenu, mais pour le Lot-et-Garonne.
www.resa-pays-basque-bearn.com : pour toutes réservations en ligne.

TOURISME DES PERSONNES HANDICAPÉES

Le symbole ♿ signale les sites accessibles aux personnes à **mobilité réduite**.

Accessibilité des infrastructures touristiques

Consultez les sites labellisés **Tourisme et Handicap** sur le site www.franceguide.com, rubrique « Voyageurs », puis « Tourisme et Handicap ».
Association Tourisme et Handicaps – 43 r. Max-Dormoy - 75018 Paris - ☎ 01 44 11 10 41 - www.tourisme-handicaps.org
Association La Pierre Handiski – Résidence Super Arlas - Galerie marchande - 64570 Arette-la-Pierre-St-Martin - ☎ 06 85 60 51 14 - www.lapierrehandiski.com. Promeut, facilite et développe la pratique du ski et de la montagne pour les personnes en situation de handicap.
Association Handiplage – 39 r. des Faures - 64100 Bayonne - ☎ 05 59 59 24 21 - www.handiplage.fr. Propose des vacances accessibles à tous dans toute la région Aquitaine. Le guide *Handi Long* comprend plus de 300 adresses et informations nécessaires à un public handicapé (activités de loisirs, sites touristiques, plages aménagées.

Bon à savoir – Dix-huit postes **handipêche** (place de stationnement avec allée de liaison jusqu'au ponton de pêche, équipé d'un banc) ont été ouverts aux personnes à mobilité réduite sur les plans d'eau du **littoral landais** : communes de Vielle-St-Girons, Léon, Moliets-et-Maâ, Messanges, Azur, Soustons, Seignosse, Tosse, Ondres et Tarnos, et communautés de communes des Grands Lacs et de Mimizan.

Accessibilité des transports

Train – Un guide gratuit *Mobilité réduite* est disponible dans les gares et boutiques SNCF.
SNCF Accès Plus – ☎ 0 890 640 650 (0,11 €/mn, 7h-22h). Service gratuit facilitant le voyage des personnes handicapées, disponible sur réservation 48h avant le départ dans 350 gares de France. www.accessibilite.sncf.fr
Avion – Air France propose aux personnes handicapées le service d'**assistance Saphir** : ☎ 0 820 01 24 24 - www.airfrance.fr

Se loger

Retrouvez notre sélection d'hébergements dans « Nos adresses à… » situées en fin de description des principaux sites de la partie « Découvrir l'Aquitaine ».
Bon à savoir – Les comités départementaux de tourisme et certains offices de tourisme proposent un service de réservation en ligne mais aussi parfois des formules thématiques de courts séjours et des offres promotionnelles.

NOTRE SÉLECTION

Hôtel ou chambre d'hôte, à vous de choisir ! Les établissements sont classés par catégories de prix *(voir le tableau ci-contre)*. Les tarifs

communiqués, prix mini/maxi pour une chambre double, sont ceux pratiqués en haute saison.
À consulter aussi : **Le Guide Michelin France** et le **Guide Camping Michelin France**.

SERVICES DE RÉSERVATION

Fédération nationale des comités départementaux du tourisme (RN2D) – 74-76 r. de Bercy - 75012 Paris - ✆ 01 44 11 10 20 - www.destination-france.net. Regroupant les agences départementales de réservation, vous trouverez des hôtels et chambres d'hôte, mais aussi des hébergements locatifs labellisés (Gîtes de France, Clévacances… et des courts séjours thématiques.
Fédération nationale Clévacances – 54 bd de l'Embouchure - 31022 Toulouse Cedex 2 - ✆ 05 61 13 55 66 - www.clevacances.com. Locations de vacances ou chambres d'hôtes.

HÉBERGEMENT RURAL

Maison des Gîtes de France et du Tourisme vert – 56 r. St-Lazare - 75439 Paris Cedex 09 - ✆ 01 49 70 75 75 - www.gites-de-france.com.
Fédération des Stations Vertes de Vacances – BP 71698 - 21016 Dijon Cedex - ✆ 03 80 54 10 50 - www.stationsvertes.com. Sault, Valréas, Beaumes-de-Venise, Forcalquier portent ce label.

Les gîtes Bacchus – D'abord propres à la Gironde *(voir la microrégion « Bordeaux et le vignoble bordelais »)*, ces gîtes se sont étendus à toute l'Aquitaine. Ils ont pour vocation de vous accueillir au cœur du vignoble, dans les domaines d'exploitation viticole eux-mêmes. Vous en obtiendrez la liste auprès des comités départementaux de tourisme ou des Gîtes de France.
Label St-Jacques – Il concerne les gîtes et chambres d'hôtes situés à proximité des chemins de St-Jacques s'étant engagés à valoriser ce thème : mise à disposition de documentation, décoration intérieure, accueil, etc.

Pour les randonneurs

En ligne : **www.gites-refuges.com**

AUBERGES DE JEUNESSE

Fédération unie des auberges de jeunesse (FUAJ) – 27 r. Pajol - 75018 Paris - ✆ 01 44 89 87 27 - www.fuaj.org
Ligue française pour les auberges de jeunesse (LFAJ) – 67 r. Vergniaud - bâtiment K - 75013 Paris - ✆ 01 44 16 78 78 - www.auberges-de-jeunesse.com

POUR DÉPANNER

Centrales de réservation des principales chaînes hôtelières :
B & B – ✆ 0892 78 29 29 (0,34 €/mn) - www.hotel-bb.com

NOS CATÉGORIES DE PRIX

	Hébergement		Restauration	
	Province	**Grandes villes**	**Province**	**Grandes villes**
Premier prix	jusqu'à 45 €	jusqu'à 65 €	jusqu'à 14 €	jusqu'à 16 €
Budget moyen	plus de 45 € à 65 €	plus de 65 € à 100 €	plus de 14 € à 25 €	plus de 16 € à 30 €
Pour se faire plaisir	plus de 65 € à 100 €	plus de 100 € à 160 €	plus de 25 € à 40 €	plus de 30 € à 50 €
Une folie	plus de 100 €	plus de 160 €	plus de 40 €	plus de 50 €

Etap Hôtel – ✆ 0 892 688 900 (0,34 €/mn) - www.etaphotel.com
Campanile – www.campanile.fr
Kyriad – ✆ 0 825 003 003 (0,15 €/mn) - www.kyriad.fr
Ibis – ✆ 0 825 882 222 (0,15 €/mn) - www.ibishotel.com

Se restaurer

Retrouvez notre sélection de restaurants dans « Nos adresses à... », en fin de description des principaux sites de la partie « Découvrir l'Aquitaine ». Comme pour « Se loger », ils sont listés par catégorie de prix, sur la base mini/maxi en haute saison.

NOTRE SÉLECTION

Pour répondre à toutes vos envies, nous proposons des **restaurants** régionaux, mais aussi classiques, gastronomiques et des adresses où faire une petite pause.
À consulter aussi : **Le Guide Michelin France**.
En ligne : les fermes-auberges sur **www.bienvenue-a-la-ferme.com.**

LABELS

Assiette et Café de pays

Label de qualité créé par la Fédération nationale des pays touristiques. L'**assiette de pays** est un plat unique, salé, sucré ou sucré-salé, préparé à base de produits du terroir. Le **Café de pays** est un bar convivial qui propose « L'assiette de pays » ou un « casse-croûte de pays », à base de produits régionaux, et informe sur le patrimoine, les traditions ou les manifestations locales.
En ligne : http://aquitaine.bienvenueaupays.fr

Sites remarquables du goût

En Aquitaine, ce label récompense St-Émilion (Gironde) pour ses vins, le domaine d'Ognoas à Arthez-d'Armagnac (Landes) pour l'eau-de-vie d'Armagnac, St-Aubin (Lot-et-Garonne) pour sa Foire aux pruneaux, Espelette (Pyrénées-Atlantiques) pour ses piments.
En ligne : www.sitesremarquablesdugout.com

Villes de terroir

Les offices de tourisme des villes membres mettent l'accent sur les circuits originaux et des parcours de découverte hors des sentiers battus. En Aquitaine, seule Pau fait partie du réseau.
En ligne : www.villes-de-terroir.com

Sur place de A à Z

Pour obtenir de la documentation traitant des différentes activités à pratiquer, s'adresser aux **comités départementaux** et **comités régionaux** de tourisme *(voir p. 10)*.
En ligne : certaines brochures sont téléchargeables sur leurs sites Internet.

BAIGNADE

Attention aux vagues déferlantes du fait de leur puissance et aux courants de baïnes (cuvettes séparées de la mer qui, avec la marée, se remplissent d'eau et créent, en se vidant, un fort courant vers le large) qui entraînent le nageur loin des côtes.
La propreté des plages en ligne : **http://baignades.sante.gouv.fr**
Centres naturistes – Grayan-et-l'Hôpital (au sud de Soulac), Montalivet-les-Bains (au sud de Soulac), Le Porge (entre Lacanau et Arcachon), Vielle-St-Girons (au nord de Moliets-Plage), mais aussi Anglet, Biarritz et Hendaye.
Vous préférez vous baigner dans les lacs et étangs ? Ils abondent près du littoral : Hourtin-Carcans, Lacanau, Biscarosse, Aureilhan-Mimizan, Léon, Hossegor. Mais attention, la baignade n'est pas autorisée partout ; renseignez-vous au préalable dans les offices de tourisme.

CERF-VOLANT

L'ensemble de la côte atlantique par la largeur de ses plages et ses vents d'ouest est un terrain de prédilection pour cette activité : de la pointe de Grave ou de la dune du Pilat en Gironde jusqu'à Hossegor et Moliets dans les Landes.

COURSE À PIED

Marathon des châteaux du Médoc – Il a lieu début septembre depuis plus de 20 ans. Les concurrents, déguisés, traversent villages et châteaux, se ravitaillant de kilomètre en kilomètre au gré des dégustations ! Bulletin d'inscription par courrier dès novembre à l'AMCM : maison du vin - 33250 Pauillac - ✆ 05 56 59 17 20 - www.marathondumedoc.com
Course pédestre des grands vignobles – Longue de 16 km, elle a lieu le dernier dimanche d'octobre et traverse le prestigieux vignoble de Saint-Émilion, classé au patrimoine mondial de l'Unesco. Inscriptions à partir de mi-septembre auprès de M. Frustier : secrétariat ASPTT - Cedex 203 - 33500 Libourne - ✆ 05 57 51 12 70.
Course des Crêtes du Pays basque – Couvre des distances de 7 à 27 km. Les adeptes prennent le départ à Espelette chaque année au début du mois de juillet depuis bientôt trente-cinq ans. Un dîner animé vient clôturer la journée. Prévoir 15 € de participation, licence sportive requise ou à défaut certificat médical sans contre-indication pour pratiquer la course à pied.

CYCLOTOURISME

L'Aquitaine est un paradis pour les deux-roues. Elle a adopté en 2003 un schéma régional « véloroutes et voies vertes » qui la place en tête de peloton, avec la mise en service de 10 itinéraires qui, à terme, formeront un réseau de 2 000 km.
Les **véloroutes** sont des itinéraires fléchés pour cyclistes, de moyenne

ou longue distance, qui permettent de relier entre elles des villes ou des régions en empruntant voies vertes, pistes cyclables, routes à faible trafic…
Les **voies vertes** sont réservées aux piétons et véhicules non motorisés. Consulter www.voiesvertes.com.
Les comités départementaux du tourisme ainsi que les offices de tourisme de toute la région procurent des cartes des voies cyclables.
Fédération française de cyclotourisme – 12 r. Louis-Bertrand - 94207 Ivry-sur-Seine Cedex - ✆ 01 56 20 88 88 - www.ffct.org

ESCALADE

Ne partez pas sans un guide ou un moniteur d'escalade breveté d'État, qui connaît bien le terrain et la pratique de ce sport.
Fédération française de la montagne et de l'escalade – 8-10 quai de la Marne - 75019 Paris - ✆ 01 40 18 75 50 - www.ffme.fr
Bon à savoir – Le plus haut mur d'escalade d'Aquitaine se trouve à **Oloron-Ste-Marie** *(voir ce nom)*.

ESPAGNE PRATIQUE

Horaires

Les horaires sont assez différents de ceux pratiqués en France. À titre indicatif : déjeuner 13h30-15h30, dîner 21h-23h.
Bureaux de poste – 9h-14h. Les bureaux principaux dans les grandes villes restent ouverts 24h/24.
Banques – 9h-14h en semaine. En été, elles ferment le samedi.
Magasins – 10h-13h30, 16h30-20h. Cependant, de plus en plus de commerces restent ouverts le midi et même le samedi après-midi. Fermés le dimanche. En été, dans les régions touristiques, commerces ouverts jusqu'à 22h-23h.
Pharmacies – 9h30-14h, 16h30-20h. Service de garde assuré la nuit, les dimanches et jours fériés. La liste des établissements de garde est affichée en vitrine des pharmacies.
Sites touristiques – 10h-13h, 16h-19h.

Poste - télécommunications

Courrier – Les bureaux de poste sont signalés par le nom *Correos*. Les timbres *(sellos)* sont également en vente dans les bureaux de tabac *(estancos)*.
Téléphone – Pour appeler la France depuis l'Espagne, composer le 00, suivi du 33 et du numéro du correspondant (9 chiffres). De la France vers l'Espagne, composer le 00, suivi du 34 et du numéro de l'abonné (9 chiffres).

FORFAITS TOURISTIQUES

Forfait 3 sites Unesco en 2 jours – Il s'agit de Bordeaux, Blaye et St-Émilion. Découverte de l'estuaire en bateau ; visite de Bordeaux et de St-Émilion ainsi que de leurs vignobles. Renseignements : ✆ 05 56 00 66 00.
Forfait Bordeaux découverte – L'office de tourisme propose, sur 3 jours, une visite de la ville, une visite des vignobles avec dégustation, un accès gratuit aux monuments et musées ainsi qu'aux transports urbains. Une dégustation au Bar à vin est incluse dans ce forfait.

GOLF

C'est à **Pau** que le golf apparut en France en 1856. Depuis cette date, il est devenu un sport roi en Aquitaine, qui compte aujourd'hui une cinquantaine de parcours dans un environnement varié (entre mer et montagne).
Toute l'information sur les greens d'Aquitaine est dans la brochure *Golf* du Comité régional du tourisme *(voir p. 10)*.

www.golf-bordeaux-gironde.fr
www.golf-landes.com
www.ffgolf-aquitaine.com
Fédération française de golf – 68 r. Anatole-France - 92309 Levallois-Perret Cedex - ✆ 01 41 49 77 00 et 0 892 691 818.

MÉDIAS

Quotidiens : *L'Éclair des Pyrénées, La République des Pyrénées, Sud-Ouest, Le Journal du Pays basque, La Semaine du Pays basque.*
Bimestriel : *Pyrénées Magazine* (Milan Presse).
Trimestriel : *Rando Pyrénées* (Milan Presse).

PÊCHE EN EAU DOUCE

Le **Parc national des Pyrénées** est réputé avec ses quelque 230 lacs, alevinés de salmonidés, et ses gaves.
Bon à savoir – Les championnats du monde de **pêche au saumon** se déroulent chaque année de mars à juillet dans le gave d'Oloron.
Dans les vallées du **Lot** et de la **Garonne**, on trouve des carnassiers (brochet, sandre), des aloses et des mulets (ils remontent la Garonne, respectivement au printemps et en été.
En Gironde, outre la Garonne, les eaux poissonneuses de la **Dordogne** et de l'**estuaire** sont notamment fréquentées par les lamproies et les aloses.
Fédération nationale de la pêche en France et de la protection du milieu aquatique – 17 r. Bergère - 75009 Paris - ✆ 01 48 24 96 00 - www.federationpeche.fr.
Bon à savoir – Vous trouverez de nombreux renseignements sur les sites : **www.federation-peche-gironde.com** et **www.club-halieutique.com**.

PÊCHE EN MER

On la pratique à pied, en bateau ou en plongée dans l'enclave du **bassin d'Arcachon** ou sur les **côtes landaises**. Des sorties de pêche en mer sont organisées à la belle saison : pêche à la ligne, à la traîne, au « gros » sur la côte basque (thon), pour une demi-journée ou à la journée entière. Il est conseillé de s'inscrire à l'avance.
Fédération française des pêcheurs en mer – Résidence Alliance, centre Jorlis - 64600 Anglet - ✆ 05 59 31 00 73 - www.ffpm-national.com

PELOTE BASQUE

Chaque village du **Pays basque**, du **Béarn** et des **Landes** du sud possède son fronton ou son trinquet où des parties de pelote ont lieu régulièrement. En outre, ce sport s'est fortement développé en **Gironde** et dans le **Lot-et-Garonne** au point de devenir un véritable sport régional reconnu par le ministère de la Jeunesse et des Sports. En **été**, vous assisterez facilement à un match ou vous vous exercerez sur les murs de pelote (comme celui qui vient d'être installé sur les quais de Bordeaux).
Fédération française de pelote basque – Trinquet Moderne - 60 av. Dubrocq - BP 816 - 64100 Bayonne - ✆ 05 59 59 22 34 - www.ffpb.net
Règles et traditions de ce sport dans la partie « Comprendre l'Aquitaine ».

PROMENADES EN BATEAU

On peut naviguer sur l'Adour (de Bayonne à Dax), sur les Gaves Réunis (de Peyrehorade au Bec du Gave) et le Luy (d'Oeyreluy à Tercis-les-Bains), sur la Baïse (de St-Léger à Moncrabeau), sur le Lot (de Nicole à Lustrac), sur la Garonne et le canal latéral (de Meilhan-sur-Garonne à St-Romain-le-Noble), sur l'estuaire de la Gironde (de Bourg à la pointe de Grave, via l'île Nouvelle), sur les courants d'Huchet et de Léon

(Landes), sur la Douze et la Midouze (Landes), sur l'Isle (au départ de Libourne), sur la Dordogne (au départ de Ste-Foy-la-Grande). Vous pouvez également explorer le bassin d'Arcachon.

Pour découvrir l'estuaire de façon originale : www.gensdestuaire.fr.

Croisières accompagnées – Ces croisières durent quelques heures ou une journée. Un forfait avec déjeuner ou dîner est parfois proposé.

Location de bateau habitable – Pour deux à douze personnes, le bateau habitable permet une approche insolite des sites parcourus sur le canal latéral de Garonne, sur le cours inférieur du Lot et sur la Baïse. Diverses formules existent : à la journée, au week-end ou à la semaine. Voici les coordonnées de loueurs présents sur ces trois axes fluviaux.

Aquitaine Navigation – Port de Buzet-Val d'Albret - 47160 Buzet-sur-Baïse - 05 53 84 72 50 - www.aquitaine-navigation.com

Crown Blue Line – 44 l'Écluse - 47430 Le Mas-d'Agenais - 05 53 89 50 80 - www.crownblueline.com

Nautic Aquitaine – Bassin du canal - 47160 Damazan - 04 67 94 78 93 - www.nautic.fr

RANDONNÉE ÉQUESTRE

Il existe des itinéraires balisés dans toute la région, à travers la forêt, la campagne ou la montagne.

Comité national de tourisme équestre – Parc équestre - 41600 Lamotte-Beuvron - 02 54 94 46 80 - www.ffe.com

En ligne : les itinéraires départementaux sur **www.tourisme-equestre.fr.**

RANDONNÉE PÉDESTRE

Les « GR »

Le **GR 6** relie St-Macaire et Montbazillac. Sa variante, le **GR 636**, traverse le Lot-et-Garonne par Monflanquin.

Le **GR 8** parcourt la Côte d'Argent et se prolonge dans le Pays basque, de Lacanau à Sare.

Le **GR 10** traverse les Pyrénées d'ouest en est, franchissant plusieurs cols de plus de 2000 m d'altitude. Il s'adresse aux randonneurs bien entraînés, habitués à marcher en terrains variés.

Fédération française de la randonnée pédestre – 64 r. du Dessous-des-Berges - 75013 Paris - 01 44 89 93 90 - www.ffrandonnee.fr

Autres itinéraires

Les comités régionaux et départementaux de tourisme, les syndicats d'initiative et les offices de tourisme éditent leurs propres parcours, faisant découvrir les paysages spécifiques à leurs régions ou pays, le patrimoine culturel et naturel qui s'y rattache.

Randonnées accompagnées

Elles peuvent être intéressantes pour la découverte de la faune et de la flore ainsi que pour les parcours en montagne, nécessitant une certaine expérience du terrain.

La Balaguère – 65400 Arrens-Marsous - 0820022021 - www.balaguere.com.

Cet organisme propose des « voyages à pied » dans les Pyrénées, libres ou accompagnés, avec ou sans portage, parfois sur des thèmes (histoire, santé, musique) et pour tous niveaux.

Chemins de St-Jacques-de-Compostelle

Il existe **quatre itinéraires** (www.compostelle-france.fr) principaux et historiques (ceux qu'empruntèrent les pèlerins depuis le Moyen Âge) partant de quatre points différents et aboutissant tous à Ostabat (sauf la route d'Arles qui passe par le col du Somport) ; après Ostabat, un chemin commun, le camino francés, conduit à Puente-la-Reina (Espagne) où il rejoint le chemin d'Arles pour finir à St-Jacques-de-Compostelle :

– **Via Turonensis**, ou chemin de Tours, via Poitiers, Aulnay, Saintes, Blaye, Bordeaux et Dax ;
– **Via Lemovicensis**, ou chemin de Vézelay, via Bourges, Neuvy-St-Sépulchre, St-Léonard-de-Noblat, La Coquille, Périgueux, Ste-Foy-la-Grande, Bazas, St-Sever, Orthez et Sauveterre-de-Béarn ;
– **Via Tolosane**, ou chemin d'Arles, via Montpellier, St-Guilhem-le-Désert, Castres, Toulouse, Auch, Oloron-Ste-Marie, le col du Somport ;
– **Via Podiensis**, ou chemin du Puy-en-Velay, via Saugues, Aubrac, Conques, Cahors, Moissac, Lectoure, Aire-sur-l'Adour, Navarrenx et St-Jean-Pied-de-Port.

La Fédération française de randonnée pédestre a balisé le chemin du Puy : il s'agit du **GR 65**, dit « sentier de St-Jacques », et de sa variante, le **GR 653**, qui passe à Pau, reliant le col du Somport à Auch et Toulouse. Les autres chemins étant partiellement balisés, mieux vaut se procurer un bon guide ou suivre un « pèlerinage organisé ». En voici :

Compostelle 2000 – 26 r. de Sévigné - 75004 Paris - ✆ 01 43 20 71 66 - www.compostelle2000.com.

La Balaguère – *Voir coordonnées p. 19.*

Le comité départemental du tourisme d'**Aquitaine** édite une brochure *Chemins de St-Jacques-de-Compostelle*. Le comité départemental du tourisme du **Béarn** propose un *Guide de découverte* consacré aux chemins de St-Jacques-de-Compostelle dans le Béarn et le Pays basque. Consultez également le site **www.aucoeurduchemin.org**.

Pour en savoir plus sur ce pèlerinage, reportez-vous au chapitre « Histoire » dans « Comprendre l'Aquitaine ».

ROUTES HISTORIQUES

Fédération nationale des routes historiques : www.routes-historiques.com

Voici deux itinéraires qui concernent la région : la route des châteaux d'Aquitaine et celle des plus belles demeures du Béarn et du Pays basque.

ROUTES THÉMATIQUES

Routes des vins en bergeracois, bordelais et jurançon : 3 parcours fléchés. www.tourisme-aquitaine.fr.

Route des vins de Bordeaux en Graves et Sauternes : 4 itinéraires thématiques à découvrir à l'aide d'un GPS et d'un guide numérique. www.tourisme-gironde.fr.

Route des bastides 64 : www.bastides64.org.

Route des métiers d'art en Aquitaine : www.tourisme-aquitaine.com. Dans chaque département.

Itinéraire Francis Jammes : www.francis-jammes.com

Route gourmande du Pays basque – Ferme Berrain - N 10 - 64501 St-Jean-de-Luz Cedex - ✆ 05 59 54 56 70 - www.routegourmandebasque.com

Route du fromage Ossau-Iraty Pyrénées – ✆ 05 59 37 86 61.

RUGBY

En dehors des grands matchs nationaux et internationaux, vous pourrez vous procurer le calendrier des matchs d'amateurs auprès des offices de tourisme et aux adresses suivantes.

Fédération française de rugby – 9 r. de Liège - 75431 Paris Cedex 09 - ✆ 01 53 21 15 39 - www.ffr.fr

SKI

À **Arette-la-Pierre-St-Martin** et **Gourette**, on peut s'adonner à différents types de glisse moderne.

On pratique plus spécialement le ski de fond dans les stations d'**Issarbe** et **Somport-Candanchu**.
Pour plus d'informations sur ces 4 stations de sports d'hiver, consultez les sites Internet **www.pyrenees-online.fr** ou **www.lespyrenees.net.**
Carte N'Py – Les stations de ski de Gourette et de La Pierre-St-Martin, ainsi que 6 stations des Hautes-Pyrénées se sont associées pour proposer à leurs vacanciers une carte leur épargnant l'achat de forfaits séparés, tout en leur proposant des offres avantageuses. www.n-py.com

SOUVENIRS

Retrouvez notre sélection d'adresses de boutiques ou d'artisans dans la rubrique « Nos adresses à » située en fin de description des principaux sites de la partie « Découvrir l'Aquitaine ».

Produits du terroir

Les marchés au gras – Traditionnels sont ces marchés, qui avaient jadis lieu en hiver, où l'on peut acheter des canards et des oies, des foies crus ou déjà préparés. Les plus pittoresques se tiennent à Agen, Aire-sur-l'Adour, Dax, Langoiran, Monségur, Orthez, Villeneuve-de-Marsan, Villeneuve-sur-Lot.
Les produits frais : confits et foie gras, jambon de Bayonne, charcuterie basque, huîtres du bassin d'Arcachon, caviar de la Gironde (assez rare cependant), fromage de brebis des Pyrénées (appellation Ossau-Iraty).
Les douceurs : chocolats de Bayonne, pruneaux d'Agen, cannelés de Bordeaux, macarons de St-Émilion et de St-Jean-de-Luz (mouchous), gâteau basque, coucougnettes à Pau, confiture de cerise noire d'Itxassou et miel des montagnes.
Vins et eaux-de-vie : grands et petits crus bordelais, vins locaux comme le jurançon, le tursan, le buzet, armagnac et floc de Gascogne dans les Landes, l'izarra (liqueur) au Pays basque.
Bon à savoir : tous les produits phares de la région sont sur www.gastronomie-aquitaine.fr.

Folklore

Les sonnailles : fabriquée par le berger, chaque cloche possède un son particulier qui lui permet de reconnaître chacune de ses bêtes. Les sonnailles sont encore fabriquées à Nay (dans le Béarn).
Les échasses : hautes de 85 cm à 1,20 m, elles sont maintenues à la jambe par des sangles de cuir, le pied reposant sur un petit plateau de bois. Une démonstration ? Rendez-vous aux férias landaises de Dax ou de Mont-de-Marsan, entre autres.
Le chistera : équipement indispensable à la pelote (au moins l'une de ses trois formes), il prend la forme d'un long gant d'osier courbe, dans lequel la balle vient atterrir avant d'être immédiatement relancée. La maison Gonzales, à Anglet, en fabrique depuis le 19e s. 05 59 03 85 04.
Le makhila : cette canne typiquement basque est plus qu'un bâton de marche car son pommeau cache une lame. Vous trouverez des ateliers spécialisés à Bayonne *(voir p. 317)* et Larressore *(voir p. 371)*.
Le bourdon de pèlerin : il s'agit du grand bâton compagnon des pèlerins de St-Jacques.
La gourde du marcheur : originaire d'Espagne, cette gourde souple et légère en peau de chèvre fait désormais partie du patrimoine béarnais.

Habillement et décoration

Le parapluie du berger : constitué d'armatures en rotin, en jonc ou en bois pour éviter la foudre, ce parapluie se caractérise principalement par sa grande taille (de 140 à 180 cm d'envergure), qui permettait aussi aux bergers de se protéger du soleil. Vous en trouverez à Pau.

L'espadrille : cousue en spirale, fermée par une toile de lin ou de coton, il s'agit de la chausse par excellence du Pays basque. C'est à Mauléon-Licharre *(voir p. 411 et 412)* qu'elles sont majoritairement fabriquées.

Le linge basque : partout au Pays basque, mais aussi à Oloron-Ste-Marie et à Coarraze.

La pure laine : dans les Pyrénées, la laine apportée par les bergers à la filature est tricotée puis frottée sur un « métier de cardes », qui remplace les chardons d'autrefois, pour donner aux couvertures et aux pull-overs une douceur pelucheuse. On trouve ces produits dans les commerces et les magasins d'usine de production.

Le béret : symbole de la France, le béret est en fait originaire du Béarn, avant d'être basque. Une grande fabrique de bérets subsiste à Oloron-Ste-Marie (société Beatex) ainsi qu'à Nay (société Blancq-Olibet). On peut également s'en faire faire sur mesure à Bayonne.

STAGES DE CUISINE

Bon à savoir : retrouvez tous les grands chefs de la région et leurs recettes sur www.cuisine-aquitaine.org.

En Gironde

L'Atelier des chefs – 25 r. Judaïque - Bordeaux - ✆ 05 56 00 72 70 - www.atelierdeschefs.com

Quai des saveurs – 16 quai des Chartrons - Bordeaux - ✆ 05 56 52 94 22 - www.quai-des-saveurs.com

Le Chapon fin – 5 r. Montesquieu - Bordeaux - ✆ 05 56 90 91 92 ou 05 56 79 10 10 - www.chapon-fin.com

Planète Cooking – Planète Bordeaux - Beychac (20 mn de Bordeaux) - ✆ 05 57 87 68 92 - www.planete-bordeaux.fr/planete.html

Dans les Landes

Office du tourisme d'Hagetmau – Pl. de la République - 40700 Hagetmau - ✆ 05 58 79 38 26 - www.tourisme-hagetmau.com

Dans le Lot-et-Garonne

L'Atelier des Sens – Restaurant Michel Trama - 52 r. Royale - 47270 Puymirol - ✆ 05 53 95 31 46.

Cantelause – 47240 Boussès - ✆ 05 53 65 92 71 (Mme Thollon Pommerol).

Dans les Pyrénées-Atlantiques

Office du tourisme d'Oloron-Ste-Marie – ✆ 05 59 39 98 00 - www.tourisme-oloron.com

SURF

Avec les impressionnants rouleaux du golfe de Gascogne, les plages des côtes landaises et de la côte basque constituent un paradis pour les adeptes du surf.

Les **meilleurs spots** se trouvent à Lacanau-Océan, Le Porge-Océan, Arcachon (Arbousiers), Mimizan, Seignosse-Le Penon, Hossegor, Capbreton, Anglet (Sables d'Or et Cavaliers), Biarritz (côte des Basques et Grande Plage), Bidart (Centre), Guétary (Parlementia), St-Jean-de-Luz (Lafitenia) et Hendaye (Grande Plage).

Pour obtenir les adresses des clubs et écoles labellisés, contactez la Fédération.

Fédération française de surf – 30 imp. de la Digue - plage Nord - BP 28 - 40150 Hossegor - ✆ 05 58 43 55 88 - www.surfingfrance.com

THALASSOTHÉRAPIE

Les côtes d'Aquitaine sont célèbres pour leurs centres de thalassothérapie, notamment sur la côte basque, proposant des séjours d'une semaine ainsi que des week-ends, avec ou sans logement. On trouve des centres principalement à Arcachon, Hendaye, Biarritz, Anglet et St-Jean-de-Luz.

Fédération Mer et Santé – 57 r. d'Amsterdam - 75008 Paris - ☎ 01 44 70 07 57 - www.thalassofederation.com

Bon à savoir : un site spécialement dédié à la thalasso sur la côte basque : www.thalassocotebasque.com.

THERMALISME

L'abondance des sources minérales et thermales depuis la rive sud de l'Adour dans les Landes jusqu'aux Pyrénées a fait la renommée de la région dès l'Antiquité. Le thermalisme fut remis au goût du jour au 19e s., grâce notamment à la création par Napoléon III d'une route thermale reliant les stations. Ces stations sont celles de Cambo-les-Bains et Eaux-Bonnes (sources sulfurées), Salies-de-Béarn (source salée) et Dax (boues).

Centre national des établissements thermaux – 1 r. Cels - 75014 Paris - ☎ 01 53 91 05 75 - www.cneth.org

URGENCES

Police Secours – ☎ 17.
Pompiers – ☎ 18 ou 112.
Samu – ☎ 15.
SOS Médecins – ☎ 3624 (0,12 €/mn).
Centre antipoison – ☎ 05 56 96 40 80 (CHU de Bordeaux).

Chéquier et carte de crédit

En cas de perte ou de vol, déposez immédiatement plainte auprès de la police et faites opposition :

Chéquiers volés – ☎ 0 892 68 32 08 (0,34 €/mn).
Carte Visa – ☎ 0 892 705 705 (0,34 €/mn).
American Express – ☎ 01 47 77 72 00.
Mastercard – ☎ 0 800 90 13 87.

Téléphone portable

Orange – ☎ 0 800 100 740.
Bouygues Télécom – ☎ 0 800 29 10 00.
SFR – ☎ 06 10 00 19 00.

VIGNOBLE

VISITE DES CAVES

Les caves sont généralement ouvertes à la visite et proposent quelquefois des dégustations (bien entendu à pratiquer avec modération). Vous trouverez leurs coordonnées dans les offices de tourisme et les Maisons du vin, dont nous donnons ci-après les adresses. Les syndicats viticoles éditent des brochures de présentation de leurs crus, parfois avec un tracé de Routes des vins. Certaines visites de caves sont indiquées dans la partie « Découvrir l'Aquitaine ».

Pour en savoir plus : www.vins-bordeaux-aquitaine.com

En Gironde

Bon à savoir – La Maison de la Gironde propose un guide gratuit : *Voyages au pays des vins de Bordeaux*. Demandez la liste des sites appartenant au label Vignobles et chais en Bordelais, vous garantissant un accueil de qualité lors de vos dégustations.

Maison du vin de Bordeaux – 1 cours du 30-Juillet - 33000 Bordeaux - ☎ 05 56 00 22 66 - www.bordeaux.com

Maison des Bordeaux et Bordeaux supérieurs – Planète Bordeaux - 33750 Beychac - ☎ 05 57 97 19 20/35 - www.planete-bordeaux.net

Maison du tourisme et du vin de Pauillac – ✆ 05 56 59 03 08 - www.pauillac-medoc.com
Maison des vins de Graves – 61 cours du Mar.-Foch - 33720 Podensac - ✆ 05 56 27 09 25 - www.vins-graves.com. Vinothèque et dégustation gratuite.
Maison du vin de St-Émilion – Pl. Pierre-Meyrat - 33330 St-Émilion - ✆ 05 57 55 50 55 - www.vins-saint-emilion.com
Maison du vin des Premières Côtes de Blaye – 12 cours Vauban - 33390 Blaye - ✆ 05 57 42 91 19 - www.aoc-blaye.com
Maison du vin des Côtes de Bourg – 1 pl. de l'Éperon - BP 45 - 33710 Bourg - ✆ 05 57 94 80 20 - www.cotes-de-bourg.com. Dégustation gratuite.
Maison du vin de l'Entre-Deux-Mers – 4 r. de l'Abbaye - 33670 La Sauve - ✆ 05 57 34 32 12 - www.vins-entre-deux-mers.com
Maison des vins de Ste-Foy-Bordeaux – 6 r. Notre-Dame - ✆ 05 57 46 31 71 - www.saintefoy-bordeaux.com
Maison des vins des Premières Côtes de Bordeaux et Cadillac – D 10 - rte de Langon - 33410 Cadillac - ✆ 05 57 98 19 20 - www.premierescotesdebordeaux.com
Maison du vin de Barsac – Pl. de l'Église - 33720 Barsac - ✆ 05 56 27 15 44 - www.maisondebarsac.fr
Maison du vin des côtes de Castillon – 6 allée de la République - 33350 Castillon-la-Bataille - ✆ 05 57 40 00 88 - www.cotes-de-castillon.com

Dans les Landes

Les Vignerons Landais Tursan-Chalosse – 40320 Geaune - ✆ 05 58 44 51 25 - www.tursan.fr. Sur demande, visites des chais et de la chaîne d'embouteillage, dégustation et vente.
Pour en savoir plus : www.vins-du-sud-ouest.com.

Dans le Lot-et-Garonne

Les Vignerons de Buzet – 47160 Buzet-sur-Baïse - ✆ 05 53 84 74 30 - www.vignerons-buzet.fr
Union interprofessionnelle des vins des Côtes de Duras – Maison du Vin - D 668 - 47120 Duras - ✆ 05 53 94 13 48 - www.cotesdeduras.com
Côtes du Marmandais – Cave du Marmandais - 47250 Cocumont - ✆ 05 53 94 50 21- www.origine-marmandais.fr
Le cellier du Brulhois – Cave de Goulens - 47390 Layrac - ✆ 05 53 87 01 65 - www.vigneronsdubrulhois.com

Dans le Béarn

Le comité départemental du tourisme du Béarn *(voir p. 10)* édite une carte guide gratuite, *Destination vignoble* : appellations, contact des propriétés, calendrier des manifestations…
Cave des producteurs de Jurançon – 53 av. Henri-IV - 64290 Gan - ✆ 05 59 21 57 03 - www.cavedejurancon.com. Visite du chai et des mosaïques gallo-romaines, dégustation gratuite.
Cave coopérative Béarn-Bellocq – Rte de Puyoo - 64270 Bellocq - ✆ 05 59 65 10 71 - www.cavedejurancon.com
Cave coopérative de Crouseilles (Madiran) – Château de Crouseilles - 5 rte de Madiran - 64350 Crouseilles - ✆ 05 62 69 66 77.

STAGES DE DÉGUSTATION

Office du tourisme de Bordeaux – 12 cours du 30-Juillet - 33080 Bordeaux cedex - ✆ 05 56 00 66 00.
École du vin – 1 cours du 30-Juillet - 33075 Bordeaux Cedex - ✆ 05 56 00 22 85 - http://ecole.vins-bordeaux.fr.
Dégustation au bar à vin : http://baravin.bordeaux.com.
École du Bordeaux – 7 r. du Château-Trompette - 33000

Bordeaux - ✆ 05 56 90 91 92 - www.ecoledubordeaux.com

Château Maucaillou – 33480 Moulis-en-Médoc - ✆ 05 56 58 01 23 - www.chateau-maucaillou.com

Maison du vin des Premières Côtes de Blaye – *Voir les coordonnées ci-contre.*

Maison du vin de St-Émilion – *Voir les coordonnées ci-contre.*

CIRCUITS ORGANISÉS

L'office du tourisme de Bordeaux propose différentes formules thématiques (réservation obligatoire, places limitées) pour découvrir les vins de la région.

Pour en savoir plus, demandez la brochure *Bordeaux porte du vignoble*.

ITINÉRAIRES DANS LES VIGNOBLES

Les Routes du vin (en Gironde) – *Voir la Maison du vin de Bordeaux ci-contre.*

Route des vins et des appellations de l'Entre-Deux-Mers – Office du tourisme de l'Entre-Deux-Mers - 33580 Monségur - ✆ 05 56 61 82 73 - http://tourisme.entredeuxmers.com

Route des vins du Jurançon – Maison des Vins et du Terroir du Jurançon - 64360 Lacommande - ✆ 05 59 82 70 30 - www.vins-jurancon.fr.

VINOTHÉRAPIE

Les sources de Caudalie – Chemin de Smith-Haut-Lafitte - 33650 Bordeaux-Martillac - ✆ 05 57 83 83 83 - www.sources-caudalie.com.

On peut désormais prendre soin de son corps grâce au raisin ! L'eau minérale riche en fer et en fluor associée à l'extrait de raisin, à l'huile de pépins de raisin, à la levure de vin, aux extraits de vigne rouge ou encore aux tanins possède des vertus hydratantes et raffermissantes.

VILLES ET PAYS D'ART ET D'HISTOIRE

Ce réseau propose des visites générales ou insolites (1h30 ou plus), conduites par des guides conférenciers et des animateurs du patrimoine agréés par le ministère. Visites découvertes et ateliers du patrimoine pour les enfants (merc., sam. et vac. scol.).

Bordeaux, Oloron-Ste-Marie.
En ligne : **www.vpah.culture.fr.**

VOILE, PLANCHE À VOILE, CHAR À VOILE

La côte atlantique et bon nombre de lacs (sur la côte : lacs de Cazeau, du Sanguinet, de Soustons, de Carcans, d'Aureilhan ; lacs de Bordeaux et de Christus à Dax) attirent les amateurs de voile et de planche à voile. Ceux qui pratiquent le char à voile apprécieront les grandes plages de sable de la Côte d'Argent.

Fédération française de voile – 17 r. Henri-Bocquillon - 75015 Paris - ✆ 01 44 05 96 55 - www.ffvoile.org.

En famille

Le tableau récapitulatif ci-dessous présente les sites que nous avons sélectionnés pour vous et vos enfants. Repérez-les dans la partie « Découvrir l'Aquitaine » grâce au pictogramme .

Les labels

Stations Kid : Mimizan et Carcans-Maubuisson. www.stationskid.com
Famille Plus : Bordeaux. www.bordeaux-tourisme.com
Circuits touristiques en Gironde, élaborés pour les 7-12 ans :
www.surlespistesderobin.com
Stations vertes – 3 stations en Gironde, 11 stations dans les Landes, 8 stations dans le Lot-et-Garonne, 6 stations dans les Pyrénées-Atlantiques.
www.stationsvertes.com

CHAPITRE DU GUIDE	P.	NATURE	MUSÉES, MONUMENTS	LOISIRS
Agen	494		Musée des Beaux-Arts, Villascopia (Castelculier)	Walibi Aquitaine
Aire-sur-l'Adour	297		Musée du Jambon de Bayonne (Arzacq)	
Ainhoa	367	Grottes des Sorcières (Zugarramurdi), grottes d'Urda		
Arcachon	209		Aquarium et musée	
Bassin d'Arcachon	217	Parc ornithologique du Teich, zoo (La Teste), île aux Oiseaux en bateau	Maison de l'Huître (Gujan-Mestras)	Petit train (Cap-Ferret), Parc de loisirs de la Hume
La Bastide-Clarence	384	Bois de Mixe		
Bayonne	306		Musée basque, Atelier du Chocolat	Journées du chocolat
Bazas	242	Château de Roquetaillade		
Biarritz	325		Musée de la Mer, musée du Chocolat	
Biscarrosse	248	Promenade en barque	Musée de l'Hydraviation	
Blaye	176	Site Terres d'Oiseaux (Port des Callonges)	Citadelle	
Bordeaux	102		Cap Sciences, Planète Bordeaux (Beychac), Bordeaux monumental, musée d'Aquitaine	Balade en calèche, Miroir d'eau
Bourg	181	Grottes Pair-non-Pair	Musée « Au temps des calèches »	
Cambo-les-Bains	373	Forêt des lapins (Louhossa)	Villa Arnaga	
Capbreton	281	La pinède des Singes, Reptilarium, Parc animalier (Labenne)	Écomusée de la pêche-Aquarium	
Courant d'Huchet	256	Promenade en barque		
Dax	268	Conservatoire avicole (Magescq)	Musée de l'Hélicoptère	
Duras	514		Maison des vins	
Entre-Deux-Mers	149	La ferme « Oh ! Légumes oubliés » (Sadirac), grotte Célestine (Rauzan)		
Forêt d'Iraty	411	Grottes		Sports de montagne

EN FAMILLE

Graves, Sauternes et Barsac	142	Réserve géologique de Saucats-La Brède	Écomusée de la vigne et du vin (Gradignan)	
Grottes d'Isturitz	389	Grottes		
Haut-Médoc	185		Le petit musée des Automates (Pauillac), Fort-Médoc (musée)	
Hendaye	357		Château Abbadie	
Hossegor	276			Port miniature (Soustons)
Lacanau	203	Étang de Cousseau		Station Kid à Carcans-Maubuisson, Lacanau Surf-Club
Larrau	415	Gorges de Kakuetta		
Libourne	169	Lac des Dageys	Musée du Chemin de Fer (Guître)	Parcours d'énigmes au château de Vayres (été)
Marmande	509	Réserve de la Mazière (Villeton)	Scénovision « Gens de Garonne » (Couthures)	
Mimizan	252	« Les pieds sur Terre » (Onesse-et-Laharie)	Maison du pin (Pontenx), Maison de l'airial (Bias)	Plages
Mont-de-Marsan	259	Parc de Nahuques		
Monflanquin	528	Promenade en gabare (Fumel)	Visites spectacles de la ville, musée des Bastides	
Nérac	503		Verger-musée (Montesquieu)	Train touristique de l'Albret
Oloron-Ste-Marie	459	Arboretum de Payssas (Lasseube)	Visite de la ville et « voyage immobile » à la villa Bourdeu	
Orthez	448		Château Moncade	Les Canoës du Pont Vieux, la chasse aux trésors
Parc naturel régional des Landes de Gascogne	232		Écomusée de la Grande Lande et son pavillon (Marquèze), Graines de forêt (Garein)	Centre de loisirs du Graoux (Belin-Béliet), domaine de loisirs d'Hostens, balade en calèche (Moustey), piscines (Sore, Sabres, Salles et Pissos)
Pau	432	Haras national de Gelos, zoo d'Asson, la Cité des Abeilles (St-Faust), grottes de Bétharram, lac des Carolins (Lescar)	Musée des Parachutistes, musée des Arts sucrés (confiserie Francis Miot)	Balade en calèche, petit train touristique
Peyrehorade	286		Abbaye d'Arthous, aire d'Hastingues	
La Réole	157	L'oseraie de l'île (Barie)		
St-Émilion	160	Jardin de la lamproie	Écomusée du Libournais (Montagne)	
St-Étienne-de-Baïgorry	397	Visite des fermes piscicoles et des élevages de porcs		Balade à dos d'âne (Irouléguy), sports d'eaux-vives
St-Jean-de-Luz	342		Écomusée basque	Petit train de la Rhune (Ascain)
St-Palais	391		Château de Camou	
St-Sever	290	Moulin de Poyaller		Ateliers préhistoriques (Brassempouy)
Sare	364	Grottes	Maison Ortillopitz	Ferme Etxola
Sauveterre-de-Béarn	456		Chapelle de Sunarthe	
Soulac-sur-Mer	196	Promenade du marais du Conseiller (Le Verdon-sur-Mer)	Phare de Cordouan, phare de Richard, moulin à vent (Vensac), musée du Phare de Cordouan (pointe de Grave)	Petit train Soulac-Pointe de Grave
Vallée d'Aspe	469	Éco-zoo (Borce)	Moulin d'Orcun (Bedous)	Balade à dos d'âne (Etsaut)
Vallée d'Ossau	477	Falaise aux Vautours (Aste-Béon)		Petit train d'Artouste, lac du Castet (Bielle)
Villeneuve-sur-Lot	517	Grottes de Lastournelles, grottes de Fontirou, haras national (Villeneuve), ferme du Chaudron Magique (Brugnac)	Musée du pruneau Dédal'Prune et Mam'zelle Prune (Granges-sur-Lot)	

Mémo

Agenda

JANVIER-FÉVRIER

Bazas – Fête des bœufs gras : défilé des bœufs dans la ville, suivi d'un concours de race devant la mairie. Un banquet clôture la fête (jeu. précédant le Mardi gras).
Biarritz – Festival international des programmes audiovisuels (3e w.-end). www.fipa.tm.fr
Espelette – Foire aux pottoks (fin du mois).
Monségur – Foire au gras (2e dim. de fév.).

CARNAVAL

Arcangues, Biarritz, St-Jean-Pied-de-Port – 3e semaine de fév.
Bayonne, St-Jean-de-Luz – Déb. fév.
Hendaye – Mi-fév.
Pau – Carnaval Biarnès (janv.-fév.) : deux semaines d'animations pour revivre les traditions. www.carnavalbiarnes.fr
St-Pée-sur-Nivelle – Fév.
Sare – Carnaval des jeunes. Fév.

MARS

Bayonne – Foire aux jambons (3e w.-end).
Biarritz – Quiksilver Biarritz Maïder Arrosteguy (compétition de surf).
Biarritz – Bi Harriz Lau Xori (mi-mars) : festival d'expressions basques et d'ailleurs. www.biarritz-culture.com/agenda-bi-harriz-lau-xori
St-Jean-de-Luz – Défilé des confréries gastronomiques.
St-Pée-sur-Nivelle – Fête de la confrérie de la Truite.

AVRIL

Amou – Courses de vaches landaises (dim. des Rameaux).
Biarritz – Fêtes musicales de Biarritz (3e w.-end).
Blaye – Printemps des vins - www.printemps-des-vins.com
Fargues-sur-Ourbise (près de Casteljaloux) – Fête de l'asperge (3e dim.).
Gotein – Festival de Xiru : danse, théâtre, littérature.
Hossegor – 24 Heures de Surf Casting : pêche en bord de mer.
Landes – Printemps des Landes : une semaine d'activités et d'animations autour d'un thème annuel.
Oloron-Ste-Marie – Festival des vallées et des bergers : grande soirée béarnaise avec groupes de chanteurs (dernier sam.).
Pauillac – Printemps des châteaux du Médoc (w.-end de Pâques) : portes ouvertes dans les grands châteaux viticoles.
Pomarez – Festival Art et Courage : course landaise (fin du mois).
St-Étienne-de-Baïgorry – Journée de la Navarre (chants et danses).
Ste-Terre (près de St-Émilion) – Fête de la lamproie.

AVRIL-JUILLET

Navarrenx – Championnats du monde de pêche au saumon.

MAI

Arcachon – Jumping national d'Arcachon : course sur la plage (mai ou juin selon les marées).
Bayonne – Journées du chocolat (autour du 8 mai).
Biarritz – Festival des arts de la rue (fin mai).

Bordeaux – Foire internationale de Bordeaux.
Bourg – Journées portes ouvertes dans les châteaux (2e w.-end).
Cadillac – Journées portes ouvertes dans les châteaux de l'appellation premières-côtes-de-bordeaux (fin du mois).
Cambo-les-Bains – Festival d'*otxote* (chant choral).
Hendaye – Mai du théâtre.
Hendaye – Festival de cinéma Filmar dédié à l'environnement.
Mimizan – Fête de la mer (le 1er) : bénédiction de la mer, animations dans les rues et sur les plages, bandas, défilé nautique.
Pauillac – Fête de l'agneau (fin avr. déb. mai).
St-Émilion – Journées portes ouvertes des châteaux (1er w.-end).
St-Jean-de-Luz – Festival international du film de surf.
St-Jean-Pied-de-Port – Festival des musiques d'ici et d'ailleurs (dernier w.-end).
Ste-Croix-du-Mont – Fête de la commanderie du Bontemps : promotion des vins de Ste-Croix-du-Mont.

ASCENSION

Bascons – Fête de Notre-Dame de la course landaise.
Laàs – Transhumances musicales dans le parc du château : tremplin des polyphonies (concours), chanteurs et musiciens d'envergure internationale. www.transhumances-musicales.org

PENTECÔTE

Hastingues – Festival international de la céramique à l'abbaye d'Arthous.

JUIN

Abbayes de la Chalosse et du Pays d'Orthe – Festival des abbayes en Sud Adour : musique classique. www.festivaldesabbayes.org
Aire-sur-Adour – Férias (2e quinz. : 6 j.). www.féria-aire.com.
Ainhoa – Fête des sorcières (21 juin).
Ascain – Fête du pottok (déb. juin).
Biarritz – Les Océanes (fin juin) : festival de la mer.
Bordeaux – Fête du fleuve sur les quais : dégustations de vins et de fruits de mer, sons et lumières, bal, régates, feu d'artifice ; Vinexpo (années impaires, 3e w.-end de juin). www.bordeaux-fete-le-fleuve.com et www.vinexpo.com
Bordeaux – Fête du vin, place des Quinconces et sur une partie des quais : animations, concerts (années paires, dernière sem. de juin). www.bordeaux-fete-le-vin.com
Capbreton – Fête de la mer : sortie en mer des bateaux, fête traditionnelle des marins pêcheurs. www.port-capbreton.com
Itxassou – Fête des cerises (1er dim. de juin). Kermesse, messe, partie de pelote, repas, vente de cerises, etc.
Lourdios-Ichère – Fête de la transhumance en vallée d'Aspe (déb. du mois) : départ des troupeaux de vaches, brebis, chevaux. Présentation de races locales, exposition, chants et danses traditionnels.
Moliets-et-Maâ – Festival de cerfs-volants (2e w.-end).
Pau – Grand Prix automobile de Pau (1er w.-end). www.grandprixautomobilepau.com
Sadirac – Fête de la poterie (mi-juin).
St-Émilion – Jurade de printemps (3e dim.) : défilé des jurats, messe, intronisations et proclamation solennelle du jugement du vin nouveau. www.saint-emilion-tourisme.com
St-Jean-de-Luz – Udaberria Dantzan : festival de danses traditionnelles (vers le 11 juin).
St-Jean-de-Luz – Fête de la St-Jean (w.-end de la St-Jean). Grand-messe, concerts, chistera, force basque, feux de la St-Jean, bal, *toro de fuego*, etc. www.saint-jean-de-luz.com

St-Sever – *Novilladas* et *encierro* : fête de la St-Jean (24 juin).
Soulac – « Soulac 1900 » : grande parade de la Belle Époque, train à vapeur, découverte de l'estuaire de la Gironde en bateau, spectacles de rue et petits métiers d'autrefois (1er w.-end de juin). www.soulac1900.fr

JUILLET

Andernos-les-Bains – Festival jazz en liberté (dernier w.-end) : concerts gratuits en plein air. www.andernoslesbains.fr
Arcachon – Les 18 heures d'Arcachon Sud-Ouest (1er w.-end) : régates en mer et village de guinguettes plage Pereire.
Bayonne – La Ruée au jazz (après le 14 Juil.).
Biarritz – Les Extravagances : festival de musiques actuelles.
Blaye – Jumping international (w.-end du 14 Juil.). www.jumpingdeblaye.com
Espelette – Festival international de danse Gau Argi, pour les enfants de 9 à 15 ans (mi-juil.).
Etsaut – Fête du fromage (dernier dim.).
Dax – Festival Paso Passion (fin juil.) : festival de musiques taurines.
Hendaye – Fêtes de la mer (dernier w.-end de juil.).
Itxassou – Errobiko Festibala : festival de la Nive (3e w.-end).
Lanton – Fête de l'huître et folklore maritime (w.-end du 14 Juil., 3 soirs).
Laruns – Transhumances en Ossau (déb. du mois) : passage des troupeaux dans les villages.
Mont-de-Marsan – Festival Arte flamenco (déb. du mois). www.landes.org
Mont-de-Marsan – Féria de la Madeleine (2e quinz.) : cavalcades, corridas, courses landaises et bodegas, pendant 7 jours et 7 nuits.
Orthez – Féria (dernière sem.) : pendant 5 jours, bandas, paella géante, courses de vaches… et corrida le dimanche.
Penne-d'Agenais – Foire à la tourtière (2e dim.) : préparation des tourtières aux pommes, concours et démonstrations.
La Pierre-St-Martin – Junte de Roncal (le 13 juil.) : célébration du traité le plus ancien d'Europe entre la vallée navarraise de Roncal (Espagne) et la vallée de Barétous (France).
St-Jean-de-Luz – Fête du thon : défilé, animations et jeux, dégustations de thon-piperade, bandas et bals (1er sam. de juil.).
St-Sever – Fête du foie gras (les 13 et 14) : démonstrations, dégustation et vente.
St-Yzans-de-Médoc – Foire aux sarments (2e sam.) : découverte du patrimoine, des traditions et de la gastronomie médocaine.

JUILLET-AOÛT

Aramits – Soirées pastorales tous les jeudis.
Arette – Pelote basque tous les mardis à 18h au fronton.
Bassin d'Arcachon – Fête de l'huître autour du bassin dans chaque commune. www.bassin-arcachon.org
Biarritz – Biarritz Master Jaï Alaï (jeu de pelote).
Castillon-la-Bataille – Un spectacle son et lumière de plein air reconstitue la bataille de Castillon, qui a mis fin à la guerre de Cent Ans (de mi-juil. à mi-août à 22h30). www.batailledecastillon.com
Château de Vayres – Soirées mascaret et soirées mousquetaires. www.chateaudevayres.com
Hossegor – Tournoi de Cesta Punta.
Oloron-Ste-Marie – Festival d'Oloron. Confluence des musiques et danses du monde (fin juil.-déb. août) : musiques, danses et voix du monde, arts populaires.

St-Jean-de-Luz – Internationaux professionnels de Cesta Punta, jeu de pelote (mar. et vend. soir).
St-Jean-de-Luz/Ciboure – Régates de traînières (vers le 10 juil.).
Soustons – Pelote basque au grand chistera ; folklore landais.

AOÛT

Anglet – Surf de nuit/Airshow (14 août).
Arcachon – Fête de la Mer (les 14 et 15) : bénédiction des bateaux, régates de pinasses à voile et musique en soirée. www.arcachon.com
Arès – Fête de l'huître (mi-août).
Ascain – Concours de chiens de bergers et Course de la Rhune (déb. du mois).
Bayonne – Fêtes de Bayonne : courses de vaches, parties de pelote, bals publics (1re sem.). http://fetes.bayonne.fr
Blaye – Les Chantiers de Blaye et de l'estuaire (fin du mois) : festival de théâtre. www.chantiersdeblaye-estuaire.com
Cambo-les-Bains – Festival international de théâtre d'Arnaga.
Château de Bonaguil – Festival de Théâtre (2e sem.).
Château de Vayres – Spectacle pyrosymphonique dans les jardins du château (15 août). www.mairie-vayres.fr
Dax – Féria (2e sem.) : corridas, concours landais, jeux avec vachettes, spectacles folkloriques, bandas, bodegas, feux d'artifice. www.dax.fr
Duras – Fête des vins de Duras (le 10), dans la cour du château. Montgolfiades en pays de Duras. www.cotesdeduras.com
Gujan-Mestras (port de Larros) – Foire aux huîtres (1re quinz.) : animations, bandas, dégustation, feu d'artifice. www.ville-gujanmestras.fr
Hagetmau – Les 5 jours d'Hagetmau (dernier dim. de juil. et les 5 j. suivants) : corridas, courses landaises, feux d'artifice, orchestres.
Hossegor – Hossegor Rip Curl Pro, championnat du monde de surf professionnel (2e quinz. d'août). www.ville-soorts-hossegor.fr
Lacanau – Lacanau Pro (mi-août) : étape des championnats du monde de surf. www.lacanausurfclub.com
Laruns – Hesta de Noste Dama (mi-août) : fête traditionnelle ossaloise avec danses, chants, costumes.
Mauléon-Licharre – Fête de l'espadrille (15 août).
Marmande et sa région – Festival Les nuits lyriques en Marmandais (2e quinz.). www.festilyrique.fr
Miramont-de-Guyenne – Bastid'art : festival des arts de la rue (1er w.-end). www.ville-miramontdeguyenne.fr
Monein – Fête du vin de Jurançon (déb. du mois) : expositions et dégustation de fruits et de vin de Jurançon.
Monflanquin – Fêtes médiévales : reconstitutions historiques, spectacles, animations de rue, banquet médiéval.
Nérac – Fête des vins de Buzet.
Pomarez – Courses de vaches landaises.
St-Étienne-de-Baïgorry – Festival musical de Basse-Navarre (musique baroque, 1re quinz. d'août).
St-Palais – Festival de la force basque (3e dim. d'août).
St-Sever – Reconstitution historique (déb. du mois) : vie de la cité du Moyen Âge à nos jours, spectacle son et lumière et feu d'artifice. Rens. et réserv. à l'office de tourisme.
Salies-de-Béarn – La Piperadère (le 15) : concours de piperades béarnaises, repas champêtre et festival des métiers d'antan.
Uzeste – Hestejada de las arts d'Uzeste musical (3e sem.) : variétés, théâtre, poésie, arts plastiques, danse, cinéma, etc. www.uzeste.org

Val de Garonne (Fourques-sur-Garonne) – Radofolies (dernier w.-end) : descente de la Garonne en radeau, de Marmande à La Réole.
Vieux-Boucau – Championnat du monde des chioulayres (siffleurs d'alouettes - fin du mois).

SEPTEMBRE

Agen – Grand pruneau show d'Agen (1er w.-end) : parade, concerts, gastronomie… www.grandpruneaushow.fr
Arcachon – Cadences : festival de danse (3e sem.). www.arcachon.com
Arette – Fête des bergers : concours de chiens de berger (3e w.-end). www.valleedebaretous.com
Bazas – Fête de la palombe : (dernier w.-end) : reconstitution d'une chasse, intronisations.
Biarritz – Le Temps d'Aimer (2e sem. de sept.) : festival de danse. www.biarritz-culture.com/le-temps-d-aimer
Biarritz – Festival de Biarritz (fin sept.-déb.oct.) : festival consacré au cinéma et à la culture d'Amérique latine. www.festivaldebiarritz.com
Biarritz – Quiksilver Pro Junior International de Surf (fin sept.-déb. oct.).
Bourg – **Foire Troque-sel** (1er w.-end de sept.) : depuis le Moyen Âge, elle commémore le privilège, accordé à la ville par le roi d'Angleterre, de troquer du sel sans payer la gabelle.
Contis-Plage – Festival international de Contis (mi-sept.) : courts métrages. www.cinema-contis.fr
Dax – Toros y Salsa (déb. sept.) : tauromachie et concerts au rythme de la musique latino-américaine.
Langon – Fête du vin et du fromage (1er w.-end). www.fédération-langon.fr
Oloron-Ste-Marie – Championnat international de garbure (le 6).
St-Émilion – Jurade d'automne : Ban des vendanges (3e dim.), défilé des jurats, messe, intronisations et proclamation solennelle du ban des vendanges. www.saint-emilion-tourisme.com
St-Jean-de-Luz – Académie internationale de musique Maurice Ravel.
St-Macaire – Les journées médiévales (dernier w.-end) : marché, jeux, visites, banquet médiéval.
Salies-de-Béarn – Fête du sel (2e w.-end) : marché aux salaisons, artisans en costumes traditionnels, chants et danses du Béarn, etc.
La Sauve Majeure – La nuit de la Sauve (2e w.-end) : spectacle nocturne, théâtre et lumière.

SEPTEMBRE-DÉCEMBRE

Jurançon et alentours – Fêtes des vignerons en Jurançon : portes ouvertes des chais des vignerons indépendants, dégustation des vins et des produits du terroir. www.vins-jurancon.fr

OCTOBRE

Bayonne et Biarritz – Les Translatines (mi-oct.) : festival de théâtre franco-ibérique et latino-américain.
Dax – Festival d'art sacré (mi-oct.).
Espelette – Fête du piment (dernier dim. d'oct.). Bénédiction du piment, défilé des confréries et nomination des Chevaliers du piment d'Espelette.
Fronsac – Journées portes ouvertes dans les châteaux (3e w.-end).
Hossegor – Air Festival (1er w.-end vac. de Toussaint) : démonstration de diverses activités sportives, artistiques et burlesques.
Laruns – Foire aux fromages, avec marché à l'ancienne (1er w.-end).
Pau – Concours complet international d'équitation (fin oct.). www.event-pau.fr
St-Jean-de-Luz – Festival des jeunes réalisateurs.
St-Jean-de-Luz – Festival de chant choral (fin oct.).

NOVEMBRE

Biarritz – Festival de cirque « On s'appelle on s'fait un Cirque ! » (fin nov.).

DÉCEMBRE

St-Sever – Festivolailles (déb. déc.) : poulets et chapons de St-Sever à l'honneur. Grand marché médiéval et concours de quilles le 9.
Bazas, Montfort, St-Sever – Hailhe de Nadau : le 24 décembre, tous les habitants se réunissent pour chanter les chants traditionnels en gascon ; vin chaud et défilé.

Bibliographie

OUVRAGES GÉNÉRAUX

Gironde, collectif, éd. Bonneton, 2002.
Landes, collectif, éd. Bonneton, 2001.
Lot-et-Garonne, J.-P. Poussou, éd. Sud-Ouest, 2003.
Pays basque, terre et gens, A. Sorondo, éd. Elkar, 2004.
Fêtes et traditions du Pays basque, O. de Marliave, éd. Sud-Ouest.

HISTOIRE ET PATRIMOINE

Histoire de l'Aquitaine, M. Suffran, éd. Calmann-Lévy, 2003.
L'Aquitaine au temps de François Mauriac, 1855-1970, G. Fayolle, Hachette Littérature, 2004.
La Gironde et les Girondins, F. Furet, M. Ozouf, Payot, 2004.
Aliénor d'Aquitaine, la Reine insoumise, J. Flori, Payot, 2004.
Gaston Fébus : le prince et le diable, C. Pailhès, Perrin, 2007.
L'Aventure des bastides, G. Bernard, G. Jungblut, Privat, 2003.
Histoire de Bordeaux, C. Higounet, Privat, coll. Univers de France, 2001.
Autrefois Bordeaux, S. Pacaud, Atlantica, 2004.
Autrefois Pau, P. Mirat, Atlantica, 2003.
Bordeaux secret et insolite, P. Prévôt, R. Zeboulon, Les Beaux Jours, 2005.
Le Bassin d'Arcachon : à l'âge d'or des villas et des voiliers, F. Cottin, Horizon Chimérique, 2003.
Mémoire d'un fleuve : Garonne et Gironde, L. Barron, Les Chemins de la mémoire, 2004.
La Vie d'autrefois dans les Landes, J.-F. Ratonnat, éd. Sud-Ouest, 2000.
Histoire de Bayonne, Pontet, Privat, coll. Univers de France, 1995.
Histoire du peuple basque, J.-L. Davant, éd. Elkar, 2000.
Pays basque (vie d'autrefois), J.-F. Ratonnat, éd. Sud-Ouest, coll. Histoire, 2000.

LITTÉRATURE

Les Rives de la Garonne, A. Dufilho, éd. Aubéron, 1990.
Le Pont de la Garonne, H. Sarrazin, éd. Aubéron, 1996.
Bordeaux, une enfance, F. Mauriac, M. Suffran, L'Esprit du Temps, coll. Contraste, 2000.
La Villa Belza, B. Pécassou-Camebrac, Flammarion, 2007.
Ramuntcho, P. Loti, Folio Gallimard, 1990.
Le Pays basque, P. Loti, éd. Aubéron.
Voyages au Pays basque, Stendhal, T. Gautier, V. Hugo, éd. Pimientos, coll. Voyages d'écrivains au 19e s., 2002.

En livres de poche

Ma communale avait raison, G. Coulonges, éd. Pocket.
Ciné-roman, R. Grenier, éd. Folio.
Thérèse Desqueyroux, F. Mauriac, Le Livre de Poche.
Crépuscule, taille unique, C. de Rivoyre, Le Livre de Poche.
Bords d'eaux, P. Veilletet, Arléa Poche.

GASTRONOMIE

Les Bonnes Recettes des Landes, M.-F. Chauvirey, éd. Lavielle, 2000.
Les Bonnes Recettes du Béarn, C. Lagreoulle, éd. Lavielle, 2000.
La Bonne Cuisine basque, E. Bonche, éd. J G D.

Bordeaux - Grands crus classés 1855-2005, collectif, Flammarion, 2004.
L'Esprit du Bordeaux, A. Le Bègue, Hachette, 2002.

MUSIQUE

Vous trouverez un grand choix de disques chez Agorila (13 r. Montalibet, 64100 Bayonne, www.agorila.com), spécialisé dans l'édition musicale du Pays basque.
Tatoo, Fêtes du Sud-Ouest, Agorila.
Chœurs basques, Argileak, Agorila.
Desertore, par Oskorri, éd. L'autre Distribution.

NATURE

Les Landes de Gascogne, C. Maizeret, Delachaux et Niestlé, 2005.
Apprenez à découvrir la faune des Pyrénées, Tétras, 2004.
La Grande Flore illustrée des Pyrénées, M. Saule, Rando éditions, 2002.
La Guide du parc national des Pyrénées, P. Mayoux et F. Elman, Rando éditions.

ITINÉRAIRES

Chez Rando éditions

100 sommets des Pyrénées, collectif, 2007.
Les sentiers d'Émilie en Gironde, J.-Y. Rossignol, 2007.
Les sentiers d'Émilie dans les Landes, B. Valcke, 2003.
Les sentiers d'Émilie en Lot-et-Garonne, J.-P. Sirejol, 2002.
Les sentiers d'Émilie en Béarn, F. Breitenbach, 2002.
Les sentiers d'Émilie au Pays basque, N. Magrou.
Le Guide Rando Pays basque, M. Record.

Autres éditeurs

La Gironde à vélo, C. Feigné, éd. Sud-Ouest, 2004.
Randonnées sur les sentiers du Pays basque, de A.-M. Minvielle, éd. Glénat, coll. Rando-Évasion, 2005.
Balades nature au Pays basque, collectif, éd. Dakota, 2006.
La Fédération française de la randonnée pédestre édite de nombreux topoguides *(voir coordonnées p. 19)*.

JEUNESSE

Raconte-moi le Béarn, C. Desplat, Cairn Édition, 2002.
Contes des Landes de Gascogne, F. Arnaudin, P. Dumas, L'École des Loisirs, 2001.
Sylvie et la forêt des Landes, J. Doutreloux, P. Morin, L'École des Loisirs, coll. Archimède, 2001.
Contes traditionnels des Pyrénées, 2 tomes, M. Cosem, Milan, 2003.
Téodosio, C. Labat, éd. Elkar, 2005.
Olentzero, C. Labat, éd. Elkar, 2005.
Ces deux ouvrages sont des contes basques adaptés pour petits et grands enfants…
Bécassine au Pays basque, Pinchon, Caumery, éd. Gautier Languereau, 1991.
Contes traditionnels du Pays basque, M. Cosem, F. Vincent, éd. Milan, 1996.

LANGUES/TOPONYMIES

Que parli gascon – Initiation à la langue gascogne, collectif, 3 audio, Princi Neguer, 2005.
Guide de la conversation français-basque, éd. Elkarlanean, 2000.
Noms de lieux du Pays basque et de Gascogne, Michel Morvan, éd. Bonneton, 2004.
Le comité départemental du tourisme Béarn-Pays basque édite un petit guide : *La Langue basque*.

Lexique franco-basque

Pour vous familiariser avec la langue basque, voici quelques mots et leur traduction.

MOTS USUELS

Au revoir	Agur
Bonjour	Egun on
Bonsoir	Gabon
Combien ?	Zenbat
Comment ?	Nola
Où ?	Non
Oui / Non	Bai / Ez
Pardon	Barkatu
Quand ?	Noiz
S'il vous plaît	Mesedez
Merci	Milesker

VIE COURANTE

Femme	Emakume
Homme	Gizon
Madame	Anderea
Monsieur	Jauna
Toilettes	Komunak

LE TEMPS

Lundi	Astelehena
Mardi	Asteartea
Mercredi	Asteazkena
Jeudi	Osteguna
Vendredi	Ostirala
Samedi	Larunbata
Dimanche	Igandea
Aujourd'hui	Gaur
Demain	Bihar
Hier	Atzo
Jour	Eguna
Nuit	Gaua

EN VILLE

Avenue	Etorbidea
Centre-ville	Hirigunea
Église	Eliza
Gare	Tren geltokia
Hôtel de ville	Udaletxea
Jardin	Parkea
Marché	Azoka
Place	Plaza
Port	Kaia
La poste	Posta bulegoa
Promenade	Pasealekua
Rue	Kalea

VISITE

Château	Gaztelua
Exposition	Erakusketa
Forteresse	Gotorlekua
Lac	Lakua
Monastère	Monastegia
Musée	Museoa
Plage	Hondartza

CHIFFRES ET NOMBRES

0	Zero
1/2	Bat/bi
3/4	Hiru/lau
5/6	Bost/sei
7/8	Zazpi/zortzi
9	Bederatzi
10	Hamar
11	Hamaika
12	Hamabi
13	Hamhiru
14	Hamalau
15	Hamabost
16	Hamasei
17	Hamazazpi
18	Hemezortzi
19	Hemeretzi
20	Hogei
30	Hogeita hamar
40	Berrogei
50	Berrogeita hamaika
100	Ehun
1000	Mila

2/ COMPRENDRE L'AQUITAINE

Dans le bassin d'Arcachon.
F. Mousis / MICHELIN

Des métiers et des hommes

Entre mer et montagne, fleuves et coteaux, landes et marais, les hommes ont puisé de tout temps dans les ressources que leur offrait le vaste territoire aquitain. Aujourd'hui encore, grâce à elles, hommes et femmes de talent perpétuent et développent des savoir-faire souvent ancestraux, toujours de qualité, maintenant une activité économique spécifique et identitaire : vins des côtes, huîtres du bassin, fromages du Pays basque ou foie gras des Landes... autant de métiers, symboles d'un art de vivre.

Le monde du vin

LE VIGNOBLE BORDELAIS

De l'estuaire de la Gironde aux rives de la Garonne et de la Dordogne, le Bordelais s'étend en une immense terre viticole. Étiré le long des fleuves, étoilé autour de la grande ville, le vignoble est un maillage serré et savant de 112 000 ha de terres de caractère. Y sont piqués avec ordre pieds de vigne, châteaux, maisons de négoce, caves coopératives, tous établissements organisés autour du labeur viticole. Le paysage semble rigoureusement rangé, à l'image des fûts qui s'alignent dans l'ombre des chais. Cette portion de la Gironde écrit ainsi depuis 2 000 ans la plus longue histoire de vins fins de France.

Dans la région du **Médoc**, l'Océan est presque déjà là : la Gironde l'annonce et borde de près la route des vins prestigieux. Au sud de Bordeaux, la région des **Graves** évoque un terrain très caillouteux, fait de graviers, de sable et de galets. Plus à l'est, les vignes de l'**Entre-Deux-Mers**, entre Garonne et Dordogne, s'écartent pour laisser place à des forêts et des coteaux. Au-dessus, **St-Émilion** rappelle qu'ici vigne et patrimoine architectural sont étroitement mêlés.

L'Aquitaine constitue la **première région viticole française en AOC** avec plus de 30 % de la production française. 50 000 salariés permanents et occasionnels vivent du fruit de la vigne, ce qui représente 4 % du PIB régional et 6 % de l'emploi. Sur les 8 millions d'hectolitres produits en moyenne annuellement en Aquitaine, plus de 80 % proviennent de la Gironde. La diversité des produits du vignoble bordelais, premier au monde pour les vins fins, est prodigieuse : 120 000 hectares de vignes, 12 000 « châteaux », **57 appellations**. Chaque année, près de 850 millions de bouteilles sont ainsi prêtes à la dégustation. Représentant 40 % du chiffre d'affaires annuel, l'**exportation** constitue un secteur clé pour le vignoble bordelais : en 2006, le volume total des exportations bordelaises atteignait 1,8 million

© S. Sauvignier/ MICHELIN

d'hectolitres, pour une valeur de 1,27 milliard d'euros. En tête des pays amateurs de bordeaux, on trouve le Royaume-Uni et la Belgique, puis l'Allemagne, le Japon, les Pays-Bas et les États-Unis. De gros marchés semblent s'ouvrir en Asie du Sud-Est (Chine et Corée du Sud), qui ne représente pour l'heure que 15 % des exportations. Mais la prospérité n'est pas toujours de mise : en réalité, le vignoble connaît une alternance de périodes d'euphorie et de dépression, avec parfois des crises de surproduction dont la plus marquante sévit dans les années 1990.

UNE PROFESSION EN MUTATION

Le viticulteur maîtrise l'élevage de la vigne tout au long de l'année, de la taille au choix délicat de la date des vendanges. Après avoir misé sur le perfectionnement des compétences œnologiques dans les années 1980, les professionnels du vin comptent aujourd'hui beaucoup sur la modernisation de la viticulture, grâce à l'apprentissage de nouvelles technologies. Comme en témoigne l'importance croissante du **salon Vinitech** à Bordeaux, les viticulteurs bénéficient aujourd'hui d'outils de plus en plus performants : de nouveaux tracteurs légers, puissants et adaptables ; des sécateurs munis de batteries en lithium ultralégers ; du matériel de guidage par satellite qui permet de planter avec précision les plants de vigne, en tenant compte des textures et des configurations des sols ; des modes de fertilisation qui s'accompagnent d'un souci de préservation de l'environnement. Autant d'outils qui améliorent aussi bien le confort du vigneron que le rendement de la vigne. Les **compétences du viticulteur** doivent être multiples : outre une parfaite connaissance de la vigne, il doit posséder des notions de pédologie (connaissance des sols), de climatologie, et être capable de sélectionner les meilleurs cépages.

Les vendanges

C'est toute l'année que les viticulteurs sont à pied d'œuvre pour produire un vin de qualité. De décembre à janvier, le vigneron

soigne sa vigne par des tailles, des labours, des débourrements, des rognages, des traitements, l'élimination des mauvaises herbes, l'amendement des sols et la sélection des bourgeons.
Point d'orgue d'une année de labeur, les vendanges, qui débutent généralement au mois de septembre, donnent une couleur et une ambiance particulières aux vignobles aquitains.
Les vendanges peuvent prendre des formes très différentes selon que les viticulteurs emploient ou non des machines à vendanger. Permettant un net gain de temps, ces machines ne sont cependant utilisées que dans la mesure où leur emploi est compatible avec la qualité du vin. Que les amateurs se rassurent : les vendanges manuelles ont encore de belles heures devant elles.
Pour la plupart des grands crus classés, ainsi que sur les vignobles très en pente ou dans le cas de vins liquoreux nécessitant plusieurs « tries » successives, les vendanges ne peuvent s'effectuer qu'**à la main** : chaque coupeur prélève les grappes à l'aide d'un sécateur et les dépose dans un panier ; il décharge ensuite le contenu du panier dans la hotte d'un porteur ; puis le porteur verse la cueillette dans une benne, qui sera tractée jusqu'au chai. Pour limiter les manipulations, on supprime parfois le passage des grappes dans la hotte : la récolte du coupeur passe directement de la cagette dans la benne. La cueillette à la main fait appel à une nombreuse main-d'œuvre saisonnière. Dans le Bordelais, on attend chaque année des milliers de porteurs et de coupeurs.
La **vendange mécanique** ne s'est répandue en France et dans le Bordelais que depuis une trentaine d'années : parmi les secteurs importants de l'agriculture, la viticulture est celui qui s'est mécanisé le plus tardivement. La machine à vendanger enjambe un rang de vigne, la rège, dont elle va recueillir les raisins. Elle est équipée de batteurs à secouage latéral qui détachent les baies de la rafle (grappe de raisin sans ses grains). Une chaîne à godets remonte ensuite les raisins vers un aspirateur qui élimine les feuilles et les pétioles risquant d'altérer le goût du vin ; la vendange tombe enfin dans une benne.
Sur une vigne convenablement conduite, la mécanisation de la vendange n'entraîne pas

LE BAN DES VENDANGES

Plus connu pour désigner une manifestation folklorique, c'est avant tout un **arrêté préfectoral** qui définit chaque année et pour chaque appellation la date à partir de laquelle les viticulteurs peuvent commencer les vendanges. Le préfet se soumet pour cela à l'avis d'un comité technique composé de responsables syndicaux, de techniciens, d'œnologues et de chercheurs qui analysent le degré de maturité et la richesse en sucre d'une parcelle témoin. Libre ensuite à chaque vigneron de fixer la date de démarrage de ses propres vendanges, après avoir analysé et goûté son raisin, la maturité étant aussi fonction du type de vin recherché. Car si le viticulteur ne peut pas, sauf dérogation, vendanger avant la date autorisée (le non-respect de cette convention entraîne le risque que toute sa récolte soit exclue de l'appellation), rien en revanche ne lui interdit de la retarder. Une telle réglementation vise à garantir la qualité du vin : certains viticulteurs, par crainte de voir leurs raisins endommagés par les premières pluies d'automne, seraient tentés de se livrer à des vendanges précoces.

LES VINS BIO
Officiellement reconnue depuis une quinzaine d'années, la viticulture biologique tend peu à peu à se développer dans la région. Un syndicat des vignerons bio d'Aquitaine regroupe les producteurs qui respectent des conditions précises sur le travail du sol et une fertilisation à base de produits naturels, interdisant l'utilisation des produits chimiques de synthèse. Le Bordelais est l'un des vignobles les plus importants en surface cultivée selon les principes de l'agriculture biologique, avec 1 300 ha et une centaine de viticulteurs bio. Une grande partie de la production est exportée vers les pays de l'Europe du Nord, l'Allemagne étant le plus gros importateur. Fin 2005, la Commission européenne a intégré le vin dans le règlement applicable à l'agriculture biologique. Un programme de recherche (2006-2009) a été lancé pour déterminer les pratiques œnologiques qui seront obligatoires ou interdites en viticulture biologique dans l'espace européen.

d'effets dommageables. On a par exemple remarqué que les pertes par égrenage étaient à peine supérieures à celles que provoquent les vendangeurs travaillant manuellement. Mais pour ce qui est de la vitesse de travail, elle est multipliée par plus de dix et dépasse 0,5 ha par heure pour des vignes bien palissées et bien taillées. Les détracteurs de ce procédé reprochent à la machine d'écourter la durée de vie des ceps à cause des secousses qui lui sont imprimées ; d'autre part, toute vendange à la machine nécessite un tri, puisqu'elle ramasse indistinctement les raisins pourris comme ceux qui sont sains.

Du raisin au vin

Après les vendanges, le viticulteur peut livrer son raisin à une cave coopérative qui assure les opérations de vinification et de commercialisation. Mais il peut aussi choisir de participer lui-même à la fabrication du vin : il lui faudra alors pressurer ou fouler son raisin, vinifier (c'est-à-dire traiter les moûts pour en faire du vin), chaptaliser (ajouter du sucre) et surveiller les fermentations. Il devra ensuite soutirer le vin (le transvaser pour éliminer les dépôts), le mettre dans des fûts puis en bouteilles.

Outre ces aspects techniques, l'exploitant viticole devient de plus en plus un véritable dirigeant et doit acquérir pour cela les savoir-faire spécifiques au management. Ambassadeur de son entreprise auprès du marché et de ses clients, il doit aussi maîtriser les techniques de vente.

L'œnologue et le négociant

Les talents de l'œnologue peuvent être engagés ponctuellement par le propriétaire d'un « château » ou durablement par une coopérative : il veille à la sélection inspirée des cépages, au pressurage et parfois même à la commercialisation des bouteilles. C'est réellement le « scientifique du vin » : intervenant au moment de la vinification, il fait des contrôles et analyse la fermentation, le conditionnement et la distillation.
Quant au négociant, il peut aussi intervenir pour choisir les crus et les commercialiser sous sa marque.

L'influence étrangère

Il arrive aujourd'hui souvent que certains domaines français suivent plus ou moins les goûts et les exigences de leurs clients étrangers, surtout lorsque ceux-ci représentent plus de 30 % des débouchés de la propriété. On assiste d'ailleurs actuellement à l'éclosion de cuvées spécifiques à un pays donné, notamment aux États-Unis et au Japon. La mode des vins concentrés et riches en extraits s'installe lentement mais sûrement. Cette mondialisation du goût constitue la trame du film *Mondovino* de Jonathan Nossiter *(2004, disponible en DVD)*, à la frontière entre documentaire et fiction. Le réalisateur américain y montre différents domaines viticoles à travers le monde. On voit ainsi que certains industriels prônent la production d'un vin au goût uniforme, tandis que quelques vignerons se battent pour préserver une idée du vin plus traditionnelle et patrimoniale. Le film ne manque pas de faire apparaître Robert Parker, célèbre critique américain qui a une grande influence aux États-Unis. La parution de son guide, où chaque vin reçoit une note sur 100, a sérieusement secoué le monde du vin français.

Reportez-vous aussi à la microrégion Bordeaux et le vignoble bordelais dans la partie « Découvrir l'Aquitaine ». Et pour parfaire vos connaissances sur le vignoble bordelais, rendez-vous à **Planète Bordeaux** à Beychac *(voir p. 126)*.

L'ART DE LA DÉGUSTATION

Après la sélection délicate et judicieuse des bons crus, il faut savoir servir le vin en suivant

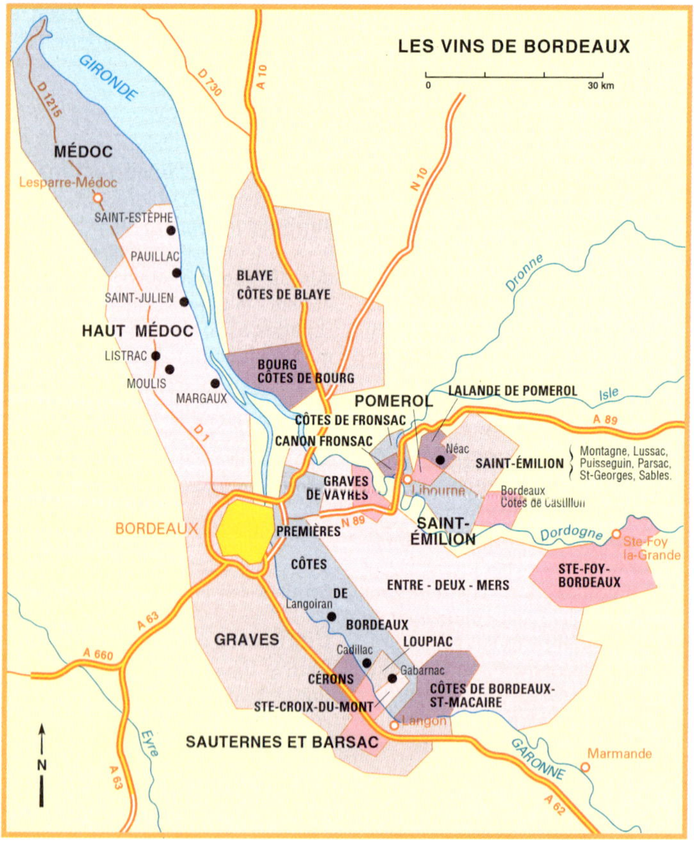

VOCABULAIRE RELATIF À LA DÉGUSTATION

« **Bien en bouche** » : vin riche et équilibré, qui remplit la bouche.
« **Charnu** » : vin qui a du corps, qui donne la sensation de mordre dans un fruit.
« **Gras** » : vin à la fois moelleux, charnu, corsé et riche en alcool (signes d'un grand vin).
« **Corsé** » : vin riche en alcool ; on dit aussi qu'il a du « corps », de la « cuisse », de la « jambe ».
« **Souple** » : vin peu chargé en tanin, agréable au palais.
« **Gouleyant** » : vin facile à boire, fruité, frais.
« **Mâché** » : vin assez consistant, qui donne la sensation de pouvoir être mâché.
« **Nerveux** » : vin qui dénote un caractère vif, avec une pointe d'acidité.
« **Rond** » : vin souple, charnu, légèrement velouté.
« **Chaleureux** » : vin qui procure, par sa richesse en alcool, une sensation de chaleur.
« **Épais** » : vin très coloré, donnant une sensation de lourdeur et d'épaisseur.
« **Râpeux** » : vin très astringent, qui racle le palais.

certaines règles qui assurent à l'amateur le meilleur plaisir de bouche.

Pour un **vin rouge**, il est conseillé de laisser reposer la bouteille quelques heures à température ambiante (18 à 20 °C) puis de l'ouvrir une heure avant le repas. Un vin rouge de grand âge demande à être servi dans un panier verseur ; il peut ainsi mieux décanter, en particulier s'il présente des impuretés en suspension. Selon leur âge, les rouges sont servis plutôt chambrés (14 à 18 °C) ou relativement frais, comme on le conseille pour les vins jeunes (5 ans) qui se boivent à 12 -14 °C.

Les **vins blancs secs** et les **rosés** seront appréciés frais (à 8 °C), et les blancs **moelleux** encore plus frais (environ 6 °C).

Bon à savoir – Il est préférable d'aller crescendo pendant le repas : commencez par le cru le plus jeune et le plus léger pour finir par le plus âgé et le plus corsé.

L'art et la manière

Avant même de porter votre verre aux lèvres, goûtez le vin avec les yeux, et avec le nez. Prenez votre temps et oubliez les complexes !

Si vous voulez mettre des mots sur vos sensations, nous vous indiquons les termes les plus usités *(voir l'encadré ci-dessus)*.

La vue – La dégustation commence par un examen visuel de la « robe » et du « disque » du vin. La robe, différente selon les crus, désigne la couleur et la limpidité du vin.

Le disque est la surface du vin dans le verre : il doit être brillant et ne présenter aucune particule.

L'odorat – Chaque vin a son parfum, à l'odeur évocatrice classée en 10 familles : animale, boisée, épicée, balsamique, chimique, florale, fruitée, végétale, empyreumatique et éthérée.

On commence par inhaler le nectar puis à le faire tourner dans le verre pour mieux libérer les arômes, en essayant de distinguer chaque famille. Avec les années, un vin dégage des odeurs sauvages et épicées.

Le goût – L'examen gustatif débute par une « attaque en bouche » de quelques secondes, où le vin entre brièvement en contact avec

la langue. Ensuite, l'« évolution en bouche » permet d'apprécier plus longuement toutes les nuances du vin qui éclatent sur le palais. On avale alors une gorgée pour se délecter de la « fin de bouche ».

Les ressources de la mer

OSTRÉICULTURE

Dans le **port d'Arcachon**, à la pêche industrielle (du thon et de la sardine) a succédé une importante pêche artisanale (soles, merlus, bars, rougets, dorades…) L'**huître** du bassin connaît une réputation internationale : 380 entreprises exploitent 780 ha de parcs ostréicoles pour une production annuelle d'huîtres de taille marchande variant entre 8 000 et 10 000 t, réalisée principalement à La Teste et à Gujan-Mestras. En outre, le bassin, véritable « maternité » européenne, fournit 60 à 70 % des 4 milliards de jeunes huîtres (naissain) nécessaires à la production globale française. L'ostréiculture, partagée entre l'élevage et le ramassage, effectués à bord de pinasses (bateaux traditionnels), constitue un atout touristique non négligeable. Le secteur constitue l'une des principales sources locales d'emplois, estimés à plus de 1 500.

Pour tout savoir sur l'huître du bassin, rendez-vous à la Maison de l'huître à Gujan-Mestras *(voir Bassin d'Arcachon)*.

ACTIVITÉ PORTUAIRE

Le **port de Bordeaux**, qui fut longtemps l'une des principales sources de richesse de la ville, est aujourd'hui en net déclin. Premier port de France au 18e s., en particulier par le commerce entretenu avec les Antilles et notamment lié à la traite des esclaves, il n'occupe plus que la septième place. Sa position au fond de l'estuaire de la Gironde, à plus de 100 km de la pleine mer, a joué en sa défaveur, occasionnant la construction de nombreux **avant-ports** comme ceux du Verdon, de Blaye, de Pauillac, d'Ambès ou de Bassens. D'autre part, le trafic maritime fut nettement ralenti avec la décolonisation et la fermeture des trois raffineries bordelaises. Même le vin bordelais destiné aux États-Unis ne part plus de Bordeaux : il est exporté depuis Le Havre ou le Benelux. Bordeaux gagne toutefois la première place dans l'exportation du maïs, du pétrole brut des Landes et du papier kraft.

Les quais situés sur la rive gauche du port sont réaménagés afin d'être intégrés à la ville. Quant aux bassins à flot, en cours de reconversion, ils accueilleront un port de plaisance, et des espaces de loisirs et d'animations.

Parcs ostréicoles du bassin d'Arcachon.
F. Mousis / MICHELIN

PÊCHE

La pêche est également en grande difficulté. La raison principale en est l'appauvrissement de la ressource. En outre, les relations entre pêcheurs se sont considérablement dégradées à cause des différentes pêches pratiquées (la guerre, parfois ouverte, oppose schématiquement pêcheurs traditionnels et chalutiers pélagiques). Il ne reste qu'une seule criée, à Saint-Jean-de-Luz, dont la valeur des ventes a beaucoup baissé ces dernières années.

La montagne

LES TERRES D'ESTIVE

Vie agricole dans la plaine, vie pastorale dans la montagne, voilà ce qui caractérise le **Béarn**. Brebis et moutons fournissent laine, viande et surtout lait, notamment utilisé pour la fabrication du fromage.
Activité traditionnelle apparue entre le 5e et le 3e millénaire avant J.-C., le pastoralisme joua un rôle essentiel pour le développement des vallées pyrénéennes. Les montagnards des **vallées d'Aspe**, **d'Ossau** et **de Barétous**, jouissant de la propriété collective des pâturages, vécurent jusqu'à la fin de l'Ancien Régime à l'écart du système féodal sous un régime de « fors » assimilable, pratiquement, à l'autonomie politique. Un compte de « feux » datant du Moyen Âge fixe toujours la répartition, par commune, des bénéfices de gestion.
Le **pastoralisme** demeure une activité économique vitale qui permet le maintien d'emplois dans des régions difficiles et contribue à des productions de qualité, comme les fromages, dont certains sont labellisés. En assurant l'entretien de paysages ouverts et la préservation de la biodiversité, les pratiques pastorales participent à la protection de l'environnement.

LA TRANSHUMANCE

Un retour aux sources

Progressivement remplacée par un transport en camion tout au long du 20e s., la transhumance a été remise au goût du jour dans les années 1990. Constatant combien leurs bêtes supportaient mal le voyage routier pour gagner les estives, les bergers ont résolu de renouer avec cette pratique déjà connue de leurs lointains ancêtres vascons.
C'est ainsi que depuis 1996, la **vallée d'Ossau** retentit durant deux jours – ou plutôt durant deux nuits, car les éleveurs font leur possible pour que ces déplacements massifs ne perturbent pas la circulation routière – des sonnailles de milliers de bêtes, ovins, bovins, caprins et

équidés. Ces **sonnailles** au timbre unique permettent à l'oreille exercée du berger de surveiller la bonne conduite du troupeau ou de déceler une brebis égarée. En tête des troupeaux sont placées les brebis les plus robustes, tandis que le berger et son chien ferment la marche.

Compagnon indispensable du berger, le chien est en effet toujours là pour regrouper ou protéger le troupeau. Le **berger des Pyrénées** ou labrit tend aujourd'hui à être remplacé par son collègue d'outre-Manche, le border collie, réputé moins caractériel et plus efficace pour rassembler les bêtes. Mais ce petit chien noir et blanc n'aboie pas et ne peut donc être utilisé pour protéger le troupeau. Pour cette tâche, le montagne Pyrénées, ou patou, se révèle excellent : les associations militant pour la réintroduction de l'ours offrent même des subventions aux bergers qui souhaiteraient en acquérir.

Un prétexte festif

Durant la Fête de la transhumance qui a lieu début juin en **vallée d'Aspe** et début juillet en **vallée d'Ossau** *(voir le chapitre « Agenda » dans la partie « Organiser son voyage »)*, chaque village traversé résonne de chants béarnais et s'emplit du fumet de la garbure à déguster sans modération, avant d'entamer un solide morceau de fromage de brebis.

Dans la **vallée de Barétous**, élus français et espagnols commémorent encore 600 ans après, dans une ambiance des plus festives, le traité de la Junte de Roncal, conclu le 13 juilllet 1375, qui mit fin à d'âpres querelles. En échange de trois génisses, les éleveurs du Barétous acquirent par ce traité le droit de continuer à faire paître leurs bêtes sur le versant espagnol de la montagne, où les pâtures sont bien plus grasses.

Là-haut, sur la montagne

Pendant tout l'été, les troupeaux vont paître là-haut et la cabane du berger servira de maison, de laiterie et même de fromagerie. Fait de murs en pierres sèches et d'un toit très pentu, le *cuyala* est constitué de deux pièces : l'une pour les bergers, l'autre pour les fromages. Chaque jour, la plupart des bergers consacrent en effet plusieurs heures à la fabrication des fromages : traite des brebis le matin et le soir (il faut 5 à 6 l de lait de brebis pour donner 1 kg de fromage !), caillage du lait, égouttage, découpage, brassage et chauffage du caillé. Interviennent ensuite le moulage et le pressage. Puis le fromage est salé, et commence alors un affinage de plusieurs semaines, pendant lequel il sera régulièrement retourné et lavé.

Dès les premiers froids, les troupeaux emprunteront le chemin inverse pour redescendre dans la plaine et hiverner.

Traditions et folklore

Des tonalités de la langue basque ou béarnaise aux sons des bandas et des « Olés » des afficionados de la corrida, en passant par le siffleur des montagnes, les chants dans les églises basques, les fêtes traditionnelles du Sud-Ouest sont hautes en couleur et ont l'accent chantant !

Deux langues régionales

LE MYSTÈRE DE LA LANGUE BASQUE

Objet de fascination pour les linguistes du monde entier, la langue basque fait partie, avec la famille des langues finno-ougriennes (le finnois, l'estonien et le hongrois), des seules langues non indo-européennes du Vieux Continent et l'on a coutume de la considérer comme la plus ancienne d'Europe. Elle possède, en outre, la particularité de n'être apparentée à aucune autre langue répertoriée, ce qui en fait une langue isolée. Son enracinement géographique actuel date de plusieurs millénaires bien que la première mention écrite de son existence ne remonte qu'à la Guerre des Gaules de César.

L'originalité d'euskara ne réside pas tant dans son vocabulaire que dans sa grammaire : 22 cas de déclinaison, langue agglutinante (les mots sont formés en collant au radical des préfixes, suffixes, voire des infixes), système de conjugaison complexe, syntaxe sujet-objet-verbe et, enfin, genre (masculin/féminin) inexistant, sauf attaché au verbe pour le tutoiement.

L'écriture basque est phonétique ; on prononce toutes les lettres. Le E se dit « é », le U « ou », le G « gu », le J « y », le N « nn », le Z « s », le S « sh », le X « ch ».

Côté espagnol, la langue basque est aujourd'hui parlée, écrite, audiovisuellement diffusée et enseignée aux enfants comme aux adultes. Son assise est fragile **côté français** où la langue est en perte de vitesse et ne bénéficie d'aucune officialité, la France n'ayant pas ratifié la Charte européenne des langues minoritaires.

L'enseignement bilingue n'est plus le fait exclusif des ikastolas (écoles associatives créées à partir des années 1960).

Côté espagnol, depuis 1983, l'enseignement bilingue s'est rapidement développé dans le système d'éducation public de la Communauté autonome basque où l'on trouve trois modèles d'enseignement concurrents, selon le degré de bilinguisme proposé.

Il s'est également développé, à moindre échelle, du côté français. Le public (depuis 1983), le privé, et les ikastolas désormais sous contrat avec l'État proposent l'euskara tantôt comme matière, tantôt comme langue d'enseignement. Enfin, plusieurs réseaux d'enseignement de l'euskara pour les adultes se sont mis en place.

LA LANGUE BÉARNAISE

Dès le 7e s., les Béarnais, comme la plupart des peuples colonisés par l'Empire romain, prennent conscience qu'ils ne pratiquent plus la langue de Virgile, au point d'en perdre complètement leur latin. Et de fait, ils parlent béarnais, un dérivé du bas latin, langue aux accents chantants qui acquiert ses lettres de noblesse au cœur du Moyen Âge, sous la plume et dans la bouche de quelques troubadours pyrénéens. Mais la langue ne sert pas uniquement la littérature : elle est tout aussi bien administrative et juridique.

À partir de **1270**, les textes officiels cessent d'être rédigés en latin pour l'être en béarnais. Henri II d'Albret, puis sa fille Jeanne, le consacrent comme langue d'État au 16e s. Le français, déjà imposé au reste de la France depuis 1539 par l'ordonnance de Villers-Cotterêts, ne prend progressivement sa place qu'à partir de l'annexion de 1620, mais les États de Béarn continuent de rédiger leurs délibérations en béarnais jusqu'à la veille de la Révolution.

Que le béarnais soit une **langue d'oc**, par opposition aux langues d'oïl, parlées au nord de la Loire et dont provient notre français actuel, nul n'en peut douter. Mais s'agit-il d'une variante locale de la langue d'oc, autrement appelée « occitan », et parlée dans tout le Sud de la France ? Le débat est encore vif : langue inscrite dans le gascon, lui-même inscrit dans l'occitan, le béarnais est considéré par certains comme une sous-catégorie de ce dernier, tandis que d'autres lui confèrent un statut à part.

Quoi qu'il en soit, le béarnais est encore bien vivant aujourd'hui. Vous pourrez l'entendre parler sur les marchés de Pau, d'Orthez, de Navarrenx ou d'Oloron. Langue maternelle de la plupart des anciens du pays, le béarnais est également remis à l'honneur dans certaines écoles, les *calandretas*, nées à Pau il y a vingt ans, où l'on pratique l'immersion linguistique en occitan dès la maternelle, avec introduction progressive du français en primaire.

Courses landaises et corridas

LA COURSE LANDAISE

Entre l'Adour et le bassin d'Arcachon, la course landaise reste la forme la plus prisée de la tauromachie en Guyenne. Un document de 1457, relatant la coutume immémoriale de faire courir des vaches et des bœufs dans les rues de St-Sever à l'occasion des fêtes de la St-Jean, atteste qu'elle était déjà pratiquée au Moyen Âge.

LES SIFFLEURS DES MONTAGNES

C'est dans le village d'**Aas**, aux confins de la vallée d'Ossau, que l'on peut encore aujourd'hui rencontrer les derniers dépositaires béarnais de l'art de siffler. Pour communiquer sur de longues distances (jusqu'à 2 km), au cœur d'un relief escarpé, les bergers d'Aas avaient inventé un langage à forts décibels leur permettant d'échanger des phrases courtes relatives à leur vie pastorale ou quotidienne. L'efficacité d'un tel langage fit ses preuves pendant la Seconde Guerre mondiale, lorsqu'un passeur arrêté par les Allemands parvint à s'enfuir et à obtenir l'aide d'un berger des environs pour échapper à ses poursuivants.

Mais c'est au 19e s. que se fixent les règles de la course landaise telle qu'on la connaît aujourd'hui. Chaque **écarteur** affronte une vache de course. Installé au centre de la piste, il doit esquiver le coup de tête de la bête maintenue en ligne par un teneur de corde. Quant au **sauteur**, il s'adonne à divers sauts par-dessus les cornes de la vache : saut de l'ange, saut périlleux ou saut les pieds dans le béret. Par souci de sécurité, les cornes sont emboulées. Le spectacle dure deux heures et il n'y a jamais de mise à mort.
À la différence des trois autres formes de tauromachie (corrida, corrida portugaise et course camarguaise), la course landaise se pratique exclusivement avec des femelles. Les **vaches** ne sont autres que les cousines, sœurs ou filles des taureaux de corrida. Élevées spécialement à l'usage de la course landaise, les 1 200 bêtes qui constituent le cheptel landais proviennent pour la plupart d'élevages espagnols et sont réparties entre quinze **ganaderias**. Chaque vache est entourée de soins par son ganadero ; elle participe à une vingtaine de courses par an pendant au moins dix ans.

LA CORRIDA

C'est en Espagne que la corrida fut codifiée à la fin du 18e s., avant d'arriver en France en 1853. Le spectacle commence par le passage des bandas (groupes musicaux) à travers les rues de la ville et se poursuit par la corrida dans une arène où six taureaux sont combattus et mis à mort par trois matadors. La corrida se déroule en trois parties pendant lesquelles le taureau se fait tout d'abord piquer, puis harponner par deux banderilles avant d'être en théorie mis à mort à l'épée au terme du combat. Dans le **Sud-Ouest**, la corrida est pratiquée dans la même zone que la course landaise. Plusieurs arènes constituent des rendez-vous incontournables pour les aficionados, dont les principales sont à Aire-sur-l'Adour, St-Sever, Mont-de-Marsan (fêtes de la Madeleine) et Dax (féria).

Jeux basques

LA PELOTE BASQUE

Malgré un nom très empreint de sa région d'origine, la pelote basque se pratique aussi dans le Béarn et dans la partie sud des Landes. Alliant la rapidité au coup d'œil, l'intelligence stratégique à la finesse, la pelote basque revêt plusieurs formes. Le jeu au **grand chistera**, du nom de la gouttière en osier qui prolonge le gant protecteur, se pratique à deux équipes de trois joueurs ; il est de loin le plus prisé des touristes. La pelote, plus grosse qu'une balle de tennis, doit allier la dureté à l'élasticité. Elle comporte un noyau de buis ou de caoutchouc enrobé de laine et garni de cuir de chevrette ou de veau. Lancée contre le mur du fronton, elle est reprise de volée ou après un premier rebond, à l'intérieur des limites tracées sur le terrain.
Une variante importée d'Amérique latine, la **cesta punta**, se joue sur un fronton couvert à trois murs. Le but se marque sur le « mur à gauche », entre deux des lignes verticales numérotées. Les connaisseurs préfèrent cependant des jeux plus anciens et plus subtils, comme le « **jeu net** » au petit gant et le jeu à **main nue**.

LES JEUX DE FORCE

Le goût du défi est un trait essentiel du caractère basque. Ainsi la tradition se plaît-elle à mettre en concurrence des équipes de

douze colosses venus défendre l'honneur de leur village. Chacun des équipiers a sa spécialité parmi huit épreuves, inspirées des activités quotidiennes à la ferme. Ces jeux animent de nombreuses fêtes locales, dont la plus connue est celle de St-Palais.
L'**orga yoko** (lever de la charrette) consiste à faire tourner à bout de bras une charrette de 350 kg sur son timon en faisant le plus grand nombre de tours possible, tandis que l'*aizkolari* (bûcheron) doit couper à la hache des troncs de 35 à 60 cm de diamètre le plus vite possible, et que le *segari* (scieur de bois) scie dix troncs de 60 cm de diamètre, toujours le plus rapidement possible. Le **zakulari** (porteur de sac) court avec un sac de 80 kg sur les épaules.
Le **lasto altari** (lever de bottes de paille) consiste à hisser à 8 m de hauteur une botte de paille de 45 kg le plus grand nombre de fois possible en deux minutes.
Pour le **harri altxatzea** (lever de pierres), on effectue une levée de pierres de 250 ou 300 kg le plus de fois possible. Les *esneketariak* (porteurs de bidons de lait) doivent parcourir la plus grande distance avec deux bidons de 40 kg.
Enfin, la **soka tira** (tir à la corde), épreuve reine, oppose deux équipes de huit hommes tirant chacune de son côté une corde afin que le milieu de celle-ci (marqué par un foulard noué) franchisse un repère au sol.

Les chants basques

Vecteur de culture, le chant est omniprésent, depuis les offices religieux jusqu'aux fêtes patronales. Celles-ci donnent parfois lieu à des défis entre **otxote** (formation à huit voix) ou entre **bertsolari**, ces poètes qui improvisent en public des vers chantés. Chanter est une telle institution que même pendant les parties de pelote, les points sont psalmodiés !
Les chants les plus anciens se reconnaissent à leur caractère modal (à l'instar du grégorien), tandis que les musiques plus récentes sont tonales, et syllabiques pour les mélodies populaires, c'est-à-dire qu'à chaque note correspond une syllabe. L'une des formes mélodiques les plus répandues, le **zortziko**, adopte un rythme irrégulier de 5 croches par mesure pour accompagner les danses.
Au niveau du répertoire, chaque région a développé ses propres traditions musicales, mais certaines mélodies sont connues de tous. Elles correspondent généralement à des poèmes épiques. Le plus répandu est le **chant de Lelo**, relatant la résistance des Cantabres (supposés être les ancêtres des Basques) face aux troupes romaines conduites par Auguste. Il provient d'un manuscrit du 16e s. Autre chant arrivé jusqu'à nous, le **chant « Jeiki jeiki »** fait allusion à la rivalité qui opposa marins basques et hollandais à propos des zones de pêche à la morue à la fin du 18e s.
Aujourd'hui, le patrimoine musical est transmis et développé entre autres par le biais des **sociétés chorales** qui ont adapté les chansons populaires pour l'orphéon. En France, on n'en compte pas moins d'une cinquantaine dont les plus renommées seraient Oldarra de **Biarritz**, le chœur d'hommes d'**Arcangues**, Adixkideak, celui d'**Hendaye**, Gaztelu-Zahar, et le chœur mixte Xaramela de **Bayonne**. Elles s'inspirent pour beaucoup du répertoire folklorique.

L'Aquitaine gourmande

Fière de ses traditions et de la qualité des produits de son terroir, l'Aquitaine sait cultiver ses foyers d'art culinaire, toujours inventifs. Ici, la saveur est reine.

Dans les Landes

LES VIANDES

Le **foie gras** d'oie et de canard relève d'une tradition régionale qui a depuis longtemps traversé les frontières. Aujourd'hui, à l'aide d'une gaveuse pneumatique, les palmipèdes ingurgitent de la semoule puis des grains de maïs, 2 à 3 fois par jour. Après un mois, l'oie ou le canard sont si lourds qu'ils ne marchent plus qu'avec peine. Quand ils refusent de se lever, ils sont « à point ».
Filet détaché des flancs de la bête, le **magret** se mange frais et grillé, plus ou moins saignant selon les goûts. Fumé, il entre dans la composition de la salade landaise. Quant à la graisse, elle sert à confectionner le **confit**.
Autre volaille prestigieuse, le **poulet fermier** des Landes est le premier produit à s'être vu décerner le Label Rouge en France, en 1965. Élevé en plein air et en totale liberté, sa chair tendre en fait un mets de choix.
Pour le plus grand bonheur des amateurs de gibier à plume, le département des Landes est réputé comme le pays de la **palombe** ou pigeon ramier. Celle-ci se mange rôtie, et de préférence saignante, en salmis et en confits.
Le **salmis** est une préparation à partir d'une pièce de gibier ou d'une volaille rôtie détachée en morceaux. La chair de la carcasse se hache menu avec les abats pour obtenir une sauce épaisse, passée au tamis fin. Après cuisson, on ajoute les morceaux du volatile.
Les bovins sont également fièrement représentés dans les Landes, par l'intermédiaire du célèbre **bœuf de Chalosse**, issu de la race limousine ou de la Blonde d'Aquitaine. Élevé en alternance entre prairie et étable, l'animal, nourri de fourrages et de maïs, produit une viande goûteuse et fondante.

LES PIBALES

À la fin de l'hiver, on pêche les civelles, ici nommées **pibales**, petits alevins d'anguilles qui remontent la Gironde et l'Adour. C'est la nuit que les pêcheurs capturent, avec des filets à mailles serrées, ces petites bêtes qui font la richesse de la ville de Peyrehorade *(voir ce nom)*. Vendues à prix d'or sur les marchés aquitains, les pibales, que l'on fait revenir dans l'huile d'olive, constituent un mets très prisé des Espagnols. C'est une pêche réglementée en raison de la raréfaction de la petite anguille.

LES FRUITS ET LÉGUMES

Le **kiwi de l'Adour** est le seul kiwi reconnu par un Label Rouge : on dit qu'il est le meilleur d'Europe ! Favorisé par un climat océanique doux et par la richesse des terres alluviales, il est cultivé sur plus de 600 ha dans les vallées du Gave et de l'Adour qui fournissent à elles seules un quart de la production française.

L'**asperge des sables**, dont le département produit 3 500 t par an, vient d'être reconnue par une Identification géographique protégée. Le sol sablonneux des Landes, ainsi que celui du Blayais en Gironde, lui fournit un terroir idéal. Blanche, fraîche et tendre, elle apparaît sur les marchés dès le mois de mars. Aussi bien cuisinée en vinaigrette qu'en omelette, elle accompagne également les salades landaises aux côtés des gésiers et du magret.

LES VINS

Le **tursan** (VDQS : Vin Délimité de Qualité Supérieure), dont le vignoble s'étend sur 400 ha, se décline en vins blancs, vins rouges et rosés corsés et généreux.

L'inventaire ne serait pas complet sans l'**armagnac**, cette eau-de-vie à l'arôme délicat de pruneau et de violette. Les Landes accueillent l'une des trois régions de production, le Bas-Armagnac, pays de sables fauves. Obtenu à partir de la distillation de vins blancs, l'armagnac titre 40 °.

Pour en savoir plus sur l'armagnac, allez visiter l'**écomusée** du Château Garreau *(voir Mont-de-Marsan)*.

Dans le Lot-et-Garonne

PRUNEAUX ET TOMATES

La **tomate de Marmande**, cultivée sous serre, est disponible sur le marché de février à novembre.

Agen a acquis une réputation internationale grâce au pruneau, qui s'obtient à partir d'une prune fraîche provenant d'un arbre greffé, le **prunier d'ente**. S'il en existe plusieurs variétés, la Robe-Sergent fournit la presque totalité des plantations actuelles. Mais Agen n'est en réalité qu'un lieu de transit. La prune est surtout cultivée dans la **vallée du Lot** où elle est calibrée dès la cueillette puis séchée au four ou à l'étuve. Étendue sur plus de 10 000 ha, la filière du pruneau rassemble près de 2 250 producteurs.

Le pruneau constitue la base de nombreuses friandises, comme la **tourtière**, gâteau feuilleté garni de pruneaux.

Pour en savoir plus, rendez-vous au **musée du Pruneau** à Granges-sur-Lot *(voir Villeneuve-sur-Lot)*.

UN PUISSANT VOISIN

Les congrégations religieuses et les commerçants d'Agen firent prospérer le **vignoble de Buzet**, implanté par les Romains, jusqu'à ce qu'Aliénor d'Aquitaine autorisât les seuls vignerons et négociants du Bordelais à commercer avec l'Angleterre et l'Europe du Nord. L'abolition de ce privilège permit aux vins de Buzet de connaître un certain développement jusqu'au milieu du 19e s. Ils resteront néanmoins colonie bordelaise, vendus sous le nom de Bordeaux, jusqu'en 1911 : un décret réserve depuis lors l'appellation bordeaux aux seuls vins de la Gironde. L'AOC fut accordée en 1973.

Fromages basques de brebis.
CDT64

LES VINS

Sur la rive gauche de la Garonne, le terroir des vins de **Buzet**, adossé à la forêt des Landes, s'étend sur une quarantaine de kilomètres de coteaux, entre Bordeaux et Toulouse. Il existe une petite production de blancs et de rosés, mais le buzet est surtout apprécié et reconnu pour ses vins rouges souples et légers qui, grâce aux arômes du chêne apportés par le passage en barrique, prennent beaucoup de corps après quelques années de garde. Pour les rouges, l'encépagement (ensemble des cépages constituant un vignoble) est celui de la trilogie bordelaise : merlot, cabernet franc et cabernet sauvignon.

Le vignoble des **Côtes du Brulhois**, qui se situe au sud d'Agen, entre Dunes, Donzac, Goulens et Layrac, produit un vin rouge et rosé léger aux parfums fruités et épicés, classé VDQS.

Dans la vallée de la Dourdèze se trouvent les **Côtes de Duras**. Les vins rouges sont légers et fruités, les blancs de sauvignon très fruités.

Au nord de Marmande, sous l'influence bordelaise, les **Côtes du Marmandais** produisent des vins rouges bien charpentés, aux parfums de fruits.

En Béarn

LA GARBURE

C'est le potage de campagne typique du Béarn. Plat complet, il se prépare à partir de légumes frais : pommes de terre, choux, fèves, haricots… auxquels on ajoute un confit d'oie, plongé dans le bouillon en cours de cuisson.

LE JAMBON DE BAYONNE

Quoi qu'en laisse croire son nom, il n'est pas fabriqué à Bayonne, mais dans les montagnes environnantes, et surtout les montagnes béarnaises. Produit à partir d'élevages porcins qui pâturent dans les forêts de hêtres, de châtaigniers et de chênes, le jambon de Bayonne est mis à sécher neuf mois durant, après une période de salaison de quinze jours. Grâce à un climat où alternent les

LA POULE AU POT

Elle était l'un des mets favoris du bon roi Henri. La tradition exige de barder une poule de 2 kg avant de préparer la farce en mélangeant le foie de la volaille, le gésier, éventuellement 200 g de jambon de Bayonne coupés en petits morceaux, 2 œufs battus salés, poivrés et muscadés, un hachis d'échalote, d'ail, de persil et d'estragon, et 30 g de mie de pain préalablement trempée dans du lait froid. Brider soigneusement la poule. Dans une marmite, on met la poule avec le cou et les ailerons dans au moins 3 l d'eau que l'on porte à ébullition. On écume, on sale modérément et on laisse frémir 40mn à petits bouillons. On ajoute les légumes classiques du pot-au-feu : carottes, navets, poireaux, oignon piqué de clous de girofle, branche de céleri, gousse d'ail et on laisse cuire pendant 1h30 à 2h. Ce plat savoureux se sert avec tous les légumes accompagnés de moutarde à l'ancienne, de cornichons et de gros sel.

périodes humides et sèches, il n'est pas nécessaire de le fumer.

Pour connaître l'histoire de ce produit, rendez-vous à la **Maison du jambon de Bayonne** à Arzac *(voir Aire-sur-l'Adour).*

LE SAUMON

Il est également présent sur les cartes du Béarn. Le saumon remonte les eaux de l'Adour pour venir frayer dans le gave d'Oloron. On le pêche dès l'automne et jusqu'au printemps.

LE FROMAGE DE BREBIS

Ce « fromage du pays » au goût fort et fruité, confectionné par les bergers sur les estives, compte autant de variétés qu'il y a de producteurs. Sur le plateau d'Iraty est fabriqué l'ossau-iraty, AOC depuis 1980. Les bergers béarnais fabriquent également un fromage frais, le **greuilh** (ou breuihl), mousseux et léger.

LES VINS

Une appellation vient immédiatement à la bouche : le **jurançon** ! Les vignobles s'étendent sur la rive gauche du gave de Pau (environ 800 ha), englobant 25 communes. On distingue le blanc sec du **blanc moelleux**. C'est le cru le plus fameux, dont on a chanté « la couleur de maïs » et « la couleur d'ambre ». Les plants tardifs sont vendangés souvent après la Toussaint au stade de la pourriture noble.

Au sud-est de la Gascogne, le **madiran**, vin rouge réputé pour sa vigueur tannique, développe des odeurs de pain grillé et d'épices, à côté du **pacherenc** du Vic-Bilh, vin blanc sec ou moelleux, apprécié pour son bouquet agréable. Les **côtes de St-Mont** se déclinent en vins blancs, rouges et rosés corsés et fruités (VDQS).

Également de vieille réputation, les vins d'appellation **Béarn-Bellocq** comptent parmi les plus anciens du Béarn. Le rosé léger et fruité est produit principalement près de Salies-de-Béarn et Bellocq. Le rouge est puissant et généreux.

Au Pays basque

LES POISSONS

Autrefois, chaque saison apportait son poisson : au printemps, l'**anchois**, à partir du 29 juin, le **thon** et, pendant l'hiver, la **dorade**, sans oublier les pêches plus lointaines qui ramenaient de Terre-Neuve la morue. Aujourd'hui, grâce au commerce mondial ou à la congélation, on trouve de ces poissons toute l'année mais, si vous le pouvez, dégustez-les de préférence en saison, sur les nombreux ports de pêche de la côte. La **morue** en risotto, en salade ou en ragoût n'en sera que meilleure. Le **marmitako guipúzcoan**, ragoût à base de thon, de pommes de terre, de tomates et de poivrons en prendra plus de goût, et le **ttoro**, cette soupe de poissons préparée avec ail et piment à St-Jean-de-Luz, n'en aura que plus de saveur.

FROMAGE

Culture pastorale oblige, les Basques utilisent le lait des brebis pour produire des fromages. Ce sera l'Ossau-Iraty, AOC depuis 1980, dans les Pyrénées-Atlantiques, et plus spécifiquement aux abords de la forêt d'Iraty dont il tire son nom. Il se fabrique à partir du lait entier de brebis manech à tête noire ou rousse, brassé, moulé et pressé puis salé au gros sel et affiné au minimum trois mois. Autre produit laitier que vous retrouverez sur les tables des deux côtés de la frontière hispano-française : le *mamia*, du lait caillé de brebis que l'on déguste avec du miel liquide.

DOUCEURS

Impossible de repartir du Pays basque sans avoir goûté à son chocolat ! Les meilleurs se dénichent à Bayonne, selon une tradition remontant au 16e s. Côté pâtisseries, les gourmands se régaleront des macarons de St-Jean-de-Luz, de *goxua* (une sorte de baba au rhum nappé de crème pâtissière et de caramel) et, bien entendu, de gâteau basque au cœur de cerise ou de crème d'amande.

VINS

Pour accompagner tous ces plats, rien ne vaut un petit verre de vin. Le vignoble d'**Irouléguy** couvre 200 ha initialement plantés par les moines de Roncevaux au 13e s. non loin de St-Étienne-de-Baïgorry. Déclaré AOC en 1970, il produit des vins rouges exclusivement à partir de tannat (*bordelesa* en basque), de cabernet franc *(acheria)* et de sauvignon. Les blancs s'obtiennent à partir de courbu *(xuri cerratia)* et de manseng *(ixiriota xuri)*.

GÂTEAU BASQUE À LA CRÈME OU À LA CONFITURE DE CERISE NOIRE

Mélangez d'abord 100 g de beurre mou et 100 g de sucre, puis ajoutez 1 œuf, 100 g de farine et 3 g de levure chimique, 35 g de poudre d'amandes, 1 pincée de sel et 1 cuillerée à soupe de rhum. Malaxez le tout et laissez durcir la pâte au frais le temps de préparer la crème, s'il s'agit d'un gâteau basque à la crème pâtissière. Pour la préparer : fouettez ensemble 2 jaunes d'œufs et 50 g de sucre, ajoutez 15 g de Maïzena. Versez en deux fois les 20 cl de lait bouilli avec 1 gousse de vanille sur le mélange précédent, remuez, puis mettez le tout sur le feu jusqu'à ébullition, pendant 1 à 2mn. Ajoutez 1 cuillerée à café de rhum et laissez refroidir.

Étirez votre pâte sur une épaisseur de 3 mm. Garnissez votre moule beurré et fariné avec un cercle de pâte et déposez un boudin de pâte sur tout le tour pour former un bord. Répartissez au centre au choix la crème refroidie ou bien la confiture de cerise noire, puis déposez un second cercle de pâte pour fermer le gâteau. Appuyez les bords de la pâte, rayez-la à l'aide d'une fourchette. Passez-la au jaune d'œuf pour la faire dorer et enfournez pendant 40 à 45mn, à 180 °C.

CIDRE

Ceux que le vin ne tenterait pas pourront toujours se rabattre sur le cidre, dont les Basques se revendiquent les premiers producteurs, avant même les Bretons et les Normands. Ils dégustaient autrefois ce breuvage acidulé et pétillant directement au tonneau, ou *kupela*.
Actuellement, la tradition se perd un peu, mais les cidreries ne continuent pas moins à proposer du cidre maison en hiver.

SPIRITUEUX

Élaboré à partir de plantes aromatiques, de graines, d'écorces et d'Armagnac, l'*izarra*, spécialité d'Hendaye, peut être de couleur verte (à dominante de menthe poivrée) ou jaune (à dominante d'amandes amères).

En Gironde

POISSONS ET FRUITS DE MER

Si vous passez par le bassin d'Arcachon, impossible d'en repartir sans une bourriche sous le bras, après avoir goûté les **huîtres** dans une cabane traditionnelle de pêcheur.
Pour tout savoir sur l'huître, voir notre page thématique p. 222.
La cuisine bordelaise accommode les **aloses**, saumons, **lamproies**, anguilles et éperlans que lui apporte la Garonne. La lamproie à la bordelaise est cuite dans son sang, comme un civet, puis agrémentée de vin rouge corsé et de poireaux. Avant d'être servie, l'alose est préalablement marinée dans le vin blanc et l'huile parfumée de laurier.
Mais le « poisson roi » de l'estuaire demeure l'**esturgeon**. C'est vers 1920 qu'un Russe blanc apporta en Aquitaine la recette de la confection du caviar. En une quinzaine d'années, l'industrie du caviar s'est véritablement organisée et jusque dans les années 1950, la production était de 3 à 5 t par an.
Les **chevrettes** de l'estuaire sont devenues une spécialité de Bourg-sur-Gironde. Ces crevettes blanches que l'on pêche en été se préparent avec du laurier et un peu d'anis. Nombreux sont les cafés qui vous en proposeront à l'apéritif.

LES VIANDES

En matière d'élevage, la Gironde n'est pas en reste. L'**agneau de Pauillac** est réputé pour son exceptionnelle tendreté. Élevé en bergerie, il est abattu non sevré à l'âge de 75 jours maximum.
Label Rouge lui aussi, le **bœuf de Bazas**, réputé pour sa finesse, est issu d'élevages sélectionnés des meilleures races à viande, en particulier la fameuse bazadaise. Élevé en pâturage, il est nourri de maïs, d'orge ou de blé.

QUELQUES DOUCEURS

À Bordeaux, on se régale de **cannelés**, petits gâteaux caramélisés dont l'intérieur est moelleux. La ville de St-Émilion

LA SAUCE « BORDELAISE »
Nombre de plats sont agrémentés de cette fameuse **sauce au vin**. Pour la préparer, il faut mettre à bouillir deux verres de bordeaux rouge et ajouter 6 échalotes hachées, une branche de thym, une pincée de sel, de poivre blanc et de muscade. Laisser bouillir pour réduire le mélange aux trois quarts. Hors du feu, ajouter 60 g de moelle de bœuf hachée, ébouillantée auparavant et une pincée de persil ciselé. Enfin, ajouter quelques noisettes de beurre et remettre à cuire sans laisser bouillir.

est quant à elle célèbre pour ses délicieux **macarons**. Trempées dans du vin rouge ou du champagne à l'apéritif, ou servies avec le café, ces petites merveilles moelleuses et délicatement croustillantes existent depuis 1620, date de leur invention par les religieuses de la ville. La légende affirme que les **pralines** furent créées à Blaye, en 1649, par le duc César de Choiseul du Plessis-Praslin. Quoi qu'il en soit, vous pourrez déguster ces délicieuses confiseries dans cette ville. Enfin, la **figue de Bourg** est une spécialité sucrée encore peu connue.

VINS DE BORDEAUX

Les appellations

Une garantie de qualité – Un « bordeaux » est une appellation générique donnée à tous les vins issus du département de la **Gironde** en tenant compte du caractère de chacun.
Ces vins sont des Appellations d'origine contrôlée (AOC) : l'**étiquette** indique clairement la région, la sous-région ou la commune de production.
Enfin, ce ne sont pas seulement la bouteille et le verre qui font preuve de transparence, mais le vin lui-même ! Un gage de qualité précieux pour le consommateur.
Le jeu des sept familles – On distingue sept grandes appellations :

- les bordeaux supérieur et bordeaux ;
- les saint-émilion, pomerol et fronsac ;
- les vins blancs secs ;
- les côtes ;
- les vins blancs moelleux et liquoreux ;
- les médoc et les graves ;
- les rosés, clairet, crémant et fine.

Chacune de ces sept familles réserve encore des subtilités déclinées en différents styles de vins.

Tenir son rang – Une appellation particulière peut être liée au classement : grand cru, premier cru, cru bourgeois…
Le premier classement officiel, calé sur le prix du vin, remonte à l'Exposition universelle de Paris de **1855** : le premier grand cru classé était le plus cher ; le cinquième grand cru classé le moins onéreux.
Le système qui prévaut aujourd'hui a été fixé en **1973**, après quelques modifications apportées au classement de départ : des crus précédemment oubliés (mouton-rothschild) ont été classés, d'autres ont perdu leur titre.
La classification est désormais révisable en fonction de la qualité du millésime, ce qui pique fortement l'attention des maîtres des lieux.

Les grands crus

Au total, la production se partage entre 75 % de rouges et 25 % de blancs.
La carte des rouges – L'aptitude des vins rouges au vieillissement est remarquable.
À l'élégance des **médoc** (les grands bordeaux rouges), auxquels s'apparentent les **graves rouges** fins et bouquetés, font écho l'arôme puissant et le caractère corsé des **saint-émilion**.
Les **pomerol**, chauds et colorés, rappellent à la fois les médocs et les saint-émilion.
Les **fronsac**, fermes et charnus, plutôt durs en primeur, s'affinent avec l'âge.
Plus en aval, les régions du **Bourgeais** et du **Blayais** sont réputées pour leurs « grands ordinaires », rouges et blancs.
Le vignoble de l'or blanc – Avec une gamme très harmonieuse, les vins blancs ont également une belle réputation.
Ici, la place d'honneur revient aux grands vins de **Sauternes** et à ceux de **Barsac**, premiers vins blancs liquoreux du monde, obtenus à

partir d'un raisin cueilli grain à grain et à un stade de maturation très particulier : la fameuse « pourriture noble ».

Sur la rive opposée de la Garonne, les **sainte-croix-du-mont** et **loupiac** ont aussi gagné leurs galons d'excellence.

Radicalement différents au palais, les **graves secs** ont fini par représenter le type du bordeaux blanc, un vin nerveux. Les produits des **vignobles de Créon** forment le trait d'union entre les meilleurs graves et les grands sauternes.

Dans les premières **côtes de Bordeaux**, le **cadillac** donne des vins blancs veloutés, moelleux, à l'agréable fraîcheur.

Enfin, la large région de l'Entre-Deux-Mers est une grande productrice de vins blancs secs et de rouges « grands ordinaires ».

Les grands chefs

En Gironde

Parisien d'origine alsacienne, **Thierry Marx** est désormais attaché au terroir médocain dont il défend les produits (agneau de Pauillac) pour servir une cuisine créative aux influences parfois asiatiques. Pâtissier de formation, il a fait ses classes de cuisinier chez Alain Chapel puis Taillevent.

Château Cordeillan Bages à Pauillac - ✆ 05 56 59 24 24.

Voici 40 ans bien sonnés que **Jean-Pierre Xiradakis** régale ses inconditionnels d'une cuisine « authentique Sud-Ouest ». La vue des charcuteries et l'odeur des volailles qui rôtissent à la broche mettent l'eau à la bouche. La superbe carte des vins de Bordeaux vient compléter ce tableau gastronomique de haut vol.

La Tupina à Bordeaux - ✆ 05 56 91 56 37.

Dans le Béarn

Stéphane Carrade a réussi par le travail accompli dans son restaurant à faire de sa table une adresse réputée. Il sert une cuisine de terroir qui ne manque pas d'imagination et constamment renouvelée.

Chez Ruffet à Jurançon près de Pau - ✆ 05 59 06 25 13.

Dans les Landes

Michel Guérard a su faire évoluer sa cuisine au gré du temps et des modes. Tout en étant précurseur de la « cuisine minceur », il a su régaler les palais les plus exigeants dans son restaurant gastronomique avec des recettes dépouillées et pleines de saveurs.

Les Prés d'Eugénie à Eugénie-les-Bains - ✆ 05 58 05 06 07.

Jean Cousseau est le gardien d'une véritable institution et le digne fils de son père Bernard (chef mythique) qui lui a transmis son savoir-faire. Il continue ainsi à proposer à sa clientèle de superbes préparations de cuisine landaise (cèpes, foie gras aux raisins, saumon grillé de l'Adour). En salle, il est épaulé par son frère Jacques, sommelier.

Le Relais de la Poste à Magescq - ✆ 05 58 47 70 25.

Dans le Lot-et-Garonne

Chef autodidacte et atypique, **Michel Trama**, dont le talent s'exprime par une cuisine créative parfaitement maîtrisée, est un perfectionniste dans l'âme. Sa philosophie : « Ne pas faire comme tout le monde » et sa devise : « Faire plaisir à ses clients » l'ont porté au sommet de l'art culinaire.

Les Loges de l'Aubergade à Puymirol - ✆ 05 53 95 31 46.

Nature

L'Aquitaine est riche d'une grande diversité de paysages et d'une nature préservée, fièrement aménagée. Avec un littoral de plus de deux cents kilomètres, partagée entre étangs, dunes et plages de sable fin, la côte offre une étendue ouverte sur l'immensité océanique. Si l'on pénètre plus avant dans les terres, les Landes constituent un décor extraordinaire : la plus grande forêt artificielle d'Europe fait face à l'Atlantique. Côté Bordelais, ce sont les vignes qui façonnent le paysage. Puis se dessine le pays des délicates collines du Lot-et-Garonne. Plus au sud, formé de hauts sommets, de vertes vallées et de gaves, le Béarn est animé par une faune et une flore exceptionnellement denses.

Le littoral atlantique

L'ESTUAIRE DE LA GIRONDE

C'est le plus vaste d'Europe, s'allongeant sur 75 km du bec d'Ambès, point de jonction entre la Dordogne et la Garonne, à l'embouchure. Il est dragué en permanence afin d'assurer sa navigabilité. La route de la « **corniche fleurie** », entre Bourg et Blaye, offre de beaux points de vue. Elle est bordée de petits ports aménagés dans les esteys (cours d'eau qui s'évanouissent dans l'estuaire) et de carrelets. Sur l'autre rive, la **pointe du Médoc** compte aussi de charmants ports, tandis qu'à l'intérieur des terres s'étendent les marais (asséchés sur l'ordre d'Henri VI) et des parcelles viticoles.

Le mascaret

Phénomène naturel fascinant et unique en France, le mascaret est une longue **vague déferlante** produite dans la Gironde et ses affluents par le flux et le reflux quotidien : lorsque la marée monte, l'eau qui s'engouffre dans l'estuaire se heurte au courant du fleuve, créant ainsi, par effet d'entonnoir, une série de 5 à 10 vagues rapprochées qui s'amplifient au fur et à mesure de leur progression et peuvent atteindre jusqu'à 2 m de haut, selon la largeur et la profondeur du fleuve. Visible toute l'année, le mascaret est plus spectaculaire en **août** et **septembre**. Lors des grandes marées d'équinoxe, il remonte le fleuve jusqu'à plus de 200 km à l'intérieur des terres, à une vitesse de 30 km/h. Pas étonnant que cette fameuse vague attire des **surfeurs** venus de loin. Pour les amateurs de glisse, le meilleur spot se trouve sur la Dordogne, au port de **St-Pardon** (commune de Vayres) : de là, il est courant de pouvoir surfer la vague sur tout un kilomètre.

Pour connaître les horaires de passage du mascaret, contactez la mairie de Vayres (*✆ 05 57 55 25 55*) ou consultez www.mairie-vayres.fr.

LA CÔTE D'ARGENT

La vaste plaine des Landes, qui s'étend sur 14 000 km², s'inscrit dans un triangle dont la base couvrant 230 km est constituée par la côte atlantique, de la Gironde à l'Adour. Cette côte rectiligne formait, à l'origine, une immense **plage** où se sont déposés les sables rapportés par la mer. Ces sables desséchés et transportés par le vent d'ouest vers l'intérieur se sont accumulés jusqu'au siècle dernier, pour former des **dunes** progressant de 7 à 25 m par an. Aujourd'hui boisées et fixées, ces dunes, larges de 5 km, bordent la côte. Ce sont les plus étendues et les plus hautes d'Europe : la dune du **Pilat**, mondialement réputée, culmine à environ 107 m.

À l'exception de la **Leyre** (appelée aussi Eyre dans son cours inférieur) qui vient s'évanouir dans l'Océan au creux du bassin d'Arcachon, les cours d'eau ont été arrêtés par la barrière des dunes, formant ainsi de nombreux **étangs**. Si ces derniers communiquent entre eux, leurs eaux se frayent péniblement un passage jusqu'à l'Océan par des « courants » capricieux dont la descente fait la joie des amateurs de sports nautiques. Les plus typiques sont les **courants d'Huchet** et **de Contis**.

Marée noire

Le 19 novembre 2002, le pétrolier *Prestige*, victime d'une avarie, coulait au large de la Galice. Il transportait 77 000 t de fioul lourd, dont 64 000 se seraient échappées de l'épave. La pollution a touché les côtes du Portugal, de l'Espagne, de la France et de l'Angleterre.

Nettoyées quotidiennement, les plages d'Aquitaine ont délivré 16 000 t de déchets. La faune et la flore ont été sévèrement touchées : sur les 3 000 oiseaux capturés pour nettoyage, seuls 170 ont survécu. Quant aux huîtres, elles ont fait l'objet d'une surveillance permanente : les seuils tolérés de contamination aux hydrocarbures n'ont jamais été atteints.

LA CÔTE BASQUE

Cette côte est extrêmement découpée, très sauvage et abrupte par endroits. Les roches, fortement plissées et feuilletées, forment des petites falaises inclinées qui ont fait la réputation pittoresque de la « corniche basque » de St-Jean-de-Luz à Hendaye.

Biarritz offre un remarquable panorama de la Côte basque, alternant promontoires, plages et falaises. Après les villages côtiers que sont Bidart et Guéthary, St-Jean-de-Luz, avec sa baie tout entière ouverte sur l'Océan et protégée par les digues, représente un havre de paix avant la longue descente sur Hendaye, ville frontière très convoitée pour ses plages étirées de sable fin.

LA VAGUE DU SURF

La Côte basque est le berceau européen du surf. La qualité de ses tubes est mondialement reconnue et s'explique par une succession de coïncidences géographiques. Le **golfe de Gascogne** forme une espèce d'entonnoir, où viennent s'écraser les vagues formées par les tempêtes et dépressions de l'Atlantique Nord.

VOCABULAIRE DU SURF

Le *spot* indique le lieu propice à la pratique du surf, appréciable selon la houle *(swell)*.

Le *line up* désigne la zone où les surfers attendent les vagues, derrière la *barre* (l'endroit où elles se cassent).

Le *take-off* (départ) s'effectue au *peak*, au sommet de la vague.

Le *tube* désigne le cylindre formé par la vague, dans lequel le surfeur vient se glisser.

Le *roller* est le virage à négocier en haut de la vague.

Le *off-shore* est le vent d'est qui fait se redresser les vagues.

Le littoral landais : oyats et sable fin.
F. Mousis / MICHELIN

D'autre part, le plateau continental est ici très court et les fonds marins plongent de manière très abrupte, ce qui permet d'obtenir ces **vagues puissantes et rondes** que recherchent les amateurs de sensations fortes. Les vagues les plus spectaculaires sont situées au large, entre Hendaye et Ciboure, sur un site appelé **Belharra**, où le fond rocheux fait que des vagues démesurées s'écrasent en pleine mer!
Le phénomène du surf touche désormais le grand public : la France compte 150 000 pratiquants et 31 000 licenciés : deux surfeurs sur trois sont aquitains! Les plages de la région, notamment celles situées au sud d'**Hossegor**, qui concentrent les meilleurs spots européens, attirent un nombre croissant de touristes venus de toute l'Europe et même d'ailleurs. Des compétitions internationales sont régulièrement organisées dans le coin (l'une des épreuves du championnat du monde de surf se déroule à Hossegor ou Seignosse-Le Penon), et de grandes marques de matériel ou d'habillement y sont nées ou s'y sont implantées, comme Billabong à Hossegor.
En quelques années, le secteur de la glisse est donc devenu une activité de poids. Selon la chambre de commerce et d'industrie, il représente en Aquitaine plus de 170 entreprises et de 2000 emplois, pour un chiffre d'affaires annuel de 700 millions d'euros. Pour accompagner ce succès, le conseil général des Landes a cofinancé un nouveau siège pour la Fédération française de surf à Hossegor, qui respecte les normes Haute Qualité Environnementale.
Pour en savoir plus sur la pratique du surf en Aquitaine, reportez-vous à la rubrique « Surf » dans la partie « Organiser son voyage » *(voir p. 22)*.

Landes et marais

AUTREFOIS LES MARAIS

Au milieu du 19e s., la zone intérieure était une **lande insalubre** que les pluies transformaient en marécage. Là vivait une population de bergers, se déplaçant sur des échasses

LE PIN MARITIME

C'est un arbre peu fourni, mais élégant, dont la croissance est rapide. Depuis l'Antiquité, il a été, dans les **Landes**, à l'origine d'une activité traditionnelle aujourd'hui révolue : le **gemmage** (ou récolte de la résine). Autrefois, le gemmeur incisait périodiquement le pin à l'aide d'un « hapchot ». Par cette plaie, la gemme coulait dans de petits pots de terre « cramponnés » au fût ou dans des sachets en plastique. Les techniques modernes avaient introduit l'acide sulfurique qui activait le processus et avait l'avantage de réduire considérablement la blessure faite à l'arbre.

Pour en savoir plus sur le gemmage et la lutte contre les feux de forêt, rendez-vous à l'**Atelier de produits résineux** et à la **Maison de l'estupehuc** à Luxey *(voir Parc naturel régional des Landes de Gascogne).*

pour surveiller les moutons qu'ils élevaient pour l'engrais de leur fumier, indispensable aux cultures vivrières.

La fixation des dunes

L'ingénieur des Ponts et Chaussées **Brémontier** met au point, à partir de 1788, un projet de fixation des dunes. Il construit d'abord une digue destinée à arrêter le cheminement des sables. À 70 m de la ligne atteinte par les plus hautes mers, il dispose une palissade de madriers contre laquelle le sable s'accumule. Relevant les madriers à mesure que le sable monte, il crée une « dune littorale » de 10 à 12 m de haut, formant barrière. Pour fixer les dunes intérieures, des graines de **pin maritime** mélangées à des graines d'ajonc et de genêt sont semées. Après quatre ans, le genêt atteint près de 2 m de hauteur. Le pin, d'une croissance plus lente, grandit ainsi protégé.

L'assainissement de l'intérieur

Au début du 19e s., la plaine intérieure reste mal drainée et rebelle à toute tentative de colonisation agricole. Sous le Second Empire, l'ingénieur **Chambrelant** établit un plan de drainage, de défrichement et d'ensemencement forestier, d'où la plantation massive de pins maritimes sur près d'un million d'hectares.

La montagne

LES PAYSAGES

La formation

Résultat de plissements de la vieille structure hercynienne (Massif central, Ardennes), la **chaîne des Pyrénées**, que l'on voit de Pau se dessiner au-dessus des coteaux béarnais, frappe par la continuité de ses crêtes finement échancrées. Vue depuis la capitale régionale, elle ne laisse place à aucun seuil ni cime maîtresse, hormis le **pic du Midi d'Ossau** (alt. 2 884 m) qui doit la majesté de sa silhouette à des pointements de roches volcaniques.

L'**érosion** n'a cessé de niveler le massif. Multipliant ses attaques contre les régions surélevées, elle fait réapparaître, par décapage, les formations sédimentaires primaires et, en certains endroits, le noyau cristallin. Lors des premières grandes invasions glaciaires, à l'aube du paléolithique, les Pyrénées apparaissent à nouveau démantelées, ayant perdu plusieurs milliers de mètres d'épaisseur depuis la phase alpine.

Les Pyrénées basques

L'écrasement des plis pyrénéens, les vallées tortueuses et les communications difficiles entre les différents bassins sont autant de raisons qui font de cette région un « Pays fort bossu » selon l'expression d'un chroniqueur du 17e s. L'ensemble du Pays basque s'étend sur les deux versants de la chaîne des Pyrénées. Les accidents de relief les plus remarquables se situent à l'est du département : pic d'Anie, fier de ses 2 504 m de hauteur, traits de scie des gorges de Kakuetta et d'Holçarté, arête du Contende, s'élevant à 2 338 m du pic d'Orhy, situé à 2 017 m d'altitude, ultime borne pyrénéenne vers l'ouest. Le sous-sol de ces calcaires fissurés et criblés de gouffres est devenu pour les spéléologues un immense domaine d'exploration et d'étude (grottes d'Isturitz et d'Oxocelhaya). C'est aussi là que l'on rencontre le plus grand nombre de pins à crochets capables de vivre près de sept cents ans.

Ces « basses » Pyrénées présentent une montagne abondamment boisée et relativement peu pénétrable telle la forêt d'Iraty, étendue sur 2 300 ha, la plus importante concentration de hêtres en Europe. Ces distorsions du paysage font de cette montagne basque un paysage sublime, verdoyant, marqué par des pics, entrecoupé de terrasses, de précipices et traversé de torrents. Plus près de l'Océan, la topographie se révèle plus calme, témoignant de roches gréseuses ou cristallines composant le décor du Pays basque, tel que le sommet de la Rhune, culminant à 900 m, d'où l'on domine la montagne et les flots, le mont Ursuya (Cambo), ou les monts encadrant St-Jean-Pied-de-Port. Mais dans l'ensemble, le paysage entre l'Adour et l'Espagne fait la part belle aux collines modelées dans une masse hétérogène de sédiments de formation marine.

Les vallées béarnaises

Trois superbes vallées forment l'ossature de la montagne béarnaise. À l'ouest, pays de pâturages, court la vallée de **Barétous**. Au centre, la vallée d'**Aspe**, la plus sauvage, suit la route naturelle menant d'Oloron au col du Somport. Dominée par le pic du Midi d'Ossau, la vallée d'**Ossau**, découpée par les torrents et les lacs, est réputée pour son marbre d'Arudy et les eaux chaudes de Laruns.

L'étagement de la végétation

La diversité de la végétation des Pyrénées dépend de l'altitude. En dessous de 800 m, la montagne se

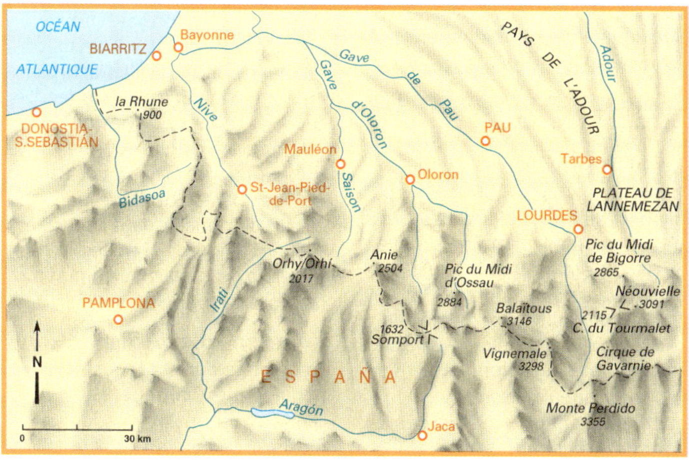

UN TUNNEL CONTROVERSÉ

Le 17 janv. 2003 était inauguré le **tunnel du Somport**, reliant la province de Huesca, en Aragon, à la vallée d'Aspe *(voir ce nom)*, en Béarn. Ce fut l'occasion ou jamais pour les élus et les écologistes de rappeler leur crainte d'une très grande augmentation du trafic de véhicules, et donc de la pollution de l'air, dans la vallée d'Aspe, considérée comme un joyau naturel. Selon ses détracteurs, l'ouverture de ce tunnel, au lieu de favoriser le développement de la vallée, risque fort de la condamner, d'autant que l'étroite N 134 qui permet l'accès côté français ne sera pas aménagée avant… 2018. Élus et habitants regrettent que soit encore une fois privilégié le transport routier au détriment du transport ferroviaire.

couvre de forêts de chênes. Jusqu'à 1 700 m, l'**étage montagnard** est le domaine du hêtre et du sapin. Entre 1 700 et 2 400 m d'altitude, l'**étage subalpin** est couvert de pins à crochets qui se mêlent aux bouleaux ou aux sorbiers des oiseleurs. Vers 2 400 m, des forêts claires avoisinent les landines couvertes de rhododendrons et les pelouses alpines parsemées de fleurs. De 2 400 à 2 800 m d'altitude, à l'**étage alpin**, peu d'arbres subsistent sinon le saule nain ; une végétation bariolée et basse règne en maître. On peut découvrir d'innombrables **espèces endémiques** sur ces trois étages : lys des Pyrénées, saxifrage à feuilles longues, chardon bleu des Pyrénées, silène acaule, pavot du pays de Galles, etc. Au-delà de 2 800 m, le paysage est composé de rocs sur lesquels s'accroche une végétation rudimentaire de mousses et de lichens.

LA FAUNE

Une faune variée

Parmi les animaux protégés, l'**ours brun** vit aujourd'hui dans les forêts de l'étage montagnard où survivent aussi les derniers **lynx**. L'**isard**, chassé vers les hauteurs par les remous de l'activité humaine des vallées, préfère la pelouse et les rochers de l'étage alpin.

Les randonneurs discrets apercevront peut-être aussi des **sangliers**, des **chevreuils** ou même des **mouflons de Corse**, faute de pouvoir observer des bouquetins, aujourd'hui totalement disparus du massif pyrénéen. Les berges des torrents (à plus de 1 500 m d'altitude) abritent le **desman**, rongeur spécifiquement pyrénéen. Autrefois vides de poissons, les lacs et les rivières sont aujourd'hui peuplés de **saumons** et de **truites**. Dans les airs planent plusieurs espèces de rapaces dont l'**aigle royal** et le **vautour fauve**. Le **gypaète barbu**, le plus grand des rapaces d'Europe, reste très rare. Le **grand tétras**, ou coq de bruyère, fraye dans les sous-bois, tandis qu'au petit matin les **marmottes** sortent de leur terrier.

Côté élevage, les Béarnais s'enorgueillissent de posséder une race de vache locale très caractéristique : la **blonde des Pyrénées**. Élégante, avec sa couleur froment et son cornage en lyre haute, elle est élevée aussi bien pour sa viande que pour son lait. Déjà connue à l'époque de Gaston Phébus, comme en témoigne sa présence sur les armoiries de la ville de Pau, la race, supplantée par la création de la blonde d'Aquitaine dans les années 1960, est aujourd'hui en déclin ; elle bénéficie désormais d'un programme de conservation.

L'ours en voie de disparition

La dernière ourse de souche pyrénéenne, **Cannelle**, était tuée le 1er novembre 2004 lors d'une battue aux sangliers dans la vallée d'Aspe : il ne reste désormais que trois mâles. Pour pallier la menace d'extinction, 7 000 ha avaient pourtant été interdits à la chasse en automne, saison où l'ours constitue ses réserves avant l'hibernation. Par ailleurs en 1996 et 1997, trois ours slovènes, un mâle, Pyros, et deux femelles, Melba et Ziva, avaient été réintroduits dans le massif béarnais. Tous se sont bien acclimatés au climat pyrénéen et plusieurs naissances ont eu lieu. En 2006, cinq de leurs congénères (un mâle et quatre femelles) les ont rejoints. Malgré leur succès, ces mesures suscitèrent et suscitent encore de vives polémiques, principalement en raison des menaces que cette présence oursine fait planer sur les troupeaux. Plusieurs attaques ont en effet eu lieu mais, pour les défenseurs de la sauvegarde de l'ours dans les Pyrénées, soucieux de l'image du massif et de la préservation de son patrimoine faunistique, seule l'absence de gardiennage et de protection est responsable de ces dégâts. Outre l'indemnisation des pertes, des mesures ont été mises en place par l'État visant à une meilleure cohabitation entre ours et éleveurs. Le massif compte aujourd'hui plus d'une quinzaine d'individus.

La **Maison du Parc national** à Etsaut *(voir Vallée d'Aspe)* présente une exposition « L'ours brun des Pyrénées ».

Les terres agricoles

Outre le vin, l'Aquitaine est aussi la première région française productrice de fraise, de kiwi ou encore de noix. Riche d'une vaste pinède, la sylviculture constitue aussi une part non négligeable de l'économie agricole et permet à l'Aquitaine de se placer en tête de la production nationale pour les lambris, parquets et palettes, ce qui n'a pas empêché l'industrie du papier de traverser une crise sévère.

LA CHALOSSE ET LE TURSAN

Plus à l'est des Landes se déploient de verdoyantes collines lacérées par les affluents de l'Adour et jalonnées de vignes, les versants s'abaissant en terrasses vers les fonds cultivés des rivières. La Chalosse et le Tursan sont de riches régions agricoles où le maïs a de loin détrôné le blé. Côté élevage, on ne tarira pas d'éloges pour le fameux bœuf de Chalosse ni pour les oies et canards qui fournissent des foies gras, faisant des **Landes** un des plus grands producteurs du Sud-Ouest dans ce domaine (près de 5 000 t de foie gras sont produites chaque année dans le département).

DOUCES COLLINES DE L'AGENAIS

Région de transition entre le Périgord méridional, le bas Quercy et les Landes, l'**Agenais** doit son unité à la vallée de la Garonne. Dans la partie nord au climat humide, sur les terrains argileux de Lauzun couverts de pâturages, abondent les vaches laitières. Plus à l'est, entre Monflanquin et Gavaudun, les bois de châtaigniers, de chênes et de pins apparaissent. Peu industrialisé, l'Agenais ne possède qu'une ville de tradition ouvrière : Fumel. L'exploitation des sables riches en minerai de fer a jadis permis la création de petites usines métallurgiques avant de céder la place aux fonderies pour l'automobile.

Dans la **vallée de la Garonne**, des cultures délicates très variées s'étagent en terrasses, favorisées par la qualité des alluvions et la douceur du climat. Chaque ville ou bourgade possède une spécialité : Tonneins a été jusqu'en 2000 la capitale de la cigarette (Gauloise bleue), Port-Ste-Marie produit pêches et cerises tandis que Marmande, proche du Bordelais, est une importante zone productrice de tomates et potirons.

La **vallée du Lot**, quant à elle, est un immense verger coupé de jardins et de champs de tabac. Les petits pois, haricots verts et melons de Villeneuve-sur-Lot ont gagné depuis quelques lustres leurs galons de renommée. Villeneuve-sur-Lot s'est également spécialisée dans la prune d'ente, utilisée pour confectionner le pruneau d'Agen. Avec 165 000 t de prunes d'ente (qui donneront 50 000 t de pruneaux d'Agen) récoltées par 1 800 producteurs sur 12 000 ha en production, le verger français se situe au 2e rang mondial : 65 % de cette production, concentrée dans le Sud-Ouest, vient du Lot-et-Garonne. La filière compte 1 800 producteurs se partageant 10 000 ha de vergers. Depuis le 18e s., des plantations de peupliers permettent de tirer profit des terres inondables, le bois servant en menuiserie et papeterie.
Le **pays des Serres**, caractérisé par de bas plateaux allongés séparés par des vallons fertiles, s'étend au sud du Lot et porte principalement du blé sur les plateaux limoneux de Tournon-d'Agenais, tandis que les vignes se multiplient sur les pentes.

Questions d'environnement

Conscients de la nécessité de sauvegarder les milieux naturels qui confèrent à l'Aquitaine une forte valeur ajoutée auprès de sa population et de ses visiteurs, les collectivités et différents acteurs locaux se sont engagés dans la préservation, la remise en état de sites et paysages et la valorisation économique du patrimoine.

UNE VOLONTÉ POLITIQUE

La Région a clairement affiché son souhait de s'investir dans une démarche de **développement durable**, grâce à la mise en œuvre de certaines mesures : construction de lycées HQE (Haute qualité environnementale), aide à l'agriculture respectueuse de l'environnement et aux productions de qualité, soutien à l'écotourisme, suivi de la qualité des eaux des rivières et du littoral, sauvegarde et entretien de sites naturels ou architecturaux d'importance, économies et diversification des sources en matière énergétique…
En outre, avec plus d'une centaine de sites **Natura 2000** (fleuves, vallées, coteaux, marais), l'Aquitaine s'inscrit nettement dans une démarche européenne de protection de l'environnement.

LA FORÊT EN DANGER…

Les pins maritimes couvrent 1 000 000 ha environ. Pour préserver cette forêt des **incendies**, un corps de sapeurs-pompiers forestiers a été créé. De nombreux observatoires reliés par téléphone

La faune ornithologique du bassin d'Arcachon.
H. Le Gac / MICHELIN

et radio permettent la détection rapide des feux. L'accès, dans les moindres délais, au matériel de lutte a été amélioré et des points d'eau ont été établis. Enfin, pour obtenir des coupures plus larges et en même temps assurer le maintien sur place des populations, l'extension des cultures a été encouragée.
L'Aquitaine a été l'une des régions les plus touchées par la **tempête** de décembre 1999 : l'ouragan a détruit plus de 29 millions de m^3 dans la forêt de pins maritimes, dont 26 millions sur le seul massif landais. La tempête Klaus du 24 janvier 2009 est venue s'ajouter à ce désastre, réduisant de 48 % la superficie forestière, soit 37 millions de m^3 de pins maritimes dévastés. Outre l'incroyable force des vents, de tels dégâts s'expliquent par la particularité de la forêt landaise : constituée d'arbres identiques s'alignant comme des dominos, elle était plus vulnérable que les autres. On estime que le chantier de reconstitution de cette forêt de résineux demandera au moins dix ans. En attendant, les sylviculteurs tentent comme ils peuvent de maintenir leurs affaires à flot.

... LE LITTORAL AUSSI

L'**urbanisation** a aggravé le phénomène naturel d'érosion marine et éolienne. Ce sont en moyenne trois mètres du littoral landais et girondin qui disparaissent ainsi chaque année sous les flots. Le processus, qui a débuté au 18e s., s'est nettement accéléré depuis une trentaine d'années. Un déficit de sédiments dans l'Océan l'explique en partie : le vent emporte moins de sable sec vers les dunes, mais continue à disperser celui des buttes vers l'intérieur. Les barrages, empêchant les minéraux fluviaux d'accéder à la mer, les prélèvements de sable sur les dunes (interdits depuis 1986), et les travaux de protection des communes (digues, etc.), à l'efficacité limitée, ont favorisé la crise érosive. Dès les années 1970, bien avant la loi littoral de 1986 qui s'en est inspirée, une Mission interministérielle d'aménagement de la côte aquitaine (Miaca) a permis de préserver la majeure partie du

NATURA 2000

Cette opération a pour objectif de maintenir la diversité biologique des milieux en tenant compte des exigences économiques, sociales, culturelles et régionales qui s'y attachent. Ainsi, elle encourage, par un soutien financier, les acteurs locaux à entretenir les espaces naturels dans lesquels ils vivent.

OBSERVER LES OISEAUX

Vous pourrez observer des oiseaux migrateurs ou autochtones dans les sites suivants :

– en **Gironde**, le marais du Conseiller *(voir Soulac-sur-Mer)* ; la pointe du Cap-Ferret, le domaine des Certes d'Audenge, le parc ornithologique du Teich *(voir Bassin d'Arcachon)* ; le marais de Bruges *(voir Bordeaux)* ; l'étang de Cousseau *(voir Lacanau)* ;

– dans les **Landes**, le courant d'Huchet ; l'étang Noir *(voir Hossegor)* ; le marais d'Orx *(voir Capbreton)* ;

– en **Béarn**, la falaise aux Vautours à Aste-Béon *(voir Vallée d'Ossau)*.

En outre, de nombreuses sorties ornithologiques peuvent vous être proposées par les offices de tourisme, les associations ornithologiques ou par les guides de montagne, notamment dans les **Pyrénées**.

cordon dunaire et de limiter l'étalement de l'urbanisation. Elle n'a pourtant pas empêché certaines communes de bétonner leur front de mer, cédant à la pression immobilière. Un groupement d'intérêt public réunissant la Région et l'État a vu le jour en 2005 pour tenter d'apporter des solutions concertées à la protection de la bande côtière.

L'ÉCOTOURISME LANDAIS

Les **Landes** recèlent un patrimoine naturel d'une richesse remarquable. La vaste façade océanique, la situation sur un axe migratoire majeur et la proximité des Pyrénées, concourent à la diversité des espèces animales et végétales. Les forêts-galeries le long des cours d'eau, caractéristiques du plateau landais, offrent par exemple un refuge pour de nombreuses espèces de chauves-souris, la loutre ou le vison d'Europe. Précurseur en la matière, le Parc naturel régional des Landes de Gascogne s'est associé au Pays des Landes de Gascogne pour développer l'écotourisme, à travers une gamme de produits et un réseau de prestataires engagés à limiter leur impact sur l'environnement par une gestion plus respectueuse des ressources (utilisation de matériaux recyclables, plantation d'essences locales adaptées au sol…), avec pour objectif la signature de la charte européenne du tourisme durable. Un Pôle touristique des Landes de Gascogne fédère les collectivités et les acteurs du tourisme réunis autour de ce projet.

L'offre de séjours est déjà diversifiée.

Histoire

Théâtre de querelles historiques, objet de revendications, l'Aquitaine a connu un passé tumultueux. Des conquêtes romaines au royaume des Wisigoths, de Charlemagne aux invasions normandes, du duché de Guyenne à la guerre de Cent Ans, des guerres de Religion au gouvernement Poincaré de 1914, l'Aquitaine s'est toujours trouvée intimement liée à l'histoire de France, et de l'Europe.

Une terre convoitée

LA PRÉHISTOIRE

À l'époque de l'*Homo sapiens*, entre -35 000 et -10 000 av. J.-C. (paléolithique supérieur), l'homme de **Cro-Magnon**, caractérisé par le fort volume de son crâne et par son langage articulé, consacrait une part non négligeable de son temps à la création d'œuvres artistiques, comme en témoignent les dessins et ornements découverts en 1881 dans la **grotte de Pair-non-Pair** en Gironde. Quant à la **Dame de Brassempouy**, elle gisait dans les Landes. Sculptée il y a plus de 20 000 ans dans de l'ivoire de mammouth, cette Vénus serait la plus ancienne représentation de visage humain que l'on ait retrouvée dans le monde.

DE L'ÂGE DES MÉTAUX À L'EMPIRE CAROLINGIEN

Dès -1800, de grands mouvements de peuples fixent la physionomie ethnique de l'Occident. Les populations des Pyrénées atlantiques forment déjà une souche homogène résistant aux influences extérieures. Entre le 6e et le 3e s. av. J.-C., les **Celtes**, surnommés « les plus raffinés des barbares », apportent avec eux les prémices de la civilisation. La tribu des Bituriges vivisques s'installe sur un méandre de la Garonne et crée le port de **Burdigala**, future ville de Bordeaux, qui devient la capitale de l'Aquitaine. Le commerce se développe et, déjà, le vin fait la fortune de la nouvelle cité.
Mais la conquête de la Gaule par **César** vient bouleverser les rapports établis : en 56 av. J.-C., P. Licinius Crassus, légat de César, mène deux campagnes victorieuses et soumet l'Aquitaine, malgré l'active résistance de certaines peuplades. L'**Aquitania**, dont le territoire s'étend alors des Pyrénées à la Loire, devient, sous la férule d'Auguste, l'une des quatre provinces de la Gaule romaine ; elle s'urbanise et s'organise grâce à l'aménagement de voies de communication et à la création d'administrations. À partir du 4e s. pénètre progressivement le christianisme.
Avant même que l'Empire romain ne sombre en 476, l'Aquitaine est envahie en 418 par les **Wisigoths** qui la rattachent à leur royaume d'Espagne. Ils perpétuent la culture latine et le droit romain écrit. En 466, Bordeaux devient la capitale d'un royaume florissant qui s'étend de Gibraltar à la Loire. Mais en 507, c'est au tour de **Clovis** de s'emparer

de l'Aquitaine tant convoitée; les Wisigoths sont battus à Vouillé et la province est intégrée au royaume franc. Peu après, à la fin du 6e s., les **Vascons**, peuple ibérique dont descendent les Basques, se répandent dans le plat pays, la « Gascogne ». Pendant toute la période mérovingienne, l'Aquitaine n'aura cessé d'être un duché indépendant gouverné par divers parents des souverains, malgré une tentative de **Dagobert** en 630 de créer un royaume aquitain.

Au siècle suivant, ce sont les **Arabes** qui tentent d'envahir le pays : Bordeaux est incendiée et de nombreuses villes rasées. Si Charles Martel enraye la progression des Arabes à Poitiers en 732, il faudra plusieurs années à **Charlemagne** pour refouler les Sarrasins jusqu'aux Pyrénées. C'est en 778 qu'a lieu la célèbre **bataille de Roncevaux**, contée dans *La Chanson de Roland*, où l'arrière-garde de Charlemagne est écrasée, non seulement par les Arabes, mais aussi par les Vascons. Pour soumettre ces derniers, Charlemagne crée la même année pour son fils **Louis le Pieux**, un royaume d'Aquitaine sous l'autorité du roi franc. L'Aquitaine passe alors entre les mains des différents souverains carolingiens qui doivent lutter contre les invasions des **Normands**, tandis que ces derniers détruisent Bordeaux en 848. En 877, l'Aquitaine est à nouveau constituée en duché par le roi carolingien **Louis le Bègue**, avant d'être, deux siècles plus tard, unie au duché de Gascogne (1058).

Le titre de duc revient alors à la dynastie poitevine qui s'illustre surtout par le prince troubadour **Guillaume IX**, grand-père d'Aliénor d'Aquitaine.

L'AQUITAINE AU CŒUR DE LA GUERRE DE CENT ANS

Les deux mariages d'**Aliénor d'Aquitaine** vont marquer un tournant dans l'histoire du duché et de la France tout entière. En 1137, Aliénor, qui vient tout juste d'hériter de l'Aquitaine à la suite de la mort de son père, épouse le futur **Louis VII**. La même année, tous deux se retrouvent propulsés à la tête du royaume de France alors que s'éteint Louis VI le Gros. Ce mariage laissait espérer un prochain retour de l'Aquitaine au royaume de France, mais le couple royal se brouille et l'annulation du mariage est prononcée en 1152. Aliénor épouse aussitôt **Henri Plantagenêt**, livrant du même coup l'Aquitaine à l'héritier de la dynastie angevine qui régnait alors sur l'Angleterre.

Les effets ne s'en font pas attendre : deux ans plus tard, en 1154, la couronne d'Angleterre revient à Henri II, la France est cernée de toutes parts par les possessions de son vassal anglais. Jusqu'au 15e s., l'Aquitaine ne cessera d'être ballottée entre les deux puissances. Confisquée à Jean

LES CAGOTS

Durant tout le Moyen Âge, on recense au Pays basque français une population marginale dont on sait encore aujourd'hui peu de chose, les **cagots**. Ils font l'objet de discriminations terribles : accès séparés à l'église et au cimetière, mariage interdit avec les autres citoyens, impossibilité d'exercer certains métiers ou toute charge publique, obligation de porter une marque distinctive…

Les historiens sont partagés sur les raisons de cet ostracisme, certains y voyant le signe d'un handicap ou de la lèpre, d'autres évoquant leurs origines arabes ou wisigothes.

LE « FOR DE MORLAÀS »

De tout temps, les Béarnais, à l'instar des populations pyrénéennes, ont montré un goût très vif pour la liberté. Le suzerain, qu'il soit roi de Navarre, d'Angleterre ou de France, devra rendre très lâches les liens assujettissant le petit État. À l'intérieur du Béarn même, le vicomte accorde nombre de privilèges aux habitants. Au 11e s., Gaston IV le Croisé octroie le « for (droit) de Morlaàs ». C'est une sorte de charte politique et judiciaire qui limite les pouvoirs seigneuriaux et soumet tout le monde à l'impôt de la taille. À leur avènement, les vicomtes de Béarn sont tous tenus de « jurer le for ».

sans Terre par Philippe Auguste en 1204, l'Aquitaine revient aux Anglais par le **traité de Paris**, signé par saint Louis en 1259. L'accord est remis en question à plusieurs reprises et les troupes royales envahissent la Guyenne en 1296 puis en 1324. Cette période est marquée par la fondation des bastides, villes neuves *(voir p. 83)*.

La **guerre de Cent Ans** éclate en 1337, lorsqu'Édouard III d'Angleterre affiche ses prétentions sur la couronne de France. En 1356, son fils, surnommé le Prince Noir, capture le roi de France Jean II le Bon et demande en rançon les pleins droits sur l'Aquitaine. En 1360 lors du **traité de Brétigny**, la France abandonne à nouveau l'Aquitaine aux Anglais, tandis que le Prince Noir renonce au trône de France. En 1380, c'est au tour des Anglais de se plier à la force française, mais ils conservent Bordeaux et Bayonne. La France reconquiert définitivement l'Aquitaine après la **bataille de Castillon** en 1453, qui marque la fin de la guerre de Cent Ans.

Voir la page thématique « Bordeaux, capitale de l'Aquitaine », p. 108.

L'ÉTAT PLANTAGENÊT À SON APOGÉE (Milieu du 12es.)

LE RATTACHEMENT DU BÉARN ET DE LA BASSE-NAVARRE À LA COURONNE DE FRANCE

Côté pyrénéen, le Béarn, vicomté vassale de l'Aquitaine depuis le 9e s., suit les aléas du duché jusqu'en 1290 où il est réuni par mariage au comté de Foix. En proclamant l'indépendance du Béarn en 1347, **Gaston III Phébus**, dernier comte de Foix-Béarn, maintient une paix relative au nord des Pyrénées. Son héritage passe de mains en mains pendant la guerre de Cent Ans et finit par échoir à la famille de Navarre. Avec l'union de Catherine de Navarre et de Jean d'Albret en 1484, les Albret, désormais « rois de Navarre », deviennent prépondérants dans les Pyrénées gasconnes. Mais, dépossédés par Ferdinand le Catholique en 1512, ils ne conservent que le pays situé au nord des Pyrénées (Basse-Navarre). **Jeanne d'Albret**, reine de Navarre de 1555 à 1572, mariée à Antoine de Bourbon, veille à maintenir l'indépendance de ses États entre la France et l'Espagne et, durant les **guerres de Religion**, elle impose le calvinisme. Son lieutenant, Montgomery et, du côté catholique, Blaise de Monluc, rivalisent d'atrocités. C'est le fils de Jeanne d'Albret et d'Antoine de Bourbon, **Henri IV**, qui, roi de France et de Navarre, réunira son propre domaine royal (Basse-Navarre) et les fiefs qu'il détient comme héritier de la maison d'Albret (Foix-Béarn) à la Couronne en **1607**. La paix religieuse s'installe enfin grâce à la promulgation de l'**édit de Nantes** par le même Henri IV. En 1620, l'indépendance du Béarn et de la Basse-Navarre est définitivement oubliée avec la proclamation de l'**édit d'Union** par Louis XIII ; les deux territoires sont rattachés au royaume de France. La révocation de l'édit de Nantes en 1685 par Louis XIV occasionne de nombreuses persécutions contre les protestants, exécutées par les dragons du roi, et permet surtout à ce dernier d'asseoir l'autorité royale sur la province.

Enfin, en 1659, le **traité des Pyrénées** confirme le partage de la Navarre entre les royaumes de France et d'Espagne, fixant peu ou prou les limites actuelles entre les deux États. C'est à l'occasion du **mariage de Louis XIV** avec l'infante Marie-Thérèse d'Espagne, mariage hautement politique puisqu'il scelle une alliance entre deux ennemis traditionnels, que ce traité est signé sur l'île des Faisans, en plein milieu de la Bidassoa, fleuve désormais frontière.

L'ESSOR DE BORDEAUX ET LA NAISSANCE DU PYRÉNÉISME

Provoquant des disettes et des épidémies, les guerres de Religion et les luttes de pouvoir auront rendu la vie dure aux Aquitains tout au long des 16e et 17e s.

Au 17e s., les seigneurs de Navarre affirment leur autorité face au pouvoir royal un peu partout en Guyenne, en érigeant des forteresses défensives (château Trompette à Bordeaux, citadelle de Blaye). La **Fronde** est très vive en Gironde : en 1649, Bordeaux s'érige en république autonome, avec le soutien des Anglais. Au début du 18e s., un redressement s'amorce : les villes connaissent une forte croissance et les populations urbaines doublent ou triplent de volume. De 1743 à 1757, **Tourny**, intendant de Guyenne, donne au développement économique de Bordeaux une impulsion décisive. À la veille de la Révolution, le Bassin aquitain est considéré comme l'une des régions les plus prospères de France, en particulier grâce au développement des grands vignobles et à celui du commerce colonial et maritime.

Le 18e s. voit réellement l'apogée de Bordeaux, sous l'égide de son parlement. En 1754, la thèse de **Théophile de Bordeu** sur les eaux minérales d'Aquitaine contribue à la spécialisation des stations de cure et à l'essor du thermalisme. Le Second Empire est une période faste pour les stations thermales des Pyrénées centrales. Par ailleurs, la côte est aménagée : en 1786, l'ingénieur **Brémontier** présente son projet de fixation des dunes et d'assainissement des marais grâce à la plantation de pins dans les Landes *(voir p. 64)*.

LE TOURNANT DU 19E S.

Modernisation

Au 19e s., le développement des chemins de fer apporte la consécration balnéaire de la côte atlantique ; le train arrive à Bordeaux en 1852 et le tourisme prend son essor. Cependant, la côte landaise reste encore inexplorée. C'est pourquoi, en 1905, le journaliste bordelais **Maurice Martin** décide de se lancer dans une expédition de découverte des lieux qu'il rendra célèbre sous le nom de « Côte d'Argent ».

LES GRANDES DATES

56 av. J.-C. – Crassus, lieutenant de César, conquiert l'Aquitaine.

418 – Invasion de l'Aquitaine par les Wisigoths, eux-mêmes chassés par les Francs de Clovis en 507.

778 – L'arrière-garde de Charlemagne est écrasée à Roncevaux.

781 – Charlemagne fait sacrer son fils Louis roi d'Aquitaine.

1137 – Le prince Louis, fils du roi de France et futur Louis VII, épouse Aliénor d'Aquitaine.

1152 – Mariage d'Aliénor d'Aquitaine avec Henri Plantagenêt. Le Labourd et la Soule passent sous suzeraineté anglaise.

1154 – Henri Plantagenêt, duc d'Aquitaine, devient roi d'Angleterre ; l'Aquitaine passe sous domination anglaise pendant trois siècles.

1347 – Gaston Phébus proclame l'indépendance du Béarn.

1453 – Dernière bataille de la guerre de Cent Ans, gagnée à Castillon-la-Bataille par les frères Bureau ; l'Aquitaine revient à la France.

1571 – Au cœur des guerres de Religion, Jeanne d'Albret impose le calvinisme aux Béarnais.

1607 – Henri IV réunit à la France son propre domaine royal (Basse-Navarre) et les fiefs qu'il détient comme héritier de la maison d'Albret (Foix-Béarn).

1659 – Traité des Pyrénées, qui fixe les limites des royaumes de France et d'Espagne.

1771 – Le trafic maritime de Bordeaux est à son apogée.

1789 – Début de la Révolution française et abolition des fors, institutions populaires basques au nord des Pyrénées.

1914 – Devant l'offensive allemande, le président Poincaré, le gouvernement et les Chambres s'installent temporairement à Bordeaux.

1940 – Le gouvernement Reynaud s'installe à Bordeaux.

1998 – Procès de Maurice Papon, secrétaire général de la préfecture de la Gironde de 1942 à 1944, accusé de crime contre l'humanité.

2007 – Inscription du Vieux Bordeaux au Patrimoine mondial de l'Unesco.

Le succès touristique de la région doit beaucoup à la viticulture. Le premier **classement des vins**, esquissé dès les années 1725 avec Haut-Brion, Margaux, Lafite et Latour, s'élargit dès 1855 avec la classification des grands crus du Médoc, établie à la demande de Napoléon III en vue de l'Exposition universelle de Paris.

L'Aquitaine profite peu du développement industriel et demeure avant tout agricole. Le 19e s. verra en outre une émigration massive des Béarnais et des Basques vers les États-Unis.

L'ère des nationalismes

En France, la République est proclamée après la chute du Second Empire. Mais le nationalisme français reste un phénomène intellectuel, limité à la classe politique, car le peuple lui-même ne semble pas éprouver le sentiment d'appartenance nationale. La IIIe République attribue cette carence de l'identité nationale à la méconnaissance généralisée du français. Elle met en place deux principaux moyens pour y remédier : l'école et l'armée. Tandis que le nouveau système éducatif, gratuit et obligatoire, répand la langue française et diffuse une histoire et une géographie nationales aux enfants, le service militaire se charge de transformer les jeunes adultes en citoyens soldats. Au lendemain des deux guerres mondiales, les Basques se sentent largement français.

L'AQUITAINE CONTEMPORAINE

En 1914, devant l'offensive allemande, le président **Poincaré**, le gouvernement et les Chambres s'installent temporairement à Bordeaux, comme l'avait fait le gouvernement **Gambetta** en 1870 durant la guerre franco-prussienne. Le réflexe sera le même en 1940, avant que le gouvernement de Pétain ne déménage à Vichy.

L'Aquitaine devient une région productrice d'énergie, tout particulièrement grâce à l'éruption du gaz de Lacq en 1951 et au début de l'exploitation du pétrole à Parentis en 1954. Plus de 70 ans après l'ouverture du tunnel ferroviaire du Somport en 1928, c'est par la route qu'il est désormais possible de traverser les Pyrénées, depuis l'ouverture d'un tunnel routier en 2003 *(voir p. 66)*.

C'EST DANS L'AIR

Du fait de conditions climatiques particulièrement favorables, la région entretient des rapports privilégiés avec l'**aviation** dès ses débuts. En 1909, les **frères Wright**, deux Américains qui avaient effectué le premier vol au monde à bord d'un aéroplane motorisé de leur conception (1903), créent la première école de pilotage sur la lande du Pont Long, au nord de Pau (les frères reposent dans la chapelle du Mémorial de l'aviation, sur la commune de Lescar). Ils seront imités par **Blériot**, puis, en 1912, l'armée française y établit la première école militaire d'aviation. En 1953, l'ETAP (École des Troupes Aéroportées) s'implante à son tour sur le site, qui formera au saut tous les parachutistes français. Aujourd'hui, l'aéronautique reste un secteur puissant de l'économie régionale (Pau, Bordeaux), au voisinage de Toulouse.

Vous pourrez visiter l'exposition permanente « Pau, terre d'aviation » au palais Beaumont et le musée national des Parachutistes à **Pau**, mais aussi le musée de l'Aviation légère de l'Armée de terre et de l'Hélicoptère à **Dax**, ou celui de l'hydraviation à **Biscarrosse** *(voir ces noms)*.

La reine Aliénor d'Aquitaine en conversation avec une noble dame.
Akg-images

Ils ont fait l'histoire

ALIÉNOR D'AQUITAINE

Née aux environs de 1122, elle est la fille aînée de Guillaume X d'Aquitaine. En 1137, alors qu'elle n'a que 15 ans, la mort de son père, son mariage au futur Louis VII et la mort de son beau-père Louis VI font d'elle la duchesse d'Aquitaine et la reine de France. Dix ans plus tard, elle prend part à la 2e croisade. De retour en France, les deux époux se brouillent malgré la naissance de leur deuxième fille et obtiennent l'annulation du mariage sous prétexte d'une parenté trop proche (cousinage au 9e degré). Sans attendre, Aliénor épouse **Henri Plantagenêt**, héritier de la Normandie et de l'Anjou, mais aussi du royaume d'Angleterre, à la tête duquel il est bientôt appelé, sous le nom d'Henri II. Aliénor met alors au monde huit enfants dont le troisième fils sera **Richard Cœur de Lion** (1157) et le dernier **Jean sans Terre** (1166). Après quelques années aux côtés de son époux aussi bien en Normandie qu'en Angleterre, elle se retire à Poitiers dans son duché de France où elle s'entoure d'une cour joyeuse. Instigatrice d'un complot qui oppose Henri II à deux de ses fils, Aliénor est arrêtée et emprisonnée par son mari pendant près de quinze ans. À la mort de ce dernier, en 1189, la reine, libérée par son fils Richard, s'empresse de le faire couronner avant son départ en croisade. Elle assume le pouvoir pendant l'absence de son fils et garantit le trône des tentatives d'usurpation de Jean sans Terre. Richard revenu, Aliénor se retire à l'abbaye de Fontevrault. En 1199, elle accourt au chevet de Richard mourant et négocie avec lui la mise sur le trône de son frère Jean sans Terre. Avant de s'éteindre à Fontevrault le 31 mars 1204, elle part en Castille, où sa fille Aliénor règne aux côtés d'Alphonse VIII : son dernier acte politique sera de ramener sa petite-fille Blanche et de l'unir au futur Louis VIII, dont le fils **saint Louis** réunira l'Aquitaine à la France.

Voir la page thématique « Bordeaux, capitale de l'Aquitaine » p. 108.

LES ESPRITS FORTS DU BÉARN

Gaston Phébus

Le plus célèbre des comtes de Foix et vicomtes de Béarn est Gaston III (1331-1391), qui adopte vers 1360 le surnom de Phébus (ou Fébus), signifiant « le brillant » ou « le chasseur ». Ayant pour devise « toques-y si gauses » (touches-y si tu l'oses), c'est un politique avisé, qui exerce un pouvoir absolu, méprisant les « fors » pourtant jurés par lui. Lettré, poète, il s'entoure d'écrivains et de troubadours ; mais brutal et sans scrupule, il fait assassiner son frère et tue involontairement son fils unique au cours d'une querelle. Au retour d'une expédition de chasse, il tombe foudroyé par une hémorragie cérébrale.

La Marguerite des Marguerites

Grâce à la protection des rois de France et à la suite de mariages profitables, les **Albret**, petits seigneurs landais, se trouvent au 16e s. en possession du comté de Foix, du Béarn et de la Basse-Navarre. Henri d'Albret épouse **Marguerite d'Angoulême**, sœur de François Ier, en 1527. La beauté, l'intelligence et la bonté de Marguerite de Navarre seront célébrées par les poètes. Elle use de son influence sur son frère pour protéger les esprits libres et les novateurs religieux (Clément Marot, Calvin…). En 1542, elle commence la composition d'un recueil de contes galants dans la lignée des fabliaux, l'*Heptaméron*, resté inachevé. Son château de Pau, où se déroulent fêtes et bals, sera un des grands centres d'activité intellectuelle en Europe.

AUTRES PERSONNALITÉS

Chevalier de Borda – *Voir Dax.*
Jacques-Yves Cousteau – *Voir Bourg.*
Marguerite Duras – *Voir Duras.*
St-Émilion – *Voir St-Émilion.*
Louis de Foix – *Voir Phare de Cordouan.*
Les Girondins – *Voir Bordeaux.*
Bertrand de Got – *Voir Bazas.*
Francis Jammes – *Voir Orthez.*
Pierre Latécoère – *Voir Biscarrosse.*
François Mauriac – *Voir Verdelais.*
Montesquieu – *Voir La Brède.*
Les Trois Mousquetaires – *Voir Mauléon-Licharre.*
Bernard Palissy – *Voir Monflanquin.*
Les Frères Pereire – *Voir Arcachon.*
Le Prince Noir – *Voir Bordeaux.*
Élisée Reclus – *Voir Duras.*
Jaufré Rudel – *Voir Blaye.*
Saint Vincent-de-Paul – *Voir Dax.*

La rude Jeanne d'Albret

On avait dit de Marguerite de Navarre : « Corps féminin, cœur d'homme et tête d'ange. » Sa fille, Jeanne d'Albret, n'a pas éveillé autant de lyrisme : « Elle n'a de femme que le sexe », disait crûment un contemporain. Son mariage l'unit à **Antoine de Bourbon**, descendant de saint Louis, ce qui permettra à leur fils (futur Henri IV) de recueillir l'héritage des Valois quand cette branche s'éteindra avec Henri III. Jeanne devient reine de Navarre à la mort de son père, puis abjure le catholicisme pour la religion réformée. Assurant l'avenir de sa maison et de sa religion, elle obtient le mariage de son fils Henri avec **Marguerite de Valois**, fille de Catherine de Médicis et d'Henri II. Elle meurt à Paris, en 1572, deux mois avant les noces de son fils.

« Lou Nouste Henric », le grand Béarnais
Henri de Navarre, futur **Henri IV**, naît à Pau le 13 décembre 1553. On raconte que le grand-père d'Albret lui frotte d'abord les lèvres avec une gousse d'ail et les mouille d'un peu de vin de Jurançon. Puis, avant de placer l'enfant dans l'écaille de tortue qui lui servira de berceau, il le montre à la foule, s'écriant : « Voici le lion enfanté par la brebis de Navarre », répondant ainsi au trait insolent qui avait accueilli autrefois la naissance de sa mère : « Miracle ! la vache a enfanté une brebis. » Le jeune Henri passe les premières années de sa vie au château de Coarraze, entre Pau et Lourdes. À 12 ou 13 ans, Henri entre officiellement en religion réformée. Six jours après son mariage avec Marguerite de Valois éclate le massacre de la **St-Barthélemy** (1572). Le jeune époux n'échappe à la mort que par l'abjuration ; il reviendra ensuite à la religion réformée jusqu'à l'abjuration solennelle précédant son avènement (1 589). Pour ménager l'esprit d'indépendance de ses Béarnais, Henri IV prend le titre de « roi de France et de Navarre ». Louis XIII, en 1620, réunira définitivement le Béarn à la Couronne.

Les pèlerins de St-Jacques

Vieux de plus de dix siècles, le chemin de St-Jacques-de-Compostelle rassemble aujourd'hui encore des Jacquets de plus en plus nombreux. Le long de l'ancienne voie romaine de Bordeaux à Astorga, passant par St-Jean-Pied-de-Port, en Basse-Navarre, c'est un pèlerinage toujours chargé d'émotions.

L'APÔTRE

Jacques vint de Palestine pour évangéliser l'Espagne. Selon la légende, il fut décapité et son corps transporté par deux de ses disciples, échoués sur la côte de Galice. Il aurait alors été enterré à l'emplacement de la ville qui portera son nom. Lors de la reconquête de l'Espagne, Jacques serait apparu au cours d'un combat sur un cheval blanc, terrassant les Maures (d'où son surnom de Matamore). Sanctifié, l'apôtre devint le patron des chrétiens, symbole de la Reconquête dès le 10e s.

LE PÈLERIN

La pratique des pèlerinages lointains, tel celui de Compostelle, amenait dans un village un étranger, souvent loqueteux, redouté par les autorités locales, mais véhiculant des récits propres à enflammer l'imagination populaire. Son costume ressemblait à celui des voyageurs, mis à part le gros bâton (bourdon) et les insignes du pèlerinage : coquille et médaille. La cape à capuche (esclavine) et le mantelet court, un chapeau, une besace, en peau le plus souvent, une panetière (musette), une gourde, un couvert, une écuelle, un coffret contenant les papiers et les sauf-conduits complétaient sa tenue. Le fidèle qui avait pris la coquille et le bourdon était à son retour considéré comme un notable. Les confréries de St-Jacques avaient leur chapelle particulière dans les églises ; elles constituaient des frairies et conservaient les comptes rendus de voyage.

LE CHEMIN DE LA FOI

Au Moyen Âge, le tombeau de saint Jacques le Majeur attire en Espagne une foule considérable de pèlerins. La dévotion envers « Monsieur St Jacques » est si vivante que **Santiago** (Compostelle) devient un lieu de rassemblement exceptionnel. Depuis le premier pèlerinage français accompli par l'évêque du Puy en 951, des millions de jacquets, jacquots ou jacobits ont pris la route pour aller vénérer les reliques de l'apôtre à partir des villes de regroupement que constituaient pour l'Europe entière Paris, Vézelay, Le Puy, Autun et Arles.

Une organisation très complète d'**hospices** facilitait le voyage et pourvoyait, le long des principaux itinéraires, à l'hébergement des pèlerins, et à leur bonne santé spirituelle. Les itinéraires convergeaient en Basse-Navarre avant le franchissement des Pyrénées, opérant leur jonction à Ostabat. St-Jean-Pied-de-Port représentait la dernière étape avant l'ascension vers le col frontière de Roncevaux, section de l'ancienne voie romaine de Bordeaux à Astorga. Chaque pèlerin portait une croix de feuillage fabriquée de ses mains avant la montée. Au terme de la première escalade, au col de Cize (Ibañeta), près de la « Croix de Charles », le jacquet priait, chantait et plantait sa croix. À l'ermitage voisin, la cloche sonnait par temps de brouillard et durant une partie de la nuit afin de rallier les égarés.

Au cours des siècles, la foi des jacquets s'est émoussée. Lucre et brigandage rassemblaient des bandes de « coquillards », faux pèlerins, dont fit partie le poète **François Villon**. Avec les guerres de Religion, le protestantisme et le jansénisme, les mentalités changèrent et la méfiance populaire voyait volontiers sous la pèlerine un aventurier ou un escroc. Si au 16e s. les pérégrinations se raréfient, au 18e s., quiconque voulait se rendre à St-Jacques-de-Compostelle devait se munir d'un extrait de baptême légalisé par

La coquille, symbole de Saint-Jacques.
CDT64

l'autorité de police, d'une lettre de recommandation de son curé, elle-même légalisée, et d'un formulaire dûment rempli de son évêque.

Pour le détail des 4 itinéraires, reportez-vous à la rubrique « Randonnée pédestre » *(voir p.19)*.

LES PÈLERINS DU 21e SIÈCLE

Nombreux sont les marcheurs qui se lancent aujourd'hui sur les **sentiers de St-Jacques**. En dix ans, la fréquentation des chemins a plus que décuplé. Les raisons d'un tel engouement sont diverses. Elles tiennent tout d'abord à la médiatisation dont ont bénéficié les chemins de St-Jacques depuis vingt ans. En 1987, le Conseil de l'Europe classait les chemins de St-Jacques « Itinéraire culturel européen » et, en décembre 1988, l'Unesco les inscrivait au **Patrimoine mondial**. Ainsi, les ouvrages, guides ou récits de voyage sur le sujet se sont multipliés. On sait aussi le regain d'intérêt pour la marche. Le plaisir de redécouvrir ce que le progrès et nos empressements quotidiens avaient soustrait à nos regards y est pour beaucoup, le goût retrouvé pour la simplicité et le naturel s'y mêlant. Poussés par la foi, ou le besoin de se ressourcer, les pèlerins du 21e s. acceptent le dénuement et l'effort du chemin.

Lire la rubrique « Randonnée pédestre » *(p. 19)* ou consultez **www.saint-jacques-aquitaine.com**.

Art et culture

Des châteaux féodaux aux villas excentriques du 19e s., chaque siècle a su apposer son cachet en léguant à la région de véritables chefs-d'œuvre. Sur les chemins de Compostelle, l'Aquitaine a hérité d'un riche patrimoine religieux : nombreuses sont les églises et les abbayes romanes qui jalonnent les itinéraires de St-Jacques. Mais ce sont les bastides qui illustrent tout particulièrement la Guyenne. L'édification de ces villes neuves au plan rigoureux fut encouragée par les ducs, les princes et les rois pour mettre en valeur le pays aux alentours du 13e s. Si le 17e s. voit fleurir les fortifications Vauban, le 18e s. est marqué par un souci d'urbanisation d'un style très classique. Quant aux habitats traditionnels, ils sont surtout remarquables dans le Béarn, fier d'arborer ses imposantes cases béarnaises, et dans les Landes où l'habitat rural se groupait autour de l'airial.

La cité médiévale

Du 11e au 14e s., les villes nouvelles se sont multipliées, adoptant une architecture militaire. Des siècles mouvementés du Moyen Âge, la région a conservé nombre de bastides, donjons, églises fortifiées, châteaux, sauvetés et castelnaux, au caractère à la fois défensif et résidentiel.

L'ARCHITECTURE MILITAIRE

L'émiettement de l'autorité féodale au Moyen Âge a entraîné une dispersion générale des points fortifiés. Le Sud-Ouest, et particulièrement l'ancienne Aquitaine, partagée trois siècles durant entre deux couronnes, fut alors saupoudré de châteaux forts. Des fortifications grossières se multiplièrent en rase campagne : un fossé, une palissade d'enceinte (*pau* en langue d'oc, *plessis* en langue d'oïl), une tour de bois puis de pierre élevée sur une « motte », suffisaient à offrir un simple refuge.

Les premiers donjons

Au début du 11e s. apparaissent des donjons de pierre, rectangulaires, caractérisés par une maçonnerie peu épaisse et l'absence de meurtrières. Le rez-de-chaussée, obscur, servant de magasin, l'accès se fait par le 1er étage au moyen d'une échelle ou d'une passerelle escamotable.

Les châteaux de brique

Certains châteaux du Béarn portent la marque de **Sicard de Lordat**, ingénieur militaire de Gaston Phébus au 14e s. Construits en brique par souci d'économie, ils possèdent une tour carrée, à cheval sur l'enceinte polygonale, tandis que les casernements et le logis d'habitation s'adossent intérieurement aux courtines. Morlanne et surtout Montaner sont les exemples les plus achevés de ce type.

Les châteaux clémentins

Bertrand de Got devient pape sous le nom de Clément V en 1305. Rome alors en pleine révolution, il demeure dans sa région natale bordelaise. Il est à l'origine des « châteaux clémentins » : Villandraut, Roquetaillade, Duras, Budos et Fargues sont des « **palais-forteresses** », résidentiels et défensifs. Tous présentent sensiblement la même architecture : ils sont dépourvus de donjon. Leur plan rectangulaire porte à chaque angle une tour cylindrique. Un des côtés est percé d'une entrée, précédée d'une bastille, accostée de deux tours cylindriques de mêmes proportions que les tours d'angle. L'intérieur est bordé sur trois côtés par les appartements, vastes salles voûtées et superposées. Seul le **château de Roquetaillade** échappe à ce plan intérieur : il possède un donjon carré central plus élevé que les tours.

Les églises fortifiées

Nombreuses dans le Sud-Ouest, elles occupent une place importante dans l'histoire de l'architecture militaire.
Les deux types de **mâchicoulis** seraient apparus pour la première fois en France, à la fin du 12e s., sur des églises des pays de langue d'oc : mâchicoulis classiques sur corbeaux et mâchicoulis ménagés sur des arcs bandés entre les contreforts.
Traditionnel **lieu d'asile**, l'église représentait, avec son architecture robuste et son clocher tout désigné comme poste de guet, un refuge pour les populations menacées par les assaillants.

LES « VILLES NOUVELLES » DU MOYEN ÂGE

Sauvetés et castelnaux

Les **sauvetés** sont issues d'initiatives ecclésiastiques : prélats, abbés ou dignitaires d'un ordre militaire de chevalerie ont recouru à des « hôtes », initialement des fugitifs et des errants, pour assurer le défrichement et la mise en valeur de leurs terres.
Les **castelnaux** sont à l'origine des agglomérations créées par un seigneur dans la dépendance d'un château. Muret, Auvillar, Mugron et Pau en sont autant d'exemples.

Les bastides

Nées des besoins démographiques, financiers et économiques ou liées aux préoccupations politiques et militaires, les bastides constituent

le premier **habitat aggloméré** dans la région Aquitaine. La plupart sont issues d'un contrat de **paréage** entre le roi et le seigneur du lieu ou entre un abbé et le seigneur laïc. Cette charte de coutumes précisait le statut des habitants, le programme du lotissement et les redevances. Le peuplement était encouragé par la garantie du droit d'asile et l'exemption du service militaire.

Si le plan des bastides se rapproche souvent d'un **modèle type**, en échiquier carré ou rectangulaire, il s'en éloigne parfois selon le relief et la nature du site. On reconnaît l'intervention d'un arpenteur professionnel dans le tracé rectiligne des rues se coupant à angle droit et dans le découpage de lots de valeur égale. Les colons recevaient, outre une parcelle à bâtir, une parcelle de jardin et, hors de l'agglomération, une parcelle cultivable.

La multiplication des bastides s'est accompagnée de l'édification de nombreuses **églises**. Bâties près de la place centrale ou à la périphérie, solidaires du cimetière, elles sont caractéristiques du gothique languedocien, avec une nef unique.

Vous pourrez visiter le **musée des Bastides** à Monflanquin *(voir ce nom)*, et suivre la **Route des bastides 64** *(voir p. 20)*.

Du classicisme à l'Art déco

Du 16e au 19e s., l'Aquitaine s'enrichit de nouvelles bâtisses. Aux fortifications érigées par Vauban succèdent un style Louis XVI inspiré de l'art antique, puis un éclectisme triomphant. Le style néoclassique s'accompagne d'un mélange des genres pour s'offrir de somptueuses villas, rehaussées par l'avènement de l'Art déco.

L'ÉPOQUE CLASSIQUE

La fin de la Renaissance avait été une époque de stagnation pour l'art français. Avec Henri IV commence une ère de prospérité matérielle qui permet aux artistes de s'engager dans une voie nouvelle. L'avènement de la dynastie des **Bourbons** amène un changement radical. L'art dit classique se développe de 1589 à 1789.

Les fortifications

Nées au 16e s., elles protègent surtout les cités frontalières. Courtines et bastions sont couronnés d'une plate-forme où sont placés les canons, tandis que des tourelles permettent de surveiller fossés et alentours.

Sébastien Le Prestre de **Vauban** (1633-1707), maître incontesté en matière de fortifications, établit son système caractérisé par des bastions que complètent des demi-lunes, dans un ensemble protégé par de profonds fossés. Profitant des obstacles naturels, utilisant les matériaux du pays, il s'attache à donner aux ouvrages une valeur esthétique.

En Gironde, son empreinte reste manifeste à **Blaye**, où la citadelle protectrice du port de Bordeaux participait d'un système de défense comprenant **fort Pâté** et **fort Médoc**. Dans le Béarn, **Navarrenx** témoigne également des travaux de l'architecte militaire.

L'architecture Louis XVI

De majestueux bâtiments évoquent le style Louis XVI, inspiré de l'art antique, dont l'architecte parisien Victor Louis fut un insigne représentant : sa manière, noble et sobre, s'exprime au **Grand Théâtre** de Bordeaux.

« Le Bordeaux des intendants » *(voir p. 109)*.

Quant aux **chartreuses**, ce sont ces petits châteaux caractéristiques de

BORDEAUX : LA RENAISSANCE

Bordeaux a longtemps souffert d'une image peu flatteuse : centre ancien noirci par la pollution (et du fait de la composition de la pierre, très calcaire), quais de la Garonne encombrés d'entrepôts abandonnés, ville repliée sur elle-même malgré sa longue tradition portuaire... Tout ceci appartient désormais au passé : une politique ambitieuse de grands travaux, initiée par le maire Alain Juppé, a réussi à redonner à la ville son cachet et son attractivité : les rives du fleuve ont été rendues à la vue et aux piétons, les façades néoclassiques ont retrouvé leur éclat... Pour couronner cet effort de valorisation, et suite au classement par l'Unesco de 3 édifices religieux situés sur les chemins de St-Jacques-de-Compostelle (St-Seurin, St-André et St-Michel), Bordeaux a obtenu le classement du plus vaste périmètre urbain (1 800 ha) jamais classé au **Patrimoine mondial** au titre « d'ensemble urbain exceptionnel ». Ce souci de préserver l'héritage du passé est aussi une manière de préparer l'avenir. La ville s'est d'ailleurs dotée d'une charte d'écologie urbaine et de développement durable pour accompagner ses transformations.

Bordeaux monumental : une exposition incontournable pour cerner l'évolution de la ville *(voir p. 105)*.

la Guyenne et plus particulièrement du vignoble bordelais. Bâties aux 18e et 19e s., elles ont été conçues par l'aristocratie locale pour servir de maisons de campagne. Basses, habituellement sans étage, les chartreuses s'ouvrent de plain-pied sur une terrasse ou un parterre fleuri ; celle de **Loudenne** compte parmi les plus charmantes.

L'ÉCLECTISME DU 19e S.

Au 19e s., l'architecture européenne tend vers l'éclectisme, remettant au goût du jour les styles passés (antique, roman, gothique, Renaissance et classique) et empruntant largement aux styles étrangers, notamment à l'Orient. De la Gironde aux Pyrénées thermales, en passant par la côte, ce type d'architecture est prétexte à des constructions originales, et à des **villas** somptueuses qui ont fait la réputation de certaines stations *(voir Soulac et Lacanau)*.

Terre de prédilection pour cet art de bâtir si varié, le **bassin d'Arcachon** s'est couvert de bâtiments de tous styles : villa algérienne au Cap-Ferret, ville d'hiver à Arcachon, conçue par les frères Pereire (chalets suisses, maisons basques, cottages anglais, villas mauresques, etc.).

En Bordelais, si le style néoclassique domine, il existe de curieux mélanges au **château Lanessan** (Renaissance espagnole et style batave) ou au **château Cos d'Estournel** (orientalisme et classicisme).

Quand les Pyrénées découvrent le tourisme en 1860, les **stations thermales** bénéficient de cette vague d'éclectisme : à **Eaux-Chaudes**, l'établissement thermal est de style néoclassique ; à **Salies-de-Béarn**, il s'affiche résolument oriental.

L'ART DÉCO

L'architecture Art déco hérite de l'Art nouveau le goût pour la décoration ; mais cette fois, les formes sont épurées et les lignes se redressent. Les architectes ont souvent recours à la ferronnerie, à l'art du verre et à la céramique. À Dax, l'Atrium Casino et le Splendid Hôtel reflètent encore aujourd'hui le faste de cette décoration.

Architecture religieuse

BORDEAUX – Plan de la cathédrale St-André (11e-14e s.)

La nef de la cathédrale de Bordeaux ne possède pas de bas-côtés. Elle était primitivement divisée en trois travées carrées dont le nombre fut doublé au 13e puis au 16e s.

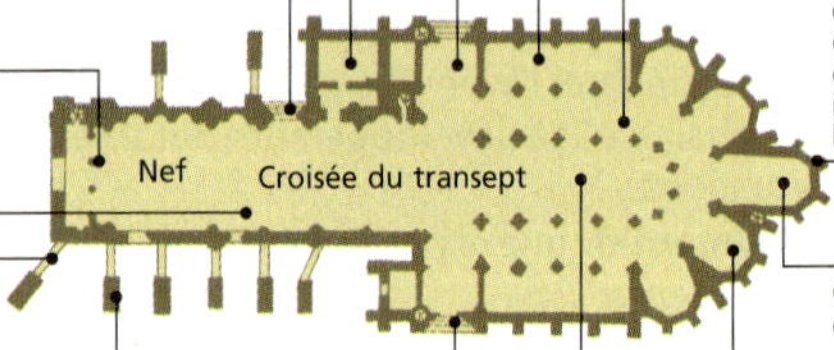

MARMANDE – Coupe longitudinale de l'église Notre-Dame (13e-16e s.)

R. Corbel/MICHELIN

ART ET CULTURE

MOIRAX – Chœur de l'église Ste-Marie (11e-12e s.)

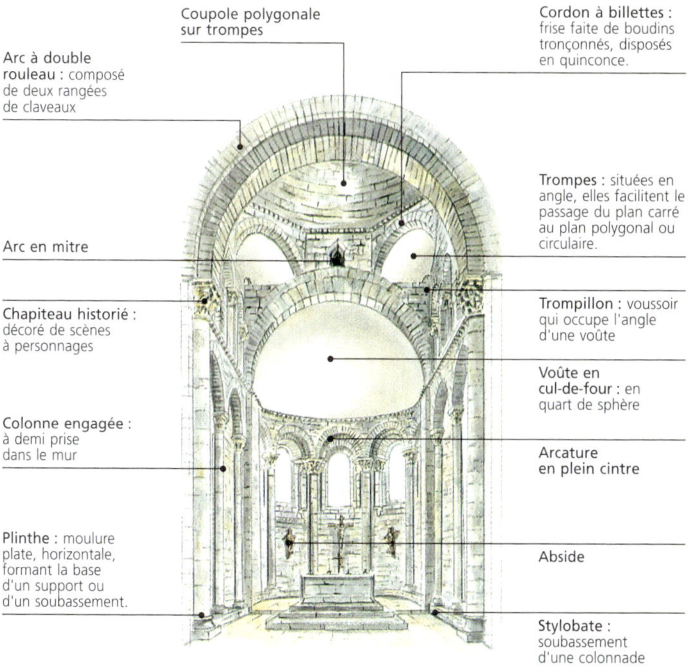

PETIT-PALAIS – Église St-Pierre (fin 12e s.)

La façade occidentale de l'église de Petit-Palais s'inspire de l'art saintongeais (voir le Guide Vert Michelin Poitou-Vendée-Charentes), caractérisé par la superposition d'arcatures et le pignon triangulaire.

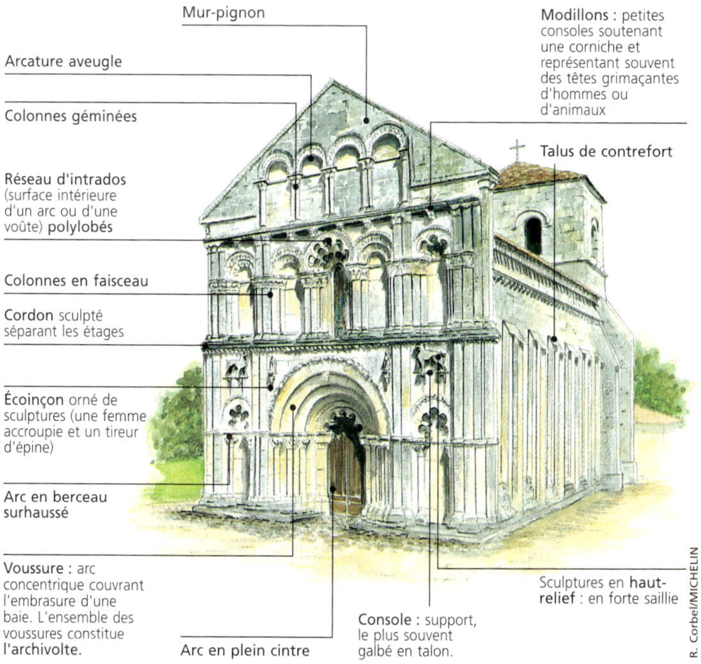

BAZAS – Façade de la cathédrale St-Jean (13e s.)

La particularité de cette façade tient dans la superposition de trois étages de styles et d'époques différentes : le 1er, gothique rayonnant (13e s.), le second, gothique flamboyant (16e s.) et le troisième, baroque (18e s.).

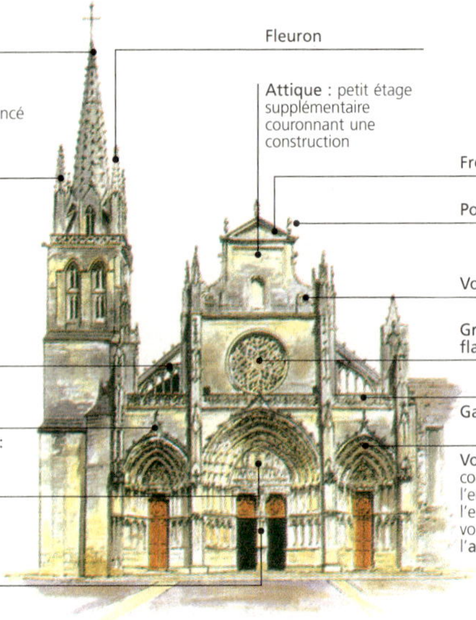

ST-JEAN-DE-LUZ – Intérieur de l'église St-Jean-Baptiste (17e s.)

Transformées pour la plupart au 17e s., les églises basques se distinguent par leur nef unique sur les murs latéraux de laquelle sont posées des galeries. Un retable monumental occupe le chœur.

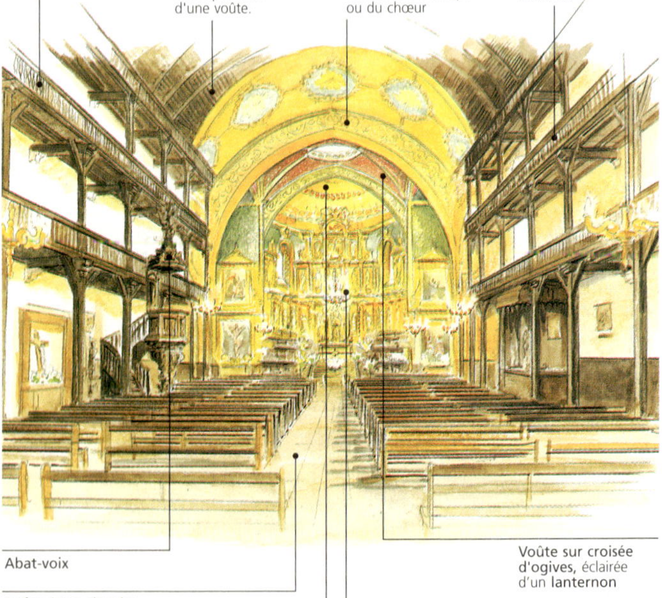

Architecture militaire

ORTHEZ – Pont Vieux (13e-14e s.)

Ce pont fortifié, édifié au 13e s. par Gaston VII Moncade, vicomte de Béarn, a été terminé par Gaston Fébus au 14e s. ; il comporte de nombreuses similitudes avec le pont Valentré à Cahors, qui date de la même époque.

ROQUETAILLADE – Château neuf (14e s. – restauré au 19e s.)

R. Corbel/MICHELIN

Architecture civile

Château de MALLE (17e s.)

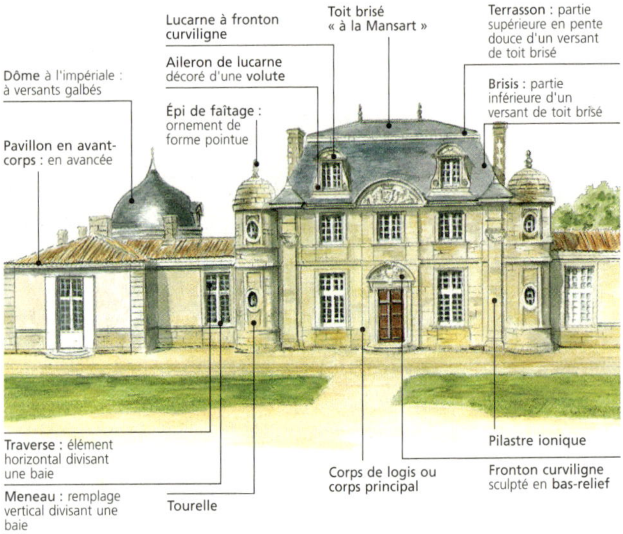

BORDEAUX – Palais de la Bourse (18e s.)

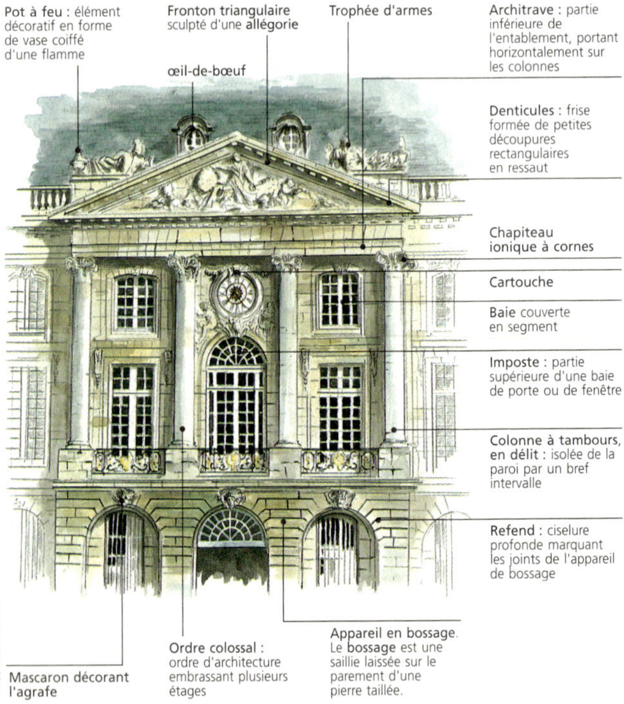

BORDEAUX – Cage d'escalier du Grand Théâtre (fin 18e s.)

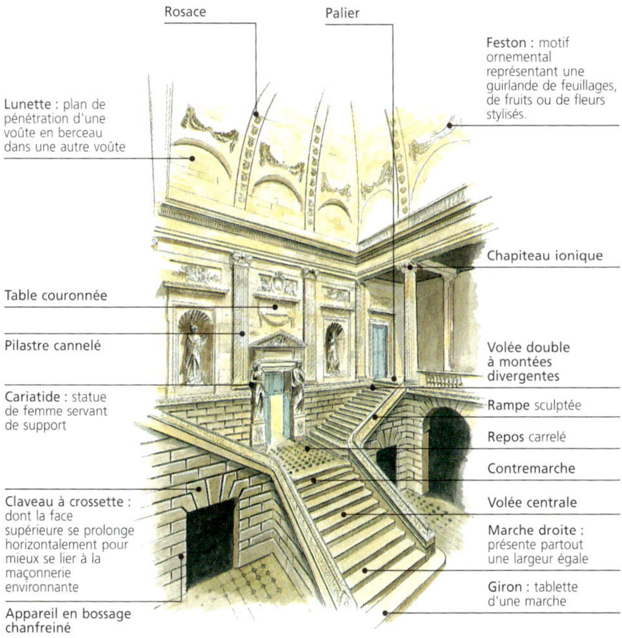

ARCACHON, Ville d'Hiver – Villa Trocadéro (fin 19e s.)

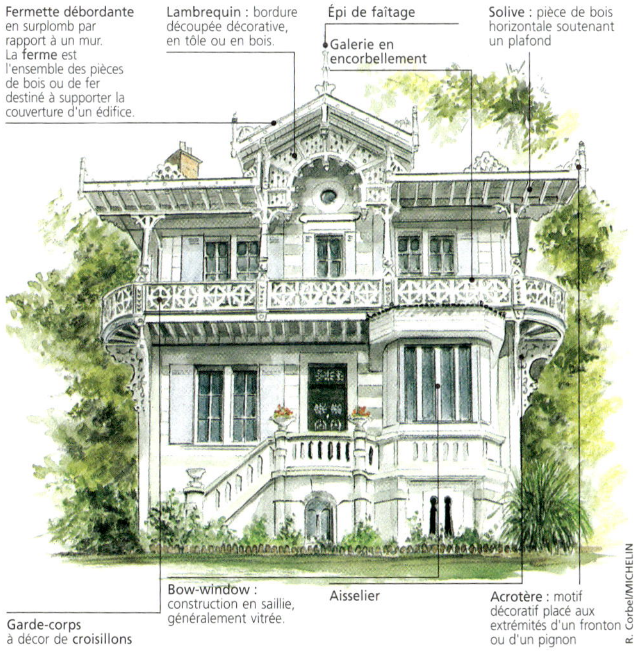

VOIR DE L'ART CONTEMPORAIN ?
Les amateurs se précipiteront au CAPC, musée d'Art contemporain de **Bordeaux** *(voir ce nom)* installé dans un ancien entrepôt colonial superbement restauré. Quant au musée de la Création franche à **Bègles** *(voir Bordeaux)*, il s'attache à faire connaître au public les figures multiples de l'Art brut. À **Mont-de-Marsan** *(voir ce nom)*, le centre d'art contemporain accueille d'importantes expositions temporaires.

À **Hossegor**, dans les Landes, entre 1920 et 1930, les architectes des villas balnéaires s'inspirent fortement de l'habitat rural basco-landais : ce style néorégional allie colombages et appareillage de brique en épi, typiquement landais, aux toits en débord, murs porteurs saillants et façades crépies blanches propres au Pays basque, tout en introduisant çà et là une décoration Art déco.

Quelques artistes

La région a inspiré les Aquitains de naissance ou d'adoption : en témoigne le nombre de musées, dont certains de premier ordre, où vous pourrez notamment admirer les œuvres d'artistes qui lui sont liés par leur biographie ou leurs sources d'inspiration.

Michel de Montaigne

Né en 1533 au château de Montaigne en Périgord et fils de riches négociants gascons anoblis, le jeune Montaigne apprend le latin dès son plus jeune âge. À 6 ans, il entre au collège de Guyenne, haut lieu de l'humanisme bordelais. Après des études de droit, il devient magistrat, d'abord à Périgueux, puis au parlement de Bordeaux où il se lie d'amitié avec Étienne de La Boétie. En 1570, il résilie ses charges pour se consacrer à l'administration de son domaine et, surtout, à l'écriture des *Essais*, qui paraissent à compte d'auteur, à Bordeaux. Montaigne se lance ensuite dans un grand voyage européen, et fréquente plusieurs villes d'eaux, pour soigner ses calculs vésicaux. En juin 1581, alors qu'il séjourne aux eaux de Lucques, Montaigne reçoit une lettre des jurats de Bordeaux qui lui annoncent son élection comme maire. Pendant ses deux mandats, jusqu'en 1586, Montaigne doit user d'une habile diplomatie pour empêcher la ville de sombrer dans le chaos des guerres de Religion. Terrassé par ses coliques néphrétiques, Montaigne meurt le 13 septembre 1592. Son cœur est déposé en l'église St-Michel et son corps enterré à l'église des Feuillants à Bordeaux.

Peintres et sculpteurs

Le musée des Beaux-Arts de Bordeaux consacre une petite salle à **Odilon Redon** (1840-1916) : natif de la ville, il passa une partie de son enfance au domaine de Peyrelade près de Listrac dans le Médoc. C'est dans cette campagne que naîtront les premiers fusains de l'enfance, inspirés par des promenades à travers champs, vignes et bois. Il y retournera régulièrement après son installation à Paris. Le musée accueille également quelques toiles des peintres bordelais **Pierre Lacour** (1745-1814), qui en fut le fondateur, et **André Lhote** (1885-1962). Ce peintre cubiste, théoricien et critique d'art, qui fit ses études aux Beaux-Arts de Bordeaux, est aussi l'auteur des peintures murales de la faculté de médecine de cette ville (1957), inspirées par l'Art nouveau. Aux alentours, le prieuré de Gayac à Gradignan *(voir Bordeaux)* restitue l'univers d'un autre peintre bordelais méconnu, **Georges de Sonneville** (1889-1978).

L'**école libournaise** s'est développée à la fin du 19e s. autour des figures du romantique Théophile Lacaze, de Jeanne-Louise Brieux, et surtout de **René Princeteau** (1848-1914), dont vous pourrez voir les toiles au musée des Beaux-Arts de Libourne. Issu d'une riche famille libournaise, cet artiste sourd et muet connut le succès parmi la société mondaine parisienne grâce à son talent pour peindre les scènes équestres, ses autres thèmes de prédilection tournant autour de la chasse, des scènes militaires et de la vie rurale. Il fut l'ami et le premier maître de **Toulouse-Lautrec** (1864-1901), qu'il encouragea à se lancer dans la peinture et accueillit à ses débuts dans son atelier parisien. Ce dernier passera lui-même dans la région de nombreux étés, puis la fin de sa vie, au château de Malromé (propriété acquise par sa mère, au sud de Bordeaux), mais aussi à Arcachon et Taussat sur la côte.

Le très beau musée des Beaux-Arts d'Agen présente des œuvres décoratives réalisées par des artistes originaires de la région, et possède des toiles de **Goya** (1746-1828), qui passa la fin de sa vie en exil à Bordeaux où il mourut. À signaler aussi : un fonds de tableaux impressionnistes, parmi lesquels ceux de l'artiste roumain Grigorescu (1838-1907).

À Pau, le musée des Beaux-Arts mêle habilement œuvres anciennes et contemporaines, toiles de maîtres et d'artistes locaux ou régionaux. Il accueille notamment *La Naissance d'Henri IV* (1827) qui assura le succès à **Eugène Devéria** (1805-1865), l'un des principaux représentants du mouvement romantique français en peinture qui s'était installé à Pau. On peut aussi y voir des tableaux de son élève palois **Victor Galos** (1828-1879), dont les paysages, qui s'inscrivent dans une lignée pré-impressionniste, n'ont de cesse de célébrer la beauté des Pyrénées.

À Mont-de-Marsan, le musée Dépiau-Wlérick abrite une importante collection de sculptures modernes figuratives, dont celles de **Charles Despiau** (1874-1946) et **Robert Wlérick** (1882-1944), originaires de la ville, mais vous pourrez également admirer leurs œuvres et celles d'autres sculpteurs dans les rues de la ville. Le musée consacré à **Georgette Dupouy** (1901-1992), à Dax, permet de découvrir cette artiste peintre injustement méconnue, qui vécut dans la ville thermale.

Maurice Ravel

Il est né au Pays basque, à Ciboure précisément, en 1875, dans une maison aisément reconnaissable à son style hollandais. Ravel est le compositeur du fameux *Boléro*, mais également de plusieurs autres pièces directement inspirées du Pays basque et de sa musique populaire. Il passa régulièrement ses vacances dans son port d'origine jusqu'en 1910.

L'art de la terre cuite

Du fait de la nature argileuse de certains sols, les hommes ont très tôt développé le travail de la terre : aujourd'hui cette activité se trouve bien représentée dans les musées de la région.

Un savoir-faire

La Gironde est internationalement réputée pour ses carreaux, moulés et non pressés. Jadis, les tuiles étaient façonnées par les femmes… sur leurs cuisses, de différents gabarits ! Aujourd'hui, onze tuileries artisanales résistent dans le département.

La pratique très ancienne de la poterie à **Sadirac**, dans l'Entre-Deux-Mers, s'est perpétuée en se spécialisant *(voir Entre-Deux-Mers)*.

Le musée souterrain de la poterie à **St-Émilion** *(voir ce nom)*, permet d'apprécier l'évolution de cet art à travers de nombreuses pièces, de l'Antiquité à nos jours.

Un maître

Dans le Lot-et-Garonne, c'est le céramiste de la Renaissance **Bernard Palissy** (1510-1590) qui a laissé son empreinte ; un musée lui est consacré à St-Avit, et d'autres œuvres sont visibles au musée des Beaux-Arts d'Agen *(voir ce nom)*.

Un style

Dans les Landes, une manufacture royale de faïence fut créée à **Samadet** dans le Tursan, qui devint célèbre au 18e s. Un musée rappelle l'histoire de ce qui fut un important pôle régional, et une Maison présente des créations contemporaines *(voir Aire-sur-l'Adour)*. Enfin, un festival international de la céramique est organisé en mai par l'association Terres d'Aquitaine à l'abbaye d'Arthous *(voir Peyrehorade)*.

L'habitat traditionnel

Dans le Béarn

Les **cases béarnaises** sont toutes construites sur un même plan rectangulaire et dotées d'un toit d'ardoises (ou de tuiles, au nord) dont les quatre pentes sont fortement inclinées, pour évacuer la neige ou la pluie. L'extrémité de la pente du toit est parfois adoucie par un « coyau » en surplomb qui protège les murs de la pluie. De vastes dimensions, ces demeures sont bâties avec des matériaux locaux : galets roulés et polis par les gaves pour les murs de clôture ou même ceux des bâtiments, pierres de taille issues de la montagne voisine, bois, marbre, pierres sèches que l'on utilise également pour les **cabanes de bergers**.

Si la maison est dotée de dépendances (étable, hangar, poulailler), celles-ci s'articulent autour d'une **cour centrale**, la « parguie ». Vous pourrez observer de telles bâtisses à Oloron-Ste-Marie, Sarrance, Lourdios-Ichère, Lescun et Borce, jusqu'aux Hautes-Pyrénées, avec quelques variantes suivant l'altitude.

La **façade** des maisons de plaine est toujours très sobre : le seul élément décoratif est un tympan de marbre que l'on peut observer au-dessus de la porte. Dans les vallées, le marbre est également utilisé pour encadrer les fenêtres et la plupart des maisons sont dotées d'un balcon de bois.

Dans les Landes

Crépie de couleur claire et s'élevant le plus souvent dans une clairière – survivance de l'ancien *airial* – la maison landaise typique fait partie du paysage. Elle est dépourvue d'étage et ne comporte qu'un grenier avec lucarne sous le toit de tuiles. La façade est protégée par un large auvent soutenu par des poutres de bois, l'*estantade*.

L'écomusée de la Grande Lande a reconstitué le quartier de Marquèze *(voir Parc naturel régional des Landes de Gascogne)*.

On peut encore voir, le long des routes forestières, de petites **cabanes** où les gemmeurs *(voir p. 64)* rangeaient leurs outils. Ces cabanons rectangulaires, assez bas et sommaires, sont fabriqués en pin des Landes (planches assemblées horizontalement) et couverts d'un toit de tuiles peu pentu. Deux cabanes sont souvent accolées l'une à l'autre.

Au Pays basque

En **Basse-Navarre**, l'habitat est dispersé, mais les maisons rassemblées en quartiers. Les constructions munies parfois de balcons possèdent souvent de beaux encadrements de portes et

L'écomusée de Marquèze, un conservatoire de l'habitat traditionnel.
A. Thuillier / MICHELIN

de fenêtres en grès, pierre du pays. Dans la **vallée de la Soule**, les maisons réunies le long d'une route ou près d'un pont sont petites et peu profondes. Les murs en galets, la charpente dont la forte pente se termine par un ressaut (coyau), la toiture couverte d'ardoises et percée de lucarnes sont les caractéristiques de ces maisons montagnardes qui peuvent posséder plusieurs dépendances encadrant une cour.

Les constructions rurales basques n'ont jamais été des modèles figés, mais elles se sont continuellement adaptées aux modes de vie. Ainsi l'introduction du maïs au 16e s. a nécessité plus de place pour entreposer le matériel agricole et les récoltes, mais aussi pour accueillir l'augmentation de la population résultant de ce contexte économique favorable. Les agrandissements en largeur et en hauteur, tout en s'intégrant dans la volumétrie traditionnelle, ont fait davantage appel à la pierre.

On peut lire ces évolutions sur les façades des maisons rurales. Les murs pignons ont une allure plus ou moins symétrique, soulignée par les jeux de lignes des pans de bois.

LES LINTEAUX DES MAISONS NAVARRAISES

Beaucoup de maisons rurales, en particulier en Basse-Navarre, portent des linteaux au-dessus de leurs portes d'entrée et parfois de leurs fenêtres. Ces pierres sculptées présentent des symboles solaires tels que rosaces, croix basques, ostensoirs… mais on peut y lire surtout le nom de la maison, suivi des prénoms et des noms du maître et de la maîtresse de maison, de la date de construction ou de reconstruction et, parfois, du nom du « maître maçon ». Ces inscriptions témoignent de l'importance de la maison dans la société traditionnelle : « l'*etxe* » donnait son nom à ses habitants.

ST. EMILION
CENTRE VILLE
R D 67
BORDEAUX BERG
LA REOLE

3/ DÉCOUVRIR L'AQUITAINE

Panneaux de signalisation à St-É
R. Mitterbauer / MICHELIN

BORDEAUX ET LE VIGNOBLE BORDELAIS

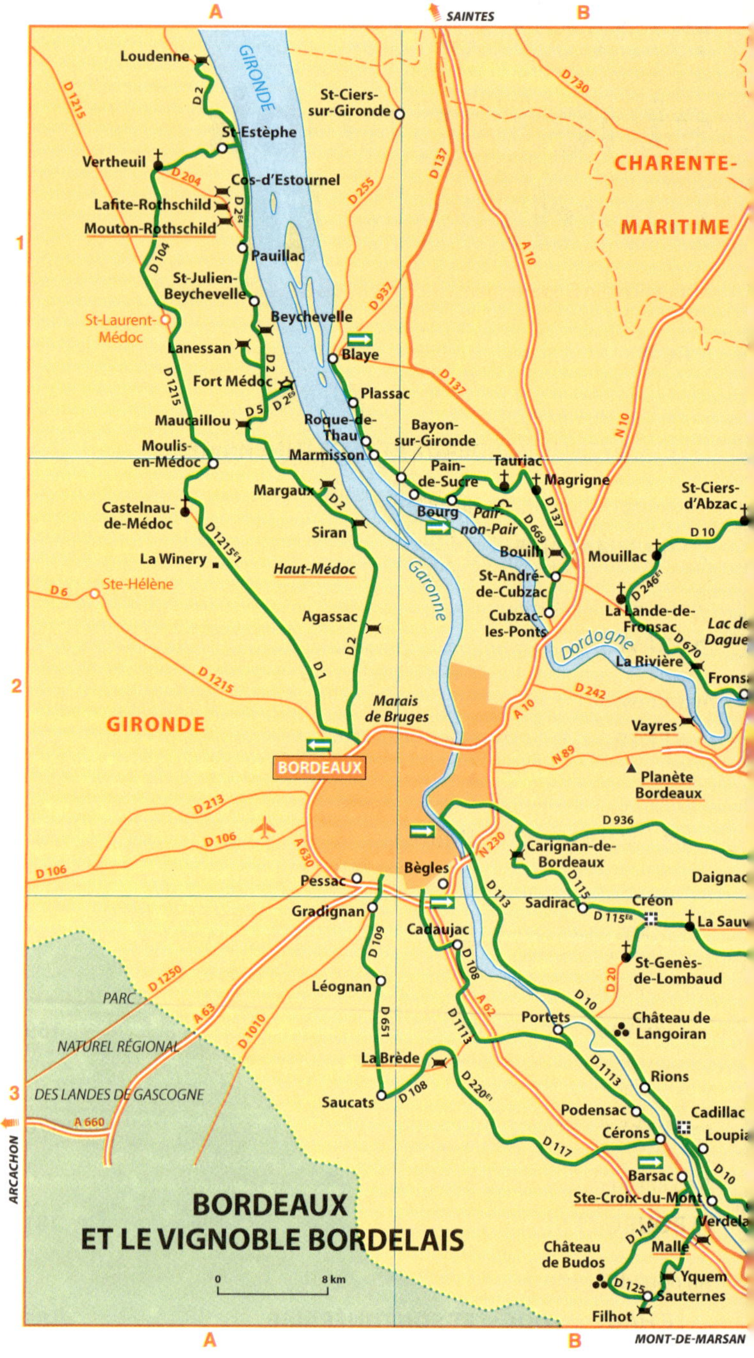

BORDEAUX ET LE VIGNOBLE BORDELAIS

ANGOULÊME
C
BORDEAUX ★★★ Vaut le voyage
St-Émilion ★★ Mérite un détour
St-Macaire ★ Intéressant
Libourne À voir
Itinéraire conseillé avec ville de départ
1
N
N 10
D 730
D 674
Dronne
Isle
St-Martin-de-Laye
Guîtres
D 910
St-Denis-de-Pile
D 6089
A 89
PÉRIGUEUX
BRIVE-LA-GAILLARDE
Petit-Palais-et-Cornemps
Lalande-de-Pomerol
D 1089
Lussac
D 21
Montagne
Libourne
St-Georges
DORDOGNE
D 670
St-Émilion
Castillon-la-Bataille
D 936
2
Dordogne
Jardin de la lamproie
D 128
Rauzan
D 15
Blasimon
D 672
D 671
D 670
D 17
Sauveterre-de-Guyenne
St-Ferme
D 230
D 139
Baleyssagues
D 237
DURAS
Castelviel
Castelmoron-d'Albret
D 16
D 668
Monségur
3
D 672
Domaine de Malagar
La Réole
D 1113
St-Macaire
L'oseraie de l'île
Garonne
A 62
D 9
D 813
AGEN
MARMANDE

Bordeaux

★★★

232 260 Bordelais – Gironde (33)

NOS ADRESSES PAGE 127

S'INFORMER

Office du tourisme de Bordeaux – *12 cours du 30-Juillet - 05 56 00 66 00 - www.bordeaux-tourisme.com - juil.-août : 9h-19h30 ; mai-juin et sept.-oct. : 9h-19h ; nov.-avr. : 9h-18h30 ; dim. et j. fériés tte l'année : 9h30-18h30 - fermé 1er janv. et 25 déc.* Le *Guide d'accueil* vous y attend.

Bordeaux, labellisée **Ville d'art et d'histoire** et classée depuis juin 2007 au Patrimoine mondial de l'Unesco, propose des visites découvertes animées par des guides conférenciers agréés par le ministère de la Culture et de la Communication. L'office de tourisme propose également un tour commenté ou des visites de la ville à vélo (*1er dim. du mois)*, en autocar *(de déb. avr. à mi-nov.)*, en car cabriolet *(juil.-août)*, en attelage à chevaux *(juil.-août*), en petit train touristique *(avr.-nov.)*. Il organise aussi des circuits dans le vignoble bordelais, des initiations à la dégustation du vin ainsi que des visites à thème *(sur réserv.)*, parmi lesquelles les « découvertes économiques » (visite d'une société ou d'un site industriel remarquables), ou la « balade gourmande », ponctuée d'étapes-dégustations de produits régionaux…

SE REPÉRER

Carte de microrégion AB2 *(p. 100) – carte Michelin Départements 335 H5.*

De nombreuses communes jouxtent Bordeaux dont elles sont séparées par une ceinture de grands boulevards.

La **rocade** est accessible depuis les quais de la Garonne. Elle rejoint plusieurs autoroutes : l'A 10 (Paris-Bordeaux), l'A 63 (Bordeaux-Bayonne-Espagne) et l'A 62 (Bordeaux-Toulouse-Marseille).

SE GARER

Tous les 1ers dim. du mois, le centre-ville est interdit aux voitures. 27 parkings totalisant quelque 15 000 places permettent de se garer en ville. Parmi les plus grands : parking couvert de Tourny (pl. de Tourny), parking couvert Mériadeck (r. Claude-Bonnier), parking couvert de la Cité mondiale (20 quai des Chartrons), parking couvert de la place de la Bourse, parking couvert du Chapeau Rouge (cours du Chapeau-Rouge) et parking couvert des Salinières (quai des Salinières).

À NE PAS MANQUER

Le Grand-Théâtre, place de la Comédie ; la cathédrale St-André ; la vue depuis la tour Pey-Berland ou depuis la flèche St-Michel ; le musée d'Aquitaine ; les portes de la Grosse Cloche et Cailhau ; la place de la Bourse ; la rue Ste-Catherine ; la boutique Baillardran Cannelés ; le Conseil interprofessionnel des vins de Bordeaux ; Planète Bordeaux à Beychac.

LE SAVIEZ-VOUS ?

C'est bien la **Garonne** qui coule à Bordeaux. Elle se fera Gironde au bec d'Ambès (au nord de Bordeaux) où elle rencontrera la Dordogne.

La place de la Bourse et son miroir d'eau.
M.-H. Carcanague / MICHELIN

ORGANISER SON TEMPS

Plusieurs jours sont nécessaires pour visiter Bordeaux jusque dans ses moindres recoins. Pour une visite guidée de la ville, comptez 2h. Un passage par l'exposition Bordeaux monumental vous donnera un aperçu général et vous permettra de bâtir votre itinéraire en fonction de vos centres d'intérêt. Vous pouvez prévoir une journée culturelle autour du quartier Pey-Berland où sont rassemblés les principaux musées. Sachez que tous les premiers dimanches du mois, le centre-ville est réservé aux piétons. Les années paires se déroule la grande fête du vin, le dernier week-end de juin ou le 1er week-end de juillet.

AVEC LES ENFANTS

Cap Sciences; les animations du Bordeaux monumental (chasse au trésor et jeux de pistes) ainsi que celles du musée d'Aquitaine; Planète Bordeaux à Beychac; une visite de la ville en calèche; le miroir d'eau et ses fontaines brumisateurs au bord du fleuve, idéal quand il fait chaud. En outre, Bordeaux est une ville « Famille Plus » *(voir p. 26)* : retrouvez les prestataires concernés auprès de l'office de tourisme et sur Internet.

Au front des maisons de Bordeaux, des silènes couronnés de pampres invitent le passant à goûter la capitale de la dive bouteille. Cette ville de courses lointaines, qui depuis des siècles a le commerce dans la peau, séduit le nouveau venu par ses multiples facettes. Avec l'un des secteurs sauvegardés les plus vastes de France, désormais classé au Patrimoine mondial de l'Unesco, elle s'est métamorphosée au gré des nombreux aménagements urbains : l'arrivée du tramway, la réhabilitation de l'ensemble de ses quais sur la rive gauche rendant l'accès au fleuve, le développement rive droite d'un nouveau quartier qui laisse la part belle aux espaces verts. Voilà une ville fière de son passé et résolument tournée vers l'avenir.

Se promener

Le secteur du **Vieux Bordeaux★★** inclus entre le quartier des Chartrons et le quartier St-Michel compte quelque 5 000 immeubles d'une architecture 18e s. La vaste campagne de réhabilitation a redonné tout son éclat à la belle pierre ocre extraite des carrières alentour (St-Macaire, Bourg-sur-Gironde).

Des mascarons ornent les façades bourgeoises du Vieux Bordeaux. Ces clefs de fenêtres dont le nom vient de l'italien maschera (« masque »), représentent des têtes souvent grotesques et introduisent des éléments évoquant le vin (pampres, tonneaux).

★★ DE LA PLACE DE LA BOURSE AU QUARTIER ST-MICHEL

Circuit 1 tracé en vert sur le plan II de la ville (p. 114). Cette visite parcourt le lacis de ruelles pittoresques s'étendant entre les quartiers St-Pierre et St-Michel. Compter une journée.

★★ Place de la Bourse E1

Cette jolie place en fer à cheval fut aménagée de 1730 à 1755, d'après les plans des architectes Gabriel père et fils. Elle est cantonnée par deux édifices caractérisés aux étages par des colonnes portant des frontons triangulaires : au nord le palais de la Bourse *(voir l'ABC p. 90)*, et au sud l'ancien hôtel des Fermes, qui abrite le **musée national des Douanes**. La **fontaine des Trois-Grâces** (1860) orne le milieu de la place.

En face, côté fleuve, le **miroir d'eau★** et sa dalle de granit, imaginé par **Michel Courajoud**, reflète l'élégante façade 18e s. grâce à un système original de fontaines alternant effet miroir (avec 2 cm d'eau) et effet brouillard. Petits et grands se sont approprié le lieu : on s'y rafraîchit, se photographie pieds nus… Une animation permanente incontournable !

Musée national des Douanes E1

1 pl. de la Bourse - 05 56 48 82 82 - www.musee-douanes.fr - - tlj sf lun. 10h-18h - fermé 1er janv. et 25 déc. - 3 € (-18 ans 1,50 €), gratuit 1er dim. du mois.

C'est dans une grande salle aux belles voûtes restaurées de l'**hôtel des Fermes** qu'est retracée l'histoire des douanes en France. À droite, présentation chronologique avec gravures, archives, matériel, dont la balance de l'hôtel des Fermes (1783). À côté du guichet, remarquez le portrait de saint Matthieu, patron des douaniers. Il exerçait les fonctions de publicain (collecteur d'impôts et douanier) lorsque Jésus fit sa rencontre. À gauche, la douane est présentée suivant plusieurs thèmes : la douane armée (uniformes, armes), la vie de la brigade et la vie des bureaux, les activités douanières (saisies de drogues ou de contrefaçons) et, pour clore la visite, l'ordinateur, nouvel allié du douanier qui a avantageusement supplanté l'arithmomètre !

Par la rue Fernand-Philippart, gagner la place du Parlement.

Remarquez les façades Louis XV : arcades au rez-de-chaussée, fenêtres hautes des deux étages surmontées de mascarons et d'agrafes, balcons ornés de ferronnerie.

★ Place du Parlement D-E1

Anciennement place du Marché-Royal, elle présente un harmonieux quadrilatère d'immeubles Louis XV, ordonnés autour d'une cour centrale au pavage ancien, remis en valeur. Au centre, fontaine du Second Empire.

Par la rue du Parlement-St-Pierre, gagner la place St-Pierre.

Place St-Pierre E1

Cette placette charmante est illuminée par son église des 14e et 15e s. (très remaniée au 19e s.).

Poursuivre par la rue des Argentiers.

Remarquez au n° 14 de cette rue la **maison dite de l'Angelot**, construite vers 1750, qui présente un beau décor sculpté (haut-relief avec un enfant et des agrafes rocaille).

Bordeaux monumental E2

*28 r. des Argentiers - ☏ 05 56 48 04 24 - ♿ - juil.-août : **9h30-13h, 14h-19h, dim. et j. fériés 10h-13h, 14h-18h ; mai-juin et sept.-oct. : 9h30-13h (10h dim. et j. fériés), 14h-18h ; nov.-avr. : 10h-13h (sf dim. et j. fériés), 14h-18h** - fermé 1er janv. et 25 déc. - gratuit.*

Animations pour les enfants : rallyes pédestres (chasse au trésor et jeux de pistes dans la ville) et jeux variés au sein de l'exposition.

Le rez-de-chaussée de cet autre bâtiment du 18e s. abrite une exposition (vitrine permanente du patrimoine), qui retrace les grandes étapes du développement de la ville. Plus d'une centaine de monuments sont présentés, donnant un aperçu de sa richesse architecturale. Cette remontée dans le temps (de la ville actuelle à la ville gallo-romaine) est une invitation à partir à la découverte de Bordeaux selon ses centres d'intérêt. Plan lumineux et vidéos complètent le dispositif multimédia (une borne interactive permet de consulter des fiches thématiques et d'imprimer l'itinéraire de son choix).

Poursuivre jusqu'à la place du Palais.

Place du Palais E2

Elle doit son nom au palais de l'Ombrière, qui fut érigé au 10e s. par les ducs de Guyenne. Reconstruit au 13e s., il devint le séjour des rois d'Angleterre, ducs d'Aquitaine, puis en 1462, sous Louis XI, le siège du parlement de Bordeaux avant d'être démoli en 1800 pour ouvrir la rue du Palais.

Porte Cailhau E2

Cet arc de triomphe dédié à Charles VIII date de 1495. Il juxtapose les éléments défensifs et décoratifs (toits coniques, mâchicoulis, lucarnes et fenêtres surmontées d'arcs en accolade), à tel point qu'il prend des airs de décor de théâtre. Son nom viendrait soit des Cailhau, vieille famille bordelaise, soit des cailloux accumulés à ses pieds par la Garonne et qui servaient à lester les navires. À l'intérieur, une **exposition** retrace l'histoire de cette porte. Au dernier niveau, sous les combles, vue insolite sur les quais et le pont de Pierre, terminé en 1822. *☏ 05 56 00 66 00 - juil.-août : 14h-19h - 3 €.*

Prendre la rue Ausone et traverser le cours d'Alsace-et-Lorraine, pour emprunter à droite la rue Porte-St-Jean qui rejoint la rue de la Rousselle.

Dans cette rue s'alignent les anciennes boutiques de marchands de vins, de grains ou de salaisons, caractérisées par un rez-de-chaussée en hauteur, surmonté d'un entresol bas de plafond. Au n° 25 se trouve la **maison de Montaigne**.

Prendre à droite pour rejoindre la rue Ste-Colombe et tourner à gauche pour gagner l'impasse de la rue Neuve.

Elle conserve, du 14e s., un mur percé de deux fenêtres géminées à remplage. Après le porche, à droite, s'élève la **maison de Jeanne de Lartigue** (E2), épouse de Montesquieu, aux arcades surmontées de bustes.

Tourner à gauche dans la rue Renière puis à droite.

En traversant le cours Victor-Hugo, vue sur la **porte de Bourgogne** (E2), parfois surnommée porte des Salinières (18e s.).
Emprunter en face à gauche la rue de la Fusterie qui mène à la place Duburg et à la basilique St-Michel.

★ Basilique St-Michel E2

Pl. Canteloup - ✆ 05 56 80 33 37 ou 06 75 33 78 87 - lun. 9h30-18h, mar., jeu. et dim. 14h-18h, sam. 9h-18h - possibilité de visite guidée.
La construction de la basilique, commencée en 1350, se poursuivit durant deux siècles, au cours desquels elle subit nombre de remaniements comme l'édification des chapelles latérales qui ne débuta qu'à partir de 1475. L'ensemble s'impose par l'ampleur des dimensions. Dans la première chapelle du bas-côté droit, statue de sainte Ursule abritant mille vierges sous son manteau. Les vitraux modernes, derrière le maître-autel, sont dus à Max Ingrand. Le croisillon gauche offre un portail à voussures moulurées qui abrite un tympan orné, à gauche, de la scène du péché originel et, à droite, de celle d'Adam et Ève chassés du paradis. Tribune d'orgues et chaire datent du 18e s. ; la chaire, faite d'acajou et de panneaux de marbre, est surmontée d'une statue de saint Michel terrassant le dragon. **Classée au Patrimoine mondial de l'Unesco.**

Flèche St-Michel E2

Pl. Canteloup - ✆ 05 56 00 66 00 - juin-sept. : 9h-19h - fermé le reste de l'année - 3 €.
C'est le clocher (fin 15e s.) isolé de la basilique St-Michel. Les Bordelais en sont

LE BORDELUCHE

Issu du gascon, le bordeluche fut longtemps le parler des quartiers populaires de Bordeaux. Sur le marché des Capucins, au contact des « étrangers » venus du Périgord, de l'Agenais, du Médoc, de la Chalosse et même d'Espagne, il s'est enrichi d'expressions truculentes et imagées. C'est un parler vrai et affectif qui, aujourd'hui, réapparaît sur les places et les marchés de Bordeaux.
Loin des conventions, le bordeluche est fait de mots simples, évoquant la vie de tous les jours : une *mounaque*, c'est une poupée et par extension une femme quelconque ; *grigoner* signifie nettoyer, *se harter* se goinfrer ; une *escarougnasse* est une égratignure ; être *dromillous*, c'est être mal réveillé, attardé ; une *bernique* est une femme maniaque du ménage et de la propreté, un *sangougnas* un homme sans goût ; celui qui est *quintous* est coléreux ; s'il est *pignassous*, c'est qu'il est fâché ; enfin, avoir les *monges*, c'est avoir peur.

Le pont de Pierre enjambe la Garonne à Bordeaux.
M.-H. Carcanague / MICHELIN

fiers car c'est le plus haut du Midi. Avec ses 114,60 m (cathédrale de Strasbourg 142 m), il laisse loin derrière lui les 50 m de la tour Pey-Berland.
Prendre la rue Camille-Sauvageau.

Abbatiale Ste-Croix F3

Pl. Pierre-Renaudel - ✆ 05 56 94 30 50 - lun. 14h30-17h30, jeu. 10h-12h - visite guidée 1er sam. du mois à 15h et 1er dim. du mois à 11h.

Des 12e et 13e s. et fortement restaurée au 19e s. **Façade★** de style roman saintongeais ; la tour de gauche est moderne. Les voussures des fenêtres aveugles qui encadrent le portail central sont décorées de curieuses sculptures représentant l'Avarice et la Luxure.
Rejoindre la place de la Victoire en passant par la place Léon-Duguit et la place des Capucins.

Porte d'Aquitaine D 2-3

Piqué de manière un peu anachronique au milieu de la place de la Victoire où se déploient les terrasses de cafés, cet imposant **arc de triomphe** élevé au 18e s. arbore un fronton triangulaire aux armes royales ainsi qu'à celles des armes de la ville. La colonne en marbre, sculptée par **Timer**, présente des bas-reliefs racontant l'histoire du vin.
Prendre le cours Pasteur, à droite ou le tramway ligne B direction Quinconces.

★★ Musée d'Aquitaine D2

20 cours Pasteur - ✆ 05 56 01 51 00 - www.bordeaux.fr - 11h-18h - fermé lun. et j. fériés - gratuit ; expos temporaires : 5 € (gratuit -18 ans).

Demander le livret « Jeu de découverte sur les collections permanentes ».

Aménagé dans les locaux de l'ancienne faculté des Lettres et des Sciences, ce musée d'histoire retrace, à travers d'importantes collections réparties sur deux niveaux, la vie de l'homme aquitain de la préhistoire à nos jours.

On aborde tout d'abord la section **préhistoire et protohistoire** : précieux témoins des activités artisanales et artistiques des chasseurs de l'âge de pierre. Vous verrez notamment la *Vénus à la corne*, trouvée à Laussel (20 000 ans avant J.-C.), et le bison de l'abri du Cap-Blanc (magdalénien moyen). Une vitrine montrant un ensemble de haches trouvées dans le Médoc illustre la diversité de l'outillage façonné par les métallurgistes de l'**âge du bronze** (4000-2700 avant J.-C.). L'**âge du fer** est représenté par l'abondant matériel funéraire (urnes, bijoux, armes) découvert dans les nécropoles girondines ou les tumulus pyrénéens, mais surtout par le prestigieux **trésor de Tayac**, masse d'or composée d'un torque (collier rigide en métal), de monnaies et de petits lingots datant du 2e s. av. J.-C.

La section **gallo-romaine** rassemble, autour du rempart antique reconstitué, des mosaïques, des fragments de corniches ou de bas-reliefs, des céramiques, verreries et autres objets illustrant tous les aspects de la vie quotidienne, économique et religieuse dans la capitale de la province d'Aquitaine. Remarquez, en particulier : l'autel dit « des Bituriges vivisques » en marbre gris des Pyrénées, le **trésor de Garonne** composé de 4000 pièces de monnaie aux effigies des empereurs Claude à Antonin le Pieux et l'altière statue d'Hercule en bronze.

Les premiers temps chrétiens et le haut Moyen Âge sont évoqués à travers des sarcophages en calcaire ou en marbre gris, des mosaïques et d'autres pièces significatives découvertes lors de travaux urbains (chapiteaux romans de la cathédrale St-André, rosace flamboyante du couvent des Grands Carmes). D'autres pièces proviennent de Gironde, dont de beaux bas-reliefs en albâtre.

L'âge d'or bordelais (18e s.) s'accompagne de la mise en œuvre de grands projets d'urbanisme et de la construction de magnifiques hôtels particuliers luxueusement aménagés (belle armoire bordelaise provenant du château Gayon, céramiques et verreries). Au 19e s., l'**Aquitaine** est une société rurale. Plusieurs scènes illustrent l'habitat et l'agriculture traditionnels. L'accent est mis sur les principales ressources des pays aquitains que recèlent le territoire pastoral béarnais, les Landes de Gascogne, la Gironde et son vignoble, le bassin d'Arcachon et l'ostréiculture. Une dernière salle présente, au moyen d'une frise chronologique et d'objets symboliques, les changements et enjeux du 20e s.

Le musée propose également dans ses salles permanentes une collection d'**art primitif** dont la plus ancienne pièce date de la seconde moitié du 19e s. Parmi les objets phares et uniques de cet art, une statue en écorce peinte de Vanuatu (état d'Océanie), une marmite sacrificielle décorée d'êtres totémiques de Nouvelle-Calédonie. La présence de ces collections à Bordeaux est traditionnellement liée à l'expansion coloniale de la ville et au rayonnement de son port.

Dans cet esprit, un nouvel espace de 4 salles vient d'être créé sur le thème **« Bordeaux, le commerce atlantique et l'esclavage »**, s'articulant autour de l'histoire de Bordeaux au 18e s., du commerce négrier, des conditions de vie des esclaves et de l'héritage de cette période.

Prendre le cours Victor-Hugo.

★ Porte de la Grosse Cloche (E2, N)

R. St-James. Les Bordelais sont très attachés à leur « Grosse Cloche », rescapée de la démolition d'un beffroi du 15e s. Autrefois, quand le roi voulait punir Bordeaux, il faisait enlever la cloche et les horloges.

Prendre l'étroite rue St-James qui passe sous la Grosse Cloche, et la place Fernand-Lafargue, puis suivre en face la rue du Pas-St-Georges, pour atteindre à gauche la place Camille-Jullian.

STENDHAL À BORDEAUX

En 1838, Stendhal, alors consul de France pour les États Pontificaux, séjourne à plusieurs reprises dans la ville : son *Journal de voyage de Bordeaux à Valence* livre ses impressions sur le Bordeaux du début du 19e s.

L'office de tourisme organise régulièrement des visites sur les pas de l'écrivain.

En face de la place se trouve le **square Vinet**, un nouvel espace vert où s'élève le plus long **mur végétal** du monde, réalisé par le paysagiste Michel Desvignes, dans le sillon du botaniste Patrick Blanc à qui l'on doit, entre autres, le mur végétal du musée du Quai Branly à Paris.
Longer la place Camille-Jullian vers la rue Ste-Catherine.

Rue Ste-Catherine D1-2

Cette très longue rue piétonne, qui suit le tracé d'une ancienne voie romaine, est la plus commerçante de la ville. En la remontant, remarquez certaines maisons au rez-de-chaussée sous arcades et au 1er étage percé de larges baies en arc de cercle. À l'angle avec la rue de la Porte-Dijeaux s'ouvre la **Galerie-Bordelaise**, passage couvert édifié par Gabriel-Joseph Durand en 1833, qui débouche sur le Grand Théâtre.
À droite, la rue St-Rémi rejoint la place de la Bourse.

QUARTIER PEY-BERLAND

Circuit 2 tracé en vert sur le plan II de la ville (p. 114). Compter une demi-journée.

★ Cathédrale St-André D2

Voir l'ABC d'architecture p. 86. Pl. Pey-Berland - ✆ 05 56 52 68 10 - juil.-août : 10h-12h, 14h-19h30 ; reste de l'année : lun. 14h-19h30, mar.-dim. 10h-12h, 14h-18h - fermé lun. mat. - visite guidée gratuite tous les sam. et 1er dim. du mois 14h30-17h30 - concert d'orgues gratuit mar. en juil.-août à 18h30.

La cathédrale St-André et sa célèbre tour occupent le centre de la place Pey-Berland, aux alentours de laquelle se situent les principaux musées de la ville. C'est le plus majestueux des édifices religieux de Bordeaux. La nef a été élevée aux 11e-12e s. et modifiée aux 13e et 15e s. ; le chœur, de style gothique rayonnant, et le transept actuel furent reconstruits aux 14e et 15e s. Plus tard, la voûte de la nef menaçant de s'écrouler, on ajouta les importants contreforts et arcs-boutants qui la flanquent irrégulièrement.

Aborder la cathédrale par la face nord et la contourner par la droite. Le **portail Royal**, du 13e s., est célèbre pour ses sculptures inspirées de la statuaire de l'Île-de-France. Remarquables sont les dix apôtres qui ornent les ébrasements, et le tympan gothique représentant le Jugement dernier. Le **portail nord** (porche de bois) date quant à lui du 14e s. Ses sculptures illustrent l'Ascension. Le **chevet** se distingue par l'harmonie de ses proportions et par son élévation. Remarquez, dans les contreforts séparant la chapelle axiale de la chapelle de gauche, Thomas, patron des architectes, tenant une équerre et Marie Madeleine, avec son vase de parfum. Enfin, allez jusqu'au **portail sud** : ce dernier est surmonté d'un fronton percé d'un oculus et de trois rosaces. L'étage supérieur, orné d'arcades trilobées, est dominé par une élégante rose, inscrite dans un carré.

À l'intérieur de l'édifice, la nef forme un beau vaisseau dont les parties hautes, de la fin du gothique, prennent appui sur des bases du 12e s. L'opulente chaire, en acajou et marbre de différentes couleurs, est du 18e s. Le **chœur★** gothique est plus élevé que la nef. Son élévation est accentuée par la forme élancée des grandes arcades surmontées d'un triforium aveugle, éclairé par les fenêtres hautes flamboyantes. Il est entouré d'un déambulatoire sur lequel ouvrent des chapelles.

Contourner le déambulatoire par la droite. Contre le 4e pilier à droite du chœur, jolie sculpture du début du 16e s. figurant sainte Anne et la Vierge. La chapelle axiale renferme des stalles du 17e s. En face, fermant le chœur, belle porte en bois sculpté du 17e s. Revenez vers la façade ouest, au revers de laquelle s'élève la tribune d'**orgues Renaissance**. En dessous, deux bas-reliefs Renaissance. À droite, le Christ descendant aux Enfers; à gauche la Résurrection, figurant le Christ monté sur un aigle comme Jupiter.

★ Tour Pey-Berland D2

Pl. Pey-Berland - ☏ 05 56 81 26 25 - www.monuments-nationaux.fr - juin-sept. : 10h-13h15, 14h-18h; oct.-mai : tlj sf lun. 10h-12h30, 14h-17h30 - fermé 1er janv., 1er Mai et 25 déc. - 5 € (-18 ans gratuit).

La montée est assez ardue (229 marches par un étroit escalier à vis). À la 2e terrasse, faire attention à ne pas se cogner la tête : la porte est étroite et très basse.

Construite au 15e s. à l'initiative de l'archevêque du même nom et couronnée d'un clocher, elle est toujours restée isolée du reste de la cathédrale. La flèche, tronquée par un ouragan au 18e s., supporte la statue de Notre-Dame d'Aquitaine installée au 19e s. *(restaurée en 2002).*

Du sommet de la tour, **vue★★** panoramique sur la ville et ses clochers. Prenez un peu de recul pour voir, côté sud, les deux flèches dominant le transept nord et, au premier plan, les deux puissantes tours carrées en terrasses qui flanquent le transept sud.

Centre Jean-Moulin D2

48 r. Vital-Carles - ☏ 05 56 79 66 00 - 14h-18h - fermé lun. et j. fériés - gratuit.

Le centre Jean-Moulin constitue un véritable musée de la Résistance et de la Déportation et présente un panorama de la Deuxième Guerre mondiale.

Au rez-de-chaussée, tracts, correspondances clandestines, imprimerie, poste radio... illustrent la Résistance et la clandestinité, notamment le rôle qu'a joué Jean Moulin.

Au 1er étage, la déportation et le nazisme sont évoqués par des toiles pathétiques de J.-J. Morvan sur le thème *Nuit et Brouillard* ainsi que par des maquettes, photos de camps, uniformes de détenus.

Au 2e étage, les Forces françaises libres : les hommes et le matériel dont le bateau *S'ils-te-mordent* qui relia Carantec à l'Angleterre, rempli de volontaires. Reconstitution du bureau clandestin de Jean Moulin.

Hôtel de ville - palais Rohan D2

Pl. Pey-Berland - ☏ 05 56 00 66 00 - www.bordeaux-tourisme.com - ♿ - visite guidée merc. 14h30 sur demande préalable, réserv. à l'office de tourisme - 3 €.

Il occupe l'ancien palais épiscopal, construit au 18e s. pour l'archevêque **Ferdinand Maximilien de Mériadec**, prince de Rohan, et marque l'introduction du néoclassicisme en France. La **cour d'honneur** est fermée sur la rue par un portique à arcades; à l'opposé s'élève le palais dont la façade, quelque peu solennelle, est animée par le ressaut de l'avant-corps central et des pavillons d'angle. Pendant la visite, on remarquera l'escalier d'honneur, des salons ornés de beaux lambris d'époque et une salle à manger avec grisailles de Lacour.

Prendre la rue des Trois-Conils, à gauche.

★ Musée des Arts décoratifs D2

39 r. Bouffard - ☏ 05 56 10 14 00 - 14h-18h - fermé mar. et j. fériés - gratuit, expos temporaires : 5 €.

L'**hôtel de Lalande** (1779), l'un des plus beaux bâtiments anciens de Bordeaux, a conservé ses lucarnes et ses hauts toits d'ardoise.

Dans l'aile des communs, quatre petits salons, traités dans le goût et l'esprit du 19e s., présentent la **collection Jeanvrot**.

Viennent ensuite les salles du musée proprement dit, aux élégantes boiseries et pièces de mobilier, dont la salle de compagnie, décorée d'une terre cuite du 18e s. symbolisant l'Amérique. La **salle à manger** rassemble une collection de faïences stannifères bordelaises et un ensemble de porcelaines dures du 18e s. À côté, le **salon Cruse-Guestier**, avec ses meubles en marqueterie et ses bronzes de Barye, est caractéristique d'un intérieur de négociant bordelais.
Par l'**escalier d'honneur**, embelli par une belle rampe en fer forgé, on atteint les pièces du 1er étage : céramiques françaises et étrangères, verreries. Belles carafes et gourdes du 18e s. dans le **salon Jonquille**, décoré d'un lustre en verre de Venise. Une pièce regroupe le mobilier bordelais que l'on trouvait chez les aristocrates de la ville. Dans les combles, collections antérieures au 18e s. : mobilier Renaissance et 17e s., ferronnerie, serrurerie, émaux champlevés. Une salle expose le design des années 1950 à nos jours.
Reprendre la rue des Trois-Conils vers la gauche.

★ Musée des Beaux-Arts CD2

20 cours d'Albret - ✆ 05 56 10 20 56 - 11h-18h - fermé mar. et j. fériés - gratuit, expos temporaires : 5 € (gratuit -18 ans).
Aménagé dans les galeries sud et nord du jardin de l'hôtel de ville, le musée conserve de très belles œuvres du 15e au 20e s.
L'**aile sud** abrite des tableaux de la Renaissance italienne, des œuvres françaises du 17e s. dont une toile très caravagesque de Vouet, *David tenant la tête de Goliath* ; des œuvres de l'école hollandaise du 17e s. dont le *Chanteur s'accompagnant au luth* par Ter Brugghen, le symbolique *Chêne foudroyé* par Van Goyen et le beau portrait de *L'Homme à la main sur le cœur* attribué un temps à Frans Hals ; des tableaux de l'école flamande du 17e s. avec l'admirable *Danse de noces* par Bruegel de Velours, d'un style populaire et rustique. Le 18e s. et le début du 19e s. sont représentés, entre autres, par deux saisissantes toiles du Génois Magnasco, qui évoquent la vie des galériens, le gracieux *Portrait de la princesse d'Orange-Nassau* par Tischbein, la *Nature morte au carré de viande* par Chardin et quatre tableaux du Bordelais Pierre Lacour, qui fut le premier conservateur du musée en 1811.
L'**aile nord** est consacrée à la peinture moderne et contemporaine. L'école romantique est présente à travers la célèbre toile de Delacroix, *La Grèce sur les ruines de Missolonghi*. Une œuvre de Diaz de la Peña (né à Bordeaux), *La Forêt de Fontainebleau*, illustre l'école de Barbizon, qui fut la première à peindre en plein air. La seconde moitié du 19e s. s'ouvre sur le scandaleux *Rolla* d'Henri Gervex, tableau de nu refusé au Salon en 1878, puis sur la grande toile d'inspiration symboliste d'Henri Martin, *Chacun sa chimère*. Du 20e s. : *L'Église Notre-Dame à Bordeaux* de l'expressionniste autrichien Kokoschka, le sinueux et tourmenté *Homme bleu sur la route* par Soutine et le très beau *Portrait de Bevilacqua* (1905), visage cerné de bleu, par Matisse. À ces œuvres vient s'ajouter *L'Entrée du bassin à flot à Bordeaux* (1912) du Bordelais André Lothe, qui intègre les concepts cubistes à la tradition picturale. La dernière salle est consacrée à des œuvres contemporaines.
La **galerie des Beaux-Arts** *(pl. du Colonel-Raynal)*, où sont organisées des expositions temporaires, complétera la visite de ce musée.
En revenant vers le musée des Beaux-Arts, poursuivre le cours d'Albret puis prendre à gauche la rue des Frères-Bonie.

ODILON REDON
Bertrand-Jean, dit Odilon Redon (1840-1916), est natif de Bordeaux. Une petite salle du musée lui rend hommage à travers quelques-unes de ses œuvres : *Char d'Apollon* (1909), *Chevalier mystique*, *La Prière*…

SE LOGER

Étap'Hôtel .... (1)
Hôtel Acanthe .... (3)
Hôtel Citéa .... (5)
Hôtel de la Tour Intendance .... (6)
Hôtel des Quatre Sœurs .... (8)
Hôtel Opéra .... (12)
Hôtel Presse .... (14)
Une Chambre en Ville .... (16)

SE RESTAURER

Le Bistro du Musée .... (6)
Le Café Bordelais .... (8)
Le Café Utopia .... (1)
La Petite Gironde .... (4)
La Tupina .... (10)

Lou Magret........................ 14

Restaurant du Musée des Arts décoratifs............ 18

Sarl la Cheminée Royale..... 16

INDEX DES RUES

Tribunal de Grande Instance de Bordeaux C2

Réalisé en 1998 par Richard Rogers, le TGI de Bordeaux s'inscrit au cœur de la ville historique, dans un îlot judiciaire comprenant l'hôtel de ville, l'ancien palais de justice néoclassique de Thiac et l'École nationale de la Magistrature. Ce parallélépipède de verre, d'acier et de bois se dresse à l'extrémité de l'ancienne enceinte médiévale bordée de deux tours, vestiges du fort du Hâ. L'architecte du Centre Pompidou a fait ici le choix d'une architecture symbolique et fonctionnaliste : souhaitant une justice plus transparente, il prend le parti d'un bâtiment vitré où la fonction intérieure est révélée dès l'extérieur. L'escalier monumental et l'immense parvis qui le précède privilégient l'espace public et l'idée d'une justice plus accessible et plus ouverte. L'originalité vient des sept coques de bois sur pilotis qui s'élèvent au-dessus du toit et renferment les salles d'audience.
Retraverser le cours d'Albret.

Quartier Mériadeck C2

Son nom rappelle **Ferdinand Maximilien de Mériadec**, prince de Rohan, archevêque de Bordeaux au 18e s. Ce quartier, érigé dans les années 1970, est le centre directionnel de la région Aquitaine. Englobant bureaux, bâtiments administratifs, habitations, centre commercial, bibliothèque municipale et patinoire, il est aussi agrémenté de pièces d'eau et d'espaces verts. Des passerelles suspendues assurent l'accès vers les rues limitrophes. Les immeubles sont en verre et béton, arrondis ou cubiques et parfois encagés dans des structures métalliques. Les plus caractéristiques sont la **Caisse d'épargne** avec ses plans courbes et rectangulaires empilés, la **bibliothèque** aux parois réfléchissantes, l'**hôtel de région** (C2) à la façade rythmée par des lames verticales en béton et l'**hôtel des impôts** où triomphe le métal.

Église St-Bruno C2

R. François-de-Sourdis - ☎ 05 56 96 41 08 - mar.-vend. 8h30-19h, sam. 8h30-18h, dim. 8h30-12h30 - visite guidée le 1er sam. du mois 15h-18h. L'église St-Bruno, accolée au cimetière de la Chartreuse, vaut le détour pour son somptueux décor intérieur représentatif de l'architecture baroque du 17e s. Seul élément restant du couvent des Chartreux, cette ancienne chapelle a été construite en 1611-1620 sur d'anciens marais asséchés pour répondre aux exigences de la Contre-Réforme. La restauration des voûtes et des murs a dévoilé un décor de fresques en trompe l'œil de l'Italien Gian Antonio Berinzago. L'*Assomption* de Philippe de Champaigne constitue la pièce maîtresse du retable, datant de 1673.

Cimetière de la Chartreuse C2

R. François-de-Sourdis - de mi-juil. à fin sept. : visite guidée le sam. à la tombée de la nuit, s'adresser à l'office de tourisme.

À l'instar du Père-Lachaise, il s'y dégage une atmosphère romantique par la diversité de l'architecture funéraire. Dans ce « riant pré de la mort », comme le surnommait Stendhal, des épitaphes portent de nombreux noms célèbres tels que Goya, Delacroix, Flora Tristan, la mère de Gauguin… et de tant d'autres qui ont fait l'histoire de la région.

★ DU TRIANGLE AU JARDIN PUBLIC

Circuit 3 tracé en vert sur le plan II de la ville (p. 114). Compter une journée (shopping compris).

Ce quartier s'inscrit autour du triangle de grandes artères formé par le cours Clemenceau, le cours de l'Intendance, piétonnier, et les allées de Tourny, pourvues d'une agréable esplanade.

La fontaine des Girondins, place des Quinconces à Bordeaux.
J. Malburet / MICHELIN

Esplanade des Quinconces DE1

Son intérêt réside avant tout dans sa superficie (126 000 m²). Elle a été aménagée, pendant la Restauration, sur l'emplacement du château Trompette qui avait été bâti après la guerre de Cent Ans par Charles VII et agrandi par Louis XIV. On agrémenta alors l'esplanade d'une série d'arbres disposés en quinconce, d'où son nom.

Vous saluerez au passage deux grandes figures de Bordeaux : **Montaigne**, qui fut maire de la ville à deux reprises, et **Montesquieu**, qui résidait au château de la Brède *(voir p. 144)* et était membre du parlement de Bordeaux (statues datant de 1858). Face au fleuve se dressent deux colonnes rostrales.

Pendant longtemps parc de stationnement, l'esplanade, en cours d'embellissement, est célèbre pour son **monument aux Girondins** (D1). Monument allégorique érigé entre 1894 et 1902 à la mémoire des Girondins décapités en 1792, il forme un ensemble sculptural étonnant. En haut d'une colonne de 50 m de haut, la *Liberté brisant ses fers* surmonte deux remarquables **fontaines★** en bronze : des chevaux marins toute crinière au vent, cabrés et levant haut leurs sabots palmés, y tirent les chars du *Triomphe de la République* (côté Grand Théâtre) et celui du *Triomphe de la Concorde* (côté jardin public). À terre, côté Grand Théâtre, les trois personnages tragiques ne représentent pas les Girondins, mais le Vice, l'Ignorance et le Mensonge.

LES GIRONDINS

Pendant la Révolution, les députés de Bordeaux – dont le plus célèbre est **Vergniaud** – créent le parti des Girondins qui aura la majorité à la Législative et au début de la Convention. Comme ils sont de tendance fédéraliste, les Montagnards les accusent de conspirer contre l'unité et l'indivisibilité de la République ; vingt-deux d'entre eux sont mis en accusation, condamnés à mort et exécutés.

Place de la Comédie D1

Elle délimite, avec les places Tourny et Gambetta, le cœur des plus beaux quartiers de Bordeaux. La restauration du *Grand Hôtel de Bordeaux* achève de lui redonner tout son cachet.

★★ Grand-Théâtre D1

Voir l'ABC d'architecture p. 91. - Pl. de la Comédie - ✆ 05 56 00 66 00 - visites guidées sur réserv. à l'office de tourisme juil.-août : 15h, 15h30 et 16h ; reste de l'année : varie selon le planning des répétitions, se renseigner auprès de l'OT - 9,50 € : forfait visite + exposition sur les métiers du théâtre ; 5 € : exposition sans la visite.

Situé place de la Comédie, il fut élevé de 1773 à 1780 sur les vestiges d'un temple gallo-romain détruit par ordre de Louis XIV. Récemment restauré, il compte parmi les plus beaux de France et symbolise richesse architecturale et culture. Construit par l'architecte Victor Louis, il se distingue par son péristyle à l'antique, surmonté d'une balustrade ornée des neuf Muses et des trois Grâces.

Le plafond à caissons du **vestibule** repose sur seize colonnes. À l'arrière s'ouvre un bel escalier droit, puis à double volée, dominé par une coupole (disposition imitée par Garnier pour l'Opéra de Paris).

La **salle de spectacle**, parée de lambris et de douze colonnes dorées à l'or fin, témoigne d'une harmonieuse géométrie et d'une acoustique parfaite. Du plafond, peint en 1917 par Roganeau sur le modèle des fresques primitives de Claude Robin, se détache un lustre scintillant de 14000 cristaux de Bohême.

En face du théâtre, la petite rue Mautrec mène à la place du Chapelet.

★ Église Notre-Dame D1

R. Mably - lun. 14h30-19h, mar. et jeu. 8h30-12h, 14h30-18h (merc. 19h), vend. 8h30-13h, 14h30-18h30, sam. 8h30-12h, 14h30-19h30, dim. 10h-12h, 18h-19h30 - visite guidée lun.-vend 14h30-17h et 1er dim. du mois 15h-17h.

La façade de l'église Notre-Dame, de style jésuite baroque, donne un air très romain à la place du Chapelet. Ancienne chapelle des Dominicains, elle fut édifiée entre 1684 et 1707. Le portail central est surmonté d'un bas-relief illustrant l'apparition de la Vierge à saint Dominique. Elle lui remet le chapelet qui a donné son nom à ladite place.

L'**intérieur** frappe par la pureté du travail de la pierre : voûte en berceau de la nef percée par les lunettes des fenêtres hautes, voûtes d'arêtes des collatéraux, tribune d'orgues prolongée sur les côtés par deux balcons arrondis aux courbes harmonieuses. La décoration de ferronnerie contribue également à la noblesse de l'ensemble ; remarquez en particulier les portes qui ferment les deux côtés du chœur.

Pénétrez dans le **cloître** du 17e s., appelé cour Mably, et accolé au mur latéral droit de l'église. La magnifique salle capitulaire, à droite en entrant, sert de salle d'exposition.

Prendre le passage Sarget à gauche de la place du Chapelet et emprunter le cours de l'Intendance sur la droite.

Cours de l'Intendance D1

Ici alternent les commerces de luxe et des enseignes à la mode. S'y trouve également la **Maison du tourisme de la Gironde** *(voir p. 10)*. À droite, au niveau de la rue Voltaire, on aperçoit la jolie rotonde des Grands-Hommes (centre commercial). Des abords du n° 57 (maison de Goya, qui y mourut en 1828, aujourd'hui centre culturel espagnol), bel aperçu sur les tours de la cathédrale St-André, dans l'échancrure de la rue Vital-Carles.

Place Gambetta D1

Remarquable unité architecturale de maisons Louis XV, au rez-de-chaussée sur arcades et au dernier étage mansardé. Sur la place, agrémentée d'un petit jardin à l'anglaise, se dressa l'échafaud, durant la Révolution. Un peu en retrait s'élève la **porte Dijeaux** (D1), datée 1748, point de départ de la rue commerçante piétonnière du même nom.

Remonter la rue Judaïque vers la place des Martyrs-de-la-Résistance.

Basilique St-Seurin C1

Pl. des Martyrs-de-la-Résistance - ✆ 05 56 24 24 80 - mar.-sam. 8h30-19h, dim. 9h-12h15, 18h-20h15 - possibilité de visite guidée de déb. mai à mi-sept. : sam. 14h30-18h ; de mi-sept. à fin avr. : sam. apr.-midi ou sur demande (1 sem. av.).

Comme la cathédrale St-André et la basilique St-Michel, qui se trouvent, elles aussi, sur le chemin de St-Jacques-de-Compostelle, la basilique St-Seurin est depuis 1999 inscrite au Patrimoine mondial de l'Unesco.

Entrez par le porche ouest (11e s.), aux intéressants chapiteaux romans. Il est enterré d'environ 3 m. L'ensemble manque d'envolée ; l'église fut, comme le porche, remblayée au début du 18e s. À l'entrée du **chœur** : beau siège épiscopal en pierre (14e-15e s.). En face, retable orné de quatorze bas-reliefs en albâtre retraçant la vie de saint Seurin. À gauche du chœur, dans la chapelle N.-D.-de-la-Rose (15e s.), retable orné de douze panneaux d'albâtre figurant la vie de la Vierge.

La **crypte**, du 11e s., recèle des colonnes et des chapiteaux gallo-romains, de beaux sarcophages en marbre sculpté du 6e s. et le tombeau (17e s.) de saint Fort.

Site paléochrétien de St-Seurin C1

Pl. des Martyrs-de-la-Résistance - ✆ 05 56 00 66 00 - juin-sept. : 14h-19h - 3 €.

Une nécropole, des fresques, des sarcophages et des amphores, constituant un véritable musée archéologique, nous révèlent l'art des premiers chrétiens.

Prendre la rue Capdeville, puis à droite la rue du Dr-André-Barraud.

Palais Gallien C1

R. du Dr-André-Barraud. S'adresser à l'office de tourisme - ✆ 05 56 00 66 00 - juin-sept. : 14h-19h - 3 €.

Amphithéâtre romain dont les gradins en bois pouvaient contenir 15 000 spectateurs. Il n'en reste que quelques travées et arcades envahies par les herbes folles, qui charmeront les âmes romantiques.

Poursuivre rue du Dr-André-Barraud, traverser la rue Fondaudège pour prendre en face la rue St-Laurent.

Petit Hôtel Labottière C1

13 r. St-Laurent - ✆ 05 56 48 44 10 - www.petithotellabottiere.fr - visite sur RV à l'office de tourisme : 8 € - poss. de séjour en chambre d'hôte avec visite privée offerte (1h).

Classé monument historique, cet hôtel particulier néoclassique (fin 18e s.) dû à Laclotte, l'architecte du musée des Arts décoratifs, a été restauré à l'identique afin de faire revivre l'esprit des lieux. Chaque pièce à la décoration raffinée est harmonieusement meublée d'époque. À droite du vestibule, bel escalier suspendu.

Continuer dans la rue St-Laurent, puis tourner à droite dans la rue Émile-Zola.

Jardin public D1

Cours de Verdun. Aménagé à la française au 18e s., il fut transformé en parc à l'anglaise sous le Second Empire. On s'y promène à l'ombre de beaux arbres (palmiers, magnolias, etc.), au milieu de massifs richement fleuris. Il abrite le **Muséum d'histoire naturelle**.

Muséum d'histoire naturelle D1

5 pl. Bardineau - ✆ 05 56 48 29 86 - www.bordeaux.fr - fermeture pour rénovation jusqu'en 2012 (expos hors les murs - se renseigner).

Un petit air vieillot qui ne manque pas d'un certain charme, pour ce musée installé dans un hôtel du 18e s. en bordure du jardin public. Collections minéralogiques, paléontologiques et zoologiques consacrées, en partie, au Sud-Ouest de la France.

Retour par le cours de Verdun, la place de Tourny puis les allées du même nom.

LES CHARTRONS

Circuit 4 tracé en vert sur le plan III ci-contre. Compter une bonne demi-journée.

Le quartier des Chartrons s'étend au nord des Quinconces, entre le quai du même nom et les cours de Verdun, Portal et St-Louis. Ce nom rappelle un ancien couvent de chartreux qui fut transformé au 15e s. en un gigantesque entrepôt de vins. Le quartier connut, comme toute la ville, son heure de gloire au 18e s. La haute société bordelaise, enrichie par le négoce, y édifia alors de beaux hôtels. Au 19e s. se multiplient de petites maisons populaires de plain-pied aux hautes portes étroites, dont les façades ornées de clefs de fenêtres sculptées imitent celles des demeures bourgeoises. Ces **échoppes** dessinent le paysage urbain bordelais, dès que l'on s'éloigne du centre-ville.

Cours Xavier-Arnozan

C'est l'ancien « pavé » des Chartrons. De grands négociants, qui souhaitaient disposer d'une habitation somptueuse à l'écart de la cohue du port, y firent bâtir de belles demeures vers 1770. De splendides **balcons★** sur trompe sont ornés d'un garde-corps en ferronnerie.

À mi-chemin du cours, la rue Foy permet de rejoindre le musée d'Art contemporain.

★ Musée d'Art contemporain

7 r. Ferrère - ✆ 05 56 00 81 50 - www.bordeaux.fr - tlj sf lun. et j. fériés 11h-18h (20h merc.) - collections permanentes gratuites hors périodes d'expos temporaires, période d'expos : 5 € (y compris pour les collections permanentes seules).

Le CAPC (Centre d'arts plastiques contemporain) - musée d'Art contemporain est installé dans l'ancien **entrepôt Lainé★★**, construit en 1824 pour servir de stockage aux denrées coloniales de Bordeaux. Il a été réaménagé de façon particulièrement réussie.

Autour de la spectaculaire **nef centrale** sont réparties les galeries d'exposition, une bibliothèque et le centre d'architecture Arc en rêve. La terrasse, située au second étage entre les toits du bâtiment, abrite le café du Musée (aménagé par Andrée Putman).

Le **musée** présente ses collections permanentes qui couvrent une période allant de la fin des années 1960 jusqu'aux tendances les plus actuelles de la création, ainsi que des expositions temporaires.

Rejoindre les quais des Chartrons et prendre à gauche.

Cité mondiale

20 quai des Chartrons. Conçue sur les plans de l'architecte bordelais Michel Petuaud-Letang, elle arbore, côté quai des Chartrons, une harmonieuse façade de verre incurvée, où s'imbrique une tour ronde. Inaugurée en janvier 1992, la Cité mondiale, consacrée aux vins et spiritueux jusqu'en 1995, est aujourd'hui devenue un centre d'affaires et de congrès, avec divers commerces et restaurants.

Prendre le passage Notre-Dame situé derrière la Cité, puis tourner à droite.

Rue Notre-Dame

C'est la colonne vertébrale du quartier des Chartrons : aux négociants d'hier se sont substitués les antiquaires et les brocanteurs. Rendez-vous des chineurs, des flâneurs, la rue Notre-Dame incite à la balade. Il s'y dégage une atmosphère de calme et de village privilégiant la découverte des façades de pierre, des têtes coiffées des mascarons (motifs architecturaux ornementaux), au gré des ruelles pavées et de ses nombreuses boutiques.

UN VIN DOUX AU PALAIS

La vigne a été introduite dans la région par les Romains. Ce vin, que les Anglais appellent « claret », est très apprécié des Plantagenêts. Et pour preuve, lors des fêtes du couronnement mille barriques sont mises à sec. Le raisin est alors sacré : qui dérobe une grappe a l'oreille coupée. La qualité des vins est l'objet de tous les soins : six dégustateurs jurés les vérifient et aucun tavernier ne peut mettre une pièce en perce avant qu'elle n'ait été soumise à leur dégustation. Les marchands pratiquant le coupage sont punis ainsi que les tonneliers dont les barriques sont défectueuses.

Place du Marché-des-Chartrons

C'est à l'emplacement de l'ancien couvent des Carmes que l'architecte Charles Burguet réalise en 1869 une première halle métallique à six faces. Aujourd'hui restaurées, les 18 baies de la halle des Chartrons associent pierre, fer et verre pour offrir un espace lumineux et ouvert sur l'extérieur, endroit idéal pour accueillir de nombreuses manifestations culturelles, et faire une pause aux terrasses des cafés qui l'entourent.

Église St-Louis-des-Chartrons

R. Notre-Dame.

Elle dresse fièrement ses deux flèches, illuminées de bleu la nuit, pour marquer le cœur du quartier. Sa rosace monumentale, ses vitraux et ses contreforts en font un édifice de type néogothique, achevé en 1880. Elle renferme le plus important orgue symphonique d'Aquitaine (1881) et le plus beau de la facture Wermer-Maille.

Rejoindre la rue Notre-Dame par la rue St-Joseph, puis prendre à gauche la rue Pomme-d'Or.

Musée du Vin et du Négoce à Bordeaux

41 r. Borie - ☏ 05 56 90 19 13 - www.mvnb.fr - mai.-oct. : 10h-18h (jeu. 22h) ; nov.-avr. : 10h-18h (dim. 14h-18h) - visite et dégustation de 2 vins : 7 €.

Ce nouveau musée a ouvert ses portes dans trois très belles caves voûtées, typiques des Chartrons. Cet espace retrace l'histoire du négoce du vin à Bordeaux. De nombreux objets et supports visuels contribuent à la mise en scène des grands thèmes abordés : l'histoire des grandes familles, les classements des vins, le travail dans les chais et le rôle du port de Bordeaux dans le négoce.

Descendre la rue Borie et traverser le quai des Chartrons.

★ Quai des Chartrons

Ligne B du tramway, direction Claveau.

Au pied de la façade ravalée des immeubles 18e s., le quai des Chartrons a totalement changé de visage et propose aujourd'hui un nouvel espace de vie aux Bordelais, le long des berges de la Garonne. Depuis la réhabilitation des anciens hangars portuaires (H 14, 15 et H 20) en lieux culturels ou de commerce, les Bordelais ont retrouvé leur fleuve et le plaisir d'une balade (à vélo, en rollers ou à pied) avec vue imprenable sur le port de la Lune. L'assiette d'huîtres et le verre de vin blanc sont à déguster le dimanche matin à l'incontournable marché des Chartrons, installé près du Skate Park.

Cap Sciences

Hangar 20 - quai de Bacalan - ☏ 05 56 01 07 07 - www.cap-sciences.net - ♿ - 14h-18h (w.-end 19h) - fermé lun. et j. fériés (ouvert lun. 14h-18h pdt vac. scol.) - 5,50 € (-16 ans 3,80 €).

Le Centre de Culture scientifique technique et industrielle de la région accueille une grande exposition annuelle, ludique et pédagogique, avec des animations organisées en permanence autour de la thématique. À l'étage prend place une autre exposition temporaire, plus petite mais également interactive. Espaces lecture et multimédias, ateliers enfants (*merc., w.-end et vac. scol., sur réserv.*).

Rejoindre le cours Alfred-Daney par le cours Lucien-Faure.

Bassins à flot

Ligne B du tramway, station « Bassins à flot ».

Pour les plus courageux, le quartier des bassins à flot est un quartier en devenir à découvrir. Loin du Bordeaux 18e s. et longtemps délaissé pour son passé lié aux activités portuaires, il fait l'objet de futurs projets d'aménagements. Agence d'architecture, galerie d'art et Frac (Fonds régional d'art contemporain) ont d'ors et déjà investi le Hangar G2.

La **base sous-marine**, vestige impressionnant de la Seconde Guerre mondiale, construite de 1941 à 1943 pour abriter la 12e flottille de sous-marins de l'armée allemande, est un nouvel équipement culturel de la ville, qui se visite. Le lieu s'anime la nuit dans une ambiance underground. *Bd Alfred-Daney - ☏ 05 56 11 11 50 - mar.-dim. 14h-19h - expos temporaires.*

LA BASTIDE

Pour rejoindre ce quartier, prendre la ligne A du tramway, direction Dravemont ou La Gardette.

De la rive droite, depuis les jardins de Queyries, vous aurez une belle **vue** sur la prestigieuse façade des quais d'une parfaite homogénéité, qui épouse la courbe de la Garonne sur plus de 1 km.

Jardin botanique F1

Quai de Queyries - ☏ 05 57 14 23 65 - www.bordeaux.fr - avr.-oct. : 8h-20h ; nov.-mars : 8h-18h - gratuit.

Conçu par l'architecte paysagiste Catherine Mosbach, il renouvelle le genre du jardin botanique, à vocation scientifique d'étude et de préservation des espèces, par sa présentation thématique. Le visiteur est sensibilisé à l'écologie à travers une « galerie des milieux » (reconstitution d'une prairie humide, d'un coteau calcaire, etc.), à l'ethnobotanique avec les « champs de cultures ». Outre un jardin aquatique et un jardin urbain (entretenu par les habitants du quartier), des serres tropicales complètent l'ensemble.

À voir aussi Plan II

Musée des Compagnons du Tour de France F3

112 r. Malbec - ☏ 05 56 92 05 17 - www.compagnons.org - merc.-vend. 14h-17h30, sam. 10h-17h - fermé j. fériés - 3 € (gratuit -12 ans).

Le musée présente sur trois niveaux un parcours historique et thématique évoquant les origines, l'organisation et le fonctionnement du compagnonnage. Une importante collection de chefs-d'œuvre de charpente, menuiserie, ébénisterie ou maçonnerie illustre les prouesses techniques de ces métiers.

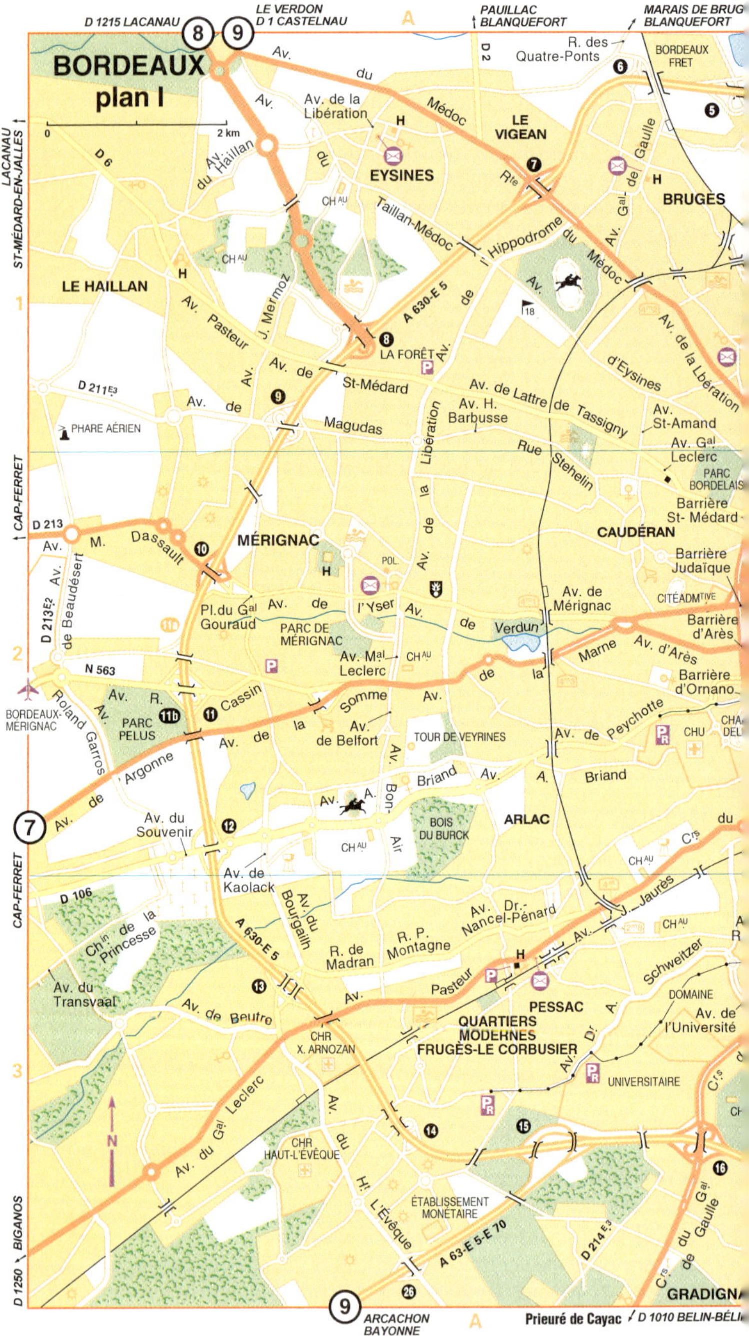
BORDEAUX
plan I
D 1215 LACANAU
LE VERDON
D 1 CASTELNAU
PAUILLAC
BLANQUEFORT
MARAIS DE BRUG
BLANQUEFORT
LACANAU
ST-MÉDARD-EN-JALLES
CAP-FERRET
CAP-FERRET
BIGANOS
D 1250
ARCACHON
BAYONNE
Prieuré de Cayac
D 1010 BELIN-BÉLI
EYSINES
LE VIGEAN
BRUGES
LE HAILLAN
LA FORÊT
MÉRIGNAC
CAUDÉRAN
ARLAC
PESSAC
QUARTIERS MODERNES FRUGÈS-LE CORBUSIER
GRADIGNAN
BORDEAUX FRET
PHARE AÉRIEN
BORDEAUX-MÉRIGNAC
PARC PELUS
PARC DE MÉRIGNAC
PARC BORDELAIS
TOUR DE VEYRINES
BOIS DU BURCK
CHR X. ARNOZAN
CHR HAUT-L'ÉVÊQUE
ÉTABLISSEMENT MONÉTAIRE
DOMAINE UNIVERSITAIRE
CHU
CITÉ ADMTIVE
Barrière St- Médard
Barrière Judaïque
Barrière d'Arès
Barrière d'Ornano
A 630-E 5
A 63-E 5-E 70
D 2
D 6
D 211E3
D 213
D 213E2
N 563
D 106
D 214E3
Av. du Médoc
Av. de la Libération
Av. du Haillan
Av. du Taillan-Médoc
Rte du Médoc
Av. de l'Hippodrome
Av. Gal de Gaulle
R. des Quatre-Ponts
Av. Pasteur
Av. J. Mermoz
Av. de St-Médard
Av. de Lattre de Tassigny
Av. H. Barbusse
Av. de Magudas
Av. de la Libération
Rue Stehelin
Av. d'Eysines
Av. St-Amand
Av. Gal Leclerc
Av. M. Dassault
Av. de Beaudésert
Pl. du Gal Gouraud
Av. de l'Yser
Av. de Verdun
Av. de Mérignac
Av. d'Arès
Av. de la Marne
Av. de la Somme
Av. Mal Leclerc
Av. R. Cassin
Av. Roland Garros
Av. de l'Argonne
Av. de Belfort
Av. A. Briand
Av. de Peychotte
Av. Bon-Air
Av. du Souvenir
Av. de Kaolack
Av. du Bourgailh
Ch.in de la Princesse
Av. du Transvaal
Av. de Beutre
R. de Madran
R. P. Montagne
Av. Dr.-Nancel-Pénard
Av. J. Jaurès
Av. Pasteur
Av. A. Schweitzer
Av. Dr. A.
Av. de l'Université
Av. du Gal Leclerc
Av. du Ht. L'Évêque
Crs du Gal de Gaulle
Crs du
POL.
CHAU
2 km
N
A
1
2
3

BORDEAUX

PARC FLORAC
STADIUM
MACAU
BEC D'AMBES BASSENS
PARIS ANGOULÊME
1
2
3
4
5
PÉRIGUEUX N 89 LIBOURNE
Planète Bordeaux
BERGERAC
D 10 LANGON
LÉOGNAN D 651
D 1113 LA BRÈDE
A 62-E 72 PAU, TOULOUSE
PARC DES EXPOSITIONS
Le Lac
PALAIS DES CONGRÈS
CASINO
BORDEAUX-LAC
LE LAC
Bd du Parc des Expositions
CARBON-BLANC
Pont d'Aquitaine
Bd. Brandenburg
Av. de Tourville
BACALAN
LORMONT
LES 4 PAVILLONS
Route de Paris
voir plan III
Base Sous-marine
Pl. de Latule
LE BOUSCAT
Crs Louis-Blanc
Bd Godard
Pl. Ravesies
LES CHARTRONS
R. Lombard
Cap Science
Quai de Bacalan
Barrière du Médoc
PORT
Quai de Brazza
Av. Carnot
CENON
Av. R. Cassagne
voir plan II
LA BASTIDE
Av. Thiers
R. Galin
Curie
Bd. de L'Entre-Deux-Mers
D 936
D 241
GRD THÉÂTRE
CATHÉDRALE
Crs Gambetta
Joliot-Curie
Av. Pasteur
FLOIRAC
Quai de la Souys
R. J. Guesde
N 230
Bd. Georges V
Barrière de Pessac
Barrière St-Genès
Crs de la Somme
Quai de Brienne
M.I.N.
GARONNE
A 631
Cabannes
BOULIAC
Barrière-de-Bègles
Bd. Franklin Roosevelt
Bd Albert 1er
Bd J. J. Bosc
Av. A. Capelle
Av. J. Guesde
R. Lamartine
Barrière de Toulouse
Crs V. Hugo
TALENCE
BÈGLES
R. F. Buisson
Musée de la Création Franche
Pont François Mitterrand
Rte de Latresne
D 10 E4
Av. de la Libération
Av. de Thouars
Leysotte
Rte de Toulouse
Av. J. d'Arc
ARCINS
TARTIFUME
ST-BRIS
R. A. Labro
A 630
D 113
LATRESNE
D 651 E1
VILLENAVE-D'ORNON
PONT-DE-LA-MAYE
D 113 E1
SARCIGNAN
D 108 E1
SE RESTAURER
Auberge'Inn.. 2
Les Restaurants de l'Atrium............. 4

À proximité Carte de microrégion

Musée de la Création franche à Bègles B2

Au sud de Bordeaux (par la route de Toulouse, ou la sortie n° 20 de la Rocade : suivre Bègles-centre, puis mairie) - depuis la gare St-Jean, bus 2 (dir. Bègles-Rives d'Arcins, arrêt Mairie de Bègles) ou 23 (dir. Bègles-Mussonville, arrêt Bibliothèque) - 58 av. du Mar.-de-Lattre-de-Tassigny - ✆ 05 56 85 81 73 - www.musee-creation-franche.com - 15h-19h - fermé j. fériés - gratuit.

Voilà un site original qui ne laisse pas indifférent. D'abord c'est une histoire : celle d'une galerie, créée en 1989, attachée à diffuser « **l'Art Brut et ses apparentés** », devenue musée municipal en 1996 et qui fait désormais référence dans le domaine (prêtant des œuvres à des musées de par le monde). Ensuite c'est un lieu : une ancienne maison bourgeoise entourée d'un parc, qui accueille au rez-de-chaussée les expositions temporaires (5 par an) et à l'étage la collection permanente (le fonds compte 10 000 œuvres). Que l'on apprécie ou pas, on ne peut ignorer ce courant d'art basé sur la spontanéité de la créativité, en marge de toutes institutions.

Quartiers Modernes Frugès-Le Corbusier à Pessac A2

Au sud-est de Bordeaux, par le cours du Mar.-Gallieni, ou la Rocade sortie n° 13. Fléché depuis le centre-ville de Pessac.

Construite en 1926 à la demande d'Henri Frugès, un industriel bordelais qui souhaitait investir dans une cité jardin pour loger des ouvriers, la Cité témoigne de l'esprit d'avant-garde de leur concepteur, **Le Corbusier** (1887-1965), qui put mettre ici en pratique ses réflexions en matière d'urbanisme, d'habitat collectif et de maisons standardisées. Les 50 pavillons « zigzag », « quinconce », « gratte-ciel », etc. (sur les 150 initialement prévus), aux formes à la fois ludiques et épurées, ont subi d'importantes altérations au fil du temps, mais une politique de protection et de mise en valeur tente de restituer l'unité originelle du quartier, dans le respect de ses occupants.

La **Maison Frugès-Le Corbusier** est ouverte au public et accueille des expositions temporaires sur l'urbanisme et l'architecture. *4 r. Le Corbusier - ✆ 05 56 36 56 46 - visite guidée possible - merc., vend., w.-end. apr.-midi, jeu. mat. et apr.-midi - gratuit - visite guidée du quartier jeu. à 10h et dim. à 15h.*

Marais de Bruges AB2

Au nord de Bordeaux, sortie 6 de la Rocade. Prendre l'av. des Quatre-Ponts. ✆ 05 56 91 33 65 - www.sepanso.org - tlj sf jeu. et vend. 10h-18h - possibilité de visite guidée et sorties nature : renseignements et inscriptions au 05 56 57 09 89 - guide du visiteur : 4,50 €.

Dans ce milieu préservé, suivez l'itinéraire balisé et ne vous aventurez pas hors des cheminements autorisés. Des grands marais de Bruges, il ne reste que cet îlot de 280 ha qui se partage entre prairies humides pour les trois quarts, jalles (anciens bras de rivières), plans d'eau et boisements. Cette réserve naturelle est située sur l'un des axes migratoires les plus importants d'Europe.

★ Planète Bordeaux à Beychac B2

26 km par la N 89 dir. Libourne (sortie 5) - ✆ 05 57 97 19 20 / 35 - www.planete-bordeaux.net - juin-oct. : lun.-sam. 10h-19h ; reste de l'année : lun.-vend. 9h-12h, 14h-19h, sam. 9h-19h - 5 € avec dégustation de 3 vins ou 20 € avec 7 vins.

Siège du syndicat des **AOC Bordeaux et Bordeaux supérieurs**, ce site propose un parcours pédagogique multimédia et interactif (films, animations son et lumière, maquettes) permettant de découvrir les terroirs au fil des saisons, les techniques de production et les processus de transformation du raisin en vin, le fonctionnement de l'odorat et du goût… La visite se termine bien sûr par une dégustation ! La cave boutique propose un très vaste choix de châteaux au prix de la propriété. À l'accueil, informations et orientation vers les différentes propriétés des deux appellations.

Le lieu propose également des cours de cuisine *(voir Planète Cooking, p. 22).*

Un questionnaire ludique est distribué aux enfants et un petit espace est réservé aux plus jeunes.

NOS ADRESSES À BORDEAUX

TRANSPORTS

Venir à Bordeaux

Aéroport Bordeaux-Mérignac – *Voir p. 9.* Navette (Jet'bus) vers le centre-ville (pl. de la Comédie et la gare St-Jean) 30 à 45mn, ttes les 45mn *(7j/7 - aller simple 7 €).*

Gare St-Jean – Pour rejoindre le centre-ville, prenez le tramway (ligne C).

Transports en commun

La desserte urbaine combine tramway et bus. On utilise le même titre de transport dans les deux cas, la « Tickarte » (carte magnétique) valable pour un voyage ou plus selon la formule choisie. Un trajet coûte 1,40 € et un titre journalier 4,10 €. Des distributeurs se trouvent sur les quais des stations *(rens. : 05 57 57 88 88 ou www.infotbc.com).*

Bordeaux compte **3 lignes** de tramway :

A - Mérignac-La Gardette Bassens Carbon Blanc/Floirac Dravemont (d'ouest en est) ;

B - Claveau-Pessac (du nord au sud) ;

C - Bègles Terres Neuves-Les Aubiers (du sud au nord).

VISITE

Bon à savoir – L'accès aux collections permanentes dans tous les musées municipaux de Bordeaux est gratuit.

Forfaits « Bordeaux Découverte » – *Voir p. 16.*

En bateau – *Départ quai Richelieu (rive gauche) - 05 56 49 36 88 - 15 € (4-12 ans 8 €).* Visite commentée (1h30) du port et des façades des quais : 1er dim. du mois à 15h30 (ts les dim. en sept.).

HÉBERGEMENT

Bon à savoir – Tous les deux ans autour de la deuxième quinzaine de juin, il est pratiquement impossible de se loger à Bordeaux et dans la région. Agen, qui est pourtant située à plus de 100 km, est aussi touchée par la vague de professionnels du vin qui déferle sur la ville à l'occasion du salon Vinexpo.

PREMIER PRIX

Étap'Hôtel ① *(plan I, p. 124) – 37 cours du Mar.-Juin - 0 892 680 584 - www.etaphotel.com - P - - 109 ch. 48 € - 4,70 €.* Cet hôtel de chaîne situé en plein centre-ville propose des chambres fonctionnelles toutes identiques : murs blancs crépis, tissus bleus, climatisation, TV. Une adresse pratique à prix sages, pour visiter le quartier historique de Bordeaux.

Hôtel Notre-Dame ① *(plan III, p. 121) – 36 r. Notre-Dame - ✆ 05 56 52 88 24 - www.hotelnotredame33.com - 22 ch. 53/59 € - ☕ 7 €.* Dans la pittoresque rue des antiquaires, cet hôtel offre une halte pratique, au cœur de la ville. Fonctionnelles et actuelles, les chambres sont d'un bon rapport qualité-prix.

Hôtel de l'Opéra ⑫ *(plan II, p. 114) – 35 r. Esprit-des-Lois - ✆ 05 56 81 41 27 - www.hotel-de-lopera.com - 28 ch. 55 € - ☕ 6 €.* L'atout de cet hôtel familial loti dans un immeuble du 18e s. : sa proximité avec le quartier historique. Chambres simples et bien tenues, mansardées au dernier étage. Non-fumeurs.

Hôtel Citéa ⑤ *(plan II, p. 114) – 1 bis r. Jean-Renaud-Dandicolle - ✆ 05 56 56 18 00 - www.citea.com - 98 studios et 10 appartements - P - 58/83 € - ☕ 7,50 €.* Un immeuble neuf qui abrite une résidence hôtelière avec plusieurs formules : studios ou deux pièces, toujours avec une cuisinette équipée, mais aussi possibilité de prendre le petit-déjeuner dans le salon au rez-de-chaussée. Décoration sobre et fonctionnelle et prix dégressifs suivant la durée du séjour.

BUDGET MOYEN

Hôtel Acanthe ③ *(plan II, p. 114) 12 r. St-Rémi - ✆ 05 56 81 66 58 - www.acanthe-hotel-bordeaux.com - fermé 23 déc.-15 janv. - ♿ - ▤ - 20 ch. 66/74 € - ☕ 6 €.* La situation centrale et les prix très raisonnables sont les points forts de cet établissement en partie rénové et non-fumeurs. Les chambres, de taille correcte, sont claires et bien insonorisées, et l'accueil est agréable.

Hôtel de la Presse ⑭ *(plan II, p. 114) – 6 r. Porte-Dijeaux - ✆ 05 56 48 53 88 - www.hoteldelapresse.com - fermé 23 déc.-5 janv. - 27 ch. 76/96 € - ☕ 10 €.* Au cœur du secteur piétonnier, façade en pierres de taille abritant un hôtel récemment rénové et bien tenu. Chambres fonctionnelles. Accès automobile réglementé.

Chambre d'hôte Une Chambre en Ville ⑯ *(plan II, p. 114) – 35 r. Bouffard - ✆ 05 56 81 34 53 - www.bandb-bx.com - 5 ch. 89/99 € - ☕ 9 €.* En plein centre historique, chambres impeccables décorées sur des thèmes variés et baptisées Bordelaise, Nautique, Orientale… Petit-déjeuner servi dans un salon contemporain.

Hôtel des Quatre Sœurs ⑧ *(plan II, p. 114) – 6 cours du 30-Juillet - ✆ 05 57 81 19 20 - www.hotel-bordeaux-4soeurs.com - 34 ch. 95/130 € - ☕ 9 €.* Ce vénérable établissement idéalement situé en plein cœur de Bordeaux s'enorgueillit d'avoir hébergé le musicien Richard Wagner et l'écrivain John Dos Passos. Restauré, il abrite aujourd'hui des chambres claires, climatisées, très bien insonorisées et garnies de jolis meubles peints.

POUR SE FAIRE PLAISIR

Hôtel de la Tour Intendance ⑥ *(plan II, p. 114) – 14-16 r. de la Vieille-Tour - ✆ 05 56 44 56 56 - www.hotel-tour-intendance.com - P - 35 ch. 108/158 € - ☕ 12 €.* Rénovation réussie pour cet hôtel du centre-ville : façade typiquement bordelaise bien mise en valeur, pierres apparentes et tomettes à l'intérieur. Les chambres confortables, modernes, climatisées et personnalisées participent au charme de l'endroit. Accueil agréable et souriant.

RESTAURATION

L'huître dans l'assiette – Le bassin d'Arcachon est proche, mais si vous n'avez pas le temps ou pas prévu d'y faire un saut, vous trouverez facilement un restaurant affichant le traditionnel plateau d'huîtres sur sa carte.

Quais des Chartrons et de Bacalan – Autrefois à l'abandon, les quais des Chartrons et de Bacalan ont subi un changement radical : les hangars ont été transformés en lieu de balade, de commerces et de restauration. Le **Quai des Marques** *(Hangars 15-19)* vous offre en journée l'occasion d'une balade shopping (marques à prix réduits) et d'une escale gourmande et ensoleillée en bord de fleuve : bistrots, glaciers, cuisine basque ou tapas.

PREMIER PRIX

Café l'Utopia ① *(plan II, p. 114) – 5 pl. Camille-Jullian - ✆ 05 56 79 39 25 - 12h-15h, 19h-23h, w.-end 12h-23h30 - 7/11,50 €.* Ancienne église réhabilitée en cinéma au style gothique, l'Utopia propose des films d'art et d'essai à prix mini pour un engagement en faveur du 7e Art. Avec ou sans séance, c'est également un lieu d'échange, de passage très animé pour une pause-café intelligente, ou un encas à base de produits du terroir.

Sarl la Cheminée Royale ⑯ *(plan II, p. 114) – 56 r. St-Rémi - ✆ 05 56 52 00 52 - fermé lun. midi et dim. - formule déj. 11 € - 15/27 €.* La grande cheminée où sont préparées les grillades (pavé de bœuf maître d'hôtel, brochettes, etc.) trône dans la salle à manger de ce restaurant du centre-ville. Les menus proposés tournent autour d'une cuisine traditionnelle parfaitement maîtrisée.

Lou Magret ⑭ *(plan II, p. 114) – 62 r. St-Rémi - ✆ 05 56 44 77 94 - fermé 15 j. en juil., sem. du 15 août, dim. et j. fériés - formule déj. 12,90 € - 13,90/23,50 €.* Dans une rue envahie par les restaurants, laissez-vous tenter par ce modeste établissement dont la spécialité est le canard sous toutes ses formes, simplement grillé ou accommodé d'une savoureuse sauce. Décor sans façon et terrasse sur la rue.

Le Bistro du Musée ⑥ *(plan II, p. 114) – 37 pl. Pey-Berland - ✆ 05 56 52 99 69 - www.lebistrotdumusee.com - fermé dim. - ♿ - formule déj. 14 € - 14/33 €.* D'emblée, on éprouve de la sympathie pour ce bistrot à la jolie devanture en bois vert foncé et au cadre soigné : murs de pierres apparentes, parquet en chêne, banquettes en moleskine et décor d'outils vignerons. Cuisine du Sud-Ouest escortée d'une belle carte de vins du Bordelais.

Quaizaco ③ *(plan III, p. 121) – 80 quai des Chartrons - ✆ 05 57 87 67 72 - quaizaco@orange.fr - fermé 8-18 août, sam. midi et dim. - formule déj. 11 € - 14 €.* Derrière la façade ancienne de ces entrepôts du 18e s. se cache un intérieur qui tranche, avec meubles et tableaux contemporains (expositions temporaires). Carte actuelle.

La Petite Gironde ④ *(plan II, p. 114) – 75 quai des Queyries - ✆ 05 57 80 33 33 - www.lapetitegironde.fr - fermé 24 déc.-4 janv., sam. midi et dim. soir - ♿ - P - 16/33 €.* Ce restaurant posé sur la rive droite de la Garonne arbore un joli décor, parfaitement dans l'air du temps. Terrasse « les pieds dans l'eau » très prisée. Plats traditionnels.

BUDGET MOYEN

Chez Dupont ① *(plan III, p.121) – 45 r. Notre-Dame - ✆ 05 56 81 49 59 - fermé dim. et lun. - 16/25 € (déj.).* Une cuisine du marché présentée avec goût et raffinement sur un mode bistrot, dans un lieu chaleureux en plein cœur des Chartrons.

Le Café Bordelais ⑧ *(plan II, p. 114) – 15 allées de Tourny - ✆ 05 56 81 49 94 - formule déj. 16 € - 25 €.* Un bien joli endroit au cœur de la ville, sur les célèbres allées de Tourny. Cette brasserie a su marier l'ancien du parquet et des banquettes au design des lampions et autres bibelots de-ci, de-là. Service jeune et souriant, cuisine du Sud-Ouest accompagnée d'une carte des vins elle aussi très régionale.

Restaurant du musée des Arts décoratifs ④ *(plan II, p. 114) – 39 r. Bouffard - ✆ 05 56 52 60 49 - fermé mar. - 18 €.* Niché dans la cour de l'hôtel particulier Lalande qui abrite le musée des Arts décoratifs, ce restaurant salon de thé offre un cadre élégant pour un déjeuner tranquille loin des bruits de la rue. Cuisine maison à base de produits du marché.

Auberge ' Inn ② *(plan I, p. 124) – 245 r. de Turenne - ✆ 05 56 81 97 86 - http://auberge-inn.cartesurtables.com - fermé 1er-24 août, 19-27 déc., 20-28 fév., sam., dim. et j. fériés - 19/50 €.* Murs en pierre ou couleurs aubergine, décor contemporain épuré, mobilier moderne, chaleureuse petite terrasse et cuisine dans l'air du temps : une auberge vraiment « in » !

La Table Calvet ⑤ *(plan III, p. 121) – 81 cours du Médoc - ✆ 05 56 39 62 80 - www.latablecalvet.fr - fermé 1er-30 août, 24 déc.-2 janv., 23-31 mars, sam. midi, dim. et lundi - P - 20/55 €.* Un restaurant ouvert par la maison Calvet (négoce de vin). La cuisine, inspirée et évoluant au gré des saisons, est servie dans le joli cadre d'un chai datant du 19e s.

Les Restaurants de l'Atrium ④ *(plan I, p. 124) – r. du Card.-Richaud - 33300 Bordeaux-le-Lac - ✆ 05 56 69 49 00 - www.casino-bordeaux.com - ♿ - P - 23/26 €.* Deux enseignes vous attendent dans l'enceinte du casino : l'Atrium, carte bistrot de spécialités régionales et fruits de mer, ainsi que le restaurant La Carène ouvert uniquement le soir, qui vous propose de dîner dans l'ambiance des jeux.

POUR SE FAIRE PLAISIR

La Tupina ⑩ *(plan II, p. 114) – 6 r. Porte-de-la-Monnaie - ✆ 05 56 91 56 37 - www.latupina.com - formule déj. 16 € - 32/55 €.* Ambiance décontractée dans cette maison à l'atmosphère champêtre. Plats du Sud-Ouest rôtis dans la cheminée ou mijotés sur le fourneau, comme autrefois. Belle carte des vins.

BOIRE UN VERRE

Ailleurs à Bordeaux *– 3 pl. du Parlement - ✆ 05 56 52 92 86 - juin-sept. 11h30-0h ; reste de l'année 11h30-20h - fermé 1er janv. et 25 déc.* Cette boutique originale et dépaysante abrite sous le même toit un salon de thé, une librairie consacrée aux voyages et une belle sélection d'objets « d'ailleurs ». L'adresse, pleine de charme et tenue par une personne qui a parcouru de nombreux pays, invite à savourer le bonheur de l'évasion.

Le Bar à Vin du CIVB *– 1-3 cours du 30-Juillet - ✆ 05 56 99 43 47 - http://baravin.bordeaux.com - 11h-22h - fermé dim. et j. fériés - de 10 à 30 €.* Sélection de vins de Bordeaux, service sommelier et assiettes gourmandes. Initiation et perfectionnement à l'école de Bordeaux.

Café Brun – *45 r. St-Rémi - 17h-2h - ✆ 05 56 52 20 49*. Un endroit hors du temps : le décor de bois, les murs recouverts d'affiches début du siècle plairont aux amateurs de bière et de piano jazz pour une soirée dans une ambiance chaleureuse et décontractée qui en fait un lieu original à Bordeaux.

EN SOIRÉE

Bon à savoir – Cinéma, pièces de théâtre, musique, danse… Tout l'agenda des sorties bordelaises est réuni dans l'hebdomadaire *Bordeaux Plus*. Il est également disponible dans quelques offices de tourisme ou dans les hôtels.

Côté Garonne, bars et petits restaurants modernes avec terrasses comptent désormais parmi les adresses branchées de Bordeaux.

Bienvenue dans le fief des jeunes Bordelais ! Sur la **place de la Victoire**, une douzaine de bars et de cafés prodiguent en permanence concerts et soirées à thème. Parmi ces établissements, citons *El Bodegon* réputé pour son ambiance et le Plana, lieu de passage obligé, dit-on, pour tout étudiant digne de ce nom.

Si vous recherchez une ambiance plus chaleureuse, vous vous dirigerez plutôt vers les bars du **quartier St-Pierre** (bars à vin) et **St-Éloi**. Le **quartier St-Michel** est quant à lui plus populaire et alternatif, voire underground.

Guidés par un instinct festif très sûr, de nombreux lucifuges viennent finir la nuit dans l'un des bars ou l'une des discothèques qui jalonnent le **quai Paludate**. Aux alentours de trois heures du matin, c'est bien simple : l'endroit est bondé. Il faut jouer des coudes pour se frayer un passage. À fréquenter en priorité : le Comptoir du Jazz (concerts de jazz et de blues) et la Distillerie, spécialisée dans les whiskies.

Le Grand-Théâtre - Opéra national de Bordeaux – *Pl. de la Comédie - ✆ 05 56 00 85 95 - www.opera-bordeaux.com - billetterie : se renseigner - fermé j. fériés*. Le Grand-Théâtre de Bordeaux est l'un des plus beaux de France. Sa richesse culturelle ne le cède en rien à sa richesse architecturale. Bénéficiant d'une excellente acoustique, il est le lieu de représentation de concerts symphoniques, d'opéras et de ballets.

Théâtre national de Bordeaux en Aquitaine – *Sq. Jean-Vauthier - ✆ 05 56 33 36 80 - www.tnba.org - billetterie : 13h-19h - fermé 14 juil.-25 août, dim., lun. et j. fériés*. Trois salles pour une programmation pluridisciplinaire : théâtre, cirque, danse, musique, etc. Pièces classiques et contemporaines et spectacles dédiés au jeune public avec le Théâtre des Enfants.

L'Onyx – *11 r. Fernand-Philippart - ✆ 05 56 44 26 12 - www.theatreonyx.net - Permanence : 19h-20h les soirs de spectacle ; oct.-mai : merc. 13h-18h ; jeu.-vend. 9h30-12h, 13h-18h - fermé juil.-sept. - 12,50 €*. C'est le plus ancien café-théâtre de la ville et un lieu indispensable pour découvrir la culture « bordeluche ».

Théâtre « La Boîte à Jouer » – *50 r. Lombard - ✆ 05 56 50 37 37 (réserv.) - www.laboiteajouer.com - billetterie : merc.-sam. 20h ; spectacles 20h30 - fermé juil.-sept., dim.-mar. - 12 € - (enf. 7 €)*. Ce théâtre compte deux salles de taille modeste (60 et 45 places) où se produisent de petites compagnies régionales, nationales et même internationales, spécialisées dans le théâtre contemporain et musical. Possibilité de dîner sur place après le spectacle le vendredi et samedi.

Théâtre Fémina – *10 r. Grassi - ✆ 05 56 52 45 19 - www.theatrefemina.fr - horaires d'ouverture selon spectacles.* Ce bel édifice accueille pièces de théâtre, comédies, opérettes, chorégraphies et concerts.

Casino de Bordeaux – *R. du Card.-Richaud - ✆ 05 56 69 49 00 - 10h-4h.* Ce casino regroupe des jeux de black-jack, poker, roulettes anglaise et française, ainsi que 300 machines à sous. Restaurants, salle de spectacles, nombreuses animations, etc.

ACHATS

Bon à savoir – La chambre de commerce et d'industrie met en ligne un guide de shopping : www.bordeaux-shopping.com. L'office de tourisme abrite une boutique où vous trouverez des souvenirs à l'effigie de la ville et des cadeaux autour du vin.

Conseil interprofessionnel du vin de Bordeaux – *1 cours du 30-Juillet - ✆ 05 56 00 22 88 - www.vins-bordeaux.fr - tlj sf w.-end 9h-17h - fermé j. fériés.* Tout sur les vignobles et les crus du Bordelais : stages dispensés par l'école du Vin, dégustations, boutique, documentation, conseils, etc. Plusieurs cavistes à proximité.

Voir notre sélection d'adresses où acheter des vins de Bordeaux, dans « Nos adresses à » : « Côtes de Bordeaux », « Graves, Sauternes et Barsac », « Libourne », « Blaye », « Bourg » et « Le Haut-Médoc ».

Rues commerçantes

La rue Ste-Catherine, qui traverse le Vieux Bordeaux, est longue de près de 2 km. Elle est bordée de commerces de tous types, grands magasins, boutiques de mode, bars, restaurants, etc. Formant un angle entre cette rue et la rue de la Porte-Dijeaux, à quelques pas de la Comédie, le passage de la Galerie-Bordelaise permet de faire du lèche-vitrines dans un cadre architectural romantique.

Dans le quartier des Chartrons, la rue Notre-Dame (et rues adjacentes) est devenue celle des antiquaires et des brocanteurs, tandis que la rue du **Faubourg-des-Arts**, dédiée aux métiers des arts, accueille de nombreux artisans et créateurs.

Marchés

Marchés traditionnels – *Lun.-sam., pl. de la Ferme-de-Richemont ; dim. cours Victor-Hugo ; mar.-dim. pl. des Capucins ; dim. quai des Chartrons.*

Marchés biologiques – *Jeu. quai des Chartrons ; vend. pl. Lucien-Victor-Meunier ; sam. pl. St-Amand (quartier Caudéran).*

Spécialités

Huîtres Brunet – *7-11 r. de Condé - ✆ 05 56 81 66 60 - mar.-sam. 10h-12h30, 16h-20h30, dim. et j. fériés 9h-13h - fermé juil.-août.* Depuis 25 ans, cet ostréiculteur amène des naissains à maturité dans le bassin d'Arcachon pour les vendre ensuite sur son petit étal bordelais non loin de la place des Quinconces. Chaque matin, un arrivage d'huîtres fraîches part de ses parcs pour prendre place sur ce comptoir. En téléphonant auparavant, la maison peut ouvrir les huîtres pour vous.

Chocolaterie Saunion – *56 cours Georges-Clemenceau - ✆ 05 56 48 05 75 - www.saunion.com - tlj sf lun. mat. et dim. 9h30-12h30, 13h30-19h15, lun. 14h-19h15 - fermé lun. 14 Juil.-15 août; j. fériés sf 25 déc.* C'est l'un des chocolatiers les plus réputés de Bordeaux : à ne pas manquer.

Baillardran Canelés – *Galerie des Grands-Hommes - ✆ 05 56 79 05 89 - www.baillardran.com - tlj sf dim. 8h30-19h30 - fermé j. fériés.* Située dans le marché des Grands-Hommes, cette boutique confectionne de délicieux cannelés : ces petits gâteaux bordelais à la robe brune, fine et caramélisée sont croquants à l'extérieur et moelleux à l'intérieur.

La Maison Darricau – *7 pl. Gambetta - ✆ 05 56 44 21 49 - www.darricau.com - tlj sf dim. 10h-19h - fermé 2e quinz. de juil. et j. fériés.* Depuis 1913, la maison régale les gourmands avec son Week-End à Bordeaux (spécialité), ses ganaches fondantes ou son chocolat pétillant. Michel Garrigue, qui tient actuellement les rênes de cet établissement, travaille avec de grands crus de cacao et les associe aux épices et herbes aromatiques rapportées de ses nombreux voyages.

Confiserie Cadiot-Badie – *26 allées de Tourny - ✆ 05 56 44 24 22 - cadiotbadie.com - 9h15-19h (lun. et sam. 10h) - fermé dim., 2 sem. en août et j. fériés sf Noël et Pâques.* Vous serez sûrement charmé par le style rétro de cette belle boutique fondée en 1826. Truffes (surnommées Les Diamants Noirs) et bouchons bordelais confectionnés avec passion valent vraiment le détour.

Autres achats

Librairie Mollat – *15 r. Vital-Carles - ✆ 05 56 56 40 40 - www.mollat.com - 9h30-19h30 - fermé j. fériés.* La première librairie indépendante de France, une véritable institution régionale.

Passage St-Michel – *14-17 pl. Canteloup (quartier St-Michel) - ✆ 05 56 92 14 76 - www.passage-st-michel.com - lun.-sam. 9h30-18h30, dim. 8h30-14h - fermé Noël et 1er janv.* Ancien entrepôt reconverti en galerie de brocanteurs (49 marchands).

ACTIV3ITÉS

Au bord de l'eau

Par beau temps ou forte chaleur, vous aurez sans doute envie de vous baigner. Vous ne serez pas le seul : attendez-vous à des embouteillages.

Une **piste cyclable** (59 km), accessible depuis Bordeaux-Lac, permet de rejoindre Lacanau.

Les plages – Arcachon est à 50 km à l'ouest, Lacanau à 60 km au nord-ouest et Biscarrosse à 74 km au sud-ouest.

Le Porge est la plage de prédilection des Bordelais, située entre Lacanau-Océan et le bassin d'Arcachon. Cet endroit présente un charme indéniable avec ses restaurants-bars installés dans des petits chalets de bois, juste derrière la dune de sable.

Le lac – Il couvre 160 ha et offre un centre de voile et d'aviron. Autour du plan d'eau se situent des équipements sportifs (golf, tennis), un ensemble de grands hôtels, un palais des congrès et un parc des expositions. Le quartier du Lac est desservi par le pont d'Aquitaine, voie d'accès à l'autoroute A 10 vers Paris.

Les côtes de Bordeaux

Gironde (33)

NOS ADRESSES PAGE 138

SE REPÉRER

Plan de microrégion BC3 *(p. 100) – carte Michelin Départements 335 I-J 6-7 - carte p. 150.*

Sur la rive droite de la Garonne en direction de Langon par les D 113 et D 10.

À NE PAS MANQUER

Les ruelles de Rions; le château des ducs d'Épernon à Cadillac; la maison de François Mauriac à Malagar et son panorama; la cité médiévale de St-Macaire.

Cette région viticole est bordée par des coteaux qui, sur une soixantaine de kilomètres, forment l'aire d'appellation des premières-côtes-de-bordeaux. La rive de la Garonne offre de beaux points de vue et est parsemée de petits châteaux où vécurent les peintres Henri de Toulouse-Lautrec et Rosa Bonheur, ainsi que les écrivains François Mauriac et Anatole France.

Itinéraire conseillé

84 km au départ de Bordeaux. Suivre l'itinéraire 1 tracé en vert sur la carte p. 150. Compter la journée.
Prendre la D 113 puis la D 10 qui suivent la Garonne au sud-est de Bordeaux.

Château de Langoiran

Rens. : Association des Amis du Château - 05 56 67 12 00.

De ce château du 13e s., laissé à l'abandon pendant plus de trois siècles, seuls subsistaient une enceinte ruinée et un **donjon** rond très imposant envahis par la végétation. Depuis 1972, une association veille à son entretien : dégagement des douves, aménagement de la chapelle oratoire… L'ensemble ne manque pas de charme.

Au-dessous du château médiéval se trouve le **château viticole** de Langoiran.

Rions

On pénètre dans cette petite cité fortifiée par la **porte du Lhyan** (14e s.), qui a conservé ses éléments défensifs d'origine : mâchicoulis, assommoir, rainures de herse et loges latérales pour les hommes d'armes. Vous ferez une jolie balade au milieu des maisons anciennes en passant par la **halle** du 18e s. avant de rejoindre le bucolique sentier des remparts, bordé de jardinets.

Cadillac

9 pl. de la Libération - 33410 Cadillac - 05 56 62 12 92. Visite guidée de la ville; livret de découverte libre; jeu spécial familles.

Cette bastide, fondée en 1280, a donné son nom au cadillac, petite appellation de **vins blancs** liquoreux *(voir la rubrique « Achats » dans « Nos adresses dans les côtes de Bordeaux »).*

Le vignoble des côtes-de-bordeaux

LE TERROIR

Superficie : 4 068 ha (dont 3 400 en premières-côtes-de-bordeaux).
Production : 28 millions de bouteilles (dont 25 en premières-côtes-de-bordeaux).
L'aire est implantée sur des sols de graves caillouteuses, des terres argilo-calcaires ou argilo-graveleuses.

LES VINS

La région produit des vins rouges bien charpentés, avec une dominante de merlot qui leur donne rondeur et souplesse. Les vins rosés ou clairets sont une des spécialités du secteur. Les vins blancs sont moelleux à liquoreux, amples, gras et aromatiques.
AOC premières-côtes-de-bordeaux : cépages merlot, cabernet-sauvignon, cabernet franc et malbec pour les rouges (93 % de la production) ; cépages sauvignon, sémillon et muscadelle pour les blancs moelleux.
AOC côtes-de-bordeaux-saint-macaire, cadillac, loupiac, sainte-croix-du-mont : cépages sémillon, sauvignon et muscadelle pour les blancs liquoreux.

S'INFORMER

Syndicat viticole des premières-côtes-de-bordeaux et cadillac – *✆ 05 57 98 19 20 - www.premierescotesdebordeaux.com*
Syndicat viticole de loupiac – *✆ 05 56 62 92 22 - www.vins-loupiac.com*
Maison du vin de Bordeaux – *1 cours du 30-Juillet - 33000 Bordeaux - ✆ 05 56 00 22 88 - www.bordeaux.com - lun.-vend. tte la journée.* Une documentation variée y est disponible : un dépliant *Découverte du vignoble* regroupant carte et adresses ; une brochure *Les Routes du vin* proposant des itinéraires ; un livret *Initiations* permettant de mieux connaître et apprécier les différents vins de la région. Vous y trouverez également un programme des manifestations du vignoble bordelais.

ACHETER

Voir la rubrique « Achats » dans « Nos adresses dans les côtes de Bordeaux ».

Sur la **porte de la Mer** (la Garonne, à proximité, est sensible à l'influence des marées) figure une impressionnante échelle des crues du fleuve.

Le **château des ducs d'Épernon**, récemment restauré, fut élevé et décoré de 1598 à 1620 pour le fastueux et irascible **Jean-Louis de Nogaret de La Valette** (1554-1642), ancien mignon de Henri III et haut personnage sous Henri IV et Louis XIII. Sa devise : « C'est dans l'adversité qu'il brille le plus. » Le château, l'un des premiers exemples d'architecture à la française, fut transformé en prison pour femmes au 19e s. Les vastes appartements aux plafonds à la française abritent huit cheminées monumentales, auxquelles travailla le sculpteur Jean Langlois ; elles sont remarquables par la richesse de leur décor de marbres rares : trophées, Amours, chutes de fleurs et de fruits. Le château accueille des expositions temporaires en saison. *✆ 05 56 62 69 58 - http://cadillac.monuments-nationaux.fr/fr/ - visite libre ou guidée (à 11h, 14h30, 16h) - juin-sept. : 10h-13h15, 14h-18h ; oct.-mai : mar.-dim. 10h-12h30, 14h-18h30 - fermé 1er janv., 1er Mai, 25 déc. - 5 € (-18 ans gratuit).*

L'**église St-Martin**, édifiée au 14e s. sur le mur d'enceinte de la bastide, a été modifiée au 19e s. (façade et clocher). La chapelle funéraire, commandée à **Pierre Biard** par le duc d'Épernon, accueille la sépulture de son épouse, Marguerite de Foix Candale, et sa crypte les dépouilles des ducs d'Épernon.

La route longe le coteau calcaire portant les vignobles compris dans l'appellation premières-côtes-de-bordeaux : vins blancs, rouges et clairets.

LA CADILLAC

Antoine de Lamothe-Cadillac, seigneur de la ville (ou plus vraisemblablement un homme originaire du Tarn-et-Garonne ayant fait emprunt de ce nom), créa en Louisiane un comptoir qui deviendra plus tard Detroit, la capitale de la construction automobile. C'est donc en son honneur qu'une firme reprit son nom.

Loupiac

Célèbre pour ses vins blancs, la localité existait déjà du temps des Romains et le poète Ausone (4e s. après J.-C.) y aurait vécu. Témoins de cette époque, les vestiges d'une **villa gallo-romaine** (1er s.-5e s. apr. J.-C.) dont les thermes, abrités sous une serre, conservent de belles mosaïques. À côté, prieuré bénédictin du 12e s. *✆ 05 56 62 93 82 - s'adresser au château le Portail Rouge ou à M. Jean-Pierre Bernède au ✆ 06 07 01 64 88 - visite guidée (45mn) tte l'année - 2 €.*

Prendre la D 117. La route traverse des mamelons couverts de vignes. Les châteaux se dissimulent au creux de bouquets d'arbres.

Reprendre la D 10 vers St-Macaire puis la D 120 sur la gauche.

Verdelais

Garez-vous près de la basilique, voisine du cimetière et du chemin de croix.

Notre-Dame de Verdelais protège les affligés. Est-ce pour cela que Toulouse-Lautrec et Mauriac séjournèrent chacun un temps dans son ombre ? Toujours est-il que ce petit village de pierre blonde, caché au creux des vignes, dégage un charme certain que ne vient entamer nulle morosité.

Basilique Notre-Dame – L'église a été reconstruite au 17e s. Les jours de fête mariale (15 août et 8 septembre) et les dimanches d'été, elle accueille une grande foule. Aussi les murs de ce sanctuaire, doucement éclairé par la

Les vignes des côtes de Bordeaux.
M.-H. Carcanague / MICHELIN

lueur des cierges, sont-ils presque entièrement garnis d'**ex-voto**. Au-dessus du maître-autel trône la statue du 14e s., en bois, de la Vierge, invoquée surtout dans les naufrages et pour la guérison des paralytiques. À l'entrée de l'église, un cahier invite le fidèle à noter sa prière à Notre-Dame de Verdelais, consolatrice des affligés.

Tombe de Toulouse-Lautrec – À droite de la basilique, dans le paisible cimetière de Verdelais, repose le peintre **Henri de Toulouse-Lautrec-Monfa** (1864-1901). Sa pierre tombale, très simple, se trouve à l'extrémité de l'allée centrale, à gauche *(repérer une grande tombe fleurie, couronnée d'un ballon de foot : la tombe de Lautrec est juste derrière).*

Calvaire – Après un agréable chemin de croix qui grimpe à travers bois, vous atteignez le grand calvaire (19e s.). Le Christ en croix est entouré des deux larrons. À ses pieds se tiennent la Vierge et saint Jean. **Jolie vue★** sur la vallée de la Garonne et le Sauternais. Avec de la chance, vous pourrez voir les ailes du **moulin de Cussol** en fonction.

Prendre la D 19 en direction de St-Macaire.

Domaine de Malagar - Centre François Mauriac

☏ 05 57 98 17 17 - www.malagar.asso.fr - ♿ - juin-sept. : 10h-12h30, 14h-18h ; oct.-mai : merc.-vend. 14h-17h, w.-end et j. fériés 10h-12h30, 14h-17h - fermé 1er Mai et dernière sem. de déc. - 5,50 € (-26 ans 4 €, -12 ans gratuit).

Surplombant la vallée de St-Maixant et la ville de Langon, ce domaine fut le lieu de villégiature de **François Mauriac** (1883-1970) pendant de nombreuses années. Sa maison, simple bâtisse de deux étages, s'ouvre, au rez-de-chaussée, sur le salon, « cœur de Malagar » dans lequel Mauriac rédigea *Le Nœud de vipères*, et sur le bureau, tous deux renfermant de nombreux souvenirs.

Installé dans un des chais attenant à la maison, un musée présente l'œuvre et la vie de Mauriac, dans cet environnement tant aimé. Une promenade dans le parc s'impose, avec une halte sur la terrasse de pierre d'où Mauriac aimait contempler ses vignes et au loin les Landes.

★ **St-Macaire** *(voir ce nom)*
Sortir à l'est et reprendre la D 10 en direction de Bordeaux.

★ **Ste-Croix-du-Mont**
✆ 05 56 62 01 39 - www.sainte-croix-du-mont.fr - visites commentées du site, se rens. à la mairie - gratuit.
De la terrasse du château de Tastes *(actuelle mairie)*, **vue★** très étendue en direction des Pyrénées (table d'orientation). À l'extrémité de la colline, l'**église** remaniée au cours des siècles conserve un portail roman.
Des **grottes★** s'ouvrent en contrebas, creusées dans un banc d'huîtres fossiles déposé par l'Océan à l'époque tertiaire. L'une d'elles a été aménagée en **cave de dégustation** où vous pourrez apprécier les vins blancs liquoreux qui ont fait la réputation de Ste-Croix-du-Mont. *✆ 05 56 62 01 54 - avr.-oct. : lun.-sam. 15h-19h, dim. et j. fériés 11h30-12h30, 14h-19h - fermé mar. et merc. - gratuit.*

NOS ADRESSES DANS LES CÔTES-DE-BORDEAUX

Voir aussi « Nos adresses à St-Macaire ».

HÉBERGEMENT

Bon à savoir – Le label **Gîte Bacchus** *(21 cours de l'Intendance - 33000 Bordeaux - ✆ 05 56 81 54 23 - gites-de-france-gironde@wanadoo.fr - à partir de 50 €)*, créé en 1996 à l'initiative des Gîtes de France de Gironde, est attribué à des hébergements situés chez des viticulteurs, au cœur de domaines viticoles. L'hôte y est accompagné et conseillé dans sa découverte du vignoble : présentation des cépages, accès aux chais, dégustations…

BUDGET MOYEN

Chambre d'hôte Château du Broustaret – *33410 Rions - 4 km au nord-ouest de Cadillac par D 10 - ✆ 05 56 62 96 97 - www.broustaret.net - fermé nov.-vac. de printemps - 5 ch. 50/55 €*. La tradition d'hospitalité a plus de 25 ans dans cette propriété viticole édifiée au cœur des Premières Côtes de Bordeaux. Bois et prairies entourent la noble maison où sont aménagées des chambres simples et néanmoins confortables. Une halte au grand calme, parfaite pour découvrir le vignoble bordelais.

Chambre d'hôte Les Batarelles – *103 Deyma - 33550 Villenave-de-Rions - 1,5 km à l'ouest de Villenave-de-Rions par D 237 - ✆ 05 56 72 16 08 - http://lesbatarelles.free.fr - 3 ch. 55/65 €*. Voici une adresse idéale pour qui souhaite faire une pause douillette au cœur du vignoble bordelais. Les chambres, coquettes et confortables, ont été aménagées avec goût. Au petit-déjeuner, la propriétaire propose miels et confitures maison, au coin du feu en hiver et sur la terrasse bordée de vignes en été.

Chambre d'hôte Château Grand Branet – *859 Branet sud - 33550 Capian - 9 km au sud de Créon dir. Cadillac - ✆ 05 56 72 17 30 - www.chateaugrandbranet.free.fr - fermé janv. - 5 ch. 65 €*. Joli château du 17e s., rénové au 19e s., entouré d'un parc ombragé planté d'arbres centenaires. Les cinq chambres – murs de pierres apparentes, meubles anciens – peuvent accueillir 3 ou 4 personnes. Le propriétaire vous proposera certainement une visite de son exploitation et des chais… avec dégustation à la clef!

POUR SE FAIRE PLAISIR

Chambre d'hôte Les Logis de Lestiac – *71 rte de Bordeaux - 33550 Lestiac-sur-Garonne - 10 km au nord-ouest de Cadillac par D 10 - ✆ 05 56 72 17 90 - www.logisdelestiac.com - 5 ch. 80/95 € - repas 25/30 €.* Maison de maître du 18e s. rénovée comprenant, à l'étage, quatre chambres spacieuses et élégantes décorées sur le thème des saisons ainsi qu'une dernière au rez-de-chaussée remplie d'antiquités drôlement utilisées…
À l'extérieur, invitation à la détente avec le jardin et la piscine d'eau salée.

RESTAURATION

POUR SE FAIRE PLAISIR

L'Entrée Jardin – *27 av. du Pont - 33410 Cadillac - ✆ 05 56 76 96 96 - www.restaurant-cadillac.com - juil.-août : fermé dim., lun. et sem. du 15 août - 13 € déj. - 27/37 €.* Toutes les chambres d'hôte de la région recommandent cette adresse qui marie avec brio accueil souriant, service efficace et cadre agréable. La cuisine régionale – tout est pratiquement fait maison – a de quoi combler les appétits les plus féroces.

Auberge de l'Ancienne Poste – *Pl. Cazeaux-Cazalet - 33410 Rions - 4 km au nord-ouest de Cadillac par D 10 - ✆ 05 56 27 43 31 - fermé 1er-15 août, 1er-15 janv., sam. midi, dim. soir et lun. - 16 € (déj.) - 29/75 €.* Ambiance rustique pour cette maison de maître, où l'on déguste des grillades et une spécialité : la côte de bœuf préparée devant vous dans l'immense cheminée.

ACHATS

Marché au gras de Langoiran – *1er dim. de déc.*

VINS

Maison des vins Premières Côtes de Bordeaux et Cadillac – *La Closière - 33410 Cadillac - ✆ 05 57 98 19 20 - www.premierescotesdebordeaux.com - tlj sf w.-end sf juil.-août : 10h-18h.* La maison des vins est installée dans un beau domaine viticole, authentique chartreuse du 18e s. En plus de la vente, elle propose des circuits de découverte et des visites dégustation des domaines des Premières Côtes.

Château Malromé – *3 km au nord-est de Verdelais - ✆ 05 56 76 44 92 - www.malrome.com.* C'est dans ce château construit au 14e s. par Guiraud de Taste, comte de Béarn, puis reconstruit et agrandi aux 16e et 19e s., que **Toulouse-Lautrec** passa quelques années de sa vie aux côtés de sa mère, la comtesse Adèle de Toulouse-Lautrec. Le célèbre peintre y mourut à l'âge de 37 ans. Dégustation-vente de vin du domaine.

ACTIVITÉS

Rando à Cadillac – L'office de tourisme propose un guide *(1 €, 8 randonnées)* et 2 fiches gratuites (5 km et 6 km) pour découvrir le Cadillacais à pied ou à vélo, au départ de la bastide.
Il existe d'autres boucles pédestres locales à Lestiac, Rions, Ste-Croix-du-Mont, Loupiac.

Saint-Macaire

★

1 670 Macariens – Gironde (33)

NOS ADRESSES PAGE 141

S'INFORMER

Office du tourisme de l'Entre-Deux-Mers, antenne de St-Macaire – *05 56 63 32 14 - 10h-13h, 15h-19h.* Plan commenté de la cité médiévale; documentation sur l'Entre-Deux-Mers et la Gironde sud, les randonnées pédestres ou cyclotouristiques. Cave à vins et dégustation gratuite tous les jours en juil.-août.

SE REPÉRER

Carte de microrégion C3 *(p. 100) – carte Michelin Départements 335 J7 – carte p. 150.*

À 18 km à l'ouest de La Réole. Longé par la D 1113, St-Macaire est cependant étonnamment préservé du bruit de la route. On en a une jolie vue d'ensemble depuis la route de Sauveterre (D 672).

À NE PAS MANQUER

La place du Mercadiou; les peintures murales et la curieuse architecture de l'église St-Sauveur.

ORGANISER SON TEMPS

Comptez une demi-journée pour faire le tour de la ville. Si vous venez le jeudi matin, vous pourrez agrémenter la visite d'un petit tour au marché.

Une cité médiévale à deux pas de Bordeaux... quel bonheur! De l'image de carte postale, St-Macaire a le charme, mais certainement pas le glacé du papier. Vous y sentirez une vie permanente derrière les balcons et les façades restaurées des vieilles ruelles. Une balade à ne pas manquer!

Se promener

Enceinte

Remontant au 12e s., époque de l'établissement de la ville, elle a conservé trois portes. L'une d'elles (porte de Benauge), couronnée de puissants mâchicoulis, constitue encore, au nord, l'accès principal à la vieille ville. Admirez la perspective du front sud des remparts, au bord de la falaise calcaire baignée jadis par la Garonne et creusée par elle de cavités.

Église St-Sauveur

Agréablement située sur le rocher de St-Macaire, au-dessus du front sud de l'enceinte, elle domine la vallée.

Vaste et imposant, l'édifice possède une abside romane ceinturée d'un cordon de billettes; le plan de cette église dessine un trèfle suivant une formule peu courante (que l'on retrouve au St-Sépulcre de Jérusalem), la 4e abside étant remplacée par la nef. Sous le porche du 13e s., couronné d'une rosace

flamboyante, se trouvent de curieux vantaux (battants) de cœur de chêne à ferrures, de la même époque. Au tympan, scènes sculptées montrant onze apôtres auréolés et assis. De la terrasse, vue sur la Garonne.
À la croisée du chœur et sur la voûte de l'abside est, **peintures murales★** aux couleurs chaudes (14e s.), sur le thème de l'Apocalypse et de la vie de saint Jean.

Place du Mercadiou ou Marché-Dieu

Très séduisante place entourée de couverts gothiques et Renaissance, ou « embans ». Belles demeures des 15e et 16e s., avec baies en accolade ou fenêtres à meneaux.
Le relais de Poste abrite le **musée régional des PTT d'Aquitaine**. *℘ 05 56 63 08 81 - de déb. avr. à mi-oct. : mat. et apr.-midi sf mar. ; de mi-oct. à fin déc. : w.-end apr.-midi.*

NOS ADRESSES À SAINT-MACAIRE

HÉBERGEMENT

BUDGET MOYEN

Apparthôtel Les Tilleuls et restaurant Le Médiéval – *16 allée des Tilleuls - ℘ 05 56 62 28 38 - www.tilleul-medieval.com - P - 12 ch. 46/60 € - ☕ 6,50 € - rest. (fermé en janv.) 20/40 €.* Ces murs du 16e s. voisins de la mairie abritent des petits studios fonctionnels, sobrement meublés et dotés de cuisinettes aménagées. Le restaurant, de style rustique, est ouvert à tous avec produits du terroir au menu.

POUR SE FAIRE PLAISIR

Hôtel-restaurant Les Feuilles d'Acanthe – *5 r. de l'Église - ℘ 05 56 62 33 75 - www.feuilles-dacanthe.fr - fermé 25 déc.-20 janv. - P - 11 ch. 80/110 € - ☕ 10 € - rest. 21/31 €.* Cette belle bâtisse des 14e et 17e s. située au cœur de la cité médiévale de St-Macaire a été parfaitement restaurée. Les chambres et la suite sont charmantes : sol en carreaux de Gironde, mobilier en chêne, murs de pierres apparentes. Jacuzzi avec nage à contre-courant installé dans une cour intérieure.

RESTAURATION

BUDGET MOYEN

L'Abricotier – *2 r. François-Bergœing - D 1113 - ℘ 05 56 76 83 63 - www.restaurant-abricotier.com - fermé 12 nov.-12 déc., mar. soir et lun. - 20/40 € - 3 ch. 60 € - ☕ 7 €.* Cet établissement posté en léger retrait de la D 1113 abrite de coquettes salles à manger actuelles et s'agrémente d'une terrasse ombragée de mûriers. En cuisine, son chef mitonne de bons petits plats régionaux, que vous arroserez d'une bouteille choisie parmi la judicieuse sélection de vins. Trois chambres côté verdure.

Graves, Sauternes et Barsac

Gironde (33)

NOS ADRESSES PAGE 147

S'INFORMER

Office du tourisme du Sauternais-Graves-Pays-de-Langon – *11 allées Jean-Jaurès - 33210 Langon - ☎ 05 56 63 68 00 - www.sauternais-graves-langon.com - lun.-vend. 9h30-13h (fermé lun. mat.), 14h-18h, sam. 9h30-12h30 - fermé dim., 1er janv., 1er nov., 1er Mai et 31 déc.* Idées de week-end, découverte du vin et du patrimoine.

SE REPÉRER

Carte de microrégion A-B3 *(p. 100) – carte Michelin Départements 335 I-J 6-7; H 6-7 – carte p. 150.*

Région viticole au sud-est de Bordeaux, proche de Langon.

À NE PAS MANQUER

Le château de Montesquieu à La Brède, les jardins à l'italienne du château de Malle, une dégustation de Lillet ou de sauternes.

AVEC LES ENFANTS

La réserve naturelle géologique de Saucats-La Brède, La Ferme exotique *(voir la rubrique « Activités » dans « Nos adresses dans les Graves »)*, l'Écomusée de la vigne et du vin à Gradignan.

Sur la rive gauche de la Garonne, en partie imbriqué dans l'agglomération bordelaise, le vignoble des Graves est le seul de France à porter un nom géologique. Depuis 1987, la partie nord des Graves, où sont concentrés les meilleurs terroirs, porte l'AOC pessac-léognan. Le sud des Graves englobe les fameuses appellations barsac et sauternes.

Itinéraires conseillés

VIGNOBLE DES GRAVES A-B3

94 km au départ de Bordeaux. Voir le circuit sur la carte de microrégion p. 100. Compter une demi-journée.

Depuis Bordeaux, prendre la rocade sortie 20, puis suivre la D 108.

Château Malleret à Cadaujac B3

Du centre du bourg, suivre la dir. port de Grimat et continuer sur le chemin de Malleret. S'avancer jusqu'à la grille. ☎ 06 85 85 88 67 ou 06 07 37 30 09 - visite guidée (1h) juil., sept. : lun.-vend. mat. et apr.-midi, w.-end sur RV; reste de l'année sur RV - 5 € (-14 ans gratuit).

Ce château (17es.-19es.) posté sur les bords de la Garonne reçut Napoléon III. Le parc abrite plusieurs « fabriques » (belvédère, pigeonnier…) et un tulipier de Virginie du 18e s. On peut visiter les salons du rez-de-chaussée, mais surtout les beaux **jardins à thème** : roseraie, jardins de couleurs, labyrinthe… Agrémentés de bassins, ils accueillent aussi de superbes **paons** et quelques volières.

Continuer sur la D 108, puis prendre la D 1113.

Le vignoble des Graves.
A.-S. Delage Santacreu / fotolia.com

Le vignoble des graves, sauternes et barsac

LE TERROIR

Superficie : 3800 ha en graves, 1639 ha en pessac-léognan, 2000 ha en sauternes.
Production : 36 millions de bouteilles dont 5 en sauternes.
Ce sont les croupes graveleuses bien drainées, résultant de l'érosion pyrénéenne, qui ont permis de créer au Moyen Âge le vignoble le plus proche de Bordeaux.

LES VINS

La région produit des vins rouges et blancs de grande qualité.
AOC graves, graves supérieures et **pessac-léognan :** cépages cabernet-sauvignon, merlot, cabernet franc, malbec et petit verdot pour les rouges puissants, cépages sauvignon, sémillon et muscadelle pour les blancs secs.
AOC sauternes, barsac et **cérons :** cépages sémillon essentiellement, sauvignon et muscadelle pour les blancs liquoreux.
Les vins blancs liquoreux des AOC sauternes et barsac ont les mêmes qualités. Les grains de raisin, parvenus à maturité, ne sont pas cueillis aussitôt, afin qu'ils puissent subir la « pourriture noble », causée par le *Botrytis cinerea*, favorisé par l'humidité montant du Ciron. Ce sont les enzymes de cette moisissure qui concentrent les sucres de la baie de raisin. Ces grains « confits » sont alors détachés un par un, puis pressés.

S'INFORMER ET ACHETER

Syndicat viticole des graves – *✆ 05 56 27 09 25 - www.vins-graves.com*
Maison du vin de Bordeaux – *Voir p. 135.*
Voir la rubrique « Achats » dans « Nos adresses dans les Graves ».

Portets B3

Le village de Portets est situé au cœur du vignoble des Graves. Ceux qui apprécient les vins de Bordeaux seront servis!

Château de Mongenan – *05 56 67 18 11 - www.chateaudemongenan.com - ♿ - visite guidée mai-sept. : mat. et apr.-midi ; de mi-fév. à fin avr. et de déb. oct. à fin déc. : w.-end et j. fériés apr.-midi - fermé 31 déc.-15 fév. - 6 € (-12 ans gratuit) ; 10 € (avec dégustation) billet combiné avec le château Lagueloup.* Toute parée de vignes et de fleurs, la jolie chartreuse de Mongenan (1736) est précédée d'une terrasse qui se prolonge vers un **jardin botanique** inspiré par J.-J. Rousseau. Là poussent pêle-mêle plantes aromatiques, fleurs, légumes anciens et arbres fruitiers. À côté, le **musée** est consacré au 18e s. (collection d'herbiers, documents historiques, costumes, etc.) et reconstitution d'un temple maçonnique (objets de collection).

Château Lagueloup – *05 56 67 13 90 - www.chateaulagueloup.com - visite guidée mat. et apr.-midi - 6 €, dégustation accompagnée 5 € - petit-déjeuner gourmand le sam. sur réserv.* La propriétaire du château de Mongenan a acquis, en 2000, le château Lagueloup dans lequel elle a aménagé un **musée de la Vigne et du Vin** présentant le patrimoine technique exceptionnel trouvé sur les lieux. En effet, les immenses chais ont été conçus à la fin du 19e s. par l'ingénieur **Samuel Wolff** comme une usine. Différents documents illustrent l'histoire de cette réalisation révolutionnaire. Vous verrez ces installations « modernes » (transport des vendanges par wagonnets, pressoir à vapeur, foulopompe…), ainsi que le matériel de tonnellerie (car le château avait son propre atelier), et une collection d'outils de la vigne depuis le 18e s.

Dans le parc du château, un baptistère datant du 3e s. a été découvert.

Continuer sur la D 1113.

Podensac B3

Ce gros bourg est la patrie de l'apéritif **Lillet**, boisson à base de vin, aromatisée aux herbes et au quinquina. Visite des installations, du cuvier Art déco et collection d'étiquettes. *05 56 27 41 41 - www.lillet.com - de mi-juin à mi-sept. : 9h30-18h ; le reste de l'année sur RV - gratuit.*

Maison du vin de Graves *(voir la rubrique « Achats » dans « Nos adresses dans les Graves »).*

Suivre la N 113 jusqu'à Cérons.

Cérons B3

Ce petit village a donné son nom à une minuscule appellation de vins blancs liquoreux, qui couvre moins de 100 ha. Ce sont des vins très fins.

Suivre la D 117 jusqu'à Illats, puis prendre la D 109 vers le nord.

★ Château de la Brède B3

05 56 78 47 72 (office du tourisme de Martillac) - www.chateaulabrede.com - visite guidée (45mn) juin-sept. : tlj sf mar. 14h30-18h ; de mi-avr. à fin mai et les 3 premières sem. d'oct. : w.-end et j. fériés 14h30-17h30 ; de fin. oct. au 11 Nov. : w.-end et j. fériés 14h30-16h30 - 7 € (12-16 ans 4,50 €) ; parc seul 2,50 €.

Une large avenue conduit à l'austère château gothique (12e-15e s.), protégé par son plan d'eau. Commencez le tour du propriétaire par les douves. Par de petits ponts jetés entre deux anciens ouvrages fortifiés, gravés d'inscriptions latines, on rejoint le vestibule soutenu par six colonnes torses ; le long des murs sont disposées les malles de voyage de Montesquieu. De ce vestibule, on passe dans le salon orné d'un beau cabinet du 16e s. et de portraits

L'« HONNÊTE HOMME »
En l'an de grâce 1689 naît au château de la Brède Charles de Segondat, futur baron de Labrède et de **Montesquieu** ; en signe d'humilité, c'est un mendiant qui le tient sur les fonts baptismaux. Devenu président au parlement de Bordeaux, Montesquieu aime à se retirer fréquemment sur sa terre de La Brède : « C'est le plus beau lieu champêtre que je connaisse. » Là, il expédie sa correspondance commerciale (il vend beaucoup de vin aux Anglais), parcourt ses vignes, interpellant chacun en patois, visite ses chais… D'humeur égale et d'abord facile, Montesquieu trouve, comme Montaigne, le délassement dans son activité intellectuelle : « L'étude a été pour moi le souverain remède contre les dégoûts de la vie, n'ayant jamais eu de chagrin qu'une heure de lecture n'ait dissipé. » Pendant dix-sept ans, il travaillera ici à la rédaction de *L'Esprit des lois*.

de famille. Très simple, la **chambre** de Montesquieu est restée meublée telle qu'elle l'était de son vivant ; un montant de la cheminée porte la marque de frottement de son soulier, car il avait coutume d'écrire là sur son genou. À l'étage se trouve la bibliothèque qui renfermait 5 000 ouvrages.
« La nature s'y trouve dans sa robe de chambre et au lever de son lit », *dixit* le maître des lieux, à propos du **parc à l'anglaise** dont il prit l'idée lors d'un séjour outre-Manche.
Emprunter la D 108, direction Saucats.

Réserve naturelle géologique de Saucats-La Brède A-B3
✆ 05 56 72 27 98 - www.rngeologique-saucatslabrede.reserves-naturelles.org - visite libre : 2 itinéraires de randonnée (2h au total) - plan et doc. à la Maison de la Réserve ; visite guidée (2h30) juil.-août : lun.-sam. 15h ; mai-juin, sept. : sam. 15h, ou sur RV - fermé j. fériés - 5 € (enf. 4 €). Vêtements longs et antimoustiques de rigueur.
Il fut un temps où l'Aquitaine était sous les eaux : les roches et fossiles qui affleurent dans cette réserve de 75 ha témoignent des 3 dernières invasions de l'Atlantique à la fin de l'ère tertiaire. Sept sites, avec panneaux d'interprétation, sont aménagés sur 3 secteurs (certains affleurements sont protégés par une vitrine). La maison de la réserve présente des collections géologiques et paléontologiques.
Nombreux ateliers pour les enfants *(sur réserv.)*.
Rejoindre Léognan au nord par la D 651.

Léognan A3
Cette commune en lisière de la forêt compte un nombre impressionnant de châteaux viticoles dont la direction est indiquée depuis le centre du village.
Suivre la D 109.

Gradignan A3
Ancien prieuré de Cayac – *À la sortie sud de Gradignan, par la D 1010.* Sis dans le beau parc de Cayac, agrémenté de voies d'eau et d'un moulin, ce prieuré bâti au début du 13e s., mais restauré au 17e s., constituait jadis une étape sur la route de Compostelle. Ses dépendances accueillent aujourd'hui des expositions temporaires, ainsi que le **musée Georges de Sonneville** (1889-1978), peintre bordelais des « années folles » et créateur de la Société des Indépendants bordelais. *✆ 05 56 75 34 28 - merc., vend., sam. et 1er dim. du mois apr.-midi.*

Écomusée de la vigne et du vin – *288 cours du Général-de-Gaulle - à la sortie sud de Gradignan (dans l'enceinte du lycée des Graves, accès par un chemin à gauche du parking) - ✆ 05 56 89 00 79 - Visite guidée (adaptée pour les enfants) merc., vend., sam. et 2e dim. du mois 14h-18h ; le reste de la semaine sur RV - visite gratuite, visite + dégustation 6,30 €.* Installé dans une ancienne ferme, ce musée présente une collection d'objets liés au travail de la vigne et à la fabrication du vin, entre 1850 et 1950.

Pour revenir à Bordeaux, suivre la direction « Rocade » ou « Universités, Talence ».

VIGNOBLES DE SAUTERNES ET DE BARSAC

30 km au départ de Barsac. Suivre l'itinéraire 2 tracé en vert sur la carte p. 150. Compter environ 2h.

Barsac est situé à 10 km au nord-ouest de St-Macaire par la D 1113, ou à 39 km au sud-est de Bordeaux par l'A 62, puis la D 1113.

Petit par la surface, mais grand par le renom de ses vins blancs, le vignoble de Sauternes et Barsac est un « pays » constitué par la basse vallée du Ciron, près de son confluent avec la Garonne. Le terroir se limite à cinq communes : Sauternes, Barsac, Preignac, Bommes et Fargues. Sur les coteaux s'alignent les rangées de ceps (muscadelle, sauvignon et sémillon), généralement perpendiculaires au cours du Ciron et séparées en « clos ». Ici, les vendanges sont tardives. La cueillette des grains de raisin parvenus à maturité est retardée afin que les grains puissent subir la « pourriture noble », causée par un champignon propre à la région. Ces grains « confits » sont alors détachés un par un et transportés avec d'infinies précautions.

Barsac

L'**église**, curieux monument de la fin du 16e et du début du 17e s., comprend trois nefs de même hauteur dont les voûtes constituent un exemple de la survivance du gothique en période classique. Le mobilier est Louis XV : tribune, autels, retables et confessionnaux. Les sacristies sont revêtues de boiseries ou de panneaux de stuc. *✆ 05 56 27 18 58 - www.barsac.fr - ouvert tte la journée par période - se renseigner auprès de l'abbé Faure.*

Maison du vin de Barsac *(voir la rubrique « Achats » dans « Nos adresses dans les Graves »).*

Quitter Barsac par le sud en direction de Pujols-sur-Ciron.

Budos

Un peu extérieur au Sauternais proprement dit, Budos conserve les ruines d'un **château féodal** (début 14e s.), propriété d'un neveu du pape Clément V. Le chemin d'accès passe sous le châtelet d'entrée que couronne une tour carrée à merlons, puis atteint l'esplanade du château. De là, descendez dans le fossé du front ouest pour vous rendre compte de la puissance de la courtine et des tours, renforcées de bretèches.

Suivre la D 125.

Sauternes

Un bourg viticole incontournable pour les amateurs. Au sud du village, le **château Filhot** (premier grand cru classé) a été construit au 17e s. et remanié au 19e s.

Maison du Sauternes *(voir la rubrique « Achats » dans « Nos adresses dans les Graves »).*

Quitter Sauternes par le nord.

Château Yquem

Le plus prestigieux des crus de Sauternes était déjà connu au 16e s. Vue sur le Sauternais en direction de la Garonne.

Poursuivre vers le nord en direction de Preignac.

★ Château de Malle

Voir l'ABC p. 90. ✆ 05 56 62 36 86 - www.chateau-de-malle.fr - château : visite guidée (libre pour les jardins à l'italienne) - avr.-oct. : 14h-18h (mat. sur demande) - fermé mars-nov. et 1er Mai - visite guidée + dégustation 7 € (-12 ans 4 €).

Un portail d'entrée orné de superbes ferronneries donne accès au domaine. L'aimable composition qu'offre l'ensemble du château et des jardins a été conçue au début du 17e s. par un aïeul de l'actuelle propriétaire. Le château lui-même, charmante demeure à pavillon central aux frontons sculptés semi-circulaires, coiffé d'un toit d'ardoises à la Mansart, rappelle par son plan les chartreuses girondines. Deux ailes basses en fer à cheval aboutissent à deux grosses tours rondes. Les bâtiments latéraux renferment les chais. L'intérieur du château, garni d'un beau mobilier ancien, abrite une **collection de silhouettes en trompe l'œil** du 17e s., unique en France. Elles servaient autrefois de figuration immobile au petit théâtre en rocaille du jardin.

Les **jardins** en terrasses, à l'italienne, présentent des groupes sculptés du 17e s. et un curieux nymphée en rocaille orné de statues d'Arlequin, Pantalon et Cassandre. Prolongeant ces jardins, le vignoble s'étend, fait unique en Gironde, sur les deux terroirs de Sauternes (vin blanc) et de Graves (vin rouge). La visite se termine par une dégustation de sauternes.

Par la D 8E4, Preignac et la D 1113, regagner Barsac.

NOS ADRESSES DANS LES GRAVES

HÉBERGEMENT

Gîtes Bacchus – *Voir p. 138.*

POUR SE FAIRE PLAISIR

Chambre d'hôte Peyraguey Maison Rouge – *Haut Bommes - 33210 Bommes - ✆ 05 57 31 07 55 - www.peyraguey-sauternes.com - - 3 ch. 79/90 € .*

« Sauternes », « St-Émilion » et « Médoc » : les noms de ces trois ravissantes et spacieuses chambres d'hôte situées en plein cœur du vignoble de Sauternes donnent le ton. Avec une bouteille de bordeaux offerte à l'arrivée et une invitation à la dégustation le soir, l'acclimatation se poursuit sans difficulté !

UNE FOLIE

Hôtel relais du château d'Arche – *33210 Sauternes - rte de Bommes, 200 m à gauche après la sortie de Sauternes - ✆ 05 56 76 67 67 - 9 ch. 120/160 € - 10 €.* Chartreuse du 17e s. au cœur du domaine viticole du château d'Arche dont on peut déguster les grands crus après une visite. Chambres *cosy* et personnalisées.

RESTAURATION

BUDGET MOYEN

Braises et Gourmandises – *D 1113 - 33210 Preignac - 8 km à l'ouest de Verdelais - ✆ 05 56 62 30 58 - fermé dim. et le soir sf jeu. et sam. - 11,50 € déj. - 22/29 €.* La façade ne paie pas de mine, mais poussez la porte et vous serez surpris. La salle à manger, où dominent le bois et les cuivres, est vraiment séduisante avec son côté rustique. Aux beaux jours, agréable terrasse ombragée. Service discret et efficace.

Le Saprien – *R. Principale - 33210 Sauternes - ✆ 05 56 76 60 87 - www.saprien.free.fr - fermé lun., merc. soir et dim. soir d'avr. à oct., le soir en sem. de nov. à mars - 25/37 €.* À l'élégante salle à manger, vous préférerez peut-être la véranda ou la terrasse qui offrent une jolie vue sur les vignes. Terrine à la gelée de sauternes, parfait glacé au sauternes, belle sélection de sauternes au verre : le grand vin blanc liquoreux est mis « à toutes les sauces »… pour le grand plaisir des gourmets !

POUR SE FAIRE PLAISIR

Café de l'Espérance – *10 r. de l'Esplanade - 33270 Bouliac - ✆ 05 56 20 52 16 - www.saintjames-bouliac.com - déj. 15 € - 28/40 €.* Les nostalgiques du troquet de village aimeront ce petit bistrot où l'on s'attarde sous la treille, autour d'un verre. Plats traditionnels et grillades proposées à l'ardoise.

ACHATS

Maison des vins de Graves – *61 cours du Mar.-Foch - 33720 Podensac - ✆ 05 56 27 09 25 - www.vins-graves.com - 9h30-18h30, w.-end et j. fériés 10h30-18h30 ; nov.-avr. : tlj sf w.-end 9h -18h.* Vous trouverez à la vinothèque 300 références de vins de l'ensemble des Graves, ainsi que des informations touristiques et une liste de châteaux ouverts sans rendez-vous.

Maison du sauternes – *14 pl. de la Mairie - 33210 Sauternes - ✆ 05 56 76 69 83 - www.maisondusauternes.com - 9h-19h, w.-end 10h-19h - fermé 25 déc.-1er janv.* Pour les amateurs du plus prestigieux des vins liquoreux, cette maison est une aubaine : les bouteilles de certains grands châteaux qui ne pratiquent pas la vente aux particuliers sur leur propriété, comme le Château-Yquem et 11 autres crus classés, sont disponibles ici.

Maison du vin de Barsac – *Pl. de l'Église - 33720 Barsac - ✆ 05 56 27 15 44 - www.maisondebarsac.fr - mai-déc. : 10h-13h, 14h-19h ; janv.-avr. : tlj sf lun. 10h-12h30, 14h-18h30.* Ce bâtiment appartient au syndicat des viticulteurs de Barsac qui élisent périodiquement un gérant chargé de sélectionner les meilleurs vins du vignoble. Citons, entre autres, les premiers et seconds crus classés de Barsac (dont les châteaux Coutet et Climens) et de Sauternes ainsi que le prestigieux Château-Yquem. Grand choix de demi-bouteilles.

ACTIVITÉS

Maison du vélo – *Parc forestier du Lac bleu - Léognan - ✆ 05 56 64 81 56.* Location de vélos et nombreux circuits à thème.

L'Entre-Deux-Mers

Gironde (33)

NOS ADRESSES PAGE 156

S'INFORMER

Office du tourisme de l'Entre-Deux-Mers – *4 r. Issartier - 33580 Monségur - ✆ 05 56 61 82 73 - http://tourisme.entredeuxmers.com - 9h-12h, 14h-18h - fermé w.-end et j. fériés.*

SE REPÉRER

Carte de microrégion B-C 2-3 *(p. 100) – carte Michelin Départements 335 I-J-K 6-7 – carte p. 150.*

Région viticole sur la rive droite de la Garonne, au sud-est de Bordeaux. Rejoindre Créon par la D 113 et poursuivre le long de la D 671.

À NE PAS MANQUER

L'abbaye de la Sauve-Majeure et celle de Blasimon ; les bastides de l'Entre-Deux-Mers.

AVEC LES ENFANTS

La ferme-parc « Oh ! Légumes oubliés » à Sadirac ; la grotte Célestine à Rauzan.

Douces et verdoyantes, les collines de l'Entre-Deux-Mers déroulent entre Garonne et Dordogne leurs versants couverts de vignobles, de bosquets et de prairies. L'AOC entre-deux-mers est vouée aux seuls vins blancs secs à dominante de sauvignon. Ce sont des vins fruités que l'on boit jeunes avec les huîtres du bassin d'Arcachon ou une alose de la Garonne.

Itinéraire conseillé

105 km au départ de Bordeaux. Suivre l'itinéraire 3 *tracé en vert sur la carte p. 150. Compter la journée.*

Douces et verdoyantes, les collines de l'Entre-Deux-Mers déroulent entre Garonne et Dordogne leurs versants couverts de vignobles, de bosquets et de riches prairies.

Quitter Bordeaux à l'est par la D 936 et emprunter la D 936^{E5} sur la droite pour atteindre Carignan-de-Bordeaux.

Maison Ginestet à Carignan-de-Bordeaux

✆ 05 56 68 81 82 - www.ginestet.fr - visite guidée sur demande de déb. janv. à mi-déc. : lun.-vend. mat. et apr.-midi ; oct.-mai : sur demande - fermé w.-end et j. fériés - gratuit.

Cette maison de négoce fondée en 1897 ouvre ses installations à la visite, du cuvier au chai de vieillissement, et fait découvrir le métier méconnu d'éleveur et vinificateur. Ne vous fiez pas aux apparences : la bâtisse moderne n'a pas le charme d'un château mais le guide est passionnant, un vrai puits de science : vous aurez du mal à en toucher le fond… et à repartir sans acheter une bouteille !

Prendre au sud-est la D 10^{E4} puis la D 115.

SAINTES
Cubzac-les-Ponts
A 10
D 670
DORDOGNE
Vayres
Planète Bordeaux
N 89
BORDEAUX
Gestas
D 20
D 936
Baron
N 230
Bouliac
D 936E5
Carignan-de-Bordeaux
D 115
D 10E4
D 113
PREMIÈRES
Créon
Sadirac
D 115E8
la Sauve
D 14
Quinsac
D 20
St-Genès-de-Lombaud
A 630
CÔTES
GARONNE
D 10
Langoiran
Château de Langoiran
DE
Portet
D 115
la Brède
D 1113
BORDEAUX
Rions
D 10
A 62
Cadillac
Loupiac
N
Barsac
Ste-Croix-du-Mont
Pujols-s-Ciron
SAUTERNES ET BARSAC
Château de Budos
Ciron
Yquem
VIGNOBLE DE BORDEAUX
Sauternes
Filhot
0
8 km
Grands crus d'appellation contrôlée

ANGOULÊME
PÉRIGUEUX
BERGERAC
MARMANDE
TOULOUSE
MONT-DE-MARSAN
11
D 674
A 89
Isle
D 1089
Petit-Palais-
et-Cornemps
D 21
Lussac
Montagne
4
Puisseguin
D 122
St-Georges
Libourne
St-Émilion★★
4
Bordeaux
Côtes de Castillon
D 670
D 245
St-Étienne-
de-Lisse
D 130
D 17
ST-ÉMILION
D 936
Castillon-
la-Bataille
Dordogne
Daignac
D 128
D 670
Gamage
D 17
Rauzan
D 127E3
Blasimon
D 671
3
ENTRE - DEUX - MERS
D 17
Vignague
Euille
Sauveterre-de-Guyenne
D 230
Castelviel
Dropt
CÔTES DE BORDEAUX-
ST-MACAIRE
D 672
Verdelais
Malagar
D 117
N 113
D 670
La Réole
N 113
St-Macaire★
Langon
GARONNE
A 62
D 932
Roquetaillade★★

Sadirac

Important centre potier artisanal exploitant surtout l'argile « bleue », le bourg présente cette activité traditionnelle, dont l'apogée se situa au 18e s., dans la **maison de la poterie-musée de la Céramique sadiracaise**. Aménagée sur le site d'un ancien atelier construit en 1830 (four d'origine au fond du hall), la maison abrite notamment des pièces datant du 14e s. au 18e s. et des maquettes de fours anciens. La production actuelle, assurée par trois ateliers seulement, est axée sur la poterie du bâtiment, la poterie horticole et la reconstitution de formes anciennes. *05 56 30 60 03 - www.ceramic-agap.com - mar.-dim. 14h-17h30 (merc. 16h) - fermé août, dim. d'oct. à avr., j. fériés - 2 € (-12 ans gratuit).*

La **ferme-parc « Oh ! Légumes oubliés »** remet à l'honneur des légumes et des plantes tombés en désuétude : potimarron, rutabaga, nèfles… Au programme : découverte du verger et du potager-conservatoire, initiation aux saveurs anciennes, visite d'une conserverie traditionnelle et de l'exploitation agricole. Enfin, petits et grands s'aventureront dans le **labyrinthe végétal**, pour remonter le fil des grands changements alimentaires survenus au cours des siècles. *05 56 30 62 00 - www.ohlegumesoublies.com - ♿ - 1er avr.-10 nov. : lun.-sam. 14h-18h - fermé dim. et j. fériés et du 11 Nov.-31 mars - 8,50 € (-16 ans 6,90 €).*

La D 115E8 et la D 671 mènent à Créon.

Créon

62 bd Victor-Hugo - La Gare - 33670 Créon - 05 56 23 23 00 - www.tourismecreonnais.fr. Documentation sur les randonnées pédestres dans le Pays de Créon.

Cette ancienne bastide, avec sa place à arcades du 13e s. qui accueille un important marché le mercredi matin, est la capitale de l'Entre-Deux-Mers. Elle occupe un site très vallonné qui lui a valu le nom de « Petite Suisse ». À présent, c'est le premier village à porter le titre de « Station Vélo » *(voir la rubrique « Activités » dans « Nos adresses dans l'Entre-Deux-Mers »).*

Quitter Créon par le sud sur la D 20.

St-Genès-de-Lombaud

Sur fond de grands arbres se découpe la jolie silhouette de l'**église** N.-D.-de-Tout-Espoir, sise à mi-pente d'un vallon. Siège d'un pèlerinage à la Vierge noire, elle se trouve à l'emplacement présumé d'une villa romaine. Sa façade à clocher-pignon présente un portail roman dont l'archivolte est sculptée d'animaux et de petits personnages. Dans la nef, chapiteaux romans, et à gauche, pierre sculptée provenant vraisemblablement d'un autel domestique romain.

Revenir à Créon et poursuivre sur la D 671.

★ Ancienne abbaye de la Sauve-Majeure

05 56 23 01 55 - www.monuments-nationaux.fr - juin-sept. : 10h-18h ; oct.-mai : tlj sf lun. 10h30-13h, 14h-17h30 - fermé 1er janv., 1er Mai, 25 déc. - 7 € (enf. gratuit). À l'accueil, vous sera remis un document descriptif de l'édifice. Au pied de l'abbaye se trouve la Maison du vin de l'Entre-Deux-Mers.

Son nom signifie la « grande forêt » en latin, *Silva major*, défrichée par les moines. Fondée en 1079 par le bénédictin **Gérard de Corbie**, futur saint Gérard, l'abbaye de la Sauve-Majeure devint une puissante seigneurie foncière. Elle avait établi de nombreux prieurés jusqu'en Espagne et en Angleterre. Interrompue au 16e s., la vie monastique reprit au 17e s. pour s'achever avec la Terreur. En 1793, l'abbaye devint une prison, puis elle servit de carrière avant d'être laissée à l'abandon.

À vélo dans L'Entre-Deux-Mers.
OTEM / OT Entre-Deux-Mers

Le vignoble de l'Entre-Deux-Mers

LE TERROIR

Superficie : 2 710 ha, dont 1 700 sont consacrés aux vins blancs secs.
Production : 116 700 hl.
Ici, les sols sont à prédominance argileuse.

LES VINS

La région produit surtout des vins blancs secs.
AOC entre-deux-mers et entre-deux-mers haut-benauge : cépages sémillon, sauvignon, muscadelle pour les vins blancs secs.
AOC sainte-foy-de-bordeaux : cépages sémillon, sauvignon, muscadelle pour les vins blancs secs et moelleux, cépages cabernet-sauvignon, cabernet franc, merlot, malbec et petit verdot pour les rouges.
AOC graves-de-vayres : cépages cabernet-sauvignon, cabernet franc, malbec, petit verdot, carmenère et merlot pour les rouges assez charpentés, cépages sémillon, muscadelle et merlot blanc pour les blancs secs.

S'INFORMER

Syndicat viticole de l'Entre-Deux-Mers – *✆ 05 57 34 32 12 - www.vins-entre-deux-mers.com*
Syndicat de l'appellation sainte-foy-bordeaux – *www.saintefoy-bordeaux.com*
Maison du vin de Bordeaux – *Voir p. 135.*

DÉCOUVRIR

Voir la rubrique « Activités » dans « Nos adresses dans l'Entre-Deux-Mers ».

L'abbatiale, du 12e s., de style roman saintongeais, et du début du 13e s. *(restaurée)*, marque la transition du roman au gothique. L'abside et les absidioles orientées, en cul-de-four, sont en effet romanes ainsi que les magnifiques **chapiteaux★** qui surmontent les colonnes de la travée droite du chœur. En revanche, les voûtes, dont subsistent les départs d'ogives, et le clocher à hautes baies abrasées, sont gothiques.
À droite de l'abbatiale s'étendent les vestiges du cloître du 13e s., de la salle capitulaire et du réfectoire.
L'ensemble est inscrit au Patrimoine mondial de l'Unesco dans le cadre des Chemins de St-Jacques-de-Compostelle.
Pour aller à l'église St-Pierre à pied, suivre, à la sortie de l'abbaye, la rue de l'Église. En voiture, prendre une petite route à gauche à la sortie du village.

Église St-Pierre à La Sauve

Élevée en style gothique à la fin du 12e s., elle occupe une situation dominante. Prenez du recul pour sentir le caractère d'austère grandeur que revêt sa façade terminée par un clocher-mur et rythmée par des contreforts à ressauts. Le chevet plat est percé de trois baies aux côtés desquelles s'alignent quatre statues du 13e s. : de droite à gauche, saint Michel, saint Jacques, la Vierge et saint Pierre. Le portail sud est surmonté d'une autre statue de saint Pierre.
Poursuivre sur la D 671 jusqu'à St-Brice. À la sortie du village, prendre à droite la D 123 puis la D 230.

Église de Castelviel

Elle se caractérise par une superbe **porte romane★** de style saintongeais dont les chapiteaux et les voussures portent un riche décor sculpté formant l'un des plus beaux ensembles de la Gironde.
On identifie les Travaux des mois *(1re voussure en partant du haut)*, le Combat des Vertus et des Vices *(2e voussure)*, des personnages reliés par une corde symbolisant la communauté des fidèles *(3e voussure)*. Sur les chapiteaux, remarquez à droite les Saintes Femmes au Tombeau et la Décollation de saint Jean-Baptiste, à gauche les péchés capitaux *(le 1er chapiteau à l'extrémité gauche représente la Luxure)*.
Revenir à St-Brice et poursuivre sur la D 671.

Sauveterre-de-Guyenne

2 r. St-Romain - 33540 Sauveterre-de-Guyenne - ✆ 05 56 71 53 45 - juil.-août : mar.-sam. 9h-12h, 14h-18h, dim. 9h30-12h, 15h-17h30 ; mai-juin et sept. : mar.-sam. 9h-12h, 14h-18h ; oct.-avr. : mar. 9h-12h30, merc., vend. et sam. 9h-12h30, 14h-17h30 - fermé janv. Plan de la bastide et du canton.
Cette bastide typique, créée en 1281 par Édouard Ier, devint définitivement française en 1451 après avoir changé dix fois de camp. Elle a conservé ses quatre portes fortifiées. La vaste place centrale entourée d'arcades s'anime le mardi, jour de marché.

Ancienne abbaye de Blasimon

✆ 05 56 71 52 12 - www.monument-nationaux.fr - w.-end 9h-18h - gratuit.
Cette abbaye bénédictine ruinée se dissimule au fond d'un vallon. Une enceinte fortifiée l'entourait, dont témoigne encore une tour isolée.
L'**église** du 12e-13e s. associe des éléments romans (décor sculpté, quelques baies en plein cintre) et gothiques (arcs brisés, belles voûtes d'ogives). Clocher-pignon ajouté au 16e s. Au côté droit de l'abbatiale, le **cloître** a conservé seulement quelques arcades aux beaux chapiteaux romans et une partie de la salle capitulaire.

Sentier viticole de la Butte de Cazevert – *Cazevert - D 670 - 33540 Blasimon - ✆ 05 57 84 57 03 ou 06 81 79 12 99 - www.buttedecazevert.com - du 1er w.-end de mai au 1er w.-end d'oct. sur RV - 3 €.* Balade pédestre accompagnée au cœur des cépages bordelais et dégustation gratuite de jus de raisin et de vins régionaux.

Rauzan

Gros bourg-marché de l'Entre-Deux-Mers, Rauzan conserve les ruines romantiques d'un **château des Duras** bâti à la fin du 13e s., qui témoigne du conflit franco-anglais durant la guerre de Cent Ans. Une enceinte à merlons et un logis seigneurial (14e-15e s.) percé de fenêtres à meneaux accompagnent le majestueux donjon rond, haut de 30 m, d'où l'on a une belle vue sur la campagne. À voir également la tour d'honneur (fin 15e s.) avec sa magnifique voûte en palmier. *✆ 05 57 84 03 88 - mat. et apr.-midi sf lun. (sept.-juin) - fermé vac. Noël, 25 déc. et 1er janv. - 3 €.*

De l'autre côté du vallon, au fond duquel niche un charmant lavoir, l'**église** montre trois beaux portails du 13e s. et un clocher-pignon déjà de type pyrénéen.

Grotte Célestine – *✆ 05 57 84 08 69 - réserv. obligatoire, visite guidée 10h-12h, 14h-17h - fermé lun. de sept. à juin - 6,50 € (enf. 3 €) - taille 1,20 m minimum pour visiter). 14 °C dans la grotte, prévoir un vêtement chaud. Tout le matériel (casque, bottes) est fourni.* Les galeries d'une **rivière souterraine** furent découvertes au milieu du 19e s. lors du creusement d'un puits au centre du village. On y organisa des visites à la lueur d'une bougie jusqu'en 1930, date de fermeture du site afin de le préserver. À l'époque, on accédait aux galeries par un escalier donnant dans une maison au-dessus ; une aire de pique-nique avait été aménagée et les villageoises venaient y cancaner ! Pendant la Deuxième Guerre mondiale, la grotte servit de cachette à deux résistants.

À votre tour de descendre à 13 m de profondeur, à présent vêtu de la panoplie du spéléologue, pour explorer les lieux. Vous parcourrez aisément 250 m dans 5 à 15 cm d'eau, appréciant au passage les diverses **concrétions**, dont une impressionnante colonne de 3,50 m de haut et de surprenantes draperies « à dents de baleine ».

Prendre la D 128 vers Daignac.

Daignac

Un ruisseau, le Canedone, a creusé là un ravin que franchit un **vieux pont**. En aval, ruines d'un moulin du 13e s.

Retour à Bordeaux par la D 936.

NOS ADRESSES DANS L'ENTRE-DEUX-MERS

HÉBERGEMENT

Gîtes Bacchus – *Voir p. 138.*

BUDGET MOYEN

Chambre d'hôte La Lézardière – *Boimier-Gabouriaud - 33540 St-Martin-de-Lerm - 8 km au sud-est de Sauveterre-de-Guyenne par D 670, D 230 puis D 129 - 05 56 71 30 12 - www.lalezardiere.free.fr - fermé janv.-fév. - - 4 ch. et 1 gîte 65/80 € - repas 20 €.* Des chambres colorées ont été aménagées à l'étage de cette métairie du 17e s. dominant la vallée du Dropt. Table d'hôte dans la haute grange. Salon de documentation sur le vin et la région derrière les crèches où, jadis, mangeait le bétail. Piscine et un grand gîte rural à louer.

POUR SE FAIRE PLAISIR

Chambre d'hôte La Petite Source – *4 l'Aubrade - 33580 Rimons - 3 km à l'est de Rimons par D 230 et rte de Monségur, puis chemin à gauche - 05 56 61 21 77/06 30 02 34 89 - www.la-petite-source.fr - - 4 ch. 70/80 € - repas 15/35 €.* Piscine, jardin ombragé, chambres douillettes… Cette demeure du 18e s. invite à la détente dans un joli paysage de collines et de vignes. Le propriétaire propose d'intéressants mariages produits locaux-vins du terroir et accompagne volontiers ses hôtes chez les viticulteurs ; il dispense des cours de cuisine bordelaise.

RESTAURATION

BUDGET MOYEN

Le Baron Gourmand – *Rte de Montesquieu - 33750 Baron - 7 km au nord de Créon par la D 20 - 05 57 24 26 40 - réserv. conseillée - 18/30 €.* En hiver près de la cheminée, en été sous les figuiers, une adresse qui ravira les gourmets. Dans un décor chaleureux, créez votre menu à la carte : choix entre plats traditionnels, grillades au feu de bois et plateau de fromages affinés.

POUR SE FAIRE PLAISIR

Le Flore – *1 Petit-Champ-du-Bourg - 33540 Coirac - 7,5 km à l'ouest de Sauveterre-de-Guyenne par D 671 puis D 228 après St-Brice - 05 56 71 57 47 - fermé 2 sem. en fév., 2 sem. à la Toussaint, merc. soir, dim. soir et lun. - formule déj. 12 € - 30/60 €.* Sur la terrasse ombragée ou dans la grande salle à manger fleurie, préparez-vous à un repas de choix, œuvre d'un jeune chef très créatif. Aimable et professionnelle, son épouse saura vous guider mieux que personne parmi les saveurs subtiles que recèle la carte.

ACTIVITÉS

La **piste cyclable Lapébie** (55 km) relie Sauveterre-de-Guyenne à Bordeaux. Elle traverse l'Entre-Deux-Mers et passe par Créon, première Station Vélo de Gironde. Le document **Cyclotourisme dans l'Entre-Deux-Mers** *(dans les offices de tourisme)* décrit 8 boucles de 37 à 60 km.

Point relais vélo (Créon) – *62 bd Victor-Hugo - 05 57 34 30 95.* Location demi-journée ou journée, gardiennage.

La Réole

4 212 Réolais – Gironde (33)

NOS ADRESSES PAGE 159

NOS ADRESSES PAGE 159

S'INFORMER

Office du tourisme de La Réole – *Pl. Richard-Cœur-de-Lion - ☏ 05 56 61 13 55 - www.lareole.fr - juin-sept. : tlj sf dim. apr.-midi et lun. mat. 9h30-12h30, 14h30-18h30 ; oct.-mai : tlj sf dim. et lun. mat. 9h-12h, 14h30-18h - fermé 25 déc., 1er janv. et 1er Mai.*

SE REPÉRER

Carte de microrégion C3 *(p. 100) – carte Michelin Départements 335 K7.*

À 19 km au nord-ouest de Marmande par la D 1113. La D 9E1 qui longe la Garonne offre une jolie vue sur le château, l'église et les bâtiments conventuels.

À NE PAS MANQUER

Les chapiteaux historiés de l'abbaye de St-Ferme ; Castelmoron-d'Albret, le plus petit village de France.

ORGANISER SON TEMPS

La ville de La Réole mérite que l'on s'y attarde quelques heures. Pour le circuit de découverte, comptez 3h.

AVEC LES ENFANTS

L'oseraie de l'île à Barie.

Si La Réole veut dire la « Règle », elle n'a rien d'une cité tracée au cordeau. Ses rues étroites et sinueuses grimpent au-dessus des quais de la Garonne, où les cafés ont installé leur terrasse. Jadis fermée, apte à rester vaillante siège après siège, La Réole ne demande pas mieux qu'à ouvrir ses portes.

Se promener

Bon à savoir – Un circuit pédestre (1h30) fléché permet de découvrir la cité médiévale. Plan du circuit et livret d'explications disponibles à l'office de tourisme.

Ancienne abbaye

☏ 05 56 61 13 55 - juin-sept. : 8h30-18h, sam. 8h-18h, dim. et j. fériés 9h-18h ; oct.-mai : 8h30-17h30 - fermé j. fériés quand j. de sem. - tarif non communiqué.

C'est l'établissement bénédictin fondé sous Charlemagne qui donna son nom à La Réole (du latin *regula* : « règle »).

L'**église St-Pierre** possède une nef gothique de type méridional dont les voûtes datent du 17e s. Elle se termine par un chevet à pans qu'il faut contourner pour aller visiter les bâtiments conventuels, aujourd'hui occupés par des services administratifs et la mairie. La longue façade à contreforts du **logis des moines** (18e s.) donne sur une terrasse d'où se découvre une **vue** étendue vers la vallée de la Garonne. Vous y pénétrez par un escalier à double révolution. À l'intérieur, voir les deux escaliers monumentaux : l'un est coiffé d'une coupole, l'autre d'une peinture représentant saint Benoît en extase. De la terrasse, retournez-vous pour admirer à contre-jour la belle grille d'entrée. Le **cloître** du 18e s. s'ouvre place Albert-Rigoulet par une charmante porte Louis XV.

Ancien hôtel de ville

Rare édifice civil roman encore intact, il fut offert par **Richard Cœur de Lion** aux bourgeois réolais. En bas se trouvait la halle aux grains et, à l'étage, la salle de réunion des jurats, suivant une disposition que l'on retrouve à l'époque gothique dans les halles flamandes.
À l'angle de la **rue Peysseguin**, boutique du 16e s. avec baie en anse de panier *(elle abrite l'office de tourisme)*.

À proximité Carte de microrégion

L'oseraie de l'île à Barie C3

8,5 km à l'ouest par la D 12, puis la D 226 - 3 Métairie de l'île - 33190 Barie - ✆ 05 56 61 21 50 ou 06 78 86 77 06 - visite guidée (2h) tlj sur RV - 2 pers. min. - labyrinthe 3 €, visite guidée avec ateliers 6,50 €.
Dans cette ferme osiéricole de la plaine de la Garonne, vous découvrirez tout le travail de l'osier, ses techniques de culture et de transformation, notamment pour la vannerie et la tonnellerie. Le parc accueille un labyrinthe en osier vivant et des jeux pour les enfants. Exposition-vente d'artisanat ; ateliers de vannerie (*sur réserv.*).

Itinéraire conseillé

LE HAUT ENTRE-DEUX-MERS C3

45 km. Voir le circuit sur la carte de microrégion p. 100. Compter environ 3h. Sortir de La Réole au nord-est par la D 668.

Monségur C3

4 r. Issartier - 33580 Monségur - ✆ 05 56 61 82 73 - www.entredeuxmers.com - 9h-12h, 14h-18h - fermé w.-end et j. fériés. Dépliant indiquant les principaux sites touristiques ; circuit fléché et ponctué de panneaux explicatifs.
Cette **bastide anglaise**, rivale de la française Ste-Foy-la-Grande *(voir les alentours de Duras)*, fut fondée en 1265. Comme son nom l'indique (*Mons Securus* signifie « mont sûr »), elle occupe une situation stratégique sur un promontoire dominant la vallée du Dropt. Agréable chemin de ronde.
Le quadrillage de rues typique compte encore quelques maisons à pans de bois, et une place centrale encadrée de couverts où s'élève une surprenante **halle métallique** (19e s.). Elle abrite le marché du vendredi et des **foires au gras** *(2e dim. de déc. et de fév.)*.
Quitter Monségur par le nord (D 16).

Abbaye de St-Ferme C3

✆ 05 56 61 69 92 - visites guidées juin-sept. : mar.-sam. 14h30-18h ; oct.-mai : mar.-vend. 14h30-17h - visites libres pour le cloître de l'église uniquement - fermé dim., lun. et j. fériés. - 3,50 € (-7 ans gratuit).
Cette abbaye bénédictine fondée au 11e s., sur la voie de Vézelay (chemin de St-Jacques-de-Compostelle), connut son apogée entre les 12e et 14e s. avant de subir les guerres de Religion et d'être supprimée en 1770. Certaines parties du bâtiment sont propriété privée. La visite comprend la salle de justice

(qui accueille des réceptions), le scriptorium *(au 1er étage, qui abrite les bureaux de la mairie)* et un **musée des Vieux Outils** *(aménagé au 2e étage)* où sont présentées aussi plus d'un millier de pièces romaines (3e s.) découvertes dans les environs.

Dans l'église, romane et gothique, le chevet conserve en parfait état des **chapiteaux★** historiés remarquables. Scènes bibliques ou fantastiques sont réalisées avec minutie et force détails.

Prendre à l'est la D 139, puis tourner à droite dans la D 230.

Castelmoron-d'Albret C3

Un rocher surmonté d'une enceinte sertie de vieilles maisons… Un « petit bijou » direz-vous ! En effet, la plus petite commune de France (4 ha) est ravissante.

Poursuivre sur la D 230.

Sauveterre-de-Guyenne C3 *(voir l'itinéraire 3 dans L'Entre-Deux-Mers)*

Revenir à La Réole par la D 670.

NOS ADRESSES À LA RÉOLE

HÉBERGEMENT

Gîtes Bacchus – *Voir p. 138.*

À proximité

BUDGET MOYEN

La Camiranaise – *29, les Faures - 33190 Camiran - 6 km au nord de La Réole - ✆ 05 56 71 11 26 - fermé dernière sem. de déc. - 5 ch. 65/70 € - repas sur réserv. 20 €.* Ne vous fiez pas à l'aspect imposant de cet ancien séchoir à tabac, restauré avec goût au cœur d'un petit hameau. Murs de moellons, poutres apparentes et meubles chinés vous offriront un cadre campagnard raffiné pour un agréable séjour au milieu des vignes.

RESTAURATION

À La Réole

BUDGET MOYEN

Le Régula – *31 r. André-Benac - ✆ 05 56 61 13 52 - fermé dim. soir et merc. - 11 € déj. - 17/34,50 €.* Ne vous y trompez pas, cette vitrine aux allures de boutique abrite bien un restaurant. À l'intérieur, le patron limite le nombre de tables pour assurer une cuisine et un service de qualité… Pari réussi : vous dégusterez ici de bons plats traditionnels utilisant les produits du marché, dans une ambiance chaleureuse.

Les Fontaines – *8 r. Verdun - ✆ 05 56 61 15 25 - fermé 23 fév.-1er mars, 17 nov.-1er déc., merc. soir hors sais., dim. soir et lun. - 17/47 €.* Cette grande demeure bourgeoise se niche dans un ravissant jardin arboré où l'on dresse les tables de la terrasse en été. Ses deux salles à manger ont quant à elles conservé leur élégant cadre d'origine. Les savoureuses recettes traditionnelles du chef y sont proposées à des prix digestes.

Saint-Émilion

★★

2 124 Saint-Émilionnais – Gironde (33)

NOS ADRESSES PAGE 167

S'INFORMER

Office du tourisme de Saint-Émilion – *Pl. des Créneaux - 33330 Saint-Émilion - ✆ 05 57 55 28 28 - www.saint-emilion-tourisme.com - juil.-août : 9h30-18h30 ; reste de l'année : 9h30-12h30,13h30-18h30.* Plan de la ville et guide pratique (visite de la cité médiévale, visite du vignoble, visites en famille, manifestations, randonnées-dégustation, etc.). Topoguide *Le Pays de St-Émilion*, audioguide.

SE REPÉRER

Carte de microrégion C2 *(p. 100) – carte Michelin Départements 335 K5 – carte p. 150.*

À 10 m à l'est de Libourne par la D 243. Le sous-sol de St-Émilion et de ses environs est un véritable gruyère. On y compte environ 200 km de carrières.

SE GARER

Stationnez à l'extérieur du centre-ville sur les parkings *(payants)* situés en haut et en bas de la ville. St-Émilion se parcourt à pied… avec des chaussures confortables, car les ruelles sont pavées et pentues.

À NE PAS MANQUER

La vue sur la ville depuis la tour du Roi ou le clocher de l'église monolithe ; la place du Marché et les monuments qui la bordent ; le Train des Grands Vignobles *(voir la rubrique « Activités » dans « Nos adresses à St-Émilion »).*

ORGANISER SON TEMPS

C'est le soir, peu avant le coucher du soleil, que la ville est la plus belle. En revanche, si vous souhaitez éviter la foule, commencez les visites de bon matin. Une journée ne sera pas de trop pour faire le tour de toutes les richesses de la cité. En été, des visites nocturnes sont proposées. Vous l'aurez compris : pour profiter au mieux de St-Émilion, l'idéal est de pouvoir dormir sur place.

AVEC LES ENFANTS

Le jardin de la lamproie à Ste-Terre ; l'écomusée du Libournais à Montagne.

Si vous allez à St-Émilion pour le plaisir des papilles (c'est une valeur sûre), attendez-vous à en avoir aussi pour le plaisir des yeux. C'est vraiment l'une des plus jolies cités d'Aquitaine. Une ville médiévale de pierre dorée, de placettes et de venelles. La juridiction de St-Émilion a d'ailleurs été classée au Patrimoine mondial de l'Unesco, au titre de paysage culturel.

Se promener

★★ Le site

Face au Midi, St-Émilion essaime, sur deux collines calcaires, des petites maisons blondes aux toits de tuiles vieux rose. À la jonction des deux collines, le haut clocher de l'église monolithe surmonte un promontoire creusé de cavités : l'église monolithe, l'ermitage d'Émilion, les catacombes, la chapelle de la Trinité et de nombreuses caves. Au pied du promontoire et de l'église, la place du Marché est le cœur de la ville. Elle fait la liaison entre les quartiers couvrant les deux collines, dont l'une arbore le château du Roi, jadis siège du pouvoir civil, et l'autre la collégiale, symbole de la puissance religieuse. Pour avoir une belle **vue d'ensemble** du site, montez en haut du clocher de l'église monolithe ou en haut de la tour du Roi. De l'esplanade près du cloître des Cordeliers, place du Cap-du-Pont, vous avez aussi une jolie vue sur St-Émilion.

Place du Marché

Petite place pavée où les restaurants ont planté leurs parasols. De là, très jolie vue sur la charmante chapelle de la Trinité et sur l'église monolithe que domine un majestueux clocher percé de baies romanes et terminé par une flèche du 15e s.

L'ermitage, les catacombes, la chapelle de la Trinité et l'église monolithe, situés autour de la place du marché, se visitent avec un guide (45mn). Prenez votre billet à l'office de tourisme.

Ermitage St-Émilion

Cette grotte fut agrandie par Émilion qui lui donna la forme d'une croix latine. On peut y voir le lit du saint (lit de pierre… on est ermite ou on ne l'est pas !), son siège creusé dans la roche et la source où il donnait le baptême – elle fait aujourd'hui office de puits aux vœux. Les femmes désireuses d'avoir un enfant doivent s'asseoir, dit-on, sur le siège d'Émilion. Au fond, un autel est surmonté d'une statue du saint.

Catacombes

Dans la falaise voisine de la chapelle s'ouvrent des galeries qui servaient à l'origine de nécropole, comme l'attestent les tombes creusées dans la pierre. On distingue dans la coupole centrale un orifice par lequel étaient descendus

DU SOBRE ERMITE AU « TAPISSIER » GIRONDIN

Au 8e s., **Émilion** abandonna sa Bretagne natale pour embrasser la vie monastique près de Royan. Il était, au monastère, chargé de la boulange. Mais sa vie était ailleurs, et il se mit en quête du havre de tranquillité nécessaire à sa méditation. Il trouva le lieu rêvé sur les pentes calcaires de la vallée de la Dordogne, et s'y aménagea une grotte alimentée en eau par une source. L'ermite Émilion allait faire des émules qui bâtirent là un monastère ; le village élevé alentour prit tout simplement son nom.

Dix siècles après Émilion, ce fut un proscrit qui vint chercher refuge à St-Émilion. **Élie Guadet** était devenu un des chefs du parti girondin à la Convention et fut victime de la haine que Robespierre portait à la Gironde. Déguisé en tapissier, il s'évada alors de Paris pour gagner la Normandie puis St-Émilion, sa ville natale, où il se terra en compagnie de Pétion et Buzot, ses collègues à l'Assemblée. C'est là qu'un jour de 1794, il fut arrêté et emmené à Bordeaux où il mourut sur l'échafaud.

SE LOGER

Chambre d'hôte Château Monlot ...... ①
Chambre d'hôte La Gomerie ...... ②
Chambre d'hôte les Raisins Verts ...... ④
Château Gerbaud ...... ⑤
Domaine de la Barbanne ...... ⑨

SE RESTAURER

Le Bouchon ...... ②
L'Envers du Décor ...... ④

INDEX DES RUES

Cadène (R. de la) 2
Clocher (R. du) 4
Marché au Bois (Pl. du) 5
8-Mai-1945 (Av. du) 6

les corps. À la base de cette coupole, remarquez une représentation naïve de la Résurrection des morts : trois personnages sculptés sortent de leurs sarcophages en se tendant la main.

Chapelle de la Trinité

Ce petit édifice fut construit au 13e s. par les bénédictins. Rare exemple dans le Sud-Ouest d'une abside gothique à pans, il se distingue à l'intérieur par une élégante voûte, à nervures rayonnantes convergeant sur une clef frappée de l'agneau mystique. Convertie un temps en tonnellerie, la chapelle conserva ses jolies **fresques gothiques**, retrouvées sous une couche de suie. Parmi les fresques (14e s.), on reconnaît des représentations de chimères comme cet évêque avec un corps de palombe.

★Église monolithe

✆ 05 57 55 28 28 - visites guidées juil.-août : 10h30, 11h30, 14h, 15h, 16h, 17h et 18h ; reste de l'année : sur RV auprès de l'office de tourisme - 6, 50 € (+12 ans 3,90 €).

Attention, rareté : cette église souterraine « d'une seule pierre », la plus vaste d'Europe, a été aménagée dans le rocher, de la fin du 8e au 12e s., en agrandissant des grottes et des carrières déjà existantes. On dit que les moines qui la creusèrent étaient, selon les moments, de cinq à cinquante-cinq (rudes gaillards !).

L'intérieur frappe autant par l'ampleur des nefs taillées en profondeur dans la pierre que par la découpe parfaitement régulière des voûtes et des piliers quadrangulaires, dont deux seulement soutiennent le clocher. Au fond de la nef centrale, sous l'arcade de travée, un bas-relief représente deux anges tétraptères ou chérubins, gardiens des portes du paradis.

Clocher de l'église monolithe

Certes, il y a 187 marches à monter... mais cela vaut le coup d'œil : **vue** d'ensemble sur la bourgade, ses monuments et le vignoble, le tout classé au Patrimoine mondial de l'Unesco.

Une rampe mène à la porte Cadène.

Porte et logis de la Cadène

La porte de la Cadène tient son nom de la chaîne (du latin *catena*) qui la fermait pendant la nuit : au travers de son arche, curieuse perspective sur la tour de l'église monolithe. Une maison à pans de bois du 15e s. est accolée à la porte.

Prendre à droite dans la rue de la Porte-Brunet.

De l'ancien **logis de la Commanderie** *(sur la droite)* qui accueillait jadis les officiers, il ne subsiste que le chemin de ronde et une échauguette d'angle.

Cloître des Cordeliers

Possibilité de visite guidée sur demande à l'office de tourisme - tte l'année - gratuit - www.lescordeliers.com.

Construit comme la chapelle au 14e s., le **cloître★** carré est composé de colonnettes géminées, sur lesquelles prennent appui des arcs d'aspect roman. Au fond à droite, un arc ogival du 15e s. précède l'escalier qui conduisait aux cellules des moines. L'ensemble, tout recouvert d'une végétation où trillent les oiseaux est très romantique. Dans la nef de l'ancienne église, accès aux **caves** creusées dans le roc à 20 m de profondeur où naissent les crémants de bordeaux blancs et rosés.

Continuer la rue de Porte-Brunet jusqu'aux remparts.

Porte Brunet

C'est l'une des six portes qui jalonnaient les remparts du 13e s., renforcés aux siècles suivants par un chemin de ronde sur mâchicoulis. De la porte Brunet, vue sur le vignoble. C'est par cette issue que s'échappèrent, une nuit de janvier 1794, les proscrits girondins, compagnons de **Guadet**.

JURADE ET JURATS

Les célèbres vins rouges de St-Émilion étaient qualifiés au Moyen Âge de vins « honorifiques » parce qu'on les offrait en hommage aux souverains et aux personnalités de marque. Dès l'époque médiévale, le conseil municipal d'alors avait la charge de contrôler leur qualité : c'était la jurade qui, reconstituée en 1948, assume encore aujourd'hui cette fonction.

Tous les ans, au **printemps** *(3e dim. de juin)*, les jurats vêtus de leurs robes écarlates bordées d'hermine et coiffés de leurs chaperons de soie entendent la messe puis se dirigent, en procession, vers le cloître de l'église collégiale, où ils procèdent à de nombreuses intronisations. En fin d'après-midi, du haut de la tour du Roi, la jurade proclame le jugement du vin nouveau.

À l'**automne** *(3e dim. de sept.)*, les mêmes jurats, du haut de la même tour du Roi, ouvrent le ban des vendanges. Ces diverses solennités s'accompagnent de banquets dignement arrosés, qui se déroulent dans la salle des Dominicains du syndicat vinicole.

Au loin, pointant haut au-dessus du dédale des ruelles, la tour du Roi et la grande flèche du clocher.

Revenir sur ses pas pour prendre à gauche la rue de la Liberté. Emprunter les escaliers à gauche (après le n° 3), poursuivre à gauche puis prendre à droite la rue de la Tourelle. Enfin, tourner à droite dans la rue André-Loiseau.

Musée souterrain de la Poterie

Les Hospices de la Madeleine - 21 r. André-Loiseau - ✆ 05 57 24 60 93 - www.saint-emilion-museepoterie.fr - 10h-19h - 4 € (-12 ans gratuit) - possibilité de visite guidée (ou nocturne sur RV). Attention : il fait frais et humide dans les galeries, même en été.

Dans un dédale de galeries, d'où a été extraite la pierre ayant servi à l'édification du château du Roi et des remparts aux 12e et 13e s., ont trouvé refuge quelque 6 000 pièces de poteries, des Romains à nos jours. L'évolution des poteries populaires du Sud-Ouest et de l'art céramique en général fait écho à l'histoire de la région et du pays. Parmi les nombreux objets, d'énormes chaudrons et d'étonnants épis de faîtage évoquent les occupants du logis qu'ils coiffaient. Plusieurs espaces, dont le « palais Wohlfart », sont consacrés aux œuvres d'artistes contemporains. Expositions temporaires.

Château du Roi

✆ 05 57 55 28 28 - juin.-août : 11h-18h45 ; sept. : lun.-vend. 14h-17h45, w.-end 11h-17h45 ; oct.-nov. : 11h-12h30, 14h-17h ; déc.-mai : se rens. auprès de l'office de tourisme - 1 € (-12 ans gratuit) - fermé janv.

Fondé selon les uns par Louis VIII, selon les autres par Henri III Plantagenêt au 13e s., il a servi d'hôtel de ville jusqu'en 1720. Le donjon rectangulaire (32 m de hauteur), dit **tour du Roi**, isolé sur un socle rocheux, est muni de latrines sur sa face extérieure. Du sommet, **vue★** sur la ville et, au-delà, sur les vallées de la Dordogne et de l'Isle).

Prendre la rue de la Grande-Fontaine puis la biennommée ruelle du Tertre-des-Vaillants, très pentue, qui court entre des maisons creusées à même la roche.

Collégiale

Vaste édifice à la nef romane et au chœur gothique. L'entrée se fait sur le côté gauche du chœur par un somptueux portail du 14e s. monté à l'époque où Gaillard de la Mothe, neveu de Clément V, était doyen des chanoines. Son tympan est sculpté d'un Jugement dernier. Il ne reste que la base des statues d'apôtres qui garnissaient les niches. À l'extrémité du mur droit de la nef, peintures murales du 12e s. représentant la Vierge et la légende de sainte Catherine. Dans le chœur, personnages des **stalles** (15e s.), pleins de fantaisie.

La Jurade de printemps à St-Émilion.
J.-B. Nadeau / AGCC St-Émilion

Le vignoble de St-Émilion

LE TERROIR

Superficie : 9 451 ha pour les vins de St-Émilion.
Production : 59 millions de bouteilles.
Les sols des coteaux sont argilo-calcaires ou argilo-sableux en saint-émilion, siliceux, argilo-siliceux ou argilo-graveleux en côtes-de-castillon.
Le vignoble de St-Émilion s'étend sur neuf communes. On distingue les **saint-émilion** des **saint-émilion-grand-cru** qui ont fait l'objet d'un classement en 1955. En principe, la distinction n'a rien de géographique. Dans la pratique, les grands crus sont presque tous situés sur le plateau ou en coteau.

LES VINS

Le vignoble produit des vins rouges au vieillissement remarquable.
AOC saint-émilion, saint-émilion-grand-cru, montagne-saint-émilion, puisseguin-saint-émilion, saint-georges-saint-émilion, lussac-saint-émilion : cépages cabernet franc, malbec, cabernet-sauvignon et merlot. Les saint-émilion se distinguent par leurs arômes puissants et leur caractère corsé, charpenté.
AOC côtes-de-castillon : cépages cabernet-sauvignon, cabernet franc, merlot, malbec, petit verdot.

S'INFORMER

Syndicat viticole de Saint-Émilion – ✆ *05 57 55 50 50 - www.vins-saint-emilion.com*
Maison du vin de Bordeaux – *Voir p. 135.*

DÉCOUVRIR

Voir la rubrique « Activités » dans « Nos adresses à St-Émilion ».

Logis de Malet de Roquefort

En face de la collégiale, une maison du 15e s. est incorporée dans le rempart : sous son toit passe le chemin de ronde de l'enceinte à créneaux et mâchicoulis.

Rejoindre la place des Créneaux.

Cloître de la collégiale

☏ 05 57 55 28 28 - ♿ - tte l'année - gratuit.

Ce cloître du 14e s. présente des analogies avec celui des Cordeliers, notamment dans le dessin des colonnettes géminées, d'une grande élégance.

Aux angles, des arcs consolident les galeries dont l'une abrite une série de beaux enfeus qui servaient jadis de sépultures. Le réfectoire et le dortoir des religieux, restaurés, forment le « Doyenné », siège de l'office de tourisme.

Revenir à la place du Marché.

À proximité Carte de microrégion

Jardin de la lamproie à Ste-Terre C2

7 km au sud (D 122, D 670) - Lavagnac nord - ☏ 05 57 47 14 34 - avr.-sept. : mar.-dim. 10h-12h30,14h-18h30 (dim. 14h-18h) ; reste de l'année : mar.-sam. 10h-12h, 14h-17h - jardin + parcours : gratuit. Parcours de découverte avec fiches de questions à remplir.

Dans ce petit parc qui accueille aussi l'office de tourisme, un parcours ponctué de panneaux permet de découvrir la végétation des bords de la Dordogne. La salle d'exposition (aquarium, film…) vous invite à faire connaissance avec la curieuse **lamproie**, vieille de 450 millions d'années, qui peuple la rivière et l'estuaire, et que les amateurs dégustent… « à la bordelaise » ! Le site est aussi le siège de la Confrérie de la lamproie *(fête de la lamproie fin avr.).*

Itinéraire conseillé

VIGNOBLE DE ST-ÉMILION

52 km. Suivre l'itinéraire 4 tracé en vert sur la carte p. 150. Compter 3h.

Il est recommandé de parcourir les vignes à l'automne lorsque les rangées de ceps s'animent de la fièvre des vendanges *(2e quinz. de septembre)* et qu'une lumière caressante dore les contours du paysage. Cependant, en toute saison le promeneur jouira du tableau équilibré que composent les coteaux couronnés de châteaux et de bouquets d'arbres, tandis que se dégagent des échappées sur les vallées de la Dordogne et de l'Isle.

Quitter St-Émilion au nord près de la porte Bourgeoise par la D 122.

Après St-Émilion et peu avant St-Georges apparaît à droite le **château St-Georges**, bel édifice Louis XVI sommé d'une balustrade et de pots à feu.

St-Georges

Petite église romane du 11e s. à tour carrée s'élargissant vers le haut et abside courbe offrant des modillons sculptés aux sujets savoureux, traités dans un style cubiste.

Montagne

Ce petit village abrite une **église** romane à trois absides polygonales que surmonte une tour carrée munie d'une chambre forte. De la terrasse voisine de l'église, vue sur St-Émilion et la vallée de la Dordogne.

À proximité, l'**écomusée du Libournais** propose au visiteur une incursion dans le terroir à travers une présentation des ressources locales, des activités traditionnelles et de l'aspect social dans le vignoble libournais à la fin du 19e s. et au début du 20e s. La seconde partie est consacrée aux **techniques viticoles** actuelles : ce panorama vous permettra de faire le point sur vos connaissances ou de les compléter avant de vous rendre sur le terrain. D'intéressants espaces mis en scène (tonnellerie, maréchalerie, charronnage…) complètent la visite. Le **jardin ethnobotanique** est lui aussi instructif, vous y découvrirez les différentes utilisations (ludiques, curatives, ornementales, etc.) des plantes et arbres. *✆ 05 57 74 56 89 - avr.-11 Nov. : 9h30-12h, 14h-18h - fermé reste de l'année - 6 € (-18 ans 2,90 €).*

Continuer la D 122 jusqu'à Lussac et la suivre sur 2 km. Prendre à gauche la D 21 sur 4,5 km.

Petit-Palais-et-Cornemps

Voir l'ABC d'architecture p. 87. Au milieu de son cimetière, l'**église** de Petit-Palais (fin 12e s.) offre une ravissante **façade★** romane saintongeaise, de dimensions réduites mais bien proportionnée et sculptée avec délicatesse d'une profusion de motifs. L'élévation comporte trois étages d'arcs, aux dessins différents, dont plusieurs polylobés suivant une mode venue des Arabes ; la cathédrale de Zamora (Espagne) s'en est inspirée.

Le **portail** est encadré de portes aveugles qui donnent une idée fausse du plan de l'église, pourvue d'une nef sans bas-côté. La disparité entre les deux baies aveugles situées aux extrémités du second registre, l'une polylobée, l'autre régulière, constitue une autre particularité de cette façade. Remarquez, à l'archivolte du portail central, un cordon d'animaux se poursuivant, et, dans les écoinçons, d'amusants personnages figurant d'un côté une femme, de l'autre un homme se retirant une épine du pied.

Revenir sur la D 17 que l'on prend vers le sud.

Castillon-la-Bataille

En 1453, les troupes anglaises placées sous les ordres du général Talbot subirent une lourde défaite devant les troupes des frères Bureau. Cette bataille marqua la fin de la domination anglaise en Aquitaine. Reconstitution chaque été *(voir p. 31)*.

Construite sur une butte, Castillon domine la rive droite de la Dordogne dont les berges ont inspiré Michel de Montaigne et Edmond Rostand. Ses coteaux produisent un bordeaux supérieur, les côtes-de-castillon.

Revenir à St-Émilion par la D 130, St-Étienne-de-Lisse et la D 245.

NOS ADRESSES À SAINT-ÉMILION

HÉBERGEMENT

Bon à savoir – Le domaine viticole **Château Gerbaud** *(D 936 - 33330 St-Pey-d'Armens - 8 km au SE de St-Émilion par D 670 dir. Castillon-la-Bataille et route à droite - ✆ 06 03 27 00 32 - www.chateau-gerbaud.com - 4 €)* dispose d'une aire de stationnement (48h maxi) réservée aux camping-cars ; certains emplacements sont ombragés, mais tous bénéficient de la proximité des vignes. Sa propriétaire vous indiquera des balades dans le vignoble et les petites routes pour rejoindre à vélo le village de Saint-Émilion.

À St-Émilion

BUDGET MOYEN

Chambre d'hôte La Gomerie – *La Gomerie - ✆ 05 57 24 68 85 - www.ms-favard.fr - P - ⊠ - 4 ch. 56/62 €* ☕. Cette demeure girondine de 1789 se trouve au cœur d'une exploitation viticole de 2 ha. Les chambres, simples, possèdent du mobilier d'époque. Petits-déjeuners servis l'hiver dans la véranda, l'été sous la tonnelle dressée dans le jardin.

Domaine de la Barbanne – *Rte de Montagne - ✆ 05 57 24 75 80 - www.camping-saint-emilion.com - fermé oct.-mars - ♿ - P - 8 ch. 56/66 €* ☕. Hébergement en chalet-motel dans ce camping doté d'équipements complets : épicerie, restaurant, laverie, club pour les enfants, location de vélos, piscines, tennis, minigolf… Draps et serviettes fournis ; location possible pour une nuit. Navette gratuite pour le village.

À proximité

BUDGET MOYEN

Chambre d'hôte les Raisins Verts – *49 r. Paul-Bert - 33350 Castillon-la-Bataille - ✆ 06 16 31 07 68 - P - ⊠ - 4 ch. 57 €* ☕ *- rest. 18 €*. Cette bâtisse carrée est tenue par un couple d'artistes qui l'a transformée en atelier de peinture-décoration et chambres d'hôtes. Les pièces jouissent d'une restauration personnalisée avec mobiliers anciens. Le petit-déjeuner se prend avant 9h.

POUR SE FAIRE PLAISIR

Chambre d'hôte Château Monlot – *33330 St-Hippolyte - ✆ 05 57 74 49 47 - www.chateaumonlot.com - P - 5 ch. 80/110 €* ☕. Ce « château » est l'archétype des demeures bourgeoises de la région. Ses chambres, agrémentées de meubles de style, tableaux et photos anciennes, portent chacune le nom d'un cépage : merlot, cabernet, sauvignon… La salle des petits-déjeuners, au décor vigneron, est fort agréable. L'été, on profite du jardin arboré.

RESTAURATION

À St-Émilion

BUDGET MOYEN

Le Bouchon – *1 pl. du Marché - ✆ 05 57 24 62 81 - fermé nov.-fév. - formule déj. 15 € - 20/28 €*. L'une des adresses les plus agréables de la place du Marché, où sont installés plusieurs restaurants. La salle à manger repeinte dans les tons gris et rouge s'agrémente de tableaux de peintres de la région. Cuisine traditionnelle soignée et gouleyant choix de vins.

L'Envers du Décor – *11 r. du Clocher - ✆ 05 57 74 48 31 - fermé 22 déc.-9 janv. - 19 €, le soir carte uniquement, le w.-end menu 30 € et carte*. Ce bistrot à vins adossé à la collégiale assure, outre la restauration, la vente à emporter de bonnes bouteilles. Dans la salle à manger, mariage réussi du bois, des vieilles pierres et de l'aluminium. Fleurs et laurier agrémentent la terrasse, plaisante et calme. Vins au verre et cuisine du marché.

ACHATS

Marché – *Dim. pl. Bouqueyre*

Recette des Anciennes Religieuses - Nadia Fermigier – *9 r. Guadet - ✆ 05 57 24 72 33 - www.macarons-saint-emilion.com - 8h-19h, dim. 9h-19h - fermé 2ᵉ quinz. de janv.* Les archives attestent l'existence de macarons à Saint-Émilion dès 1620. Après moult péripéties, la recette a échu en 1930 à la famille Passama.

Élaborés à partir d'œufs, de sucre et d'amandes, les délicieux gâteaux se travaillent encore de façon totalement artisanale dans cette boutique.

Matthieu Moulierac – *Tertre de la Tente - ✆ 05 57 74 41 84 - www.macaron-saint-emilion.com - 10h-19h ; hors sais. 11h-18h.* Fabrication artisanale dans le respect des traditions de véritables macarons, cannelés bordelais et craquants aux noisettes. Dégustation et vente sur place, mais les produits sont également disponibles dans l'autre boutique du même nom située au cœur du village.

ACTIVITÉS

Initiation à la dégustation

Maison du vin de St-Émilion – *Pl. Pierre-Meyrat – ✆ 05 57 55 50 55.* Grand choix de vins présentés par millésime (exception faite des grands crus classés) ; elle propose aussi des cours de dégustation.

Cercle des Œnophiles – *12 r. Élie-Guadet - ✆ 05 57 74 45 55.* « Dégustation conseil » de vins de propriétés.

Vignobles et Châteaux – *4 r. du Clocher - ✆ 05 57 24 61 01 - www.vignobleschateaux.fr - 9h-19h.* Cette boutique propose une sélection de vins de la région, de crus français et européens, de champagnes, de cognacs. Beaux articles de verrerie. Dans une salle attenante, on vous proposera une initiation à la dégustation.

Autres activités

Le Train des Grands Vignobles – *✆ 05 57 51 30 71 - www.visite-saint-emilion.com - de Pâques au 11 Nov. : départs toutes les 45mn 10h30-12h, 14h-18h30 - fermé de mi-nov. à mi-avr., 1er janv. et 25 déc. - 6 € (3-14 ans 5 €).*

Le vignoble à vélo – *S'adresser à l'office de tourisme - forfait 1/2 journée 10 €, 1 journée 14 €, 2 jours 22 €.*

Libourne

23 296 Libournais – Gironde (33)

NOS ADRESSES PAGE 174

S'INFORMER

Office du tourisme de Libourne – *40 pl. Abel-Surchamp - 33500 Libourne - ✆ 05 57 51 15 04 - www.libourne-tourisme.com - juin-sept. : 9h30-12h30, 14h-18h30 (sam. 18h) ; oct.-mai : 9h30-12h30, 14h-18h - fermé dim. et j. fériés.* Visites et balades contées aux flambeaux.

SE REPÉRER

Carte de microrégion C2 *(p. 100)* – *carte Michelin Départements 335 J5.*

Dans une région fertile, étape sur la route de Paris à Bordeaux (23 km à l'est par la D 1089) avant que ne fussent construits les ponts de Cubzac *(voir Bourg p. 181)*, Libourne se situe au confluent de l'Isle et de la Dordogne. Le cœur de la ville se trouve place Abel-Surchamp où se tient le marché les mardis, vendredis et dimanches matin (le plus animé).

À NE PAS MANQUER
La place Abel-Surchamp bordée d'arcades, de maisons anciennes et l'hôtel de ville (dans lequel se trouve le musée des Beaux-Arts) ; le château de Vayres.

ORGANISER SON TEMPS
Attention, le musée des Beaux-Arts est fermé le week-end. Après une matinée de visite de Libourne, comptez une demi-journée pour parcourir l'itinéraire.

AVEC LES ENFANTS
Le lac des Dagueys ; le château de Vayres et ses parcours d'énigmes ; le musée du Chemin de Fer à Guîtres.

Ampleur du fleuve, maisons cossues à la bordelaise, marchés renommés et actifs, vins prestigieux exportés dans le monde entier : pas de doute, Libourne est bien la petite sœur de Bordeaux.

Se promener

Place Abel-Surchamp

Spacieuse et aérée, l'ancienne place royale est bordée de maisons bâties entre le 16e s. (au n° 16 et au n° 35) et le 19e s. L'**hôtel de ville** du 15e s. a été modifié au début du 20e s. dans un style néogothique.

Musée des Beaux-Arts

42 pl. Abel-Surchamp - ☏ 05 57 55 33 44 - http://musees-aquitaine.com - lun.-vend. 10h-12h30, 14h-18h - gratuit.

Au cours de la montée par l'escalier, remarquez le beau groupe en marbre blanc de Falconet (18e s.). Belles œuvres des écoles flamande, française et italienne (16e s.-20e s.). Vous y trouverez notamment *Trois Têtes de vieillards* par Jordaens, *Jésus chassant les vendeurs du Temple* par Bartolomeo, *La Pentecôte* par Charles Le Brun, *L'Amitié* par Foujita et des tableaux de Raoul Dufy. L'école libournaise est illustrée par des portraits de Lacaze et des natures mortes de Jeanne-Louise Brieux, mais surtout par un ensemble d'œuvres du peintre **René Princeteau** (1843-1914) : scènes de courses *(Le Saut dans la rivière)* et images de la vie rurale *(L'Arrivée au pressoir)* tiennent une place importante dans son œuvre. Natif de Libourne, **René Princeteau** fut le maître et l'ami de Toulouse-Lautrec. Il conquit le Tout-Paris malgré son infirmité (il était sourd et muet) grâce à ses scènes animalières et champêtres.

Des expositions temporaires sont organisées à la **chapelle du Carmel** (annexe du musée), à côté de l'office de tourisme.

UNE BASTIDE PORTUAIRE

En 1268, le **prince Édouard**, fils du roi d'Angleterre et arrière-petit-fils d'Aliénor d'Aquitaine, décide de fonder une bastide portuaire sur ce site privilégié, point de jonction entre la navigation fluviale et maritime, pour assurer un débouché aux produits du Périgord et seconder Bordeaux. Lorsqu'il devient roi d'Angleterre, c'est **Roger de Leyburn**, son lieutenant, qui est chargé de réaliser le projet et donne son nom à la ville : Leyburnia, devenue Libourne au fil du temps, va prospérer grâce au commerce, souvent en concurrence avec la grande cité du vin voisine.

Caisse de vin de Pomerol.
J. Palut / fotolia.com

Le vignoble de Pomerol et Fronsac

LE TERROIR

Superficie : 3 025 ha.
Production : 18,5 millions de bouteilles.
Les sols des coteaux sont argilo-calcaires ou argilo-sableux en fronsac, siliceux, argilo-siliceux ou argilo-graveleux en pomerol.

LES VINS

Le vignoble produit des vins rouges au vieillissement remarquable.
AOC fronsac et canon-fronsac : cépages cabernet franc, merlot, cabernet-sauvignon et malbec. Des vins fermes et charnus qui s'affinent avec l'âge.
AOC pomerol et lalande-de-pomerol : cépage merlot essentiellement, et cabernet franc, malbec, cabernet-sauvignon. Les pomerols sont de grands vins prestigieux, d'une couleur profonde, riches et complexes au palais.

S'INFORMER

Syndicat viticole de Pomerol – *05 57 25 06 88 - www.vins-pomerol.fr*
Maison du vin de Bordeaux – *Voir p. 135.*

ACHETER

Voir la rubrique « Achats » dans « Nos adresses à Libourne ».

Quais de l'Isle et des Salinières

Aujourd'hui lieu de promenade, c'est là que se trouvait le port dont il reste… les platanes. L'ensemble situé quai des Salinières, constitué par la **porte du Grand Port** flanquée de la tour Richard et de la tour Barrée, est un vestige de l'ancienne muraille édifiée à partir de 1314, suite à la destruction de la ville par les Français en 1294. Derrière la tour, la rue des Chais rappelle que l'on stockait là le vin en partance.

Quai Souchet

Au confluent de la Dordogne et de l'Isle, ce quai vous permet de voir le **grand pont** (1824) avec ses neuf arches et le tertre de Fronsac.

À proximité Carte de microrégion

Lac des Dagueys B2

Au nord-ouest (dir. Angoulême). Baignade surveillée juil.-août : 11h-19h.

Une vaste plaine de loisirs a été aménagée autour de ce plan d'eau de 40 ha, aux portes de la ville : plage et bassin pour les tout-petits, activités nautiques, pêche, aires de jeu et de pique-nique…

6 km. Boucle des Dagueys balisée autour du lac.

★ Château de Vayres B2

9,5 km au sud-ouest. Quitter Libourne par la D 1089 vers Bordeaux. Après Arveyres, tourner à droite dans la D 242 et, près de l'église de Vayres, prendre le chemin qui conduit au château. 05 57 84 96 58 - www.chateaudevayres.com - visite guidée de déb. juil. à mi-sept. : 15h, 16h, 17h ; de Pâques au 1er nov. : dim., j. fériés et merc. vac. scol. Pâques et Toussaint zone C 14h-18h30 - fermé de nov. à Pâques - 9,50 € (-15 ans 7,50 €) - nocturnes en été. Juil.-sept., les visites sont complétées par un parcours d'énigmes dans le parc.

Cette ancienne demeure de la famille d'Albret fut réaménagée au 16e s. par **Louis de Foix**, l'architecte du phare de Cordouan *(voir ce nom)*. Dans la grande cour d'honneur, il ajouta une galerie d'apparat à la manière italienne. La façade sur la Dordogne fut remaniée en 1695 et embellie d'un pavillon placé en saillie et coiffé d'un dôme, ainsi que de terrasses et d'un escalier monumental à double révolution donnant accès aux jardins à la française qui s'étendent jusqu'à la rivière.

À l'intérieur, visite de pièces meublées Louis XIII et Louis XIV. À noter les belles cheminées dans le salon Henri IV et le Grand Salon tendu d'une tapisserie d'Aubusson ; la salle à manger (14e s.) avec ses cuivres du 18e s. et son potager en faïence ; la chapelle construite comme une salle d'écho.

Avant… ou après la visite, vous pourrez faire le tour du monument en suivant la « promenade du Moulin » et flâner dans le **jardin médiéval**.

Vayres constitue un endroit privilégié pour observer le phénomène du mascaret et pour les surfeurs *(voir p. 61)*.

Itinéraire conseillé

VIGNOBLE DE FRONSAC ET DE POMEROL B-C2

60 km. Voir le circuit sur la carte de microrégion p. 100. Compter 3h. Quitter Libourne par l'ouest, D 670.

Fronsac B2

Barrail de Tourenne - ✆ 05 57 84 86 86 - oct.-mai : lun.-vend. mat. et apr.-midi, sam. mat. (juin-sept.).

Se garer sur le parking de la Maison des vins. Franchissez le portail d'entrée du château de Fronsac *(accès autorisé)* menant au sommet du **tertre** que couronne le château. De cette éminence, belle **vue**, très étendue, sur les vallées de la Dordogne et de l'Isle, sur Libourne et les vignobles de Fronsac.

Dans le village, l'**église** romane vaut également le coup d'œil.

Poursuivre sur la D 670.

Château de La Rivière B2

Il fut restauré par Viollet-le-Duc et doit son charme à son style hétéroclite (16e-19e s.). C'est le plus important domaine de l'appellation avec ses 3 ha de caves souterraines *(voir la rubrique « Achats » dans « Nos adresses à Libourne »).*

Poursuivre sur la D 670, puis tourner à droite en direction de Guîtres.

La Lande-de-Fronsac B2

L'église romane (12e s.) fut fortifiée au 14e s. Elle vaut pour son superbe portail d'inspiration byzantine, dont le tympan représente l'Apocalypse selon saint Jean.

Mouillac B2

Restaurée au 19e s. après avoir été laissée à l'abandon suite à la Révolution, l'église romane (11e s.) se caractérise par son abside polygonale ornée d'arcatures.

Poursuivre sur la D 10 en direction de Guîtres.

En chemin, vous pourrez également vous arrêter à **St-Ciers-d'Abzac** et **St-Martin-de-Laye**, qui comptent tous deux une église romane (12e s.).

Guîtres C2

4 av. de la Gare - 33230 Guîtres - de mi-avr. à mi -oct. : lun.-vend. 9h-12h30, 14h-18h (juil. août : w.-end 13h30-17h30) ; de mi-oct. à mi-avr. : lun.-vend. 9h-12h30, 14h-17h - ✆ 05 57 69 11 48 (saison) ou 05 57 69 10 34 (hors sais.)

Seul vestige d'une abbaye bénédictine, l'**église** de style saintongeois fut fortifiée et maintes fois remaniée au cours des siècles avant d'être restaurée au 19e s. puis en 1964. Remarquez la façade avec portail du 13e s. et pignon du 14e s., le puissant chevet à cinq absidioles et la façade du 12e s. du croisillon nord du transept au portail à moitié enterré.

Musée du Chemin de Fer – *✆ 05 57 69 10 69 - http://ttgm.guitres.free.fr - de mi-juil. à fin août : merc., dim. et j. fériés 14h30-15h30 (dép. du train pour Marcenais à 15h30, retour à Guîtres 18h15) ; de déb. mai à mi-juil. et sept.-oct. : dim. et j. fériés 14h30-15h30 (dép. du train pour Marcenais à 15h30, retour à Guîtres 18h15) - fermé nov.-avr. - sais. 13 € (enf. 7 €), hors sais. 11 €, (enf. 5 €).* Dans l'ancienne gare, des collectionneurs ont réuni de vieux wagons et locomotives. La Mountain 241-P-9 (1947), une des plus puissantes machines à vapeur utilisées par la SNCF, est maintenue avec son fourgon en excellent état. Il vous emmène en 45 minutes au moulin de Charlot, à Marcenais, transformé en crêperie. Vous pourrez y goûter avant que la micheline ne sonne le départ pour Guîtres, 1h30 plus tard.

Quitter Guîtres par le sud (D 910).

St-Denis-de-Pile C2

L'église (du 12e s. remaniée au 19e s.), située au bord de l'Isle, renferme une *Visitation*, attribuée aux frères Le Nain, donnée par Louis XVIII, et une Vierge à l'enfant en bois (17e s.).

Continuer vers le sud (D 245).

Lalande-de-Pomerol C2
L'église (12e s.) fut construite par les Hospitaliers de St-Jean. Le clocher fut modifié au 17e s. et les chapelles latérales ajoutées à la fin du 18e s.

NOS ADRESSES À LIBOURNE

HÉBERGEMENT

À Libourne

BUDGET MOYEN

Hôtel des Vignobles – *35 r. André-Nhévoit - ✆ 05 57 51 23 29 - www.hotel-des-vignobles.fr - 8 ch. 53 € - ☕ 7 €.* Ce petit hôtel dissimule une ravissante cour pavée très verdoyante où l'on dresse des tables pour les petits-déjeuners aux beaux jours. Les chambres sont bien tenues et soignées. Une cuisinette équipée est à disposition.

Hôtel La Tour du Vieux-Port – *23 quai Souchet - ✆ 05 57 25 75 56 - http://latourduvieuxport.fr - 14 ch. 63/76 € - ☕ 6 € - rest. 15/29,50 €.* Cet hôtel-restaurant faisant face à la Dordogne propose des chambres spacieuses et rénovées avec goût par la propriétaire. Dans l'une des salles à manger, vous goûterez une cuisine traditionnelle préparée avec les produits du marché.

À proximité

POUR SE FAIRE PLAISIR

Chambre d'hôte Château La Closerie de Fronsac – *1 Lariveau - 33126 St-michel-de-Fronsac - 5 km à l'ouest de Libourne par D 670, rte de Fronsac et rte de St-André-de-Cubzac - ✆ 05 57 24 95 81 - www.lacloseriedefronsac.com - 4 ch. 87/117 € ☕.* Cette jolie maison vigneronne marque le point de départ d'un chemin de randonnée qui se perd dans les vignes. Les chambres, aux meubles anciens, dégagent un réel charme. Dégustation du vin de la propriété en guise de bienvenue.

RESTAURATION

À Libourne

POUR SE FAIRE PLAISIR

Chez Servais – *14 pl. Decazes - ✆ 05 57 51 83 97 - fermé 1er-10 mai et 16-30 août, dim. soir et lun. - 19 € déj. - 26/49 €.* L'engageante façade de cette petite maison en pierre abrite une coquette salle à manger : tables fleuries et joliment dressées, chaises cannées, mobilier du meilleur goût… Rejoignez les habitués du restaurant et régalez-vous de ses attrayants menus traditionnels.

À proximité

BUDGET MOYEN

Le Villagosia – *12 av. de la République - 33141 Villegouge - 12 km au nord de Libourne par D 128 - ✆ 05 57 84 40 50 - fermé 1re quinz. d'août, 25 déc.-2 janv. et dim. soir - réserv. conseillée - 11 € déj. - 22/29 €.* Ce restaurant ouvert il y a une poignée d'années sur les hauteurs de Libourne, dans un petit village au milieu des vignes, a ses habitués. Dans son frais décor, vous dégusterez des préparations en partie maison.

Le Bord d'Eau – *4 Poinsonnet, route de Libourne - 33126 Fronsac - 2 km à l'ouest de Libourne par D 670 - ✆ 05 57 51 99 91 - fermé 1 sem. en sept., 16-30 nov., 15 fév.-2 mars, merc. soir, dim. soir et lun. - 20/48 €.* Les pieds dans la

Dordogne, cette maison sur pilotis offre une vue panoramique sur Libourne et le clocher de l'église St-Jean-Baptiste. Profusion de plantes vertes, reflets argentés de la rivière... Dans ce décor impressionniste sera servie une bonne cuisine traditionnelle.

EN SOIRÉE

Bon à savoir – De jour comme de nuit, **l'esplanade François-Mitterrand** est un lieu très animé grâce aux nombreux bars et brasseries qui mêlent leurs terrasses sur la place. Parmi nos adresses préférées, citons le Bar du Lycée où le vin est servi au verre et L'Orient, une brasserie du début du siècle.

La Guinguette – *13 bis quai du Gén.-d'Amade - ✆ 05 57 51 87 87 - www.laguinguette.fr - mai-sept. : tlj 12h-0h.* Cette guinguette est pourvue d'une vaste terrasse offrant une superbe vue sur l'Isle et la Dordogne. Le meilleur moment pour en profiter est sans doute le soir. Restaurant midi et soir. Jazz ou chansons françaises une fois par semaine le soir. Tenue correcte exigée.

Café du Port – *Pl. du 8-Mai-1945 - Lieu-dit St-Pardon - 33870 Vayres - ✆ 05 57 74 85 98 - oct.-mai : 10h-21h ; juin-sept. : 10h-2h.* Vous serez ici aux premières loges pour assister au spectacle du mascaret : des vagues hautes et puissantes qui remontent la Dordogne. « On entend un grondement lointain qui ressemble au tonnerre », explique Annie, la patronne. L'été, une foule nombreuse vient assister à ce phénomène pendant que les surfeurs se précipitent par centaines vers les vagues.

ACHATS

Éclancher – *16 r. Victor-Hugo - ✆ 05 57 51 01 44 - tlj sf dim. et lun. 8h30-12h, 14h-19h, sam. 8h30-12h, 14h-18h.* Cette boutique est installée dans une pittoresque maison du 18e s. et n'a presque rien changé à ses habitudes depuis 1830. Vous y trouverez les mêmes produits que l'on y vendait à cette époque : des articles de cave, de chais et de vendange, de la vannerie, des sièges en rotin et en châtaignier...

M. Lopez – *18 r. Gambetta - centre-ville - ✆ 05 57 51 15 76 - tlj sf lun. 8h-12h30, 14h30-19h, dim. 7h30-13h ; ouv. j. fériés jusq. 13h sf lun. Pentecôte - fermé 2 sem. en fév. et 3 sem. en été, dim. apr.-midi et lun.* Parmi les spécialités de cette pâtisserie, citons les macarons, les tartelettes aux noix, les cannelés, les bouchons (amandes grillées enrobées de pralin), le Princeteau, le Surchamp (mousse au chocolat et aux noisettes), la Galette de la Reine (brioche aux amandes), les glaces et confiseries maison, etc.

Vignoble de Pomerol – *Chemin de Plince - 33500 Pomerol - sur RV - ✆ 05 57 74 15 26 / 06 82 57 06 46.* Pour découvrir l'appellation pomerol jouxtant celle de St-Émilion, adressez-vous au Château La Fleur de Plince. Pas de bâtisse majestueuse ni de chai immense pour cette exploitation de 28 ares (la plus petite de Pomerol qui compte 150 propriétés), mais une visite en compagnie du propriétaire qui fera partager son travail de passionné.

Le Château de la Rivière – *D 670 - 6 km au nord-ouest de Libourne par D 670 - 33126 La Rivière - ✆ 05 57 55 56 51 - www.vignobles-gregoire.com - juin-sept : lun.-sam. visite à 10h30, 14h30, 16h30 ; oct.-mai : en sem. et sur RV - fermé dim. - 4 €.* Un superbe château dont les origines remontent à 769 se dresse dans ce domaine de 59 ha produisant des vins AOC fronsac issus des cépages merlot, cabernet sauvignon, cabernet franc et pressac. La boutique vend les vins des Vignobles Grégoire, entité regroupant les crus des trois propriétés familiales.

Maison des vins de Fronsac – *Le bourg - 15 km au sud-est de St-André-de-Cubzac par D 670 - 33126 Fronsac - ✆ 05 57 51 80 51 - de mi-juin à mi-sept. : 10h-12h45, 13h15-19h ; de mi-sept. à mi-juin : 10h30-12h, 14h-18h - fermé dim.* 69 viticulteurs adhérents déposent régulièrement à la Maison des vins de Fronsac un petit stock de leur production, offrant ainsi une vitrine des appellations fronsac et canon-fronsac. Des crus de 1993 à 2004, soit plus de 100 références, constituant un large échantillon de ces vins racés de grande garde, sont mis en vente aux prix de la propriété.

ACTIVITÉS

Randonnée – *Documentation avec plan disponible gratuitement à l'office de tourisme.* Deux circuits départementaux (Les Peyrats - 35 km ; La Barbanne - 16 km) et 6 boucles locales (4 à 10 km) sillonnent le Libournais.

Aquitaine Bikes Loisirs – *80 r. de la Marne - ✆ 05 57 55 59 94 - 9h-12h, 14h-19h (sam. 18h) - fermé dim. et j. fériés.* Location de VTC. Tarifs à la journée, à la semaine, à la quinzaine ou au mois.

Lambert Voyages – *84 r. Montesquieu - ✆ 05 57 74 19 10 - www.mongolfiere-lambert-voyages.com - heures de décollage selon la saison (se renseigner).* Amoureux du ciel, cette agence de voyages vous propose des baptêmes de l'air en montgolfière.

Pêche – La **Dordogne**, qui parcourt Libourne et sa région, accueille de nombreuses espèces qui feront le bonheur des pêcheurs : gardons, goujons, brèmes, carpes, ablettes, perches, sandres, brochets, mulets venus de la mer, ainsi que des grands migrateurs remontant la rivière, les lamproies et les aloses.

Blaye

4 687 Blayais – Gironde (33)

NOS ADRESSES PAGE 180

S'INFORMER

Office du tourisme de Blaye – *Allées marines - 33390 Blaye - ✆ 05 57 42 12 09 - www.tourisme-blaye.com - juin-sept. : 9h30-12h30, 14h-18h30 ; mars-mai et oct. : 9h30-12h30, 14h-17h30 ; nov.-fév. : tlj sf dim. 10h-12h30, 14h-17h - fermé 1er janv., 1er nov., 11 Nov., 25 déc.*

SE REPÉRER

Carte de microrégion A1 *(p. 100) – carte Michelin Départements 335 H4.*
Sur la rive droite de la Gironde, à 43 km en aval de Bordeaux. Il est possible de traverser le fleuve : un bac relie Blaye à Lamarque dans le Médoc *(voir la rubrique « Transport » dans « Nos adresses à Blaye »).*

À NE PAS MANQUER
Dans la citadelle, la vue sur l'estuaire depuis la tour de l'Éguillette ou la place d'Armes; la route de la Corniche qui relie Blaye à Bourg; la villa gallo-romaine de Plassac.

ORGANISER SON TEMPS
Pour la visite guidée de la citadelle, comptez 1h. Prévoyez un peu plus si vous souhaitez aussi voir les musées et expositions ou vous attarder auprès de l'échoppe d'un artisan.

AVEC LES ENFANTS
Le jeu de l'oie pour découvrir la citadelle, le site Terre d'Oiseaux à St-Ciers-sur-Gironde.

Un tertre colonisé par les Romains, une tombe de héros chevaleresque, une citadelle de Vauban. Et puis des vignes de bon aloi, un port sur la Gironde où débarquent au printemps lamproies et aloses, du caviar de l'estuaire… Un petit détour par Blaye s'impose donc; on pourra toujours prétexter que c'est pour l'Histoire uniquement!

Se promener

★ La citadelle

Ce site fortifié appartient au Réseau des Sites majeurs Vauban, inscrit depuis 2008 au Patrimoine mondial de l'Unesco.
Au 17e s., la ville perchée fut rasée et céda la place à la citadelle terminée par Vauban en 1689. Le fort Paté sur un îlot de la Gironde et le fort Médoc, sur la rive gauche, complétaient ce système de défense destiné à protéger Bordeaux de la flotte « angloise ».
C'est au 17e s., lors de l'édification de la citadelle de Blaye, que les **marais** jusqu'alors insalubres furent asséchés et en partie transformés en labours et prairies, selon une technique importée de Hollande : un système de canaux permet de drainer l'eau qui est rejetée dans l'estuaire à marée basse, tandis que des digues empêchent les eaux saumâtres d'y pénétrer à marée haute, et protègent le marais des eaux de ruissellement venant de l'intérieur.
Un plan de la citadelle disponible à l'office de tourisme localise les bâtiments et les artisans installés sur le site. ☏ 05 57 42 12 09 - visite guidée juil.-août : à 14h, 15h30, 17h - 5 €; avr.-sept. : visite guidée de la citadelle par ses souterrains (sur réservation) organisée par l'office de tourisme.
Découverte ludique de la citadelle avec le « jeu des familles » en vente à l'office de tourisme 2 €.
Accès à pied par la porte Dauphine, en voiture par la porte Royale, toutes deux timbrées de l'écusson fleurdelisé.

LABOUREURS D'ESTUAIRE

Les nombreux petits ports du Blayais et du Médoc ont le vent en poupe : on récolte des trésors dans l'estuaire. L'hiver, les grands poissons migrateurs (l'alose et la monstrueuse lamproie sortie tout droit de la préhistoire) remontent l'estuaire pour frayer en amont. Au printemps s'ouvre la chasse à la précieuse **pibale** *(voir p. 287)*. La Gironde est aussi la seule réserve d'**esturgeons** (espèce protégée, dont la capture est interdite) d'Europe occidentale; ses élevages approvisionnent le Bordelais en caviar maison.

Encore habitée en partie, cette petite ville à l'ancienne (près de 1 km de long), animée en saison par les artisans, s'enflamme lors des festivals de musique et de théâtre *(voir p. 28)*.

Château des Rudel

C'est le berceau de **Jaufré Rudel**, troubadour du 12e s. qui inspira nombre de romantiques. Il s'éprit sans la voir d'une « princesse lointaine », Melissende de Tripoli. Il s'embarqua pour la rejoindre, mais tomba malade sur le vaisseau et expira à l'arrivée dans les bras de sa bien-aimée…

Il subsiste deux tours du château médiéval, ainsi que les bases des murs et le pont d'accès. Au centre de la cour se trouve un vieux puits à la margelle usée par les frottements de la corde ou de la chaîne. Du haut de la tour des Rondes, **vue** sur la ville, l'estuaire de la Gironde et la campagne (table d'orientation).

Tour de l'Éguillette

Vue en enfilade, sur la Gironde, peuplée d'îlots jusqu'à l'Océan.

Place d'Armes

De l'esplanade, au bord de la falaise sur la Gironde, vue sur l'estuaire et les îles. C'est justement pour cette raison que le **conservatoire de l'Estuaire** s'est installé à cet endroit *(voir l'exposition à la Manutention)*.

Près de la place d'Armes, l'ancien **couvent des Minimes**, du 17e s., avec sa chapelle et son cloître, accueille régulièrement des expositions temporaires.

La Manutention

Ce bâtiment carré, construit en 1677 pour abriter la prison de la citadelle et de la ville, servit ensuite de boulangerie, de magasin et de manutention.

Il abrite l'intéressante **exposition** du conservatoire de l'Estuaire : « Estuaire vivant ». Dans plusieurs salles sont évoqués les thèmes maritimes, les différentes méthodes de pêche, la faune et la flore. *Pl. d'Armes - ✆ 05 57 42 80 96 - www.estuairegironde.net - expositions sur l'estuaire - avr.-oct. : 14h30-17h - 2,80 € (enf. 1,70 €).*

À voir également : le **musée de la Boulangerie**, où l'histoire du pain est présentée autour de deux anciens fours, et le **Musée archéologique** qui retrace l'histoire de la citadelle. *R. du Couvent-des-Minimes - ✆ 06 82 34 72 66 - de mi-mars à oct. : 13h-19h ; reste de l'année : 13h30-17h30 - fermé 24 déc.-2 janv. - 3 €.*

À proximité Carte de microrégion

St-Ciers-sur-Gironde A1

20 km au nord par la D 255.

17 r. André-Lafon - ✆ 05 57 32 88 88 - www.ot-estuaire.fr - lun.-vend. 9h-13h, 14h-17h30. Deux circuits en voiture au départ du village : les grands marais de St-Ciers (42 km) et l'art roman entre vignes et forêts (58 km).

C'est le chef-lieu d'un canton rural et préservé de la Haute-Gironde, situé en « pays gabaye », aux confins du Poitou-Charentes – on y parlait encore récemment un dialecte mêlant langues d'oïl (poitevin-santongeais) et d'oc.

Jouxtant l'office de tourisme, un petit **musée d'Archéologie** présente des objets mis au jour dans les environs. *Juil.-août : merc., sam. apr.-midi ou sur RV, reste de l'année sur RV (M. Bellue 05 57 32 60 28 ou Mme Mornon 05 57 32 98 29) - 1 €.*

Terre d'oiseaux (réserve naturelle ornithologique) – *✆ 05 57 32 72 90 - mars-sept. : merc.-dim. 10h-19h - pour les tarifs, se renseigner auprès de la réserve.*

En compagnie d'un guide nature, découverte du milieu protégé des marais, escale migratoire et d'hivernage pour de nombreuses espèces d'oiseaux. Observation de la faune et de la flore : cigognes, hérons, rapaces, loutres, daims... (*prêt de jumelles*). L'été, balades en calèche dans la réserve.

Le **chemin des oiseaux** (30 km au départ d'Étauliers, à vélo ou en voiture) traverse ce charmant paysage entre vignes et marais : observatoire de la réserve de chasse, à proximité de la centrale nucléaire du Blayais, port des Callonges... (*non fléché - document gratuit à l'office de tourisme*).

Il existe 6 autres circuits sur ce thème dans l'estuaire, dont un au départ de Blaye (*informations sur www.estuaire-gironde.fr ou à l'office de tourisme*).

Itinéraire conseillé

ROUTE DE LA CORNICHE FLEURIE A-B 1-2

16 km. Voir le circuit sur la carte de microrégion p. 100. Compter environ 1h. Quitter Blaye par la D 669 qui longe la Gironde. Plassac est à 3,5 km.

Plassac A1

Près de l'église de Plassac, en contrebas, des fouilles ont mis au jour une **villa gallo-romaine**. Trois villas se sont succédé à cet endroit entre le 1er et le 5e s., les deux premières d'inspiration romaine, la troisième décorée de **mosaïques polychromes** de style aquitain. Un musée retrace l'historique des villas (reconstitution en 3D) et expose des peintures murales (troisième style pompéien, 40-50 apr. J.-C.), ainsi que le produit des fouilles : céramiques, bronzes, monnaies, outillage, etc. *05 57 42 84 80 - mai-sept. : 9h-12h, 14h-19h ; avr. et oct. : tlj sf dim. mat. 9h-12h, 14h-19h - fermé nov.-mars et j. fériés - 4 € (-15 ans 2 €).*

Reprendre la D 669 et après 2,5 km, prendre à droite.

La route, entre falaises calcaires et fleuve, traverse une série de hameaux qui possèdent quelques habitations troglodytes et offre de jolies vues sur l'estuaire. Elle est particulièrement charmante à l'aube ou au soleil couchant.

La Roque-de-Thau A1

Faites un premier arrêt à la Roque-de-Thau, petit port où les yoles (barques légères et allongées) se groupent dans l'estey (cours d'eau qui se déverse dans l'estuaire) et admirez l'île Verte.

Marmisson A1

Levez le nez pour apercevoir les abris-sous-roche. Ensuite se succèdent les villages de pêcheurs, bordés de cabanes sur pilotis avec leurs carrelets flottant au vent.

La route s'éloigne de la rive pour remonter à Bayon-sur-Gironde.

Bayon-sur-Gironde B2

Ne manquez pas l'église romane qui possède une abside à sept pans. Sur la corniche, en surplomb de l'estuaire, les châteaux de Tayac et d'Eyquem occupent des sites panoramiques et produisent de bons vins.

À St-Seurin-sur-Gironde, remarquez les deux moulins à vent. De retour au bord de l'eau, vous arrivez au **Pain-de-Sucre** (B2), ultime point de vue à contempler avant de rejoindre Bourg.

NOS ADRESSES À BLAYE

TRANSPORTS

Bac Blaye-Lamarque – *6 cours du Gén.-de-Gaulle - 33390 Blaye - ☏ 05 57 42 04 49 - traversée : env. 30mn - voyageur 3,10 € (-4 ans gratuit), véhicule 13,30 €.* Pour les horaires, vous pouvez consulter le site Internet : www.cg33.fr.

HÉBERGEMENT

Gîtes Bacchus – *Voir p. 138.*

À Blaye

POUR SE FAIRE PLAISIR

Chambre d'hôte Villa Prémayac – *13 r. Prémayac - ☏ 05 57 42 27 39 - www.villa-premayac.com - 5 ch. 95 €.* Étape pleine de charme au pied de la citadelle, cette demeure du 18e s. dispose de chambres au décor personnalisé : meubles anciens, couleurs agréables et tissus choisis. Le propriétaire, ancien professeur de golf, organise des séjours panachant découverte des greens régionaux et du vignoble bordelais.

À proximité

PREMIER PRIX

L'Escale Chez Olga Hôtel – *D 137 - 33390 Cartelègue - 10 km au nord-est de Blaye par D 137 - ☏ 05 57 64 71 18 - fermé 15-31 août et sam. - P - 12 ch. 42 € - 6 € - rest. 13/32 €.* Cet hôtel dispose de chambres simples, confortables et très bien tenues. Après les deux salles à manger, c'est au tour de la terrasse, très prisée, d'être embellie… Un petit plus pour cette adresse qui séduit déjà par sa cuisine sans chichi préparée avec des produits frais.

BUDGET MOYEN

Chambre d'hôte Château Pontet d'Eyrans – *25 le Pontet nord-est - 33390 Eyrans - 9 km au nord-est de Blaye par D 937 - ☏ 05 57 64 71 07 - www.chateaupontet.fr - - 5 ch. 60/120 € - espace détente : soins sur RV.* Ce sont les anciennes dépendances de ce château du 19e s. qui abritent les chambres d'hôte et trois gîtes ; tous sont confortables, plaisamment aménagés et donnent sur la piscine. Agréable parc sur l'arrière.

POUR SE FAIRE PLAISIR

Chambre d'hôte La Sauvageonne – *2 les Mauvillains - 33820 St-palais - à St-Ciers, rte de St-Palais et suivre dir. « Chez Gendron » - ☏ 05 57 32 92 15 - www.relax-in-gironde.com - - 3 ch. + 2 gîtes 75/90 € - repas 30 €.* Les extérieurs soignés révèlent le charme de cette propriété bordée de bois et de vignes. À l'intérieur, les élégantes chambres offrent de très beaux volumes. En cuisine, les produits du jardin sont mis à l'honneur par l'un des deux associés, pâtissier-traiteur de métier.

RESTAURATION

À Blaye

POUR SE FAIRE PLAISIR

La Citadelle – *5 pl. d'Armes - ☏ 05 57 42 17 10 - www.hotellacitadelle.com - fermé w.-end de fin oct. à déb. avr. - déj. 25 € - 35/45 € - 21 ch. 90 € - 12 €.* Sa situation exceptionnelle au cœur de la citadelle de Blaye est l'atout majeur de cette adresse. La salle à manger, moderne et éclairée de grandes baies vitrées, et la terrasse offrent une vue superbe sur l'estuaire de la Gironde. Cuisine traditionnelle. Chambres pratiques. Piscine.

À proximité

POUR SE FAIRE PLAISIR

La Filadière – *Rte de la Corniche,*

à Furt - 33710 Gauriac - 8 km au sud-est de Blaye par D 669 - ✆ 05 57 64 94 05 - fermé mar., merc. et dim. soir - 28,50/31,50 €. En été, les becs fins profitent de la vue panoramique offerte par la terrasse de la Filadière. Le reste de l'année, ils sont accueillis dans la lumineuse salle à manger habillée de couleurs vives et garnie d'un ravissant mobilier en rotin. Appétissantes recettes régionales sur toutes les tables.

ACHATS

Maison du Vin des Premières Côtes de Blaye – *12 cours Vauban - ✆ 05 57 42 91 19 - www.aoc-blaye.com - 8h30-12h30, 14h-18h30 ; juil.-août : initiation gratuite à la dégustation mar.-jeu. 11h-12h - fermé dim. et j. fériés.* Derrière la jolie façade lie de vin, 300 références sont stockées, dont 250 en rouge et 50 en blanc, issues de 300 domaines différents. Essayez absolument les premières-côtes-de-blaye en blanc et rouge ainsi que le blaye en rouge.

ACTIVITÉS

Bon à savoir – Une **piste cyclable** relie Blaye à Étauliers (13 km au nord de Blaye).

Randonnée – Des boucles et **sentiers pédestres** partent de Blaye et des communes du canton de St-Ciers *(documentation dans les offices de tourisme)*.

L'Estuaire au fil de l'eau – *Rens. et réserv. à l'office du tourisme de Blaye (✆ 05 57 42 12 09) - 12 € (enf. 8 €).* Balade commentée en vedette et dégustation de vin ; découverte de l'estuaire et ses îles. Possibilité d'embarquer sur l'estuaire.

Bourg

2 198 Bourquais – Gironde (33)

NOS ADRESSES PAGE 184

S'INFORMER

Office du tourisme de Bourg – *Hôtel de la Jurade - 33710 Bourg - ✆ 05 57 68 31 76 - www.bourg-en-gironde.fr - juil.-août : 10h-12h30, 14h30-19h ; de Pâques à fin juin et sept. : mar.-dim. 10h-12h30, 14h30-18h30 ; reste de l'année : mar.-vend. 14h30-18h30 - fermé 1er janv. et 25 déc.* Visites audioguidées. Plan de découverte de la ville. Dépliant de randonnée *Le Pays de Bourg*. Un *Guide d'accueil du Pays Haute-Gironde* est aussi proposé.

SE REPÉRER

Carte de microrégion B2 *(p. 100) – carte Michelin Départements 335 H4.*

À 15 km au sud-est de Blaye par la D 669 et à 28 km au nord-ouest de Libourne par la D 670 puis la D 669.

L'ancienne *Burgo* (*borc*, ville fortifiée en occitan), longtemps appelée Bourg-sur-Gironde, n'est plus en réalité sur la Gironde mais sur la Dordogne… Voilà un beau pied de nez du **bec d'Ambès** qui, nourri par les alluvions de la Dordogne et de la Garonne, s'est simplement allongé.

À NE PAS MANQUER
Le château de la Citadelle ; le château du Bouilh.

ORGANISER SON TEMPS
Comptez 3h pour la visite de la ville et des musées.

AVEC LES ENFANTS
« Au temps des calèches » ; les grottes de Pair-non-Pair.

Haut perchée, les pieds dans l'eau, une jolie petite ville, blonde et paisible, où il fait bon flâner dans les ruelles pentues, salué par les chats qui prennent le frais devant les portes. Ajoutez l'animation du marché sous la halle le dimanche matin, la foire médiévale le premier dimanche de septembre, un verre d'excellent côtes-de-bourg… Vous verrez, les réjouissances ne manquent pas !

Se promener

Bon à savoir – Un itinéraire piétonnier et audioguidé en 19 étapes *(1h30)*, « Sur les pas de Louis XIV », permet de visiter librement la ville, muni d'une carte, d'un livret et d'un audioguide. Deux autres parcours audioguidés en voiture *(3h30)*, « Terroir d'histoire » et « Terre d'Estuaire » sillonnent la région. *Rens. et loc. à l'office de tourisme - 3 €/audioguide.*

Terrasse du District

Ombragée de vieux ormeaux et de tilleuls, cette terrasse au nom révolutionnaire dispense l'été une douce fraîcheur. Le regard se repose d'abord sur les toits de tuiles de la ville basse, couleur terre de Sienne brûlée, puis sur la Dordogne et la Garonne qui se rejoignent au bec d'Ambès pour former la Gironde (table d'orientation).

Ville basse

De l'office de tourisme, prenez la rampe Cahoreau qui passe sous la **porte de la Mer**, creusée dans le rocher. Des escaliers mènent à un **lavoir** (1828), abreuvé par une fontaine sise au pied de la falaise calcaire. Au **port**, les yoles des pêcheurs attendent tranquillement le passage des aloses, lamproies, anguilles… ou vont traquer la chevrette (crevette grise de l'estuaire).
L'escalier du Roy monte jusqu'à la place du District. Prendre la rue à gauche de la place.

Château de la Citadelle

Jardin : 10h-19h sf j. de réception - gratuit.
Cette résidence du 18e s., édifiée à l'emplacement de la citadelle démantelée en 1664, fut incendiée par les Allemands en 1944. Rachetée par la municipalité qui a veillé à sa restauration, elle est réservée aux réceptions ; cependant elle ouvre aux passants son jardin à la française planté de magnolias. De la terrasse, vues étendues sur la Dordogne, la Garonne et, en aval, sur la Gironde.

Dans son enceinte se trouve le **musée hippomobile « Au temps des calèches »** qui compte quarante véhicules du 19e s. ainsi que de nombreux objets et accessoires. Il donne accès à un souterrain cavalier du 16e s., qui conduit aux cuves à pétrole datant de la Deuxième Guerre mondiale. Enfin, vous verrez les salles souterraines de la Citadelle qui surplombent l'estuaire de la Gironde. *05 57 68 23 57 - juin-sept. : 10h-13h, 14h-19h ; mars-mai et oct. : w.-end 10h-13h, 14h-19h, en sem. sur demande - 4,50 € (-14 ans 1,50 €).*

Écomusée du Bourgeais – musée Maurice-Poignant

✆ 05 57 68 42 48 - sur réserv. 3 j. av. - possibilité de visite guidée - 2 € (-18 ans gratuit).

Dans une ancienne dépendance du couvent des Ursulines sont réunies les collections de Maurice Poignant (ancien conseiller municipal) : archéologie, arts et traditions populaires de la région.

Itinéraire conseillé B2

35 km. Voir le circuit sur la carte de microrégion p. 100. Environ 2h. Quitter Bourg par la D 23, au nord. Tourner à droite dans la D 133.

Église de Tauriac B2

Cette église romane possède un portail de style saintongeais.

Poursuivre jusqu'à la D 137, puis prendre à droite en direction de St-André-de-Cubzac.

Église de Magrigne B2

La nef unique et le chevet plat caractérisent cette église romane construite par les templiers, qui renferme des peintures médiévales.

Château du Bouilh B2

✆ 05 57 43 06 59 - visite guidée de mi-juin à fin sept. : jeu., sam. et dim. 14h30-18h ; de Pâques à la Toussaint : sur RV - 5 € - visite libre du parc 10h-18h, de Pâques à la Toussaint - fermé nov.-mars.

Ceint par son vignoble, ce château fut construit selon les plans de Victor Louis (architecte du Grand-Théâtre de Bordeaux), à la demande du marquis de la Tour du Pin, qui souhaitait recevoir Louis XVI. Resté inachevé, il surprend par ses communs en forme d'hémicycle. À l'intérieur du corps de logis, bel escalier monumental et pièces d'apparat meublées.

St-André-de-Cubzac B2

i 9 allée du Champ-de-Foire - Square François-Mitterrand - 33240 St-André-de-Cubzac - ✆ 05 57 43 64 80 - www.pays-hautegironde.fr - lun. 14h-18h, mar.-vend. 9h-12h, 14h-18h, sam. 9h-12h - fermé dim. et j. fériés.

JACQUES-YVES COUSTEAU

Le célèbre commandant au bonnet rouge est né en 1910 à St-André-de-Cubzac. Entré à l'école navale à 20 ans, il devient officier canonnier puis suit une formation de pilote. Mais il doit renoncer à sa carrière d'aviateur suite à un grave accident de voiture en 1935. Pendant sa rééducation, il découvre l'extraordinaire richesse des fonds sous-marins. Aidé par des amis et des ingénieurs, il invente un scaphandre autonome permettant de fournir de l'oxygène « sur demande », ainsi que la première caméra de télévision sous-marine. En 1950, il transforme la ***Calypso*** en navire de recherches océanographiques ; en 1959, il construit avec un ingénieur la première soucoupe plongeante. Mais c'est surtout par ses films que le commandant Cousteau devint célèbre. Il remporta la Palme d'or à Cannes en 1956 pour *Le Monde du silence*, qui fit découvrir au monde entier des espèces jamais vues. Sa grande œuvre restera sans doute sa contribution à l'éveil d'une conscience environnementale planétaire. Décédé en 1997, il est enterré au cimetière de St-André-de-Cubzac.

Un dauphin, dansant au centre d'un rond-point, porte dans sa gueule un petit bonnet rouge qui rappelle le **commandant Cousteau**, né ici. Mais l'intérêt de ce village va au-delà : une église romane, un ancien cloître des cordeliers (devenu bibliothèque municipale), un petit castel du 15e s. au milieu d'un parc, agrémentent la visite.

Au nord, sur le **coteau de Montalon**, point culminant de la région et lieu de passage du 45e parallèle (stèle), le panorama s'étend du tertre de Fronsac aux côtes de Blaye *(table d'orientation)*. S'y trouvent également d'anciens moulins à vent du 18e s.

Cubzac-les-Ponts B2

Trois ouvrages d'art jouent à qui lancera le plus loin son tablier par-dessus la Dordogne. Le **pont routier**, formant viaduc, a été construit de 1874 à 1883 (par Eiffel), le pont autoroutier en 1974 et le pont de chemin de fer, en aval, en 1889. Vue d'ensemble des trois depuis le port de Cubzac en parcourant la D 10, route d'Ambès.

Revenir à St-André-de-Cubzac et prendre à gauche la D 669, en direction de Bourg.

Les amateurs d'églises romanes pourront faire un crochet par **St-Gervais**.

Grottes de Pair-non-Pair B2

✆ 05 57 68 33 40 - http://pair-non-pair.monuments-nationaux.fr - visite guidée - de mi-juin à mi-sept. : 10h-17h30 ; reste de l'année : 10h-16h - fermé lun., 1er janv., 1er Mai, 25 déc. - 7 € (-18 ans gratuit).

Le nom de Pair-non-Pair viendrait de celui d'un ancien village, perdu au jeu par un noble. Ces cavernes préhistoriques, creusées dans les pentes calcaires d'un vallon du Moron, ne prétendent certes pas rivaliser avec Lascaux (sur laquelle elles ont cependant le privilège de l'âge), mais elles se défendent bien. Gravures aurignaciennes (âge de la pierre taillée) représentant mammouths, bouquetins, bison et un fin cheval à tête retournée.

La D 669 ramène à Bourg.

NOS ADRESSES À BOURG

HÉBERGEMENT

Gîtes Bacchus – *Voir p. 138.*

À Bourg

BUDGET MOYEN

Chambre d'hôte Annick et Jean Poissonneau – *5 allée François-Daleau - face au Crédit Agricole - ✆ 05 57 68 39 73 - - 4 ch. 48 € .* Joli castel du 19e s. blotti dans un jardin arboré, au centre du village. Au 5e étage, une mini-terrasse offre une vue imprenable sur les toits de Bourg, l'estuaire et le pont d'Aquitaine au loin. Accueil des plus sympathiques.

Chambre d'hôte Le Petit Brésil – *26, le Pain-de-Sucre - 2 km au nord-ouest de Bourg par rte de la Corniche sur CD 669 - ✆ 05 57 68 23 42 - guerin.gite@free.fr - - 5 ch. 50 € .* Une adresse bien agréable située face à l'estuaire de la Gironde. Préférez les chambres côté ouest pour la vue dégagée et le soleil. À l'heure du petit-déjeuner, confitures maison et suggestions salées (charcuterie, fromage). Visite possible des caves de la région.

RESTAURATION

À Bourg

PREMIER PRIX

L'Esprit Des Lieux – *13 pl. de la Halle - ✆ 05 57 43 99 86 - fermé lun. - 5,80/12,70 €.* Décor cosy, tables et chaises en fer forgé, gravures accrochées aux murs, le cadre parfait pour une petite étape gourmande salée ou sucrée.

À proximité

POUR SE FAIRE PLAISIR

Au Sarment – *50 r. de la Lande - 33240 St-Gervais - 8 km au sud-est de Bourg par D 669, rte de St-André-de-Cubzac - ✆ 05 57 43 44 73 - www.au-sarment.com - fermé sam. midi, dim. soir et lun. - 39/59 €.* Le chef marie produits locaux et exotiques… Les mélanges « sucré-salé » (foie gras crème brûlée, poitrine de veau braisée aux agrumes) ravissent tous les palais !

ACHATS

Maison du vin des côtes de Bourg – *1 pl. de l'Éperon - 33710 Bourg - ✆ 05 57 68 22 28 - www.cotes-de-bourg.com - de mi-juin à mi-sept. : 10h-13h, 14h-19h ; reste de l'année : tlj sf dim. 9h30-12h30, 14h-18h.* Sur la terrasse, un jardin des senteurs aide à déterminer les arômes du vin. Dans la belle salle voûtée, plus de 150 références.

Le Haut-Médoc

★

Gironde (33)

NOS ADRESSES PAGE 192

S'INFORMER

Maison du tourisme et du vin de Pauillac – *La Verrerie - 33250 Pauillac - ✆ 05 56 59 03 08 - www.pauillac-medoc.com - juil.-août : lun.-sam. : 9h30-19h, dim. : 10h-13h, 14h-18h ; juin-sept.-oct. : lun.-sam. : 9h30-12h30, 14h-18h30, dim. : 10h30-12h30,15h-18h - fermé 1er janv. et 25 déc.* Visite des grands crus sur réservation. Dégustations et rencontres avec les viticulteurs à la Maison des vins.

SE REPÉRER

Carte de microrégion A1-2 *(p. 100) – carte Michelin Départements 335 F3 ; G 3-4-5 ; H 4-5 – carte p. 187.*

Région viticole s'étirant au nord de Bordeaux, le long de la Gironde.

À NE PAS MANQUER

Le Château Margaux, le musée de la vigne et du vin au Château Maucaillou, le Château Beychevelle, les chais et le musée du Château Mouton Rothschild, l'architecture orientalisante du Cos-d'Estournel, le Château de Loudenne, l'abbatiale de Vertheuil, une dégustation à la Winery.

ORGANISER SON TEMPS
Il est agréable de découvrir le vignoble pendant les vendanges, cependant certains châteaux sont précisément fermés à cette période. Pour la visite des chais, il est parfois nécessaire de réserver plusieurs semaines à l'avance.

AVEC LES ENFANTS
Le petit musée des Automates à Pauillac ; Fort-Médoc.

La presqu'île du Médoc se dresse entre Gironde et Atlantique. Favorisé par des conditions naturelles exceptionnelles et par une tradition viticole remontant au règne de Louis XIV, le Haut-Médoc est le pays des châteaux et des grands crus. L'appellation s'étend sur 4 200 ha, à l'intérieur de laquelle sont enclavés les six crus villageois : margaux, moulis, listrac, saint-julien, pauillac et saint-estèphe.

Itinéraire conseillé

145 km au départ de Bordeaux. Suivre l'itinéraire tracé en vert sur la carte ci-contre. Compter une journée.
Quitter Bordeaux au nord-ouest par la D 1215 et à Eysines prendre la D 2 à droite. Pour ceux qui partiraient du Parc des expositions, suivre la D 209.

Château d'Agassac, à Ludon-Médoc

05 57 88 15 47 - www.agassac.com - juil.-août : 10h30-18h30 ; juin et sept. : mar.-sam. 10h30-18h30 ; oct.-mai : lun.-vend. sur RV - visite guidée + dégustation 7 € (enf. gratuit), visite libre avec Ipod + dégustation 5 € (enf. 2 €).
Ce château a choisi la carte de l'innovation en proposant une visite « vinteractive » sur Ipod audio et vidéo. Une façon originale de découvrir ce domaine du 13e s. situé aux portes de Bordeaux. Avec ses allures de contes de fée, niché au cœur d'un parc arboré de 20 ha, Agassac vous séduira par ses tourelles aux toits coniques, ses douves en eau et son pigeonnier soigneusement restauré. À défaut de princesse, vous apprécierez la dégustation de ses vins…

Château Siran, à Labarde

05 57 88 34 04 - www.chateausiran.com - ♿ - visite guidée : tte la journée - fermé 1er janv., 25 déc. - gratuit - 8 € avec dégustation.
Cette **chartreuse** (17e s.-Directoire), entourée d'un bois qui à l'automne se tapisse de cyclamens, a appartenu aux comtes de Toulouse-Lautrec, ancêtres du peintre. Les 40 ha de vignoble sont divisés en 3 parcelles.
Vous verrez d'abord, dans le chai à barriques, la collection d'étiquettes de ce château, qui depuis 1980 sont illustrées chaque année par un artiste, puis des objets de tonnellerie, une série de bouteilles anciennes et de pots « jacquot ». Vous découvrirez ensuite quelques pièces aménagées dans les communs du château. Dans le couloir, remarquez les gravures signées Rubens, Vélasquez, Boucher, Daumier, et dans l'escalier menant à l'étage, la reproduction du *Bacchus juvénile* du Caravage. La salle à manger, dite salle Decaris, du nom de l'auteur des tableaux sur le thème du vin, compte quelques faïences (fabrique de Vieillard) portant le liseron comme motif. Mais c'est au rez-de-chaussée, dans la salle de réception, que se trouve l'intéressante collection d'assiettes à dessert Vieillard richement décorées (scènes de chasse, mariage, etc.). Cette pièce renferme en outre de beaux meubles du 19e s.

Château Margaux

✆ 05 57 88 83 83 - www.chateau-margaux.com - visite guidée des chais (1h30) sur RV lun.-vend. - fermé w.-end, j. fériés, août et pendant les vendanges - gratuit.
« Premier grand cru classé », le vignoble de Château Margaux fait partie de l'aristocratie des vins de Bordeaux. Il couvre 85 ha. Remarquez quelques ran-

gées de très vieux ceps, noueux et tordus. On visite les chais, les installations de vinification et une collection de vieilles bouteilles. Le **château** est de proportions harmonieuses. Bâti en 1802 par l'architecte Combes, élève de Victor Louis, il comporte un soubassement, deux étages et un attique. Un jardin à l'anglaise contraste, par sa fantaisie, avec la sévérité des bâtiments.

Dans Margaux prendre la direction Bordeaux, à la sortie du village tourner à gauche et continuer jusqu'au cimetière : c'est juste derrière.

Château Maucaillou

☏ 05 56 58 01 23 - www.maucaillou.com - visite guidée - mai-sept. : 10h-17h ; oct.-avr. : 10h-16h - fermé 1er janv. - 6,90 € (-17 ans 3 €).

Le domaine propose la visite de son chai et de son **musée des Arts et Métiers de la vigne et du vin** exposant les méthodes anciennes et modernes de viticulture.

Reprendre la D 5. À Cussac-le-Vieux, prendre à droite.

Fort Médoc

☏ 05 56 58 98 40 - ♿ - avr.-sept. : 10h-19h ; oct.-mars : 13h-17h - possibilité de visite guidée sur demande (8 j. av.) - fermé 24 déc.-2 janv. - 2,50 € (5-12 ans 1 €).

Demander le livret « Fort Médoc 1691 ».

Conçu en 1686 par **Vauban** pour interdire les approches de Bordeaux à la flotte anglaise, l'ouvrage croisait ses feux avec ceux du fort Pâté et de la citadelle de Blaye *(voir p. 177)*. Par une porte sculptée, la porte Royale au fronton orné d'un soleil symbolisant le roi Louis XIV, on pénètre dans la cour où les principaux éléments du fort sont indiqués. Les bâtiments en ruine font l'objet de chantiers de restauration, ainsi après la chapelle et le casernement nord, les tailleurs de pierres ont œuvré à la boulangerie. La visite se clôt par le petit musée d'histoire locale.

À partir de la D 2, un chemin pris à gauche donne accès au Château Lanessan.

Château Lanessan

☏ 05 56 58 94 80 - www.bouteiller.com - ♿ - visite guidée (1h) sur réservation 9h-18h - fermé 1er janv., 25 déc. - 8 € (-13 ans gratuit ; 13-17 ans 2 €) - des visites thématiques sont proposées.

Campé au faîte d'un domaine de 400 ha, il domine vignes, bois et prairies. Construit en 1878 par Abel Duphot, ce château apparaît comme un mélange de Renaissance espagnole et de style hollandais, notamment avec ses pignons à crémaillères et ses hautes cheminées monumentales. La visite des chais qui datent de 1887 (cuves en ciment) s'achève par une dégustation.

Dans les communs, le **musée du Cheval** présente une intéressante collection de voitures hippomobiles de 1900, dont une diligence de quinze places. La sellerie expose mors, harnais, étriers et selles. Remarquez les mangeoires en marbre dans l'écurie.

Les chais du Château Mouton Rothschild.
A. Thuillier / MICHELIN

Le vignoble du Médoc

LE TERROIR

Superficie : 16 371 ha.
Production : 109 millions de bouteilles.
Le terroir est principalement constitué de croupes graveleuses (sables, graviers et galets) dont la pente est tournée vers la Gironde.
Si les graviers déposés par la Gironde ne constituent pas en eux-mêmes un sol très fertile, ils ont la propriété d'emmagasiner la chaleur diurne et de la restituer au cours de la nuit, évitant ainsi la plupart des gelées printanières : les vignes médocaines sont donc taillées très bas pour profiter au maximum de cet avantage. D'autre part, les vallons encaissés que parcourent les *jalles*, perpendiculaires à la Gironde, facilitent l'écoulement des eaux et permettent de varier les expositions. Le climat bénéficie, d'un côté, de la Gironde dont la masse d'eau joue un rôle adoucissant et de l'autre, de l'écran protecteur que forme la pinède landaise face aux vents marins.

LES VINS

La région du Médoc fournit environ 8 % des vins d'appellation du Bordelais. Ils donnent des vins rouges bouquetés, élégants, tanniques et de bonne garde.
AOC médoc et haut-médoc (appellations régionales)**, moulis, listrac, saint-estèphe, pauillac, saint-julien, margaux** (appellations communales) **:** cépages cabernet-sauvignon, merlot, cabernet franc, petit verdot et malbec.
En 1855, les vins du Médoc ont fait l'objet d'un classement – du premier au cinquième cru – à la demande de Napoléon III ; ce classement a été revu en 2003. Le classement des crus bourgeois, quant à lui, a été instauré en 1932.

S'INFORMER

Maison du tourisme et du vin à Pauillac – *Voir « S'informer » p. 185.*
Maison du vin de Bordeaux – *Voir p. 135.*

ACHETER

Voir la rubrique « Achats » dans « Nos adresses dans le Haut-Médoc ».

Château Beychevelle

✆ 05 56 73 20 70 - www.beychevelle.com - visite guidée (1h) mai.-sept. : lun.-sam. 10h, 11h30, 13h30, 17h ; oct.-avr. : lun.-vend. 10h, 11h30, 13h30, 17h - fermé 20 déc.-31 déc., dim. et j. fériés - gratuit, 8 € avec dégustation.

Le nom de Beychevelle (« baisse-voile ») viendrait du salut que les navires devaient faire au 17e s. devant la demeure appartenant alors au duc d'Épernon, grand amiral de France, qui percevait un droit de péage.

La blanche et charmante **chartreuse**, reconstruite en 1757 et agrandie à la fin du 19e s., a retrouvé sa splendeur originelle suite à une restauration. Elle présente un fronton sculpté de guirlandes et de palmes.

Au-delà de Beychevelle, vues agréables sur l'estuaire de la Gironde.

St-Julien-Beychevelle

Vignobles estimés, tels les Châteaux Lagrange, Léoville, Beaucaillou, Talbot (du nom du célèbre maréchal anglais) et le Gruaud-Larose dont le propriétaire annonçait, dit-on, la qualité en hissant sur la tour un pavillon différent.

Pauillac

À mi-chemin entre Bordeaux et la pointe de Grave, Pauillac est dotée d'un port de plaisance. Cette cité est surtout connue comme un centre vinicole important qui s'honore de crus illustres comme les châteaux-lafite-rothschild, latour et mouton-rothschild ainsi que d'une coopérative, la Rose Pauillac, la plus ancienne du Médoc *(voir la rubrique « Achats » dans « Nos adresses dans le Haut-Médoc »)*.

Le petit musée d'Automates, dans la rue piétonne face au port, amusera vos enfants. *✆ 05 56 59 02 45 - juil.-août : 10h-13h, 14h-19h ; avr.-sept. : mar.-sam. 10h-12h30, 14h30-19h ; reste de l'année : jeu.-sam. 10h-12h30, 14h30-19h - fermé j. fériés - 3 € (enf. 2 €).*

Autour du village, possibilités de belles balades en famille *(voir la rubrique « Activités » dans « Nos Adresses dans le Haut-Médoc »)*.

★ Château Mouton Rothschild

✆ 05 56 73 21 29 - visite guidée sur RV au service des visites : lun.-jeu. 9h30-11h, 14h-16h (vend. 15h) - fermé w.-end et j. fériés - 6, 50 €, 16 € avec dégustation.

Au cœur des vignobles qui dominent Pauillac se niche le Château Mouton Rothschild, un des noms glorieux du Médoc, classé « premier cru » en 1973, dont se visitent les **chais**★ : de la salle d'accueil superbement meublée et décorée de peintures et de sculptures ayant trait à la vigne ou au vin, on passe dans la salle de banquets, tendue d'une somptueuse tapisserie du 16e s. représentant les vendanges. Après le grand chai où reposent les barriques de vin nouveau viennent enfin caves et caveaux où s'alignent par milliers de précieuses et vénérables bouteilles.

Le **musée**★★ est aménagé dans d'anciens caveaux. Nombreuses œuvres d'art de toutes les époques, se rapportant à la vigne et au vin. On admirera tapisseries, peintures, sculptures, céramiques, verreries, « pierres dures » placées dans un cabinet tendu de drap bleu nuit et surtout un étonnant ensemble d'orfèvrerie des 16e-17e s. Une place est faite à l'art contemporain avec notamment une belle composition du sculpteur américain Lippold.

Château Lafite Rothschild

www.lafite.com - visite guidée sur RV lun.-vend. 14h-15h30 - fermé w.-end, j. fériés et août-oct. - gratuit.

C'est le plus fameux des « premiers grands crus classés » du Médoc, dont les caves abritent une collection de bouteilles vénérables parmi lesquelles quelques-unes portent le millésime de l'année de la Comète, 1811. Le château lui-même, dont le nom, correspondant au gascon La Hite, provient du latin *petra ficta* (« pierre fichée »), est établi sur une terrasse plantée de beaux cèdres et limitée par une balustrade Louis XIV ; il appartient depuis le Second Empire (1868) aux Rothschild.

Château Cos-d'Estournel

✆ 05 56 73 15 50 - www.cosestournel.com - visites sur RV écrit (courrier postal : Château Cos- d'Estournel 33180 St-Estèphe, ou électronique g.santier@estournel.com) - gratuit.

Au-delà du Château Lafite Rothschild, à droite de la D 2, apparaît la silhouette orientale de **pagodes indiennes** édifiées au 19e s. Le fondateur du Château Cos-d'Estournel, qui exporta son vin jusqu'aux Indes, fit construire cet édifice exotique en souvenir de ses lointaines expéditions.

St-Estèphe

Le bourg, que domine une singulière **église** d'origine romane et à l'intérieur baroque, est situé sur un mamelon au centre d'une mer de vignes. Du port, vue sur la Gironde, le marais et les côtes de Blaye.

2 km avant St-Izans-de-Médoc, s'engager sur un chemin à droite.

Château Loudenne

✆ 05 56 73 17 97 - www.lafragette.com - mars-oct. : 9h-18h (visites guidées 11h, 14h30, 16h, 17h30), reste de l'année sur RV - fermé 1er janv., 1er nov., 11 Nov. - visite guidée 5 €, visite libre gratuite.

Cette ravissante **chartreuse** du 17e s. de couleur rose a appartenu à deux Britanniques pendant 125 ans jusqu'à son rachat en 2000. La terrasse ouvre sur des **jardins à l'anglaise** (comprenant une roseraie conservatoire) qui descendent doucement vers l'estuaire où se trouve le petit port privé de la propriété. Les chais victoriens abritent un **musée** retraçant le travail du vin (outils et objets anciens) et de la vigne (intéressante fresque « des quatre saisons »). Possibilité de déguster les vins du Château Loudenne (cru bourgeois du Médoc) mais aussi ceux des autres propriétés de la famille Lafragette (Château de l'Hospital, au cœur des Graves et Château de Rouillac, dans l'appellation Pessac-Léognan).

Revenir à St-Seurin et prendre à droite en direction de Pez.

Vertheuil

L'**église romane** (11e s.), modifiée au 15e s., est une ancienne abbatiale dont l'importance est marquée par ses trois nefs, son chœur à déambulatoire et chapelles rayonnantes, ses deux clochers. Sur le côté droit, restes d'un beau **portail roman** aux voussures ornées de figures. L'intérieur relève du style poitevin par ses bas-côtés presque aussi hauts que la nef, voûtée d'ogives au 15e s. Dans le chœur, tribune suspendue et stalles de la même époque, sculptées de scènes monastiques. Au bas de la nef, fonts baptismaux monolithes également du 15e s.

Les ruines d'un château à donjon du 12e s., restauré, dominent le village.

Moulis-en-Médoc

L'**église romane** a été quelque peu modifiée à l'époque gothique ; la tourelle ronde élevée à la place de l'absidiole sud renferme l'escalier en hélice donnant accès au clocher doté d'une chambre forte. L'abside, remarquable, montre à l'extérieur des modillons sculptés et des arcatures. À l'intérieur, remarquez les chapiteaux sculptés de félins ou d'oiseaux, naïvement historiés : 4e chapiteau

à gauche, Tobie portant le poisson dont le fiel guérira la cécité de son père. Fresques des 12e-15e s. et sarcophages mérovingiens.
Les vignobles de Grand-Poujeaux font la renommée des vins de Moulis.

Castelnau-de-Médoc A2

L'**église** renferme quelques éléments remarquables : un vitrail Renaissance représentant la Crucifixion, une sculpture sur bois (1736) figurant la Pentecôte, et le bas-relief d'albâtre des fonts baptismaux (14e s.) reproduisant la Trinité. Le bénitier extérieur, intégré à la façade, était, si l'on en croit la tradition, réservé aux lépreux.
Prendre la D 1215E1 en direction de Bordeaux.

La Winery A2

Rond-Point des Vendangeurs - 33460 Arsac - ✆ 05 56 39 04 90 - www.lawinery.fr - tlj sf lun. 10h-19h.
Un restaurant, une boutique, un espace culturel, un parc, des œuvres d'art, tout est réuni dans ce nouveau temple du vin, conçu sur un concept œnologique unique en France, pour créer des passerelles entre l'art et le vin. Ici, vin rime avec contemporain. Dans une architecture moderne, vous découvrirez les mille et un vins du monde proposés à la boutique, avant de déguster le vin de votre choix sur la formule « bistronomique » du chef ou d'établir votre signe œnologique !
La D 1 rejoint Bordeaux.

NOS ADRESSES DANS LE HAUT-MÉDOC

HÉBERGEMENT

Gîtes Bacchus – *Voir p. 138.*

BUDGET MOYEN

Chambre d'hôte Château Cap Léon Veyrin – *33480 Listrac-Médoc - 4 km de Listrac par D 5E2 - ✆ 05 56 58 07 28 - contact@vignobles-meyre.com - fermé 25 déc.-1er janv. - 5 ch. 50 €.* Cette demeure est au cœur d'un domaine viticole de 20 ha. Les chambres sont simples. La salle des petits-déjeuners est ouverte sur le chai. Dégustation des vins de la propriété.

Hôtel Les Bruyères – *85 bis av. Blaise-Pascal, lieu-dit Issac - 33160 St-Médard-en-Jalles - 5 km à l'ouest de St-Médard-en-Jalles par D 107 rte du Porge - ✆ 05 56 05 32 24 - www.lesbruyeres.fr - fermé 22 déc.-4 janv. - P - 26 ch. 55 € - 6,50 € - rest. 11/30 €.* La proximité de Bordeaux, la climatisation, la piscine, le tennis et les prix raisonnables compensent des équipements standard.

Chambre d'hôte Domaine de Carrat – *Rte de Ste-Hélène - 33480 Castelnau-de-Médoc - 5 km au sud de Listrac-Médoc par D 1215 - ✆ 05 56 58 24 80 - fermé 25 déc. - 4 ch. 57/63 €.* Cette maison entourée d'une forêt abritait jadis les écuries du château voisin. Accueil attentionné et chambres très confortables. En arrivant, vous passerez sous le splendide porche pavé autrefois emprunté par les voitures attelées.

Chambre d'hôte Le Domaine les Sapins – *62 av. du Médoc, lieu-dit Bouqueyran - 33480 Moulis-en-Médoc - ✆ 05 56 58 18 26/06 80 22 45 07 - www.domaine-les-sapins.com - 3 ch. 65/85 € - repas 25 €.* Cette demeure du 19e s. au cœur d'un parc est entourée de vignes. Dans les chambres : jolie décoration et meubles anciens. Le propriétaire est intarissable quand il fait visiter ses caves !

POUR SE FAIRE PLAISIR

Chambre d'hôte Château le Foulon – *Rte de St-Raphaël - 33480 Castelnau-de-Médoc - 5 km au sud de Listrac-Médoc par D 1215 - ✆ 05 56 58 20 18 - ⊄ - 4 ch. 80/120 €* ☕. Château idéal pour partir à la découverte des grands crus du Médoc. Les chambres, aux meubles anciens, ont de beaux volumes. Toutes donnent sur le parc et son cours d'eau. Également trois appartements avec cuisine équipée.

RESTAURATION

BUDGET MOYEN

Le Lion d'Or – *Pl. de la République - 33460 Arcins - 6 km au nord-ouest de Margaux par D 2 - ✆ 05 56 58 96 79 - fermé juil., 23 déc.- 2 janv., dim., lun. et j. fériés - réserv. obligatoire - 15 €.* Cet ancien relais de poste est une halte sympathique avec style bistrot à l'image du patron-chef, sans chichis et plein de caractère. L'ardoise annonce le menu du jour aux fidèles fréquentant l'adresse pour sa cuisine du terroir soignée et généreuse.

Café Lavinal – *Pl. Desquet, à Bages - 33250 Pauillac - ✆ 05 57 75 00 09 - fermé 24 déc.- 1er fév. et dim. soir - 14 € déj. - 25/35 €.* Joli bistrot « néo-rétro » au centre de Pauillac. Chef argentin officiant dans un registre traditionnel. Ardoise du jour et vins locaux de propriété.

POUR SE FAIRE PLAISIR

Auberge de Savoie – *1 pl. Trémoille - 33460 Margaux - ✆ 05 57 88 31 76 - fermé 22-28 déc., lun. soir d'oct. à mai, dim. soir - 28/88 €.* L'accueil est sympathique dans cette maison du 19e s. Les repas sont servis dans deux belles salles à manger ou sur la terrasse. Goûteuse cuisine et belle carte de bordeaux.

ACHATS

Maison du vin de Margaux – *Pl. de la Trémoille - 33460 Margaux - ✆ 05 57 88 70 82 - juin-sept. : 10h-13h, 14h-19h ; avr.-oct. : tlj sf dim. 10h-12h30, 14h-18h ; janv.-mars : mar.-vend. 10h-12h, 14h-18h30 ; nov.-déc. : tlj sf dim. 10h-12h, 14h-18h - fermé j. fériés en hiver.* Vend une cinquantaine de vins au prix de la propriété.

La Cave coopérative Larose – *44 av. du Mar.-Joffre - 33250 Pauillac - ✆ 05 56 59 26 00 - 8h-12h, 14h-18h, lun. et sam. 9h-12h, 14h-18h (juil.-août 19h).* Cette cave produit, selon des méthodes naturelles, des vins appréciés par les amateurs : la Rose Pauillac et la Fleur Pauillac.

Château Tour du Haut-Moulin – *22 av. du Fort-Médoc - 33460 Cussac-Fort-Médoc - ✆ 05 56 58 91 10 - tlj sf dim. et lun. 9h-11h45, 14h-17h30 - fermé j. fériés.* Les 32 ha de vignes du domaine recouvrent 3 cépages (cabernet sauvignon, merlot et petit verdot) et élaborent un haut-médoc cru bourgeois.

ACTIVITÉS

Pauillac est le point de départ de 6 circuits (5 à 21 km) à parcourir à pied ou à vélo. *Renseignements à la maison du tourisme.*

Tonnellerie Nadalie – *99 r. Lafont - 33290 Ludon-Médoc - ✆ 05 57 10 02 02 - 9h-12h, mar. sur RV - fermé août.* Visite des ateliers de fabrication de tonneaux destinés au vin.

LES LANDES DU MÉDOC
ET LE BASSIN D'ARCACHON
0 8 km
Arcachon ★★ Mérite un détour
Cap Ferret ★ Intéressant
Valeyrac À voir
Itinéraire conseillé avec ville de départ
ROCHEFORT
A
B
1
2
3
MIRAMBEAU
BORDEAUX
BAYONNE
Cordouan
Pointe de Grave
Port-Bloc
Le Verdon-sur-Mer
Soulac-sur-Mer
Talais
St-Vivien-de-Médoc
Vensac
Richard
Valeyrac
Queyrac
Montalivet-les-Bains
Cozes
GIRONDE
Lesparre-Médoc
OCÉAN
ATLANTIQUE
Hourtin-Plage
Contaut
Piqueyrot
Hourtin
Lac d'Hourtin-Carcans
St-Laurent-Médoc
Carcans-Plage
Maubuisson
Carcans
Étang de Cousseau
Lacanau-Océan
Ste-Hélène
Lac de Lacanau
GIRONDE
Réserve naturelle des Prés salés
Arès
Andernos-les-Bains
Réservoirs de Piraillan
Taussat
Lanton
Audenge
L'Herbe
Bassin d'Arcachon
Arcachon
Cap Ferret
La Hume
Le Teich
Biganos
La Teste-de-Buch
Gujan-Mestras
Dune du Pilat
PARC NATUREL RÉGIONAL DES LANDES DE GASCOGNE
N
D 730
D 25
D 125
D 1215
D 101
D 2
D 102
D 3
D 101E7
D 207
D 104
D 6
D 6E1
D 5
D 5E4
D 106
D 213
D 1250
D 218
D 650
A 660
A 63

Les Landes du Médoc et le bassin d'Arcachon 2

Carte Michelin Départements 335 - Gironde (33) et Landes (40)

Soulac-sur-Mer

★

2 690 Soulacais – Gironde (33)

NOS ADRESSES PAGE 201

S'INFORMER

Office du tourisme de Soulac – *68 r. de la Plage - ✆ 05 56 09 86 61 - juil.-août : 9h-19h ; avr.-juin : lun.-vend. 9h-12h30, 14h-17h30, w.-end 10h-12h30, 15h-17h30.* L'office de tourisme organise des **visites guidées** du village ancien de Soulac, de la basilique et des villas et chalets *(juil.-août : lun. et merc. 17h30-19h et mar.-jeu. 10h30-12h ; reste de l'année : sur RV - 4,50 €, -12 ans gratuit).*

SE REPÉRER

Carte de microrégion B1 *(p. 194) – carte Michelin Départements 335 E1.*
Au nord de l'Aquitaine, entre l'estuaire de la Gironde et l'océan Atlantique, la ville de Soulac se trouve à 100 km de Bordeaux (par la D 1215). Le petit centre ancien se groupe autour de l'office de tourisme.

SE GARER

Le parking à côté de la basilique est très pratique.

À NE PAS MANQUER

La jolie vue sur le phare de Cordouan depuis le boulevard du Front-de-Mer ; la basilique N.-D.-de-la-Fin-des-Terres ; le circuit des villas ; le beau panorama du haut du phare de la pointe de Grave.

ORGANISER SON TEMPS

Comptez une demi-journée pour la visite de Soulac et autant pour l'itinéraire conseillé entre mer, marais et forêt. À la belle saison, ne manquez pas de prolonger votre séjour par la visite du phare de Cordouan.

AVEC LES ENFANTS

Le petit train touristique entre Soulac et la pointe de Grave *(voir la rubrique « Visite » dans « Nos adresses à Soulac-sur-Mer »)* ; le moulin à vent de Vensac ; le phare de Cordouan et son musée au Verdon-sur-Mer ; le phare de Richard ; la promenade-découverte du marais du Conseiller au Verdon-sur-Mer.

Plage de Soulac-sur-Mer.
M.-H. Carcanague / MICHELIN

À la fin du 19e s., la grande vague des bains de mer fit pousser à Soulac des centaines de maisons de poupée qui donnent un charme fou à la station. La mer est là, à quelques pas, de même que la forêt : farniente sur la plage et balades sous les pins en perspective.

Se promener

La **rue de la Plage**, entre la basilique et le front de mer, est l'axe central : piétonnière, vous y trouverez les commerces, dont le marché central couvert, et l'office de tourisme. Autour du centre-ville s'éparpillent **les villas** 19e s., qui allient brique et bois, et les chalets du 20e s., formant un ensemble architectural harmonieux. Du front de mer, vous pourrez rejoindre, à l'ouest, le musée d'Art et d'Archéologie *(près du casino)* et à l'est, le mémorial de la Forteresse *(près de la piscine)*.

Soulac est relativement protégée de la houle par un banc en haut fond, cependant les **quatre plages** sont surveillées. Comme sur toute la côte atlantique, la station est idéale pour tous les sports nautiques de glisse. Du quartier de l'Amélie, vous pouvez accéder à la plage centrale à vélo par une piste cyclable *(3,5 km)*. Lorsque la chaleur se fait trop forte au soleil, allez vous rafraîchir sous les pins ! La **forêt** est parcourue de sentiers pédestres et pistes cyclables *(voir la rubrique « Activités » dans « Nos adresses à Soulac-sur-Mer »)*.

Accès au sentier de découverte à 1 km au sud de Soulac par la D 101E1. La **dune de l'Amélie** est un site naturel protégé *(voir la rubrique « Visites » dans « Nos adresses à Soulac-sur-Mer »)*.

Basilique N.-D.-de-la-Fin-des-Terres

Pl. Aliénor-d'Aquitaine - 9h-18h - visite guidée avec l'office de tourisme (voir la rubrique « S'informer »).

C'est à Soulac que les pèlerins de St-Jacques débarquaient en provenance des îles Britanniques ; à ce titre, la basilique a été classée au Patrimoine mondial de l'Unesco, en même temps que les chemins de St-Jacques.

Cet édifice bénédictin du 10e s. qui était, au milieu du 18e s., presque entièrement recouvert par les sables, a été dégagé et restauré à la fin du 19e s. Il présente les caractères de l'architecture romane poitevine ; l'actuel clocher a remplacé au 14e s. celui qui se trouvait sur la croisée du transept. La manière de bâtir de l'école poitevine s'affirme dans la nef centrale sans ouverture, et par les collatéraux aussi hauts qu'elle. À l'intérieur, certains chapiteaux sont historiés : au pilier gauche qui précède le chœur, vestige du retable de l'autel de sainte Véronique ; à l'entrée du chœur, à gauche, saint Pierre aux liens ; dans le chœur, Daniel dans la fosse aux lions. Dans le bras droit du transept, remarquez la statue polychrome de N.-D.-de-la-Fin-des-Terres, objet du pèlerinage dont l'origine remonte au passage des pèlerins vers St-Jacques-de-Compostelle.

Musée d'Art et d'Archéologie

1 av. El Burgo-de-Osma - ✆ 05 56 09 83 99 - ♿ - juil.-août : apr.-midi ; avr.-juin et de déb. sept. à mi- sept. : apr.-midi sf merc. - fermé de mi-sept. à fin mars - 2,35 € (-15 ans gratuit).

Le recul constant de la côte dans le Médoc a favorisé les découvertes archéologiques rassemblées ici par la Fondation médullienne. De la **période néolithique** (5000-2200 av. J.-C.) : silex, grattoirs, burins, poteries à décor cardial (coquilles dentelées), pointes de flèche. Les haches à bord rectiligne sont caractéristiques de l'âge du bronze dans le Médoc. La pointe de la Négade a fourni la plupart des vestiges de l'**époque gallo-romaine** : monnaies, céramiques sigillées, vases à engobe orangé (à décor de lunules ou à guillochures), verreries, fibules. Le magnifique sanglier en laiton aux formes stylisées n'est autre qu'une enseigne militaire gauloise du 1er s. avant J.-C.

Le musée expose également des peintures et des sculptures d'artistes contemporains d'Aquitaine.

Mémorial de la Forteresse du Nord Médoc

✆ 05 56 73 63 60 - http://perso.orange.fr/vincent.mari - juil.-août : mar., vend. et sam. 10h-12h, 17h-19h ; le reste de l'année sur RV - musée 3 € (enf. 1 €), sites historiques 6 €, musée et sites 7 € (enf. 3 €).

Le musée du Souvenir relate la libération de la poche du Médoc en août 1944. Les visiteurs souhaitant se rendre sur les sites historiques (ensemble de bunkers) suivront une visite guidée *(environ 3h)*.

À proximité Carte de microrégion

Montalivet-les-Bains A-B1

18 km au sud de Soulac par la D 101 puis la D 102E1.

i 62 av. de l'Océan - ✆ 05 56 09 30 12 - www.ot-vendays-montalivet.fr - juil.-août : 9h-19h ; juin et sept. : lun.-sam. 9h30-13h, 14h-18h30 ; avr.-mai : 9h30-12h, 14h-18h ; oct.-mars : lun.-vend. 14h-17h, sam. 10h-12h.

Cette petite station balnéaire est surtout connue comme l'un des grands centres de naturisme *(voir p. 15)* et pour son marché quotidien fort animé en été. Les activités de loisir constituent le principal attrait : 12 km de plages, 2 boucles pédestres dans les marais, des pistes cyclables dans la forêt et jusqu'à Vendays, etc. Hors saison, l'avenue de l'Océan, où se concentrent les commerces, et le quadrillage de maisonnettes alentour restent relativement morts.

Itinéraire conseillé

ENTRE MER ET ESTUAIRE B1

▶ 85 km. Voir le circuit sur la carte de microrégion p. 194. Compter 4h. Quitter Soulac au nord par la D1E4 et poursuivre sur la N 215.

Pointe de Grave B1

Laisser la voiture près du monument commémoratif. Face à Royan, la pointe de Grave (sur la commune du Verdon-sur-Mer) est le cap formé par l'estuaire de la Gironde où prennent fin, au nord, la forêt de pins et les plages de sable rectilignes des Landes.

Un **monument commémoratif** remplace la pyramide de 75 m qui rappelait le débarquement des troupes américaines en 1917 et que les Allemands abattirent en 1942. La pointe fut l'une des poches où se retranchèrent, après le débarquement de 1944, les forces allemandes stationnées dans l'ouest; elle ne fut réduite qu'en avril 1945.

Du haut de la dune, sur un ancien blockhaus, le **panorama★** embrasse un vaste horizon marin : le phare de Cordouan distant de 9 km en mer, la presqu'île et le phare de la Coubre, les conches de Royan, la Gironde, les installations portuaires du Verdon.

Dans le phare de la pointe de Grave est installé le **musée du Phare de Cordouan**. Des photographies mettent en valeur l'exceptionnelle richesse architecturale de l'édifice et donnent un aperçu de la vie de ses gardiens. Sont également exposées les maquettes des six phares de Gironde. De la plateforme *(108 marches)*, vue splendide sur l'estuaire (table d'orientation). *05 56 09 00 25 - www.littoral33.com/cordouan - ♿ - juil.-août : 11h-19h ; mai-juin et sept.-oct. : lun., vend., w.-end. et j. fériés 14h-18h ; reste de l'année : sur RV - fermé 1er janv., Pâques, 11 Nov., 25 déc. - 2,50 € (-12 ans 1,50 €).*

De **Port-Bloc** partent les promenades en mer *(voir la rubrique « Activités » dans « Nos adresses à Soulac-sur-Mer »)*. Plus au sud, un nouveau port de plaisance (800 anneaux), **Port-Médoc**, a été aménagé.

★★ Phare de Cordouan B1

05 56 09 62 93 - www.vedettelaboheme.com - visite guidée sur réserv., durée de la sortie (3h30) depuis la pointe de Grave, avr.-oct., en fonction des marées et des conditions climatiques - fermé nov.-mars - 32 € (enf. 22 €) comprenant traversée en bateau et entrée du phare.

Avec ses étages Renaissance, qu'une balustrade sépare du couronnement classique, le phare (67,5 m) donne une impression de hardiesse.

Une poterne conduit au bastion circulaire qui protège l'édifice des fureurs de l'Océan ; c'est là qu'habitent les gardiens du phare.

Au rez-de-chaussée, un portail monumental donne sur l'escalier de 311 marches qui grimpe à la lanterne. Au premier étage se trouve l'appartement du Roi ; le deuxième étage abrite la chapelle (au-dessus de la porte remarquez le buste de Louis de Foix) coiffée d'une belle coupole.

Depuis le débarcadère à Port-Bloc, prendre la D 1215 vers Soulac.

Le Verdon-sur-Mer B1

2 r. des Frères-Tard - 05 56 09 61 78 - 9h-12h, 13h30-17h30 (merc. et sam. mat. uniquement) - fermé dim. et j. fériés.

LE PHARE DE CORDOUAN

Petite histoire – Au 14e s., le **Prince Noir** fit élever une tour octogonale au sommet de laquelle un ermite allumait de grands feux. À la fin du 16e s., cette tour menaçant ruine, **Louis de Foix**, ingénieur et architecte qui venait de déplacer l'embouchure de l'Adour, se mit en devoir de bâtir, avec plus de 200 ouvriers, une sorte de belvédère surmonté de dômes et de lanternons. En 1789, l'ingénieur **Teulère** reconstruisit la partie supérieure de l'édifice, dans le style Louis XVI.

De l'Océan au fleuve – Le lent défilé des cargos constitue un des spectacles de l'estuaire de la Gironde. Le franchissement des passes de Cordouan est difficile par gros temps mais le creusement de la « passe de l'Ouest », entretenue par des dragages réguliers, a amélioré les accès.

Entre le bourg et la plage qui borde l'estuaire, les cabanes de pêcheurs témoignent de l'activité ostréicole qui régnait autrefois. Elle a cessé avec l'ouverture du port de commerce.

Le port du Verdon-sur-Mer offre le double avantage d'un port en eau profonde sans écluse ni marées et d'une passe d'entrée en Gironde, favorisant la navigation des grands porte-conteneurs et pétroliers. La puissance des équipements, la rapidité des opérations de manutention, les vastes entrepôts et moyens de stockage lui confèrent un rôle de premier plan.

Amoureux de la nature, ne manquez pas la promenade-découverte *(2h)* du **marais du Conseiller**, avec un guide qui vous expliquera l'aménagement des marécages, la flore et la faune (nombreuses espèces d'oiseaux). *05 56 09 65 57 - Association Curuma - avr.-nov. : lun.-vend. 9h-16h - 2 € (-12 ans gratuit).*

Revenir sur la D 1215 en direction de Bordeaux. Après 4 km tourner à gauche dans la D1[E4].

La route passe par **Talais**, où vous pourrez faire une halte à l'ancien port ostréicole.

St-Vivien-de-Médoc B1

1 pl. Brigade-Carnot - 33590 St-Vivien-de-Médoc - 05 56 09 58 50 - lun.-vend. 8h30-12h30, 14h-17h, sam. 8h30-12h30 - fermé j. fériés.

Venez de préférence le mercredi matin pour profiter du **marché**, le plus couru du Médoc. Au passage, arrêtez-vous à l'**église** qui conserve une belle abside romane de style saintongeais, tandis que le clocher et la nef ont été reconstruits suite au bombardement de 1943.

Faites ensuite un tour dans le petit **port de pêche**. Là s'offre la possibilité de visiter la **ferme aquacole** « Eau Médoc », qui élève des gambas sur d'anciens marais salants. *05 56 09 58 32 - de déb. juil. à mi- nov. : mat. et apr.-midi ; mars-juin : vend. apr.-midi, sam. mat. - possibilité de visite guidée sur demande 3 j. av. - gratuit ; visite + dégustation 5 €.*

Suivre la direction de Port-de-St-Vivien et prendre la première à droite (D 2). Sur la droite, le phare de Richard est indiqué.

La route emprunte une digue construite lors de l'assèchement des marais au 17e s.

Phare de Richard B1

05 56 09 52 39 - www.phare-richard.com - - juil.-août : 11h-19h ; mars-juin et sept.-oct. : tlj sf mar. 14h-18h ; reste de l'année : sur demande préalable - fermé 1er janv., 1er Mai, 25 déc. - 1,25 € (-10 ans gratuit).

Laissé à l'abandon après son extinction en 1953, il doit son réaménagement en espace muséal aux jeunes de Jau-Dignac-Loirac (commune dont le site dépend), soucieux de préserver la mémoire des anciens. Ainsi, outre l'histoire du phare (du 19e s.), c'est la vie de l'estuaire que vous découvrirez à travers des objets et documents. Après l'ascension des 63 marches s'offre à vous une vue imprenable sur l'estuaire, l'alignement des carrelets sur la digue et les polders (terre gagnée sur la mer, endiguée et mise en valeur) du Médoc *(table d'orientation au pied du phare).*

Aux beaux jours, ce lieu fort agréable *(aire de pique-nique)* se prête à une halte déjeuner avant la visite du phare ou à une pause-goûter, après.

Revenir sur la D 2.

Vous passez à Port-de-Richard et Port-de-Goulée, ancien port ostréicole devenu halte nautique.

Valeyrac B1

Le village s'enorgueillit d'une église due à Paul Abadie, l'architecte du Sacré-Cœur à Montmartre.

Revenir à Port-de-Richard et prendre à gauche la D 102E2.

Queyrac B1

Entre prairies et marais, vignoble et forêt, ce village offre un cadre naturel enchanteur qui invite à la promenade à pied ou à bicyclette. Une piste cyclable permet de rejoindre les plages de l'Océan en passant par Vensac.

Quitter Queyrac au nord par la D 102, puis traverser la D 1215 pour poursuivre sur la D 1E4.

Moulin à vent de Vensac B1

19 rte du Moulin - ✆ 05 56 09 45 00 - www.moulindevensac.fr - ♿ - visite guidée juil.-août : 10h-12h30, 14h30-18h30 ; juin et sept. : w.-end et j. fériés 10h-12h30, 14h30-18h30 ; avr.-mai et oct. : dim. et j. fériés 14h30-18h30 - fermé nov.-mars - 4 € (enf. 3 €).

Ce moulin à vent du 18e s. a été remonté sur son emplacement actuel en 1858. Il est du type tour en pierre, coiffée d'un toit conique. Sa visite vous fait découvrir les diverses opérations de la fabrication de la farine, depuis le broyage du blé jusqu'au tamisage dans la bluterie voisine, ainsi que le mécanisme principal d'entraînement dont certaines pièces, en chêne, sont d'origine.

NOS ADRESSES À SOULAC-SUR-MER

TRANSPORTS

Train – Des liaisons TER relient Bordeaux à Soulac en 1h30. Rens. à la SNCF *(voir p. 8)*.

Bac – *✆ 05 56 73 37 73 (rens. à l'office du tourisme du Verdon) - 20mn de traversée - se présenter 30mn av. l'embarquement - 21,60 € par voiture + 3,10 €/pers.* Des liaisons régulières (ttes les 30 à 45mn en été) relient Royan au Verdon-sur-Mer.

VISITE

Bon à savoir – Pour profiter de la fête, l'office du tourisme de Soulac propose une formule week-end incluant : l'aller depuis Bordeaux en train à vapeur (retour en car), dîner au Casino et nuit en hôtel 2 étoiles, balade en calèche, location d'un costume.

HÉBERGEMENT

À Soulac-sur-Mer

BUDGET MOYEN

Hôtel Michelet – *1 r. Bernard-Baguenard - ✆ 05 56 09 84 18 - fermé nov.-fév. - 20 ch. 47/77 € - ☕ 6,50 €.* Cette jolie maison fin 19e s. appartient aux Michelet depuis trois générations. Les propriétaires actuels reçoivent leurs hôtes chaleureusement, un peu comme des amis… Une partie des chambres, standardisées mais impeccablement tenues, possède un balcon avec vue sur mer.

À proximité

PREMIER PRIX

Camping Les Lacs – *126 rte des Lacs - 33780 L'Amélie-sur-Mer - 3 km au sud de Soulac-sur-Mer par*

D 101 - ✆ 05 56 09 76 63 - info@camping-les-lacs.com - ouv. de déb. avr. à mi-nov. - réserv. conseillée - 187 empl. 30 € - restauration. De vraies vacances dans une ambiance tonique et conviviale. Deux piscines, l'une couverte et l'autre en plein air, une salle de jeux, un bar, une pizzeria, une épicerie et des animations…

BUDGET MOYEN

Tour-Hôtel – *ZAC Belloc - N 215 - 33340 Lesparre-Médoc - 15 km au sud de Soulac-sur-Mer, par RN 215 - ✆ 05 56 73 39 20 - www.tourhotelmedoc.com - P - 27 ch. 47/50 € - ☕ 6,50 € - rest. (sf juil.-août) 12/18 €.* Idéalement situé entre l'Océan et l'estuaire de la Gironde, cet hôtel récent propose des chambres spacieuses, joliment décorées et confortables. De plain-pied pour certaines, style motel, l'environnement un peu triste d'une zone industrielle n'en fait pas moins un lieu pratique pour partir découvrir la région.

RESTAURATION

À Soulac-sur-Mer

BUDGET MOYEN

La Pile d'Assiettes – *10 r. Brémontier - ✆ 05 56 73 69 87 - fermé 6 nov.-1er avr. - 18/33 €.* Ce restaurant aux larges baies vitrées est situé à 200 m de l'Océan. Intérieur sympathique (murs en pierre apparente et vieilles affiches publicitaires) et agréable terrasse. Cuisine traditionnelle.

À proximité

BUDGET MOYEN

Les Pins – *33780 L'Amélie-sur-Mer - 2 km au sud-ouest de Soulac-sur-Mer par D 101 - ✆ 05 56 73 27 27 - www.hotel-des-pins.com - ouv. 19 mars-31 déc. (sf Noël) et fermé sam. midi, dim. soir et lun. d'oct. à mai - 20/35 € - 31 ch. 60/98 € - ☕ 9,50 €.* Ce restaurant est situé à seulement 100 m de la plage. Un imposant vivier à poissons dans la salle à manger rappelle, si besoin était, cette proximité de l'Atlantique. La carte propose quant à elle un bon choix de produits de la mer, complété par des recettes régionales. Chambres confortables.

EN SOIRÉE

Casino de la plage – *1 av. Burgo-de-Osma - ✆ 05 56 09 82 74 - 11h-4h - fermé fév.* Machines à sous, jeux et boule, mais aussi bar, restaurant (le Banco) et discothèque.

ACTIVITÉS

Bon à savoir – Quatre fois par jour en juillet et août, le petit train de promenade le **Teuf-teuf** assure la liaison entre la plage de Soulac-sur-Mer, le centre-ville et la grande plage de L'Amélie-sur-Mer (*✆ 05 56 09 36 67*).

Visites naturalistes – *Programme des sorties et réserv. à l'office du tourisme de Soulac.* En association avec le conseil général de Gironde, des visites naturalistes gratuites sont organisées du 15 juin au 30 sept. dans les sites naturels protégés : la dune de l'Amélie (Soulac), la dune de Grave (Verdon-sur-Mer), le marais du Logit (Verdon-sur-Mer), le marais du Conseiller (Verdon-sur-Mer).

Petit train touristique – *68 r. de la Plage - ✆ 06 11 71 79 04 - ttes les 35mn - juil.-août : 10h30-13h, 15h-19h, 21h15 (dernier départ) ; avr.-sept : 10h30-13h, 15h-19h ; oct.-mars : se renseigner - 3,50 € (6-18 ans 2,50 €) - dép. de la place de la Belgique et du front de mer.* Promenade en forêt le long de l'Océan entre Soulac et la pointe de Grave.

Promenade en bateau – *Rens. au 05 56 09 62 93 ou en juil.-août, au pavillon du tourisme, face au bac de la pointe de Grave - www.vedettelaboheme.com.* La pointe de Grave est le point de départ d'excursions en bateau. Embarquez sur une vedette pour une visite du phare de Cordouan (3 à 4h), une promenade le long des falaises de Meschers (2h), le tour de l'estuaire (2h), une pêche en mer avec matériel fourni (1/2 j.) ou une pêche à pied sur le plateau de Cordouan lors des grandes marées (4h).

Randonnées – Un *Guide des pistes cyclables, pédestres et équestres de la pointe du Médoc* est disponible dans les offices de tourisme.

Le **GR 8** relie Soulac à la pointe de Grave. Parallèlement, une piste cyclable (7 km) et un circuit VTT (8,5 km) sont balisés. 12 panneaux informatifs (sur la forêt, les dunes…) ponctuent la promenade.

Pistes cyclables du Médoc – *Rens. dans les offices de tourisme.* Elles relient la pointe de Grave à Lacanau en descendant la côte jusqu'à Lacanau-Océan. Possibilité de poursuivre vers le bassin d'Arcachon ou Bordeaux.

Cyclo'star – *9 r. Fernand-Laffargue - ✆ 05 56 09 71 38 - avr.-sept. et vac. de Toussaint.* Large choix de matériel : vélos, VTT, VTC, remorques pour enfants, rosalies, tandems. Ouverture saisonnière avec une annexe à L'Amélie-sur-Mer en juillet et en août.

Éricycles – *5 r. du Card.-Donnet - ✆ 05 56 73 62 89 - www.cortix.fr/ericycles - en sais. : 9h-13h, 15h-19h30 ; hors sais. : tlj sf dim. et lun. 10h-12h30, 15h30-19h.* Location de vélos, VTT et VTC.

Lacanau-Océan

4 105 Canaulais – Gironde (33)

NOS ADRESSES PAGE 207

S'INFORMER

Les trois stations de Lacanau, Carcans et Hourtin se sont réunies pour former l'entité **Médoc Océan** dont le logo, composé de trois papillons, met en valeur l'aspect « nature » de la destination : visites naturalistes, découverte de la forêt, *Guide de séjours et d'activités* dans les offices de tourisme et sur **www.medococean.com**.

Office du tourisme de Lacanau-Océan – *Pl. de l'Europe - ✆ 05 56 03 21 01 - www.lacanau.com - juil.-août : 9h-19h ; mai-juin et sept. : 9h-12h30, 13h30-18h ; reste de l'année : lun.-sam. 9h-12h30,13h30-17h.* Visite guidée des villas anciennes.

Office du tourisme de Carcans-Maubuisson – *127 av. Maubuisson - ✆ 05 56 03 34 94 - www.carcans-maubuisson.com - juil.-août : 9h-19h (dim. et j. fériés 10h-19h) ; avr.-juin : lun.-sam. 9h-12h30, 13h30-18h, dim. et j. fériés 10h-12h30, 14h30-18h - fermé 25 déc.-1er janv., 1er et 11 Nov.*

Office du tourisme d'Hourtin – *Espl. du Port - ✆ 05 56 09 19 00 - www.hourtin-medoc.com - juil.-août : 10h-19h ; avr.-sept. : 10h-12h30,14h-17h30 - fermé dim. oct.-mars.*

SE REPÉRER

Carte de microrégion A2 *(p. 194) – carte Michelin Départements 335 D 4.*

À 55 km au nord-ouest de Bordeaux par la D 6. Les routes entre Bordeaux et la côte atlantique sont étroites et très empruntées par les « habitués ». Prudence donc.

À NE PAS MANQUER

L'étang de Cousseau, le rivage du lac d'Hourtin et la lagune de Contaut, trois sites naturels protégés.

ORGANISER SON TEMPS

Lacanau est surtout un lieu de séjour mais si vous n'y passez qu'une journée, prenez le temps d'une promenade : de nombreux circuits sont possibles.

AVEC LES ENFANTS

Carcans-Maubuisson, labellisée « Station Kid », et Hourtin ; l'étang de Cousseau ; le jardin des vagues au Lacanau Surf-Club *(voir la rubrique « Activités » dans « Nos adresses à Lacanau »).*

Des pins, des dunes, un long ruban de plages de sable fin, des lames géantes narguées par les surfeurs. Et que d'eau : lacs d'eau douce et Océan vous cernent de tous côtés. Que choisir ? Se balader à pied, pédaler, nager ou ne rien faire… L'environnement se prête à des vacances nature, à votre rythme.

Se promener

Face à l'Océan, la station s'est développée au pied des dunes couvertes de pins maritimes. Aucune excuse donc pour ne pas se balader dans les « lèdes » (vallons sablonneux parcourus de futaies) et sur les 14 km de plages. Pour les dynamiques, 120 km de pistes cyclables longent la côte dans la pinède. Plusieurs *spots* de surf réputés aussi : plage Centrale, Nord, Sud et Super Sud (à choisir en fonction des déplacements de bancs de sable). Et encore, trois parcours de golf dont un de 18 trous.

★ Lac de Lacanau

2 000 ha pour 8 km de long. Nombreux brochets, anguilles et perches à pêcher. Deux plages surveillées (le Moutchic, au nord, et la Grande Escoure, au sud-ouest) et toutes les possibilités de distractions nautiques : voile, planche à voile, ski nautique, canoë-kayak, location de bateaux, dériveurs et pédalos. Vous pouvez faire le tour du lac à pied ou à vélo (entre Lacanau et Les Nerps).

LE SAVIEZ-VOUS ?

Depuis des siècles, les Landes sont parcourues de canaux naturels et artificiels (entre les étangs, pour l'irrigation des terres). Lacanau, c'est « le canal ».

Le 45e parallèle de latitude nord (à égale distance entre l'Équateur et le pôle Nord) coupe l'Aquitaine au niveau de Lacanau. Il passe aussi à St-André-de-Cubzac *(voir Bourg).*

Le long des dunes de Lacanau-Océan.
R. Mitterbauer / MICHELIN

Itinéraire conseillé

ENTRE LACS, ÉTANGS ET OCÉAN A-B 2

51 km. Voir le circuit sur la carte de microrégion p. 194. Compter 4h.
Les cours d'eau arrêtés par la barrière des dunes ont formé le long de la côte un chapelet de lacs et d'étangs reliés entre eux par des canaux. Amoureux de la nature ou sportif invétéré, vous trouverez forcément votre bonheur.
En sortant de Lacanau-Océan, prendre à gauche la D 6^{E1} qui traverse la forêt.

Étang de Cousseau A-B 2

Laisser la voiture au parking situé en bordure de la D 6^{E} au lieu-dit Marmande.
05 56 91 33 65 - www.sepanso.org - accès libre toute l'année - possibilité de visite guidée et sorties nature : renseignements et inscriptions à l'office du tourisme de Lacanau - guide du visiteur : 4,50 €.
Vous accédez à cette réserve naturelle par un sentier traversant la forêt domaniale de Lacanau ou par des pistes cyclables bétonnées *(laissez votre vélo dans les parcs aménagés aux différentes entrées)*. Bordé à l'ouest par une série de dunes paraboliques, l'étang se prolonge à l'est par un marais *(non accessible)*.
Vous suivrez le **sentier d'interprétation** pour découvrir la faune (sangliers, vaches marines, oiseaux migrateurs, insectes, etc.) et la flore (pins, arbousiers, chênes verts, nénuphars…) de la réserve, ainsi que la technique du gemmage.
Au terme de la D 6^{E1}, prendre la D 207 pour profiter du bord de mer, ou directement à droite.

Carcans-Maubuisson A2

La station balnéaire de **Carcans-Océan** compte deux plages surveillées et un spot pour les surfeurs. Des animations et activités y sont organisées pour les enfants pendant les vacances de Pâques et l'été *(www.stationskid.com)*.

À 4,5 km vers l'intérieur se trouve **Maubuisson**, d'où l'on accède au lac *(voir ci-dessous)*. Dans une maison en brique, à proximité de l'office de tourisme, est installé le **musée des Arts et Traditions populaires de la Lande médocaine**, consacré à la forêt landaise. *05 56 03 41 96 - ♿ - de mi-juin à mi-sept. : mar.-jeu. 10h-12h, 16h30-18h30 - 2 € (-17 ans gratuit).*

★ Lac d'Hourtin-Carcans B2

Ce lac sauvage et solitaire couvre une superficie de plus de 6000 ha. Plus grand lac d'eau douce en France, il est bordé de marais au nord et de quelques tronçons sablonneux sur la rive est. Des dunes, hautes de plus de 60 m par endroits, longent la rive ouest.

De la **plage Sud** (Maubuisson), aménagée pour la baignade, vue agréable sur une partie étendue du lac. Là, vous pourrez pratiquer diverses activités nautiques, tout comme à **Bombannes**.

À 7 km au nord de Carcans par la D 3. Prendre à gauche, suivre la route puis la piste forestière.

Le **rivage du lac d'Hourtin** est classé « espace naturel sensible » afin de protéger cette zone composée de pinède, landes, prairies et marais, qui renferme une flore et une faune variées. Pour en apprécier toute la richesse, suivez une visite guidée *(voir la rubrique « S'informer » au début du chapitre)*.

Tête de la « route » des lacs et canaux du Sud-Ouest, Hourtin accueille les bateaux de plaisance avec le développement de **Hourtin-Port** doté de 500 anneaux d'amarrage. Voile, planche à voile, canoë, pédalo…, tous les moyens sont bons pour profiter du lac ! Les prestataires se trouvent à Hourtin-Port et de l'autre côté (sur la rive nord-ouest), à **Piqueyrot** (B2). Les plages aménagées près de ces deux bases nautiques sont surveillées en saison.

Hourtin B2

Le village d'Hourtin, où se tient un marché traditionnel le jeudi matin (ainsi que les mardis et samedis en saison), est distant de 11,5 km d'**Hourtin-Plage** (A2). La station balnéaire, organisée autour de l'avenue principale qui débouche sur l'Océan, est surtout animée en saison, quand le temps se prête à la baignade. Une piste cyclable relie les deux sites.

Prendre la D 101^{E7}, qui mène à Hourtin-Plage. À 4 km environ, parking.

2 km AR. Au lieu-dit du **Contaut** (B2), une passerelle (surveillez les enfants) serpente au sein d'une végétation dense, dans le site lacustre protégé de la lagune. Vous pouvez suivre seul ce sentier ponctué de panneaux, ou vous inscrire à une visite naturaliste *(voir la rubrique « S'informer » au début du chapitre)*.

NOS ADRESSES À LACANAU-OCÉAN

HÉBERGEMENT

À Lacanau

POUR SE FAIRE PLAISIR

Vitanova Hôtel-Résidence – *Rte de Baganais - ✆ 05 56 03 80 00 - www.hotel-vitanova.com - fermé janv. - P - 30 ch. + 10 bungalows 68/115 € - ☕ 9 € - rest. 17/21 €.* Cet établissement organisé à la façon d'un village comprend bungalows, appartements, hôtel et centre de balnéothérapie, le tout à l'abri d'une pinède. Plaisantes chambres avec balcon récemment rénovées et agréable terrasse d'été au restaurant. Différentes formules d'hébergement : avec ou sans soins.

Vital Parc Hôtel – *Rte du Baganais - ✆ 05 56 03 91 00 - info@vitalparc.com - fermé du 16 nov. à mi-fév. - 57 ch. 70/120 € - ☕ 10 € - rest. 23 €.* Ce complexe hôtelier moderne dressé dans une pinède propose plusieurs formules d'hébergement : chambres, studios pour les familles ou petites villas mitoyennes à louer. Vous pouvez même venir avec votre cheval, puisque l'établissement dispose d'un centre équestre. Espace de remise en forme et de balnéothérapie *(voir la rubrique « Activités »).*

Le Gîte Autrement – *D 104, Narsot - 2 km au nord-est de Lacanau par D 104, rte de Brach - ✆ 05 56 03 57 48 - www.gite-autrement.com - ⊭ - 6 chalets 81 € - ☕ 3 € - repas 17/23 €.* Six chalets en bois (simples, fonctionnels et dotés d'une terrasse) vous attendent dans un agréable petit parc. Le propriétaire propose également une formule chambre d'hôte dans sa maison attenante : location à la nuitée, draps fournis et repas pour ceux qui le désirent.

À proximité

PREMIER PRIX

Hôtel de la Côte d'Argent – *La Plage - 33990 Hourtin-Plage - ✆ 05 56 09 10 25 - www.camping-cote-dargent.com - fermé de mi-sept. à mi-mai - P - 7 ch. et 2 appart. 45/72 € - ☕ 4 €.* Dans l'enceinte du camping, cet hôtel neuf propose des chambres spacieuses, très bien équipées et modulables en fonction des besoins. De plus, vous bénéficierez de toutes les installations : piscines couverte et découverte, tennis, animations, ainsi que du centre commercial. Mais pour plus de calme, préférez celles sur l'arrière !

BUDGET MOYEN

Chambre d'hôte La Villa Ashram – *18 r. des Genêts-d'Or - 33121 Maubuisson - ✆ 05 56 03 49 19/06 77 58 55 24 - ⊭ - 3 ch. 50/70 € - ☕ 6 €.* Quiétude et détente garanties dans cette agréable maison tenue par Madame François qui a décoré les chambres d'hôte et le gîte indépendant de ses peintures et créations personnelles. Le lac d'Hourtin-Carcans, situé à 500 m, et la nature environnante offrent un large choix d'activités.

RESTAURATION

À Lacanau

PREMIER PRIX

Le Squale – *Pl. du Gén.-de-Gaulle - ✆ 05 56 26 33 70 - fermé de sept. à fin mai - 11/30 €.* Telle une grande halle aux poissons, ce restaurant-self pittoresque fera le bonheur des amateurs de produits de la mer. Le matin, ses filets de pêche sont vidés devant vous pour votre menu. Ne craignez pas l'affluence et servez-vous directement à la cuisine panoramique.

BUDGET MOYEN

Le Kayoc – *2 allée Ortal - ✆ 05 56 03 20 75 - www.lekayoc.com - fermé 24 déc. soir - 15 € déj. - 20/39 €.* La salle à manger située au premier étage du restaurant offre une vue imprenable sur la plage et l'Océan. Tout en admirant le paysage, vous vous régalerez de fruits de mer à moins que vous ne soyez tenté par la formule plus simple du rez-de-chaussée.

Le Bistrot des Cochons – *1 r. du Dr-Darrigan - ✆ 05 56 03 15 61 - fermé janv. - 22/40 €.* Située en léger retrait de l'animation de la station, cette petite adresse doit son succès à la qualité irréprochable de sa cuisine autant qu'à la réussite de son décor façon « brocante ». La paisible terrasse dressée à l'ombre d'un vieux chêne invite à s'attarder.

EN SOIRÉE

Casino – *Baganais - ✆ 05 57 17 03 80 - 10h-4h.* Cette imposante architecture moderne aux formes arrondies abrite le casino de Lacanau. Outre les machines à sous, roulette et black-jack, vous y trouverez un restaurant.

ACTIVITÉS

Randonnées – Le *Plan des pistes cyclables et du GR 8* couvrant toute la zone entre Lacanau-Océan et Hourtin-Plage est disponible dans les offices de tourisme.

Lacanau Surf-Club – *17 bd de la Plage - Lacanau - ✆ 05 56 26 38 84 - www.lacanausurfclub.com - juil.-août : 9h-19h ; avr.-juin et sept.-nov. : 9h-12h30, 14h-18h30 ; de mi-nov. à fin déc. et de fév. à Pâques (prévoir certains j. de fermeture) : 9h-12h, 14h-17h - fermé janv. et 25 déc. - cours à l'unité : adulte 33,50 € (2h), 9-13 ans 27,50 € (1h30), 5-8 ans (1h). Pour les autres formules, se rens. sur le site Internet.* Organisateur du Lacanau Pro. Cours et stages de surf de Pâques à la Toussaint pour tous les niveaux. Jardin des vagues pour les 5-8 ans ainsi que les 9-13 ans.

Centre de balnéo - Vitalparc – *Rte du Baganais - Lacanau - ✆ 05 56 03 92 44 - www.vitalparc.com - 10h-13h, 15h-19h, dim. mat. 10h-13h - fermé de mi-nov. à mi-fév.* Cet espace de remise en forme situé au sein du complexe hôtelier Aplus propose de multiples formules pour votre bien-être.

Centre de balnéothérapie et d'esthétique – *Rte de Baganais, hôtel Vitanova - Lacanau - ✆ 05 56 03 80 00 - www.hotel-vitanova.com - 10h-18h - fermé janv.* Ce centre de balnéo et d'esthétique propose des soins à la carte, dans le cadre d'un programme complet ou d'une journée découverte. Espace forme avec accès à la piscine couverte chauffée à 32 °C, au sauna et à la salle de musculation. Cours d'aquagym et de natation.

Arcachon

★★

12 153 Arcachonnais – Gironde (33)

NOS ADRESSES PAGE 214

S'INFORMER

Office du tourisme d'Arcachon – *Espl. G.-Pompidou - ✆ 05 57 52 97 97 - www.arcachon.com - lun.-sam. 9h-18h, dim. et j. fériés 10h-13h, 14h-17h - fermé 1er janv., 25 déc.* Visites guidées à pied et à vélo. Pensez à y retirer l'utile *Guide pratique du bassin d'Arcachon.*

SE REPÉRER

Carte de microrégion A3 *(p. 194) – carte Michelin Départements 335 D 7 – carte p. 219.*

À 60 km de Bordeaux (D 1250 ou A 63). Les quatre « villes » d'Arcachon correspondent à quatre quartiers, chacune avec ses caractéristiques propres. La plus fréquentée est bien sûr la ville d'été, qui borde la mer.

À NE PAS MANQUER

La ville d'hiver, la jetée Thiers et le boulevard de la Mer, qui offrent une vue d'ensemble sur le bassin d'Arcachon.

ORGANISER SON TEMPS

Si le bain de mer s'impose en été, après une petite promenade sur le front de mer (1h), la ville d'hiver se visite toute l'année (comptez 2h). Le soir, Arcachon est toujours très animée. Le samedi, en juillet et en août, des compétitions de chistera rappellent que le Pays basque n'est pas loin *(voir la rubrique « En soirée » dans « Nos adresses à Arcachon »).*

AVEC LES ENFANTS

L'aquarium et son musée, pour faire connaissance avec les animaux marins du bassin d'Arcachon.

Des senteurs balsamiques d'océan et de pin. Un air de vacances les pieds dans l'eau, l'épuisette à la main. Une pincée de snobisme. Des villas éclectiques, plantées au cœur des bois. Un parfum d'autrefois... Plus besoin de faire la réputation d'Arcachon, belle aux quatre saisons, née de l'imagination hallucinée de pionniers audacieux. Elle a ses fidèles, ses inconditionnels. Elle sait les retenir et les faire revenir.

Se promener

★ LE FRONT DE MER OU LA VILLE D'ÉTÉ

À la fois détendue aux terrasses des restaurants de fruits de mer, mondaine dans son casino ou sportive lors des régates à la voile, la ville d'été, qui occupe une position centrale, longe la mer entre la jetée de la Chapelle et la jetée d'Eyrac. La jetée Thiers (embarcadère pour les promenades en mer dans le bassin d'Arcachon) a conservé son style rétro. De part et d'autre, les promeneurs affluent dès le début de soirée.

Partir de la jetée d'Eyrac (à l'est).

Vous passez devant le **palais des congrès** (B3) et le **casino** (B3), ancien château Deganne.

Aquarium et musée B3

2 r. Prof.-Jolyet - ✆ 05 56 83 33 32 - juil.-août : 9h45-12h15, 13h45-19h ; mars-juin et sept.-oct. : lun.-vend. 9h45-12h15, 13h45-18h30, sam. 14h-18h - 4,85 € (-10 ans 3,10 €).

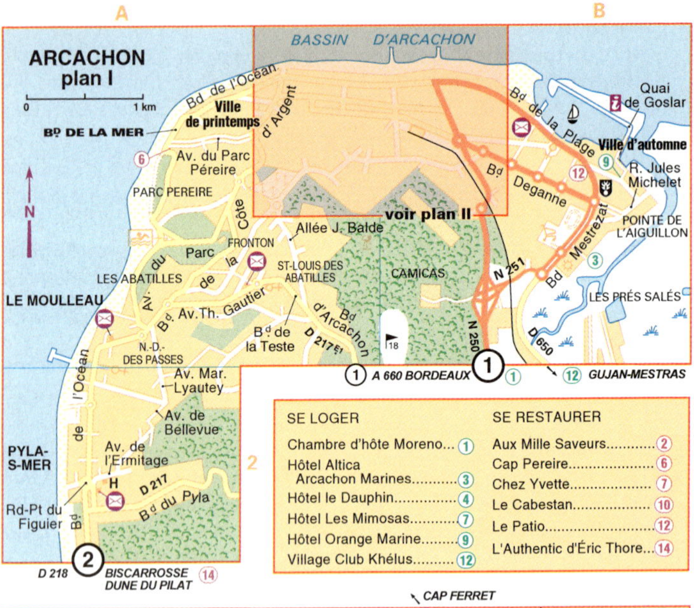

Arcachon ou le commerce de la mer

ARCACHON ET LA PLAGE

Naissance d'une cité balnéaire

En 1841, une ligne de chemin de fer relie déjà Bordeaux et La Teste, plage de prédilection des Bordelais. Quatre ans plus tard, un débarcadère, desservi par une route tracée à travers les prés-salés, est édifié sur la baie à 5 km au nord de La Teste. Quelques villas se construisent : Arcachon, station balnéaire, est née.

L'envol

1852 : les **frères Pereire**, habiles banquiers bordelais, fondent la Compagnie des chemins de fer du Midi. Ils rachètent la ligne Bordeaux-La Teste, la prolongent jusqu'à Arcachon (1857) où ils ont acquis des terrains, et, pour rentabiliser la ligne, créent des infrastructures : une gare, un « buffet chinois », un Grand Hôtel, un casino mauresque et des villas. Lorsque la ville est ainsi bâtie, au beau milieu du 19e s., l'essor industriel bat son plein. C'est donc un ingénieur, **Paul Régnault**, qui est choisi pour réaliser les premiers édifices. Il sera secondé par un jeune homme du nom de… Gustave Eiffel. Les frères Pereire organisent ensuite une promotion de la nouvelle ville et, bon coup de pub, y invitent Napoléon III. Il n'en fallait pas plus pour que le Tout-Paris et le Tout-Bordeaux se pressent à Arcachon. Déjà fréquentée pour ses bains de mer, elle devient très rapidement une station d'hiver réputée pour son air balsamique, propre à enrayer la tuberculose pulmonaire qui fait alors des ravages. La ville d'hiver fut pendant des décennies un lieu de rendez-vous pour les célébrités d'Alexandre Dumas à Cocteau en passant par Marylin…

ARCACHON ET L'OCÉAN

Vieux loups de mer

Dans l'histoire de la pêche maritime, Arcachon fait figure de port pionnier. En effet, en 1837 y est mis en service le *Turbot*, premier chalutier à vapeur du monde, doté de roues à aubes. En 1865, ce sont les premiers vapeurs à hélices et coque en fer français qui y sont lancés. Au tournant du siècle, Arcachon est le deuxième port de pêche de France après Boulogne-sur-Mer. Toujours en quête d'innovation, une société y fait construire en 1927 le *Victoria*, premier chalutier à moteur du pays.

La pêche industrielle arcachonnaise décline dans les années 1950, les chalutiers gagnant les ports bretons, et laisse le relais aux pêcheurs artisans.

Sur les quais

Aujourd'hui, les quais d'Arcachon accueillent bon an mal an 2000 t de poisson, dont de nombreuses espèces fines : sole, bar, merlu, rouget, turbot, encornet, etc. La flottille, qui opère au large dans le golfe de Gascogne, se compose de chalutiers traditionnels et de catamarans fileyeurs. À l'intérieur du bassin, les techniques de pêche restent traditionnelles : suivant le maillage des filets et la façon de les faire tenir, on pêche à la jagude, au loup, au palet, à la trahine, différents filets de pêche, au balai (bouquets de genêts où s'agglutinent les crevettes), à l'esquirey (sorte de poche de filet poussée devant soi, au bout d'un manche), ou à la foène (trident servant à attraper les anguilles).

L'aquarium, à l'entresol, présente les animaux marins les plus représentatifs du bassin et du proche Océan. À l'étage, collections d'oiseaux, de reptiles, de poissons et d'invertébrés divers de la région, section réservée aux huîtres, produit de fouilles archéologiques locales.

Jetée de Thiers

De la jetée de Thiers, **vue★** d'ensemble sur le bassin et la station. Les stars de la marine ne sont pas oubliées : Tabarly, Florence Arthaud, Yves Parlier, et bien d'autres, ont imprimé leur pied dans le bronze. Suivez-les sur la **chaussée des Pieds marins**, près de la jetée Thiers !

Poursuivre sur le front de mer, puis le boulevard de la Plage.

Sur la jetée de la Chapelle s'élève la **croix des Marins**. Remontant la rue, vous arrivez à la **basilique Notre-Dame** (A3), du 19e s. À l'intérieur, la **chapelle des Marins** est tapissée d'ex-voto, offerts par des marins sauvés des eaux.

Rejoignez le **boulevard de la Mer★** (A1), à l'ouest, quittant la ville d'été pour celle de printemps. Face au Cap-Ferret, il est bordé de pins et de sable.

Le long de la **plage Pereire** court une agréable promenade piétonne ombragée *(3 km)*. Vous pouvez pousser jusqu'au **Moulleau**, pour voir la surprenante église perchée sur une butte.

★ LA VILLE D'HIVER

En retrait de la ville d'été, elle est bien abritée des vents du large. La paisible vieille dame chic et excentrique est tout en dentelle festonnée. Ses belles artères jalonnées de villas fin 19e s.-déb. 20e s. sillonnent une forêt de pins. C'est l'endroit le plus reposant d'Arcachon.

Conçue pour des tuberculeux, la ville d'hiver est une sorte de parc urbain où les villas se parent de dentelles de bois sur les pignons, les balcons, les escaliers extérieurs et les vérandas !

Un **conseil** : suivez une visite guidée (1h30) de la ville d'hiver *(voir la rubrique « S'informer » au début du chapitre)* ou louez un audioguide à l'office de tourisme.

De la place du 8-Mai, prenez l'amusant ascenseur, dont la station supérieure, située en bordure du parc mauresque, domine la ville d'été.

Ci-après quelques buts de promenade.

Parc mauresque A3

Regroupant de nombreuses essences exotiques, il s'ouvre sur la ville et le bassin d'Arcachon. Tous les édifices d'origine n'ont pas été conservés. Le casino mauresque, notamment, qui s'inspirait à la fois de l'Alhambra de Grenade et de la mosquée de Cordoue, a été détruit dans un incendie en 1977.

Observatoire Ste-Cécile A3

Si vous avez le vertige, évitez l'ascension à la plate-forme. L'escalier ajouré, en colimaçon et légèrement houleux, risque de vous donner un bon mal de mer.

Construction à charpente métallique due à Gustave Eiffel, l'observatoire est accessible par une passerelle franchissant l'allée Pasteur. De la plate-forme, **vue** sur la ville d'hiver, Arcachon et le bassin.

Villas

Chalets à pans de bois, suisse ou basque, cottage anglais, villa mauresque, manoir néogothique ou maison coloniale, les architectes s'en sont donné à cœur joie ! Les villas sont pour la plupart construites sur le même plan : un étage de service, un rez-de-chaussée surélevé, réservé aux pièces de réception et au salon-véranda ; à l'étage supérieur, les chambres de maître.

Pins atlantiques aux longs fûts, chênes, érables, robiniers, prunus, micocouliers, platanes, tilleuls… À la floraison, les mimosas, les catalpas et les magnolias ajoutent une touche de couleur. Un vrai paradis !

Allée Rebsomen – La villa Theresa (n° 4) est devenue l'hôtel Sémiramis.

Allée Corrigan – On y voit la villa Walkyrie (n° 12), l'hôtel de la Forêt, la villa Vincenette (n° 16) avec son bow-window garni de vitraux.

Allée Dr.-F.-Lalesque – Villas L'Oasis, Carmen (n° 14) et Navara.

Angle de la rue Velpeau et de l'allée Marie-Christine – Villa Maraquita (n° 8).

Allée du Moulin-Rouge – La villa Toledo (n° 7) possède un superbe escalier en bois découpé ; il s'agit de l'ancien gymnase Bertini.

Allée Faust – Villas Athéna, Fragonard, Coulaine, Graigcrostan (n° 6), Faust et Siebel.

Allée Brémontier – Villas Brémontier (n° 1), avec tourelle et balcon, Glenstrae (n° 4) et Sylvabelle (n° 9).

Allée du Dr.-Festal – Villas Trocadéro (au n° 6, *voir l'ABC p. 91*) et Monaco.

Allée Pasteur – Villas Montesquieu et Myriam. À l'angle des allées Pasteur et Alexandre-Dumas se trouve la villa Alexandre-Dumas (n° 7).

LA VILLE D'AUTOMNE B1

À l'est, Arcachon revêt sa vareuse. C'est son côté maritime, avec son port de plaisance où s'alignent les voiliers et son port de pêche où vont et viennent les chalutiers.

LA VILLE DE PRINTEMPS A1

Sportive (tennis, piscine, fronton) et cossue, elle tient ses quartiers à proximité du **parc Pereire**. À l'extrémité sud, les Arbousiers sont LE *spot* des surfeurs. La **source des Abatilles** (dans le quartier du même nom), qui jaillit à 465 m de profondeur, donne un très bon cru d'eau minérale.

NOS ADRESSES À ARCACHON

Voir également « Nos adresses dans le bassin d'Arcachon ».

TRANSPORTS

Eho – *Tlj sf dim., 1er Mai, 11 Nov. - gratuit.* Ces minibus électriques circulent dans la ville (marquage bleu au sol). Ligne A : centre-ville, La Chapelle, Pereire, Le Moulleau ; ligne B : centre-ville, ville d'hiver, Abatilles ; ligne C : centre-ville, Aiguillon, St-Ferdinand.

Pistes cyclables – Vous pourrez parcourir les quatre saisons d'Arcachon à vélo, et suivre la balade du front de mer, de la jetée d'Eyrac à celle du Moulleau.

HÉBERGEMENT

BUDGET MOYEN

Hôtel Les Mimosas – *77bis av. de la République - 05 56 83 45 86 - www.mimosas-hotel.com - ouvert 15 fév.-15 nov. - P - 21 ch. 50/85 € - 6,50 €.* Dans un quartier résidentiel calme, deux maisons régionales proposant de modestes chambres rustiques, mais bien tenues. Agréable terrasse d'été et prix plutôt sages.

POUR SE FAIRE PLAISIR

Hôtel Orange Marine – *35 bd Chanzy - 05 57 52 00 80 - www. hotelorangemarine@wanadoo. com - fermé 15 déc.-10 fév. - - 21 ch. 69/89 € - 7 € - rest. 10,90/18 €.* Voici une petite adresse qui ne vous ruinera pas. Située à deux pas du port de pêche, elle abrite des chambres impeccablement tenues, à choisir de préférence côté mer. Les autres donnent sur un joli patio agrémenté d'une fontaine où l'on dresse le couvert en été.

Hôtel Le Dauphin – *7 av. Gounod - 05 56 83 02 89 - www. dauphin-arcachon.com - - P - 50 ch. 75/115 € - 9,50 €.* Cette demeure bourgeoise du 19e s. à la jolie façade de briquettes jouit d'une situation privilégiée, à 300 mètres de la mer, dans un quartier calme d'Arcachon. Les chambres confortables sont toutes climatisées, quelques suites familiales en mezzanines. Piscine et vélos à disposition de la clientèle. Accueil chaleureux.

RESTAURATION

BUDGET MOYEN

Cap Pereire – *1 av. du Parc-Pereire - 05 56 83 24 01 - www. cappereire.fr - fermé de janv. à mi-fév., dim. soir et lun. hors saison - - 19,50/25 €.* Ce restaurant est proche du paisible parc Pereire. Architecture d'inspiration coloniale, salle à manger au décor marin, terrasse dressée face à l'Océan et cuisine de la mer.

Aux Mille Saveurs – *25 bd Gén.-Leclerc - 05 56 83 40 28 - www.auxmillesaveurs.com - fermé 26 oct.-6 nov., 15-24 fév., dim. soir sauf juil.-août, mardi soir sauf août et merc. - 20/48 €.* Mille saveurs vous attendent dans l'assiette, subtilement relevée d'épices. Grande salle à manger entièrement redécorée et agrandie d'une véranda.

Chez Yvette – *59 bd Gén.-Leclerc - 05 56 83 05 11 - restaurant. yvette@orange.fr - 21 €.* Une véritable institution. Gérée par une famille d'ostréiculteurs depuis plus de 30 ans, l'adresse est réputée pour ses produits de la mer. Cadre marin. Ambiance animée et décontractée.

Le Cabestan – *6 bis av. du Gén.-de-Gaulle - 05 56 83 18 62 - www.everyoneweb.coin/ restaurantlecabestan - - 21/31 €.* Le chef, qui a fait ses classes dans des restaurants gastronomiques de renom, commence à être réputé. Il mise davantage sur sa cuisine, raffinée, que sur le cadre, très simple, de son établissement. Accueil très agréable, service rapide et efficace.

UNE FOLIE

Le Patio – *10 bd de la Plage - ✆ 05 56 83 02 72 - www.lepatio-thierryrenou.com - fermé 19-31 oct., 16-28 fév., dim. soir et merc. - formule déj. 37 € bc - 53/70 €.* Ce restaurant affiche un décor contemporain vert anis, chocolat et taupe. Salle ouverte sur un patio-terrasse pour savourer une cuisine axée sur l'Océan.

EN SOIRÉE

Bon à savoir – C'est au cœur du **Moulleau**, quartier chic d'Arcachon, que se concentre l'essentiel de l'animation nocturne. L'été, de nombreux bars, des restaurants et des boutiques de luxe attirent un monde fou.

Casino de la Plage – *163 bd de la Plage - ✆ 05 56 83 41 44 - partouche-casino-arcachon.fr - 12h-3h, j. fériés et veille de j. fériés 12h-4h.* Ce casino est doté d'une salle de jeux et de 100 machines à sous. Mais on peut tout aussi bien profiter du restaurant et des bars. Nombreuses soirées et apéritifs.

Café de la Plage – *1 bd Veyrier-Montagnères - ✆ 05 56 83 31 94 - www.cafedelaplage.com - 8h-2h.* Situation idéale sur la plage, près du casino. On vient ici pour se montrer et boire un whisky – la carte en propose 90. Très bonne ambiance musicale le soir.

Le Fronton – *14 av. du Parc - ✆ 05 56 83 17 87 - www.arcapelote.com - tlj horaires diurnes ; mur à gauche : 9h-23h - de 6 € à 10 € (par pers.) selon les parties.* Ce fronton de pelote basque fut construit en 1932 dans le parc des Abatilles. Chaque vendredi soir en juillet et août, des compétitions de chistera s'y déroulent. Notons l'excellence des Arcachonnais dans cette discipline : ils ont obtenu plusieurs titres de champions de France en grand chistera. Un fronton mur à gauche couvert permet la pratique d'autres spécialités : la cesta-punta, le yoko garbi, le frontennis.

ACHATS

Marché – *Pl. du Marché - 6h-13h.* Cette grande halle située derrière la mairie abrite des poissonniers, des vendeurs exclusifs de fruits de mer, un caviste, un boucher, un charcutier, un fromager, des marchands de primeurs et un bel étal de produits du Sud-Ouest… En saison, les tréteaux des petits producteurs locaux débordent dans les rues voisines.

Sébastien Gruel – *43 r. Lamarque - ✆ 05 56 83 31 74 - mar.-sam. 8h30-12h45, 15h30-19h30 (dim. 12h45) ; tlj en sais. 8h30-13h, 16h-20h - fermé dim. apr.-midi et lun.* Le fils de Michel Gruel a repris cette fabrication. Conserves du Sud-Ouest estampillées Sébastien Gruel : le comptoir et les rayonnages de ce vaste magasin ne proposent que des produits entièrement préparés sur place par cet artisan. Son rayon traiteur mérite également le détour…

La Torréfaction de la Côte d'Argent – *46 av. du Mar.-de-Lattre-de-Tassigny - ✆ 05 56 83 07 18 - tlj sf dim. 9h-12h30, 15h-19h15 et j. fériés 10h-12h.* Cette brûlerie au décor luxueux exerce son activité depuis plus de 70 ans. Une douzaine de mélanges à base de grands crus du Guatemala, du Brésil, de Colombie ou de St-Domingue y sont torréfiés. La maison propose également une centaine de thés, dont une belle sélection de thés verts, ainsi que de nombreuses idées cadeaux.

SARL Guignard – *11 av. Notre-Dame-des-Passes, Le Moulleau - ✆ 05 56 54 50 92 - sais. : 7h30-20h ; hors sais. : tlj sf lun. 8h-12h30, 16h-19h - ouv. j. fériés - fermé janv.* En été, ces entremets glacés maison connaissent un succès équivalent à celui des chocolats hors saison. Les habitués apprécient ses cannelés et ses tartes feuilletées aux fruits, que l'on coupe à la demande.

Ô Sorbet d'Amour – *Av. N.-D.-des-Passes - ✆ 05 56 54 52 16 - www.sorbetdamour.fr - 9h-1h (hors sais. : 14h-19h30).* Le plus grand artisan glacier du bassin propose 98 parfums maison et fabrique lui-même ses cornets.

ACTIVITÉS

Petit train touristique – *47 bd du Gén.-Leclerc - ✆ 05 57 72 45 00 - juil.-août : 11h, 15h, 16h, 17h, 18h.*

Dingo Vélos – *1 r. Grenier - ✆ 05 56 83 44 09 - dingo-velo.com - tlj de fin mars à mi-nov. et vac. scol. d'hiver - 10 € vélo de ville pour une journée (-12 ans 8 €).* Outre les vélos traditionnels (VTT et VTC), ce magasin propose tandems, vélos à trois ou cinq places. Également karts à pédales (enfants et adultes) et rosalies (pour toute la famille).

Thalazur Arcachon – *Av. du Parc - ✆ 05 57 72 06 66 - www.thalazur.fr - lun.-sam. 9h-19h15 ; dim. 9h-12h30, 14h30-18h30 - fermé 4-17 janv. - 28 €. Accès au parcours marin toute la demi-journée.* Institut de thalassothérapie doté d'un parcours marin (piscine de 250 m, hammam, Jacuzzi, sauna, cours d'aquagym) et soins à la carte (enveloppement d'algues, massages, soins esthétiques, etc.).

Bassin d'Arcachon

★★

Gironde (33)

NOS ADRESSES PAGE 226

S'INFORMER

Procurez-vous le *Guide pratique du bassin d'Arcachon* auprès de l'un de ces offices de tourisme. Des **visites naturalistes** sont organisées par ces mêmes offices de tourisme.

Office du tourisme d'Andernos-les-Bains – *Espl. du Broustic - 33510 Andernos-les-Bains - ✆ 05 56 82 02 95 - www.andernoslesbains.fr - juil.-août : lun.-sam. 9h30-12h30,14h30-18h30, dim. et j. fériés 10h-12h30 ; le reste de l'année : lun.-sam. 9h30-12h30, 14h30-17h30.*

Office du tourisme de Lanton – *1 rte du Stade - 33138 Lanton - ✆ 05 57 70 26 55 - www.tourisme-coeurdubassin.com - juil.-août : lun.-vend. 9h30-13h, 14h-19h, w.-end et j. fériés 9h30-12h30, 15h30-18h30 ; avr.-juin et sept.-oct. : lun.-vend. 9h30-12h30, 14h-18h, sam. 9h30-12h30 ; janv.-mars et nov.-déc. : lun.-jeu. 9h30-12h30, 14h-18h, vend. 9h30-12h30.*

Office du tourisme d'Arès – *Espl. G.-Dartiguelongue - 33740 Arès - ✆ 05 56 60 18 07 - www.ares-tourisme.com - juil.-août : 9h-19h - juin et sept. : lun.-sam. 9h30-12h30, 14h-18h, dim. 9h30-12h30 - fermé 1er janv. et 25 déc.*

Office du tourisme de Lège-Cap-Ferret – *1, av. Gén.-de-Gaulle - 33950 Lège-Cap-Ferret - ✆ 05 56 03 94 49 - www.lege-capferret.com - juil.-août : lun.-sam. 9h-18h30, dim. et j. fériés 10h-13h, 15h-18h30; juin-sept. : lun.-sam. 9h-12h30, 14h-18h30.*

Office du tourisme de La Teste-de-Buch – *Pl. Jean-Hameau - 33260 La Teste-de-Buch - ✆ 05 56 54 63 14 - www.tourisme-latestedebuch.fr - lun.-sam. 9h-12h30, 14h-17h30 (18h juil.-août).*

SE REPÉRER

Carte de microrégion A-B 3 *(p. 194)* *– carte Michelin Départements 335 D-E 6-7.* À marée haute, le bassin couvre 15 500 ha. De chaque côté de la passe d'entrée, des ports ostréicoles apparaissent entre les pins et les mimosas. Les côtes bordées de dunes boisées s'étalent sur plus de 80 km.

À NE PAS MANQUER

L'ascension de la dune du Pilat, plus haute dune d'Europe; le panorama depuis le phare du Cap-Ferret (52 m) ; L'Herbe, un des plus jolis villages ostréicoles du bassin; la Maison de l'Huître à Gujan-Mestras, pour tout savoir sur la reine du bassin; une dégustation d'huîtres dans une cabane de pêcheur.

ORGANISER SON TEMPS

Il est possible de faire le tour du bassin en une journée, du Cap-Ferret à la dune du Pilat, mais il ne faudra pas perdre de temps (attention aux limitations de vitesse, pratiquement 50 km/h sur l'ensemble du trajet) et vous passerez à côté de beaucoup de choses! Mieux vaut prévoir de vous attarder quelques jours sur place (Audenge se situe à mi-parcours). Enfin, la circulation autour du bassin est infernale en été, venez de préférence hors saison.

AVEC LES ENFANTS

Le parc de loisirs à La Hume; la promenade en bateau jusqu'à l'île aux Oiseaux; le parc ornithologique du Teich; le zoo à La Teste; le petit train du Cap-Ferret; la Maison de l'Huître à Gujan-Mestras.

Mer ou étang, lac ou océan? Le bassin est une échancrure dans la longue Côte d'Argent, une lagune (vaste vivier pour les pêcheurs) sertie par la forêt, autrefois domaine des résiniers. Il est difficile de résister à cet univers entre deux eaux : l'eau douce de l'Eyre et le sel des marées. Les oiseaux, les bateaux colorés, les sites naturels protégés, tout incite à faire le tour de ce morceau de mer pris sur la terre. Enfin, vous grimperez la dune du Pilat d'où se découvre le banc d'Arguin à l'horizon.

Découvrir

LES OISEAUX DU BASSIN D'ARCACHON

L'île aux Oiseaux

À défaut de pouvoir accoster sur l'île, voici quelques détails permettant de vous faire une idée de ces drôles d'insulaires.

Les oiseaux en question fuient un peu cette petite île plate, boisée d'une

AIRE DE REPOS POUR OISEAUX

À chaque saison son oiseau. Au printemps et à l'automne, les prairies et les digues qui bordent l'**Eyre** sont l'étape traditionnelle de dizaines de milliers de migrateurs (comme l'oie cendrée ou la mouette rieuse). L'hiver, c'est au tour de la sarcelle, du bécasseau variable ou du grand cormoran d'y faire une halte. On y dénombre aussi plus de 1 000 couples de hérons cendrés, d'aigrettes garzettes ou de hérons garde-bœufs. La gorge bleue préfère pousser son chant en été, au bord des sentiers. Les amateurs de botanique seront également comblés : arbres à baies (arbousiers, ronciers) dont sont friands les oiseaux frugivores ; iris d'eau, joncs, aulnes où viennent se nourrir et nicher canards et poules d'eau ; tamaris et chênes plantés pour consolider les digues.

forêt naine. En effet, les crassats, bancs de sable envasés portant une végétation sous-marine, font désormais les beaux jours des ostréiculteurs. La surface de l'île oscille entre 1 000 ha à marée basse et 300 ha à marée haute.

Deux étranges échassiers restent fidèles au poste : les fameuses **cabanes tchanquées** (*tchanque* signifie « échasse » en gascon) qui se dressent au-dessus de l'eau à marée haute.

Pour les promenades organisées en vedette ou en pinasse, adressez-vous à l'Union des bateliers *(voir la rubrique « Activités » dans « Nos adresses sur le bassin d'Arcachon »).*

Réserve naturelle du banc d'Arguin

05 56 91 33 65 - www.sepanso.org - accès libre toute l'année - possibilité de visite guidée et sorties nature : renseignements et inscription au 05 56 91 33 65 - guide du visiteur : 4,50 €.

Situé à l'embouchure des passes, le banc d'Arguin est un îlot de sable qui change constamment de forme en fonction des humeurs de l'océan Atlantique (sa longueur avoisine les 2 km pour 2 km de large). Il a été classé réserve naturelle en 1972. N'oubliez pas vos jumelles pour observer, de mars à août, de nombreuses sternes caugek (4 500 couples) et des huîtriers-pies ; l'hiver, le courlis cendré, la barge rousse, le bécasseau variable, le pluvier argenté, le goéland et la mouette rieuse.

D'autres oiseaux sont à découvrir au parc ornithologique du Teich.

Itinéraire conseillé

DE CAP-FERRET À LA DUNE DU PILAT

80 km. Suivre l'itinéraire tracé en vert sur la carte ci-contre. Compter une journée. La route ne présente que peu d'intérêt mais à tout moment, vous pouvez gagner un point du rivage ou une jetée pour avoir une vue sur le bassin.

À marée basse, dans le bassin, les **crassats** font le bonheur de la faune et de la flore marines. Ils sont encerclés par des chenaux secondaires, les **esteys**.

Un **GR de pays** balisé (le sentier du littoral) et une **piste cyclable** *(75 km)*, qui suivent partiellement le même tracé, font le tour du bassin. Les parties les plus intéressantes du sentier sont signalées ci-dessous par commune *(plan dans les offices de tourisme et au syndicat mixte du bassin).*

219

BASSIN D'ARCACHON

★ Cap-Ferret

Cette station balnéaire est située sur l'étroite bande de terre entre Océan et bassin. Le cap court sur une vingtaine de kilomètres. Balades à vélo dans la pinède (piste cyclable dans la forêt de Lège), baignades au calme dans le bassin ou plus houleuses côté Océan (les plages de l'Horizon et du Truc Vert au Cap-Ferret, du Grand Crohot à Lège-Océan sont surveillées en saison), dégustation d'huîtres dans les petits restaurants en plein air (près du débarcadère de Bélisaire)… un vrai programme de vacances.

8 km. Un **sentier d'interprétation** a été aménagé entre la plage de l'Horizon et la pointe du Cap-Ferret. La **dune** est un espace naturel protégé, vous pourrez suivre des visites naturalistes de découverte du site *(voir la rubrique « S'informer » au début du chapitre)* et sur la migration des oiseaux.

Phare – *✆ 05 56 03 94 49 - www.ville-lege-capferret.fr - juil.-août : 10h-19h30 ; avr.-juin et sept. : 10h-12h30, 14h-18h ; le reste de l'année : merc.-dim. 14h-17h - 4,50 € (-12 ans 3 €).* De ses 53 m de haut, il veille la nuit sur l'Océan et l'étroite passe d'entrée dans le bassin (3 km de large). Sa lentille tournante porte à 50 km. À l'intérieur, l'univers de la presqu'île et du phare est présenté à travers un spectacle audiovisuel et une galerie d'écrans. Le **panorama★** sur la presqu'île, le bassin et Arcachon, la dune du Pilat, les passes d'entrée et l'Océan vaut la montée des 258 marches, courage ! *Quitter Cap-Ferret par l'avenue de la Vigne en direction de Bordeaux.*

La route sinueuse se faufile entre des dunes boisées, parsemées de villas. L'air sent le pin et la marée.

Depuis le débarcadère Bélisaire (côté bassin), un service de **petit train** permet de se rendre jusqu'à la côte de l'Océan (plage de l'Horizon). *✆ 05 56*

60 60 20 - départ Bélisaire : juil.-août : 11h15-12h30 (ttes les 45mn), 14h10-18h10 (ttes les 20mn) ; 2e quinz. de juin et 1re quinz. de sept. : 11h15, 14h45-17h45 (ttes les 30mn) ; 1re quinz. de juin et 2e quinz. de sept. : 14h45-17h15 (ttes les 30mn) ; avr.-mai : 14h45-16h45 (ttes les 30mn). Dép. Océan : juil.-août : 11h30, 12h05, 12h45, 14h30-18h30 (ttes les 20mn) ; 2e quinz. de juin et 1re quinz. de sept. : 11h45, 15h-18h (ttes les 30mn) ; 1re quinz. de juin et 2e quinz. de sept. : 15h-17h30 (ttes les 30mn) ; avr.-mai : 15h-17h (ttes les 30mn) - AR 5 € (-10 ans 3,65 €).

Après 4 km, au rond-point de l'Herbe, suivre la direction du bd de la Plage pour atteindre le parking.

★ L'Herbe

Il y a 150 ans, Léon Lesca, constructeur du port d'Alger, fit bâtir une demeure mauresque : la **villa algérienne**. Il ne reste de cette « folie » que l'anachronique chapelle face à la mer, portant la croix et le croissant ! Jolie vue sur le bassin et l'île aux Oiseaux. Empruntez la rue semi-piétonnière pour rejoindre le **village ostréicole★** où les cabanes rivalisent de couleurs.

Les **villages ostréicoles** du Cap-Ferret, de l'Herbe, du Canon, du Piraillan, de Piquey et des Jacquets sont inscrits à l'inventaire des sites classés : c'est dire l'intérêt qu'ils suscitent et l'attention qu'on leur prête.

Revenir sur la D 106.

Réservoirs de Piraillan

À la sortie du village. Ces anciens réservoirs à poissons, 40 ha au milieu de la forêt, sont devenus un royaume pour les oiseaux (notamment les hérons cendrés). N'oubliez pas vos jumelles ! Agréable promenade à faire seul ou en compagnie d'un guide naturaliste *(voir la rubrique « S'informer » au début du chapitre).*

Poursuivre sur la D 106. Après Claouey, au lieu-dit Jane-de-Boy, parking.

Réserve naturelle des Prés-Salés d'Arès et de Lège A3

Rejoint Arès (12 km AR). Avant de partir, se renseigner sur les indices de marée et sur la réglementation : www.reserve-naturelle-pres-sales.org. Possibilité de découverte avec un guide naturaliste (voir la rubrique « S'informer » au début du chapitre).

Le sentier du littoral serpente jusqu'à Arès, dans cette zone protégée de 200 ha (la plus grande zone de prés-salés d'Aquitaine) qui vit au rythme des marées et constitue un garde-manger précieux pour de nombreuses espèces d'oiseaux. La **cabane du résinier**, autrefois occupée par les gemmeurs, abrite une exposition sur la faune et la flore. Elle propose également des animations et la visite du sentier balisé.

Poursuivre sur la D 106.

La dune du Pilat, la plus haute dune d'Europe.
F. Mousis / MICHELIN

Arès

Petite station balnéaire avec port ostréicole et port de plaisance. Sur le front de mer (près de l'office de tourisme), la tour ronde est le reste d'un ancien **moulin** à vent décapité au 19e s. pour échapper aux taxes !

Les familles se rendront au plan d'eau de St-Brice pour la baignade.

2 km. Le **sentier du littoral** rejoint la plage des Quinconces à Andernos.

D'Arès à Biganos défile le décor immuable des pins.

Andernos-les-Bains

Abrité au fond du bassin, le site a été habité dès la préhistoire. Avec ses 4,6 km de plages et son casino, c'est une importante station balnéaire, très animée en saison.

Dans le centre-ville, la **maison Louis-David** (villa 19e s.), qui abrite un petit musée (objets découverts sur les vestiges d'une villa gallo-romaine) et des expositions artistiques temporaires, vaut le coup d'œil *(avr.-sept. : 10h-19h)*.

Devant la plage et à côté de la petite **église St-Éloi** (abside du 11e s.), vestiges d'une villa gallo-romaine du 4e s. De la **jetée** (la plus longue de France, avec ses 232 m !), belle vue sur le bassin d'Arcachon, le port ostréicole, le port de plaisance et l'ensemble des plages.

Deux petits circuits permettent d'admirer les villas anciennes de la station *(documentation disponible à l'office de tourisme)*.

Poursuivre sur la D 3.

Lanton

Cette commune comprend **Taussat** avec sa plage et son charmant port ostréicole, et Cassy où se trouvent également des cabanes à huîtres.

Dans le bourg de Lanton, jolie **église** romane (12e s.) dont l'abside surélevée présente des lignes sobres et harmonieuses. Baie centrale encadrée de colonnettes géminées supportant des chapiteaux ornés, à gauche, de hérons et de pommes de pin, à droite, de feuillages stylisés.

Audenge

Centre ostréicole, le village est aussi connu pour le **domaine des Certes**, site préservé de 396 ha où l'on chemine le long d'un sentier d'interprétation, d'écluses en prairies marécageuses et de zones agricoles, jumelles au cou !

15 km AR. Parking devant le château des Certes, avant d'arriver à Audenge. Cette partie du delta de la Leyre a été endiguée au 18e s. La faible rentabilité des salines a entraîné leur reconversion en réservoirs à poissons au 19e s. La faune et la flore y sont donc riches et variées : pour les apprécier pleinement,

L'huître

LA PERLE RARE

Essor et luttes de pouvoir

L'exploitation abusive des bancs naturels d'huîtres a fini par entraîner leur épuisement. En 1859, l'intervention du naturaliste Coste permit heureusement le développement de l'ostréiculture. Jusqu'en 1920, l'huître plate d'Arcachon, ou **gravette** *(ostrea edulis)*, est la reine incontestée du bassin, n'offrant à l'huître creuse portugaise qu'un rôle secondaire. Mais cette dernière accède au-devant de la scène lorsqu'une maladie ravage les parcs d'huîtres gravettes, la laissant seule indemne… Règne de courte durée, puisqu'en 1970, malgré les soins dont elle fait l'objet, une nouvelle épidémie l'évince au profit d'une variété japonaise (celle que l'on consomme donc aujourd'hui, presque toujours).

Du chenal à la bourriche

Le cycle de développement de l'huître dure environ quatre ans. Il commence, en juillet, par le captage du naissain (larve) sur les collecteurs, traditionnellement des tuiles demi-rondes enduites d'un mélange de chaux et de sable, qui sont disposées dans des cages en bois, ou ruches, placées le long des chenaux. Au printemps suivant a lieu le détroquage, opération consistant à détacher les jeunes huîtres de leur support. Elles sont ensuite placées dans des parcs entourés de grillages à mailles serrées, les protégeant contre les crabes, leurs prédateurs. À dix-huit mois, les huîtres agglutinées sont séparées les unes des autres, c'est le désatroquage. Elles vont alors rejoindre les parcs d'engraissement, dont les eaux riches en plancton assurent leur croissance jusqu'à la troisième année. Pendant cette période, on les tourne et les retourne, ce qui leur donne une forme régulière. Parvenues à maturité, elles sont triées puis débarrassées de leurs impuretés grâce à un séjour dans des bassins-dégorgeoirs. Un dernier lavage et un conditionnement en caissettes de bois ou bourriches et elles sont fin prêtes pour leur dernier voyage… vers nos assiettes.

L'APPEL DES PAPILLES

Différents crus

Du fait de la diversité des conditions naturelles sur le bassin d'Arcachon, le goût des **huîtres** varie en fonction de leur zone d'élevage. L'huître du banc d'Arguin présente des notes sucrées et lactées. Celle de l'île aux Oiseaux se caractérise par des arômes végétaux et minéraux. L'huître du Cap-Ferret possède des saveurs de légumes frais et d'agrumes. Quant à celle du Grand Banc, elle évoque les fruits blancs et la noisette grillée.

Plaisir du palais

Les huîtres du bassin d'Arcachon sont connues et appréciées depuis fort longtemps. Les poètes latins Ausone, Sidoine Apollinaire, puis plus tard Rabelais les ont goûtées… et chantées. Aujourd'hui, le bassin d'Arcachon est l'un des grands sites ostréicoles d'Europe (près de 800 ha de concessions). C'est le **premier centre naisseur**, qui fournit la laitance aux bassins bretons, normands, languedociens et hollandais.

Un mets de choix

Les huîtres dégustées « à l'arcachonnaise » s'accompagnent de crépinettes bien chaudes (galettes de chair à saucisse) et d'un vin blanc sec. Mais les recettes d'huîtres chaudes développent autrement les arômes de ce mollusque : les beignets d'huîtres se dégustent à l'apéritif, les huîtres en gratin peuvent se manger nature (avec un soupçon de gruyère râpé et de chapelure pour les faire gratiner) ou être à l'occasion de subtiles associations. Ce n'est que depuis le Second Empire qu'on les savoure crues : dans l'Antiquité, elles étaient cuisinées au miel ou bien conservées dans le sel, alors qu'au Moyen Âge on en faisait des civets ou des pâtés.

À LA PÊCHE AUX MOULES

Coquillages et crustacés

À marée basse, il suffit de se baisser pour récolter des trésors. Les coques et les palourdes se pêchent à la main en grattant le sable sur 5 cm (deux petits trous signalent qu'elles sont là). On en trouve beaucoup du côté du banc d'Arguin et sur les crassats. Avant de les consommer, laissez-les dégorger quelques heures dans l'eau salée. Les bigorneaux se ramassent à la main sur les crassats. Pour les déguster en apéritif, passez-les quelques minutes au court-bouillon. Les moules sauvages se détachent au couteau près des parcs à huîtres. Les crabes verts, nombreux sur les plages à marée basse, s'attrapent à l'épuisette. Ils se mangent cuits au court-bouillon. Les crevettes se pêchent à l'esquirey ou à l'épuisette. On repère la présence des couteaux par la trace en forme de clé qu'ils laissent sur le sable ; il faut y déposer un ou deux grains de gros sel : croyant la marée revenue, les couteaux remontent. La cueillette des huîtres, même sauvages, est quant à elle interdite.

Avis aux pêcheurs

Si la cueillette des coques et des palourdes est libre, n'en ramassez pas plus de 2 kg par personne et par marée. La taille réglementaire pour les récolter est de 3 cm pour les coques, 4 pour les palourdes. Parfois, elle est interdite en raison de conditions sanitaires particulières. Enfin, attention aux crassats où les risques d'envasement sont constants.

L'HUÎTRE EN PRATIQUE

Le bassin d'Arcachon abrite une multitude de petits ports ostréicoles. Chaque été (mi-juillet), l'**huître** y est dignement fêtée. À cette occasion, les ostréiculteurs sortent de leurs cabanes colorées pour parader dans leur costume traditionnel : vareuse bleu marine et pantalon de flanelle rouge ; musique, danses et distractions côtoient les stands de dégustation d'huîtres.

suivez une visite naturaliste, qui vous permettra également de découvrir le domaine voisin de **Graveyron** *(visites naturalistes : voir la rubrique « S'informer » au début du chapitre).*

Biganos

Le joli petit port ostréicole de Biganos, qui fait partie du Parc naturel régional des Landes de Gascogne, se niche dans la forêt (aire de pique-nique sous les arbres).

À la sortie de la ville, vous pourrez goûter au **caviar** de Gironde au Moulin de la Cassadotte *(voir la rubrique « Achats » dans « Nos adresses dans le bassin d'Arcachon »).*

Prendre à droite pour gagner la D 650 par la D 3^{E12}.

La route passe à la base du delta marécageux de l'Eyre. Le bassin conserve là une frange de végétation jusqu'aux abords du Teich.

Pour en savoir plus sur ce milieu, faites une halte au **Relais nature du delta de la Leyre** *(voir la rubrique « Activités » dans « Nos adresses dans le bassin d'Arcachon »).*

5 km. Le sentier du littoral traverse ici, sur une ceinture de digues, le **delta de l'Eyre**, situé entre les deux bras principaux de la rivière et refuge d'une avifaune abondante.

★ Parc ornithologique du Teich

05 56 22 80 93 - www.parc-ornithologique-du-teich.com - juil.-août : 10h-20h ; de mi-avr. à fin juin et 1re quinz. de sept. : 10h-19h ; reste de l'année : 10h-18h - possibilité de visite guidée sur demande préalable - 7 € (enf. 5 €).

Cette réserve naturelle de 120 ha contribue à sauvegarder les espèces d'oiseaux sauvages menacées et à préserver leur milieu naturel. Vous pouvez y découvrir l'avifaune européenne en sillonnant les quatre parcs à thème : le parc des Artigues, le parc de la Moulette, le parc de Causseyre et le parc Claude-Quancard. On a le choix entre plusieurs parcours pédestres, le plus long atteignant 6 km ; tous sont fléchés et jalonnés de postes d'observation surélevés permettant au regard d'embrasser le bassin d'Arcachon. Jumelles recommandées.

Gujan-Mestras

Constituée de sept ports ostréicoles, Gujan-Mestras est la capitale de l'huître du bassin d'Arcachon avec ses cabanes à toiture de tuiles, ses chenaux encombrés de pinasses, ses dégorgeoirs et ses magasins d'expédition-vente. Le **port de Larros**, où il fait bon flâner sur la jetée-promenade, accueille des chantiers de construction navale.

Maison de l'huître – *Port de Larros - 05 56 66 23 71 - www.maisondelhuitre.com - ♿ - visite libre ou guidée (45mn) - juil.-août : 10h-12h, 14h30-18h ; reste*

LA FLOTTE ARCACHONNAISE

Ligne effilée et couleurs vives, la **pinasse** est le symbole du bassin. Construite autrefois en bois de pin (d'où son nom), elle est aujourd'hui en iroko (bois d'Afrique), acacia ou acajou. De faible tirant d'eau, elle s'échoue aisément et peut remonter les chenaux même quand leur niveau est très bas : c'est l'embarcation des ostréiculteurs du bassin. Avec leur allure de gondoles, les pinasses font l'objet de toutes les attentions : on restaure et on bichonne les anciennes pour les faire concourir lors de régates.

de l'année : lun.-sam. 10h-12h, 14h30-18h - fermé du 25 déc. à déb. janv. et dim. de sept. à juin - 4,50 € (enf. 2,50 €). Le nouveau musée a doublé sa superficie et accueille une scénographie moderne et interactive. Ici, vous pourrez vous initier à la culture de l'huître, de la préparation des collecteurs à la consommation, à travers un film *(15mn)* et une exposition ludique (divers supports sont à manipuler). Découvrez ainsi la longue histoire de l'huître et l'appétit qu'elle suscitait déjà chez nos ancêtres, les différentes variétés à travers le monde, l'évolution des savoir-faire et les mille et une façons de la cuisiner… Après ça, vous serez incollable.

La Hume offre une agréable plage et une zone de **parc de loisirs** *(le long de la D 652)* pour tous les goûts, les âges et les envies *(voir la rubrique « Activités » dans « Nos adresses dans le bassin d'Arcachon »).*

La Teste-de-Buch

Ancienne capitale du pays de Buch, peuplée par les Boii ou Boiens avant la colonisation romaine (c'est ainsi que l'on dénomme encore les habitants de Biganos). Plus vaste commune de France (18 000 ha), elle offre trois profils différents.

Côté bassin : le complexe ostréicole et ses cabanes à huîtres.

Le sentier du littoral permet de longer les **prés-salés** (départ de la digue est). Visites guidées en saison *(voir la rubrique « S'informer » au début du chapitre).*

Dans le bourg, sur la place Jean-Hameau (où se trouve l'office de tourisme), la façade de la **maison Lalanne** (18e s.) est décorée d'une ancre, de cordages et de têtes représentant les enfants du propriétaire.

Côté mer, de belles plages au Pyla-sur-Mer et bien sûr… la **dune du Pilat** *(voir ci-dessous)* et le **banc d'Arguin** *(voir p. 218).*

Enfin vous pourrez rejoindre le **lac de Cazaux** à travers la forêt, en voiture ou à vélo (piste cyclable), pour la baignade ou les activités nautiques.

En cours de route, le **zoo du bassin d'Arcachon** ravira les amateurs de fauves et autres grands mammifères des cinq continents. *05 56 54 71 44 - www.zoodubassindarcachon.com - de déb. avr. à mi-sept. : 10h-19h ; de mi-sept. à mi-nov. : merc., w.-end et vac. scol. 14h-18h ; de mi-nov. à fin déc. : se renseigner - fermé 1er janv. et 25 déc. - 13 € (enf. 9 €).*

★★ Arcachon *(voir ce nom)*

La route traverse successivement les stations balnéaires du Moulleau, de Pyla-sur-Mer et de Pilat-Plage avant de s'élancer vers la dune.

★★ Dune du Pilat

Accès par la D 218 au sud de Pilat-Plage. Laisser la voiture au parking payant. Pour gagner le sommet, escalader à flanc de dune (montée assez difficile) ou emprunter l'escalier (présent seulement lors de la saison estivale). S'équiper de chaussures montantes de randonnée ; attention, le sable peut être très chaud.

Énorme ventre de sable qui enfle chaque année sous l'action des vents et des courants (actuellement environ 2,7 km de long, 500 m de large et 105 m de haut, soit 60 millions de mètres cubes de sable !), c'est la plus haute dune d'Europe. Le versant ouest descend en pente douce vers l'Océan alors que le versant est plonge en pente abrupte vers l'immense forêt de pins : une vraie piste noire ! Une balade revigorante à ne pas manquer.

Le **panorama★★** sur l'Océan et la forêt landaise est superbe au coucher du soleil…

NOS ADRESSES DANS LE BASSIN D'ARCACHON

TRANSPORT

Union des bateliers arcachonnais – *76 bd de la Plage - 33120 Arcachon - ✆ 05 57 72 28 28 - www.bateliers-arcachon.com.* Ces professionnels de la mer vous proposent le tour de l'île aux Oiseaux *(1h45 - 14 €, enf. 10 € - dép. d'Arcachon et du Cap-Ferret)*, le tour du bassin *(21 €, enf. 14,50 € - dép. de la dune du Pilat)*. Ils assurent aussi les traversées transbassin : Arcachon (jetées Thiers et d'Eyrac), Cap-Ferret, Le Moulleau, dune du Pilat, Andernos, Le Canon, Grand-Piquey ainsi que des promenades en pinasse.

HÉBERGEMENT

PREMIER PRIX

Camping Village Club Khélus – *Rte de la Hume puis chemin à gauche, à proximité du parc Aqualand - 33470 La Hume - ✆ 05 56 66 88 88 - www.kalisea.fr - 120 chalets et maisonnettes 288/865 €/sem./6 pers.* Situés dans un parc de 20 ha, les maisonnettes ou chalets en bois sont bien équipés. Nombreuses activités proposées de jour (piscine, concours de foot, pétanque, etc.) comme de nuit (soirées, spectacles). Possibilité de louer pour deux nuits.

Hôtel Altica Arcachon Marines – *75 av. du Gén.-Leclerc - 33120 La Teste-de-Buch - ✆ 05 57 52 06 50 - www.altica.fr - P - 46 ch. 38/44 € - ☕ 4,90 €.* Ce bâtiment moderne situé à proximité du stade conviendra pour une simple étape. Les chambres, aménagées dans l'esprit des chaînes hôtelières économiques, bénéficient néanmoins toutes de salles de bains privées. Les prix très raisonnables incitent à recommander l'adresse.

Hôtel de la Plage « Chez Magne » – *À L'Herbe - 33950 Lège-Cap-Ferret - ✆ 05 56 60 50 15 - fermé janv. - 5 fév. - 9 ch. 42/45 € - ☕ 6 €.* La façade rouge et jaune de l'hôtel situé au bord de l'eau est à l'image de ce pittoresque village composé de maisonnettes peintes et toutes colorées. Chambres sobrement équipées et bien tenues, donnant parfois sur le bassin. Douche et W.-C. en commun sur le palier.

BUDGET MOYEN

Hôtel le Grain de sable – *37 av. de la Libération - 33740 Arès - ✆ 05 56 60 04 50 - www.hotelgraindesable.com - P - 14 ch. 52/80 € - ☕ 7,50 €.* Cette charmante maison régionale arbore une décoration intérieure évoquant les vacances et l'évasion. Les chambres, spacieuses, sont personnalisées sur des thèmes variés, tandis que le cadre de la salle des petits-déjeuners et du salon s'inspire du bassin d'Arcachon.

Chambre d'hôte Moreno – *33 chemin de la Peguilleyre - 33120 La Teste-de-Buch - ✆ 05 56 66 57 54 - www.peguilleyre33.com - P - ⊭ - 65/80 € ☕.* Cette grande villa se trouve dans un quartier résidentiel. Les deux chambres et la suite, bien aménagées et fonctionnelles, disposent d'un balcon. Le petit-déjeuner est servi sur la terrasse aux beaux jours. Piscine. Accueil simple et discret.

Chambre d'hôte Les Tilleuls – *17 bis r. des Écoles - 33380 Mios - ✆ 05 56 26 67 85 - fermé 1er nov. - 30 avr. sf w.-end et vac. scol. - ⊭ - 3 ch. 52/58 € ☕.* Joli mariage de brique rouge et de bois dans ces anciennes granges et écuries rénovées, situées à l'écart de l'animation du bassin d'Arcachon.

Les chambres, meublées à l'ancienne, sont décorées avec goût et simplicité. Salon-bibliothèque et agréable jardin planté de tilleuls centenaires.

Chambre d'hôte Les Oyats – *20 bd du Page - 33510 Andernos-les-Bains - ✆ 05 56 82 47 14 - www.lesoyats.com - ⊭ - 3 ch. 56 € ☕.* Trois chambres de plain-pied, agréables quoiqu'un peu exiguës, sont aménagées dans une maison située en léger retrait de la station balnéaire. Décoration inspirée du bassin d'Arcachon et deux terrasses d'été.

POUR SE FAIRE PLAISIR

Chambre d'hôte Les Albatros – *10 bd de Verdun - 33510 Andernos-les-Bains - ✆ 05 56 82 04 46 - www.lesalbatros.com - fermé nov.-janv. - ⊭ - 3 ch. 67/74 € ☕.* Cette belle maison blanche entourée d'un joli jardinet fleuri est située à 100 m de la plage, du bassin et du bourg. Ses chambres personnalisées portent des noms évocateurs : « Romantique », « Mer » et « Safari » la plus spacieuse. Les propriétaires sont aux petits soins.

Hôtel Le Colibri – *59 bis r. du Gén.-de-Gaulle - 33740 Arès - ✆ 05 56 60 22 46 - www.hotelcolibri.net - P - 15 ch. 68/77 € et 17 chalets 77 € - ☕ 6,40 €.* Depuis la rue, rien ne laisse deviner la véritable originalité de ce lieu : 17 petits chalets blancs dotés de terrasses couvertes sont installés sur une pelouse, autour de la piscine, juste derrière l'immeuble abritant des studios et des chambres. Une formule intéressante entre hôtel et hébergement de plein air.

UNE FOLIE

Les Rives du Lac – *33740 Arès - ✆ 05 57 26 99 31 - www.residence-nemea.com - réserv. conseillée - 132 maisonnettes 144/1 239 €/sem. pour 4, 6 ou 8 pers. ; w.-end de 2 nuits en hiver 104/168 €.* Construit dans un esprit « village de pêcheurs », cet ensemble de maisonnettes colorées disséminées dans un parc boisé diffuse une ambiance de vacances… . Aire de jeux, buvette, piscines couverte et découverte.

RESTAURATION

PREMIER PRIX

La Cabane d'Édouard – *Port de Claouey - cabane 1-3 - 33950 Lège-Cap-Ferret - ✆ 05 57 70 30 40 - www.lacabanededouard.com - huîtres entre 3,50 et 5 € la douzaine.* Une petite terrasse sous les canis au milieu des parcs à huîtres avec vue imprenable sur le bassin vous accueille pour une dégustation de fruits de mer. Huîtres, plateaux de fruits de mer… sur place ou à emporter. Un lieu comme on aimerait en trouver plus souvent !

L'Étoile – *13 pl. de l'Étoile - 33510 Andernos-les-Bains - ✆ 05 56 82 00 29 - fermé 24 déc. - 10 € déj. - 13/30 €.* Cet établissement situé à 100 m de la plage est une adresse incontournable pour les gens de la région : la cuisine, traditionnelle, copieuse et de très bon rapport qualité-prix vous est servie dans une ambiance familiale.

Le Bistrot – *3 av. du Gén.-de-Gaulle - 33120 La Teste-de-Buch - 4 km au sud d'Arcachon - 05 57 15 11 11 - fermé dim. en hiver - 11,50 € déj. - 15/31 € - 6 ch. 45 € - ☕ 5,50 €.* Cet endroit connaît un grand succès et ce n'est pas surprenant. Le décor (murs jaunes, objets décoratifs, dessins à thèmes fruitier et floral) est chaleureux, le service efficace et souriant et la terrasse sous les arbres délicieuse. Plats régionaux.

BUDGET MOYEN

L'Authentic d'Éric Thore – *35 bd de l'Océan - 33115 Pyla-sur-Mer - ☎ 05 56 54 07 94 - fermé 1er-10 mars, mar. et merc. sauf vac. scol. - 20/32 €.* Une table rénovée dans un charmant esprit vacances, recréant l'atmosphère des cabanes tchanquées. Pergola appréciable aux beaux jours. Cuisine créative.

L'Escale – *Jetée Bélisaire - 33950 Lège-Cap-Ferret - ☎ 05 56 60 68 17 - www.lescale-restaurant.com - 19 € déj. - 25/39 €.* Vue sur le bassin, le parc à huîtres et la dune du Pilat. La cuisine, préparée avec la pêche du jour, est honorable et le service efficace.

L'Escalumade – *8 r. Pierre-Dignac, au port de Larros - 33470 Gujan-Mestras - ☎ 05 56 66 02 30 - fermé 3 sem. en janv., 3 sem. en oct., dim. soir sf juil.-août et lun. - 23/47 €.* Une bonne table sans prétention, au calme. Cette cabane d'ostréiculteurs convertie en restaurant est coquette avec ses boiseries, ses baies vitrées et sa terrasse au-dessus de l'eau. Poissons, coquillages et crustacés.

POUR SE FAIRE PLAISIR

St-Éloi – *11 bd Aérium - 33740 Arès - ☎ 05 56 60 20 46 - www.le-saint-eloi.com - fermé 5 janv. au 10 fév., merc. soir, dim. soir et lun. du 15 sept. au 15 juin - 30/58 € - 8 ch. 60/85 € - ☕ 8 €.* Voici une petite adresse idéale pour une halte gourmande dans le bassin d'Arcachon. À 200 m de la baie, le St-Éloi vous reçoit dans une agréable salle à manger contemporaine colorée. En cuisine, le chef interprète un bon répertoire classique.

Pinasse Café – *2 bis av. de l'Océan - 33970 Cap-Ferret - ☎ 05 56 03 77 87 - www.pinassecafe.com - fermé 12 nov.-1er mars - 39 €.* Bistrot original et décontracté, situé sur le bassin et le parc à huîtres. Cuisine régionale, axée sur les produits de l'Océan.

EN SOIRÉE

Casino du Lac de la Magdeleine – *Chemin du Loup, voie rapide d'Arcachon - 33470 Gujan-Mestras - ☎ 05 57 73 00 78 - à partir de 13h.* Construction aux allures coloniales qui abrite machines à sous, roulette, black-jack, stud-poker mais aussi un bar-lounge et un restaurant.

ACHATS

Moulin de la Cassadotte (La Truite Argentière) – *Au Moulin de la Cassadotte - 33380 Biganos - ☎ 05 56 82 64 42 - 8h-12h, 14h-19h - fermé déc.-janv.* Le caviar français est né en 1993 au Moulin de la Cassadotte sous la marque Caviar de Gironde. Depuis plus de 10 ans, ce savoir-faire ne cesse d'évoluer et des visites guidées de l'exploitation sont organisées avec dégustation *(20 €/pers.).*

Cash Vin – *R. Lagrua - 33260 La Teste-de-Buch - ☎ 05 56 22 22 50 - www.cash-vin.com - tlj sf dim. et lun. mat. 9h30-12h30, 14h30-19h ; juil.-août tlj sf dim. apr.-midi 9h30-13h, 15h-19h30.* Ce caviste propose dans son magasin de la périphérie plus de 300 appellations vendues en bouteille, en cubitainer et parfois en magnum. Ces bordeaux proviennent autant de grandes cuvées que de petits domaines.

ACTIVITÉS

Randonnée – Un topoguide *(en vente dans les offices de tourisme)* recense les boucles au départ des différentes communes du bassin.

Cyclotourisme – Une nouvelle piste cyclable relie Mios à Bazas (70 km), à travers le Parc naturel régional des Landes de Gascogne.

Fiches-circuits disponibles dans les offices de tourisme.
Au **Teich**, vous pouvez, à côté de la gare, louer mais aussi faire réparer votre vélo, grâce à l'Association Insercycles.
Cycles Roumegoux & Fils – *53 ter av. du Gén.-de-Gaulle - 33740 Arès - ✆ 05 56 60 20 88.* Location de VTT, VTC, monocycles et remorques pour transporter les enfants.

Nature

Vent d'Arguin Organisation – *1 r. Jean-Larrieu - 33260 La Teste-de-Buch - ✆ 05 57 15 11 97 - www.ventdarguin.com - juil.-août - sur réserv., 5/6 pers. minimum.* Découverte du bassin d'Arcachon à bord du *Tip Top One*, maxi-catamaran de 23 m de long, ou du *Vent d'Arguin*, catamaran de 12 m. Sorties en mer pour la demi-journée, la journée ou un dîner.
Maison de la Nature du bassin d'Arcachon – *R. du Port - 33470 Le Teich - ✆ 05 56 22 80 93 - www.parc-ornithologique-du-teich.com.* L'un des trois centres du Parc naturel régional des Landes de Gascogne *(voir ce nom)*. Il propose des animations nature comme la descente accompagnée de la Leyre en barque (2h) ou la descente libre en canoë, des sorties en kayak (3h) et des promenades au crépuscule dans le parc ornithologique du Teich.
Relais nature du delta de la Leyre – *33470 Le Teich - ✆ 05 56 22 61 53 - juin-sept. : mat. et apr.-midi - gratuit.* Expositions, documentations et informations sur les visites guidées.

Parc de loisirs de la Hume

Rte des Lacs - 33470 Gujan-Mestras.
Aqualand – *✆ 05 56 66 39 39 - www.aqualand.fr - 6 juil.-30 août : 10h-19h ; 20 juin-5 juil. et 31 août-6 sept. : 10h-18h - 24,50 € (enf. 18 €).* Centre aquatique. Boutiques et restauration rapide.
Kid Parc – *✆ 05 56 66 06 90 - www.kidparc.com - juil.-août : 10h30-19h ; avr.-juin : 10h-18h ; sept. : merc. et w.-end 10h30-18h30 ; d'oct. à déb. nov. : w.-end et vac. scol. 12h-18h - fermé reste de l'année - 11 € (enf. 7,50 €).* Jeux, manèges et attractions aquatiques.
La Coccinelle – *✆ 05 56 66 30 41 - www.la-coccinelle.fr - ♿ - juil.-août : 10h30-19h ; juin : 10h-18h30 ; mai : w.-end 10h30-18h30 - 10,50 € (enf. 9,50 €).* Parc animalier pour les petits. Repas des bébés animaux à 11h15, 11h30, 11h45 et toutes les heures entre 14h et 18h.
Les jardins du Bassin – *Rte des Lacs - 33470 La Hume - ✆ 05 56 66 00 71 - tlj sf dim. 10h-12h30, 14h30-19h - fermé d'oct. à mi-mai - 5 € (enf. 4 €).* Parc botanique.

Autres activités

Bon à savoir – L'office du tourisme d'Audenge-Lanton propose des activités originales : sorties à l'aviron à bord d'une pinassotte, balade en forêt avec démonstration de gemmage, pêche à pied près du port d'Audenge, etc.
Becalou Canoë-Kayak – *Cabane n° 29 Port ostréicole - 33740 Arès - ✆ 05 57 70 49 00 - www.becalou.com - juil.-août 9h-22h ; de Pâques à la Toussaint sur RV.* Balades en canoë-kayak organisées en fonction des marées. Elles se déroulent entre le bassin d'Arcachon et le Lège, rivière bordée de plages. Possibilité de sorties au coucher du soleil.
Centre permanent de Kayak de mer – *Pont de Bredouille - 2 bis av. du Canal - 33950 Lège-Cap-Ferret - ✆ 05 57 70 45 55 - 10h-17h.* Ce centre propose de découvrir des espaces naturels protégés grâce à une kyrielle d'activités nautiques telles que le kayak de mer ou le *wave-ski*.

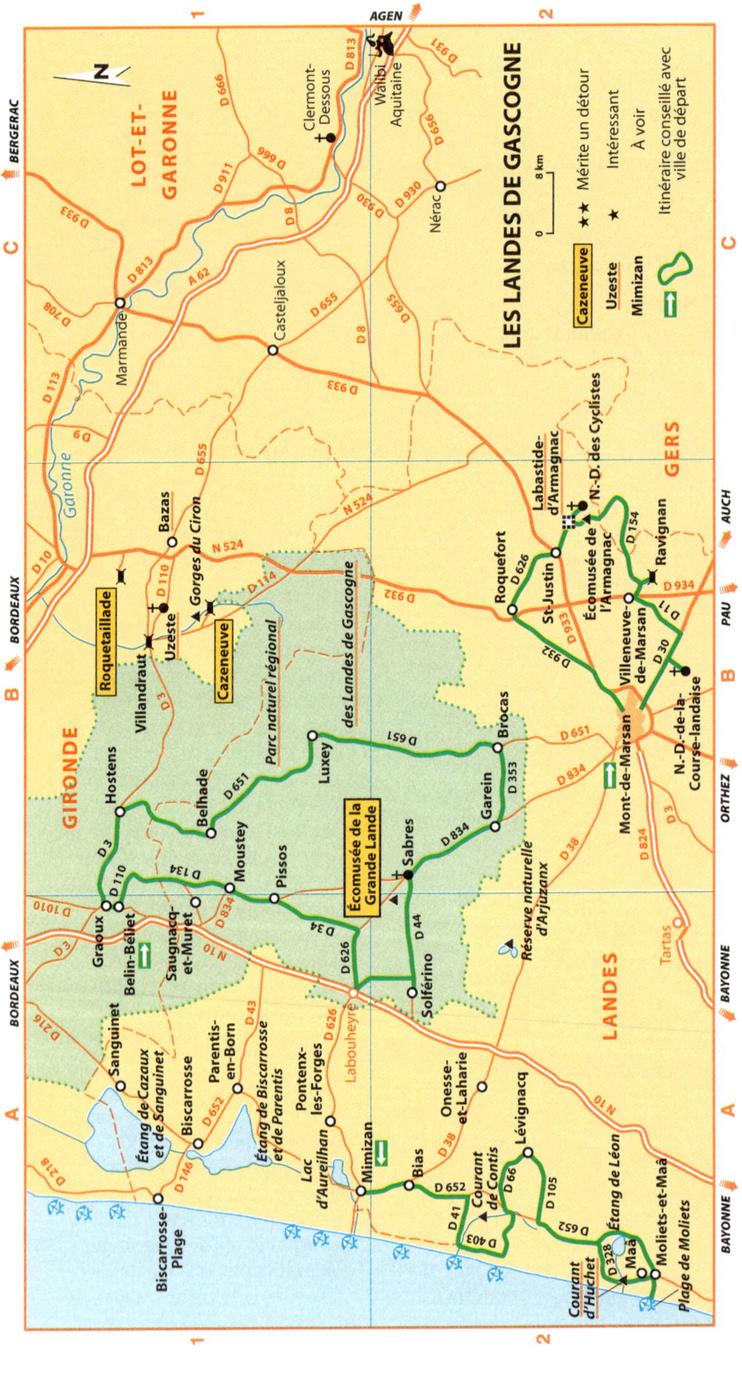
LES LANDES DE GASCOGNE
0
8 km
Cazeneuve ★★ Mérite un détour
Uzeste ★ Intéressant
Mimizan À voir
Itinéraire conseillé avec ville de départ
GIRONDE
LOT-ET-GARONNE
LANDES
GERS
BORDEAUX
BERGERAC
AGEN
AUCH
PAU
ORTHEZ
BAYONNE
Biscarrosse-Plage
Étang de Cazaux et de Sanguinet
Sanguinet
Biscarrosse
Parentis-en-Born
Étang de Biscarrosse et de Parentis
Lac d'Aureilhan
Mimizan
Pontenx-les-Forges
Labouheyre
Bias
Onesse-et-Laharie
Courant de Contis
Lévignacq
Étang de Léon
Courant d'Huchet
Moliets-et-Maâ
Plage de Moliets
Graoux
Belin-Béliet
Saugnacq-et-Muret
Hostens
Belhade
Moustey
Pissos
Luxey
Parc naturel régional des Landes de Gascogne
Écomusée de la Grande Lande
Sabres
Solférino
Garein
Brocas
Réserve naturelle d'Arjuzanx
Tartas
Mont-de-Marsan
N.-D.-de-la-Course-landaise
Villeneuve-de-Marsan
Roquefort
St-Justin
Écomusée de l'Armagnac
Labastide-d'Armagnac
N.-D. des Cyclistes
Ravignan
Villandraut
Roquetaillade
Uzeste
Cazeneuve
Gorges du Ciron
Bazas
Garonne
Marmande
Casteljaloux
Clermont-Dessous
Walibi Aquitaine
Nérac
N 10
N 524
A 62
D 651
D 834
D 626
D 932
D 933

Les Landes de Gascogne 3

Carte Michelin Départements 335 - Gironde (33) et Landes (40)

Parc naturel régional des Landes de Gascogne

★

Landes (40) et Gironde (33)

NOS ADRESSES PAGE 239

S'INFORMER

Maison du Parc *–33 rte de Bayonne - 33830 Belin-Béliet - ℘ 05 57 71 99 99 - www.parc-landes-de-gascogne.fr - lun.-vend. 9h-12h, 14h-18h - fermé j. fériés.*

Écomusée de Marquèze – *Rte de Solférino - 40630 Sabres - ℘ 05 58 08 31 38 - juil.-août : 10h-18h. Le point d'informations touristiques se trouve dans le musée.* Le Parc naturel régional des Landes de Gascogne met à disposition une Carte Guide répertoriant l'ensemble des sites à visiter et des activités proposées.

Pour le nord du Parc, voir « Nos adresses dans le bassin d'Arcachon » p. 226.

SE REPÉRER

Carte de microrégion A-B 1-2 *(p. 230) – carte Michelin Départements 335 H-G 9-10.*

Le Parc naturel régional des Landes de Gascogne (créé en 1970) regroupe 41 communes des Landes et de Gironde et couvre 315 300 ha au cœur du massif forestier gascon. Il s'étend à partir de l'extrémité est du bassin d'Arcachon, de part et d'autre du val de l'Eyre, englobant au sud les vallées de la Grande et de la Petite Leyre ainsi que les zones boisées de la Grande Leyre.

À NE PAS MANQUER

L'un des nombreux circuits de randonnée au cœur du Parc ; l'écomusée de la Grande Lande.

Dans la forêt des Landes de Gascogne.
M.-H. Carcanague / MICHELIN

ORGANISER SON TEMPS

Vous pouvez parcourir le Parc naturel dans son ensemble en une journée. Mais si vous vous attardez à quelques balades, baignades, observations ou loisirs, il y a facilement de quoi vous occuper deux ou trois jours.

AVEC LES ENFANTS

Marquèze, l'écomusée et le pavillon ; Graine de forêt à Garein ; nombre d'activités de plein air : baignade, vélo, balade en calèche… *(voir la rubrique « Activités » dans « Nos adresses dans le Parc naturel »).*

Que ceux qui ne peuvent vivre sans l'odeur des gaz de pots d'échappement passent leur chemin ! Ici la nature est reine et la pinède, entrecoupée de vastes champs qui servent de pare-feu, à première vue monotone, réserve bien des surprises : refuges pour la faune et la flore, petits villages ou airial, souvenirs d'un passé rural original… Des richesses et des paysages à découvrir à pied, à cheval, sur l'eau ou à vélo.

Itinéraire conseillé

AU CŒUR DES LANDES DE GASCOGNE

120 km. Suivre l'itinéraire tracé en vert sur le schéma p. 237. Compter une journée.

Vous partez à la découverte de la grande forêt landaise avec ses sites de régénération, ses clairières, ses réserves de chasse et ses maisons basses typiques. Pour aller à l'essentiel et mieux comprendre ce territoire, il faudra vous arrêter dans les trois sites complémentaires de l'**écomusée de la Grande Lande**, situés dans les communes de Sabres (Marquèze), Luxey et Garein, qui évoque la vie quotidienne et les activités traditionnelles propres à la campagne landaise aux 18e et 19e s. Si toutefois le temps vous manque, visitez au moins Marquèze : un incontournable !

Bon à savoir – Le **Passeport de l'écomusée de la Grande Lande** permet de bénéficier de tarifs préférentiels pour visiter les 3 sites ainsi que les forges de Brocas et le parc ornithologique du Teich *(voir p. 224).*

Belin-Béliet

Aliénor d'Aquitaine aurait vu le jour dans ce petit village en 1123. Un bas-relief a été érigé à sa mémoire à l'emplacement du château des ducs d'Aquitaine *(accès par la rue Ste-Quitterie : suivre le fléchage « Hôtel d'Aliénor »).*

DES MARÉCAGES AUX PINS

À l'origine était la Grande Lande, une zone marécageuse que parcouraient les bergers, parsemée d'îlots d'habitations *(voir p. 64 et 70)* élevées sur les terrains cultivables, qui assuraient la subsistance des villageois. Une vie rude donc, fondée sur un **système agro-pastoral**.

Au 18e s., on commence à planter quelques résineux, mais c'est de la loi de 1857 que va naître une immense mer de pins et une vague de nouveaux métiers. En effet, **Napoléon III** décrète alors l'assainissement et le boisement à grande échelle. La forêt devient un bien précieux, même si les propriétaires doivent attendre quelques années avant que leurs parcelles deviennent rentables. Le **gemmage** s'intensifie et l'exploitation de la résine s'industrialise au 19e s.

De nos jours, cette activité a disparu et les petits-fils des gemmeurs sont devenus bûcherons. Mais là aussi, il y a du pain sur la planche! Un pin de dix ans servira à faire du papier; à vingt ans, on en fera des poteaux; à trente ans, il deviendra meuble, palette, planche ou lambris. Bref, pas de retraite en perspective. Avec l'évolution technique, la **sylviculture** est devenue intensive et les quelques landes restantes, menacées, sont désormais préservées.

Visitez Graine de forêt (voir p. 236).

Au sud du village, la **Maison du Parc** *(voir la rubrique « S'informer » au début du chapitre)* a pris ses quartiers.

Au nord de la localité se trouve le **Centre d'animation du Graoux** *(voir la rubrique « Activités » dans « Nos adresses dans le Parc naturel »).*

Quitter Belin-Béliet à l'est par la D 110. À Joué, prendre à droite la D 110E5 pour gagner Moustey en traversant Peyrin et Biganon.

Moustey

Située sur le chemin de St-Jacques-de-Compostelle, la place centrale de ce village compte deux églises construites en garluche (pierre ferrugineuse locale). Le mur sud de Notre-Dame possède une porte murée dite « porte des Cagots » (les cagots désignant une caste exclue de la société).

Voir également les Attelages des Vallées de la Leyre dans la rubrique « Activités » dans « Nos adresses dans le Parc naturel »).

Gagner Pissos par la N 134 au sud.

Pissos

L'**église**, un peu en dehors du village, est coiffée par un clocher en bardeaux.

Dans le centre, arrêtez-vous à la **Maison des artisans** *(voir la rubrique « Achats » dans « Nos adresses dans le Parc naturel »)* si vous voulez faire quelques emplettes. Un peu plus loin, sur la route de Sore, vous pourrez faire un petit tour au **Relais nature de la haute Lande** (dans une bergerie traditionnelle) pour faire connaissance avec la faune sauvage landaise. *05 58 04 41 40/05 58 08 91 58.*

Prendre la D 34 au sud. À Commensacq, qui s'enorgueillit d'une belle église romane, prendre à droite la D 626. À l'entrée de Labouheyre, prendre à gauche la D 402 en direction de Solférino. Elle traverse le parc de Peyre (gîtes forestiers, centre équestre).

Solférino

En 1857, **Napoléon III** achète quelque 7 000 ha de landes. Les terres assainies, il aménage un domaine expérimental où il installe des fermes modèles. Un village est créé en 1863.
Prendre la D 44 à l'est.

Gare de Sabres - Écomusée de Marquèze

Rte de Solférino - 40630 Sabres - ✆ 05 58 08 31 31 - www.parc-landes-de-gascogne.fr - de juin à mi-sept. : 10h-18h ; avr.-mai et de mi-sept. à déb. nov. : lun.-sam. 14h-18h (tte la journée pdt vac. de printemps), dim. et j. fériés 10h-18h - 13 € (enf. 9 €).
À l'entrée de Sabres se trouve la gare d'où part le **petit train pour Marquèze** *(départ ttes les 40 min. juil.-août : 10h-17h20 ; mars, mai et de mi-sept. à déb. nov. lun.-sam. 14h-16h40, dim. et j. fériés 10h-12h et 14h-16h40 ; juin et 1re quinzaine de sept. : 10h-12h, 14h-17h20 ; avr. : 10h-12h, 14h-16h40).*
Le train parcourt près de 5 km à travers bois pour vous déposer dans l'airial, vaste esplanade principalement plantée de chênes où étaient répartis les habitations principales et les bâtiments d'exploitation. C'est également à la gare que se trouve la billetterie de l'écomusée de la Grande Lande.
En attendant le train, visitez le nouveau pôle touristique de l'écomusée, le **Pavillon de Marquèze** (*face à la gare*) qui abrite une exposition didactique et interactive sur l'aventure de l'aménagement du territoire des Landes de Napoléon III à aujourd'hui et la transformation des paysages qui en découle. Le parcours sonore (patois gascon, bruits de moustique…) ravit les plus petits qui auront le choix de suivre le « chemin des enfants », spécialement conçu pour eux. *Juil.-août : 10h-19h ; avr.-juin et sept.-oct. : 10h-12h30, 14h-18h - 6 € (enf. 4€).*
Vous pourrez aussi vous rendre à pied jusqu'au village de Sabres, qui abrite une église romane.

★★ Marquèze

Accès par chemin de fer au départ de la gare de Sabres. Un Guide du visiteur *très complet est remis à l'achat du billet en gare de Sabres (voir ci-dessus). À l'arrivée de certains trains (consulter l'affichage des horaires), une visite guidée (1h) de*

LA VIE D'AUTREFOIS À MARQUÈZE

L'écomusée de la Grande Lande organise plusieurs manifestations permettant de faire revivre les traditions landaises du 19e s.
La **maïade**, qui a lieu le 1er Mai, est la fête du printemps : des arbres de mai, des mâts fleuris et décorés sont plantés afin d'honorer un voisin, un ami, un notable.
Mi-mai a lieu la **tonte des moutons**. La laine sera ensuite cardée et filée.
Mi-juin, on sort les bassines pour la grande lessive, la « **bugade** ». La cendre remplace ici notre lessive en poudre. Le rinçage se fait en rivière.
Le 24 juin est le jour de la **Saint-Jean**, rite qui marque la venue de l'été. Pour espérer obtenir de bonnes récoltes, on accroche des croix fleuries aux portes des maisons.
Fin juillet et fin août, vous saurez tout sur le chanvre et le lin, de la plantation au filage de ces plantes textiles. Enfin, de fin mars à fin octobre, on peut assister à divers travaux : gemmage des pins, pétrissage et cuisson du pain, meulage du seigle, labourage à l'aide des bœufs, etc.

l'airial est proposée. Il est intéressant de la suivre avant de parcourir librement l'ensemble du site, au gré des évocations sonores et des rencontres inattendues théâtralisées.

Cette partie de l'écomusée de la Grande Lande occupe près de 70 ha dans la zone protégée des vallées de l'Eyre. Le quartier de Marquèze a été reconstitué pour présenter la vie telle qu'elle s'organisait ici à la fin du 19e s.

Dans l'**airial**, la maison de maître est reconnaissable à son *estandade* (large auvent). À proximité, vous trouverez la maison du berger (ou « brassiers », lorsqu'ils étaient sous contrat avec un propriétaire) au poutrage plus grêle et aux dimensions plus modestes ; plus loin, la maison des métayers et son cortège de granges, loges à porcs, ruches et poulaillers.

Une petite promenade dans la forêt où opérait le **résinier**… et vous voilà à la maison du meunier. Elle date de 1834 et se trouve (vous vous en doutez) à côté du **moulin de bas** aux deux meules broyant gros et petits grains. Peut-être verrez-vous aussi la fabrication du pain dans l'un des trois fours répartis sur le site.

La visite ne serait pas complète sans un détour par le **parc à moutons**, pour voir ces anciens défricheurs de la lande dont le fumier enrichissait les champs.

Une **grange-vidéo** diffuse des films récents ou d'archives sur les différentes activités évoquées, et une **grange-exposition** présente l'ancien système agro-pastoral.

Quitter Sabres au sud-est par la N 134.

Graine de forêt à Garein

05 58 08 31 31/06 88 81 30 08 - juil.-août : 9h30-12h30, 14h-18h ; avr.-juin et sept.-oct. : dim. et j. fériés 13h-18h, vac. scol. 14h-18h - 5 € (enf. 3,50 €).

Cet espace muséographique interactif et ludique sur le thème de la filière bois a été aménagé dans une maison traditionnelle. Là, vous trouverez toutes les réponses à vos questions concernant la sylviculture, qui reste la première ressource de la région : maquette animée présentant les différents intervenants de la chaîne du bois, films sur le travail des bûcherons modernes (comme si vous y étiez !) et la fabrication du papier, puzzles, etc.

2,6 km AR. Complétez vos connaissances sur le terrain en parcourant le sentier jalonné de bornes sonores dans la forêt… afin d'y planter votre graine de pin !

Sortir de Garein à l'est, par la D 353.

Forges de Brocas

05 58 51 48 46 - de mi-juin à mi-sept. : tlj sf lun. 15h-19h- 3,10 € (-12 ans gratuit).

Dans un cadre verdoyant, vous verrez un haut-fourneau, des ateliers et des logements ouvriers en ruine. Pour découvrir l'histoire de cet important site métallurgique au 19e s., rendez-vous dans l'ancienne… minoterie. C'est là que le **musée des Forges** a pris place. Il rassemble divers objets en fonte et diffuse un film sur la technique de moulage.

Quitter Brocas vers le nord par la D 651.

Luxey

L'**atelier de produits résineux Jacques et Louis Vidal**★ a fonctionné entre 1859 et 1954. Aujourd'hui partie intégrante de l'écomusée de la Grande Lande, il illustre le fonctionnement d'une structure économique au début de la révolution industrielle dans la Grande Lande. Depuis la réception des gemmes (sucs résineux) jusqu'au stockage de l'essence de térébenthine, toutes les étapes du

PARC NATUREL RÉGIONAL DES LANDES DE GASCOGNE

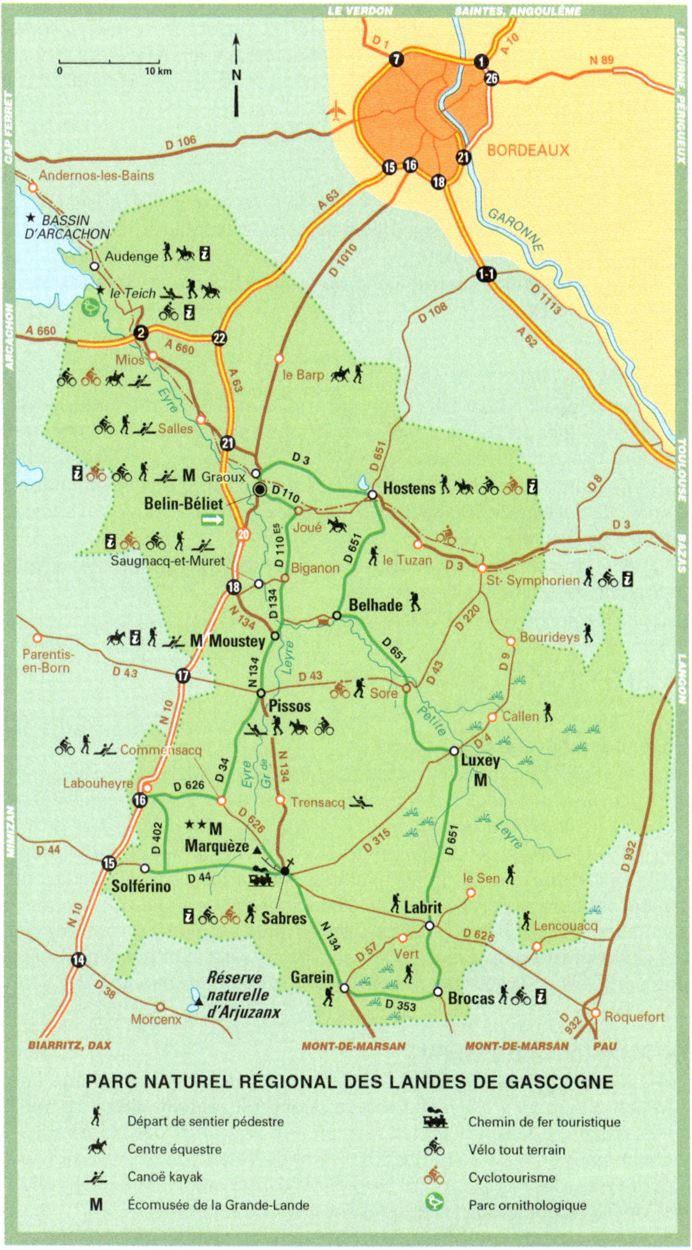

traitement de la résine sont abordées. ✆ *05 58 08 01 31 - www.parc-landes-de-gascogne.fr - de juin à mi-sept. : 10h-12h, 14h-19h - 5 € (-25 ans 3,50 €).*
La **Maison de l'estupe-huc** (qui signifie « éteins le feu ») présente les risques et la réalité des feux de forêt dans les Landes *(projection de trois vidéos)* et évoque l'évolution des techniques des sapeurs-pompiers à travers des documents, objets et matériels d'époque. ✆ *05 58 04 70 70 ou 05 58 08 06 18 - sur demande uniquement - 4,50 € (enf. 2,50 €).*
La D 651 mène à Belhade par Sore et Argelouse.

Belhade

Savez-vous que Belhade signifierait « belle fée » en gascon ? Dans tous les cas, vous vous arrêterez devant son **église** à clocher-mur, pour admirer le portail aux beaux chapiteaux sculptés.
À l'ouest de la localité, sur la gauche, vue sur le **château de Belhade** et ses tours rondes crénelées.
Poursuivre sur la D 651.

Hostens

On y exploita le lignite à ciel ouvert entre 1933 et 1963. Puis les excavations furent comblées par des remontées de la nappe phréatique formant les **lacs de Lamothe** et **du Bousquet**.
Le **domaine de loisirs d'Hostens**, créé sur l'ancien site d'exploitation, est un parc de détente de 500 ha *(voir la rubrique « Activités » dans « Nos adresses dans le Parc naturel »).*
3 km. Un **sentier d'interprétation** (« sentier des Demoiselles ») vous permet de découvrir le milieu naturel.
Retour à Belin-Béliet par la D 3 et la N 10.

À proximité Carte de microrégion

Réserve naturelle d'Arjuzanx B1

Au sud du Parc - Maison Barreyre (de la D 38 dir. Morcenx/Mont-de-Marsan, prendre à gauche avant le bourg d'Arjuzanx) - ✆ 05 58 08 11 52 - www.reserve-arjuzanx.org. Accès direct au lac à la sortie du village depuis la D 38 dir. Morcenx.
Ce vaste site naturel (2 600 ha) prend place sur une ancienne friche industrielle, celle d'une mine de lignite exploitée par EDF jusque vers 1990. Depuis, la nature a repris ses droits : difficile d'imaginer ce que les lieux, couverts de végétation, étaient il y a peu ! La réserve constitue le premier site d'hivernage des **grues cendrées** en France : elle sert alors de « dortoir » à 20 000 oiseaux. Une partie est en accès libre : lac *(baignade surveillée de mi-juin à déb. sept.,*

OBSERVER DES OISEAUX

En hiver, les **grues cendrées** habitant la Scandinavie descendent, en formations en « V », à la recherche de climats plus sereins. Plusieurs milliers resteront dans les Landes, glanant leur nourriture dans les résidus des champs de maïs. La période d'hivernage s'étend de mi-novembre à début mars, les mois les plus favorables à l'observation étant décembre et janvier (à leur arrivée, elles peuvent se montrer farouches).
Voir la rubrique « Activités » dans « Nos adresses dans le Parc naturel ».
Au nord du Parc, le delta de l'Eyre et la **réserve ornithologique du Teich** abritent de nombreuses espèces d'oiseaux *(voir p. 224).*

13h-19h, activités nautiques, pêche), chemins balisés pour la randonnée et le VTT (*parcours de 1,7 km à 7,3 km*), balades équestres… Une autre se découvre lors de **visites accompagnées par des naturalistes** : *rens., réserv. et départ : Maison Barreyre - sorties thématiques gratuites (env. 3h) en mat., journée ou crépuscule : les plantes carnivores, la nature la nuit, initiation à la macrophoto, la nuit des étoiles ; randonnée nature gratuite 15 km (6h) ; observation des grues cendrées (3h) nov.-fév. merc. et vend. 15h30 (coucher des grues), sam., dim. et vac. scol. 7h (lever des grues) et 15h30, 5 € (enf. 3 €).*
Des sorties d'observation (4h) des grues sont également organisées sur le site de **Captieux** *(rens. et réserv. à la Maison du Parc : voir la rubrique « S'informer » au début du chapitre - janv.-fév. - 13 €, avec prêt de matériel optique - enf. 11 €).*

NOS ADRESSES DANS LE PARC NATUREL

RECOMMANDATIONS

Réglementation du Parc
- Veuillez ne pas cueillir les plantes et ne pas couper de branches d'arbres.
- N'allumez jamais de feu et ne fumez pas en dehors des haltes prévues à cet effet. La forêt s'enflamme très vite (y compris au bord des plans d'eau) ; elle met nettement plus de temps à se reformer.
- Ne laissez pas de détritus après un pique-nique et ne jetez rien par terre ; des poubelles sont installées à certains endroits.
- Ne stationnez pas votre véhicule sur les chemins ; des parkings sont aménagés à cet effet.
- Respectez le silence et la tranquillité des promeneurs, des pêcheurs et des riverains.

Autres conseils
En été, emportez du produit contre les moustiques (surtout dans les zones humides et au bord des cours d'eau).
Le climat aquitain ne requiert pas de vêtements particuliers, si ce n'est des chaussures de marche pour les randonnées pédestres et des vêtements imperméables pour les sorties printanières, parfois arrosées.

HÉBERGEMENT

BUDGET MOYEN

Hôtel Au P'tit Creux – *3 r. Brémontier - 40160 Ychoux - ✆ 05 58 82 38 38 - www.auptitcreux.com - P - 30 ch. 54 € - ☕ 7 € - rest. 19/29 €.* À la sortie du village, cette construction de style motel propose des chambres toutes simples et fonctionnelles. Pour les familles, on pourra réserver les familiales qui bénéficient de deux salles d'eau. La salle à manger, claire, propose principalement des plats du Sud-Ouest !

Chambre d'hôte Les Arbousiers – *Le Gaille - 40630 Sabres - 7,5 km à l'ouest de Sabres par D 44 - ✆ 05 58 07 52 52/06 81 13 28 09 - www.chambres-landes.com - réserv. obligatoire - 6 ch. 50/55 € ☕ - repas 20 €.* Calme garanti dans cette charmante maison landaise à colombages bâtie au milieu d'une clairière entourée d'une forêt de pins. Chambres simples et chaleureuses et table d'hôte le soir. L'accueil est convivial et vous entendrez sûrement parler d'oiseaux par la propriétaire passionnée…

Chambre d'hôte La Maranne – *Le Muret - 40410 Saugnacq-et-Muret - 15 km au nord de Pissos - ✆ 05 58 09 61 71 -*

la-maranne@wanadoo.fr - fermé 15 nov.-15 avr. - ⊠ - 5 ch. 50/66 € ☕. Cette demeure du 19ᵉ s., au milieu d'arbres centenaires, abrite des chambres sans luxe, mais agréables et nanties parfois de meubles d'époque.
Côté détente, les activités ne manquent pas : piscine, sauna, Jacuzzi, vélos…

Chambre d'hôte Le Poutic – *Rte de Cazaubon - 40240 Créon-d'Armagnac - 12 km à l'est de St-Justin par D 933 et D 35 - ✆ 05 58 44 66 97 - www.lepoutic.com - 3 ch. 58/65 € ☕ - rest. 22€.* La restauration de cette ferme landaise a joliment mis en valeur ses vieux murs en pierre, ses poutres et ses colombages.
Les chambres ont bénéficié de la même attention pour leur décoration d'un goût sûr et soignée. Spa et salon d'été dans les dépendances. Stages de cuisine sur le canard gras de novembre à mars.

Chambre d'hôte Chez M. et Mme Clément – *1 r. du Stade - 33830 Belin-Béliet - ✆ 05 56 88 13 17 - maison.clem@wanadoo.fr - ⊠ - 5 ch. 65€ et un gîte - ☕ 6 €.* Belle maison bourgeoise du 19ᵉ s. dans un parc ombragé d'arbres centenaires. Boiseries en chêne, parquets cirés et cheminées de marbre font le raffinement de la décoration. Toutes les chambres sont claires et la plupart ouvrent sur la nature.

RESTAURATION

Bon à savoir – Dans le Parc, plusieurs établissements proposent « L'assiette de pays » *(voir p. 14)*.

PREMIER PRIX

La Bonne Auberge – *1 r. Champs-de-Seuze - 33830 Lugos - ✆ 05 57 71 95 28 - fermé 2 sem. en nov., dim. soir et lun. hors sais. - 11/43 € - 5 ch. 54€ - ☕ 7€.* Cette accueillante auberge s'ouvre sur un jardin d'agrément et une vaste terrasse ombragée de platanes. Cuivres et assiettes anciennes ornent les murs de la salle à manger rustique. Cuisine traditionnelle. Chambres un brin désuètes, mais de bon confort.

BUDGET MOYEN

Le Haut-Landais – *Pl. du Bourg - 40410 Moustey - ✆ 05 58 07 77 85 - www.lehautlandais.com - fermé nov.-fév., dim. soir et lun. - 11,50 € déj. - 19,50/25 €.* Sur la place du village, une auberge vit depuis le 17ᵉ s. Landais de cœur et Hollandais d'origine, le patron vous prépare les spécialités régionales : aiguillettes de canard, assiettes landaises… Agréable terrasse ombragée devant la maison. Concerts et « apérolandais » l'été.

Le Café de Pissos – *Le bourg - 40410 Pissos - ✆ 05 58 08 90 16 - fermé 1 sem. vac. de fév., 12 nov.-6 déc., dim. soir, mar. soir et merc. sf juil.-août - 12,20 € déj. - 18/40 € - 5 ch. 38/46 € - ☕ 6 €.* Cette auberge familiale propose une authentique cuisine régionale dans un cadre campagnard ou sur la terrasse ombragée de platanes centenaires. Le bar est fréquenté par les villageois.
Chambres modestes.

Ferme-auberge du Jardin de Violette – *Manoir des Jourets - 40120 Lencouacq - ✆ 05 58 93 03 90 - fermé dim. soir, lun. et mar. - ⊠ - réserv. obligatoire - 18/45 €.* Découvrez dans ces anciennes écuries rénovées la saveur des légumes oubliés du potager et des fleurs mitonnés avec talent pour accompagner les volailles de la ferme. Assiette de pays, armagnac et apéritif maison.

Auberge des Pins – *Rte de la Piscine - 40630 Sabres - ✆ 05 58 08*

30 00 - www.aubergedespins.fr - fermé 4 -24 janv. et 1 sem. en oct. - 19/68 €. Ravissante maison landaise nichée dans un parc planté de pins. Attablez-vous dans la belle salle à manger ornée d'armoires du pays et agrémentée de boiseries anciennes, et régalez-vous avec la délicate cuisine régionale du chef. Les chambres du bâtiment principal sont personnalisées avec goût.

ACHATS

Maison des artisans et l'atelier du souffleur de verre – *71 rte de Sore - 40410 Pissos - ✆ 05 58 08 97 42 - de mi-juin à mi-sept. et vac. scol. : 10h-12h, 15h-18h ; reste de l'année : 15h-18h et sur RV - fermé lun. et mar.* Exposition-vente d'artisanat d'art (vêtements, bijoux, bougies, jouets, meubles peints, etc.) et de produits régionaux. À voir également, l'atelier du souffleur de verre.

ACTIVITÉS

Randonnées pédestres – Le comité départemental du tourisme de Gironde *(voir p. 10)* diffuse deux plans-guides décrivant les sentiers du pays du val de l'Eyre (n° 7) et de la Haute Lande girondine/vallée du Ciron (n° 1). Le Parc propose tout au long de l'année différentes possibilités de découverte à effectuer avec ou sans accompagnateur.

Balades à bicyclette – Les *Carte-guide*, *Livret de 6 circuits* et *Carnet de route* sont à votre disposition à la Maison du Parc pour vous orienter et constituer votre itinéraire d'un ou plusieurs jours. Possibilité de combiner vélo et canoë.

Baignade surveillée – Domaine de loisirs d'Hostens.

Piscines de plein air – **Sore** *(rte de Luxey - ✆ 05 58 07 60 55)*, **Sabres** *(rte de Luglon - ✆ 05 58 07 52 51)*, **Salles** *(rte d'Argila - ✆ 05 56 88 40 89)* et **Pissos** *(rte de Sore - ✆ 05 58 08 91 45)*.

Domaine de loisirs d'Hostens – *54 rte de Bazas, domaine départemental d'Hostens - 33125 Hostens - ✆ 05 56 88 70 29 - 6h-23h - gratuit.* Base VTT proposant 6 circuits de 10 à 30 km. Également pêche, baignade, sentiers pédestres, tir à l'arc, escalade, canoë-kayak, pédalos, Grimp'arbres, course d'orientation, animations nature, aviron, beach polo, jardin aquatique, nage avec palmes…

Centre du Graoux – *31 rte de Graoux - 33830 Belin-Béliet - ✆ 05 57 71 99 29 - 9h-12h30, 14h-17h.* Centre permanent du Parc offrant un large éventail d'activités sportives (canoë-kayak – descente de la Leyre –, cyclotourisme, VTT, sentiers de découverte, parcours d'orientation) ainsi que des hébergements.

Atelier-Gîte de Saugnacq-et-Muret – *Chemin vicinal 3 - 40410 Saugnacq-et-Muret - ✆ 05 58 07 73 01 - 9h-12h, 14h-18h - fermé 25 déc.-1er janv., w.-end en hiver.* Deuxième centre permanent du Parc proposant canoë-kayak, cyclotourisme, VTT, circuits pédestres thématiques, parcours d'orientation. Gîtes.

Maison de la Nature du bassin d'Arcachon – *Voir p. 229.*

Attelages des Vallées de la Leyre – *Airial de la Vigne - 40410 Moustey - ✆ 05 58 07 75 60.* Promenades commentées en calèche, roulottes, randonnées accompagnées avec ânes bâtés. Hébergement possible (gîtes d'étape ou de séjour) et base nautique.

Bazas

★

4 585 Bazadais– Gironde (33)

NOS ADRESSES PAGE 245

S'INFORMER

Office du tourisme de Bazas – *Pl. de la Cathédrale - ✆ 05 56 25 25 84 - mai-sept. : lun.-sam. 9h-13h, 14h30-18h30, dim. 15h-18h30 ; oct.-avr. : tlj sf dim. 9h-12h, 14h-17h30.* Il propose un plan de la cité *(gratuit)* et un guide pour découvrir Bazas à votre rythme *(1 €)*, mais aussi la carte touristique du Pays Sud Gironde.

SE REPÉRER

Carte de microrégion A2 *(p. 230) – carte Michelin Départements 335 J8.*
À 60 km au sud-est de Bordeaux (A 62 et D 932) et à 40 km au sud-ouest de Marmande (D 116, D 3 puis D 655).

SE GARER

Laissez votre voiture place de la Cathédrale.

À NE PAS MANQUER

La cathédrale St-Jean ; la Vierge du 13e s. dans la collégiale d'Uzeste ; le château de Villandraut.

ORGANISER SON TEMPS

Comptez une demi-journée pour faire le tour de la ville. Au château de Villandraut, la visite dure 1h (hors saison, il n'ouvre que l'après-midi). N'hésitez pas à poursuivre la journée par une visite des magnifiques châteaux de Roquetaillade et Cazeneuve *(voir p. 244 et 246)*. Si vous êtes de passage peu avant Mardi gras, ne manquez pas la Fête des bœufs gras.

AVEC LES ENFANTS

La métairie du château de Roquetaillade.

Si vous ne connaissez de Bazas que le bœuf du même nom, prenez le temps d'y passer quelques heures. Convoitée de tous côtés à travers l'Histoire, la cité fut ballottée au gré des invasions et fut même élevée à la dignité de cité épiscopale. Presque plus italienne que girondine, l'ancienne sous-préfecture offre un peu de calme au-dessus de la vallée.

Se promener

Place de la Cathédrale

Très jolie place entourée de maisons sur couverts du 16e s. et 17e s., particulièrement animée le samedi matin, jour du marché. Au n° 23, la maison dite de l'Astronome est décorée de symboles astronomiques (visages graves de la lune et du soleil, mage oriental à chapeau pointu…).

★ Cathédrale St-Jean

Voir l'ABC d'architecture p. 88. 9h-12h, 14h-17h - visites guidées sur RV : se rens. à l'office de tourisme ou s'adresser à M. Barran (✆ 05 56 25 12 05) - 4 € (-18 ans gratuit) par l'office de tourisme, participation libre pour les visites organisées par M. Barran.

Elle fut édifiée aux 13e-14e s., sur le modèle des grands sanctuaires gothiques du Nord de la France. Malgré les différences de style de ses trois étages – 13e, 16e et 18e s. *(de bas en haut)* –, la façade ne manque pas d'harmonie. Les Bazadais sauvèrent les **portails** du vandalisme protestant en versant 10 000 écus, ce qui en valait bien la peine. Le portail central est consacré au Jugement dernier et à l'histoire de saint Jean-Baptiste, les portails latéraux à la Vierge et à saint Pierre.
L'**intérieur** est assez sobre. La perspective de la nef, étroite et longue, produit une grande impression. Dans le chœur, maître-autel Louis XIV en marbre de couleurs variées, un peu maniéré… c'était la mode à l'époque. Dans la chapelle axiale, toiles de François Lemoyne (18e s.).

Jardin du Chapitre

À droite de la cathédrale - 9h-12h, 14h-17h.
Composé comme un jardin médiéval, il abrite quelques vestiges (de l'âge du fer au 15e s.). Il offre une jolie vue sur le vallon, où coule la petite Beuve.
Revenir à la cathédrale et prendre à gauche (avant la mairie) la rue Théophile-Servière puis la rampe Maurice-Lapierre.

Promenade de la Brèche

Avant de vous engager sous les tilleuls verts de la promenade pour une très agréable balade au pied des vieux remparts, arrêtez-vous dans la roseraie du jardin du Sultan.

Musée de Bazas

Juil.-août : mar. et sam. 10h-12h, 15h-18h ; hors sais. sur réserv. à l'office de tourisme - visite gratuite juil.-août, 2 € hors saison.
Ce musée municipal est installé au rez-de-chaussée de l'ancien hôtel de ville (façade du 17e s.). Il regroupe des collections historiques, archéologiques et d'art sacré.

À proximité Carte de microrégion

★ Collégiale d'Uzeste A2

8 km à l'ouest par la petite D 110. ✆ 05 56 65 22 47 - 9h-12h, 14h-18h (visite libre) - possibilité de visite guidée sur demande préalable : 15h-18h, sam., dim. et j. fériés - visite guidée 3 € (-18 ans gratuit).
Une bien belle église pour un si petit village ! Elle rivalise même avec la cathédrale de Bazas. Il est vrai que le pape Clément V y mit du sien. Le résultat dut lui plaire puisqu'il la désigna dans son testament comme lieu de sa sépulture.
Pénétrez dans l'église par le portail sud dont le tympan porte le Couronnement de la Vierge. Dans la chapelle axiale, Vierge de la fin du 13e s., vénérée par le pape en sa jeunesse ; dans la chapelle voisine, gisant d'un membre de la famille de Grailly (14e s.) ; derrière l'autel, gisant de marbre blanc de Clément V, dont les protestants ont cassé la tête.

Villandraut A2

13 km à l'ouest par la D 110 passant par Uzeste, puis la D 3.
Environné par la forêt landaise, Villandraut domine la rive gauche du Ciron. Le bourg a donné naissance à **Bertrand de Got**, élu pape en 1305 sous le nom de Clément V.
Château – *✆ 05 56 25 87 57 - www.assoadichats.net - juil.-sept. : 10h-19h ; avr.-juin : 14h-18h ; reste de l'année : w.-end et j. fériés. 14h-18h - fermé déc.-janv. - 3,50 €*

(enf. 2€) - animations et expositions en été. Décidément, Clément V est partout : cette forteresse fut construite pour lui, sur le modèle des châteaux forts de plaine, à l'époque gothique. Une grande partie est consacrée aux aménagements résidentiels, comme il était d'usage en Italie au Moyen Âge. Le côté sud est le plus spectaculaire par l'alignement de ses quatre grosses tours, celle de droite ayant été arasée en 1592, sur ordre du parlement de Bordeaux.

★★ Château de Roquetaillade A2

8 km au nord-ouest de Bazas par les D 1 et D 223. ✆ 05 56 76 14 16 - www.chateauderoquetaillade.free.fr - ♿ - visite guidée (1h) juil.-août : 10h30-18h ; reste de l'année et vac. scol. : 14h30-17h, dim. et j. fériés visite à 15h et 16h - 8 € (enf. 5 €) ; billet combiné avec la métairie 9 € (enf. 6 €).

Le château – *Voir l'ABC d'architecture p. 89.* Cet imposant château féodal a été construit en 1306 par le cardinal Gaillard de la Mothe, neveu du pape Clément V. Il fait partie d'un ensemble composé de deux forteresses des 12e et 14e s. situées à l'intérieur d'une même enceinte. À droite du château Neuf, restes du **château Vieux** (donjon de la fin du 11e s.).

Les six énormes tours rondes du **château Neuf**, percées d'archères et crénelées, encadrent un corps rectangulaire ; deux d'entre elles flanquent l'entrée. Dans la cour se dressent le puissant donjon carré et sa tourelle. Les baies géminées et tréflées rappellent les dispositions des châteaux clémentins de la région.

À partir de 1866, Viollet-le-Duc commença à restaurer et à réaménager le château. C'est à cet architecte (qui vous accueille en personne, dans la cour d'entrée, à gauche de la porte !), que l'on doit l'escalier monumental du hall d'entrée, le mobilier et les étonnantes décorations de la **salle à manger★** dont les motifs stylisés annoncent déjà les arts décoratifs anglais de la fin du 19e s. (William Morris en particulier) et l'Art nouveau. La **chambre rose★** et la chambre verte, attribuées à Edmond Duthoit, collaborateur de Viollet-le-Duc sur ce chantier, suivent la même tendance.

Cependant, des difficultés financières mirent fin à l'ambitieux projet et la décoration de la salle synodale resta inachevée.

Vous visiterez également la chambre du Cardinal et le Grand Salon tendu de tapisseries flamandes. Chacune de ces pièces meublées d'époque classique renferme une belle cheminée Renaissance. Quant à la grande cuisine, elle possède un impressionnant fourneau central.

Le parc – Le parc, planté d'arbres centenaires, abrite une **chapelle** dont l'intérieur, décoré par Duthoit, est de style oriental.

Face à l'entrée du château se trouve la **métairie** qui abrite un pigeonnier du 12e s., un four à pain, un chai, et compte quelques animaux de ferme. Vous y découvrirez le monde rural du milieu du 19e s. dans le Bazadais. *Juil.-août : 15h-19h ; reste de l'année sur RV.*

LE SAVIEZ-VOUS ?

Le cygne est l'emblème des **Mauvesin** qui firent restaurer le château de Roquetaillade au 19e s. On le retrouve partout. Dans la cour d'entrée, dans le grand escalier, sur les murs, sur les chaises…

NOS ADRESSES À BAZAS

HÉBERGEMENT

À proximité

BUDGET MOYEN

Auberge de la Crémaillère – *33730 Villandraut - ✆ 05 56 25 30 67 - 10 ch. 55/59 € - ☕ 7,50 € - fermé 20 déc.-15 janv., vend. et dim. soir - 25/42 €.* Au pied du château, cette auberge rénovée a misé sur une ambiance chaleureuse et conviviale autour d'une cuisine raffinée. Les chambres refaites avec goût vous garantissent une étape agréable.

RESTAURATION

À Bazas

BUDGET MOYEN

Café-Restaurant Indigo – *25 r. Fondespan - ✆ 05 56 25 25 52/06 08 65 94 91 - fermé lun. et dim. - réserv. obligatoire - 12,70 € déj. - 25/45 €.* Un côté brasserie et un côté restaurant pour cet établissement qui a conquis les gens de la région. Mieux vaut réserver si l'on souhaite découvrir les recettes mi-régionales (label bœuf de Bazas), mi-exotiques. Décor moderne, terrasse d'été, service décontracté mais efficace.

À proximité

BUDGET MOYEN

Ferme-auberge Aux Repas Fermiers de Haoun Barrade – *33430 Cudos - 5 km au sud de Bazas sur N 524 dir. Mont-de-Marsan - ✆ 05 56 25 06 69 ou 05 56 25 44 55 - ouv. 10 juil.-1er sept., w.-end et j. fériés le midi - ⊭ - 16/26 €.* Dans une ambiance campagnarde, vous apprécierez les produits fermiers. Foie gras, magrets, chevrettes, coqs, lapins et marcassins se dégustent avec les meilleurs vins locaux.

ACHATS

Palmagri – *Centre bourg - 10 km au nord-est de Bazas par D 12 - 33124 Auros - ✆ 05 56 65 40 81 - www.palmagri.com - 9h-12h30, 14h-18h - fermé dim. et j. fériés.* Foie gras, boudin, magrets… Les produits de cette boutique sont élaborés à partir de canards élevés de façon traditionnelle. Des cours de cuisine sont dispensés pour apprendre à découper et cuisiner un canard ou un foie gras.

ACTIVITÉS

Cyclotourisme – Une **piste cyclable** relie Bazas à Mios (70 km) : elle traverse le Parc naturel régional des Landes de Gascogne, longe une partie de la Leyre et rejoint ensuite les pistes cyclables du bassin d'Arcachon.

Cycles Clavé – *13-15 cours du Mar.-Foch - ✆ 05 56 25 93 99 - tlj sf dim. et lun. 9h-12h, 14h-19h30 - fermé j. fériés.* Cette boutique qui loue des VTT, des vélos pour adultes et enfants fait aussi office de réparateur en tout genre.

Château de Cazeneuve

★★

Gironde (33)

NOS ADRESSES PAGE 247

SE REPÉRER
Carte de microrégion A2 *(p. 230) – carte Michelin Départements 335 J8.*
À 10 km de Bazas par la D 9.

À NE PAS MANQUER
Les balades en canoë pour découvrir les gorges du Ciron.

ORGANISER SON TEMPS
Attention, le château est fermé de novembre à avril et il n'est jamais ouvert le matin (sauf le parc accessible à partir de 11h). La visite guidée du château dure 1h15.

Les cours d'eau Ciron et Homburens se retrouvent discrètement sous les arbres, à quelques pas du château, comme autrefois la belle Margot et ses galants. Noyée dans la campagne bazadaise, l'ancienne demeure de famille, où son Henri IV de mari avait assigné Marguerite de Valois, n'a rien perdu de ses charmes.

Visiter

★★ Château

05 56 25 48 16 - www.chateaudecazeneuve.com - visite guidée du château juin-sept. : 14h-18h ; de Pâques à fin mai et de déb. oct. à la Toussaint : w.-end et j. fériés 14h-18h - fermé de la Toussaint à Pâques - 8 € (-12 ans 5 €).
Demeure privilégiée des **seigneurs d'Albret**, le château devient, en 1572, le fief du roi Henri III de Navarre, futur roi de France Henri IV. En octobre 1620, le roi Louis XIII y fait étape avant d'aller signer à Pau l'édit d'annexion réunissant le Béarn à la Couronne. Aujourd'hui le château, toujours habité, est propriété de la famille de Sabran-Pontevès, descendante des Albret.
Extérieur – À la motte castrale d'origine (11e s.) fut accolée au 14e s. une importante enceinte enserrant une bâtisse qui fut transformée au 17e s. en château de plaisance. De l'ancienne « ville de Cazeneuve », qui s'étendait devant le château, ne subsiste plus que la porte d'entrée, en arc de triomphe.
L'imposante façade sud du château, cantonnée de deux tours carrées et soulignée par une balustrade en pierre, surplombe les douves sèches. Le portail au fronton brisé, percé dans l'enceinte médiévale, donne accès à la cour d'honneur.
Intérieur – La visite débute par la grande salle consistoriale puis par la galerie du rez-de-chaussée. Remarquez-y les chaises dites « de fumeur », en cuir de Cordoue : le fumeur s'asseyait à califourchon et puisait son tabac dans un compartiment aménagé dans le haut du dossier de la chaise. Au 1er étage, le salon de la reine Margot, entièrement décoré en style Louis XV, est contigu à la chambre Louis XVI où sont rassemblés des souvenirs de Delphine de

Sabran, qui fut aimée de Chateaubriand. Au bout de la galerie se trouve la **chapelle** du 17e s. au mur chaulé comme à l'origine. Elle donne sur un chemin de ronde récemment remonté, par lequel les gens du village accédaient à la chapelle. Au même étage, chambre de la reine Margot et **chambre du roi Henri IV★**, cabinet de travail du roi. La visite se termine par la salle à manger comprenant des vitrines d'argenterie et de porcelaines, puis la cuisine, dans laquelle on peut voir une panetière et un pétrin provençaux.
Avant d'aller rejoindre la fraîcheur du parc, faites un détour par la basse-cour pour voir les grottes troglodytiques (sous la cour d'honneur) et les **caves médiévales** où l'actuel propriétaire garde précieusement de grands crus.

Parc

En longeant le Ciron, faites une halte à la **grotte de la Reine**, puis flânez du côté de l'étang, caché par de gigantesques sapins de Douglas. En contrebas, à côté du lavoir et du petit moulin, s'étend la bambouseraie, arrosée par une cascade.

À proximité Carte de microrégion

Gorges du Ciron A2

Le Ciron, affluent de la Garonne, trace un sillon fortement marqué dont les versants, couverts de végétation, se resserrent, en amont du pont de Cazeneuve jusqu'au pont de la Trave.
Aucune voie carrossable n'empruntant le fond de la vallée, les principaux sites ne sont accessibles que par des routes transversales ou en cul-de-sac. La descente des gorges en canoë-kayak est tout indiquée pour profiter pleinement des paysages *(voir « Nos adresses à Cazeneuve » ci-dessous).*
Du pont de **la Trave**, jolie perspective sur la rivière, un barrage et une centrale électrique. En amont, ruines du château (14e s.) qui commandait le passage.

NOS ADRESSES À CAZENEUVE

HÉBERGEMENT

À proximité

BUDGET MOYEN

Chambre d'hôte Dousud – *33430 Bernos-Beaulac - 4,5 km au sud-est de Cazeneuve par D 9 - ✆ 05 56 25 43 23 - www.dousud.fr - 5 ch. 65/90 € ☕ - repas 20 €.* Priorité à la nature ! Ce corps de ferme bâti au cœur d'un immense parc constitue un excellent point de départ pour des randonnées pédestres, cyclistes et même équestres. Les coquettes chambres sont aménagées dans les anciens box de l'écurie. Kitchenette et barbecue à disposition ou table d'hôte, sur réservation.

ACTIVITÉS

Club de canoë-kayak – *33430 Bernos-Beaulac - en sortant de Beaulac, dir. Captieux, sur la gauche, la base est à côté de l'aire de camping-cars - ✆ 05 56 25 47 44 - de mi-juin à fin sept. - parcours d'1h (10 €, -12 ans 8 € pour tous les parcours), de 3h (12 €), de 4h30 (14 €) et de 7h (16 €).* Pour descendre les gorges du Ciron en toute sécurité.

Biscarrosse

12 031 Biscarrossais – Landes (40)

NOS ADRESSES PAGE 250

S'INFORMER

Office du tourisme de Biscarrosse – *55 pl. Georges-Dufau - 40600 Biscarrosse-Plage - ✆ 05 58 78 20 96 - www.biscarrosse.com - juil.-août : 9h-20h ; avr.-juin et sept. : lun.-vend. 9h-18h, w.-end : 10h-12h, 14h-17h ; oct.-déc. : lun.-vend. 9h-12h, 14h-17h, sam. 10h-12h ; janv.-mars : lun.-vend. 9h-13h, 14h-18h, sam. 10h-12h - fermé 1er janv., 1er et 11 Nov., 25 déc.*

SE REPÉRER

Carte de microrégion A1 *(p. 230) – carte Michelin Départements 335 E8.*
À une trentaine de kilomètres au sud d'Arcachon. Trois sites : **Biscarrosse-Plage**, sur l'Océan (par la D 218), et **Biscarrosse-Ville**, dans les terres (par la D 652), distants de 10 km. Entre les deux, sur les rives du lac Nord (Biscarrosse-Sanguinet), s'étend **Biscarrosse-Lac**. Au sud se trouve l'étang de Biscarrosse-Parentis.

ORGANISER SON TEMPS

Réservez la visite du musée de l'Hydraviation aux jours de grisaille ou aux après-midis caniculaires, pour profiter des activités de plein air que proposent Biscarrosse et ses alentours. Attention : hors saison, le musée n'ouvre que l'après-midi et il est fermé le mardi. Par ailleurs, toutes les années paires (souvent pendant le week-end de l'Ascension), Biscarrosse accueille le Rassemblement international d'hydravions sur le site Latécoère.

AVEC LES ENFANTS

Le musée historique de l'Hydraviation, une promenade en barque sur le canal et les étangs *(voir « Musée des Traditions »).*

Des aviateurs de haut vol lui avaient donné ses lettres de noblesse. Biscarrosse a retrouvé une nouvelle jeunesse sous l'assaut d'autres chevaucheurs de rêve : les surfeurs, qui ont entraîné dans leur sillage maints adeptes de sensations fortes. Aujourd'hui, ça bouge à Biscarrosse, tant sur les eaux que dans les airs et aussi sur terre où l'on enfourche sa bicyclette pour répondre à l'appel de la forêt !

Se promener

Biscarrosse-Plage

Voilà la zone littorale idéale pour qui aime les énormes rouleaux (plages surveillées en saison) : on y surfe évidemment, on y pêche aussi, on y lézarde…
Comme toute station balnéaire d'été (hors saison, les lieux sont morts), l'animation se concentre autour de la rue principale où alternent boutiques, cafés et restaurants. Le soir, on se retrouve sur la place centrale qui regroupe un petit centre commercial, le fronton et le cinéma.

Musée historique de l'Hydraviation

332 av. Louis-Breguet - ✆ 05 58 78 00 65 - ♿ - juil.-août : 10h-19h ; sept.-juin : tlj sf mar. et j. fériés 14h-18h - 4,30 € (enf. 1 €).

VILLE DE DUNES

Biscarrosse, un nom biscornu à première vue… et pourtant, *Biskar* signifie « dos, dune ». Biscarrosse, c'est « l'endroit où il y a des dunes ».

L'ingénieur **Brémontier** met au point, à partir de 1788, le projet de fixation des dunes envisagé dès le Moyen Âge. En 1867, 3 000 ha de dunes littorales sont couverts de **gourbet** (plante dont les racines fixent le sable) et 80 000 ha de dunes intérieures sont plantés en pins maritimes *(voir p. 64)*.

Un système de flotteurs : rien de tel pour se poser en douceur quand les avions sont trop lourds pour les trains d'atterrissage. C'est entre les deux guerres que l'hydraviation voit son heure de gloire. **Pierre Latécoère**, fondateur de la célèbre Aéropostale auréolée par les hauts faits de Mermoz, implantera usine de montage et base d'essai à Biscarrosse (1930-1956).

Le musée retrace cette époque pionnière de l'aéronautique. Nombreux documents (cartes de vol, décorations, etc.), maquettes et pièces originales (moteurs, hélices, etc.) évoquent les grandes figures de l'histoire de l'hydraviation, la naissance des compagnies aériennes, l'aventure de l'Aéropostale, les premiers grands raids… En ouverture, projection d'un film (20mn) : *Naissance et crépuscule des hydravions géants*.

En face du musée, dans le hall vitré, exposition d'un hydravion 1912 reconstruit à l'identique et appareils grandeur nature de la Seconde Guerre mondiale.

Musée des Traditions

216 r. Louis-Breguet - 05 58 78 77 37 - http://traditions.bisca.free.fr - juil.-août : tlj sf dim. mat. 9h30-19h ; juin et sept. : tlj sf dim. et lun. 9h-12h, 14h-18h ; vac. scol. : 14h-18h ; reste de l'année sur RV - 4 € (enf. 3 €) - circuits en barque d'1h30 : 9 € (6-12 ans 8 € ; 2-5 ans 4 €), de 2h : 11 € (enf. 10/4 €) et de 3h30 : 18 € (enf. 17/8 €).

Il faudra y passer si vous voulez découvrir l'histoire de Biscarrosse liée à son paysage de lacs et de marais, et aux activités qui s'y développèrent, notamment dans la forêt où l'on exploita la résine. Des circuits en barque sont organisés par le musée. Un batelier vous sensibilisera à la faune et à la flore de la région (histoire du lac, observation des oiseaux migrateurs et de la végétation).

Étang de Cazaux-Sanguinet

Également appelé « lac Nord ». Il offre un magnifique plan d'eau de 3 600 ha piqueté de voiles, avec 5 km de plage entre port Maguide et port Navarrosse. Sports de glisse en tous genres mais aussi possibilité de fendre les airs avec un parachute ascensionnel. Détente dans la forêt que vous pourrez parcourir à pied ou à vélo. Pour les amateurs de golf, parcours de 18 trous. Au départ de port Navarrosse, promenades en bateau sur le lac Nord ou Sud, via le canal.

Étang de Biscarrosse-Parentis

Aussi appelé « lac Sud ». Une seule plage : port et jeux pour les enfants *(tout près du musée de l'Hydraviation)*. Il est relié à l'étang voisin par un **canal** bordé d'une **piste cyclable**. Vous l'emprunterez si vous vous engagez sur le circuit pédestre fléché du **petit lac** *(7 km)*.

À proximité Carte de microrégion

Sanguinet A1

13 km de Biscarrosse, au nord-est de l'étang de Sanguinet.

Pl. de la Mairie - 40460 Sanguinet - 05 58 78 67 72 - juil.-août : 9h30-12h, 14h-19h, dim. et j. fériés 10h-13h - mai-juin : 9h30-12h, 14h-17h - fermé 1er Mai.

L'intéressant **Musée archéologique** expose clairement et de façon didactique les résultats de fouilles entreprises dans l'étang : vestiges préhistoriques, dont d'étonnantes pirogues monoxyles (faites d'une seule pièce de bois) en pin datant du 1er âge du fer et vestiges gallo-romains. *05 58 82 11 82 - www.musee-de-sanguinet.com - ♿ - juil.-août : mar.-dim. 10h-13h, 16h30-19h - 3,50 € (enf. 1 €).*

Parentis-en-Born A1

9 km de Biscarrosse, au sud-est de l'étang de Biscarrosse.

Pl. du Gén.-de-Gaulle - 40160 Parentis-en-Born - 05 58 78 43 60 - www.parentis.com - juin-sept. : lun.-sam. 10h-13h, 15h-19h, dim 9h-13h ; reste de l'année : tlj sf merc. apr.-midi et w.-end 9h-12h, 14h-17h.

Le nom de cette modeste localité, qui rappelle l'origine ancienne de l'un des plus typiques « pays » des Landes, le **pays de Born** (pays « du bout des terres »), possède maintenant la notoriété grâce au pétrole. Mais vous y viendrez pour profiter des activités autour du **lac**.

NOS ADRESSES À BISCARROSSE

TRANSPORTS

Navette – Un service est assuré entre bourg et plage en saison.

Piste cyclable – 9 km entre Biscarrosse-Bourg et Parentis.

HÉBERGEMENT

À Biscarrosse

PREMIER PRIX

Hôtel Les Vagues – *99 r. des Iris - 05 58 83 98 10 - www.lesvagues.com - fermé de nov. à mars - P - 29 ch. 40/118 € - 7 € - rest. 18/36 €.* Situé dans un quartier calme, à 300 m de la plage, cet établissement s'adresse à ceux qui redoutent le bruit. Les chambres confortables ou les suites familiales sont parfois dotées d'un balcon. Aire de jeux pour les enfants et minigolf, connexion Wifi. Très agréable terrasse et jardin à l'ombre des pins.

BUDGET MOYEN

Hôtel Le Schuss – *12 r. des Biganons - centre-ville - 05 58 78 11 90 - www.hotelleschuss.com - fermé de fin sept. à déb. mai - P - 7 ch. 49/67 € - 7 € - rest. pour résidents 17 €.* Dans un quartier calme et résidentiel, cette grande maison vient d'être entièrement rénovée. Hôtel de famille depuis 1968, les enfants, qui reprennent l'activité, ont décoré et personnalisé chaque chambre. La Marocaine, la Créole, l'Espagnole mais aussi la Cupidon de préférence réservée aux amoureux… Le soir, repas souvent servis en terrasse.

À proximité

PREMIER PRIX

Camping Domaine de la Rive – *Rte de Bordeaux - 8 km au nord-est de Biscarrosse par D 652, rte de Sanguinet, au bord de l'étang de Cazaux - 05 58 78 12 33 - info@camping-de-la-rive.fr - avr.-sept. - réserv. indispensable - 640 empl. 42 € - restauration.* Le paysage de ce camping sous les pins invite à la rêverie. Vous goûterez la baignade dans le lac ou dans l'une des jolies piscines avec leurs toboggans. Théâtre de plein air. Club enfants. Mobile homes et bungalows.

POUR SE FAIRE PLAISIR

Hôtel La Caravelle – *5314 rte des Lacs - 40600 Ispe - 6 km au nord de Biscarrosse par D 652 puis D 305 - ✆ 05 58 09 82 67 - www.lacaravelle.fr - fermé 1er nov.-14 fév., lun. midi et mar. midi sf juil.-août - P - 15 ch. 72€/102€ - ☕ 7 € - rest. 16/39 €.* Cet hôtel a « les pieds dans l'eau » et dispose d'un ponton privé. Dans le bâtiment principal, chambres tournées vers le lac et meublées en rotin ; à la Villa, aménagements plus récents mais pas de vue. Salle à manger-véranda et terrasse panoramique.

UNE FOLIE

Les Cottages du Lac – *Quartier Lahitte-le Lac - 40160 Parentis-en-Born - 9 km au sud-est de Biscarrosse par D 652 - ✆ 04 98 10 49 96 - www.bymdb.com - fermé de mi-mai à déb. avr. - 50 chalets et 112 appart. 112/276 € (minimum 2 nuits).* Dans un site boisé au bord du lac, nouvelles constructions offrant appartements ou chalets individuels. Les intérieurs, soignés et confortables, allient bois et objets design. Jeux pour enfants, terrain multisports et piscine.

RESTAURATION

Bon à savoir – Nombreuses guinguettes et stands de restauration rapide sur la place Georges-Dufau à Biscarrosse-Plage, face à l'office de tourisme.

À Biscarrosse

BUDGET MOYEN

La Garole – *215 av. de la Plage - ✆ 05 58 78 29 08 - fermé du 15 déc. à déb. janv. - 17/34 €.* Fruits de mer et poissons jouent les vedettes sur la carte de ce restaurant. Service souriant et efficace, prix sages.

À proximité

PREMIER PRIX

Cousseau – *R. St-Barthélemy - 40160 Parentis-en-Born - ✆ 05 58 78 42 46 - fermé mi-oct. à déb. nov., vend. soir et dim. soir - 11/42 €.* Ce restaurant est un pied-à-terre gourmand idéal. La salle à manger s'agrémente de voilages et de couleurs pastel et la carte se singularise par une forte identité landaise.

BUDGET MOYEN

Restaurant de la Poste – *12 av. du 8-Mai-1945 - 40160 Parentis-en-Born - 10 km au sud-est de Biscarrosse par D 652 - ✆ 05 58 78 40 23 - fermé lun. - déj. 9 € - 17/22 €.* Ce restaurant situé face à la poste est intéressant tant pour sa cuisine copieuse et savoureuse (salade landaise, civet de canard sauce au vin…) que pour son bon rapport qualité-prix. Salle à manger sobrement décorée et très bien tenue ; accueil très chaleureux.

EN SOIRÉE

Casino – *Bd des Sables - ✆ 05 58 78 26 99 - 10h-4h.* Ce n'est pas Las Vegas, mais avec trente machines à sous, deux tables et une boule, les amateurs de jeux pourront passer un agréable moment. Restaurant et piano-bar.

ACTIVITÉS

Balades à pied et à vélo – Une dizaine de circuits sont balisés, demandez le *Plan Guide* à l'office de tourisme.

La Vigie maison du surf – *31 av. du Grand-Vivier - ✆ 05 58 78 37 79/06 08 95 03 80 - juil.-août : 9h-19h ; hors sais. : 10h-12h, 14h-18h - fermé nov.-mars.* Ici, tout est prévu pour vous faire découvrir LE sport de la station : cours en formule découverte, initiation ou perfectionnement. Location de surf.

Mimizan

6 707 Mimizannais – Landes (40)

NOS ADRESSES PAGE 255

S'INFORMER

Office du tourisme de Mimizan – *38 av. Maurice-Martin - 05 58 09 11 20 - www.mimizan-tourisme.com - juil.-août : lun.-sam. 9h-19h, dim. et j. fériés 9h-12h30, 16h-19h ; avr.-juin et sept. : tlj sf dim. 9h-12h, 15h-18h ; oct.-mars : sam. 10h-12h.*

Office du tourisme de Léon – *65 pl. Jean-Baptiste-Courtiau - 40550 Léon - 05 58 48 76 03 - www.ot-leon.fr - juil.-août : lun.-sam. 9h-13h, 15h-19h, dim. et j. fériés 10h-13h ; avr.-juin et sept. : tlj sf dim. et j. fériés 9h-12h, 14h-18h ; oct.-mars : mar.-vend. 9h-12h, 14h-17h, sam. 9h-12h.*

SE REPÉRER

Carte de microrégion A1 *(p. 230) – carte Michelin Départements 335 D9.*
À 33 km au sud-ouest de Biscarrosse. Deux têtes à cette station : Mimizan-Ville et Mimizan-Plage, distantes d'environ 6 km.

ORGANISER SON TEMPS

Les meilleurs moments pour marcher le long de la promenade fleurie sont le matin, juste après le lever du soleil, ou le soir au moment de son coucher. Si vous vous rendez aux étangs de Léon, passez-y l'après-midi pour vous balader dans les environs ou pour pouvoir faire la promenade en barque sur le courant d'Huchet.

Forfait 3 sites – Il permet de visiter la Maison du Patrimoine, la Maison du pin et la Maison de l'airial à tarif préférentiel.

AVEC LES ENFANTS

La plage ; La Maison du pin à Pontenx-les-Forges, la Maison de l'airial à Bias, le parc « Les pieds sur Terre » à Onesse-et-Laharie.

Perfide, la dune ! À pas de loup, elle s'est avancée, a englouti Segosa, la Mimizan gallo-romaine, puis la bourgade de Mimizan douze siècles plus tard. Nulle crainte à avoir aujourd'hui, la dune s'est fait prendre dans les filets des joncs et on peut profiter sans crainte des attraits balnéaires de la station ou découvrir la nature environnante en empruntant sentiers et pistes cyclables.

Se promener

Mimizan-Plage

Quatre **plages** surveillées au bord de l'océan et une sur le courant de Mimizan près de son embouchure. D'autre part, Mimizan a obtenu le label « **Station Kid** ».

Pour connaître le programme des animations et les activités, se renseigner sur le site www.stationskid.com.

Pistes cyclables entre l'Océan et le lac d'Aureilhan (4 km), entre l'Océan et Pontenx-les-Forges (18 km), entre Mimizan-Plage et Contis (13 km).

Pour les marcheurs, trois **sentiers de découverte** *(dépliants explicatifs à l'office de tourisme)* : « Les étangs de la Mailloueyere » à Mimizan-Plage, « Le courant des Forges » à Pontenx-les-Forges, « L'étang du Bourg-Vieux » à Bias, et des sentiers pédestres le long du courant de Mimizan, près du lac d'Aureilhan, ainsi qu'en forêt.

Lac d'Aureilhan-Mimizan

1 km. Départ au bout de l'av. du Lac à Mimizan. La **promenade fleurie**, le long du lac, est jalonnée de nombreuses variétés de plantes et de fleurs locales et exotiques. Jolies vues sur le lac. Vous pouvez poursuivre jusqu'au château de Woolsack *(GR 8)*.
Au niveau de la passerelle, un sentier mène à la **plage surveillée** du lac, où se trouve également une base nautique.

Musée de Mimizan

Entre Mimizan-Ville et Mimizan-Plage. ☏ 05 58 09 00 61 - http://musee.mimizan.com - de mi-juin à mi-sept. : tlj sf dim. sur RV ; reste de l'année : lun.-vend. sur RV - 4 € (-14 ans gratuit). La visite comprend le musée, une présentation virtuelle de l'abbaye et une visite guidée de son clocher-porche (voir ci-dessous).
Vous vous laisserez conter l'histoire locale à travers une exposition d'objets et de maquettes représentant les activités d'autrefois, forestières principalement.

Site de l'abbaye

À côté du musée, au bord de la route, vous verrez l'**église abbatiale** (classée au Patrimoine mondial de l'Unesco) avec son portail roman, surmonté d'un Christ en gloire entouré de statues de saints (celle de saint Jacques est la plus ancienne que l'on connaisse en Aquitaine). Pour pénétrer dans le clocher-porche et voir les peintures murales du 15e s., vous devrez vous inscrire à la visite guidée comprise dans celle du musée *(voir ci-dessus)*.

À proximité Plan de microrégion

La Maison du pin à Pontenx-les-Forges A1

10 km au nord-est de Mimizan par la D 626. Av. de Labouheyre, près de la piste cyclable. ☏ 05 58 07 49 23 - www.mediaforest.net - visite guidée sur RV avec l'office du tourisme de Mimizan - juil.-août : lun. et jeu. 15h30-19h ; 2e quinzaine de juin et 1re quinzaine de sept. : jeu. et vend. 15h-18h - 2 €.
Au programme : un instructif panorama sur la transformation du bois de trituration, utilisé pour la préparation de la pâte à papier, et la fabrication des objets qui en sont issus.

Les pieds sur terre à Onesse-et-Laharie B1

22 km au sud-est par la D 38. ☏ 05 58 07 34 77 - www.les-pieds-sur-terre.info - ♿ - juil.-août : tlj sf sam. 10h-19h ; mai-juin et sept. : merc. et dim. 14h-19h - 5 € (-12 ans 3 €).
Le parcours aménagé dans cet « espace de découverte environnementale » (15 ha), qui aborde notamment le thème des énergies, chemine entre prairie, plan d'eau, brebis et poneys landais… À voir aussi : un bélier hydraulique, autre invention de Montgolfier, une éolienne, une scierie mobile (*mise en marche à 16h*), deux locomotives et une imposante machine à vapeur (*mises en marche à 11h et 16h*).

Itinéraire conseillé

ENTRE DEUX COURANTS B1

117 km. Voir le circuit sur la carte de microrégion p. 230. Environ 3h. Quitter Mimizan au sud par la D 652.

Maison de l'airial à Bias B1

Près de l'église - 05 58 09 37 73 - www.mediaforest.net - visite guidée sur RV avec l'office du tourisme de Mimizan - juil.-août : mar.-sam. 10h30-13h, 15h-19h, dim. 10h30-13h ; 2e quinzaine de juin et 1re quinzaine de sept. : lun. et mar. 15h-18h - 2,80 € (-15 ans gratuit).

Outre un diaporama, tous vos sens seront ici sollicités pour reconnaître une centaine d'essences de bois.

Poursuivre sur la D 652. Avant St-Julien-en-Born, tourner à droite dans la D 41. Le courant de Contis longe la route sur la gauche.

Courant de Contis B1

06 73 04 68 89 - juin-oct. : descente en barque à 10h, 14h et 17h - tarif non communiqué.

Le courant de Contis draine jusqu'à l'Océan les eaux de plusieurs ruisseaux landais. Par une série de méandres, il se fraye un passage à travers le marais puis, en fin de parcours, entre les dunes, tantôt sous un berceau de feuillage, tantôt entre deux haies naturelles de roseaux, fougères, vergnes (aulnes) ou vignes sauvages. Des plantations de pins, peupliers, chênes-lièges, cyprès chauves complètent le tableau. À l'approche de l'Océan prédominent les pins, en aval du Pont-Rose.

Continuer sur la D 403 qui relie Contis-Plage au Cap-de-l'Homy-Plage, à travers la forêt. Prendre à gauche pour rejoindre Lit-et-Mixe. Là, poursuivre au nord-est sur la D 66.

Lévignacq B1

Ce charmant village typiquement landais a gardé ses vieilles maisons basses à pans de bois et toits de tuiles. L'église, fortifiée au 14e s., est aussi représentative avec son clocher très aigu et sa façade classique. À l'intérieur, sa **voûte★** de bois est décorée de peintures du 18e s. Le chœur présente un retable entouré de colonnes torses et un devant d'autel en bois doré.

Quitter Lévignacq au sud-ouest par la D 105 pour rejoindre la D 652 que l'on prend à gauche à Miquéou. À Vielle, une petite route mène à l'étang de Léon.

Étang de Léon B1

Distractions sportives, nautiques en particulier : location de pédalo, canoë, barque, base de voile, dans le cadre d'un paysage reposant. La piste cyclable permet notamment de rejoindre Vieux-Boucau. C'est aussi le point de départ pour les promenades sur le courant d'Huchet.

★ Courant d'Huchet *(voir ce nom)* B1

Revenir à Vielle et prendre à gauche la D 328 vers Moliets-et-Maâ.

Contournant l'étang de Léon, la route traverse un très joli paysage alternant forêts de pins et landes. À **Maâ** (B1), allez voir la chapelle St-Laurent, en cours de route, remarquez les maisons landaises à appareil de brique en épi. À **Moliets** (B1), arrêtez-vous devant le portail gothique de l'église.

Revenir à Mimizan par la D 652.

NOS ADRESSES À MIMIZAN

HÉBERGEMENT

À Mimizan

PREMIER PRIX

Camping municipal de la Plage – *Bd de l'Atlantique - ✆ 05 58 09 00 32 - contact@mimizan-camping.com - avr.-sept. - réserv. indispensable - 680 empl. 18 €.* Les pins disparus après la tempête de 1999 ont été remplacés par des feuillus qui redonnent progressivement de l'ombre à ce terrain de bonne qualité (emplacements, partie locative, aire de camping-cars), proche de la plage. Chalets et mobile homes peuvent se louer au week-end hors juillet-août.

Camping Club Marina-Landes – *Plage Sud - ✆ 05 58 09 12 66 - contact@clubmarina.com - 27 avr.-17 sept. - réserv. conseillée - 583 empl. 40 € - restauration.* Ce camping propose des emplacements très agréables et une partie locative avec cottages, chalets et bungalows, bien équipés et situés dans un cadre verdoyant. Les sanitaires sont presque tous rénovés et les services, déjà nombreux et de qualité, devraient encore évoluer. Animations et loisirs sur place.

Hôtel Atlantique – *38 av. de la Côte-d'Argent, Mimizan-Plage - ✆ 05 58 09 09 42 - www.hotelatlantique-landes.com - P - 30 ch. 24/69 € - ☕ 6,50 € - rest. 12,50/28 €.* Cette maison landaise du début du 20e s., rénovée, vaut par sa situation près de la plage et loin de l'agitation touristique. Les chambres offrent deux niveaux de confort avec, pour certaines, balcons ou vue sur mer. Salle à manger au décor « bistrot » et menus à prix doux.

Hôtel L'Airial – *6 r. de la Papeterie - ✆ 05 58 09 46 54 - www.hotel-airial.com - fermé nov.-avr. - P - 16 ch. 45/60 € - ☕ 8 €.* Un petit hôtel familial construit dans les années 1970 dans un quartier résidentiel plutôt calme. L'accueil est sympathique, les chambres simples mais bien tenues et les prix raisonnables. Jardin agréable.

À proximité

PREMIER PRIX

Camping municipal du Lac – *Av. de Woolsack - 2 km au nord de Mimizan par D 87, rte de Gastes, au bord de l'étang d'Aureilhan - ✆ 05 58 09 01 21 - www.mimizan-camping.com - avr.-sept. - réserv. conseillée - 466 empl. 14 €.* Ce camping propose des emplacements pour tentes et caravanes et prévoit la création d'un espace locatif. En attendant, les sanitaires ont été rénovés et les pins sont peu à peu remplacés par des feuillus pour ombrager l'ensemble du site.

RESTAURATION

À Mimizan

BUDGET MOYEN

L'Émeraude des Bois – *66/68 av. du Courant - ✆ 05 58 09 05 28 - www.emeraudedesbois.com - fermé 17 sept.-27 avr. - 17/38 € - 15 ch. 56/75 € - ☕ 8 €.* Sympathique hôtellerie à 3mn des plages de la Côte d'Argent et de la vaste forêt de Mimizan. Salle à manger prolongée d'une véranda

et agréable terrasse ombragée. Menu du terroir et de tradition. Chambres sobrement décorées et dotées de petites salles de bains.

À proximité

BUDGET MOYEN

L'Auberge de St-Paul – *Quartier Villenave - 40200 St-Paul-en-Born - 7 km à l'est de Mimizan par D 626 - ✆ 05 58 07 48 02 - fermé déc.-fév., dim. soir et lun. sf juil.-août - 15/38 €.* Passez une bonne journée en famille dans cette auberge au milieu des pins. Tout le monde sera ravi : bonne table aux spécialités du Sud-Ouest et promenades pour découvrir les animaux de la ferme du parc alentour. Jeux pour les enfants.

ACTIVITÉS

Visites guidées de la filière bois – *Rens. et réserv. à l'office de tourisme de Mimizan - juin-sept.* Visites guidées d'entreprises de la filière bois ; animations nature pour les enfants.

Balades à pied et à vélo – Cartes des pistes cyclables et des sentiers pédestres de la côte landaise en vente *(1 €)* dans les offices de tourisme.

Cycles Labat – *352 r. de la Poste - 40550 Léon - ✆ 05 58 48 71 98 - tlj sf dim. et lun. (en sais. : tlj).* Location de vélos, VTT, VTC, tandems et remorques pour enfants.

Cyclo'Land – *8 r. du Casino (plage Nord) - ✆ 05 58 09 16 65 - www.cycloland.com - juil.-août : 9h-20h ; avr.-juin et sept. 9h-12h30, 14h-18h30 ; oct.-mars : se renseigner.* Location de vélos, VTT ou VTC pour enfants et adultes. Vous trouverez également ici des voiturettes à pédales, des tandems, des rosalies et même des rollers.

Courant d'Huchet

★

Landes (40)

NOS ADRESSES PAGE 258

SE REPÉRER

Carte de microrégion B1 *(p. 230) – carte Michelin Départements 335 C11.*
L'étang de Léon est à 41 km au sud de Mimizan et à 31 km au nord d'Hossegor.

ORGANISER SON TEMPS

Vous avez le choix entre trois excursions en barque (2h à 4h) ; pensez à réserver trois jours à l'avance. Prévoyez une demi-journée voire une journée en emportant le pique-nique si vous voulez aussi profiter du lac.

AVEC LES ENFANTS

Promenades en barque.

Promenade en barque sur le courant d'Huchet.
M.-H. Carcanague / MICHELIN

L'eau fuit l'étang de Léon pour rejoindre l'Océan. Elle se fraye un chemin à travers des arceaux de vieux arbres, envahis par le lierre et la mousse. La barque qui suit son sillage vous fait glisser dans un univers à part, presque exotique. Un voyage au fil de l'eau, en famille ou en duo.

Se promener

Descente du courant en barque

Bureau des bateliers - r. des Berges-du-Lac - 40550 Léon - ✆ 05 58 48 75 39 - www.batelier.com - sur réservation, excursions en barque : avr.-sept. : 10h-14h30 - durée 2h (avr.-juin et sept.) 12 € (-6 ans 6 €) à 4h (juil.-août) 20 € (-6 ans 10 €).

À la sortie de l'étang de Léon, le courant coule entre les joncs et les nénuphars. À gauche, un refuge de pêcheurs. La barque glisse sous une voûte de verdure. Le « Pont japonais » enjambe le cours d'eau qui se rétrécit au « Pas-du-Loup » et s'engage bientôt dans la « Forêt vierge ». Des cyprès chauves, et voilà Pichelèbe.

La végétation redevient dense, difficilement pénétrable. Puis le paysage se transforme. Les hibiscus sauvages se font abondants : ce sont les bains d'Huchet. Au-delà de la dune côtière, le grondement de l'Océan... ça vous tente ?

Sentier pédestre

À partir du pont de Pichelèbe, on peut marcher à pied le long du courant jusqu'à Huchet *(15mn)*. On peut prolonger cette balade de Huchet à **Moliets-Plage**, en bordure de l'Océan, à travers les pins *(1h30)*.

Réserve naturelle du courant d'Huchet – *✆ 05 58 49 21 89 - sur réserv., au chalet d'accueil au bord de l'étang en juil.-août.* Partez à la découverte de la réserve naturelle (faune, flore, histoire, activités traditionnelles, contes et légendes) en visites guidées pédestres le long du courant d'Huchet, depuis l'étang de Léon jusqu'à l'Océan.

NOS ADRESSES AUTOUR DU COURANT D'HUCHET

HÉBERGEMENT

PREMIER PRIX

Camping La Paillotte – *40140 Azur - 7 km au nord de Soustons par D 50 - ✆ 05 58 48 12 12 - info@paillotte.com - 26 mai-22 sept. - réserv. indispensable - 310 empl. 35 € - restauration.* Aménagé comme une île tahitienne avec ses bungalows-paillotes perdus dans une végétation luxuriante, ce camping détonne. Complexe aquatique. Mini-club et plage.

Camping Les Vignes – *40170 Lit-et-Mixe - 2,7 km au sud-ouest par D 652 et D 88 - ✆ 05 58 42 85 60 - contact@les-vignes.com - juin-15 sept. - réserv. conseillée - 450 empl. 37 € - restauration.* Calme et détente assurés dans ce camping où règne la sérénité. Petit ou grand, vous serez ravi de vous adonner à votre sport favori au terrain omnisports. Piscines et cascades. Club enfants. Mobile homes et bungalows.

UNE FOLIE

Chambre d'hôte La Bergerie St-Michel – *40550 St-Michel-d'Escalus - ✆ 05 58 48 74 04 - www.cybevasion.com - fermé de fin sept. à fin mai - ⊭ - 3 ch. 115/150 € ☕.* Un accueil souriant vous attend dans cette maison landaise au milieu des pins. Les chambres, aménagées dans les dépendances, possèdent de beaux meubles anciens, une salle d'eau au décor design et une terrasse privative.

RESTAURATION

PREMIER PRIX

La Cave aux Moules – *Av. de l'Océan, Échoppe St-Martin - 40660 Moliets-et-Maâ - ✆ 05 58 48 54 05 - fermé de fin sept. à mi-mai - 10/30 €.* À l'intérieur de cette grande bâtisse en bois ou sur l'une des terrasses, vous savourerez un plat de moules, « la » spécialité, accommodé de multiples manières : marinières, à la crème, au roquefort, farcies, etc. Les propositions du jour sont suggérées sur des ardoises.

BUDGET MOYEN

Auberge du Soleil – *64 rte du Lac - 40140 Azur - N 10 sortie Magesq - ✆ 05 58 48 10 17 - www.auberge-du-soleil.fr - fermé 2 sem. en fév. et 3 sem. en oct. - 12 € déj. - 23/28 € - 7 ch. 46 € - ☕ 5,80 €.* L'atout incontestable de cette petite adresse, outre sa jolie terrasse ombragée par deux platanes, est sa carte offrant un bon choix de plats régionaux ; le cassoulet, le foie gras de canard et les pâtisseries sont faits maison.

Ferme-auberge Lesca – *428 chemin des Tucs - 40260 Castets - 14 km à l'est de Léon par D 142 - ✆ 05 58 89 41 45 - juin-sept. - fermé lun. - réserv. obligatoire - 14,50/34 €.* Dégustez la garbure et les produits dérivés du canard gras dans cette ancienne grange du pays. Atmosphère champêtre. Vous pourrez acheter les produits maison.

Mont-de-Marsan

30 230 Montois – Landes (40)

NOS ADRESSES PAGE 263

S'INFORMER

Office du tourisme de Mont-de-Marsan *– 6 pl. du Gén.-Leclerc - ✆ 05 58 05 87 37 - www.mont-de-marsan.org - de mi-juin à août : lun.-sam. 9h-18h30 ; de sept. à mi-juin : mar.- vend. 9h-12h30, 14h-18h, lun.- sam. 9h-17h.* Plan commenté du centre-ville et un autre consacré aux parcs et jardins. Visite guidée de la ville.

SE REPÉRER

Carte de microrégion B2 *(p. 230) – carte Michelin Départements 335 H-I 11.*

Mont-de-Marsan se trouve à 130 km au sud de Bordeaux par l'A 63 puis la N 134, et à 60 km à l'est de Dax par la N 124.

SE GARER

Parking gratuit de la Préfecture, bd de Lattre-de-Tassigny.

À NE PAS MANQUER

Le musée Despiau-Wlérick.

ORGANISER SON TEMPS

Comptez une demi-journée pour flâner dans la ville et visiter le musée Despiau-Wlérick. Pour le circuit alentour, réservez une journée complète. Si vous êtes de passage à Mont-de-Marsan un mardi ou un samedi matin, ne manquez pas le marché St-Roch.

AVEC LES ENFANTS

Le Parc de Nahuques *(voir la rubrique « Activités » dans « Nos adresses à Mont-de-Marsan »).*

Que deviennent la Douze et le Midou lorsque leurs flots se rencontrent ? La Midouze, bien sûr ! En 1114, une bastide fut fondée par le vicomte de Marsan au pied de la paroisse St-Pierre-du-Mont. Il ne reste qu'à assembler... pour obtenir Mont-de-Marsan. C'est aujourd'hui une de ces villes un peu méconnues, qui vit discrètement dans sa quiétude administrative de capitale landaise. Mais son climat doux la pare l'été de palmiers, de magnolias, de lauriers-roses... et des senteurs balsamiques des forêts de pins.

Se promener

Pas de grands monuments sur ce parcours, mais quelques édifices intéressants, et une atmosphère agréable où l'eau et la végétation ne sont jamais loin.

De l'office de tourisme, empruntez, en contrebas de la poste, la passerelle des Musées qui offre une jolie vue sur les berges verdoyantes du **Midou**. Traversez la rue Lacataye, avec le **donjon** sur votre droite, puis l'Hôtel du département, tout de verre, sur votre gauche.

★ Musée Despiau-Wlérick

Pl. Marguerite-de-Navarre - ✆ 05 58 75 00 45 - ♿ - juil.-août : 10h-12h, 14h-18h sf j. fériés ; reste de l'année : tlj sf mar. et j. fériés 10h-12h, 14h-18h - gratuit.

Il est installé dans deux édifices massifs, la maison et la chapelle romane ainsi que dans le « donjon » Lacataye (14e s.) en pierre coquillière ocre (roche sédimentaire typique des Landes, dite « coquillière » car des coquillages s'y sont incrustés il y a environ 2 000 ans).

Le musée est consacré à la sculpture moderne figurative. Parmi les 700 œuvres rassemblées, figurent des pièces maîtresses d'une centaine d'artistes : Carpeaux, Bourdelle, Dalou, notamment.

Mais, comme son nom l'indique, le musée est en grande partie consacré aux sculptures de **Charles Despiau** (1874-1946) et de **Robert Wlérick** (1882-1944), tous deux originaires de Mont-de-Marsan, qui modelèrent une réputation artistique très honorable à la ville.

Dans le donjon, où les sculptures se détachent sur les murs de pierre brute, le premier niveau est consacré à **Charles Despiau**. Remarquez la *Liseuse* au naturel saisissant, et la série de bustes de femmes, dont *Paulette*, qui valut au sculpteur l'attention de Rodin. Au second niveau sont exposées les œuvres de **Robert Wlérick** (père de la statue équestre du maréchal Foch, place du Trocadéro à Paris). Vous y verrez ses œuvres de jeunesse, *L'Enfant aux sabots* et *Le Jeune Faune*. Au troisième niveau sont présentées les œuvres monumentales de l'Exposition universelle de 1937. Dans les escaliers se trouvent quelques belles faïences de Samadet *(voir le circuit du Tursan à Aire-sur-l'Adour)*.

De la terrasse du donjon, panorama sur la ville encadrée de forêts. Le jardin compte quelques sculptures monumentales de Despiau.

Par la rue des Musées, rejoindre la rue Victor-Hugo et prendre à gauche.

La petite rue Maubec se faufile entre l'hôtel Planté (conseil régional) et la préfecture Empire : admirez la **maison romane** (12e s.) en pierre coquillière. À droite, l'avenue Victor-Duruy passe devant les anciennes **écuries** de la gendarmerie (19e s.) avant de traverser la **Douze**.

Avancez jusqu'à la place Francis-Planté pour accéder au parc Jean-Rameau.

Parc Jean-Rameau

Du nom d'un poète et romancier landais (1858-1942), l'ancien jardin de la préfecture se love le long de la Douze. Ponctué d'œuvres de Despiau, fleuri et planté de beaux arbres (platanes, magnolias), c'est un poumon vert dans la ville. Près de la passerelle, un petit **jardin japonais** ajoute au parc montois une note venue d'ailleurs.

Poursuivez, soit par la paisible rue Corcos, soit par la rue de la Pépinière et la petite rue des Landes qui la prolonge, non sans charme.

Le pont St-Jean-d'Août emjambe la Douze, noyée sous la verdure, et la rue Armand-Dulamond accueille plusieurs hôtels particuliers du 18e s.

À droite, la rue de Gourgues vous amène sur la place Charles-de-Gaulle avec,

PARCOURS DES SCULPTURES

En 1988, certaines œuvres du musée sont descendues dans les rues… cela plut aux passants, alors elles y prirent leurs quartiers *(plan disponible à l'office de tourisme)* !

En outre tous les 3 ans depuis cette date, de nouvelles œuvres, parfois créées pour l'occasion, sont temporairement exposées dans la rue.

Le combat de l'homme et du taureau, sur les arènes de Mont-de-Marsan.
M.-H. Carcanague / MICHELIN

juste avant le pont, la **minoterie** : cet ancien moulin du 10e s. surplombant le Midou (qui rejoint la Douze quelques mètres plus bas) accueille la **galerie municipale d'expositions**.

Longez à droite la **cale de l'Abreuvoir** jusqu'au pont des Droits-de-l'Homme, qui offre un beau point de vue sur le confluent de la Douze et du Midou, et les quais qui servaient jadis à décharger le grain.

Vous pouvez alors descendre au bord de la Midouze et prolonger la promenade sur le **chemin de halage** *(partir à gauche)*.

Centre d'art contemporain Raymond-Farbos

3 r. St-Vincent-de-Paul - 05 58 75 55 84 - dans le cadre des expositions : lun.-vend. mat. et apr.-midi, sam. apr.-midi.

Aménagé dans un ancien entrepôt à grains, ce bel espace dédié à l'art contemporain présente d'importantes expositions temporaires de peinture et de sculpture. L'étage et la mezzanine accueillent les œuvres de la collection permanente.

Itinéraire conseillé B2

80 km. Voir le circuit sur la carte de microrégion p. 230. Compter une journée. Quitter Mont-de-Marsan au sud-est par la D 30, à 13 km, tourner à droite en direction d'Artassenx, suivre la D 406 (fléchage).

Chapelle N.-D.-de-la-Course-Landaise à Bascons B2

- merc.-vend. et 1er w.-end du mois apr.-midi - fermé lun., mar., 3 derniers w.-ends du mois et j. fériés - 4 € (-12 ans 2 €).

Près de cette chapelle du 13e s., le **musée de la Course landaise** présente l'histoire et rappelle les règles du jeu de ce sport (diaporama, vidéo et documents).

Revenir sur la D 30, direction le Houga, après 6 km prendre à gauche la D 11.

Villeneuve-de-Marsan B2

181 Grand'Rue - 40190 Villeneuve-de-Marsan - 05 58 45 80 90.

Ancienne bastide du 13e s., Villeneuve-de-Marsan a gardé de cette époque son église de brique ainsi que sa vieille tour crénelée qui domine le vignoble d'appellation bas-armagnac.

Prendre, au sud-est, la D 1, direction Eauze. À 2 km, tourner à droite vers Perquie.

Château de Ravignan B2

05 58 45 28 39 - visite guidée juil.-août : 17h ; avr.-juin et sept. : w.-end et j. fériés 15h, 16h, 17h et 18h - 5,50 € (-12 ans gratuit).

Ce château de style classique a connu des phases successives de construction. Une simple gentilhommière voit le jour en 1663 (beaux parquets d'origine), agrandie au 18e s. puis surélevée d'un deuxième étage et ardoisée au 19e s. L'ensemble est ceint d'un parc à la française comprenant des essences variées centenaires.

L'intérieur est meublé et décoré de portraits de famille. À remarquer : l'armoire aux épices provenant du comptoir des Indes, le retable flamand du 16e s. et une impressionnante collection de gravures évoquant Henri IV.

Enfin, lors de la visite des chais, vous dégusterez différents armagnacs.

Prendre la D 354 vers Labastide-d'Armagnac. À Arthez-d'Armagnac, prendre la direction de Mauléon-d'Armagnac (D 101 puis D 154). 1,5 km après Mauléon, au carrefour, prendre à gauche la D 209.

Écomusée de l'Armagnac – Château Garreau B2

05 58 44 84 35 - www.chateau-garreau.fr - - avr.-oct. : 9h-12h, 14h-18h, w.-end et j. fériés 14h-18h ; nov.-mars : lun.-vend. 9h-12h, 14h-18h - fermé 1er janv. et 25 déc. - 5 €.

L'eau-de-vie de Gascogne, autrement dit l'armagnac, séduit les papilles des gourmets depuis le 15e s. Son aire de production s'étend sur les Landes, le Lot-et-Garonne et le Gers, et il comprend trois appellations dont le très apprécié bas-armagnac. L'écomusée présente une collection d'outils anciens liés au travail du vigneron, une dizaine d'**alambics** et une exposition de bouteilles.

45mn à 2h. Un parcours nature, décliné en 3 itinéraires balisés, chemine dans le parc (80 ha) à travers vignes, bois de cèpes et étangs.

Continuer sur la D 209, puis tourner à droite dans la D 626 vers Barbotan-les-Thermes.

Chapelle N.-D.-des-Cyclistes B2

En Aquitaine, Notre-Dame est également la patronne de la « petite reine » ! N.-D.-des-Cyclistes abrite des accessoires, des maillots, des souvenirs des grands du cyclisme.

Faire demi-tour pour gagner Labastide-d'Armagnac par la D 626.

★ Labastide-d'Armagnac B2

Pl. Royale - 40240 Labastide-d'Armagnac - 05 58 44 67 56 - www.labastide-darmagnac.net - juin-sept. : tlj sf merc. et dim. 10h-12h, 14h-18h ; reste de l'année : lun., mar., jeu. et vend. 10h-12h, 14h-18h - fermé 15 déc.-6 janv., w.-end et j. fériés. Plan commenté de la ville (payant) ; plan guide des randonnées pédestres et VTT du bas Armagnac landais.

Très jolie bastide fondée en 1291. Autour de la place Royale, vieilles maisons de pierre à pans de bois sur arcades qui, à la belle saison, resplendissent sous le soleil et les fleurs. Imposante tour-clocher du 15e s. Un marché de pays se tient sur la place en saison *(mai-sept. : dim. mat.).*

La D 626 mène à St-Justin.

St-Justin B2

Pl. des Tilleuls - 40240 St-Justin - 05 58 44 86 06 - juil.- août : lun.-sam. 10h-12h30, 14h-19h, dim. 14h-19h ; juin et sept. : mar.-sam. 10h-12h, 14h-18h ; reste de l'année : se renseigner. Plan commenté gratuit et visites guidées.

C'est la plus ancienne bastide landaise (1280). Jadis, elle connut son heure de gloire accueillant des personnalités (Gaston Phébus, Henri IV…) ; à présent, vous lui ferez honneur en venant apprécier son charme qui a traversé les âges. Sur la jolie **place des Tilleuls**, belles maisons anciennes à arcades et à pans de bois.

La D 626 chemine à travers bois.

Roquefort B2

Berceau des vicomtes de Marsan au 10e s., Roquefort fut une ville fortifiée (remparts et tours des 12e et 14e s.). Fondée par les bénédictins de St-Sever au 11e s., l'église, en majeure partie gothique, abrita ensuite une commanderie d'antonins, religieux hospitaliers qui soignaient le mal des ardents, fièvre violente appelée aussi « feu de saint Antoine ». À côté, ancien prieuré : portes et baies de style flamboyant.

Rejoindre Mont-de-Marsan par la D 932.

NOS ADRESSES À MONT-DE-MARSAN

HÉBERGEMENT

À proximité

PREMIER PRIX

Camping Le Pin – *Rte de Roquefort - 40240 St-Justin - 2,3 km au nord sur D 626 rte de Roquefort - 05 58 44 88 91 - camping.lepin@wanadoo.fr - 15 avr.-31 déc. - - réserv. conseillée - 70 empl. 25 € - restauration.* Ce terrain s'organise autour d'une ancienne ferme abritant le bureau d'accueil, le bar et la salle à manger ouverte sur une terrasse dressée près de la piscine, bien agréable en été. Sur le site, très ombragé, vous trouverez des emplacements pour le camping et des chalets à louer.

BUDGET MOYEN

Chambre d'hôte Le Domaine de Paguy – *40240 Betbezer-d'Armagnac - 5 km au nord-est de Labastide-d'Armagnac par D 11 puis D 35 - 05 58 44 81 57 - domaine-de-paguy@wanadoo.fr - fermé 25 mars-7 avr., ch. d'hôte : ouv. tte l'année ; repas : ouv. dim. midi de Pâques au 1er juil. et tlj sf merc. du 1er juil. au 15 sept. - - réserv. obligatoire - 4 ch. 61/71 € - repas 25/32 €.* Cette noble maison de maître (16e s.) est entourée d'un vaste domaine viticole dominant la vallée de la Douze. Quatre chambres spacieuses et agréables donnent sur le joli jardin (piscine) et sur les vignes au milieu desquelles folâtrent poules et canards. La dépendance en abrite deux autres, plus simples. Généreuse cuisine landaise.

POUR SE FAIRE PLAISIR

Hôtel Le Logis de St-Vincent – *76 r. Laubaner - 40120 Roquefort - 05 58 45 75 36 - www.logis-saint-vincent.com - rest. fermé lun. et mar. hors sais. - P - 7 ch. 72/90 € - 11 € - rest. 30/45 €.* Au cœur du village, cet ancien hôtel particulier du 19e s. a été transformé en chambres souvent spacieuses. Pierres de taille apparentes, tommettes et parquet associés aux jolis tissus, mobilier ancien et confort moderne des salles d'eau en font une adresse de charme. Sur l'arrière, un coquet jardinet exotique, idéal pour le petit-déjeuner.

RESTAURATION

À Mont-de-Marsan

BUDGET MOYEN

Le Don Quijote – *7 r. St-Vincent - ✆ 05 58 06 22 04 - fermé dim. midi et lun. - formule déj. 9,50 € - 20/25 €.* Tapas, charcuteries, *parilladas*, paellas, brochettes et viandes *à la plancha* régalent les clients de ce petit restaurant voué à la cuisine espagnole. Aux beaux jours, la salle à manger (climatisée) est délaissée pour le ravissant patio. Atmosphère simple et conviviale.

Le Bistrot de Marcel – *1 r. du Pont-de-Commerce - ✆ 05 58 75 09 71 - www.lesensdugout.com - fermé lun. mat. et dim. - déj. 12,50 € - 21/27 €.* La façade de ce bistrot n'offre pas d'attrait particulier mais n'hésitez pas à pousser la porte car l'intérieur, moderne, où dominent la pierre et le bois, est très agréable, de même que les deux terrasses surplombant la rivière. Dans l'assiette, plats landais.

À proximité

BUDGET MOYEN

France – *Pl. des Tilleuls - 40240 St-Justin - ✆ 05 58 44 83 61 - fermé 22 nov.-7 déc., dim., lun. et j. fériés - 28/40 € - 8 ch. 40 € - ☕ 7 €.* La terrasse du restaurant est dressée sous les couverts de la place centrale du village : c'est là qu'il faut vous installer aux beaux jours pour savourer les goûteux petits plats régionaux longuement mitonnés par le chef. L'intérieur, tout simple, comprend un café-bistrot et une sympathique salle à manger rustique.

BOIRE UN VERRE

Brûlerie Montoise – *1 r. du 4-Septembre - ✆ 05 58 75 02 63 - tlj sf dim. et lun. 9h-12h, 14h-19h - fermé 1 sem. fin juil. et j. fériés.* Les effluves de café grillé qui flottent dans la rue et un ravissant décor « tout bois » incitent à pousser la porte de cette boutique. Trois tables de style bistrot vous permettront de faire une pause pour déguster un café maison ou l'un des 90 thés proposés.

La Cidrerie – *7 r. du 4-Septembre - ✆ 05 58 46 07 08 - tlj sf dim. 11h-15h, 18h-2h, lun. 18h-2h.* Installée dans une ancienne écurie, cette auberge perpétue la tradition basque du cidre. De grandes tables en bois invitent au dialogue et l'ambiance est bon enfant. Clientèle d'âge mûr.

EN SOIRÉE

Arènes de Plumaçon – *Pl. des Arènes - ✆ 05 58 75 39 08 - tlj sf w.-end 10h-12h, 15h-18h.* Corridas, concours de vaches landaises, concerts, fêtes de la Madeleine (à la mi-juillet), ces arènes en voient de toutes les couleurs ! Chaque jour, une visite libre des arènes, de la chapelle et du bloc opératoire vous est proposée.

Café Music – *4 Cale de la Marine - proximité du cinéma - ✆ 05 58 85 92 92 - www.lecafemusic.com - permanence : mar., dim. 15h-19h, merc. 13h-20h, jeu., vend. 15h-22h, sam. 13h-22h - fermé de fin juil. à fin août et lun.* Cet espace culturel situé au bord de la Midouze est destiné à la jeunesse. Labellisé café-musique, il organise fréquemment des concerts de rap, reggae, rock, pop, salsa, musiques

nouvelles… Des groupes de réputation nationale viennent s'y produire.
Théâtre municipal – *9 pl. Charles-de-Gaulle - ✆ 05 58 75 30 71 - soirs spectacle : billetterie gérée par la boutique culture 05 58 76 18 74 ou organisateurs privés à 19h45. Spectacles à 20h30.* Pièces de théâtre, spectacles de danse, de chansons, divertissements pour enfants sont programmés dans ce théâtre.

ACHATS

La Tourtière – *7 allée Raymond-Farbos - ✆ 05 58 75 77 00 - tlj sf lun. 8h-19h, dim. 7h-12h30.* On prend une leçon de cuisine dans cette pâtisserie qui prépare sous vos yeux la tourtière (légère pâte feuilletée garnie de pommes ou de pruneaux et parfumée à l'armagnac) et le nid d'abeille (gâteau à la crème pâtissière).
Earl Chai de Soube – *Soube - 40240 St-Justin - ✆ 05 58 44 83 88.* Cette bergerie de 1860 est composée de trois bâtiments dont un abritant un petit musée du paysan. Actuellement, les millésimes compris entre 1984 et 1991 sont en vente, tandis que les plus récents vieillissent dans le chai pour atteindre une qualité optimum. Les produits régionaux ont aussi beaucoup de succès.
Bas Armagnac Francis Darroze – *Av. de l'Armagnac - 40120 Roquefort - ✆ 05 58 45 51 22 - 8h30-18h, w.-end et j. fériés sur RV.* La « collection » de la famille Darroze composée d'environ 200 bas-armagnacs regroupe les récoltes d'une trentaine d'exploitations ; les assemblages sont proscrits, les alcools vieillissent paisiblement en fûts et la mise en bouteilles se fait sur commande. Les 45 millésimes vendus (les plus récents datent de 1990) portent le nom du domaine.
Domaine départemental d'Ognoas - *40190 Arthez-d'Armagnac - ✆ 05 58 45 22 11 - www.domaine-ognoas.com - mai-sept. : lun.-vend. 9h-12h, 14h-17h30, w.-end et j. fériés 14h-18h ; reste de l'année : lun.-vend. 9h-12h, 14h-17h30.* Le domaine, qui appartenait jadis à la vicomté de Marsan, produit des bas-armagnacs AOC depuis 1905 : il abrite un alambic du début du 19e s., toujours en fonction. Visite des chais et dégustation. Également sur place : une maison fortifiée, un moulin et un étang. Ognoas se trouve sur la voie verte du Marsan *(voir ci-dessous).*

ACTIVITÉS

Voie verte du Marsan et de l'Armagnac – *Accès à Mont-de-Marsan : prendre la dir. Villeneuve.* Réservée aux piétons, cyclistes et cavaliers, la voie verte a été aménagée sur l'ancienne voie ferrée reliant Mont-de-Marsan à Gabarret (50 km au total, dont 15 km de piste cyclable de Mont-de-Marsan à Villeneuve). Au long du parcours : saynètes gravées et informations sur l'histoire des lieux et les coutumes locales.
Parc de Nahuques – *Rte de Villeneuve - ✆ 05 58 75 94 38 - juil.-août : 9h-12h, 15h-19h, j. fériés 15h-19h ; reste de l'année : 9h-12h, 14h-18h, w.-end et j. fériés 14h-18h - gratuit.* Ce parc animalier fait œuvre de pédagogie auprès des enfants qui voient évoluer en liberté chèvres, moutons, mouflons de Corse, lamas, daims, émeus, cygnes et flamants roses sur une superficie de 4 ha.

LE PAYS DE L'ADOUR

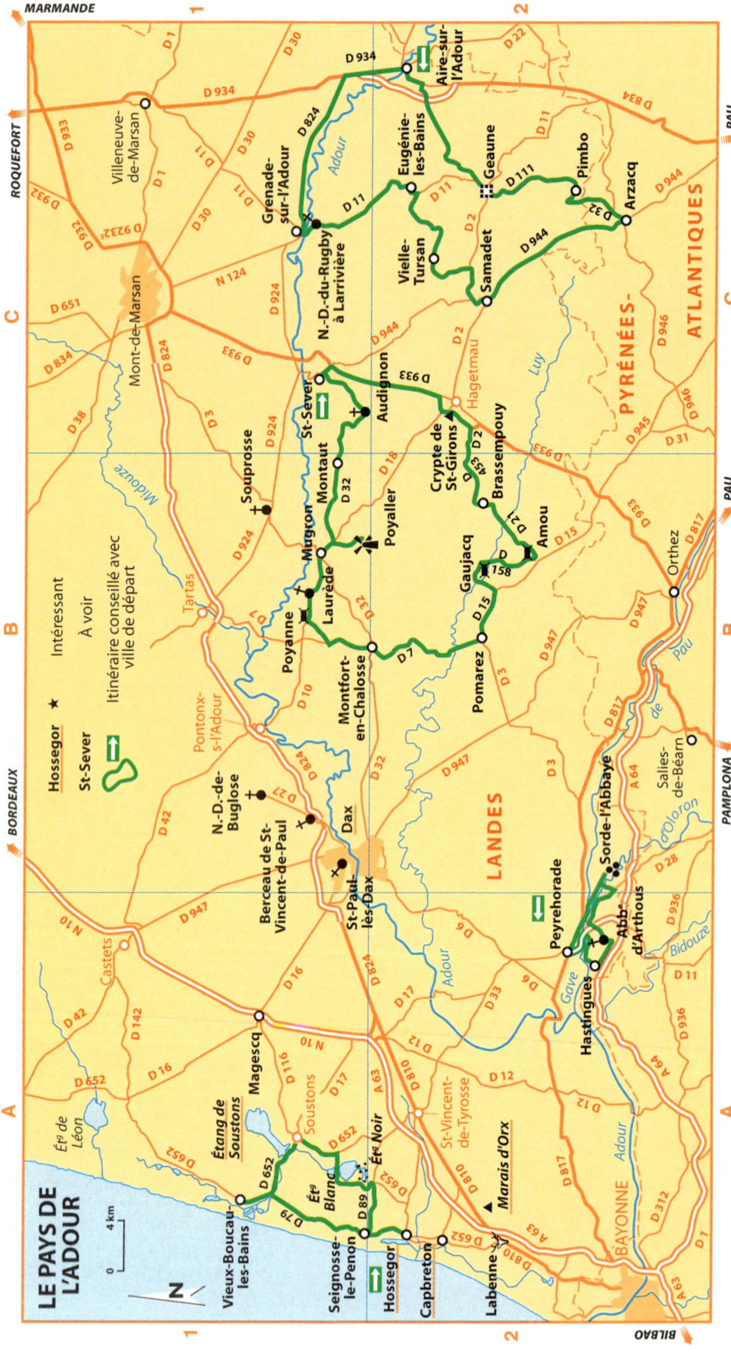

Le pays de l'Adour 4

Carte Michelin Départements 335 - Gironde (33) et Landes (40)

Dax

★

20 810 Dacquois – Landes (40)

NOS ADRESSES PAGE 273

S'INFORMER

Office du tourisme de Dax – *11 cours Foch - ✆ 05 58 56 86 86 - www.dax-tourisme.com - juil.-août : 9h30-18h30, dim. et j. fériés 9h30-12h30 ; avr.-juin et sept.-oct. : 9h30-12h30, 14h-18h30, dim. et j. fériés 9h30-12h30 ; reste de l'année : tlj sf sam. apr.-midi et dim. 9h30-12h30, 14h-18h - fermé déc.* Visites guidées thématiques et nocturnes - audioguides.

Centrale de réservation – *✆ 05 58 56 68 55.* Ce numéro permet de s'informer sur les **16 établissements thermaux** de Dax et réserver sa cure ou son hébergement de vacances. La centrale propose des séjours thématiques.

SE REPÉRER

Carte de microrégion B 1-2 *(p. 266) – carte Michelin Départements 335 E12.*

Entre Mont-de-Marsan et Bayonne (le Pays basque n'est pas loin !), Dax est à 35 km au nord-est de Capbreton et à 21 km au nord de Peyrehorade.

SE GARER

Parkings près de la cathédrale et au bord de l'Adour. Attention certaines rues du centre-ville sont piétonnes. Bus réguliers pour St-Paul-lès-Dax et St-Vincent-de-Paul.

À NE PAS MANQUER

La fontaine chaude, les parcs et jardins de la ville ; le marché au gras, tous les samedis matin sous les halles.

ORGANISER SON TEMPS

Attention, le musée de Borda est fermé les dimanches et lundis. En août ont lieu pendant une semaine les férias de Dax : en dehors des spectacles de corrida, la ville est très animée. Enfin, si vous êtes dans la région un jeudi en fin d'après-midi, vous pourrez entendre le carillon de 60 cloches de l'église N.-D.-de-Buglose.

AVEC LES ENFANTS

Le musée de l'Hélicoptère ; le conservatoire avicole du Puyobrau à Magescq.

Protégée des vents maritimes par la forêt landaise, riche de ses eaux, cette ville est bien évidemment un bain de jouvence pour les curistes. Les thermes ne désemplissent pas. La ville a même, aujourd'hui, la palme française de la cure thermale. Mais rassurez-vous, à Dax, pas besoin d'avoir des douleurs. Les espaces verts, les bords de l'Adour et les spectacles taurins justifient que vous vous y arrêtiez en touriste.

Le hall Art déco du Splendid Hôtel à Dax.
S. Ribat / MICHELIN

Se promener

Centre-ville

Bon à savoir – Un cheminement est marqué au sol par des clous et ponctué de totems explicatifs. Demander le livret *Dax pas à pas*, avec plan de l'itinéraire balisé, à l'office de tourisme.

Même si la très classique **cathédrale Notre-Dame** vous paraît un peu sévère, prenez le temps de jeter un coup d'œil à l'intérieur. Flânez ensuite dans les rues piétonnes (rues Neuve, des Carmes, St-Vincent...), bordées de commerces, de salons de thé et de magasins de douceurs.

Un repère pour le passant : la célèbre **fontaine chaude** (dite aussi « de Nèhe », du nom d'une naïade), dont les eaux, captées depuis les Romains, jaillissent à 62 °C, dans un vaste bassin entouré d'arcades. Tout à côté, **statue de Jean-**

LES RICHESSES DES EAUX

Histoire d'eaux – À l'emplacement où s'élève aujourd'hui Dax s'étend d'abord une cité lacustre. Peu à peu, les apports de l'Adour comblent le lac, et la cité, bâtie sur pilotis, peut s'étendre sur la terre ferme. Ensuite arrivent les Romains. Les sources deviennent célèbres. On dit même que Julie, la fille de l'empereur Auguste, y fit soigner ses rhumatismes. Toujours est-il que la ville reçoit les faveurs de Rome. Sa richesse grandit...

Passage royal – Beaucoup plus tard, ce sont Louis XIV et Marie-Thérèse, tout juste mariés, qui, de retour de St-Jean-de-Luz, s'arrêtent à Dax. Les Dacquois ont dressé un arc de triomphe pour les accueillir (disparu depuis). Y est peint un dauphin jaillissant des eaux, surmonté d'une inscription latine ainsi traduite : « Puisse-t-il, ce petit dauphin, naître du passage royal aux eaux de Dax. »

Les boues thermales de Dax – D'un côté, de l'eau de pluie qui s'enrichit en sels minéraux et chauffe jusqu'à 62 °C ; de l'autre, les limons de l'Adour.

Charles de Borda, célèbre ingénieur maritime dacquois du 18e s.
En direction du musée de Borda, arrêtez-vous **rue du Palais** sur une petite place tranquille où les Amours joufflus d'une fontaine du 18e s. soufflent à pleins poumons leur eau dans le bassin.

Musée de Borda

Chapelle des Carmes - 11 bis r. des Carmes - ℘ 05 58 74 12 91 - ♿ - lun.-dim. : 14h-18h - fermé lun., 1er janv., 1er Mai, 1er et 11 Nov., 25 déc. - billet combiné avec la crypte archéologique 2,50 € (-18 ans gratuit), 1er dim. du mois gratuit.

Installé dans la **chapelle des Carmes** – l'un des plus anciens édifices de la cité – le musée présente chaque année une grande exposition basée sur ses propres collections (art, histoire, sciences…). Créé en 1807 par la fameuse Société archéologique et historique de Borda, le musée doit son nom à **Jacques-François de Borda** (1718-1804), cousin de Jean-Charles, précurseur de la préhistoire. Son cabinet de curiosités constitue la première collection du musée.

Crypte archéologique

℘ 05 58 74 12 91 - www.dax.fr - ♿ - 14h-18h - fermé lun., 1er janv., 1er Mai, 1er nov., 11 Nov. et 25 déc. - billet combiné avec le musée de Borda 2,50 € (-18 ans gratuit), 1er dim. du mois gratuit.

Dax est un haut lieu de l'archéologie landaise. Le podium d'un important temple gallo-romain du 2e s. a été mis au jour lors de fouilles. Le site accueille une exposition interactive qui retrace plusieurs siècles d'histoire dacquoise au travers de vestiges gallo-romains et médiévaux (bronzes, céramiques, monnaies…). Le **trésor★** constitue l'attraction : très belles statuettes gallo-romaines de bronze représentant un Esculape (dieu de la Médecine) au visage un peu empâté et aux grands yeux d'argent, et un Mercure (dieu de la Richesse, des Voyageurs, des Voleurs…) suivi d'un coq et d'un bouquetin.

Musée Georgette-Dupouy

R. du Présidial (entrée par le 12 r. du Mirail) - ℘ 05 58 56 04 34 - http://ass.gdupouy.free.fr - ♿ - 14h-18h - fermé 1er janv. et 25 déc. - 2,50 € (-25 ans gratuit), gratuit dim. et j. fériés.

Cette artiste peintre (1901-1992) autodidacte s'installa à Dax en 1935 après son mariage et fut contrainte d'abandonner les pinceaux alors qu'une première exposition à Paris en 1930 avait attesté de son talent. Malgré l'hostilité familiale, elle se remet à peindre en 1942, rencontre Utrillo en 1943 et dès lors se consacrera à sa passion. Méconnues du grand public (l'artiste refusa de travailler avec les galeristes), les œuvres de **Georgette Dupouy** n'en ont pas moins parcouru le monde. Ce musée, qui rassemble nombre de ses portraits, natures mortes et paysages, est à découvrir.

Architecture Art déco

En rejoignant le cours de Verdun par la rue des Carmes, vous ne manquerez pas d'admirer un des deux fleurons de **l'architecture Art déco** de la ville : **le Splendid Hôtel** construit en 1929 par André Granet et Roger Expert. **L'Atrium,** situé cours Foch, est le deuxième édifice caractéristique de cette époque faste. Entre les deux, l'architecte Jean Nouvel signe le pendant contemporain avec l'**hôtel des Thermes** et sa façade à persiennes de bois.

Parcs et jardins

Pour des promenades nature, vous avez le choix entre les **bords de l'Adour** et les parcs et jardins. En amont du pont, le **parc Théodore-Denis** est délimité au sud par les remparts gallo-romains. En aval, le **jardin de la Potinière** descend au cœur du quartier thermal avec, en contrebas, le « trou des pauvres », ancien bain public. À l'ouest, le **bois de Boulogne**, grand parc de détente, est aussi un havre de verdure pour le promeneur (6 km de sous-bois).

Du vieux pont, empruntez la nouvelle **promenade** qui borde l'Adour : vous pouvez continuer à longer ses berges jusqu'au bois de Boulogne.

À voir aussi Plan de la ville

Parc du Sarrat

R. du Sel-Gemme - ♿ - visite guidée uniquement - mars-nov. : mar., jeu., sam. 15h30 - fermé déc.-fév. - 3,50 € (enf. gratuit).

Vous déambulerez d'un style à l'autre dans ce parc parcouru de canaux : le jardin à la française qui débouche sur un bassin bordé de magnolias, un petit jardin japonais, une cressonnière, un potager biologique, etc. Vous vous arrêterez devant la maison inspirée par l'architecte américain **Frank Lloyd Wright**. Ses baies vitrées qui courent sur toute la façade font véritablement entrer la nature à l'intérieur.

Musée de l'Aviation légère de l'Armée de terre et de l'Hélicoptère (ALAT)

Au sud de la ville. Prendre la D 6, direction Peyrehorade, puis la D 106 et tourner à droite dans l'avenue de l'Aérodrome. 58 av. de l'Aérodrome - ☏ 05 58 74 66 19 - www.museehelico-alat.com - ♿ - juil.-août : lun.-sam. 14h-17h45 ; mars-nov. : mar.-sam. 14h-17h45 - fermé déc.-fév. et j. fériés - 5 € (enf. 1,80 €).

Documents, souvenirs, uniformes… ainsi qu'une trentaine d'hélicoptères et d'avions, dont le Hiller UH 12 A que pilotait en Indochine Valérie André, première femme général de l'armée française.

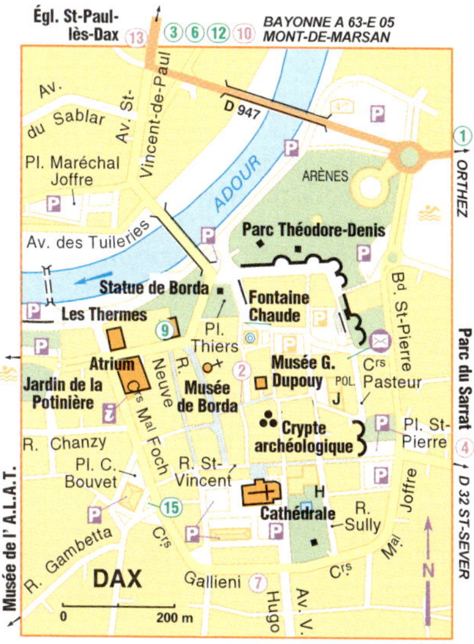

SE LOGER

Chambre d'hôte Capcazal de Pachiou (1)
Chambres d'hôtes L'Aiguade (3)
Étap'Hôtel (6)
Grand Hôtel Mercure Splendid (9)
Hôtel Calicéo (12)
Hôtel La Néhé (15)

SE RESTAURER

Au Fin Gourmet (2)
Ferme-auberge de Thoumiou (4)
L'Amphitryon (7)
Le Moulin de Poustagnacq (10)
Lou Balubé (13)

À proximité Carte de microrégion

St-Paul-lès-Dax B1

Prendre la route de Bayonne, puis suivre la signalisation.

L'**église** présente de beaux bas-reliefs du 11e s. au chevet : animaux fantastiques, Trinité, saintes, Cène, Baiser de Judas, Crucifixion, Samson chevauchant un lion, sainte Véronique, dragon, allégorie du ciel.

Berceau de saint Vincent de Paul B1

4 km au nord-est par la N 124, puis à gauche la D 27.

Autour de l'**église** de style néobyzantin, édifices appartenant aux œuvres de bienfaisance et d'éducation fondées par « Monsieur Vincent ». Vous pouvez visiter, à gauche sur la place, la « Ranquines », construite approximativement sur l'emplacement de sa maison natale et assemblée à partir de quelques vestiges originaux. À l'intérieur, souvenirs du saint, dont la vie est présentée à proximité dans une **salle d'exposition**. Entre la maison et la salle d'exposition se dresse un respectable vieux **chêne**, témoin de l'enfance de Vincent.

UN PRÉCURSEUR DES ŒUVRES SOCIALES

Vincent de Paul est né en 1581, d'une famille pauvre de paysans. Vif et intelligent, il commence ses études à Dax en 1595, puis est ordonné prêtre en 1600. Tout au long de son ministère apostolique, « Monsieur Vincent » s'efforce de lutter contre la misère et d'en combattre les causes. Nommé par Louis XIII aumônier général des galères, il prodigue aux forçats aide spirituelle et secours. C'est lui qui assiste Louis XIII sur son lit de mort. À la demande de la régente Anne d'Autriche, il siège au Conseil de conscience et participe à la réforme de l'Église catholique. Pendant la Fronde, il s'efforce de ramener la concorde, organise le ravitaillement de villes sinistrées, menacées de famine, crée des soupes populaires et l'assistance par le travail.

N.-D.-de-Buglose B1

9 km au nord-est par la N 124, puis à gauche la D 27.

C'est un important lieu de pèlerinage landais voué à la Vierge. Basilique néo-romane renfermant, au-dessus de l'autel, une Vierge à l'enfant en pierre polychrome découverte en 1620. La tour de la basilique N.-D.-de-Buglose abrite un **carillon** de soixante cloches. Une allée conduit à une source et à la petite chapelle (enchâssée dans une chapelle moderne) édifiée là où fut trouvée la statue vénérée de Notre-Dame.

Conservatoire avicole du Puyobrau à Magescq A1

11 km au nord-ouest par la D 16. 2695 rte de Dax - ✆ 05 58 47 71 83 - mars-sept. : 10h-12h30, 14h-19h ; oct.-fév. : tlj sf mar. 10h-12h30, 14h-19h - possibilité de visite guidée - 6 € (-12 ans 3 €).

Qui de l'œuf ou de la poule… ? Voilà en tout cas un site incontournable pour les petits citadins qui penseraient que les poulets ont les ailes panées ! Dans un cadre champêtre, ils découvriront couveuses et poussins, ainsi que 120 espèces de gallinacés du monde entier (coqs, poules, dindons, canards, paons, etc.), parfois en voie de disparition. À la belle saison, certains gambadent librement dans le bois.

NOS ADRESSES À DAX

HÉBERGEMENT

À Dax

Bon à savoir – Soyez prévoyant si vous souhaitez loger à Dax durant la féria (mi-août) : la ville est en effet prise d'assaut durant six jours… et six nuits. Il s'avère alors très difficile, voire impossible, d'y trouver une chambre.

BUDGET MOYEN

Hôtel La Néhé – *18 r. de la Fontaine-D'eau - 05 58 90 16 46 - www.hotel-nehe-dax.com - fermé janv. - 20 ch. 55/63 € - 7 €.* Tout proche de la fontaine d'eau chaude, dans une rue commerçante, un hôtel totalement rénové. Chambres spacieuses et fonctionnelles agrémentées d'un mobilier en bois clair.

UNE FOLIE

Grand Hôtel Mercure Splendid – *Cours de Verdun - 05 58 56 70 70 - www.mercure.com - fermé janv. et fév. - 100 ch. 104/122 € - 12 € - rest. 15 €.* Le style Art déco est bien préservé, les chambres sont spacieuses avec un charme désuet. Centre thermal rénové. Majestueuse salle à manger inspirée, dit-on, de celle du paquebot *Normandie*.

À proximité

PREMIER PRIX

Étap'Hôtel – *Av. de la Résistance - 40990 St-Paul-lès-Dax - 05 58 91 90 17 - www.etaphotel.com - réserv. obligatoire - - P - 74 ch. 39/53 € - 4,70 €.* Cet hôtel de chaîne proche du Casino César Palace et du Lac de Christus abrite des chambres fonctionnelles et climatisées. La gérante vous réserve un accueil enthousiaste et propose des tarifs intéressants surtout pour les familles (prix identique pour 2 ou 3 personnes), même en pleine saison.

BUDGET MOYEN

Chambre d'hôte Capcazal de Pachiou – *606 rte de Pachiou - 40350 Mimbaste - 05 58 55 30 54 - www.capcazaldepachiou.com - P - - 5 ch. 50/90 € - rest. 20 €.* Tout est d'époque dans cette maison du 17ᵉ s. qui a traversé les siècles sans perdre son authenticité : cheminées ouvragées, boiseries et meubles anciens mis en valeur par une décoration réussie. Ajoutez à cela un accueil généreux, une table d'hôte régionale et un secret bien gardé.

Chambres d'hôtes L'Aiguade – *1301 rte de la Bretonnière - 40990 St-Paul-lès-Dax - 05 58 91 37 10 - www.laiguade.com - fermé nov.-mars - P - - 3 ch. 55/65 € - réserv. conseillée hors sais.* Les chambres au mobilier d'époque de cette maison d'architecte possèdent de très larges ouvertures donnant sur le parc. Selon la saison, vous prendrez votre petit-déjeuner dans la belle salle à manger rustique ou sur la terrasse au bord de la piscine.

POUR SE FAIRE PLAISIR

Hôtel Calicéo – *355 r. du Centre-Aéré - au lac de Christus - 40990 St-Paul-lès-Dax - 05 58 90 66 00 - www.hotelcaliceo.com - P - 47 ch. 92/104 € - 9,50 € - rest. 19/28 €.* Cet hôtel moderne face au lac de Christus est équipé d'un nouveau centre de balnéothérapie avec espace bien-être (spa, centre de soins). Chambres et suites au mobilier élégant et intemporel. Cuisine traditionnelle ou diététique au restaurant. Terrasse tournée vers le lac de Christus.

RESTAURATION

À Dax

PREMIER PRIX

Lou Balubé – *63 av. St-Vincent-de-Paul - ✆ 05 58 56 97 92 - fermé jeu. soir, dim. et merc. - formule déj. 12,50 € - 18/24,50 €.* Avec les produits qu'il sélectionne sur le marché, le chef confectionne une cuisine mi-terroir, mi-traditionnelle que vous pourrez apprécier dans la salle à manger simple et rustique (pierres et poutres apparentes).

Au Fin Gourmet – *3 r. des Pénitents - ✆ 05 58 74 04 26 - fermé de mi-déc. à mi-janv. - formule déj. 13 € - 13/35 €.* À deux pas de la place de la Fontaine-Chaude, cette adresse, au décor un peu désuet, propose une cuisine traditionnelle, régionale. Formules ou menus à prix toujours doux.

BUDGET MOYEN

L'Amphitryon – *38 cours Galliéni - ✆ 05 58 74 58 05 - fermé 22 août-3 sept., 1er-30 janv., sam. midi, dim. soir et lundi - 22/40 €.* Façade immaculée et plaisante salle à manger au décor marin. Cuisine au goût du jour utilisant les produits régionaux.

À proximité

PREMIER PRIX

Ferme-auberge de Thoumiou – *380 chemin de Thoumiou - 40180 St-Pandelon - ✆ 05 58 98 73 41 - http://site.voila.fr/thoumiou - fermé 20 déc.-1er mars ; ouv. du vend. soir au dim. midi du 1er sept. au 19 déc., tlj sf dim. soir du 1er juil. au 31 août - ♿ - P - 12/26 €.* La cuisine mijotée dans cette ferme rappelle les recettes de nos grands-mères et ravira vos papilles gourmandes. Salle à manger dans l'ancienne étable spacieuse (accès aux personnes handicapées).

POUR SE FAIRE PLAISIR

Le Moulin de Poustagnacq – *40990 St-Paul-lès-Dax - ✆ 05 58 91 31 03 - www.moulindepoustagnacq.com - fermé vacances de la Toussaint, 20-30 déc., vacances de fév., mardi midi, dim. soir et lundi - P - 29/69 €.* Vous serez charmé par cet ancien moulin au bord de l'étang. Une partie de la bâtisse a été aménagée en restaurant, décoré de manière originale. Terrasse au bord d'un étang. Cuisine actuelle aux accents régionaux.

ACHATS

Marchés – Sam. et dim. mat., sous le marché couvert (produits fermiers, légumes, fleurs…), aux halles (gras et volailles) et pl. Roger-Ducos (primeurs, fleurs, charcuterie…) ; sam. tte la journée, pl. St-Pierre (vêtements, chaussures, livres…).

Cap Sud-Ouest Roger Junca – *22 bis pl. de la Fontaine-Chaude - ✆ 05 58 90 01 43 - www.roger-junca.com - de août à oct. lun.-sam. 7h30 -19h, dim. et j. fériés 7h30-12h ; de nov. à juil. lun.-sam. 7h30-12h30, 15h-19h, dim. et j. fériés (sf 25 déc. et 1er janv.) 7h30-12h.* Depuis 1949, Roger Junca incarne le savoir-faire de la gastronomie du Sud-Ouest. Foie gras de canard mi-cuit sous vide (plusieurs fois récompensé), confits, canards, pâtés et terrines vous attendent dans sa boutique, mais peuvent aussi être livrés sur la France.

La Tourtière – *12 r. St-Vincent - ✆ 05 58 74 00 75 - lun.-vend. 7h-19h30, sam. 6h-19h30, dim. 7h-12h30 - fermé de déb. fév. à déb. mars ; j. fériés apr.-midi.* Cette pâtisserie vous régalera avec sa Tourtière (pâte feuilletée garnie de pommes ou de pruneaux, parfumée à l'armagnac), son Nid d'Abeille (gâteau à la crème à base de miel), le Pastis pyrénéen (brioche au pastis).

EN SOIRÉE

L'Atrium – *Cours du Mar.-Foch - ✆ 05 58 90 99 09 - selon spectacles : billetterie gérée par la régie municipale des fêtes.* Installée dans l'ancien casino (1928), la salle de l'Atrium offre un décor stuqué orné de personnages, d'animaux et de fleurs. Des concerts, pièces de théâtre et ballets y ont lieu.
Casino Barrière de Dax – *8 r. Eugène-Milliès-Lacroix - ✆ 05 58 58 77 77 - 10h-2h, w.-end et veilles de fêtes 10h-4h.* Doté d'une salle de jeux et de machines à sous, d'un bar et d'un restaurant, ce casino vous propose aussi des spectacles, des soirées à thème…
Casino César Palace – *R. du Centre-Aéré - Lac de Christus - 40990 St-Paul-lès-Dax - ✆ 05 58 91 52 72 - casino : 10h-3h, vend.-sam. 10h-4h ; bowling : 17h-2h, merc. et dim. 15h-2h, sam. 15h-3h.* Ce complexe comprend un casino (70 machines à sous, jeux de boule, roulette anglaise et black-jack), un bowling, deux restaurants et deux bars. Grandes terrasses donnant sur le lac de Christus.
Arènes de Dax – *Parc Théodore-Denis - ouvert j. de spectacles. Visite juil.-août apr.-midi à partir de 14h, reste de l'année (se renseigner).* Elles furent édifiées en 1913 et agrandies en 1932 pour atteindre leur capacité actuelle de 8 000 places. Leur visite permet de découvrir le patio de *caballos*, la chapelle des matadors et l'infirmerie. Des corridas ont lieu chaque été vers le 15 août et lors de la 1re quinzaine de septembre.
Régie municipale des fêtes – *Cours Foch - ✆ 05 58 90 99 09 - www.dax.fr - de mi-juil. à fin août : tlj sf dim. 10h-18h30 ; de sept. à mi-juil. : tlj sf w.-end 9h30-12h, 13h30-17h30.* La régie tient lieu de billetterie pour la plupart des spectacles et des animations organisés par la ville : corridas, concerts et spectacles à l'Atrium.
El Cortijo – *10/11 rte de Constantine - 5 km au sud-ouest de Dax par D 70 - 40990 Mées - ✆ 05 58 97 50 90 - www.elcortijo1.com - 11h-0h sur réserv. - à partir de 10 €.* Helena Gayral, femme torero à cheval, vous fera découvrir le lieu. Journées et soirées à thème (spectacles équestres, tauromachiques et de flamenco) avec repas possible sur réservation.

ACTIVITÉS

Promenades – L'office de tourisme met à votre disposition un petit guide, *Les Chemins verts*, regroupant 9 balades (1h à 3h).
Séjour de remise en forme – *✆ 05 58 56 68 55 - www.dax-tourisme.com - avr.-oct. : tlj sf dim. 9h30-12h30, 14h-18h30 ; juil.-août : 9h30-19h00, dim. et j. fériés 10h-12h, 15h-17h.* Pour un séjour « bien-être » (3 à 7 jours), l'office de tourisme dispose d'une plaquette recensant différents forfaits « soins et hébergement ».
Calicéo – *355 r. du Centre-Aéré - 40990 St-Paul-lès-Dax - ✆ 05 58 90 66 66 - www.caliceo.com - 10h-20h30 - 14 à 24 €.* Ce centre de remise en forme est équipé de trois piscines, de Jacuzzis, de bains bouillonnants, d'hydrojets, d'une rivière rapide, d'une salle de cardio-training, de hammams et de saunas. Hôtel, bar et restaurant sur place.

Hossegor

★

3 586 Hossegoriens – Landes (40)

NOS ADRESSES PAGE 279

S'INFORMER

Office du tourisme d'Hossegor – *44 av. de Paris - 40150 Hossegor - 05 58 41 79 00 - www.hossegor.fr - juil.-août : lun.-sam. 9h-19h, dim. et j. fériés 10h-13h, 15h-19h - reste de l'année : tlj sf dim. 9h-12h, 14h-18h - fermé 1er janv., 1er Mai, 1er nov., 11 Nov., 25 déc.*

SE REPÉRER

Carte de microrégion A2 *(p. 266) – carte Michelin Départements 335 C13.*

Hossegor n'est séparé de la localité voisine de **Capbreton** que par le canal du Boudigau.

À NE PAS MANQUER

Les villas des années 1920 entre la mer et le lac ; la réserve naturelle de l'étang Noir.

ORGANISER SON TEMPS

Comptez une demi-journée pour le circuit de découverte en comptant les arrêts. Pour la détente, pensez aux possibilités qu'offre le lac d'Hossegor. Le soir, rien de plus agréable qu'une promenade sur la plage ou sur le front de mer au coucher du soleil, avant de rejoindre un bar ou un spectacle de votre choix.

AVEC LES ENFANTS

Le port miniature à Soustons *(voir la rubrique « Activités » dans « Nos adresses à Hossegor »).*

Un brin boisée, un brin marine, vous prendrez goût à cette petite station balnéaire. Il y a la mer, le soleil… et le vent. Ajoutez une bonne houle venue du Gouf de Capbreton et les surfeurs qui viennent du monde entier lors de championnats, saupoudrez d'une pincée d'élégantes villas, de boutiques et de bars branchés. C'est un régal !

Se promener

La station

Agréable station balnéaire et climatique qui, au fil du 20e s., a su intégrer dans un environnement naturel généreux (pins, chênes-lièges, arbousiers) des parcs, jardins, hôtels, un terrain de golf, un casino et un complexe sportif.

Sur la longue bande de sable fin, vous aurez la place de planter votre parasol et d'étendre votre serviette ! Pour la baignade : plages du Sud et Centrale, pour le surf : plage de la Gravière, pour le naturisme : plage de la Côte Sauvage (vers Seignosse). Attention, la dune de la Côte Sauvage est un « Espace naturel protégé », respectez la réglementation de la circulation piétonnière aux abords du site.

Départ de la Maison Hargous, au nord d'Hossegor en direction de Seignosse, sur la D 152. Cinq **sentiers de découverte** *(2 à 5 km)* sont aménagés dans la forêt. *Voir la rubrique « Activités » dans « Nos adresses à Hossegor ».*
Nombreuses pistes cyclables dans Hossegor, reliées au réseau côtier *(plan à l'office de tourisme).* Abandonnez donc votre voiture !

★ Les villas

Brochure à l'office de tourisme. Propriétés privées : soyez discret ; ne pénétrez pas dans les jardins.
Elles sont groupées entre la mer et le lac, sous les pins. Le style basco-landais qui les caractérise était très à la mode dans les années 1920-1930 : il s'inspire de l'habitat rural basque (façades de crépi blanc, toits en débord) et landais (colombages, remplissage en briques apparentes disposées en épi).

LE SAVIEZ-VOUS ?
Des intellectuels, séduits par le site au début du 20e s., y formèrent un cercle culturel, la « Société des amis du Lac ». Ainsi fut lancé Hossegor, dont le nom signifierait « la grande fosse » de *hoos*, « grand » et *gor*, « gouf, fosse ».

★ Le lac

Ce lac salé cerné par la forêt de pins occupe l'ancien bras de l'Adour. Il subit l'influence des marées grâce au **canal du Boudigau** qui le relie à l'Océan. Quatre plages parfaitement adaptées à la baignade des petits car l'eau y est calme. La plage du Rey, sur la rive est, est plus sportive.
7 km. Brochure à l'office de tourisme. La **Promenade du tour du lac** est ponctuée de 9 panneaux thématiques.

Itinéraire conseillé

AU PAYS DES ÉTANGS A1

55 km. Voir le circuit sur la carte de microrégion p. 266. Compter 2h. Quitter Hossegor au nord, D 79.
C'est un vaste circuit hydraulique que constituent les 4 étangs reliés entre eux : l'étang Noir se jette dans l'étang Blanc, qui se jette dans l'étang d'Hardy, qui se jette dans l'étang de Soustons, qui se jette, enfin, dans l'Océan !

L'ADOUR, FLEUVE VAGABOND
Dans un lointain passé géologique, l'Adour a creusé une profonde vallée, aujourd'hui sous-marine. À 35 km au large des côtes, l'entaille atteint jusqu'à 3 711 m de profondeur : c'est le **Gouf de Capbreton**, qui se résorbe seulement à 60 km de la côte. Des documents anciens permettent de suivre la course capricieuse imposée à l'Adour par les sables, de Capbreton à Vieux-Boucau, en passant par Bayonne. En 1571, Charles IX ordonne d'assurer à l'Adour une embouchure définitive sauvegardant le port. **Louis de Foix** (architecte du phare de Cordouan) prend la direction des travaux. Une digue de 300 m est édifiée et un chenal direct est ouvert sur 1 800 m. De l'ancien bras, il ne reste aujourd'hui que de petits lacs, dont celui d'**Hossegor**.

Vieux-Boucau-les-Bains A1

05 58 48 13 47 - www.ot-vieux-boucau.fr - juil.-août : lun.-sam. 9h-13h, 14h30-19h, dim. et j. fériés 10h-12h, 15h-19h ; sept.-juin : lun.-sam. 9h-12h, 14h-18h - fermé Toussaint-Pâques, 25 déc.-1er janv., 1er Mai, 1er et 11 Nov.

Endormi en 1578 par le détournement de l'Adour et devenu Vieux-Boucau (« vieille embouchure »), le village renaît aujourd'hui grâce à **Port-d'Albret** *(qui dépend de la commune de Soustons)*, important ensemble touristique aménagé autour d'un **lac salé** de 60 ha. Ses eaux sont renouvelées quotidiennement par un barrage dont les portes suivent le rythme des marées. Du centre-ville, on accède à Port-d'Albret par le **mail**, promenade piétonnière invitant à la flânerie, notamment le soir où les illuminations lui donnent un éclat particulier.

Côté mer : baignade et surf, côté terre : sentiers pédestres autour du lac et dans la forêt, pistes cyclables vers Soustons, Seignosse, Léon *(plan en vente à l'office de tourisme)*.

Suivre la D 652 vers Soustons.

★ Étang de Soustons A1

Vous ne pouvez malheureusement pas voir ses 730 ha d'eau d'un seul regard, contours obligent. Mais ses bords perdus dans les roseaux et les pins sont facilement accessibles depuis l'office du tourisme de Soustons, installé dans une ancienne bergerie et devant lequel se tient la statue de François Mitterrand.

Le GR 8 longe les rives du lac. En prenant à droite, vous arriverez à la pointe des Vergnes agréablement arborée : belle vue d'ensemble du plan d'eau.

Reprendre la D 652 vers Tosse. À 4 km, suivre à droite le chemin de Gaillou-de-Pountaout (panneau « étang Blanc »), qui passe entre l'étang Hardy et l'étang Blanc.

Étang Blanc A1

Ce petit plan d'eau protégé est peuplé de gabions et de cabanons aménagés par les chasseurs pour guetter les canards. Un chemin le contourne, offrant de jolies vues sur la flore du site et ses environs. Le canal reliant l'étang Noir à l'étang Blanc fait le bonheur des pêcheurs.

La route surplombe ensuite l'étang Noir dans le dernier virage.

Réserve naturelle de l'étang Noir A1

Bon à savoir – Par temps humide, la passerelle devient humide. Absence de barrière de sécurité sur le caillebotis, surveiller les enfants.

30mn. Ce marais est enjambé par une passerelle (*1 km*) discrète, avec deux plates-formes panoramiques, qui permettent une plus grande intimité avec la faune. Le site permet de découvrir la forêt primitive landaise telle qu'elle existait avant les travaux d'assainissement.

Passez préalablement à la **Maison de la Réserve** (petites expositions, jeux pour les enfants). *05 58 72 85 76 - accès libre et gratuit tte l'année en visite libre.* Mieux, suivez une visite guidée (1h30) proposée en saison. *Juil.-août : lun.-vend. 10h30, 15h, 17h, dim. 10h30 sf en cas de pluie - visite guidée 3 € (-12 ans gratuit).*

Prendre à droite la D 89.

Seignosse-Le Penon A1

Av. des Lacs - 05 58 43 32 15 - www.tourisme-seignosse.com - juil.août : lun.-sam. 9h-19h, dim. et j. fériés 10h- 19h ; reste de l'année : lun.-sam. 9h-12h, 14h-18h. Guide de découverte de Seignosse à travers 2 petits circuits.

Cette station balnéaire, qui compte 5 plages surveillées, allie immeubles en bordure de mer et pavillons dans la forêt de pins. L'offre de sports et de loisirs y est variée : surf, parc aquatique, pistes cyclables, golf… *(voir la rubrique « Activités » dans « Nos adresses à Hossegor »).*

6 circuits balisés *(4 à 9 km)* cheminent à travers la forêt communale de Seignosse. Des sorties de découverte du littoral et de la forêt (2h30), accompagnées par des guides de l'ONF, sont organisées en saison. *Juil.-août : mar., jeu. 9h30 - 2e quinz. de juin, 1re quinz. de sept. : merc. 9h30 - 5 € - inscriptions à l'office de tourisme.*

La D 152 ramène à Hossegor.

NOS ADRESSES À HOSSEGOR

HÉBERGEMENT

À Hossegor

BUDGET MOYEN

Hôtel Les Fougères – *91 av. de Gaujacq - ✆ 05 58 43 78 00 - www.hotel-lesfougeres.com - fermé de mi-nov. à mi-mars - P - 27 ch. 60/105 € - ☕ 8,50 €.* Éloigné de l'agitation de la ville, cet hôtel propose une décoration simple. Les chambres, fonctionnelles, feront le bonheur des familles, avec, pour certaines, possibilité de kitchenette. Si le temps le permet, petit-déjeuner en terrasse, face à la piscine.

POUR SE FAIRE PLAISIR

Hôtel Barbary Lane – *156 av. de la Côte-d'Argent - ✆ 05 58 43 46 00 - www.barbary-lane.com - fermé 15 nov.-1er mars - 18 ch. + 2 suites 91/110€ - ☕ - rest. 14 €.* Cette maison landaise abrite un hôtel entièrement rénové. Les chambres sont joliment décorées : tissus aux couleurs variées, meubles chinés, anciens lits clos fixés au mur et faïences. En été, brunch et formule demi-pension.

UNE FOLIE

Les Hortensias du Lac – *Av. du Tour-du-Lac - ✆ 05 58 43 99 00 - www.hortensias-du-lac.com - fermé 15 nov.-1er avr. - P - 20 ch. 180/210€ - ☕ 20 €.* Un repos bien mérité vous attend dans ces trois maisons au bord du lac et à 500 m de la mer. Les chambres sont élégantes, meublées de bois clair. Quelques duplex pour les familles.

À proximité

BUDGET MOYEN

Chambre d'hôte Le Bosquet – *4 r. du Hazan (rte de St-Vincent-de-Tyrosse) - 40230 Tosse - 10 km à l'est d'Hossegor par D 33 puis D 652 - ✆ 05 58 43 03 40 - www.lebosquet-landes.com - 🚭 - 3 ch. 52 € ☕.* Cette villa moderne à proximité d'Hossegor est tranquille et conviviale. Les chambres simples et coquettes disposent toutes d'une terrasse privative ouverte sur le parc. Jolie salle de style basque ou terrasse d'été pour les petits-déjeuners.

POUR SE FAIRE PLAISIR

Camping Le Dunéa – *Port d'Albret Sud - à 200 m du lac - 40140 Soustons - ✆ 05 58 48 00 59 - clubdunea@libertysurf.fr - avr.-15 oct. - réserv. conseillée - 20 bungalows : 70 €/nuit pour 2 pers. ou 90 €/nuit pour 5 pers.* Les bungalows répartis dans le parc, autour de la piscine, offrent un confort simple avec kitchenette, salle de bains, W.-C. indépendant et mobilier en pin… Très bien tenu. Location à la nuitée ou au week-end hors saison.

Chambre d'hôte Ty-Boni – *1831 rte de Capbreton - 40150 Angresse - 3 km à l'est d'Hossegor* *par D 133 - ✆ 05 58 43 98 75 - www.ty-boni.com - ⊠ - 3 ch. 80 €* ☕. La maison est récente, de style régional, et les chambres sont sobres et agréables. Cuisine avec lave-linge à la disposition des hôtes en été ; piscine, parc et étang. Accueil très chaleureux.

RESTAURATION

BUDGET MOYEN

La Ferme de Bathurt – *Rte de l'Étang-Blanc - 40140 Soustons ✆ 05 58 41 53 28 - fermé nov., mar. soir et merc. hors sais. - 21/25,50 €.* Cette ferme transformée en restaurant constitue une adresse idéale pour les familles avec son parc et ses jeux pour les enfants. En terrasse ou auprès de la cheminée, vous partagerez une cuisine traditionnelle régionale. Bon rapport qualité-prix.

Restaurant Michel Batby – *63 av. Gelleben - 40140 Soustons - ✆ 05 58 41 18 80 - fermé 22 déc.-25 janv. - 25/35 €.* Emplacement de choix, face à l'étang de Soustons, pour ce restaurant et sa terrasse ombragée de platanes. La cuisine, cent pour cent maison, s'avère très honorable. Belle carte des vins.

BOIRE UN VERRE

Marcot' – *495 av. du Touring-Club-de-France - ✆ 05 58 41 71 72 - été : tlj 8h-1h ; reste de l'année : tlj sf lun. 8h-20h - fermé 2 sem. en janv.* Fondée en 1927, cette pâtisserie-salon de thé est une référence de qualité. Gâteaux, glaces et chocolats : tout y est fait maison.

EN SOIRÉE

Bon à savoir – Située en bord de mer, la place des Landais vit au rythme de l'activité nocturne et l'on vient de toute la région pour s'y amuser. Les surfeurs y forment une communauté nombreuse. Mais, entre les bars d'ambiance, les bodegas, les bars basques et les bars à vins (comme le Lou Balou), chacun s'y retrouve.

Parc municipal des sports Jaï Alaï – *Av. Maurice-Martin - ✆ 05 58 74 19 40 - compétitions : juil.-août, lun. et jeu. à 20h45.* Jouxtant le Sporting Casino, ce fronton couvert (*jaï alaï*) accueille des parties de pala corta et de cesta punta. Au fronton extérieur du Casino, parties de grosse pala et de grand chistera.

Sporting Casino d'Hossegor – *119 av. Maurice-Martin - ✆ 05 58 41 99 99 - juil.-août : tlj jusqu'à 5h ; reste de l'année : dim.-jeu. 10h-3h, vend.-sam. jusqu'à 4h.* Cet édifice de 1923 est un chef-d'œuvre de l'architecture basco-landaise. Complexe multiloisirs : casino (machines à sous et jeu de boule), tennis, minigolf, piscine, fronton, discothèque, bar et restaurant.

ACHATS

Rip Curl – *407 av. de la Tuilerie - ✆ 05 58 41 78 00 - tlj sf dim. et lun. 10h-13h, 15h-19h ; en sais. : tlj sf dim. 10h-19h.* C'est le magasin d'usine de la société Rip Curl qui fabrique planches, combinaisons et accessoires de surf. Chaque année, cette société organise les championnats du monde de surf à Hossegor. Autre boutique située avenue du Touring-Club-de-France.

Atelier de poterie landaise – *Allée des Vergnes - 40140 Soustons - ✆ 05 58 41 14 81 - 10h-19h (dim. 17h) - fermé 2 sem. en oct.* Dans cette petite boutique située au bord du lac, vous trouverez des objets utilitaires ou décoratifs entièrement tournés à la main.

ACTIVITÉS

Bon à savoir – Une dizaine d'**écoles de surf** sont basées à Seignosse-Le Penon : vous n'aurez donc que l'embarras du choix pour vous initier ou vous perfectionner ! *Rens. et coordonnées à l'office du tourisme de Seignosse-Le Penon.*

Sentiers pédestres et pistes cyclables – Plan guide couvrant la côte de Seignosse à Labenne (25 boucles pédestres) en vente dans les offices de tourisme *(2 €).*

VTT Loisirs – *116 av. des Tisserands - ZA de Pédebert - 05 58 41 75 41 - www.vtt-loisirs.fr - tlj sf dim. 9h-12h, 15h-19h ; tlj en été - fermé janv. et j. fériés sf été.* Location et vente de VTT, VTC, vélos pour les enfants, scooters et motos.

Le port miniature – *Lac marin du Port-d'Albret SUD - 40480 Vieux-Boucau - 06 75 14 70 56 - www.loisirs-soustons.com - juil.-août : lun.-vend. 11h-19h, w.-end 14h-19h ; avr.-juin, sept. : mer.-dim. 14h-18h - fermé oct.-mars - à partir de 4,50 € (tarifs dégressifs dès la 3e pers.).* Venez naviguer sur le lac marin du Port-d'Albret à bord de la réplique électrique d'un chalutier, d'un remorqueur, d'un bateau à vapeur ou d'un Brittany Ferry… version miniature ! Les enfants peuvent piloter seul leur bateau dès 12 ans.

Capbreton

★

7 565 Capbretonnais – Landes (40)

NOS ADRESSES PAGE 284

S'INFORMER

Office du tourisme de Capbreton – *Av. Georges-Pompidou - 40130 Capbreton - 05 58 72 12 11 - www.capbreton-tourisme.com - juil.-août : 9h-19h, dim. et j. fériés 10h30-12h30, 16h-19h ; reste de l'année : 9h-12h, 14h-18h.* Deux petits circuits pour visiter librement la ville *(document gratuit).*

SE REPÉRER

Carte de microrégion A2 *(p. 266) – carte Michelin Départements 335 C 13.* À 35 km au sud-ouest de Dax, Capbreton est limitrophe d'Hossegor dont elle n'est séparée que par le canal du Boudigau.

À NE PAS MANQUER

La vue sur la côte et sur les Pyrénées, depuis l'estacade ; le marché aux poissons sur le port ; la réserve naturelle du marais d'Orx.

ORGANISER SON TEMPS

Hors saison, l'écomusée de la Pêche-Aquarium n'ouvre que l'après-midi ; comptez 2h pour la balade dans les marais d'Orx.

AVEC LES ENFANTS

L'écomusée de la Pêche-Aquarium ; à Labenne : la pinède des Singes, le Reptilarium et le Parc animalier.

Un nom qui sent le gros pull marin et l'air salin, la chasse à la baleine et les expéditions lointaines. Pourtant l'Armorique est loin et le climat serein. Quant aux baleines, nulle crainte, il y a belle lurette qu'elles ne viennent plus frayer (ou alors par inadvertance) dans les eaux landaises. Vous ferez escale à Capbreton pour les bienfaits de la mer, le grand port de plaisance et l'ambiance familiale.

Se promener

Les plages

Avis aux baigneurs – À la fin de la marée descendante et au début de la marée montante, il se forme dans les « baïnes », sortes de dépressions de forme allongée, de dangereux courants. Il faut donc se baigner sur les plages surveillées.

On pourra essayer le *surf casting*, pêche au lancer dans les vagues, qui se pratique toute l'année.

De sa **jetée** de bois (l'estacade, due à Napoléon III), belle vue sur la côte, les Pyrénées basques et l'embouchure du Boudigau. Au large s'ouvre le Gouf.

Le port

Capbreton, autrefois embouchure de l'Adour, fut longtemps un port important. Mais on détourna le fleuve sur Bayonne et Capbreton en fut pour ses frais. Le port actuel, où se côtoient bateaux de plaisance et de pêche, n'est pas sur l'Océan mais à la confluence des rivières Bourret et Boucarot.

Écomusée de la Pêche-Aquarium

Maison du port - ✆ 05 58 72 40 50 - www.ecopeche.fr - ♿ - juil.-août : 10h-19h ; avr.-juin et sept. : 14h-18h ; fév.-mars et oct.-déc. : merc., w.-end et j. fériés : 14h-18h - fermé janv., 25 déc. - 5,50 € (-16 ans 4 €).

BRETONS ET LANDAIS

Que vient faire la Bretagne ici ? Plusieurs hypothèses. Prenons la plus séduisante : Bretons et Capbretonnais razziaient de concert les eaux du Grand Nord… En effet, jusqu'au 12e s., les **baleines** ont coutume de passer au large de Capbreton. Lorsqu'elles disparaissent, les marins (vignerons de vin de sable à leurs heures perdues) vont les traquer jusqu'à Terre-Neuve. Ils sont accompagnés dans ces expéditions par ceux de St-Jean-de-Luz, de Guéthary, de Vieux-Boucau.

Capbreton au soleil couchant.
R. Mitterbauer / MICHELIN

Profitez d'une ondée et courez au nouvel écomusée. Il vaut la peine que l'on quitte la plage un moment. Conçu comme un bateau, avec de larges baies vitrées et une terrasse sur l'entrée du port, il présente le milieu marin de la côte landaise : géologie et faune marines, histoire de Capbreton et de la pêche, sports nautiques (plongée, surf…). Le « pont inférieur » abrite 9 aquariums d'eau de mer ; à l'étage : maquettes, films, coquillages et fossiles… ainsi qu'un véritable poste de pilotage !
La **capitainerie**, également dans la Maison du port, accueille parfois des expositions temporaires sur des thèmes liés à la mer.

Le Gouf

Un canyon sous la mer ! Les pêcheurs avaient déjà pressenti son existence, voilà plusieurs siècles. La fosse s'amorce dès la sortie du port et atteint 3 711 m de profondeur, de 3 à 10 km de largeur et plus de 60 km de longueur. Mais elle est indiscernable à la surface.

À proximité Carte de microrégion

Labenne A2

6 km au sud de Capbreton, par la D 652.
Accès au niveau du port ou sur le front de mer. Vous pouvez rejoindre Labenne par une agréable piste cyclable.
Vous y trouverez nombre d'activités *(voir « Nos adresses à Hossegor »)*, outre la baignade à Labenne-Océan, et de sites adaptés aux familles.
Parc animalier – *Av. de l'Océan - 05 59 45 43 93 - www.parc-animalier-labenne.com - - juin-sept. : 10h-19h30 ; avr.-mai : 10h-19h - reste de l'année : 13h30-18h - fermé de mi-nov. à déc. - 8 € (4-12 ans 6 €).* Avant ou après la plage, vous ferez bien une halte dans ce parc arboré à la demande de vos enfants ! Vous verrez lémuriens, kangourous, émeus, dromadaires, lamas, cervidés, perroquets, oiseaux aquatiques… Les plus petits apprécieront la miniferme.
La pinède des Singes – *À Labenne prendre au sud la N 10, puis à gauche la D 126, signalée « route du lac d'Irieu ». Rte de Bayonne - 05 59 45 43 66 - - www.pinede-des-singes.com - juil.-août, vac. de Pâques et j. fériés : 11h-18h, avr.-juin et sept. : lun.-mar., jeu.-vend. 14h-18h, merc. et w.-end 11h-18h - fermé oct.-mars - 7 € (3-12 ans 4 €).* Dans une pinède parsemée d'arbousiers et de chênes-lièges, des macaques de Java font les singes en toute liberté, pour le plus grand plaisir des petits… et des grands.
Reptilarium – *À Labenne, prendre au sud la N 10. 16 av. du Gén.-de-Gaulle - 05 59 45 67 09 - www.reptilarium.fr - 10h-12h, 14h-18h30 - 8 € (3-12 ans 6 €).*

Couleuvres, crocodiles, pythons, boas, caïmans, lézards, iguanes et anacondas figurent parmi les vedettes de cet espace divertissant et éducatif. Au total, plus de 150 reptiles vivants vous attendent sur 1 000 m².

★ La réserve naturelle du marais d'Orx A2

À Labenne prendre à gauche la D 71. Le marais est signalé. Laisser la voiture à la maison du Marais. Éviter les heures chaudes. ☎ 05 59 45 42 46 - site en accès libre tte l'année ; maison d'accueil (exposition, boutique et informations) : juin-sept. : 10h-12h, 14h-17h (w.-end 14h-17h tte l'année) - possibilité de visite guidée du marais sur RV - 5/10 € (1/2 journée ou journée), 6-16 ans 3/5 €.

9 km. Cette réserve naturelle à la beauté farouche est aménagée sur un ancien marécage : étape pour l'**avifaune migratrice** (sortez vos jumelles), elle est bordée d'un sentier qui offre au regard un miroitement de bleu bordé de pinède. Informations sur la faune et la flore à découvrir sur le parcours et à la **Maison du marais**.

NOS ADRESSES À CAPBRETON

HÉBERGEMENT

À Capbreton

BUDGET MOYEN

Chambre d'hôte L'Océanide – *22 av. Jean-Lartigau - ☎ 05 58 72 41 40 - http://mallet.micheline.free.fr - fermé nov.-1er mars - ⊭ -3 ch. + 1 appart. 50/55 €* ☕. Madame Mallet vous ouvre ses portes et vous invite à profiter de son salon avec cheminée ou de son jardin qui descend jusqu'à la rivière… Deux chambres possèdent une terrasse et la troisième, spacieuse, s'avère idéale pour les familles. Un confort simple et plaisant.

Hôtel Aquitaine – *66 av. de Lattre-de-Tassigny - ☎ 05 58 72 38 11 - www.hotelaquitaine-capbreton.com - fermé vac. de Noël - P - 19 ch. 50/90 € - ☕ 8 €.* Cet hôtel situé à 200 m de la plage abrite des chambres entièrement relookées et personnalisées, toutes pourvues de balcons. Pour les petits-déjeuners, vous aurez le choix entre la salle à l'ambiance marine, la véranda et la terrasse dressée au bord de la piscine. Bon rapport qualité-prix.

À proximité

PREMIER PRIX

Camping Sylvamar – *Av. de l'Océan - 40530 Labenne - par D 126, rte de la Plage, près du Boudigau - ☎ 05 59 45 75 16 - camping@sylvamar.fr - réserv. indispensable - ouv. 3 avr.-19 sept. - 510 empl. 40 € - restauration.* Ce camping propose d'agréables emplacements sous les pins ou des mobile homes bien équipés et spacieux. Parmi les activités à pratiquer sur place : tennis, hockey, aérobic, etc., sans oublier le parc aquatique.

BUDGET MOYEN

Chambre d'hôte L'Orée de la Forêt – *L'Orée de la Forêt, Lou Sarcelot - 40510 Seignosse - ☎ 05 58 49 81 31 - www.loreedelaforet.com - fermé déc.-mars - ⊭ - réserv. hors sais. - 5 ch. 60/88 €* ☕. Cette vénérable ferme, parfaitement restaurée, se niche au cœur d'une belle propriété de 5 ha plantée de pins. Ses chambres sont claires et décorées avec raffinement. Le parc verdoyant, la piscine et l'étang de pêche invitent à la détente.

RESTAURATION

À Capbreton

BUDGET MOYEN

Hôtel Brasserie de l'Océan – *85 av. Georges-Pompidou - ✆ 05 58 72 10 22 - www.hotelcapbreton.com - 17/25 € - 25 ch. 65/109 € - ☕ 8,50 €.* Jolie salle à manger et véranda tournées vers la brise marine, où la carte privilégie largement la pêche du petit port de Capbreton. À l'étage, chambres coquettes avec balcons.

Le Voilier – *29 av. Georges-Pompidou - ✆ 05 58 72 13 47 - 19,80/33 € - 26 ch. 45/90 € - ☕ 7 €.* Coquillages, crustacés et poissons au menu de ce restaurant installé au bord du port de plaisance. La cuisine est goûteuse et vous l'apprécierez en admirant la vue de la terrasse. Les chambres (certaines avec balcon) ont toutes été rénovées.

À proximité

BUDGET MOYEN

Marinero – *15 Grande-Rue - 40480 Vieux-Boucau-les-Bains - ✆ 05 58 48 14 15 - www.marinero.biz - fermé d'oct. à fin mars - 19/32 € - 19 ch. 36/61 € - ☕ 7 €.* Avec ses tons bleu et blanc, son mobilier acajou, ses transats et ses bibelots marins, ce restaurant ressemble à une salle à manger de paquebot. Vaste terrasse couverte. La carte propose fruits de mer et produits de l'Océan ainsi que des plats landais et d'influence basque ou espagnole.

POUR SE FAIRE PLAISIR

Hôtel la Villa de l'Étang Blanc – *2265 rte de l'Étang-Blanc - 40510 Seignosse - ✆ 05 58 72 80 15 - www.letangblanc.com - fermé 11 nov.-mars - 25/38 € - 8 ch. 70/110 € - ☕ 15 €.* Cette grosse bâtisse dans la forêt offre le calme. La salle à manger au joli mobilier en bois et fer forgé donne sur l'étang, tout comme la terrasse. Cuisine du terroir et de la mer. À l'étage, des chambres rénovées dans des tons acidulés.

EN SOIRÉE

Le Casino – *Pl. de la Liberté, front de mer - ✆ 05 58 72 13 75.* Vous pourrez tenter votre chance dans l'une des 65 machines à sous de ce casino situé sur le front de mer. Les plus fortunés se tourneront vers les roulettes anglaises et les tables de black-jack.

ACHATS

Marché au poisson – *Au pied de la Maison du port - mat. et apr.-midi.* Les pêcheurs vendent à quai le produit de leur pêche, en direct sur le port (tolérance accordée par Napoléon III !). Ils organisent aussi des fêtes comme la Thonade ou les Sardinades qui ont lieu l'été.

ACTIVITÉS

Sentiers pédestres et pistes cyclables – Plan couvrant la côte de Seignosse à Labenne en vente dans les offices de tourisme.

VTT Loisirs – *50 allées Marines - ✆ 05 58 72 19 99 - www.vtt-loisirs.fr - 9h-19h - fermé oct.-mai.* Le choix de véhicules à deux roues, outre les VTT, comprend vélos classiques, VTC, tandems, scooters et motos (125 à 1 100 cm^3). Les titulaires du permis B, A ou AL pourront même essayer le quad.

Le Jean B – *10 av. Croix-du-Sud - ✆ 06 09 73 83 27 - sais. : 10h30-12h, 14h-18h - 40 € pour la pêche ; 8 €/h la promenade.* Ce pêcheur organise des promenades et des parties de pêche en mer.

Peyrehorade

3 435 Peyrehoradais – Landes (40)

NOS ADRESSES PAGE 289

S'INFORMER

Office du tourisme de Peyrehorade – *147 av. des Évadés - 40300 Peyrehorade - ✆ 05 58 73 00 52 - juil.-août : lun.-sam. 9h30-12h30, 14h30-18h ; reste de l'année : mar.-sam. 9h30-12h30, 14h-17h30 - fermé j. fériés et du 24 déc. au 1er janv.*

SE REPÉRER

Carte de microrégion A2 *(p. 266) – carte Michelin Départements 335 E13.*
À 30 km à l'ouest d'Orthez par la N 117. Le pays d'Orthe, dont Peyrehorade est le chef-lieu, est pris entre la Chalosse, le Béarn et le Pays basque.

SE GARER

Quai du Sablot (le long des Gaves Réunis). Mercredi (jour de marché), le centre est fermé à la circulation.

À NE PAS MANQUER

Le monastère bénédictin de Sorde-l'Abbaye ; l'abbaye d'Arthous.

ORGANISER SON TEMPS

Comptez une demi-journée pour le circuit de découverte autour de Peyrehorade avec les visites. Attention, le monastère bénédictin de Sorde-l'Abbaye et l'abbaye d'Arthous sont fermés le lundi et, hors saison, ils n'ouvrent que l'après-midi. Un pittoresque marché médiéval se tient à Peyrehorade le dernier mercredi de juillet.

AVEC LES ENFANTS

Le musée de l'abbaye d'Arthous ; le centre d'expositions de l'aire d'Hastingues.

Autrefois, son marché du mercredi faisait accourir les foules. Aujourd'hui, il a perdu un peu de son panache, mais on peut faire halte à Peyrehorade avant d'aller explorer les environs. Ne serait-ce que pour le plaisir d'entendre, au café du coin, un pêcheur de pibales raconter sa pêche miraculeuse de la nuit.

Se promener

Peyre hourade, c'est la « pierre trouée » en gascon. Quant à savoir laquelle, il faudrait le demander au gave qui roule ses flots à travers les lieux. Les Gaves Réunis (celui de Pau et celui d'Oloron) traversent en effet la ville avant d'aller se jeter dans l'Adour. Le long des quais, les yachts tendent à remplacer les gabares de jadis.

Sur la grande place centrale, près de l'office de tourisme, se dresse un fronton basque : Bayonne n'est pas bien loin ! Près de là, au bord du gave, voyez le **château d'Orthe** (16e-18e s.) à quatre tourelles d'angle, qui abrite la mairie.
1h15. Vous pouvez ensuite monter jusqu'aux ruines du **château d'Aspremont** (11e s.), dont il subsiste l'ancien donjon *(document disponible à l'office de tourisme).*

Itinéraire conseillé

LE PAYS D'ORTHE AB2

25 km. Voir le circuit sur la carte de microrégion p. 266. Compter 1h30. Quitter Peyrehorade au sud. Après le pont, prendre à droite la D 23 qui longe les Gaves Réunis. À Hastingues, en haut de la montée, prendre en face pour arriver au parking près de l'aire d'Hastingues (sur l'autoroute A 64 dans le sens Pau-Bayonne).

Aire autoroutière d'Hastingues A2

Centre d'exposition St-Jacques-de-Compostelle - mai-sept. : 8h-20h ; oct.-avr. : 9h-18h - visite libre et gratuite.

Sa configuration géométrique symbolise le tout proche point de jonction des itinéraires français au départ de Paris, Vézelay et Le Puy, et menant au sanctuaire de **St-Jacques-de-Compostelle**. Jalonnés par des pictogrammes évoquant des sites connus, des chemins bordés de buis convergent vers un bâtiment circulaire consacré à l'histoire du célèbre pèlerinage. Sitôt entré, vous êtes plongé dans un calme nuancé de documents sonores et d'une musique sacrée. Bien agréable si on vient de l'autoroute ! L'intéressante exposition s'articule comme un cheminement de pèlerin ; première salle : qui était saint Jacques ? Quelles étaient les routes de pèlerinage, etc. Vous assistez ensuite à la vie quotidienne des pèlerins confrontés à toutes sortes d'épreuves au cours de leur périple. Enfin, au bout d'un couloir, c'est « La Fin des terres », où l'arbre de Jessé décorant le trumeau du portique de la Gloire à St-Jacques-de-Compostelle évoque le terme du pèlerinage.

Rejoindre le village à pied (10mn).

Hastingues A2

La minuscule **bastide** tire son nom du sénéchal du roi d'Angleterre, John Hastings, qui la fonda en 1289 sur ordre d'Édouard Ier Plantagenêt, duc d'Aquitaine. La ville haute, installée sur un promontoire dominant les *barthes* (prairies basses) d'Arthous, n'a gardé qu'une porte fortifiée, ainsi que plusieurs maisons des 15e et 16e s.

Remonter vers Hastingues et prendre à droite.

Abbaye d'Arthous A2

05 58 73 03 89 - www.arthous.landes.org - ♿ - avr.-oct. : 10h30-13h, 14h-18h30 ; reste de l'année : 14h-17h - fermé lun., 20 déc.-1er fév., 1er Mai, 1er et 11 Nov. - 4 € (-18 ans gratuit), gratuit 1er dim. du mois.

L'OR BLANC DES ESTUAIRES

Les **pibales**, dont raffolent les Espagnols, sont des alevins nés des œufs d'anguilles dans la mer des Sargasses. En hiver, elles remontent bravement la Gironde et l'Adour ; les pêcheurs bordelais et basques s'adonnent alors à une curieuse pêche qui vaut de l'or (environ 122 € le kilo). La pibale se pêche la nuit à l'aide d'un tamis qui permet, à chaque sortie, d'en prendre quelques grammes. La concurrence est rude et le braconnage très fréquent. Il existe **quatre criées** à la pibale : à Peyrehorade, Saubusse, Ste-Marie-de-Gosse et Capbreton. Les pibales se mangent frites dans l'huile d'olive parfumée à l'ail et au piment d'Espelette, tradition basque oblige !

En pleine campagne, une jolie abbaye du 12e s., convertie en bâtiments d'exploitation agricole au 19e s. Elle servit de halte, en des temps plus anciens, aux pèlerins de Compostelle. Les bâtiments conventuels ont été reconstruits, non sans charme, aux 16e et 17e s. dans le style traditionnel des maisons landaises à colombages. À l'abri de la galerie couverte sont exposées deux belles mosaïques du 4e s. provenant d'une villa gallo-romaine située à Sarbazan.
L'église est surtout remarquable pour son **chevet**, entièrement restauré, dont il faut détailler les modillons : loup tenant dans sa gueule un mouton, personnages simiesques jumelés, corps de femme. Elle sert de cadre à des expositions temporaires.
Le Centre départemental du patrimoine des Landes est installé dans l'un des bâtiments depuis 2002. Un espace muséographique ludique (maquettes, objets et bornes informatiques) présente le **pays d'Orthe** de la préhistoire à nos jours. Un film (20mn), alliant images de synthèse et vues aériennes, offre un bel aperçu de la région.
Poursuivre jusqu'à la D 19 et suivre, sur la gauche, la direction de Peyrehorade. Avant le pont, prendre à droite la D 33. À 3 km, prendre à gauche en direction de Sorde.

Sorde-l'Abbaye B2

Cette ancienne bastide doit son développement aux moines bénédictins qui, au Moyen Âge, possédaient un vaste domaine agricole en plus du revenu des saumons et de l'activité du moulin. L'intérêt du village réside dans les vestiges de son abbaye, classée au Patrimoine mondial de l'Unesco en 1998, bordant l'un des plus jolis plans d'eau du gave d'Oloron. Pour avoir une belle vue d'ensemble du site, contournez les bâtiments de l'abbaye et placez-vous aux abords de la petite centrale électrique (à l'emplacement du moulin de l'abbaye).
Le **logis des Abbés** *(ne se visite pas)*, bâtiment flanqué d'une tour polygonale, fut construit sur les ruines de thermes romains des 3e et 4e s. qui témoignent de l'antériorité de l'occupation du site. Les bâtiments, détruits pendant les guerres de Religion, furent reconstruits par la congrégation de St-Maur à la fin du 17e s. et au début du 18e s. L'abbaye fut de nouveau dévastée durant la Révolution et tomba en ruine.
De l'**église romane**, restaurée, ne subsistent que le portail, les chapiteaux historiés des absidioles et les mosaïques derrière le maître-autel. Une maquette de l'abbaye permet de se représenter les lieux.
Monastère bénédictin – *05 58 73 09 62 - Visite guidée uniquement 1er avr.-31 oct. : tlj sf lun. 10h30-12h, 14h30-18h30 ; janv.-mars : tlj sf w.-end et j. fériés 9h-11h30, 13h30-17h - fermé vac. de Noël - 2 € (-12 ans gratuit).* Dans la salle capitulaire sont rassemblées des stèles discoïdales celtes provenant du cimetière de Peyrehorade. Du cloître il ne reste qu'un pilier et du bâtiment principal que les façades en pierre de Bidache (les encadrements en marbre du parloir ont été pillés). De la terrasse, belle vue sur le gave d'Oloron. Au sous-sol demeurent l'embarcadère et le **cryptoportique** comptant quatorze caves (granges batelières). Avant de partir, jetez un œil au clocher du monastère qui a été restauré en briquettes.
Revenir à Peyrehorade par la D 29.

NOS ADRESSES À PEYREHORADE

HÉBERGEMENT

BUDGET MOYEN

Chambre d'hôte La Maison Bel Air – *Rte de Cagnotte - 40300 Bélus - ✆ 05 58 73 24 17/06 15 41 63 84 - www.maison-belair.com - ⊭ - 4 ch. 50/55 € ☕ - repas 19€.* Dans un jardin, jolie maison landaise du 18e s. restaurée avec goût. Pierres apparentes, poutres anciennes et vieux meubles chinés agrémentent la salle commune et les chambres (non-fumeurs). Celles-ci sont vastes, confortables et dotées de parquet flottant. Un gîte est également disponible.

Chambre d'hôte Maison Basta – *335 chemin de Basta, quartier Nord - 40300 Orthevielle - 8 km au nord de Peyrehorade par D 33 rte de St-Vincent-de-Tyrosse - ✆ 05 58 73 15 01 - www.gite-basta.com - fermé 2 sem. à Noël - ⊭ - 4 ch. 55 € ☕ - repas 20 €.* De leurs nombreux voyages, les accueillants propriétaires de la Maison Basta ont conservé l'amour des atmosphères uniques et exotiques. Meubles choisis, bibelots chinés et agréables couleurs décorent à merveille l'intérieur de cette séduisante demeure du 18e s. Une adresse (avec piscine) à savourer sans modération !

RESTAURATION

PREMIER PRIX

Ferme-Auberge « Cout de Ninon » – *40300 Sorde-l'Abbaye - sortie A 64 dir. Peyrehorade et à dr. D 33 rte d'Oloron-Ste-Marie - www.bienvenue-a-la-ferme.com - ✆ 05 58 73 06 66 - fermé mar. midi en juil.-août, lun., vend. et dim. soir ; ouv. dim. midi de Pâques à sept. - ⊭ - réserv. obligatoire - 11/26 €.* Poules, canards, ânes, veaux, vaches et autres animaux : cette ferme en activité, véritable arche de Noé, séduira les enfants. Le sobre décor de la salle à manger permet de mieux se concentrer sur une cuisine qui utilise en majorité des produits issus de l'exploitation agricole.

BUDGET MOYEN

Ferme auberge Le Bousquet – *37 bd de l'Océan - 40300 Labatut - 10 km à l'est de Peyrehorade sur la N 117 - ✆ 05 58 98 11 01 - fermé dim. soir, lun. soir, merc. - 15 € dej. - 25/55 €.* Vieilles dalles, poutres et meubles rustiques, le cadre campagnard de cette maison du 18e s. a du caractère. Jardin aromatique et cuisine au goût du jour.

ACTIVITÉS

Randonnée – Une boucle de 9 km relie Hastingues à l'abbaye d'Arthous. Il existe plusieurs circuits de randonnées pédestres en pays d'Orthe. Informations à l'office de tourisme.

Croisières fluviales – Sur l'Adour et les Gaves.

Saint-Sever

4 625 St-Severins – Landes (40)

NOS ADRESSES PAGE 296

S'INFORMER

Office du tourisme de St-Sever – *Pl. du Tour-du-Solde - 40500 St-Sever - 05 58 76 34 64 - www.saint-sever.fr - de mi-juin à mi-sept. : lun.-sam. 9h-12h30, 14h-18h30, dim. 10h-18h ; reste de l'année : lun.-vend. 9h-12h, 14h-17h30, sam. 9h-12h.*

Office du tourisme d'Hagetmau – *Pl. de la République - 40700 Hagetmau - 05 58 79 38 26 - www.tourisme-hagetmau.com - lun.-sam. 9h-12h30, 14h30-18h30.*

Voir aussi le site du Pays Adour Chalosse Tursan **: www.tourisme-landes-chalosse.com**

SE REPÉRER

Carte de microrégion B1 *(p. 266) – carte Michelin Départements 335 H12.*

St-Sever (prononcez « St-Sevé ») n'est qu'à 12 km au sud de Mont-de-Marsan par la D 933.

SE GARER

Parking près de l'église.

À NE PAS MANQUER

L'exposition sur le manuscrit enluminé de l'Apocalypse au couvent des Jacobins ; la crypte de St-Girons à Hagetmau ; le musée de la Chalosse à Montfort ; la Maison de la Dame de Brassempouy.

ORGANISER SON TEMPS

St-Sever et la Chalosse méritent une étape de deux jours : comptez une demi-journée de visite pour la ville et plus d'une journée si vous faites les visites du circuit de découverte. Attention aux jours de fermeture : le lundi, c'est la Maison de la Dame de Brassempouy et le musée de la Chalosse à Montfort, le mardi, la crypte de St-Girons, le mercredi, le château de Gaujacq.

AVEC LES ENFANTS

Le moulin de Poyaller où bondissent cerfs, biches mais aussi kangourous ; les ateliers préhistoriques au jardin de la Dame de Brassempouy.

« Cap de Gascogne », St-Sever occupe, sur le rebord du plateau de Chalosse, une position dominante en vue des immensités landaises. C'est le territoire du bien vivre et du bien manger : on y perpétue la tradition taurine avec son cortège de festivités, on y élève des volailles au foie gras et des bœufs labellisés ! Vous l'aurez compris, après la visite de St-Sever, il faut aller découvrir les richesses de la Chalosse perdues dans ce paysage rural.

Se promener

Église (abbaye bénédictine)

Severus, venu évangéliser la région au début du 5e s., fut, dit-on, martyrisé et décapité par les Vandales. La cité se développa autour de l'église martyriale élevée à l'emplacement de la sépulture du saint homme.

Détail de l'abbaye de St-Sever.
DR

Classée au Patrimoine mondial de l'Unesco, cette ancienne **abbatiale romane** est connue pour son chœur, pavé de mosaïques, et ses sept absides de profondeur décroissante (plan dit bénédictin). Les colonnes de marbre du chœur et du transept proviennent du palais des gouverneurs romains de Morlanne.

Les **chapiteaux★** sont remarquables, comme l'énorme à feuilles d'eau, entre la 1re et la 2e absidiole de gauche ; celui à quatre grands lions de la colonne supportant la tribune du transept droit ; les chapiteaux historiés, au revers de la façade. On y voit, à gauche, le banquet chez Hérode et la décollation de saint Jean-Baptiste, et à droite, huit personnages escaladant des arbustes.

La **sacristie** donne accès au **cloître** reconstruit au 17e s. L'ancienne salle capitulaire recèle le **trésor** : vêtements sacerdotaux et objets liturgiques. *Lun.-vend. : mat. et apr.-midi, sam. mat.*

Longer le flanc gauche de l'église (rue des Arceaux). Prendre du recul sur la place de Verdun pour voir le chevet.

Le **chœur** couvert d'un dôme à lanternon apparaît flanqué au nord par les absidioles romanes aux amusants modillons *(voir aussi ceux de l'absidiole sud représentant des têtes d'animaux).*

De l'église, prendre la rue des Arceaux.

Rue du Général-Lamarque

Elle conserve quelques **hôtels** du 18e s. *(nos 6, 18, 20 et 26)* et du 19e s. *(nos 8 et 11)*. Au no 11 se trouve l'ancienne maison du **général Lamarque** (1770-1832), tribun notoire de l'Opposition à la fin de la Restauration, originaire de la ville. La maison du général est flanquée de deux pavillons et s'ouvre sur un portail néoclassique. Au no 21, hôtel particulier du 16e s.

Ancien couvent des Jacobins

☏ 05 58 76 34 64 - visite libre tte l'année : 9h-18h, visite guidée (couvent et abbaye) de déb. juin au 3e w.-end de sept. : mar.-sam. 10h et 15h ; reste de l'année sur RV - 3 € (-12 ans gratuit). Transformé en centre culturel (à la mi-août s'y tient une intéressante exposition artisanale), il possède un cloître en brique de la fin du 17e s. L'aile ouest abrite un **musée** : outre des collections archéologiques

provenant de fouilles, il présente une exposition sur le **manuscrit enluminé** de l'Apocalypse de St-Sever (11e s.), chef-d'œuvre de l'enluminure romane du Midi (95 images), dont l'original est conservé à la Bibliothèque nationale, à Paris. *R. du Gén.-Lamarqueuil - juin-oct. : 14h-18h ; reste de l'année : se renseigner à l'office de tourisme - gratuit.*

Promenade de Morlanne

Accès en voiture, se diriger vers les arènes.

Du belvédère, la **vue** se porte sur l'Adour en contrebas et sur l'immense « mer de pins » dont la platitude contraste avec la Chalosse vallonnée. Au centre du jardin public se dresse la statue du général Lamarque.

À proximité Carte de microrégion

Église de Souprosse B1

18 km à l'ouest par la D 924.

L'**église St-Pierre** abrite un ensemble original : derrière un imposant maître-autel en chêne massif et un tabernacle en cuivre et laiton richement décoré d'émaux se dressent un Christ ressuscité (haut de 2,20 m) en cuivre rouge martelé et une croix (haute de 3 m) en marqueterie d'olivier.

Itinéraire conseillé

★ LA CHALOSSE B-C 1-2

90 km. Voir le circuit tracé en vert sur la carte p. 294. Compter une journée. Quitter St-Sever au sud, par la D 933. Depuis l'église d'Hagetmau, suivre la direction Dax. Au carrefour de Larrigade, prendre à droite. La crypte est indiquée quelques mètres plus loin sur la droite.

Crypte de St-Girons à Hagetmau C2

Av. Corisande - juil.-août : 15h-18h sf mar. ; reste de l'année : sur demande à la mairie (lun.-vend. 8h30-12h15, 14h-18h, sam. 8h30-12h15) au ✆ 05 58 05 77 77 - 1,80 € (-12 ans 0,80 €) .

Unique vestige de l'abbaye chargée de la garde des reliques de saint Girons, évangélisateur de la Chalosse au 4e s., la crypte repose sur quatre colonnes centrales de marbre, qui encadraient le tombeau du saint, et sur huit colonnes engagées dans les murs.

Les très beaux **chapiteaux★** (12e s.) représentent la lutte de l'apôtre contre les forces du mal, la délivrance de saint Pierre, la parabole du mauvais riche, des chimères… C'est une halte traditionnelle pour les pèlerins de Compostelle qui viennent, aujourd'hui encore, se recueillir entre les bras des quatre piliers centraux.

Poursuivre au sud et prendre à droite la D 2.

Brassempouy B2

Si vous cherchez votre chemin, demandez « Brassempouille », sinon vous ne vous y retrouverez pas ! Autre élément déroutant : le clocher (15e s.) de l'**église** (12e s.) de ce village de Chalosse semble enjamber la rue principale. Une vidéo *(27 mn)* sur ses différentes phases de construction est diffusée dans une maison située à côté de la Maison de la Dame de Brassempouy. *Mêmes conditions de visite que celles-ci.*

BEAUTÉ PRÉHISTORIQUE
Brassempouy a livré la plus ancienne représentation de visage humain sculpté actuellement connue (23 000 ans av. J.-C.). Cette statuette en ivoire de mammouth, dite **Vénus de Brassempouy** ou Dame à la capuche, est exposée au saint des saints des musées archéologiques français, le musée des Antiquités nationales à St-Germain-en-Laye.

Maison de la Dame de Brassempouy★ – *R. du Musée - ✆ 05 58 89 21 73 - http://maisondeladame.chez-alice.fr - ♿ - juil.-sept. : 14h-19h ; de mi-fév. à fin juin et de déb. oct. à mi-nov. : tlj sf lun. 14h-18h - fermé de mi-nov. à mi-fév. - 5 € (-11 ans 2,50 €) ; 2,50 € exposition temporaire ; 7,50 € billet combiné avec le Jardin de la Dame.* Dans cet espace, en forme de tombeau égyptien ancien, sont présentés des documents évoquant les fouilles archéologiques menées sur le site aux 19ᵉ et 20ᵉ s., et notamment les conditions de la découverte de la célèbre Dame à la capuche. Vous y verrez les objets d'art (os gravés, pendentifs) et de la vie quotidienne (silex taillés) mis au jour à Brassempouy depuis la reprise des fouilles en 1981, ainsi que des vestiges préhistoriques de la Chalosse (ossements). Le point d'orgue est « **l'alcôve aux Vénus** » qui rassemble les moulages des statuettes trouvées à Brassempouy et d'autres sculptures féminines du paléolithique supérieur provenant de sites européens. Une partie est consacrée à une présentation de la région d'hier à aujourd'hui.

Jardin de la Dame de Brassempouy – *✆ 05 58 89 25 89 - ♿ - visite guidée juil.-août : 14h30-19h ; mai-juin et sept.-oct. : w.-end et j. fériés 15h-18h - fermé lun., dernière sem. août ; nov.-avr. - 4,50 € (-11 ans 3,50 €) ; 7,50 € avec Maison de la Dame de Brassempouy.* Revenez au temps de la préhistoire au cours d'une promenade en compagnie d'un archéologue dans un milieu reconstitué (habitat, flore, faune) et redécouvrez les gestes quotidiens en assistant (ou participant) aux ateliers de techniques préhistoriques (modelage de poteries, taille de silex…).

Continuer vers le sud en suivant la D 21. À Amou, prendre la direction Gaujacq, première à droite. Parking sur la gauche après la grille.

Château d'Amou B2

✆ 05 58 89 00 08 - 15 juil.-5 sept. : apr.-midi - fermé merc. et sam., 15 août - 3 € (-16 ans gratuit).

Aux confins de la Gascogne méridionale et du Béarn, le marquis d'Amou (aïeul de l'actuel propriétaire), gouverneur de Bayonne, fit construire ce château à la demande de Louis XIV. Du site de prestige, il a en effet tout l'apanage : une grille finement travaillée du 18ᵉ s. ouvre sur une allée de platanes qui mène au château bâti en 1678 sur les plans de **Mansart** (architecte de Versailles).

Le vestibule est pavé d'une remarquable **mosaïque gallo-romaine** entourée d'un escalier monumental sur le palier duquel se trouve une chaise à porteurs du 18ᵉ s. *(restaurée)*. La mosaïque fut découverte lors du tracé d'un chemin à St-Sever. Alors que les villageois s'apprêtaient à l'employer pour le remblaiement, le propriétaire d'Amou la récupéra. Dans la salle à manger, le couvert (service en argent) est dressé à la française, comme il était alors d'usage. À l'étage, enfilade de quatre chambres (tomettes 17ᵉ s. et parquet Louis XIV) qui ont conservé leur cachet d'origine. Notez que Théophile Gautier occupait la « meilleure » (la plus petite donc la mieux chauffée !) lorsqu'il séjournait à Amou. Dans la **chapelle** aménagée au 19ᵉ s., une peinture en trompe l'œil imite le bois. Les **dépendances**, groupées autour d'une cour carrée, constituent un ensemble d'architecture régionale intéressant, alternant pigeonnier

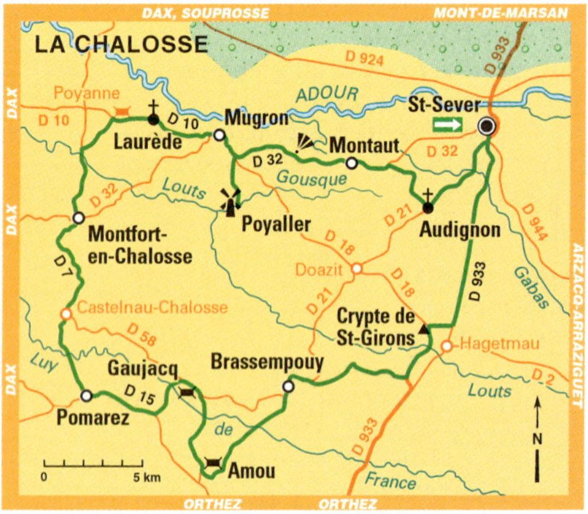

béarnais et bâtiments gascons recouverts de tuiles canal. Le château était associé à une exploitation agricole ; un ancien pressoir rappelle que le vin de la Chalosse s'exportait autrefois dans toute l'Europe.

Poursuivre en direction de Gaujacq.

Château de Gaujacq B2

05 58 89 21 61 - http://chateau.de.gaujacq.free.fr - ♿ - visite guidée - juil.-août : 11h, 14h, 15h, 16h, 17h et 18h ; de mi-fév. à fin juin et de déb. sept. à mi-nov. : tlj sf merc. 15h, 16h et 17h (18h en juin) - 5 € (-12 ans gratuit).

Le **château** (17e s.) apparaît derrière un rideau de magnolias. Le bâtiment en quadrilatère a le charme des chartreuses du Bordelais. La cour intérieure forme un cloître avec son jardin et sa galerie. Par beau temps, de la terrasse, vous verrez se dessiner au loin la chaîne des Pyrénées. On visite plusieurs pièces meublées, décorées de boiseries et de panneaux peints. Dans la salle à manger des gardes où la table est dressée, armoire de monstrance abritant différentes faïences, et fontaine de marbre. Remarquez dans le salon vert une commode de l'école Boule. La chambre dénommée « du Cardinal » en souvenir de François de Sourdis, archevêque de Bordeaux, de qui Louis XIII et Anne d'Autriche reçurent la bénédiction nuptiale en 1615, compte un beau *bargueño* (meuble à tiroirs espagnol) du 15e s. La salle de billard renferme un buffet en trompe l'œil.

Derrière le château, le **plantarium** *(entrée à droite du château)*, divisé en huit parterres et bordé d'une pergola, rassemble de nombreuses espèces de plantes parmi lesquelles des pivoines, des camélias, des hostas ainsi que des acers et des pieris japonais très odorants. *05 58 89 24 22 - www.thoby.com - 14h30-18h30 - fermé merc. (sf juil.-août), 1er janv. et 25 déc. - 5 € (-12 ans gratuit).*

Poursuivre sur la D 58 en direction de Donzacq. Prendre la première à gauche, la D 339, puis à droite la D 15.

Pomarez B2

On s'arrête à Pomarez pour ses **arènes** où se retrouvent les amateurs de courses landaises dans une fervente animation.

Quitter le village au nord par la D 7.

Montfort-en-Chalosse B2

Le centre de ce petit village, sur une hauteur, est coupé de ruelles et de rues en escalier.

Musée de la Chalosse★ – *05 58 98 69 27 - www.museedelachalosse.fr/musee - avr.-oct. : mar.-vend. 10h-12h, 14h-18h30, w.-end. et j. fériés 14h-18h30 ; oct.-mars : mar.-vend. 14h-17h30 - fermé 15 déc.-31 janv. - 5 € (enf. 2,50 €).* Consacré à l'économie rurale et au monde paysan en Chalosse, il s'organise autour de la **maison de maître**, meublée et décorée dans un style rustique du 19e s. Vous traversez les parties privées (salon, salle à manger, chambres) et les parties réservées aux tâches domestiques (« salle noire » où l'on rangeait les aliments, cuisines). À l'étage, une **médiathèque** rassemble de nombreux documents sur la vie rurale locale. Autour, vous verrez le four à pain, la souillerie (avec son cochon noir gascon), l'étable, le chai et le pressoir *(où se déroule la Fête des vendanges le 1er samedi d'octobre)* ainsi que l'atelier du maréchal-ferrant. Remarquez aussi le quillier en bois constitué d'une boule de 6 kg et de 9 quilles de 0,96 cm de haut. Enfin, vous ne partirez pas sans avoir visité aussi la **maison du métayer**.

Poursuivre par la D 7. Après 4 km prendre à droite la D 420, puis la D 10.

La route passe devant le **château de Poyanne**, du 17e s. *(ne se visite pas).*

Laurède B1

L'**église** du village abrite une étonnante décoration baroque : monumental autel surmonté d'un baldaquin, chaire et lutrin, boiseries de la sacristie.

Poursuivre sur la D 10.

Mugron B1

6-8 r. St-Vincent-de-Paul - 40250 Mugron - 05 58 97 99 40 - www.paysdemugron.fr - juil.-août : lun.-sam. 9h-12h30, 14h30-18h ; sept.-juin : lun.-vend. 9h-12h30, 14h-17h30 - fermé dim. et j. fériés.

Chef-lieu de canton très lié au développement agricole de la Chalosse (cave coopérative, silos). Son port sur l'Adour expédiait, au temps des intendants, les vins de la région jusqu'en Hollande. Des jardins aménagés aux abords de la mairie, **vues★** sur la vallée de l'Adour.

Suivre la direction de St-Aubin au sud.

Moulin de Poyaller B1

05 58 97 95 72 - www.moulin-poyaller.com - juil.-août : 12h30-19h ; avr.-mai et vac. Toussaint : 14h-18h30 ; juin et sept.-oct. : mar.-jeu. et dim. 14h30-18h30 - visite guidée (1h30) à partir de 14h30-15h (ttes les 45 mn) - fermé sam. (sf j. férié), 12 nov.-14 mars - 5,50 € (3-11 ans 3,50 €, 12-16 ans 4,50 €). Vente de conserves maison.

On vient ici pour le cadre champêtre et l'enthousiasme des propriétaires. Madame fait fonctionner le moulin et vous raconte son histoire. Monsieur vous guide dans le parc animalier où gambadent biches, cerfs (dont des cerfs blancs) et kangourous. Vous aurez aussi la possibilité de vous promener en barque sur la Gouanougue *(supplément tarifaire).*

Revenir à Mugron et prendre la D 32, à l'est.

Entre Mugron et Montaut, la route multiplie les vues sur le revers du plateau de la Chalosse dont les promontoires s'abaissent vers l'Adour et la *pignada*.

Montaut B1

L'ancien bourg fortifié allonge sa rue principale sur la crête du dernier pli de terrain de la Chalosse, dominant la plaine de l'Adour et la forêt landaise. La **tour de l'église**, formant porte de ville, est une reconstruction entreprise après les ravages des bandes de Montgomery, lieutenant de Jeanne d'Albret, pendant les guerres de Religion.

Dans l'**église**, les deux retables sont de style différent : celui de droite, du début du 17e s., à l'architecture strictement rythmée par des lignes perpendiculaires, contraste avec celui de gauche, du 18e s., d'un baroque plus sinueux et plus naïf.

Poursuivre sur la D 32 en direction de St-Sever. Après 1 km, prendre à droite.

Audignon C1

L'**église**, prise dans une boucle du Laudon, se retranche dans un cimetière d'allure fortifiée. Le retable en pierre du chœur est remarquable avec ses fresques colorées. Le chevet roman contraste avec le clocher-porche à flèche octogonale gothique. Le donjon médiéval est devenu clocher de l'église au 14e s.

Sortir d'Audignon au nord, par la D 21 qui ramène à St-Sever.

NOS ADRESSES À SAINT-SEVER

HÉBERGEMENT

À proximité

BUDGET MOYEN

Hôtel Alios – *129 av. de la Forêt-Mauco - 40500 Bas-Mauco - 4,5 km au nord-est de St-Sever par rte de Mont-de-Marsan - ✆ 05 58 76 44 00 - hotel.alios@club-internet.fr - fermé 2-22 août et fin déc. - 10 ch. 51/59 € - ☕ 6,50 € - rest. 16/30 €.* Un hôtel pratique pour une étape sur la route des vacances, à prix très abordables. Les chambres, toutes sur le même modèle, sont fonctionnelles. Salle à manger contemporaine agrandie d'une véranda et cuisine traditionnelle.

POUR SE FAIRE PLAISIR

Hôtel Les Lacs d'Halco – *3 km au sud-ouest sur rte de Cazalis - 40700 Hagetmau - ✆ 05 58 79 30 79 - www.hotel-des-lacs-dhalco.com - P - 24 ch. 75/130 € - ☕ 15 € - rest. 30/60 €.* Acier, verre, bois et pierre : esprit « zen » pour cette étonnante architecture design ouverte sur lacs et forêt. Belles chambres contemporaines ; barques, minigolf, etc. Une rotonde « posée » sur l'eau abrite le restaurant qui offre une jolie vue sur la nature.

RESTAURATION

À proximité

PREMIER PRIX

Ferme-auberge du Moulin – *Rte de Dax - 40330 Amou - 11 km au sud de Gaujacq par D 158 puis D 15 (dir. Dax) - réserv. obligatoire - ✆ 05 58 89 30 09 - fermé nov.-mai - 14/29 € - 4 ch. 38/57 € ☕.* Préparé sous toutes ses formes, le canard gras est la spécialité de cette maison simple. La salle à manger est un peu désuète mais mignonne avec son carrelage coloré et ses nappes basques. Tranquillité garantie en terrasse sous les parasols. Quelques chambres au calme.

BUDGET MOYEN

Restaurant Le Jambon – *245 av. Carnot - 40700 Hagetmau - 40700 Hagetmau - ✆ 05 58 79 32 02 - www.hotellejambon.fr - fermé janv., dim. soir et lun. - 16/45 €.* Cette grande maison du centre-ville héberge des chambres spacieuses et actuelles ; toutes donnent sur l'espace cour-piscine. Bonne insonorisation et tenue rigoureuse. Généreuse cuisine traditionnelle et landaise servie dans une salle bourgeoise.

Aux Tauzins – *40380 Montfort-en-Chalosse - ✆ 05 58 98 60 22 - www.auxtauzins.com - fermé lun. midi en juil.-août - 22/42 €.* Superbe vue sur la vallée de la Chalosse depuis la salle à manger panoramique de cette massive demeure de style régional. Tout aussi intéressante est la perspective offerte par la terrasse d'été où vous dégusterez des plats traditionnels et régionaux. Les chambres ont presque toutes un balcon.

ACHATS

Ferme Birouca - Michel Cabannes – *40250 Mugron - ✆ 05 58 97 70 30 - www.ferme-birouca.fr.* Cette ferme qui élève, gave et transforme les canards vous accueille pour visiter ses laboratoires et découvrir ses produits (foie gras, confits, magrets, etc.) plusieurs fois médaillés au Concours général agricole de Paris. Vente sur place et sur les marchés de la région.

ACTIVITÉS

Randonnées – Deux *Guide-Plan*, Chalosse (autour de St-Sever et Hagetmau) et Haute Chalosse (autour de Montfort et Mugron) en vente aux offices de tourisme.

Stages de cuisine à Hagetmau – *Voir p. 22*

Aire-sur-l'Adour

6 089 Aturins – Landes (40)

NOS ADRESSES PAGE 301

S'INFORMER

Office du tourisme d'Aire-sur-l'Adour – *Pl. du 19-Mars-1962 - 40800 Aire-sur-l'Adour - ✆ 05 58 71 64 70 - www.tourisme-aire-eugenie.fr - juin-sept. : lun.-vend. 9h-12h, 14h-18h, sam. 9h-12h, 14h-16h ; oct.-mai : lun.-vend. 9h-12h, 14h-17h30.* Balade contée audioguidée et location de MP3.

Vous trouverez des informations sur : **www.pays-adourchalosse-tursan.fr**.

SE REPÉRER

Carte de microrégion C2 *(p. 266) – carte Michelin Départements 335 J12.*

Sur la frontière avec le Gers, entre Mont-de-Marsan et Pau (N 124, N 134). Son centre commerçant et administratif se trouve entre la cathédrale et la halle aux grains.

SE GARER

Parking sur les berges de l'Adour (à côté des arènes).

ORGANISER SON TEMPS

Une demi-journée permet de se promener dans la ville basse et de visiter l'église St-Pierre-du-Mas. Vous consacrerez le reste de la journée à vous évader aux alentours.

AVEC LES ENFANTS

Le musée du Jambon de Bayonne à Arzacq, très ludique.

Aire-sur-l'Adour n'est pas seulement une ville étape sur la route des vacances ! La cité taurine, capitale du pays du Tursan, conserve, malgré les apparences, un riche patrimoine. Des berges de l'Adour aménagées en promenade, au calme de la colline du Mas, se dégage une douceur de vivre qui ajoute au charme de la ville.

Se promener

Bon à savoir – Un plan comprenant un descriptif d'itinéraire est disponible à l'office de tourisme.
La ville basse invite à une déambulation au gré de ses envies, de la place du Commerce où se tient l'ancienne halle aux grains à la cathédrale St-Jean-Baptiste, en passant près du canal qui traverse la ville ainsi que par le marché couvert.

Église St-Pierre-du-Mas (dite de Ste-Quitterie)

R. Félix-Despagnet - ✆ 06 77 02 43 44, ✆ 05 58 71 47 00 (mairie), ✆ 05 58 71 64 70 (office de tourisme) - www.aire-sur-adour.fr - 19 mai-4 oct. : mar.-sam. mat. et apr.-midi, lun. apr.-midi - 2 janv.-16 mai. : mar.-vend. mat. et apr.-midi, lun. apr.-midi.

À mi-versant du plateau, l'église est, depuis l'évangélisation de la région au 4e s., le sanctuaire le plus vénérable de la cité. Elle est désormais classée au Patrimoine mondial de l'Unesco. Le grand portail gothique est consacré au Jugement dernier. Le chœur a été remanié au 18e s., mais il a conservé deux belles séries d'arcatures romanes du 12e s. Ses chapiteaux historiés sont ciselés avec une précision de dentellière.

La **crypte** fut aménagée à la fin du 11e s. à l'emplacement d'un temple romain consacré à Mars (dont une pierre sculptée de feuilles de laurier a été réemployée dans le dallage). Une source « miraculeuse » vient abreuver un baptistère. Dans une niche repose ledit **sarcophage de sainte Quitterie★** (4e s.) qui aurait été réalisé à l'origine pour saint Sever. Ce chef-d'œuvre antique, admirable par la beauté du marbre et la douceur du modelé, use curieusement de représentations antiques pour des thèmes chrétiens. En face, s'ouvre la chapelle St-Désiré. Chuchotez debout devant l'autel (ancienne pierre de sacrifice), vous n'en croirez pas vos oreilles !

LE SAVIEZ-VOUS ?

En un temps où il ne faisait pas bon être chrétien à Aire (alors capitale wisigothique en Aquitaine), la jeune chrétienne **Quitterie** se refusa au seigneur Germain. Son promis la fit décapiter au pied de la colline du Mas. Elle se releva, ramassa sa tête et marcha jusqu'à la crypte actuelle. Sainte Quitterie est devenue la patronne de la Gascogne.

Itinéraire conseillé

★ LE TURSAN C1-2

90 km. Voir le circuit sur la carte de microrégion p. 266. Compter 4h. Quitter Aire-sur-l'Adour au sud par la D 2.

Geaune C2

1 rte de Chalosse - 40320 Geaune - ✆ 05 58 44 42 00 - www.tursan.org - lun., mar., jeu. et vend. 9h-12h30, 13h30-17h30 - fermé w.-end et j. fériés.

Bastide d'origine anglaise, Geaune, où se trouve la Cave coopérative des vignerons du Tursan *(voir p. 24)*, conserve une place bordée d'arcades sur trois côtés. À l'ouest, les maisons sont en bois. L'église est de type gothique languedocien (fin 14e-15e s.).

Sortir du village au sud (D 111).

Pimbo C2

Centre d'accueil - 40320 Pimbo - ✆ 05 58 44 46 57 - mai.-oct. : lun.-vend. 10h-12h30, 13h30-18h.

C'est la plus ancienne bastide des Landes, mais vous vous arrêterez surtout pour la **collégiale St-Barthélemy** (12e s.) et son petit jardin botanique, étape sur le chemin de St-Jacques-de-Compostelle.

Poursuivre sur la D 111 en direction d'Arzacq.

La Maison du jambon de Bayonne à Arzacq C2

✆ 05 59 04 49 93 - www.jambon-de-bayonne.com - ♿ - visite audioguidée (1h30) - juil.-août : 10h-12h30, 14h30-18h ; sept.-juin : mar.-sam. 10h-12h30, 14h30-18h - fermé lun. et dim. mat. (fév.-mars), 1er janv., 1er nov., 25 déc. - 6 € (enf. 2,30 €).

Un espace muséographique pour mettre en émoi vos papilles qui se régaleront d'une dégustation à la fin de la visite (vous pourrez faire vos emplettes à la boutique) ! Quatre **contes** évoquent les relations entre l'homme et le cochon le long d'un parcours ponctué de différentes représentations de l'animal (planche anatomique, affiches…). Un film retrace l'histoire du jambon de Bayonne, sa consommation régie par un calendrier et la place qu'il occupe dans la société. Un autre film explique l'importance de la climatologie et sa spécificité dans le bassin de l'Adour, aire de production du jambon de Bayonne. Panneaux explicatifs sur le sel et le maïs (nourriture du cochon), film sur le salage et le séchage. Voilà, vous savez tout sur le jambon, reste à aller voir des cochons bien vivants dans l'**airial** qui présente huit races du monde entier.

Quitter Arzacq au nord, par la D 944.

Samadet C2

Centre de la céramique - pl. de la Faïencerie - 40320 Samadet - ✆ 05 58 79 65 45 - de mi-juin à fin sept. : mar.-dim. 15h-19h.

L'histoire de cette localité, « cité de la faïence », est étroitement liée à celle de sa **Manufacture royale de céramiques** qui l'a rendue célèbre au 18e s. en inondant la région de sa production. La grande époque du « Samadet » se situe entre 1732 et 1811. La faïencerie utilisait alors la technique du « grand feu » mettant en valeur le fondu de l'émail et des couleurs et celle du « petit feu » permettant une palette plus raffinée. Aujourd'hui, deux sites de qualité témoignent de cet héritage.

★ **Musée de la Faïence et des Arts de la Table** – *✆ 05 58 79 13 00 - www.museesamadet.org - ♿ - de déb. avr. à mi-oct. : 10h-12h30, 14h-18h30 ; fév.-mars : 14h-18h ; de mi-oct. à mi-déc. : 14h-18h - fermé lun., 20 déc.-31 janv., 1er Mai et 11 Nov. - 4 € (-18 ans gratuit), gratuit 1er dim. du mois - billet combiné avec le centre culturel du Tursan 5 €.* Il abrite de riches et rares collections des fameuses faïences et céramiques de la manufacture royale de Samadet. Dans la première salle est relatée l'histoire de la manufacture à l'appui d'un plan commenté et d'une maquette du site. Sont également présentés les étapes successives de la fabrication ainsi que les différents types de faïence. Dans la deuxième salle se trouvent les collections et dans la troisième une passionnante exposition sur l'**art de la table** du Moyen Âge à nos jours : à chaque période sa table dressée. S'ajoutent des vitrines présentant des faïences de différentes époques et diverses provenances et un parcours retraçant la **route de la céramique**, voie commerciale entre l'Occident et la Chine au Moyen Âge.

Maison de la céramique contemporaine – *Centre culturel du Tursan - pl. de la Faïencerie - ✆ 05 58 79 65 45 - mai-oct. : apr.-midi sf lun.* Dans un édifice qui abrite également l'office de tourisme, cet espace présente une belle collection permanente de **céramiques contemporaines** sur le thème des arts de la table. La Maison organise aussi une importante exposition saisonnière de céramique contemporaine. Il n'est pas nécessaire d'être connaisseur pour apprécier l'esthétique de ces œuvres !

Poursuivre vers le nord, sur la D 2. Après 5 km, prendre à gauche la D 446.

Vielle-Tursan C2

De la terrasse de la mairie, vue agréable sur le pays vallonné de Tursan, dont le **vignoble**, exportateur au 17e s., connaît un regain de faveur. Les arènes accueillent des courses landaises.

Sortir à l'est par la D 65.

La route, accidentée, franchit les dos de terrain qui séparent les vallées parallèles des affluents de l'Adour.

Eugénie-les-Bains C2

La commune, créée en 1861, doit son nom à l'**impératrice Eugénie**, qui en fut la marraine. Deux sources, L'Impératrice et Christine-Marie, offrent leurs propriétés curatives (affections rhumatologiques, métaboliques, urologiques et gastro-entérologiques). La station est également spécialisée dans les stages « minceur », elle accueille d'ailleurs la table du grand chef Michel Guérard, initiateur de la « cuisine minceur » *(voir p. 60)* !

Quitter Eugénie au nord-est et prendre à gauche la D 11 en direction de Grenade-sur-l'Adour. Avant d'arriver à Larrivière, prendre à droite (fléchage).

N.-D.-du-Rugby à Larrivière C1

Le Sud-Ouest, c'est bien connu, est « terre de rugby ». Voici donc un lieu incontournable pour ceux qui vouent un culte au ballon ovale ! Ils apprécieront la centaine de maillots sous vitrine et quelques objets personnels.

Aller à Larrivière, suivre la direction Grenade-sur-l'Adour.

Grenade-sur-l'Adour C1

1 pl. des Déportés - 40270 Grenade-sur-l'Adour - ✆ 05 58 45 45 98 - www.tourismegrenadois.com - juil.-août : lun.-sam. 8h30-12h30, 14h-18h ; sept.-juin : lun.-mar. et jeu. 8h30-12h30, 13h30-18h, vend. 8h30-13h - fermé j. fériés.

Après une promenade dans cette **bastide** anglaise (14e s.), qui conserve sa charmante place à couverts, faites un saut dans les deux petits musées.

Petit musée de l'Histoire landaise – *✆ 05 58 76 05 25 ou 06 70 45 24 20 - juil.-sept. : tlj sf lun. et dim. apr.-midi ; reste de l 'année : tlj sf lun., mar. et dim. apr.-midi - 3 € (-10 ans gratuit).* Il met en scène le terroir au début du 20e s. (à travers différents objets d'époque) et accueille des expositions temporaires.

Pavillon de la Résistance et de la Déportation – *✆ 05 58 45 45 98 ou 06 70 45 24 20 - mêmes horaires que le Petit musée de l'histoire landaise.* Il rend hommage aux villageois déportés, en représailles à une action de la Résistance grenadoise qui arrêta un convoi allemand le 13 juin 1944.

Quitter Grenade à l'est, la N 124 ramène à Aire-sur-l'Adour.

NOS ADRESSES À AIRE-SUR-L'ADOUR

HÉBERGEMENT

PREMIER PRIX

Camping Les Ombrages de l'Adour – *R. des Graviers - ☏ 05 58 71 75 10 - hetapsarl@yahoo.fr - ⊭ - ouv. 15 mars-nov. - réserv. conseillée - 100 empl. 14 €.* Ce camping voisin du centre-ville et des arènes propose des emplacements bien tenus et ombragés. Parmi les nouveautés : 4 mobile homes avec terrasse couverte (location à la nuitée selon disponibilités).

BUDGET MOYEN

Hôtel Le Relais des Landes – *28 av. du 4-Septembre - ☏ 05 58 71 66 17 - www.lerelaisdeslandes.com - 31 ch. 49 € - ☕ 7€.* Vous serez au calme dans cette bâtisse moderne postée au bord de l'Adour. Les chambres sont pratiques et bien équipées, et c'est un vrai plaisir de goûter au charme de la piscine et de la terrasse face au fleuve.

POUR SE FAIRE PLAISIR

Chambre d'hôte Le Mas – *17 r. du Château - ☏ 05 58 71 91 26 - www.le-mas.net - ⊭ - 3 ch. et 2 suites 80/85 € ☕ - repas 28 €.* Ancienne demeure de notaire rénovée à deux pas du centre-ville. Mariage réussi d'une construction de charme et du confort moderne, avec terrasse, jardin et piscine. À cela s'ajoute la table d'hôte, cuisine au gré du marché.

RESTAURATION

PREMIER PRIX

Les Bruyères – *1 km au nord d'Aire-sur-l'Adour par N 124 - ☏ 05 58 71 80 90 - fermé vac. de Toussaint et dim. - 11,50 € déj. - 16/30 € - 8 ch. 48 € - ☕ 5,50 €.* Une ancienne maison, avec coin jardin et terrasse sympathique.
La patronne cuisine avec attention les recettes d'ici. Les chambres au décor dépouillé sont sur l'arrière et bien insonorisées.

Chez l'Ahumat – *2 r. Pierre-Mendès-France - ☏ 05 58 71 82 61 - fermé 17-31 mars et 1er-16 sept. - 12/30 € - 12 ch. 35/42 € - ☕ 5 €.* Une étape Chez l'Ahumat permet de découvrir quelques recettes gastronomiques dont la Gascogne a le secret. Les copieux plats régionaux, déclinés sous la forme de plusieurs menus à tous les prix, sont servis dans deux salles à manger rustiques agrémentées d'une collection d'assiettes anciennes.

ACHATS

Bon à savoir – La ville donne à voir un spectacle pantagruélique, lors de ses grands **marchés au gras** annuels, le mardi (nov.-fév.).

Ferme de Lastre – *31 rte des Pêcheurs - 7 km au nord d'Aire-sur-l'Adour par N 124 et D 934 - 40270 Le Vignau - ☏ 05 58 52 21 42 - tlj sf lun. et mar. - fermé en mai.* Cela fait quelques années que ce jeune couple s'est lancé dans le canard gras. Agriculteurs céréaliers, ils l'élèvent et le nourrissent à partir de leur production de maïs jusqu'à l'abattage. Dans leur atelier, ils confectionnent foie gras, confits, rillettes.

ACTIVITÉS

Randonnées pédestres et VTT – Les *Guides-Plans* du Tursan et de Grenade sont en vente dans les offices de tourisme.

N°1 mondial des pneumatiques
avec 17,1 % du marché

Une présence commerciale dans plus de 170 pays

Une implantation industrielle
au cœur des marchés

68 sites industriels dans **19** pays ont produit en 2008 :

- **177** millions de pneus
- **16** millions de cartes et guides

Des équipes très internationales

Plus de **117 500** *employés* de toutes cultures sur tous les continents dont* **6 000** personnes employés dans les centres de R&D en Europe, aux Etats-Unis, en Asie.

*110 252 en équivalents temps plein

Le groupe Michelin
en un coup d'œil

Michelin présent
en compétition

A fin 2008

- **24h du Mans**
  11 années de victoires consécutives
- **Endurance 2008**
  - 5 victoires sur 5 épreuves en Le Mans Series
  - 10 victoires sur 10 épreuves en American Le Mans Series
- **Paris-Dakar**
  Depuis le début de l'épreuve, le groupe Michelin remporte toutes les catégories
- **Moto GP**
  26 titres de champion du monde des pilotes en catégorie reine
- **Trial**
  Tous les titres de champion du monde depuis 1981 (sauf 1992)

Michelin, implanté près de ses clients

68 sites de production dans 19 pays

- Algérie
- Allemagne
- Brésil
- Canada
- Chine
- Colombie
- Espagne
- Etats-Unis
- France
- Hongrie
- Italie
- Japon
- Mexique
- Pologne
- Roumanie
- Royaume-Uni
- Russie
- Serbie

Un centre de Technologies réparti sur 3 continents

- Amérique du Nord
- Asie
- Europe

2 plantations d'hévéa

- Brésil

Notre mission

Contribuer, de manière durable, au progrès de la mobilité des personnes et des biens en facilitant la liberté, la sécurité, l'efficacité et aussi le plaisir de se déplacer.

Michelin s'engage pour l'environnement

lichelin, 1er producteur nondial de pneus à asse résistance u roulement, contribue la diminution de la onsommation de arburant et des missions de gaz ar les véhicules.

Michelin développe, pour ses produits, les technologies les plus avancées afin de :

- diminuer la consommation de carburant, tout en améliorant les autres performances du pneumatique ;
- allonger la durée de vie pour réduire le nombre de pneus à traiter en fin de vie ;
- privilégier les matières premières à faible impact sur l'environnement.

Par ailleurs, à fin 2008, 99,5 % de la production de pneumatiques en tonnage est réalisé dans des usines certifiées ISO 14001*.
Michelin est engagé dans la mise en œuvre de filières de valorisation des pneus en fin de vie.

*certification environnementale

Deux roues

Distribution

Partenaire des constructeurs, à l'écoute des utilisateurs, présent en compétition et dans tous les circuits de distribution, Michelin ne cesse d'innover pour servir la mobilité d'aujourd'hui et inventer celle de demain.

Cartes et Guides

ViaMichelin,

des services d'aide au voyage

Michelin Lifestyle,

des accessoires pour vos déplacements

MICHELIN
joue l'équilibre des performances

- Longévité des pneumatiques
- Economies de carburant
- Sécurité sur la route

... les pneus MICHELIN vous offrent les meilleures performances, sans en sacrifier aucune.

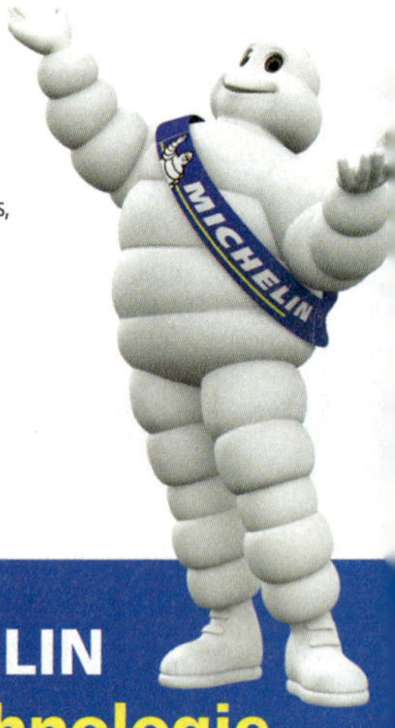

Le pneu MICHELIN
un concentré de technologie

1 Bande de roulement
Une épaisse couche de gomme assure le contact avec le sol. Elle doit évacuer l'eau et durer très longtemps.

2 Armature de sommet
Cette double ou triple ceinture armée est à la fois souple verticalement et très rigide transversalement. Elle procure la puissance de guidage.

3 Flancs
Ils recouvrent et protègent la carcasse textile dont le rôle est de relier la bande de roulement du pneu à la jante.

4 Talons d'accrochage à la jante
Grâce aux tringles internes, ils serrent solidement le pneu à la jante pour les rendre solidaires.

5 Gomme intérieure d'étanchéité
Elle procure au pneu l'étanchéité qui maintient le gonflage à la bonne pression.

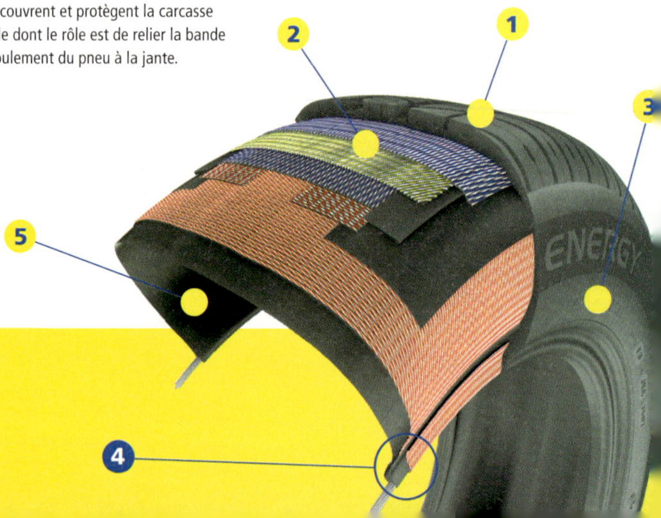

LA CÔTE BASQUE ET LE LABOURD
LA RHUNE ★★★ Vaut le voyage
Biarritz ★★ Mérite un détour
Hendaye ★ Intéressant
Guéthary À voir
Itinéraire conseillé avec ville de départ
0 3 km
A
B
1
2
3
GOLFE DE
GASCOGNE
CÔTE BASQUE
Pointe St-Mart
Grande Plage
Rocher de la Vierge
Port-Vieux
Côte-des-Basques
Biarritz
D 911
D 810
Bidart
Guéthary
D 810
A 63
D 255
St-Jean-de-Luz
Socoa
Corniche Basque
Abbadie
D 912
D 913
Ciboure
Hendaye
Urtubie
Urrugne
D 810
PYRÉNÉES
Behobie
IRÚN
A 63
A 8
Biriatou
D 4
Vallée de la Nivelle
D 918
St-Pée-sur-Nivelle
Ascain
D 4
Maison d'Ortillopitz
Col de St-Ignace
169
D 3
Sare
D 4
DONOSTIA SAN SEBASTIÁN / ST SÉBASTIEN
Bidassoa
900
LA RHUNE
GUIPÚZCOA
N 121A
NA 1310
D 406
D 306
Ferme Etxola
NA 4410
Bera / Vera de Bidasoa
Zugarramurd
NAVARRA
Col de Lizarrieta
441
Grotte de Sare
Cuevas de Bruja
NA 4400
ESPAGNE
PAMPLONA

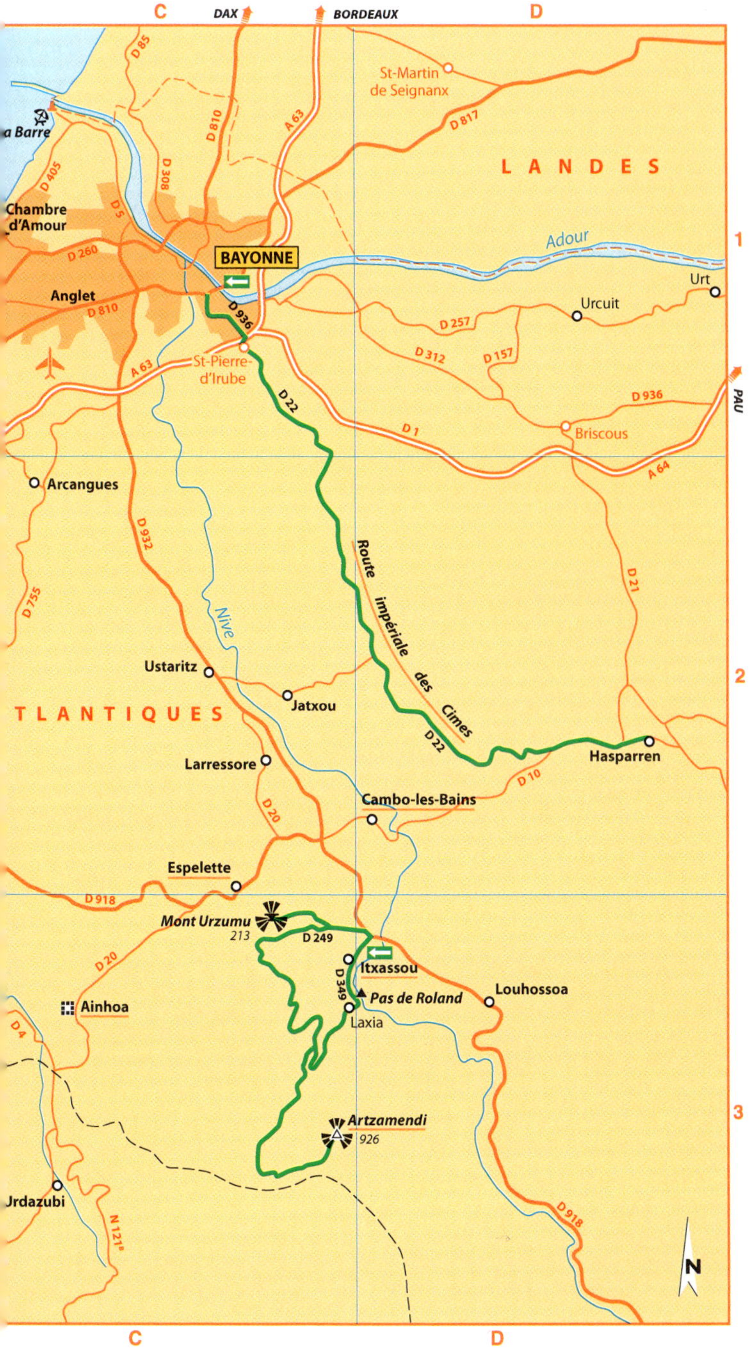
C
DAX
BORDEAUX
D
St-Martin de Seignanx
D 817
LANDES
a Barre
Chambre d'Amour
Anglet
BAYONNE
Adour
Urt
Urcuit
D 257
D 312
D 157
D 936
PAU
St-Pierre-d'Irube
D 22
D 1
Briscous
A 64
A 63
D 810
D 260
D 85
D 405
D 308
D 5
Arcangues
D 932
D 755
Nive
Route impériale des Cimes
D 21
Ustaritz
Jatxou
TLANTIQUES
Larressore
Hasparren
D 10
D 20
Cambo-les-Bains
Espelette
D 918
Mont Urzumu
213
D 249
Itxassou
D 349
Pas de Roland
Laxia
Louhossoa
Ainhoa
D 4
Artzamendi
926
Jrdazubi
N 121B
N
1
2
3

Bayonne

★★

44 406 Bayonnais - Pyrénées-Atlantiques (64)

NOS ADRESSES PAGE 315

S'INFORMER

Office de tourisme – *Pl. des Basques - 64108 Bayonne Cedex - ✆ 0 820 426 464 - www.bayonne-tourisme.com - juil.-août : lun.-sam. 9h-19h, dim. et j. fériés 10h-13h ; reste de l'année : lun.-vend. 9h-18h30, sam. 10h-18h, fermé dim. et j. fériés.* En été, visites-découvertes thématiques de Bayonne, qui porte le label Ville d'art.

SE REPÉRER

Carte de microrégion C1 *(p. 304) – carte Michelin Départements 342 D2.*
Les trois quartiers de la vieille ville sont délimités par la confluence de ses deux cours d'eau : l'Adour et la Nive. Le Vieux (également appelé le Grand Bayonne) et le Petit Bayonne se trouvent au sud et le quartier St-Esprit au nord. Le Nouveau Bayonne, où se situent les arènes de Lachepaillet, jouxte quant à lui le Vieux Bayonne.

SE GARER

Le centre-ville est piétonnier ou parcouru de ruelles qui rendent difficile le stationnement. Garez-vous plutôt dans l'un des nombreux parkings aménagés au bord des deux cours d'eau ou en périphérie des vieux quartiers : des navettes électriques vous conduisent au centre toutes les 6mn *(lun.-sam. 7h30-19h30, gratuit)*. Des vélos sont également mis gratuitement à disposition. *Rens. à l'office de tourisme.*

À NE PAS MANQUER

Les impressionnantes collections du Musée basque. Elles vous permettront de découvrir et de comprendre toutes les spécificités de la culture basque.

ORGANISER SON TEMPS

Shopping dans le Vieux Bayonne le matin, visite du Musée basque ou du musée Bonnat l'après-midi, et petit verre bien mérité en soirée, dans l'un des nombreux cafés bordant la Nive ou les ruelles du Petit Bayonne.

AVEC LES ENFANTS

Le délicieux parcours de l'Atelier du chocolat et le Musée basque.

Bayonne au soleil couchant.
Ph. Séguinard / Office du tourisme de Bayonne

Bayonne, « la bonne rivière » c'est d'abord une ambiance... Celle des innombrables bars et bodegas du Petit Bayonne où, devant quelques « pintxos » arrosés de « sagardoa » (cidre), vous commencerez à apprécier la convivialité basque. Celle-ci culmine bien évidemment lors des célébrissimes fêtes de Bayonne qui se déroulent début août lorsque « garçons et filles gambillent pendant six jours de la Nive à l'Adour », comme le clame la chanson basque. Rien de tel pour se mettre en condition avant de partir à la découverte d'une cité historique dont les hautes maisons aux colombages sang de bœuf raviront aussi bien les amateurs d'art que ceux d'histoire, sans oublier les gourmands qui y découvriront le berceau du chocolat en France. Une découverte d'autant plus agréable que la cité a résolument adopté un système de « circulation douce » visant à réduire la place de l'automobile dans le centre historique...

Se promener

Bon à savoir – Situé à l'angle formé par la Nive et l'Adour, **le Petit Bayonne** est le quartier jeune de la ville, le creuset de l'animation nocturne. Aux premières chaleurs, l'ambiance tourne irrésistiblement à la fête grâce aux bars et restaurants qui pullulent alentour. Entre la rue des Cordeliers, la rue Pannecau et celle des Tonneliers, on ne compte pas moins d'une trentaine d'établissements. Parmi eux, signalons la Txalupa (au n° 26 de la rue des Cordeliers) et le Killarney Pub (au n° 35).

Pour visualiser l'itinéraire, reportez-vous au plan de la ville (p. 309). Compter 2h30.

Partir de la place de la Liberté, sur la rive gauche de la Nive, à hauteur de son confluent avec l'Adour.

Place de la Liberté A-B 1

Située au débouché du pont Mayou, qui traverse la Nive à l'entrée de la vieille ville, elle est bordée par l'hôtel de ville et le théâtre. Les armoiries et la devise de la ville sont dessinées sur le pavage de marbre : *nunquam polluta*, « jamais souillée ».

Depuis la place, prendre la rue du Port-Neuf.

Rue du Port-Neuf A 1-2

Le nom de cette charmante artère piétonne, bordée de maisons des 18e et 19e s., s'explique par le fait qu'elle occupe, comme beaucoup d'autres ruelles du quartier, l'emplacement d'un canal qui servait autrefois de port. Elle abrite sous ses arcades les meilleurs chocolatiers de la ville et mène à tout un lacis de petites rues commerçantes qui constituent le cœur du Vieux Bayonne. Notez la belle maison à colombages, à l'angle de la rue de la Monnaie et de la rue Orbe.

La rue de la Monnaie, dans le prolongement, conduit à la cathédrale.

> **LE SAVIEZ-VOUS ?**
> Certains ferronniers et armuriers de la ville se sont rendus tristement célèbres en inventant la **baïonnette**, utilisée par toute l'infanterie française à partir de 1703.

★ Cathédrale Ste-Marie A2

Lun.-sam. 10h-11h45, 15h-17h45, dim. et j. fériés 15h-17h45 - possibilité de visite guidée de la cathédrale et de la tour : se renseigner à l'office de tourisme.

Elle a été bâtie du 13e au 16e s., dans le style un peu sévère des églises du nord. Au 19e s., on ajouta la tour nord et les deux flèches. À l'intérieur, remarquez les vitraux Renaissance, en particulier la *Prière de la Chananéenne* qui date de 1531 *(2e chapelle à droite en entrant)*. Dans la 6e chapelle, une plaque commémorative de 1926 rappelle le miracle de Bayonne *(voir p. 313, siège de 1451)*. De l'axe central de la nef, on peut juger des belles proportions et de l'harmonie de l'édifice avec son élévation à trois niveaux. *Gagnez le déambulatoire.* Adoptant le parti architectural champenois, les voûtes en ogive rejoignent celles des cinq chapelles absidiales rayonnantes, décorées à la fin du 19e s. Ne manquez pas, dans le bras gauche du transept, le heurtoir ciselé (13e s.), appelé « anneau d'asile » ; on raconte que le criminel pourchassé qui y posait les doigts était en sécurité.

★ Cloître A2

Accès par la place Louis-Pasteur. ✆ 05 59 46 11 43 - ♿ - 9h-12h30, 14h-17h (18h mi-mai-mi-sept.) - fermé 1er janv., 1er Mai, 1er nov., 25 déc. - gratuit.

Il n'en subsiste que trois côtés formant un bel ensemble gothique (14e s.), avec ses baies jumelées. De la galerie sud, vue sur la cathédrale.

Revenir au portail de la cathédrale et, par la rue des Gouverneurs, gagner le Château-Vieux et les remparts.

Château-Vieux A 1-2

Construit au 12e s., puis retouché par Vauban au 17e s., le Château-Vieux témoigne encore de l'architecture militaire médiévale. Il ne se visite pas (domaine militaire oblige), mais si la porte est ouverte, vous pourrez toujours apercevoir la cour intérieure.

Jardin botanique A1

✆ 05 59 46 60 93 - de mi-avr. à mi-oct. : mar.-sam. 9h30-12h, 14h-18h - fermé dim. et lun. - gratuit.

En surplomb des remparts, le jardin botanique prend des accents japonais dans l'allée des Tarides *(près du monument aux morts)*, regroupant quelque 1 000 espèces de plantes.

Revenir au rempart Lachepaillet et s'engager dans la rue des Faures depuis la rue des Prébendés, afin de rejoindre la place Montaut.

Place Montaut A2

Cette place jouxte un quartier un peu endormi et pourtant typique du Vieux Bayonne, avec ses habitations anciennes (maison du 18e s. au no 51 de la rue des Faures, ou du 17e s. aux nos 14-16, 21 et 23 de la rue Douer). Les noms de ses rues (Faures, Douer pour « tonnelier », « Vieille Boucherie ») indiquent une activité artisanale ancienne, qui se maintient vaille que vaille.

Prendre la rue de Luc et la rue de la Poissonnerie pour rejoindre le pont Pannecau.

Autre époque, autres coutumes : les femmes infidèles ou de mauvaise vie étaient jetées du **pont Pannecau**, dans une cage en fer *(copie au Musée basque)*. Aujourd'hui, vous le traverserez paisiblement pour rejoindre le Petit Bayonne, qui, face au Grand Bayonne de tradition marchande, conserve son atmosphère populaire et une ambiance festive le soir, avec l'ouverture de ses petits bars « branchés ». Admirez au passage l'harmonie des façades 18e et 19e s. des maisons quai Galuperie (à gauche) et quai Chaho (à droite).

Par la rue Pannecau, rejoindre la place Paul-Bert.

SE LOGER	
Arceaux (Hôtel des)	2
Linague (Chambre d'hôte)	3
M. et Mme Ladeuix (Chambre d'hôte)	5

SE RESTAURER	
Au Coeur des Hommes	1
Bodega Chez Gilles	3
Criée Bayonnaise (La)	5
Grange (La)	9
Oyster Bar	12
Ttipia (Cidrerie)	15

INDEX DES RUES	
Galuperie (Quai)	2
Jauréguiberry (Quai)	4
Marengo (Pont et R.)	5
Pannecau (Pont)	7
Roquebert (Q. du Cdt)	9

Place Paul-Bert B2

Deux édifices notables occupent cette place, dont le Château-Neuf. Élevé après la prise de Bayonne par les Français et remodelé au 19e s., il abrite aujourd'hui des administrations et une annexe du Musée basque *(prendre à gauche après l'entrée et passer sous le porche)*, toutefois son esplanade arrière est accessible et permet de découvrir un très beau point de vue sur l'Adour et la ville.

À deux pas de lui se dresse l'**église St-André**, édifiée de 1856 à 1862 dans un style néogothique. Tableaux de Léon Bonnat et Eugène Pascau à l'intérieur.

Partir vers la rue du Trinquet, face à l'église.

Trinquet St-André B2

Ce trinquet des 17e et 18e s. témoigne de l'évolution du jeu de paume. On y joue encore, chaque jeudi, des parties de *pala*, et des parties à main nue *(voir p. 51)* y sont aussi organisées. Admirez la vieille charpente.

Rejoindre le Musée basque par la rue Pontrique et la rue Marengo.

★★★ Musée basque et de l'Histoire de Bayonne B2

Maison Dagourette, 37 quai des Corsaires - ✆ 05 59 59 08 98 - www.musee-basque.com - ♿ - juil.-août : 10h-18h30 (merc. 21h30) ; reste de l'année : tlj sf lun. et j. fériés 10h-18h30 - 5,50 € (-18 ans gratuit) ; gratuit 1er dim. du mois (sf juil.-août) ; billet combiné avec le musée Bonnat 9 €.

Ce musée a investi en 1922 la belle **maison Dagourette**, construite après 1622, qui illustre bien l'opulence des marchands bayonnais de l'époque.

Les collections d'origine, rassemblées par William Boissel dans le souci de conserver la tradition basque, ont été enrichies et sont présentées de façon dynamique avec une scénographie très actuelle. À l'entrée, l'exposition de **stèles discoïdales** est placée sous un puits de lumière moderne, percé à l'intersection des trois bâtiments qui composent le musée. Dans l'espace suivant, des images animées sont projetées sur un mur dans une **ambiance sonore** (mots, chants, bruits) signée Beñat Achiary. Des salles aux couleurs claires et acidulées accueillent ensuite les 15 sections thématiques qui visent à faire comprendre la société basque d'aujourd'hui avec les objets et les rites d'hier.

Au rez-de-chaussée : l'**agropastoralisme**, où les grosses charrues sont encadrées par des vitrines renseignant sur les bergers ou l'alimentation (insolites fours à chocolat et touchantes poupées de maïs). Avant de rejoindre le 1er étage, on fait une halte dans l'auditorium où sont projetés des films ethnographiques.

Au 1er étage, on pénètre dans une **maison basque**, avec son mobilier et sa vaisselle traditionnelle (repérer le *zuzulu* – banc à haut dossier qui protégeait des courants d'air, réservé aux maîtres de maison), puis on découvre l'artisanat (espadrilles de taille !) et le costume traditionnel. Les salles suivantes s'ouvrent sur l'activité maritime et fluviale (spectaculaire **plan-relief** de la ville en 1805), et le commerce.

Le 2e étage, consacré aux pratiques sociales et religieuses, débute par une présentation de la vie sociale, abordée à travers les jeux et sports (collection impressionnante de **pelotes**), la musique et les danses. La visite se poursuit avec la vie religieuse, ses processions et les rites qui entourent le deuil (découvrez le rôle qu'y jouent les abeilles…), et s'achève par une partie dédiée à l'histoire et la redécouverte du Pays basque en s'intéressant notamment au **style néobasque**.

Les rues Marsan et Jacques-Laffitte mènent au musée Bonnat.

Guirlandes décorant les rues de Bayonne pendant les fêtes de la ville.
C. Pasquini / Office du tourisme de Bayonne

★★ Musée Bonnat B1

5 r. Jacques-Laffitte - ✆ 05 59 59 08 52 - www.museebonnat.bayonne.fr - ♿ - juin-sept. : tlj sf mar. et j. fériés 10h30-18h30 ; oct.-mai : tlj sf mar. et j. fériés 10h30-12h30, 13h30-17h30 - 5,50 € (-18 ans gratuit), billet combiné avec le Musée basque 9 €.

Richement décoré dans un style éclectique, ce bâtiment a été spécifiquement conçu en 1897 par l'architecte Charles Planckaert pour recevoir les collections et les œuvres de l'artiste bayonnais **Léon Bonnat** (1833-1922) qui fit fortune en portraiturant la grande bourgeoisie de son temps. Grand esthète, il mit son argent au service de l'art. Ses collections (13e-19e s.), patiemment assemblées et enrichies depuis, font aujourd'hui les beaux jours du musée qui porte son nom.

Le musée est organisé de façon thématique mêlant ainsi écoles et périodes. Un système d'exposition par roulement permet d'autre part de mettre en valeur l'ensemble des réserves.

On retrouve ainsi avec certitude le grand triptyque *Bonnat et ses élèves basques et béarnais,* les dessins de **Paul Helleu**, un artiste de la Belle Époque qui sut charmer la haute société par l'élégance de ses portraits (il inspira à Proust le personnage d'Elstir et découvrit, selon Mallarmé, « une couleur inconnue entre le délice et le bleu ») ; les esquisses de **Rubens** et les sculptures en terre cuite de la collection Cailleux, tout comme les sujets religieux chrétiens, l'histoire du Christ, de la Vierge, des saints (le *Christ bénissant* et une *Sainte Vierge*, Toulouse vers 1330, ou encore une *Tête de Christ*, de l'école vénitienne, une *Vierge et l'Enfant à la grenade* de l'école de Botticelli).

En revanche, les **portraits** de Bonnat tournent. Les thèmes du nu, les allégories, les scènes de genre, les animaux et les études de figure réunissent, selon les saisons, Ingres, Degas, Delacroix, Flandrin, Géricault, Hoppner, Puvis de Chavannes, Rembrandt, Rubens, Tiepolo… Il en va de même avec la collection de **peinture espagnole** qui comprend des œuvres de Murillo, comme *San Salvador de Horta et l'inquisiteur d'Aragon*, de Goya avec *Portrait de don Francisco de Borja, ou du Greco,* auxquelles s'ajoutent des tableaux de l'école aragonaise *(Saint Martin)* et des scènes bibliques ou inspirées par la mythologie antique (*Le Serment des Horaces*, de l'école de David).

Le musée possède enfin une collection d'archéologie antique, des céramiques et de l'orfèvrerie provenant de la collection Petithory, ainsi que des dessins originaux de grands maîtres français et étrangers, exposés plus rarement.
Revenir place de la Liberté par les allées Boufflers (le long de l'Adour) et le pont Mayou.
Les plus courageux peuvent continuer la promenade en franchissant l'Adour par le pont St-Esprit qui conduit au quartier du même nom.

À voir aussi Plan de la ville

La Nive B2

Promenade incontournable pour tout Bayonnais qui se respecte, le bord de la Nive se rallie au niveau du ponton du club d'aviron (pont du Génie, A-B 2). Suivant le tracé d'une ancienne voie de halage, le chemin peut conduire les plus motivés jusqu'à **Ustaritz**, à environ 11 km de là : une bonne occasion de sortir de Bayonne et de découvrir notamment les paysages verdoyants de la plaine d'Ansot, objet d'un plan d'aménagement.

Quartier St-Esprit A-B 1

Annexé à Bayonne qu'en 1857 et déployé au pied de la citadelle *(ne se visite pas)*, il mêle toutes les époques architecturales, du 18e s. jusqu'à nos jours.
Sa **collégiale**, à l'origine romane du 11e s., concentre différents styles architecturaux. Le porche actuel date de 1891, les auvents côté gare ont été élevés en 1950 mais, à l'intérieur, le chœur est de style gothique flamboyant et l'on peut admirer un bois sculpté polychrome du 15e s. représentant la Fuite en Égypte.
Autre monument incontournable de cette rive : la **synagogue** néoclassique *(35 r. Maubec)*, construite en 1837, qui conserve sa vocation cultuelle. Sa présence rappelle que la communauté juive a été une composante sociale locale importante après l'arrivée de marchands juifs chassés de la péninsule Ibérique en 1492. Interdits de séjour dans la ville, ils s'installent à St-Esprit où ils implantent bientôt les premières fabriques de chocolat…

★ L'Atelier du chocolat Hors plan

7 allée de Gibéléou. ZA Ste-Croix, dans le quartier St-Esprit. Fléchage depuis la place de la République. Suivre le bd d'Alsace-Lorraine, passer sous la voie ferrée et au rond-point, prendre à gauche puis tout de suite à droite. ✆ 05 59 55 70 23 - www.atelierduchocolat.fr - juil.-août : 9h30-18h30 ; juin.-sept. : lun.-sam. 9h30-12h30, 14h-18h - 5,60 € (avec dégustation, 4-12 ans 2,80 €).

Le chocolatier Andrieu a élaboré un parcours didactique allant des origines géographique et historique du chocolat jusqu'au produit fini, en passant par toutes les étapes de sa fabrication : composition, enrobage, moulage, tablage, décoration, emballage. Agréablement éclairé et très olfactif, le circuit alterne astucieusement panneaux explicatifs, découverte des ateliers, exposition de machines anciennes et film pédagogique afin d'illustrer au mieux cette filière gourmande. Des écrans-quizz et une dégustation clôturent la visite.

Les artisans chocolatiers ne travaillant pas l'après-midi (des vidéos montrent alors l'activité de chaque atelier), prévoyez de préférence une visite en matinée.

Longtemps anglaise et presque espagnole

DOT DE PRINCESSE

Au 12e s., Bayonne fait partie du duché quasiment indépendant d'Aliénor d'Aquitaine, épouse quelque peu volage du triste roi de France, Louis VII. Lorsqu'elle se remarie avec Henri II Plantagenêt (1152), héritier du trône d'Angleterre, la ville devient donc anglaise et le restera trois siècles. Durant la guerre de Cent Ans, flottes bayonnaise et anglaise courent bord à bord, le port regorge de marchandises et la ville est florissante.

Lorsque, le 20 août 1451, les troupes françaises cernent la ville, les habitants voient... une croix blanche dans le ciel. Un tel signe divin en faveur de la reddition anglaise ne peut qu'être de bon présage ! L'avenir ne sera malheureusement pas à la hauteur de leurs espérances... L'intégration de Bayonne au domaine royal français, après 1451, ne va pas sans grincements de dents : non seulement il faut payer une indemnité de guerre, mais en plus, les rois de France empiètent plus largement sur les libertés locales que ne le faisaient les lointains souverains britanniques. C'est ainsi que les actes et lois ne doivent plus être rédigés en gascon, mais en français. Les Bayonnais en garderont du ressentiment. Fort heureusement pour la prospérité de la ville, Charles IX décidera de rendre vie au port ensablé (l'embouchure de l'Adour s'étant déplacée 30 km au nord) : un chenal direct vers la mer est ouvert en 1578.

COURSES LOINTAINES

Au 18e s., l'activité de Bayonne atteint son apogée. Les échanges avec l'Espagne, la Hollande, les Antilles, la pêche à la morue sur les bancs de Terre-Neuve et les chantiers de construction entretiennent une grande activité dans le port. Bayonne est déclarée port franc en 1784, ce qui triple son trafic. Les prises de guerre sont fabuleuses et les bourgeois arment maints bateaux corsaires. Les ministres de Louis XIV fixent par ordonnance le mode de partage du butin : un dixième à l'amiral de France, les deux tiers aux armateurs, le reliquat à l'équipage. Une somme est retenue pour les veuves, les orphelins et le rachat des prisonniers aux Barbaresques.

DÉCLIN ET RENOUVEAU

Après la Révolution et les guerres napoléoniennes (Bayonne est même investie par Wellington, lancé à la poursuite de l'armée d'Espagne, le 8 octobre 1813), la ville sombre dans une douce léthargie. Par chance, sous le Second Empire, l'attachement de l'impératrice Eugénie de Montijo à la Côte basque allait faire bénéficier la ville de quelques travaux, notamment l'aménagement d'une gare dans le quartier St-Esprit, dès lors rattaché officiellement à la ville : les premiers « touristes » font leur apparition. Il faut attendre 1899 pour que les remparts soient démantelés. La chose permet à Bayonne de « respirer » un peu avec l'aménagement de nouveaux quartiers (jusque-là, les Bayonnais n'avaient d'autre ressource que de surélever les maisons). Dès lors, malgré quelques aléas économiques, la cité se développe, entretient son patrimoine et se tourne avec dynamisme vers des activités de service où le tourisme se taille la part du lion.

BEC SALÉ OU BEC SUCRÉ ?

L'esprit du chocolat – Découvert par les *conquistadores*, le « xocoatl » des Aztèques n'aurait sans doute jamais conquis autant de gourmands (ce qui aurait été bien dommage !) si les Espagnols n'avaient eu l'idée de lui adjoindre du sucre, de la vanille et de la cannelle pour l'adapter au goût européen. Depuis 1585, les Sévillans détenaient le monopole de sa fabrication. C'est, logiquement, une Espagnole, la reine Anne d'Autriche, qui le fit connaître et apprécier en France. Les premiers chocolatiers de Bayonne, des Juifs espagnols et portugais, apparaissent au début du 17e s. dans le quartier du St-Esprit… mais, sous la pression des corporations, peu soucieuses de la concurrence, on leur interdit bientôt cette activité qui ne faisait pas partie des métiers leur étant autorisés. En 1854, on ne comptait pas moins de 31 fabricants de chocolats à Bayonne…

« Dans le cochon, tout est bon » – À l'instar de Grandgousier, Marguerite de Navarre était friande, dit-on, de ce jambon d'Ametza, « jambon de chêne », auquel les porcs basques, nourris de glands, donnèrent ses lettres de noblesse. L'un d'eux, malencontreusement noyé dans une source d'eau salée de Salies-de-Béarn, fut repêché par des bergers… qui trouvèrent la recette à leur goût (*voir p. 445*).

Itinéraire conseillé

★ ROUTE IMPÉRIALE DES CIMES C1 D2

25 km. Voir le circuit sur la carte de microrégion p. 304. Compter environ 1h30.

Sortir de Bayonne par la D 936 ; la quitter aux dernières propriétés de St-Pierre-d'Irube pour la D 22, à droite.

Napoléon Ier fit aménager cette route sinueuse comme tronçon d'une liaison stratégique de Bayonne à St-Jean-Pied-de-Port par les hauteurs. La **vue**★ se dégage sur la Côte basque et les sommets des Pyrénées proches de l'Océan ; la Rhune, les Trois Couronnes et le Jaizkibel qui, de cette distance, donne l'illusion d'une île escarpée.

Aux approches d'Hasparren *(voir « La Basse-Navarre et la Soule », p. 377)*, les Pyrénées basques s'étalent, plus en profondeur.

NOS ADRESSES À BAYONNE

HÉBERGEMENT

Attention, durant les fêtes de Bayonne, inutile de chercher un hébergement : tout est complet longtemps à l'avance.

À Bayonne

BUDGET MOYEN

Hôtel des Arceaux – *26 r. Port-Neuf - ✆ 05 59 59 15 53 - www.hotel-arceaux.com - 11 ch. 60/70 € - ☕ 7 €.* Ce petit hôtel, situé dans une rue piétonne du centre-ville, constitue un point de départ idéal pour visiter le Vieux Bayonne et les rives de l'Adour. Choisissez de préférence les chambres rénovées, peintes chacune dans une couleur différente. L'accueil vraiment sympathique vous assure un séjour attrayant.

À proximité

BUDGET MOYEN

Relais Linague – *Chemin Linague - 64990 Urcuit - ✆ 05 59 42 97 97 - www.relaislinague.com - P - ⊭ - 4 ch. 56/64 € ☕.* Implantée au cœur d'un domaine de 12 ha où gambadent des chevaux, cette jolie ferme du 17e s. conserve pieusement ses vieilles pierres et poutres. Trois chambres marient tissus aux tons vifs ou pastel, meubles anciens chinés ici ou là, avec une literie de qualité. Au rez-de-chaussée, Espelette, plus petite est également agréable. Table d'hôte souvent tournée vers l'Espagne.

POUR SE FAIRE PLAISIR

Chambre d'hôte M. et Mme Ladeuix – *26 av. Salvador-Allende - 40220 Tarnos - ✆ 05 59 64 13 95 - www.enaquitaine.com - ♿ - P - ⊭ - 5 ch. 80 € ☕.* Voilà qui séduira les accros du silence. Un parc de chênes, châtaigniers, mimosas, bananiers et autres poiriers et érables, une vaste pelouse avec piscine, un enclos où paissent les brebis près des cages à lapins et des poules… Les chambres sont simples mais confortables.
Un gîte pour quatre personnes.

RESTAURATION

À Bayonne

PREMIER PRIX

Oyster Bar - Café du Midi – *24 quai Augustin-Chaho - ✆ 05 59 59 31 35 - 10/25 € - fermé lun.* Pantxika vous reçoit dans ce bar-restaurant nouveau venu des quais de Bayonne, avec son grand sourire et son envie de vous faire plaisir. À la carte : huîtres Gillardeau, jambon ibérique, saumon fumé à St-Jean, assiette du cochon, salades, entrecôte, daurade et délicieux desserts, à déguster au bar, en salle ou en terrasse.

La Criée Bayonnaise – *14 quai Augustin-Chaho - ✆ 05 59 59 56 60 - 10/22 € (enf. 5 €) - lun.-sam. : midi et soir.* Deux ou trois tables en terrasse, une petite salle au décor simple. Ici l'accent a été mis sur l'accueil fort agréable. La qualité des produits, toujours frais, compose une superbe assiette de tapas, de succulents chipirons, des gambas goûteuses, de poissons du marché et de moules à toutes les sauces. Quelques viandes pour les inconditionnels.

Au Cœur des Hommes – *64 quai des Corsaires - ✆ 05 59 59 51 17 - 12,50/35 € - fermé dim.* Vous entrez chez un artisan restaurateur. Dans ce joli décor chocolat-café crème, Jean-Pierre, son fils Jérôme et leur équipe vous invitent à redécouvrir, dans une ambiance décontractée, de vrais plats bistrot : pieds de porc, tartare ; des spécialités locales : chipirons, morue pil-pil et des desserts simples : crêpes au sucre, pain perdu, riz au lait. Le midi en semaine un beau menu du marché. Jolie terrasse en bord de Nive.

BUDGET MOYEN

La Grange – *26 quai Galuperie - ✆ 05 59 46 17 84 - fermé dim. sf fêtes - ♿ - 19 €.* Le « plus » de ce restaurant est sa grande terrasse bordant la Nive. La salle à manger offre une ambiance résolument campagnarde, avec une fresque représentant une grange et une collection d'outils agricoles. On propose ici une cuisine simple et copieuse, riche de toutes les saveurs du terroir basque.

Bodega Chez Gilles – *23 quai de l'Amiral-Jauréguiberry - ✆ 05 59 25 40 13 - www.bodegachezgilles.com - 15/32 € - midi et soir.* Un endroit qui ne manque pas d'ambiance, un joli bar, une équipe sympa, des pierres apparentes et une belle terrasse confèrent à la bodega son caractère bayonnais. Dans l'assiette, de belles spécialités locales : anchois, *rabas*, jambon de Bayonne, *lomo*, *piquillos*, merlu, morue, côtes de bœuf et d'agneau.

POUR SE FAIRE PLAISIR

Cidrerie Ttipia – *27 r. des Cordeliers - ✆ 05 59 46 13 31 - http://ttipia.364.fr/ - 29 € (enf. 7 €) - été : soir seult; reste de l'année : midi et soir sf dim. soir et lun. midi.* C'est un voyage au cœur des cidreries espagnoles, grands commensales, poutres et pierres apparentes, vieux objets et surtout tonneaux desquels coule à flots le *sagardoa* (cidre). C'est un lieu unique où l'on vient pour l'ambiance et la cuisine simple de qualité. Le menu traditionnel comprend : omelette à la morue, merlu à l'espagnole, côte de bœuf, fromage de brebis, noix et cidre à volonté que l'on se sert soi-même au tonneau. Plaisirs garantis.

Péniche Talaia – *Quai Pedros, devant la mairie - ✆ 05 59 44 08 84 - mar. midi-sam. soir - menu déj. 15 €, soir carte (plats : 16/18 €).* Vous pourrez déguster une cuisine traditionnelle du Sud-Ouest tout en profitant, le soir, de la superbe vue sur les monuments illuminés de la ville.

BOIRE UN VERRE

Salon de thé L. Raux – *7 r. Bernadou - ✆ 05 59 59 34 61 - lun.-vend. 9h-19h30, sam. 8h-19h30, dim. 8h-13h ; 1er janv.-15 juin et 15 sept.-31 déc. : tlj sf dim. apr.-midi et lun. - fermé apr.-midi des j. fériés.* Pâtissier, chocolatier, traiteur et salon de thé sont réunis sous cette enseigne proche des halles. Vous aurez le choix entre sandwichs, tartes salées, viennoiseries, macarons, gâteaux basques et la spécialité maison, le Daudet (ganache chocolat noir et crème brûlée à l'orange parfumée au Cointreau).

EN SOIRÉE

Bars

Chai Ramina – *11 r. Poissonnerie - ✆ 05 59 59 33 01 - mar.-jeu. 9h30-20h, vend.-sam. jusqu'à 2h - fermé 1er-15 janv.* Ramina, un ancien champion de rugby, s'est reconverti depuis vingt-cinq ans en pilier de comptoir de son propre pub, un bar de vieux copains où des Bayonnais de souche chahutent comme des enfants. Si l'on y boit surtout du whisky, la faute en revient à une carte qui n'en propose pas moins de 300 !

La Luna Negra – *R. des Augustins - ✆ 05 59 25 78 05 - www.lunanegra.info - merc.-sam. - fermé août (sf fêtes de Bayonne déb. août) - 7/15 €.* L'art sous toutes ses facettes est à l'honneur dans ce café-théâtre dynamique qui propose chaque soir un divertissement : pièce de théâtre, spectacle de chansons, cabaret, one-man show, concert de jazz, de blues, de rock ou musique de chambre… Petite restauration sur place avec sélection de produits régionaux.

Théâtre

Théâtre de Bayonne - scène nationale – *Pl. de la Liberté - ✆ 05 59 59 07 27 - snbayonne@snbsa.fr - renseignements réservation : tlj sf dim. et lun. 10h-13h, 15h-18h - fermé de mi-juil. à fin août et j. fériés - de 7 à 30 € selon spectacles.* C'est la scène nationale de Bayonne et du Sud aquitain qui gère ce théâtre (580 places). On y donne toutes sortes de spectacles : théâtre, danse, musique, humour, représentations pour les enfants…

ACHATS

Marché – *✆ 05 59 59 21 81.* Autour des halles de type Baltard, construites sur le quai du Cdt-Roquebert, un marché alimentaire a lieu du lun. au vend. 7h-13h (15h30-19h vend. et veilles de fêtes), sam. 6h-14h. D'autres marchés ont lieu au carreau des halles (bords de la Nive - mar., jeu. et sam.), pl. de la République (vend.), pl. des Gascons (quartier des Hauts de Ste-Croix - merc. et sam.) et au Polo Beyris (vend.). Marché à la brocante vend. (7h-14h), pl. Paul-Bert.

Les Halles – *Quai du Cdt-Roquebert - droits.de.place@bayonne.fr - tlj sf dim. 7h-13h ; vend. et veilles de fêtes 7h-13h, 15h30-19h - fermé j. fériés.* Ces halles de type Baltard bordent le cours de la Nive. Primeurs, boulangers pâtissiers et poissonniers y côtoient les charcutiers-traiteurs venus proposer leurs produits à base de porc noir basque. Quelques petits producteurs des environs s'installent aussi à l'extérieur du bâtiment le samedi matin.

Maison Montauzer – *17 r. de la Salie - ✆ 05 59 59 07 68 - www.montauzer.fr - tlj sf dim. 7h-12h30, 15h30-19h30, lun. 7h30-12h30 - fermé j. fériés.* Parmi les spécialités de cette charcuterie, boudin, tripes et jambon ibaïona proviennent de porcs élevés exclusivement au Pays basque et nourris aux céréales. Conformément à la tradition, ce jambon est séché de 15 à 18 mois à l'air vivifiant du pays et des quatre saisons dans un séchoir à Guiche.

Pierre-Ibaïalde – *41 r. des Cordeliers - ✆ 05 59 25 65 30 - pierre-ibaialde.com - été : tlj sf dim. 10h-13h30, 14h30-18h30 ; reste de l'année : tlj sf dim. 9h-12h30, 14h-18h - fermé j. fériés.* Après la visite de cette conserverie artisanale, vous saurez tout sur le jambon de Bayonne. Pierre Ibaïalde vous expliquera les étapes de la fabrication du jambon et vous fera déguster ses produits : jambon et foie gras.

Chocolat Cazenave – *19 r. du Port-Neuf - ✆ 05 59 59 03 16 - www.lantegiak.com - tlj sf dim.-lun. 9h-12h, 14h-19h ; vac. scol. : tlj sf dim. - fermé 3 sem. en oct. et j. fériés.* Au 17e s., Bayonne fut la première ville en France à fabriquer du chocolat.
Les chocolatiers s'installèrent alors en grand nombre dans la rue du Port-Neuf. Il n'en reste aujourd'hui que deux : Cazenave (depuis 1854) et Daranatz depuis 1930).

M. Leoncini – *37 r. Vieille-Boucherie - ✆ 05 59 59 18 20 - tlj sf dim. 16h-18h30, sam. 10h-12h.* C'est l'un des derniers artisans à perpétuer la tradition du makhila qui est une canne basque en bois de néflier (sculpté à vif) renfermant une lame effilée. On l'utilise pour la marche et pour la défense.

ACTIVITÉS

Trinquet moderne – *60 av. Dubrocq - ✆ 05 59 59 76 49 - contact@acsport.fr - à partir de 9h - 24 €*. De nombreuses parties de main nue – l'une des 22 disciplines de la pelote basque notamment avec la pala – à laquelle les Français excellent lors des compétitions de niveau mondial, se déroulent entre les parois de verre de ce trinquet couvert.

Trinquet St-André – *2 r. du Jeu-de-Paume - ✆ 05 59 25 76 81 - www.brasserie-saint-andre.fr - 9h-22h - fermé 3-9 août*. Ce trinquet du 17e s. est l'un des plus vieux de France. Les Basques viennent y faire leur partie de pala avant de se retrouver au bar. Des compétitions de main nue ont lieu du premier jeudi d'octobre au dernier jeudi de juin. Les palettes en bois sont louées à l'heure.

Le Bayonne – *Allée Boufflers - ✆ 06 80 74 21 51 - tte l'année sur RV : croisières de 2h ou à la journée - 15 € : 2h*. Ce bateau-mouche de 84 places (dont 65 assises) vous emmène à la découverte de l'Adour et de ses affluents. Les croisières empruntent différents parcours. Elles durent deux heures ou une journée et sont toujours commentées. Parmi les escales sur les rives de l'Adour : Urcuit, Urt, Peyrehorade et La Bastide-Clairence.

Tennis - L'Aviron Bayonnais – *Av. André-Grimard - ✆ 05 59 63 33 13 - http://tennisavironbayonnais.oldiblog.com - avr.-août : 9h-13h, 16h-20h30, merc. et sam. 9h-18h ; sept.-mars : horaires variables - fermé j. fériés*. Le cadre dans lequel se situe ce club de tennis, les anciennes fortifications de Vauban, est suffisamment insolite pour ne pas manquer la visite, à défaut d'aller y jouer. Le club existe depuis 1922. Il est doté de 12 courts (10 en terre battue et 2 en *GreenSet*). Deux grands tournois sont organisés : l'un à Pâques et l'autre durant la 1re quinz. d'août.

Rugby – Depuis son premier titre de champion de France remporté en 1913, l'Aviron Bayonnais (célèbre pour sa mascotte Pottoka) se distingue par son jeu élégant, qualifié par les spécialistes de « manière bayonnaise ». Inutile de dire qu'avec le Biarritz Olympique les derbys sont hauts en couleur ! *Billetterie en ligne sur le site du club : www.abrugby.fr.*

Arènes – Avenue des Arènes (accès par l'av. Mar-Foch, à l'ouest du centre-ville). Inaugurées en 1893 et construites en style hispano-mauresque, ces arènes de 10 000 places accueillent corridas et *novilladas* pour les fêtes de Bayonne (1er w.-end d'août), autour du 15 août (féria de l'Assomption) et le 1er w.-end de septembre (féria de l'Atlantique). *Programme et réservations pour les corridas : www.corridas.bayonne.fr.*

Ressac sur la digue de la « barre de l'Adour ».
J.-P. Oger / MICHELIN

Anglet

37 646 Angloys - Pyrénées-Atlantiques (64)

NOS ADRESSES PAGE 323

S'INFORMER

Office de tourisme – *1 av. de la Chambre-d'Amour - 64600 Anglet - ☏ 05 59 03 77 01 ou 05 59 03 55 91 - www.anglet-tourisme.com - juil.-août : lun.-sam. 9h-19h ; reste de l'année : lun.-vend. 9h-12h30, 14h-18h, sam. 9h-12h30 – Av. des Dauphins - ☏ 05 59 03 93 43 - juil.-août 10h-19h ; avr.-juin et sept.-oct. : tlj sf sam. mat. 10h-12h30, 14h30-18h ; nov.-mars : merc. et sam. 14h-17h (tlj vac. scol. Noël et fév.).*

SE REPÉRER

Carte de microrégion C1 *(p. 304) – carte Michelin Départements 342 C2.*

Anglet assure la jonction entre Bayonne, à l'est, et Biarritz au sud-ouest. Selon votre point de départ, vous y accéderez par l'avenue de Bayonne et la N 10, ou l'avenue de Biarritz et la D 910. Pour rejoindre les plages, visez les quartiers de la Chambre d'Amour, de Chiberta ou de La Barre. En suivant les panneaux Montbrun ou Chiberta, vous trouverez la forêt du Pignada. Quant à celle du Lazaret et au port de plaisance, vous les dénicherez au Blancpignon.

À NE PAS MANQUER

Les vagues de la plage des Cavaliers, pour leur rondeur et leur taille, particulièrement impressionnantes en automne.

ORGANISER SON TEMPS

Une petite promenade dans le quartier de la Chambre d'Amour permet un premier contact animé avec Anglet. Vous pouvez ensuite vous diriger vers les plages pour prendre un bon bain de mer ou choisir de découvrir la forêt du Pignada et ses sentiers. Les activités sportives ne manquent pas : natation, surf, golf, équitation, VTT ou marche.

AVEC LES ENFANTS
Le parcours aventure dans la forêt du Pignada.

Qu'est-ce qui fait le charme d'Anglet ? Son littoral, unique au Pays basque, offre 4,5 km de plages de sable fin ! Mais aussi sa belle pinède, au plus grand bonheur des marcheurs. Venir à Anglet c'est comme prendre un grand bol d'air pur ! Avec ses deux principaux atouts, la petite station balnéaire fait figure de poumon vert pour la communauté d'agglomération de Biarritz-Anglet-Bayonne (BAB), d'où son surnom de « paradis vert ». Les sportifs, qu'ils soient golfeurs ou surfeurs, ne savent pas où donner de la tête, tandis que toutes sortes d'animations égaient ses rues ainsi que son bord de mer au printemps et en été. À vous les vagues, les balades sous les pins et les soirées festives !

Se promener

Le site d'Anglet présente les mêmes caractéristiques que les stations de la Côte d'Argent landaise du nord de l'Adour : un terrain plat, une côte basse bordée de dunes et un arrière-pays planté de pins.

LES PLAGES A1

Onze plages de sable fin, pour certaines de renommée internationale, se succèdent le long des 4,5 km du littoral angloy. Une **promenade** les longe, permettant de profiter tout à la fois de la côte et de la ville. Elle relie le quartier de la Chambre d'Amour à celui de La Barre (au nord).

Plages du VVF et du Club

La première de ces plages doit son nom à la présence d'un village-vacances, construit en 1970 selon les plans des architectes Hebrard, Gresy et Percillier. La silhouette et les détails du bâtiment principal évoquent un paquebot.

La seconde accueille le très réputé Anglet Surf Club. Ses locaux ont trouvé place dans l'ancien **établissement des bains**, bâtiment emblématique des années 1930, réhabilité en 2007 pour accueillir une salle des congrès. Entre les deux, la **grotte de la Chambre d'Amour** attire les romantiques de tous

LA RÉVOLUTION DU 19e SIÈCLE

La canalisation de l'Adour, décidée en 1578, ne bouleversa pas sa vocation nourricière (sous domination anglaise dès le 12e s., Anglet fournissait Bayonne en produits de bouche) en dépit de la submersion de terres arables. Ce n'est qu'au 19e s. qu'Anglet se réorganisa grâce à l'intérêt porté à la côte par Napoléon III et l'impératrice Eugénie. Grâce à eux, la forêt du Pignada et de nouvelles infrastructures voient le jour : un hippodrome, sur le site de La Barre, puis un établissement de bains (1884) et des villas qui se déploient sur le littoral pour former le quartier de la Chambre d'Amour.

L'essor du 20e s. – Le tout est de mieux en mieux desservi : par la route, par le chemin de fer (1877), puis par l'avion dans les années 1930. Aujourd'hui, Anglet fait partie avec Bayonne et Biarritz de la communauté d'agglomération qui compte quelque 110 000 habitants.

les horizons. En effet, selon la légende, Saubade et Laorens s'aimaient, mais leurs familles étaient rivales. Les deux jeunes gens avaient donc pris l'habitude de se retrouver en cachette dans la grotte. Mais suite à un orage, la marée monta plus vite que de coutume et les noya…

Plages des Sables d'Or et des Corsaires

Ces deux plages sont le terrain de prédilection des familles angloyses. En août, celle des Sables d'Or accueille le Quiksilver Air Show, ou Surf de nuit.

Plages de la Petite Madrague, de la Madrague, de l'Océan et des Dunes

Ces étendues de sable fin sont les plus tranquilles du littoral angloy en raison de l'environnement, plus sauvage, et de la proximité du golf de Chiberta,

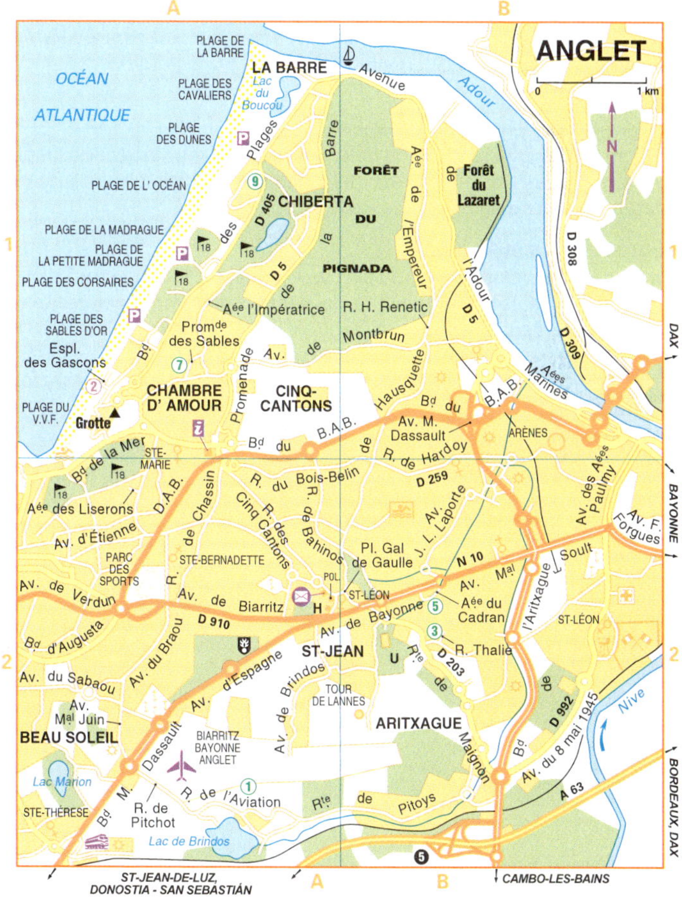

SE LOGER

Camping de Parme .... (1)
Chambre d'hôte La Musica .. (3)
Hôtel Altica .... (5)
Hôtel Azureva .... (7)
Hôtel Les Terrasses d'Atlanthal .... (9)

SE RESTAURER

Les Sables d'Or .... (2)

voulu par le duc de Windsor et conçu par Tom Simpson en 1927. Un blockhaus, vestige du mur de l'Atlantique érigé à partir de 1942, veille encore sur les flots.

Plage des Cavaliers

La plus réputée des onze plages d'Anglet accueille chaque année d'importantes compétitions internationales de surf.

Plage de La Barre

Située à l'embouchure de l'Adour, c'est la plage la plus septentrionale d'Anglet. Elle doit son nom à une vague mythique, cassée aujourd'hui par la digue construite dans les années 1970. Côté terre, deux lacs marquent l'emplacement de l'ancien hippodrome inauguré en 1870.

Le **parc écologique Izadia**, doté d'une Maison de l'environnement, permet de découvrir le fragile écosystème des zones humides littorales. *297 av. de l'Adour - ✆ 05 59 57 17 48 - www.izadia.fr - juil.-août : 10h-13h, 14h-17h30 ; hors vac. scol. : mar.-vend. 14h-17h30 ; w.-end, j. fériés et vac. scol. zone C : 10h-13h, 14h-17h30 - fermé lun. et 1er Mai - 4 € (6-16 ans 2 €, - 6 ans gratuit).*

LES FORÊTS

Autre atout d'Anglet : ses 250 ha de pinède plantés sous le Second Empire. Ils se répartissent entre les forêts du Pignada (au nord, la plus grande), du Lazaret à l'est et de Chiberta le long de la côte.

★ Forêt du Pignada A-B 1

Son nom lui vient des pommes de pins, les « pignes ». Elle s'étale sur 220 ha et comprend des aires de pique-nique, des sentiers goudronnés et des sentes que l'on peut arpenter à pied, à cheval ou à VTT. Un parcours vitalité de 2,5 km a été aménagé en son centre ainsi qu'un parcours aventure dans les arbres, à l'angle de la promenade de La Barre et de l'avenue de l'Adour, dans la forêt de Chiberta.

Forêt du Lazaret B1

L'allée de l'Empereur, l'avenue du Prince-Impérial… autant de dénominations qui rappellent que Napoléon III est à l'origine de la pinède d'Anglet. Aujourd'hui, cette partie de la forêt est circonscrite à 20 ha, mais reste toujours aussi agréable à parcourir.

NOS ADRESSES À ANGLET

HÉBERGEMENT

PREMIER PRIX

Hôtel Altica – *10 allée du Cadran - ✆ 05 59 52 11 22 - www.altica.fr - ♿ - P - 50 ch. 38/52 € - ☕ 4,90 €.* Cette construction récente qui borde la route nationale conviendra pour l'étape. Prix attractifs et chambres fonctionnelles : l'hôtel affiche souvent complet grâce à ces deux principaux atouts, aussi pensez à réserver.

Camping de Parme – *2 allée Etchecopar, quartier Brindos, près de l'aéroport - ✆ 05 59 23 03 00 - www.campingdeparme.com - de déb. avr. à déb. nov. - ♿ - réserv. conseillée - 197 empl. 20,80 €.* Reprise en 2002, cette affaire propose de beaux emplacements en terrasses ombragés et séparés par des haies parfaitement taillées. Les allées goudronnées sont agrémentées de fleurs. Elles desservent également un ensemble de chalets en bois de bon confort et des mobile homes souvent neufs. Restaurant près de la piscine.

POUR SE FAIRE PLAISIR

Chambre d'hôte La Musica – *4 r. Thalie - ✆ 06 13 67 16 87 - http://www.touradour.com/towns/anglet/lamusica - fermé janv. - P - 🚭 - 3 ch. 65/70 € ☕ - rest. 25 €.* La propriétaire de cette charmante villa basque vous accueille comme si vous étiez des amis. Elle propose trois chambres pas très grandes mais totalement indépendantes. Celle baptisée « Garçonnière », en rez-de-jardin, est très tranquille. La plage, le golf et le centre-ville sont à deux pas.

Hôtel Azureva – *48 prom. des Sables - ✆ 05 59 58 04 70 - jm.bertereche@azureva-vacances.com - fermé 1er janv.-6 fév., 7-21 mars et 22 nov.-23 déc. - P - 135 ch. 70 € ☕.* Ce centre de vacances propose désormais des nuitées en plus de ses locations à la semaine. Les chambres sont certes un peu exiguës et avant tout fonctionnelles, mais certaines offrent une jolie vue sur l'Océan. Vous apprécierez les prix ultra-compétitifs et pourrez également profiter des nombreuses animations du lieu.

UNE FOLIE

Hôtel Les Terrasses d'Atlanthal – *153 bd des Plages - ✆ 05 59 52 58 58 - www.atlanthal.com - P - 48 ch. 204/238 € ☕ - rest. 17 €.* Un accueil souriant vous attend dans cet hôtel fonctionnel situé au bord de l'Océan. Les chambres, équipées de balcons, se ressemblent toutes au niveau du décor; celles côté mer sont plus chères. Bon à savoir : l'hôtel, directement relié au centre Atlanthal (thalassothérapie et remise en forme), fournit les peignoirs.

RESTAURATION

Bon à savoir – Situé face à l'Océan, ce quartier d'Anglet joliment baptisé « **Chambre d'Amour** » est un lieu incontournable. Il concentre de nombreux points de restauration (brasseries, snacks, sandwicheries et un restaurant asiatique). L'endroit regroupe également les boutiques de surf (location, vente et réparation).

PREMIER PRIX

Les Sables d'Or – *7 esplanade des Gascons - ✆ 05 59 03 68 53 - fermé janv. et lundi de fév. à mars et de nov. à déc. - ♿ - formule déj. 10,50 € - 9,50/19 €.* Ce restaurant jouit déjà d'une solide réputation. Les fidèles ont même poussé le patron à ouvrir 7j/7. Côté décor : joli panorama sur l'Océan. Côté cuisine : plats simples, produits de qualité et intéressantes formules proposées sur l'ardoise. Au n° 7, l'Indigo, offre en plus une ambiance plus feutrée.

ACHATS

Mandion – *3 av. de Bayonne - ✆ 05 59 63 86 16 - www.mandion.com - 8h-19h, vend. et sam. 8h-20h.* La belle vitrine de chez Mandion avec ses inscriptions « Glacier, pain bio au levain, pâtisserie » en gros caractères vaut le coup d'œil. Son décor fait de panières, coffrets et boîtes en tout genre met en valeur les spécialités : gâteaux basques, tourons et une longue liste de chocolats. Rayon traiteur très complet.

Fabrique de chisteras Gonzalez – *6 allée des Liserons - ✆ 05 59 03 85 04 - visite : 17h lun., merc. et vend. - fermé sam. apr.-midi, dim. et j. fériés. - 4 €.* Depuis 1887, la fabrique Gonzalez confectionne manuellement des chisteras, ces gouttières en osier prolongeant le gant protecteur. En une heure, vous apprendrez tout sur l'histoire et la fabrication de la pelote et du chistera.

ACTIVITÉS

Atlanthal – *153 bd des Plages - ✆ 05 59 52 75 75 - www.atlanthal.com - 9h-21h.* Ce lieu regroupe à la fois un centre de thalassothérapie et un espace de remise en forme (piscine, gym, musculation). Il dispense des soins classiques ou spécialisés (shiatsu, sophrologie...), préventifs ou curatifs. Il propose également de nombreux séjours à thème : minceur, antistress, antitabac ou future maman.

Le Club de la Glisse (École française de surf) – *Av. des Goélands - Plage Marinella - ✆ 06 09 86 52 31 - leclubdelaglisse@hotmail.com.* Ce club labellisé par la Fédération française de surf est une des rares écoles ouvertes toute l'année. Installé sur la plage de Marinella, il dispense des cours aussi bien aux débutants qu'aux « glisseurs » confirmés qui souhaitent se perfectionner.

Yacht-Club Adour Atlantique d'Anglet – *118 av. de l'Adour - ✆ 05 59 63 60 31 - www.ycaa-voile.fr - fermé 25 déc.-1er janv. - 25 à 35 €.* Si vous voulez pêcher vous-même votre dorade, votre chinchard ou vos poissons de rocaille, sachez que ce club organise maintes sorties en mer. Les mardis, jeudis et samedis : initiation ou perfectionnement à la pêche sportive à moins de 5 km des côtes. Le mercredi : pêche hauturière au thon (départ avant 3h du matin). Initiation à la voile le week-end.

Biarritz

★★

26 690 Biarrots - Pyrénées-Atlantiques (64)

NOS ADRESSES PAGE 334

S'INFORMER

Office de tourisme – *Square d'Ixelles - 64200 Biarritz - ✆ 05 59 22 37 10 - www.biarritz.fr - juin-sept. : lun.-vend. 9h-19h, w.-end 10h-18h ; oct.-mai : lun.-vend. 9h-18h, w.-end 10h-17h- fermé 1er janv. et 25 déc.*

Transports – *Deux circuits de navettes gratuites : le Port-Vieux et la Côte des Basques ainsi que le centre-ville. ✆ 05 59 41 59 41.*

SE REPÉRER

Carte de microrégion B1 *(p. 304) – carte Michelin Départements 342 C2.*

Biarritz forme avec Anglet et Bayonne une même et grande agglomération. Cette station balnéaire se trouve à 8 km de Bayonne par la D 810 et la D 910.

SE GARER

Circuler et se garer dans Biarritz demande beaucoup de patience, quelle que soit la saison. Malgré la présence de quelques parkings en centre-ville, mieux vaut donc laisser sa voiture aux abords immédiats (par exemple près du phare) et marcher, c'est encore le meilleur moyen de découvrir la ville.

À NE PAS MANQUER

Le rocher de la Vierge, le musée de la Mer.

AVEC LES ENFANTS

Le musée de la Mer, avec en particulier le repas des phoques, est toujours apprécié des plus jeunes qui ne se feront pas prier pour faire également un tour au musée du Chocolat : difficile alors d'attendre la dégustation !

Plage des Fous et des Années folles, « reine des plages et plage des rois »... Biarritz est-elle plus que le décor extravagant né de l'imagination débridée de la haute société ? Lieu de villégiature du beau monde, on y découvre villas princières, salles de casino, bâtiments Art déco. Toute cette architecture paillette témoigne de l'euphorie d'un passé glorieux et mondain où artistes et têtes couronnées se mêlaient dans des fêtes somptueuses dont les échos résonnent encore aujourd'hui aux oreilles du promeneur... Mais l'ancienne cité baleinière n'est pas restée figée dans la nostalgie d'une époque révolue : en témoignent notamment les aménagements urbains confiés à Jean-Michel Wilmotte ou des bâtiments contemporains parfois audacieux (la médiathèque, le Centre de musiques actuelles, ou la future Cité du surf et de l'océan), une vie culturelle intense où la danse se taille la part du lion et une vie sportive marquée par les surfeurs défiant les rouleaux, tandis que les amateurs de rugby vibrent aux exploits du Biarritz Olympique.

Se promener

LES PLAGES Plan de ville II

« Quand on se prend à hésiter entre deux plages, l'une d'elles est toujours Biarritz », disait Sacha Guitry. Fleurie d'hortensias, la station doit beaucoup de son charme à ses **jardins-promenades** aménagés à flanc de falaise, sur les rochers et le long des trois principales plages, rendez-vous internationaux des surfeurs et hauts lieux de l'animation biarrote de jour comme de nuit.

Grande Plage D3

Dominée par le **casino municipal**, c'est la plus mondaine. Au 18e s., on y menait se baigner les aliénés (les bains de mer, c'est bien connu, peuvent tout guérir !). Elle en a gardé son nom de « Côte des Fous ».

Autre relique des années passées : les fameuses cabines en toile, que l'on peut louer même si beaucoup sont réservées d'une année sur l'autre. *06 03 75 62 96 - location de mi-juin à mi-sept., sur la Grande Plage.*

Elle est prolongée, au nord, par la **plage Miramar**.

Plage du Port-Vieux C3

C'est ici que l'on amenait les baleines pour les dépecer. Abritée au fond d'une baie protégée par des rochers, cette petite plage garde un intérêt local et familial. Les enfants peuvent s'initier au surf en toute sécurité. C'est aussi le repère des « Ours Blancs », un club devenu mythique de nageurs courageux et passionnés qui se baignent par tous les temps, toute l'année.

Plage de la Côte-des-Basques C4

La plus sportive et la plus exposée des plages de Biarritz, au pied d'une falaise périodiquement protégée contre les éboulements, doit son nom à un « pèlerinage à l'Océan » qui, le dimanche suivant le 15 août ou le 2e dimanche de septembre, rassemblait jadis pour un bain collectif les Basques de l'intérieur des terres.

Aujourd'hui, on y voit surtout des surfeurs (ce fut le premier spot en Europe). À marée haute, baignade impossible !

Plus au sud, on rencontre les **plages de Marbella** et de la **Milady**.

ENTRE TERRE ET MER

Pour visualiser cette promenade, reportez-vous au plan I, puis II de la ville (p. 328 et 329). Compter env. une demi-journée. Départ de l'office de tourisme.

À Biarritz, tout est récifs écumants, tourelles, arcades, donjons, escaliers,

Des couleurs sur la Grande Plage de Biarritz.
Laplace / CDT64

tours et détours. Un éclectisme baroque, au charme délicieusement désuet, témoignant de l'euphorie architecturale de la grande époque des « bains de mer », où se balader est un plaisir enchanteur.

Château Javalquinto D3

Square d'Ixelles. Haut lieu mondain depuis le Second Empire, Biarritz s'est couvert de villas et de résidences somptueuses, dont celle-ci, de style néogothique, dessinée par son propriétaire, le duc d'Osuna. Elle abrite aujourd'hui l'office de tourisme.

Avant de rejoindre la rue Pellot, passez par celle des Cent-Gardes, pour voir la **Tête de Régina**, du sculpteur espagnol Manolo Valdés.

Chapelle impériale A1

R. Pellot - ✆ 05 59 22 37 10 - mi-juil.-mi-sept. : lun.-sam. 15h-19h ; reste de l'année : se renseigner.

Édifiée au 19e s. à la demande de l'impératrice Eugénie et vouée à la célèbre Vierge mexicaine de Guadalupe, elle mêle styles roman-byzantin et hispano-mauresque.

Avenue de l'Impératrice A1

Église orthodoxe russe – *8 av. de l'Impératrice - ✆ 05 59 24 16 74 - juil.-août : sam. 15h-18h, dim. 15h30-18h30 ; reste de l'année : se rens. auprès de l'église.* Construite en 1892, année de l'alliance entre la France et la Russie, elle accueillit des personnalités parmi les nombreux Russes qui venaient en vacances à Biarritz. De style byzantin, elle vaut surtout pour son intérieur : icônes provenant de St-Pétersbourg.

Villa La Roche Ronde – De 1884, elle se reconnaît à son pur style néogothique avec ses toits crénelés et son échauguette en proue.

Pointe St-Martin A1

Son **phare**, à 73 m au-dessus du niveau de la mer, offre une belle **vue★** sur la ville et les Pyrénées basques. Vous ne regretterez pas d'avoir monté les 248 marches ! *✆ 05 59 22 37 00 - 9h-12h, 14h-17h - 2 €.*

Juste à côté, la **villa Etchepherdia** adopte le modèle des fermes basques.

Revenir vers le centre-ville par la plage et l'allée Winston-Churchill.

Vous verrez, dans le jardin de la Grande Plage, l'**Arbre-Main**, sculpture en bronze haute de 4,50 m réalisée par l'artiste polonaise Magdalena Abakanowicz. Au bout de la plage, après le casino, le boulevard du Gén.-de-Gaulle passe en contrebas de la place Bellevue, réaménagée par le designer **Jean-Michel Wilmotte**. Elle est ornée d'une sculpture géométrique de **Jorge Oteiza** : la **Ferme basque**.

Bon à savoir – Un musée, près de Pampelune, est consacré à ce sculpteur basque.

Continuer en direction du Rocher de la Vierge.

Plateau de l'Atalaye C3

Atalaya signifie « promontoire » en espagnol : ici s'élevait une tourelle d'où l'on guettait l'arrivée des baleines ; des feux y étaient allumés pour donner l'alerte aux pêcheurs. Vue sur le minuscule abri du **port des Pêcheurs**, coincé entre le rocher du Basta et le promontoire où se dressait une *atalaye*. En bas, le petit port est charmant avec ses maisons de pêcheurs aux vives couleurs.

★ Rocher de la Vierge C3

Napoléon III eut l'idée de faire creuser ce rocher, entouré d'écueils, et de le relier à la falaise par un pont de bois. Aujourd'hui, il est rattaché à la côte par une pas-

SE LOGER	
Hôtel Brikéténia	1
Chambre d'hôte La Ferme de Biarritz	3
Chambre d'hôte Irigoian	5
Chambre d'hôte Itsas Mendi	7
Chambre d'Hôte Mme Urtizberea-Arbieu	9
Chambre d'hôte Maison Bereterraenea	11
Chambre d'hôte Nere-Chocoa	13
Camping Oyam	15

SE RESTAURER	
L'Atelier	1
Chez Auguste	3
Chez Benat	5
Au Bois du Moulin	7
La Parilla	9
Philippe	11
Les Rosiers	13
La Table d'Aranda	15
Le Trinquet	17
Villa janénéa	19

INDEX DES RUES

serelle métallique sortie des ateliers d'Eiffel et qui, par gros temps, est inaccessible, les paquets de mer embarquant par-dessus la chaussée. Surmonté par une statue immaculée de la Vierge, le rocher est un peu le symbole de Biarritz.

★ Musée de la Mer C3

Esplanade du Rocher-de-la-Vierge - ✆ 05 59 22 75 40 - www.museedelamer.com - ♿ - juil.-août : 9h30-24h ; juin et sept. 9h30-19h ; janv.-mai et oct.-déc. : 9h30-12h30, 14h-18h (vac. scol. 9h30-18h) - fermé 2e et 3e sem. de janv. et lun. (nov.-déc. hors vac. scol.) - 7,80 € (enf. 4-16 ans 5 €). Le musée s'agrandit mais reste ouvert pendant les travaux.

Ce musée né dans les années 1930 se devait alors de répondre non seulement à des critères de fonctionnalité mais aussi au raffinement esthétique recherché par la riche clientèle de la ville. D'où la subtile et fraîche décoration intérieure : mosaïques, fresques murales, fontaine. Son propos : présenter une approche diversifiée du biotope marin, des activités humaines qui y sont rattachées et, d'une façon générale, des liens privilégiés qui unissent Biarritz et l'Océan depuis des siècles.

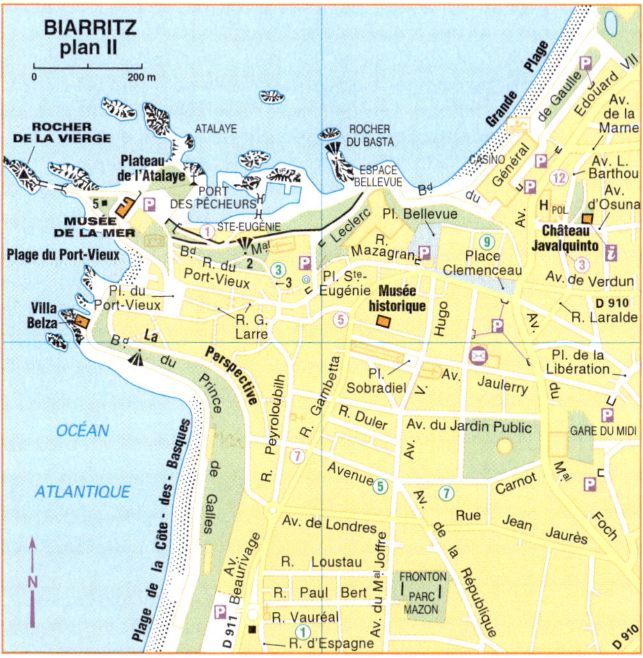

SE LOGER		SE RESTAURER		INDEX DES RUES	
Chambre d'hôte Villa Vauréal	1	Chez Albert	1	Atalaye (Pl.)	2
Hôtel Atalaye	3	Clos Basque	3	Goélands (Rue des)	3
Hôtel Gardenia	5	Da Vinci	5	Rocher de la Vierge (Espl. du)	5
Hôtel Maïtagaria	7	Il Giardino	7		
Le Petit Hôtel	9	Le Passage	12		

En sous-sol, série d'**aquariums** présentant la faune particulièrement riche du golfe de Gascogne. Au niveau 1, la salle de Folin évoque le pionnier de l'océanographie dans le golfe et l'historique du musée de la Mer inauguré en 1935. La **galerie des Cétacés**, étayée par une présentation sur la pêche à la baleine, expose des moulages ou des squelettes d'animaux échoués ou capturés sur la Côte basque (rorquals, orques, dauphins). Maquettes d'embarcations et instruments de navigation complètent la section consacrée aux techniques de pêche.

Au niveau 2, présentation subaquatique de phoques et squales.

Le ballet aquatique des phoques invite à monter au dernier niveau, où l'on assistera au repas des phoques, sur la plage, en terrasse (10h30 et 17h). À côté, la **galerie d'ornithologie** fait connaître l'ensemble des oiseaux de la côte et des Pyrénées, sédentaires comme migrateurs : un système interactif, dans une rotonde, permet d'entendre les chants et cris d'une quarantaine d'entre eux.

Mais la **terrasse** est également une belle occasion de profiter d'une splendide vue plongeante sur le rocher de la Vierge et d'un vaste panorama embrassant la côte depuis sa partie landaise jusqu'au cap Machichaco.

Villa Belza C3

Perchée sur un piton rocheux à la pointe de la Côte des Basques, cette villa de style éclectique, à qui une tourelle circulaire (un ajout ultérieur) donne sa silhouette caractéristique, a été bâtie en 1880 par l'architecte Alphonse Bertrand. Son nom (*belza* signifie noir en basque) et son allure en firent le lieu de tous les fantasmes des amateurs d'ésotérisme et de sorcellerie, avant que, louée en 1923 par le beau-frère d'Igor Stravinski, elle ne devienne sous le nom de Château basque un cabaret russe, réputé dans les Années folles.

La Perspective C4

Promenade tracée au-dessus de la plage de la Côte-des-Basques où se trouve l'**établissement des bains**, un bâtiment Art déco en cours de réhabilitation. **Vue★★** dégagée jusqu'aux trois sommets basques : la Rhune, les Trois Couronnes et le Jaizkibel. *Toute l'année, le littoral s'illumine de la tombée de la nuit à 1h du matin en hiver et à 3h en été.*

Retourner vers le centre par la rue Gambetta et la place Clemenceau, elle aussi réaménagée par Jean-Michel Wilmotte.

À voir aussi Plan de la ville I

Planète Chocolat (musée du Chocolat) A1

14 av. Beaurivage - ✆ 05 59 23 27 72 - www.planetemuseeduchocolat.com - ♿ - vac. scol. : 10h-18h30 ; reste de l'année : lun.-sam. 10h-12h30, 14h-18h30 - fermé 2 sem. fin janv.-déb. fév. - 6 € (-12 ans 4 €).

Voilà un musée pour les gourmands. On y entre, alléché par l'odeur, et on se retrouve plongé dans le chocolat jusqu'au cou : outils anciens, affiches de réclame, moules, sculptures, etc. Dégustation en fin de visite.

Asiatica - Musée d'Art oriental A1

1 r. Guy-Petit - ✆ 05 59 22 78 78 - www.museeasiatica.com - ♿ - vac. scol. : lun.-vend. 10h30-18h30, w.-end : 14h-19h, j. fériés : 14h-18h ; reste de l'année : lun.-vend. 14h-18h30, w.-end : 14h-19h, j. fériés : 14h-18h - possibilité de visite guidée sur demande (2 sem. av.) - 7 € (enf. 5 €).

Cette collection d'art asiatique axée sur la vie de Bouddha vous propose un voyage insolite, documenté et coloré dans les provinces de l'Inde *(sous-sol)*, en Chine, au Népal et au Tibet *(rez-de-chaussée)*.

À proximité Carte de microrégion

Bidart B 1-2

6 km au sud-ouest par la D 911.

R. *Errétégia, résid. Gidalekua - 64210 Bidart - 05 59 54 93 85 - www.bidarttourisme.com - juil.-août : lun.-sam. 9h-19h, dim. et j. fériés 9h-12h ; reste de l'année : lun.-vend. 9h-12h30, 14h-17h.*

Cette petite commune côtière aurait pu se faire dévorer par sa célèbre voisine Biarritz, mais rien de tel n'est arrivé : Bidart a préservé son identité et son authenticité. Il suffit de s'attabler à l'une des terrasses de sa place centrale, face à l'église et à la mairie, pour s'en convaincre.

Station la plus haut postée de la Côte basque, Bidart est nichée au bord de la falaise. De la chapelle Ste-Madeleine, située sur la corniche *(accès par la rue de la Madeleine, au centre du village)*, le **panorama★** englobe le Jaizkibel (promontoire fermant la rade de Fontarabie), les Trois Couronnes et la Rhune.

La **place centrale**, avec sa trilogie église-mairie-fronton, est quelque peu encombrée par les terrasses de café. Des compétitions et parties de pelote très suivies ont lieu au fronton principal. L'**église** au clocher-porche est caractéristique du pays : beau plafond en bois et galeries superposées. Immense retable rutilant de couleurs, du 17e s.

La rue de la Grande-Plage et la promenade de la Mer, rampe en forte descente, mènent à la **plage du Centre**.

Guéthary B2

9 km au sud-ouest par la D 911.

74 r. du Comte-de-Swiecinski - 64210 Guéthary - 05 59 26 56 60 - www.guethary-france.com - été : lun.-sam. 9h-12h30, 14h-18h30 ; reste de l'année : lun.-vend. 9h-12h30, 14h-17h30, sam. 9h-12h30 - fermé dim. et j. fériés. Plan comprenant deux promenades permettant de découvrir le village.

La plus petite commune de la Côte basque ne s'en laisse pas conter et dispose d'atouts de poids pour contrebalancer l'attrait de ses voisines plus importantes : la tranquillité et les plages. Le « joyau de la Côte basque » préserve en effet son calme tout en accueillant l'année durant les surfeurs, attirés par ses spots réputés. La station se concentre entre la D 810 et la mer, descendant en pente plus ou moins douce vers les plages et son petit port.

Musée municipal Saraleguinea – *Parc André-Narbaïts - 117 av. du Gén.-de-Gaulle - 05 59 54 86 37 - www.musee-de-guethary.fr - mai-oct. : tlj sf mar. et dim. et j. fériés 14h30-18h30 (juil.-août : 15h-19h) - 2 € (-15 ans gratuit).* Belle maison de style néobasque (1900), édifiée pour un Basque ayant fait fortune en

DU PORT DE PÊCHE À LA STATION BALNÉAIRE

Les premières traces d'activités humaines à Guéthary remontent à l'époque romaine, avec la présence de saloirs attestée par une épitaphe du 1er s. Mais sa principale source de richesse a toujours été la mer. Jusqu'au 19e s., on y chassait notamment la baleine franche noire, qui évoluait dans le golfe de Gascogne. L'animal était ramené au port où on le dépeçait sur le plan très incliné, encore visible aujourd'hui. Les pêcheurs pistaient aussi les bancs de thons et de sardines, mais leur port ne bénéficiant pas de mouillage, l'activité a progressivement disparu au 20e s. Aujourd'hui, les villas de style labourdin ont remplacé le quartier des pêcheurs et les surfeurs ont investi ses eaux. Guéthary a réussi sa reconversion !

Des baleiniers aux surfeurs

LA SOUDAINE FORTUNE D'UN PORT BALEINIER

Au début du 19e s., Biarritz n'est qu'un pauvre port baleinier perdu dans la lande, quand les Bayonnais prennent l'habitude de venir s'y baigner. Le trajet se fait à dos d'âne ou de mulet… et la fille d'un grand d'Espagne, contrainte à l'exil pour ses sympathies françaises, y séjourne durant son enfance : la chose serait anecdotique si cette Eugenia de Guzmán, comtesse de Téba (1826-1920), alias Eugénie de Montijo, n'était devenue en 1853 impératrice des Français. **Eugénie** décide en 1854 **Napoléon III** à l'accompagner sur la Côte basque. L'empereur est séduit à son tour et fait construire la villa Eugénie (détruite par un incendie en 1903 et remplacée par l'Hôtel du Palais) qui devient la résidence estivale du couple impérial. Biarritz est alors lancée. Charme, luxe, casino (inauguré en 1856) attirent maintes têtes couronnées : peu de stations balnéaires offrent un livre d'or aussi riche que Biarritz qui entre même dans l'histoire de la diplomatie lorsque Bismarck vient en 1865 y rencontrer l'empereur. Attirés par le climat, des Anglais fortunés (on édifie à leur intention une église anglicane), puis les aristocrates russes y séjournent. Les palaces se multiplient tandis que les villas, rivalisant de luxe et d'originalité, surplombent la mer et témoignent de cet engouement de la « jet-set » pour la ville qui ne se démentira ni à la Belle Époque ni durant les Années folles. On y joue au golf et au tennis (**Jean Borotra** (1898-1994) dit le « Basque bondissant », l'un des fameux « Mousquetaires » qui remportèrent six fois la coupe Davis entre 1927 et 1932, était biarrot), on assiste aux courses hippiques. Biarritz attire également les artistes. Sarah Bernhardt et Lucien Guitry s'y sont produits en leur temps, Rostand, Ravel, Stravinski, Loti, Cocteau ou Hemingway y ont séjourné, de même que Charlie Chaplin. Depuis les années 1980, les cinéastes l'ont choisie comme lieu de tournage, qu'il s'agisse d'André Téchiné pour son *Hôtel des Amériques* (1981) ou Éric Rohmer en 1986, pour *Le Rayon vert*. La station sert de décor pour certaines scènes de films tels que *Mes nuits sont plus belles que vos jours* (1989) de Andrzej Zulawski, *Quelqu'un de bien* (2002) de Patrick Timsit ou la comédie de Jean Dujardin, *Brice de Nice* (2005).

Bon à savoir – Les amateurs d'histoire locale pourront voir évoqués les fastes de jadis au **Musée historique de Biarritz** installé dans l'ancienne église anglicane de St Andrew's D3 – *R. Broquedis - ✆ 05 59 24 86 28 - mar.-sam. 10h-12h30, 14h-18h30 - 4 € (-10 ans gratuit).*

NOUVELLE VAGUE

En 1957, le scénariste américain Peter Viertel tourne dans la région *Le soleil se lève aussi*, sous la direction d'Henry King, d'après le roman d'Hemingway. Il se fait envoyer de Californie une curieuse planche qui nargue les rouleaux. La mode du surf allait bientôt déferler sur Biarritz comme une vague de fond…

Cinquante ans plus tard, ce sport a fait son apparition au baccalauréat, en Aquitaine, et la station porte désormais le surnom de « capitale européenne du surf ». Un titre qui lui va bien, surtout depuis qu'elle a lancé, à l'occasion du cinquantenaire, la construction de la **Cité du surf et de l'océan** *(ouverture prévue en 2011)*, sur le site d'Ilbarritz, en lisière de Bidart, ainsi que la reconstruction à l'identique de l'**Établissement des bains** Art déco, qui accueille (entre autres) depuis juin 2009 plusieurs écoles de surf.

Le surfeur et la vague.
E. Larribère / MICHELIN

Amérique. Le musée présente les œuvres du sculpteur d'origine polonaise **Georges Clément de Swiecinski** (1878-1958). Arrivé en France en 1902, ce chirurgien s'est installé en 1919 à Guéthary pour s'adonner à sa véritable vocation : la sculpture. La visite se poursuit dans le parc qui est parsemé de Laminak *(voir « La mythologie basque » p. 417)*, réalisés par le mosaïste local Michel Duboscq (son atelier se visite) ou le sculpteur Claude Viseux.

Église St-Nicolas – Au-delà de la D 810, sur la hauteur d'Elizaldia, l'église renferme un Christ en croix et une pietà du 17e s., ainsi que le monument de Mgr **Pierre Mugabure** (1850-1910), enfant du pays parti comme missionnaire au Japon où il deviendra le premier archevêque de Tokyo.

Arcangues C2

8 km au sud-est par la D 254. Ce village avec son église, son fronton et son auberge compose un décor pittoresque. À l'intérieur de l'église, à galeries sculptées, grand lustre Empire et bas-relief illustrant la décollation de saint Jean-Baptiste, patron de la paroisse. Le cimetière paysager aux nombreuses stèles discoïdales offre un **panorama★** sur les Pyrénées basques. Voir, à l'extrême gauche de la première terrasse en descendant, la tombe (toujours abondamment fleurie) de Mariano Eusebio González Garcia, plus connu sous le nom de **Luis Mariano**, prince de l'opérette décédé le 14 juillet 1970.

Château d'Arcangues – ✆ 05 59 43 04 88 - *www.chateaudarcangues.com - 14 juil.-20 sept. : mar.-dim. 10h-12h, 14h-18h - fermé lun. - 6 € (-12 ans gratuit).* Construit en 1900. Seules les salles du rez-de-chaussée se visitent. Elles révèlent d'intéressantes pièces de mobilier du 18e s., des tapisseries d'Aubusson et des Gobelins, une collection d'autographes (Paul Valéry, Malraux, Anna de Noailles, de Gaulle…), dont le plus ancien est une lettre patente de Louis XIII reconnaissant la validité du titre de marquis d'Arcangues. La chambre de Wellington conserve la même disposition qu'à l'époque où le duc y dormit (1813).

NOS ADRESSES À BIARRITZ

HÉBERGEMENT

Bon à savoir – À Biarritz, l'Hôtel du Palais a succédé à la villa Eugénie, élégante villégiature offerte par Napoléon III à l'impératrice. Cet établissement, le plus luxueux de la ville, propose de superbes chambres et suites ainsi que deux restaurants. À défaut d'y séjourner, vous pouvez y prendre un verre *(voir rubrique « En soirée »).*
Il est possible désormais de **réserver en ligne** votre hébergement à Biarritz sur le site www.biarritz-reservation.com.

À Biarritz

BUDGET MOYEN

Hôtel Atalaye – *6 r. des Goélands - ✆ 05 59 24 06 76 - www.hotelatalaye.com - fermé 14 nov.-15 déc. - 24 ch. 47/74 € - ☕ 6 €.* Cette imposante villa 1900 a emprunté son nom au superbe plateau de l'Atalaye qui surplombe l'océan Atlantique. Chambres et salles de bains progressivement rénovées, que l'on choisira de préférence côté mer. Garage fermé (pour les deux roues et matériel de surf, golf, etc.). Parking (gratuit hors saison) à proximité.

Hôtel Gardenia – *19 av. Carnot - ✆ 05 59 24 10 46 - www.hotel-gardenia.com - fermé nov.-fév. - 19 ch. 50/78 € - ☕ 7 €.* Cet établissement central à la façade rose a le charme d'une maison particulière. Ses chambres, coquettement décorées, sont calmes et régulièrement rafraîchies. Sa réception et son salon viennent tout juste d'être refaits, avec borne Internet et connexion Wifi. Hôtel non-fumeurs. Prix doux vu la situation.

Chambre d'hôte La Ferme de Biarritz – *15 r. Harcet - ✆ 05 59 23 40 27 - www.fermedebiarritz.com - fermé 6-17 déc. - P - ⊭ - 5 ch. 55/80 € - ☕ 8 €.* Près de la plage, ferme basque du 17e s. bien restaurée. Coquettes chambres (non-fumeurs) mansardées, aux meubles anciens. Petit-déjeuner dans le jardin ou devant la cheminée.

Hôtel Maïtagaria – *34 av. Carnot - ✆ 05 59 24 26 65 - www.hotel-maitagaria.com - fermé 23 nov.-15 déc. - 15 ch. 60/90 € - ☕ 8,50 €.* Accueil sympathique en cette demeure de style régional qui a revu son aménagement. Le mobilier chiné des chambres est largement Art déco.

POUR SE FAIRE PLAISIR

Chambre d'hôte Nere-Chocoa – *28 r. Larreguy - ✆ 06 08 33 84 35 - www.nerechocoa.com - ⊭ - 5 ch. 75/115 € - ☕ 9 €.* Cette maison entourée de chênes a hébergé des hôtes illustres dont l'impératrice Eugénie. Vastes chambres soignées, collection de tableaux, salon convivial pour soirées musicales.

Chambre d'hôte Villa Vauréal – *114 r. Vauréal - ✆ 06 10 11 64 21 - www.villavaureal.com - fermé 3-31 janv. - 80/110 € - ☕ 8 €.* Confortable villa dans un grand jardin aux arbres magnifiques, à deux pas de la plage des Basques. Chambres personnalisées. Confitures maison.

Le Petit Hôtel – *11 r. Gardères - ✆ 05 59 24 87 00 - www.petithotel-biarritz.com - fermé 3-24 nov. - 12 ch. 95/105 € - ☕ 12 €.* Coquet petit hôtel situé dans une rue tranquille non loin de la Grande Plage. Il abrite des chambres très bien insonorisées, décorées dans des tons bleus ou jaunes; toutes disposent d'un accès Internet.

À proximité

PREMIER PRIX

Camping Oyam – *Chemin Oyhamburua - 64210 Bidart - 1 km à l'E par rte d'Arbonne puis rte à dr. - ✆ 05 59 54 91 61 - www.camping-oyam.com - de déb. avr. à mi-sept. - ♿ - ⊭ - réserv. conseillée - 230 empl. 30,50 €.* Cette adresse propose de nombreuses possibilités d'hébergement : chalets de qualité, mobile homes, camping sous la tente et, depuis 2005, nuitées dans de confortables appartements avec terrasse ou balcon, au sein d'une résidence à l'architecture basque.

Chambre d'hôte Mme Urtizberea-Arbieu – *46 r. Assombrenea - 64210 Guéthary - ✆ 05 59 26 54 12 - fermé 15 nov.-déb. fév. - P - ⊭ - 5 ch. 42/60 € ☕.* Dans le bourg mais à l'écart de l'agitation balnéaire, cette grosse maison au milieu d'un jardin abrite cinq chambres au 1er étage. Toutes sont identiques avec un confort modeste mais compensé par une tenue irréprochable.

Chambre d'hôte Itsas Mendi – *Av. de Biarritz - 64210 Bidart - ✆ 05 59 23 36 54 - http://itsas.mendi.free.fr - fermé 15 j. en déc. - P - ⊭ - 5 ch. 42/62 € - ☕ 7 €.* Cette belle maison basque, un peu proche de la route, se trouve à 500 mètres du golf et des plages. Ses chambres, toutes installées au premier étage, sont de faible ampleur ; leur décoration reste sobre. L'été, vous prendrez votre petit-déjeuner sur la terrasse surplombant la piscine.

BUDGET MOYEN

Chambre d'hôte Maison Bereterraenea – *Quartier Arrauntz - 64480 Ustaritz - ✆ 05 59 93 05 13 - www.chambres-cote-basque.com - fermé nov.-avr. - P - ⊭ - 4 ch. 60/70 € ☕.* Tournée vers un verger de pommiers à cidre (vente à emporter), cette maison basque du 17e s. domine la vallée de la Nive. Simple et bien rénovée avec ses murs blancs et ses pierres de montagne, elle a retrouvé sa noblesse d'antan. Chambres sobres avec poutres et portes anciennes.

POUR SE FAIRE PLAISIR

Hôtel Brikéténia – *R. de l'Église - 64210 Guéthary - ✆ 05 59 26 51 34 - www.briketenia.com - P - 16 ch. 70/95 € - ☕ 10 € - rest. 33/78 €.* Deux belles maisons du 17e s. à l'architecture typique. Celle aux volets rouges abrite des chambres en partie dotées de mobilier ancien. Salon convivial. Confortable restaurant à l'atmosphère bourgeoise et cossue, dans la seconde maison, refaite à neuf. Cuisine actuelle.

Chambre d'hôte Irigoian – *Av. de Biarritz - 64210 Bidart - ✆ 05 59 43 83 00 - www.irigoian.com - P - 5 ch. 95/125 € - ☕ 9 €.* Cette ancienne ferme du 17e s. se trouve à proximité de l'Océan, en lisière d'un golf. Chambres du meilleur goût et spacieuses salles de bains.

RESTAURATION

Bon à savoir – L'office du tourisme de Guéthary voisine avec plusieurs petites adresses proposant des casse-croûtes, assiettes et salades tout à fait honorables, souvent servis en terrasse.

À Biarritz

PREMIER PRIX

Da Vinci – *15 r. Gambetta - ✆ 05 59 22 50 88 - fermé lun., 1er janv.-6 fév., lun.-merc. hors sais. - 7,70 € déj. - 13/33 €.* Contrairement à ce que son nom pourrait laisser croire, c'est à un petit tour en Espagne que nous convie ce vrai bar à tapas/*pintxos* proche des halles, ouvert par les anciens animateurs du bar Jean. L'ambiance est populaire et très animée, et la salle dispose d'un original toit ouvrant. Au menu, spécialités basques et espagnoles avec tapas (succulentes), bien sûr.

Il Giardino – *62 r. Gambetta – ✆ 05 59 22 16 41 - www.ilgiardino-biarritz.com - 10/20 € - fermé lun. ouv. : midi merc.-sam. ; soir mar.-dim.* Petit restaurant italien aux couleurs acidulées. Les plats sont authentiques, familiaux, généreux et à prix doux. Un *spinaci ripieni* (petites bouchées d'épinard et sauce menthe), suivi de pâtes maison, d'un risotto ou d'un *spiedini sfiziosi* (brochettes de veau farcies de raisins et pignons), accompagnés d'un bon vin sicilien. Un tiramisu et un *ristretto* plus tard, on repart comme on est entré, avec le sourire.

BUDGET MOYEN

La Table d'Aranda – *87 av. de la Marne - ✆ 05 59 22 16 04 - www.tabledaranda.fr - fermé 3-18 janv., lundi sauf le soir en juil.-août et dim. - formule déj. 15 € - 20 €.* Le bouche à oreille ne fait pas défaut à cette table au cadre rustique et basque, située dans les murs d'une ex-rôtisserie. Cuisine personnelle et inventive, aimant le sucré-salé.

Le PasSage – *30 av. Édouard-VII - ✆ 05 59 22 59 55 - www.restaurant-lepassage.com - 15/38 €.* Cette adresse récente réunit en un même lieu trois activités. La boutique est spécialisée dans les arts de la table. Le restaurant mitonne une copieuse cuisine traditionnelle et le salon de thé sert des brunchs le dimanche, tant en salle qu'en terrasse. En sus : des paniers « nomade » à réserver à l'avance pour déjeuner sur la plage juste en face. Une des adresses préférées des autochtones.

Le Clos Basque – *12 r. Louis-Barthou - ✆ 05 59 24 24 96 - leclosbasque@gmail.com - fermé 23 juin-3 juil., 27 oct.-17 nov., 23 fév.-12 mars, dim. soir sf juil.-août et lun. - 24 €.* Pierres apparentes et azulejos donnent un air ibérique à la petite salle à manger où règne une ambiance conviviale. Terrasse d'été très courue. Spécialités régionales.

Chez Benat – *23 bis r. Harispe - ✆ 05 59 41 01 41 - 24 €.* Dans un décor simple mais chaleureux, vous dégusterez des huîtres et une cuisine à base de poissons *à la plancha*, sans oublier les fameux jambons espagnols. L'accueil en outre est des plus sympathiques, ce qui ne gâte rien !

POUR SE FAIRE PLAISIR

Chez Albert – *Allée Port-des-Pêcheurs - ✆ 05 59 24 43 84 - www.chezalbert.fr - fermé 22 nov.-16 déc., 4 janv.-10 fév. et merc. - 40 €.* Les produits de la mer sont à l'honneur dans cette adresse animée et décontractée d'où l'on aperçoit le petit port de pêche. Terrasse très prisée en été.

Les Rosiers – *32 av. Beausoleil - ✆ 05 59 23 13 68 - www.restaurant-lesrosiers.fr - fermé merc. en été, lun.-mar. sf le soir de mi-juil. à mi-sept. - 40/60 €.* Accueillante maison tenue par un couple (dont la femme est la première MOF de l'histoire) qui réalise à 4 mains une cuisine « vérité » séduisante et raffinée. Entre autres spécialités : grosses crevettes croustillantes et tartare de tomate. Décor sobre et élégant.

UNE FOLIE

L'Atelier – *18 r. de la Bergerie - ✆ 05 59 22 09 37 - www.latelierbiarritz.com - fermé 2 sem. en mars et en nov., 1 sem. en juin, dim.*

soir et lun. sf juil.-août - 45/70 €. Cet atelier culinaire vous réserve la surprise de préparations actuelles relevées d'un trait de créativité ; bons vins. Côté décor, il mise sur l'élégance d'un espace feutré.

Philippe – *30 av. du Lac-Marion - ✆ 05 59 23 13 12 - www.restaurant-biarritz.com - soir en août ; reste de l'année : soir merc.-dim. - fermé 2 sem. en mars, 2 sem. en nov., 1 sem. en juin - 50/75 €.* Cuisines ouvertes, four à bois pour préparer agneau et cochon de lait, plats inventifs, décor avant-gardiste : ce restaurant surprend et séduit. Dépôt-vente d'art contemporain.

À proximité

PREMIER PRIX

Chez Auguste – *R. de l'Uhabia, D 810 - 64210 Bidart - ✆ 05 59 54 94 01 - fermé 15 nov.-15 déc. et lun. - ⊭ - 10/18 €.* Cette petite adresse presque de bord de plage est une perle rare : bon choix de plats, assiettes généreuses et prix plus que raisonnables. Aussi ne vous étonnez pas que la terrasse soit comble. Reste la salle à manger décorée simplement où vous passerez aussi un bon moment.

Au Bois du Moulin – *ZA Bassilour - 64210 Bidart - ✆ 05 59 41 94 01 - www.auboisdumoulin.com - fermé nov.-fév. - 10/25 €.* Scrutez le ciel pour savoir si ce petit restaurant pourra vous accueillir aujourd'hui : en effet, comme dans les guinguettes d'antan, les tables sont toutes dressées à l'extérieur, sous l'ombrage de grands arbres, d'une pergola et de quelques parasols. Carte très simple : salades, charcuterie et plat du jour.

BUDGET MOYEN

La Parilla – *D 810, « Le Plateau de Bidart » - 64210 Bidart - ✆ 05 59 54 78 94 - fermé lun. soir hors sais. - formule déj. 12,50 € - 15,50/30,50 €.* Voici une petite adresse parfaite pour qui veut prendre un repas rapide et de bonne qualité. Le décor, blanc et bois, est sympathique et les grillades (au feu de bois) sont préparées sous vos yeux, à même la salle. La semaine, possibilité d'une formule buffet pour les entrées et les desserts.

POUR SE FAIRE PLAISIR

Le Trinquet – *64200 Arcangues - ✆ 05 59 43 09 64 - 28,50 €.* C'est une copieuse cuisine traditionnelle qui est servie dans la salle de ce restaurant ouverte sur la *cancha* où se disputent les parties de pelote, souvent des défis organisés par le patron des lieux. Chants basques en sus pour accentuer la couleur locale.

BOIRE UN VERRE

Betjeman and Barton – *23 av. de Verdun - Biarritz - ✆ 05 59 24 31 48 - tlj sf lun. mat. et dim. 10h-12h30, 15h-19h30.* On apprécie cette boutique pour la diversité des produits proposés : plus de 60 sortes de thés, des tisanes à foison, un large choix de théières, tasses et mugs provenant d'Angleterre, du Maroc, de Chine, du Japon, sans oublier les cakes et confitures typiquement « *British* » que vous pourrez déguster dans le salon de thé.

EN SOIRÉE

Bon à savoir – À Biarritz, le port des Pêcheurs accueille bars et brasseries, pour prendre un verre près des bateaux de pêche. Située plus à l'intérieur de la ville, la place **Georges-Clemenceau** est bordée de brasseries, piano-bars et bodegas. Enfin, la **Grande Plage** est fréquentée aussi bien en journée qu'en soirée grâce à la proximité de la mer, du **café de la Grande Plage** (idéal pour prendre un verre après un bain de mer) et du casino.

Casino Barrière de Biarritz – *1 av. Édouard-VII - ✆ 05 59 22 77 77 - www.lucienbarriere.com*. Situé sur la Grande Plage, cet immense casino de style Art déco rénové vous ouvre ses portes tout au long de l'année. Vous y trouverez une salle de jeux de table, des machines à sous, trois restaurants, le Café de la Grande Plage et une discothèque « Le BL ».

Bar Impérial (Hôtel du Palais) – *1 av. de l'Impératrice - ✆ 05 59 41 64 00 - www.hotel-du-palais.com - 9h-0h - fermé fév.* La villa Eugénie fut témoin des amours de Napoléon III et de l'impératrice Eugénie. Depuis 1893, cet édifice est devenu le majestueux Hôtel du Palais, doté d'un bar de standing, l'Impérial. Face à l'Océan, vous pourrez tremper vos lèvres dans une coupe de champagne tout en rêvant aux fastes d'antan. Pour parfaire le charme du lieu, un pianiste joue chaque soir entre 20h et 23h.

Arena Café – *Espl. du Port-Vieux - ✆ 05 59 24 88 98 - fermé lun.-mar. hors sais.* Un café-restaurant « pieds dans l'eau » (superbe terrasse dominant la mer) devenu un incontournable des soirées biarrotes. Ambiance *hype* au bar.

Le Caveau – *4 r. Gambetta - ✆ 05 59 24 16 17 - 22h30-5h.* Bar-discothèque le plus branché de la région où vous croiserez de superbes créatures des deux sexes et les inévitables stars en vacances. Tout ce petit monde vient ici pour faire la fête autant que pour se montrer, bien évidemment.

Gare du Midi – *21 bis av. du Mar.-Foch - ✆ 05 59 22 37 10 - www.biarritz.fr - ouv. les soirs de spect. ; billetterie gérée par l'office de tourisme : 10h-18h.* C'est la principale salle de spectacle de la ville : elle possède 1 400 places. Toutes sortes de représentations y ont lieu : pièces de théâtre, concerts de variétés, ballets… La Gare du Midi abrite également les studios du Centre chorégraphique national ballet Biarritz.

Loggia Sarl – *11 r. Gardères - ✆ 05 59 24 14 85.* Cette sympathique adresse propose un grand choix de bières et de cocktails. Petite restauration à toute heure (cuisine de brasserie, moules frites, choucroute…). Des événements sportifs sont fréquemment retransmis sur écran géant.

ACHATS

Maison Pariès – *1 pl. Bellevue - Biarritz - ✆ 05 59 22 07 52 - www.paries.fr - sais. : 8h30-19h30 ; hors sais. : 8h30-12h30, 14h-19h30 - fermé 15 janv.-15 fév.* Fidèle à plus d'un siècle de tradition familiale, la maison Pariès élabore de nombreuses spécialités telles que le mouchous, sorte de macaron à base d'amandes fraîches, le kanouga, caramel tendre au chocolat, les célèbres gâteaux basques et les tourons. Le rayon chocolat n'est pas en reste avec une cinquantaine de variétés exquises.

Maison Arostéguy – *5 av. Victor-Hugo - Biarritz - ✆ 05 59 24 00 52 - www.arosteguy.com - tlj sf lun. mat. et dim. 9h30-13h, 15h-19h30 (ouv. dim. mat. Pâques et juil.-août) - fermé 25 déc.* Fondée en 1875, cette célèbre épicerie de Biarritz (anciennement « Épicerie du Progrès ») a conservé ses murs, ses étagères et sa façade d'époque. On y déniche de nombreuses spécialités et produits difficiles à trouver ailleurs : millésimes rares du Bordelais, armagnacs prestigieux, thés parfumés, épices et produits basques.

Chocolats Henriet – *Pl. Clemenceau - Biarritz - ✆ 05 59 24 24 15 - chocolat.henriet@wanadoo.fr - 9h-19h.* Fondée après la Seconde Guerre mondiale, la boutique Henriet est une référence en matière de chocolat et de spécialités gourmandes : calichous (caramel au beurre d'Échiré et à la crème fraîche), rochers de Biarritz (chocolat amer, écorces d'oranges, amandes).

Cazaux et fils – *10 r. Broquedis - Biarritz - ✆ 05 59 22 36 03 - tlj sf dim. 10h-12h30, 15h-19h, j. fériés sur demande préalable.* La Maison Cazaux se voue à l'artisanat d'art poterie-céramique depuis le 18e s. Jean-Marie Cazaux parle volontiers de son métier qu'il qualifie d'« austère » et de « solitaire ». Cette boutique se consacre également à la création personnalisée : les céramiques y sont réalisées à la demande, depuis l'extraction de la terre jusqu'à la vente du produit fini. Travail sur mesure, dessin fait à la main.

Moulin de Bassilour – *ZA de Bassilour - Bidart - ✆ 05 59 41 94 49 - 8h-13h, 14h30-19h - fermé 2e et 3e sem. de janv. et d'oct.* Dans ce moulin en activité depuis 1741, on fabrique artisanalement des gâteaux basques fourrés à la crème ou à la cerise noire, mais également des sablés, des pains et des gâteaux de maïs à l'anis.

ACTIVITÉS

À Biarritz

Biarritz Olympique – *Stade Aguilera - Biarritz - ✆ 05 59 01 64 64 - www.bo-pb.com - 9h-12h30, 13h45-20h - fermé 1er janv., 1er Mai et 25 déc.* Ce complexe regroupe le stade de rugby du Biarritz Olympique, trois fois vainqueur du Bouclier de Brennus depuis le début du siècle et qui tient toujours les premiers rôles dans le Top 14, des courts de tennis, une piste d'athlétisme, des salles de musculation, de fitness, de danse…

Euskal Jaï Fernand Pujol – *R. Cino-del-Duca - Biarritz - ✆ 05 59 23 91 09.* Cette école de pelote basque organise des compétitions de *cesta punta* de juin à septembre, presque chaque mercredi et samedi.

Plaza Berri (fronton mur à gauche) – *42 av. du Mar.-Foch - Biarritz - ✆ 05 59 22 15 72 - 8h-22h sf dim. - 20 € (4 pers. mini).* En juillet et août, des galas de pelote basque (main nue, *paleta* cuir et petit chistera) sont organisés chaque mardi et vendredi soir à partir de 21h (billetterie dès 20h30). En dehors des périodes de compétitions, vous pourrez vous essayer à la *pala* (raquette en bois).

Accor Thalassa Biarritz – *13 r. Louison-Bobet - Biarritz - ✆ 05 59 41 30 01 - www.accorthalassa.com - 8h30-13h, 14h30-18h30 - fermé 1er janv. et 25 déc. - se renseigner auprès de la réservation centrale 05 59 41 30 01.* Emplacement idéal face à l'Océan pour ce centre de thalassothérapie composé de quatre pavillons. L'un des nombreux programmes de soins vous conviendra sûrement : remise en forme, jambes toniques, rééducation, « jeune maman », « masculin tonic », minceur, antistress, etc. Également, espace beauté dernier cri.

Thermes Marins – *80 r. de Madrid - Biarritz - ✆ 05 59 23 01 22 - www.thermesmarins-biarritz.com -*

avr.-oct. : lun.-vend. 8h30-12h30, 14h30-18h30, sam. 8h30-12h30, dim. 10h-12h, 16h-19h ; nov.-mars : lun.-vend. 9h-12h, 14h30-18h30, sam. 8h30-12h30, dim. 10h-12h, 16h-19h - fermé 1 sem. en janv. Centre de thalassothérapie doté d'une piscine de détente et d'un Jacuzzi où vous pourrez bénéficier de nombreux soins : douche à fusion, douche sous-marine, bain aéro-marin, massages, application d'algues…

Lagoondy Surf Camp – *47 av. du Braou - Biarritz - ✆ 05 59 24 62 86 - www.lagoondy.com - école de surf : 10h-19h, inscription au Rip Curl Surf Shop - fermé janv. et lun. hors sais. - cours de surf 1h30 35 € - 3 cours 95 €, 5 cours 150 € - Stages avec hébergement : 480 à 610 €).* École de surf agréée par la Fédération française de surf.

À Bidart

Bon à savoir – Bidart ne compte pas moins de six plages. Cependant, seules deux d'entre elles sont accessibles en voiture. Il s'agit des plages d'Ilbarritz et d'Ubahia. De nombreux restaurants et boutiques de loisirs longent cette dernière. On peut, entre autres, y louer un scooter des mers ou une planche à voile.

École de surf Taïba – *Lot. 170 - résid. Zirlinga - ✆ 06 14 01 13 11 - www.surf-taiba.com - juil.-août : 9h-18h30 et dim. hors sais. - 28 €.* École de surf agréée par la Fédération française de surf.

À Guéthary

Bon à savoir – La grande plage de Parlementia, que se partagent Guéthary et Bidart, est sans aucun doute la plus agréable du coin. Surveillée en juillet et en août, sa côte est longée par un sympathique chemin piétonnier. Les plages de Cenitz et de Harotz Costa (sentier près du port) ne sont pas surveillées.

École de surf de Guéthary – *582 av. du Gén.-de-Gaulle - 64210 Guéthary - ✆ 06 08 68 88 54 - http://surf.guethary.free.fr - 15 juin-15 sept. : 9h-12h30, 15h-18h30 ; reste de l'année : sur RV - 40 € cours découverte 2 heures.* École de surf et de bodyboard depuis 1996. Cours et stages (dont le « surf camp » : stage avec hébergement) assurés par des moniteurs brevetés d'État. Également, location de matériel et vente d'accessoires.

Saint-Jean-de-Luz

★★

13 579 Luziens - Pyrénées-Atlantiques (64)

NOS ADRESSES PAGE 349

S'INFORMER

Office de tourisme – *20 bd Victor-Hugo - 64500 St-Jean-de-Luz - ✆ 05 59 26 03 16 - www.saint-jean-de-luz.com - juil.-août : lun.-sam. 9h-19h30, dim. et j. fériés 10h-13h, 15h-19h ; reste de l'année : se renseigner auprès de l'office de tourisme - fermé dim. (nov.-vac. scol. de fév.), 1er janv., 1er Mai et 25 déc.* Visite guidée.

SE REPÉRER

Carte de microrégion B2 *(p. 304) – carte Michelin Départements 342 C2.*
La vie de St-Jean-de-Luz se concentre entre la Nivelle au sud-ouest et les plages au nord, c'est-à-dire entre le port et la mer.

SE GARER

Choisissez la place du Mar.-Foch, à deux pas de la place Louis-XIV et du port, pour laisser votre voiture. En été, des navettes gratuites vous emmènent depuis les parkings relais, à l'entrée de la ville, jusqu'au centre-ville.

À NE PAS MANQUER

La splendide église St-Jean-Baptiste et son retable.

ORGANISER SON TEMPS

Visite du centre-ville le matin, avec son église, ses maisons basques et ses musées ; farniente sur la plage l'après-midi ; sentier botanique depuis la pointe de Ste-Barbe en fin de journée ; petit verre en terrasse sur le port le soir : voilà le planning idéal d'une journée à St-Jean-de-Luz.

AVEC LES ENFANTS

L'ascension de la Rhune en petit train, mais en évitant si possible les périodes trop chargées. La base de loisirs du lac de St-Pée-sur-Nivelle.

Cité d'armateurs fortunés, elle fut aussi celle de corsaires émérites presque aussi célèbres que leurs voisins malouins ! Face à l'Océan, la ville dotée d'une baie superbe était prédestinée à être gagnée par le tourbillon mondain né à Biarritz dans les années 1850. Les villas balnéaires poussèrent aux côtés des maisons basques aux bois peints, des grosses demeures d'armateurs et des palais du 17e s. Il se dégage aujourd'hui de cet heureux mélange de styles une exquise douceur de vivre que l'on savoure en farniente sur la grande plage ou en balades dans le petit port de pêche.

Se promener

★ LE PORT A2

Le temps des baleines est fini, mais le port reste important pour la sardine, le thon et l'anchois. C'est un vrai port de carte postale avec ses bateaux peints de couleurs très vives et ses pêcheurs œuvrant sur le quai auprès des filets amoncelés. Avec, en plus, une odeur de saumure et un délicieux concert cristallin joué par le ponton sur pilotis, qui roule avec la marée.

De l'autre côté du port se dressent l'église St-Vincent et les maisons de **Ciboure** *(voir « À proximité » p. 344).*

La majestueuse **maison de l'infante**, dite **Joanoenia** (A2), semble veiller sur les bateaux. Cette riche demeure en brique et pierre avec des galeries à l'italienne accueillit l'infante et la reine mère. Dans la grande salle 17e s., cheminée monumentale sculptée et peinte ainsi que des poutres décorées de peintures de l'école de Fontainebleau. *1 quai de l'Infante - ✆ 05 59 26 36 82 - juin-oct. et vac. de la Toussaint : tlj sf dim. mat. et lun. mat. 11h-12h30, 14h30-18h30 - commentaire audio (15mn) - 2,50 € (-18 ans gratuit).*

SE LOGER

Chambre d'hôte Arrayoa 1
Hôtel Axafla-Baïta 2
Camping Goyetchea 3
Chambre d'hôte Iguski-Begui 4
Chambre d'hôte Nun Obeki 5
Chambre d'hôte Villa Argi-Eder 6
Château d'Urtubie 7
Hôtel Le Petit Trianon 9
Hôtel Ohartzia 13
Camping Zélaïa 15

SE RESTAURER

Chez Théo 1
Le Fronton 2
La Kantxa 3
Olatua 5
Petit Grill Basque "Chez Maya" 7
Piper Beltz 9
Zoko Moko 14

Rue Mazarin A2

Domaine des armateurs au 17e s., la langue de terre isolant la rade du port fut réduite des deux tiers par le raz de marée qui, en 1749, anéantit 200 maisons de la ville. Elle conserve quelques nobles demeures, comme la **maison St-Martin** (A2), au n° 13.

Sur la droite de la rue s'ouvre la place Louis-XIV.

★ Maison Louis XIV A2

℘ 05 59 26 27 58 - de déb. juin à mi-oct. : visites à 11h, 15h, 16h ; juil.-août : 10h30-12h, 14h30-18h30 - fermé dim. mat., 14 juil. et 15 août - 5 € (+12 ans 3 €, -12 ans gratuit).

Cette noble demeure fut construite pour l'armateur Lohobiague en 1643. À l'intérieur, le caractère « vieux basque » est donné surtout par l'**escalier** à volées droites, travail robuste de charpentier de marine : comme pour tous les planchers anciens des pièces d'habitation, les lattes sont fixées par de gros clous apparents, qui interdisent le rabotage et le ponçage.

Du palier du 2e étage, une passerelle intérieure conduit aux appartements où la veuve de Lohobiague reçut Louis XIV en 1660. En passant dans la **galerie à arcades**, prenez le temps de savourer le panorama des Pyrénées basques.

Dans la salle à manger aux lambris verts, table de marbre Directoire et cadeau de l'hôte royal à la maîtresse de maison : un service de trois pièces en vermeil décoré d'émaux niellés.

CENTRE-VILLE

Avec ses rues piétonnes (rue de la République, rue Gambetta, *dans le prolongement de la rue Mazarin*), il a beaucoup de caractère. Au n° 17 de la rue de la République se trouve la plus vieille maison de la ville ; en pierre de taille, elle contraste avec les maisons basques voisines.

★★ Église St-Jean-Baptiste A2

Voir l'ABC d'architecture p. 88. Extérieurement, elle est d'une architecture très sobre, presque sévère avec ses hautes murailles percées de maigres ouvertures, sa tour massive sous laquelle se glisse un passage voûté. Un bel escalier à rampe en fer forgé donne accès aux galeries.

LE MARIAGE DU ROI-SOLEIL

Prévu par le **traité des Pyrénées** *(voir « Hendaye » p. 354)*, le mariage de Louis XIV avec l'infante d'Espagne Marie-Thérèse a lieu à St-Jean-de-Luz. Accompagné de sa suite, le roi arrive le 8 mai 1660 et loge à la maison Lohobiague. Le 9 juin, entre les Suisses qui font la haie, le cortège royal s'ébranle en direction de l'église. Derrière deux compagnies de gentilshommes, le cardinal Mazarin, en costume somptueux, ouvre la marche, suivi par Louis XIV en habit noir orné de dentelles. À quelques pas derrière, Marie-Thérèse, en robe tissée d'argent et manteau de velours violet, la couronne d'or sur la tête, précède Monsieur, frère du roi, et l'imposante Anne d'Autriche. Toute la cour suit.

Le service, célébré par Mgr d'Olce, évêque de Bayonne, dure trois heures. La porte par laquelle sort le couple royal est murée après la cérémonie. Le cortège regagne la maison de l'infante. Puis les jeunes époux soupent à la maison Lohobiague en présence de la cour. Une étiquette rigoureuse les conduit jusqu'au lit nuptial dont la reine mère ferme les rideaux en donnant la bénédiction traditionnelle. Marie-Thérèse sera, pour Louis XIV, une épouse douce et digne. Quand elle mourra, le roi dira : « C'est le premier chagrin qu'elle me cause. »

L'intérieur, somptueux, date pour l'essentiel de son agrandissement de 1649, effectué par l'architecte bayonnais Louis de Milhet. Trois étages de galeries de chêne (cinq au mur du fond) encadrent la nef unique que couvre une remarquable voûte en carène lambrissée. Le chœur très surélevé, clos par une belle grille de fer forgé, porte un **retable★** (vers 1670, restauré en 1987) resplendissant d'or. Entre les colonnes et les entablements qui l'ordonnent en trois registres, des niches abritent une foule de statues : saints populaires locaux, apôtres, saint Laurent et son gril. Remarquez en outre la chaire (17e s.) supportée par des sphinges (sphinx femelles) menaçantes ; dans l'embrasure de la porte murée, statue parée de **N.-D.-des-Douleurs** et, à côté, petite Vierge de rosaire en tenue de cérémonie.

À voir aussi Plan de la ville

Sentier du littoral Hors plan

St-Jean-de-Luz donne accès à deux portions du sentier du littoral, totalement différentes : vers Hendaye, la promenade dévoile les montagnes et surtout la **corniche basque★★** *(voir p. 345)*, mais elle longe la route, tandis que vers Bidart, elle traverse des espaces naturels, urbains ou semi-urbains. On part alors du jardin de la pointe de Ste-Barbe, au bout de la promenade des Rochers.

Écomusée de la Tradition basque B1

Au nord de St-Jean-de-Luz, par la D 810. ✆ 05 59 51 06 06 - www.jean-vier.com - visite audioguidée - juil.-août : 10h-18h30 ; avr.-juin et sept.-oct. : lun.-sam. : 10h-11h15, 14h30-17h30 - 6 € (-12 ans 2,50 €).

Un parcours scénographique, tourné vers le passé, évoque les différents savoir-faire et activités traditionnels : fabrication de l'*izarra*, histoire du linge basque, pelote, danses, artisanats (bérets, espadrilles, gourdes), etc.

À proximité Carte de microrégion

Ciboure A2

27 quai Maurice-Ravel - 64500 Ciboure - ✆ 05 59 47 64 56 - juil.-août : lun.-vend. 9h-12h30, 15h-18h30, sam. 10h-12h30, 15h-18h30, dim. 10h-12h30 ; mai-juin et sept. : lun.-sam. 10h-12h30, 15h-18h ; janv.-avr. et oct.-déc. : lun.-vend. 10h-12h30, 15h-18h. L'office de tourisme propose cinq visites guidées (6,50 €), dont trois tournées vers la mer et le port.

Petite sœur de St-Jean-de-Luz, la charmante Ciboure gravit une colline sur la rive sud du port.

Façades à St-Jean-de-Luz.
Terre et Côte Basques

La **rue Pocalette** mêle les maisons labourdines à pans de bois (maison de 1589 à encorbellement, au coin de la rue Agorette) et de hautes demeures de pierre plus nobles, comme le n° 12, au chevet de l'église.

Église St-Vincent – 16e s. Vous apercevez de loin son original clocher de charpente à deux étages. Elle est accessible latéralement par un beau parvis dallé, porteur d'une croix de pierre de 1760. L'intérieur abrite un joli retable aux tons bleus, ainsi qu'une triple galerie qui avance sur la nef.

L'office de tourisme occupe la **maison natale de Ravel**, compositeur du fameux *Boléro*, au n° 27 du quai portant son nom. En le longeant, vous arriverez à la capitainerie.

De l'autre côté du port se dresse la silhouette quelque peu négligée de l'ancien couvent des Récollets, construit en 1610. Des habitations ont investi son cloître, qui conserve une fontaine, offerte par Mazarin en 1660.

★★ **La corniche basque** – Du port, prenez à droite et montez au phare (rue du Phare), puis au sémaphore (rue du Sémaphore) : **vue**★★ au sud-ouest sur la Côte basque, du cap du Figuier (cabo Higuer) en Espagne jusqu'à Biarritz. Au premier plan, les falaises plongent en oblique leurs roches feuilletées vigoureusement attaquées par les flots. Le site est particulièrement beau les jours de tempête.

Villa Leïhorra – *1 imp. Muskoa.* Construite en 1926-1929 par l'architecte **Joseph Hiriart**, cette villa est de style **Art déco**, tant dans son architecture que dans sa décoration intérieure. Elle fait l'objet d'importants travaux de réhabilitation.

Socoa A2

3 km à l'ouest par la D 912. Laissez la voiture sur le port et poursuivez (45 mn à pied AR) vers la jetée.

L'entrée de la baie de St-Jean-de-Luz était défendue autrefois par le fort de Socoa, construit sous Henri IV et remanié par Vauban.

La tombe de l'auteur de *L'Atlantide*, **Pierre Benoit**, se trouve dans le cimetière de l'Untxin à Socoa.

La route sinueuse, bordée d'ajoncs, se rapproche des falaises de Socoa. Au gré des échappées s'ouvrent de jolies **vues**★★ sur l'Océan qui vient battre les rochers.

★ Château d'Urtubie A2

3 km au sud-ouest par D 810.

05 59 54 31 15 - www.chateaudurtubie.net - avr.-oct. (et vac. de la Toussaint) : 10h30-12h30, 14h-18h30 (de mi-juil. à déb. août 10h30-18h30) - 6 € (-16 ans 3 €).

Du simple donjon construit par autorisation du roi Édouard III d'Angleterre en

1341, ce château est devenu au fil des âges une élégante demeure classique avec ses **toits à l'impériale** coiffant les deux tours qui, au 14e s., encadraient le pont-levis. Dans la tour centrale, remarquable **escalier à vis suspendu** datant du 16e s. Dans la chapelle édifiée au 17e s., au chœur redoré au 19e s., une salle de bains fut aménagée derrière la sacristie en 1830.

L'intérieur du château est décoré de grandes **tapisseries** de Bruxelles du 16e s. (grand salon), d'un ensemble de chaises et de fauteuils espagnols de l'époque Louis XIV (salle à manger) ainsi que de divers meubles et bibelots ayant appartenu depuis des générations aux châtelains d'Urtubie. Dans la **salle de chasse**, au rez-de-chaussée, plusieurs pièces (coffre, armoire) évoquent le mobilier basque traditionnel.

Le château (en partie reconverti en hôtel, *voir « Nos adresses à St-Jean-de-Luz », p. 350*) s'inscrit aujourd'hui au cœur d'un parc à l'anglaise. L'**orangerie** abrite une exposition sur le cidre et son salon de thé est accessible aux visiteurs *(goûter + visite : 10 €)*.

Urrugne A2

5 km au sud-ouest par la D 810.

Maison Posta - Pl. René-Soubelet - 64122 Urrugne - 05 59 54 60 80 - www.urrugne.com - juil.-août : lun.-vend. 9h-19h, sam. 9h-12h30, 14h-19h, dim. 10h-13h ; juin et sept. : lun.-vend. 9h-12h30, 14h-18h, sam. 9h-12h30, dim. 10h-13h ; oct.-mai : lun.-jeu. 9h-12h30, 14h-18h (vend. 17h30).

L'**église St-Vincent**, de style Renaissance, garde à l'extérieur une allure militaire. Elle s'adosse à un clocher-porche du 16e s., qu'orne un cadran solaire affichant la devise *Vulnerant omnes, ultima necat* (« Toutes les heures blessent, la dernière tue »). Son vaisseau peu ajouré et joliment peint affiche une hauteur de 22 m, mise en valeur par des galeries en bois sculpté.

Notre-Dame-de-Socorri – *Sur la grand-place d'Urrugne, prendre le chemin en montée vers N.-D.-de-Socorri.* Joli **site★** de chapelle de pèlerinage, dans l'enclos d'un ancien cimetière. Vue sur un paysage mamelonné dominé par l'éperon de la Rhune et, à l'horizon, sur le Jaizkibel et les Trois Couronnes.

Itinéraire conseillé

LA RHUNE ET LA VALLÉE DE LA NIVELLE B 2-3

13 km. Voir le circuit sur la carte de microrégion p. 304. Compter environ 2h. Depuis St-Jean-de-Luz, prendre la route en direction d'Espelette (D 918). Ascain est à 6 km.

★ Ascain B2

R. Ernest-Fourneau - 64310 Ascain - 05 59 54 00 84 - www.ascain-tourisme.fr - lun.-vend. 9h-12h30, 14h-17h30.

Construit au bord de la Nivelle, le bourg est aussi dominé par trois sommets : la Rhune, l'Esnaur et le Bizkarzun.

Le sommet de la Rhune à un jet de pierre, une place de village on ne peut plus basque, des maisons labourdines où le bleu, le vert ou le rouge tranchent sur les crépis blancs, et l'inévitable fronton de pelote où jouent les enfants : voilà Ascain en toutes saisons, un lieu propice à la flânerie !

N.-D.-de-l'Assomption – Un massif clocher-porche dresse sa silhouette au bord de la place. Il marque l'entrée de l'église, inaugurée par Louis XIII en 1626. Admirez les trois étages de galeries, la voûte peinte, les pierres funéraires en granit de la Rhune et le retable du 18e s. Dans le cimetière, ne manquez pas la stèle discoïdale de 1657.

ENTRE TERRE ET MER
Proche de l'Océan, Ascain a fourni de nombreux marins aux flottilles régionales. Le village disposait d'un port sur la Nivelle et constituait un important centre de construction navale qui faisait venir le chanvre du Nord et le bois des Landes ou des Pyrénées. Mais son économie était également pastorale du fait de son implantation au pied des sommets pyrénéens. Les Azkaindars ont longtemps vécu de cette double richesse.
Une tradition d'accueil – La frontière espagnole étant toute proche, Ascain s'est trouvé lié aux Basques de Guipúzcoa aussi bien par le commerce que par l'histoire. Pour preuve l'accueil prodigué aux exilés ibériques lors des guerres carlistes du 19e s. et pendant la guerre civile de 1936-1939. À l'inverse, les sentiers de contrebande servirent de points de passage pour ceux qui fuyaient la France entre 1940 et 1945. Actuellement, c'est aux visiteurs curieux de découvrir une authentique communauté labourdine qu'Ascain offre l'hospitalité.

Derrière l'église, les parkings marquent le départ de plusieurs chemins de randonnées : celui des Bergeries, celui de St-Ignace et celui des Sommets.
Pont romain – Cet ouvrage de 40 m a été édifié au 17e s. mais en suivant la méthode romaine, reconnaissable aux arches inégales et à la chaussée à deux pentes. Une pierre sculptée en tête de personnage, surnommée « César » (visible à marée basse), sert d'indicateur pour le niveau de l'eau.
Portua – Ancien port local ancré sur la Nivelle, au nord du bourg. Les canoës ont remplacé les gabares, autrefois chargées de pierres ou de produits manufacturés et agricoles.
Manoir Azkubea – Cette demeure du 16e s., située à 500 m du village sur la route des carrières, se reconnaît à son portique à boules et à son donjon.
Prendre la D 4, en direction de Sare.

★ Maison Ortillopitz B2

05 59 85 91 92 - www.ortillopitz.com - visite guidée uniquement (1h) - de mi-juil. à mi-août : 10h45, 12h, 14h15, 15h30, 16h45, 18h ; reste de l'année : se rens. sur le site Internet - 7 € (-14 ans 3 €).
C'est une belle et grande ferme (600 m² sur trois étages) labourdine du 17e s. que fit construire un armateur, d'où le confort des lieux. Sa visite vous permettra d'entrer dans la vie quotidienne d'une famille basque. À noter : l'escalier droit en bois sur le modèle d'un bateau, la cuisine avec son four à pain, la belle charpente du grenier (qui nécessita 600 arbres !) ; à l'extérieur : le pressoir avec son impressionnante poutre maîtresse et le lavoir.
Ortillopitz possédait 18 ha de terres alentour qui assuraient une vie en autarcie. Vous découvrirez à votre gré le potager, le verger, les vignes, les parcelles de chanvre et de piments.
Continuer sur la D 4 en direction de Sare jusqu'au col de St-Ignace. Parkings gratuits.

★★★ La Rhune B3

Renseignez-vous au préalable sur la visibilité au sommet (s'il y a des nuages, vous ne verrez rien !). Prévoir un vêtement chaud. Pour vous rendre au sommet de la Rhune, 2 options :
Le petit train à crémaillère de la Rhune – *05 59 54 20 26 - www.rhune.com - juil.-août : ttes les 35mn entre 8h30 et 17h - de fin mars à déb. nov. : 10h et 15h - 14 € AR (-10 ans 8 € AR). Départ du col de St-Ignace.*

Sentier balisé en vert. 2h30 pour la montée, 2h pour la descente. Munissez-vous de bonnes chaussures.

La Rhune (en basque, *larrun* : « bon pâturage ») est la montagne-emblème du Pays basque français. De son sommet-frontière où trône un émetteur de télévision, le **panorama★★★** porte jusqu'à l'Océan, la forêt des Landes, les Pyrénées basques et, au sud, la vallée de la Bidassoa. Un obélisque rappelle que l'impératrice Eugénie en fit l'ascension à dos de mulet en 1859.

En haute saison, la route qui y mène est littéralement prise d'assaut. Si vous partez assez tôt, peut-être pourrez-vous profiter tranquillement de la route qui s'élève au-dessus d'un gracieux vallon jusqu'au **col de St-Ignace** (alt. 169 m). Là, le petit chemin de fer à crémaillère de 1924 mène en 35mn au sommet. Son allure (8 km/h) laisse tout le loisir d'admirer les vautours fauves, les **pottoks** et les **manechs** (brebis locales à tête noire) qui paissent tranquillement.

Revenir sur Ascain et prendre la D 918 ; St-Pée se trouve à 8 km à l'est d'Ascain.

St-Pée-sur-Nivelle B2

Pl. du Fronton - 64310 St-Pée-sur-Nivelle - ✆ 05 59 54 11 69 - juil.-août : lun.-sam. 9h30-12h30, 14h-19h, dim. et j. fériés 9h30-12h30 ; reste de l'année : lun.-vend. 9h30-12h30, 14h-18h, sam. 9h30-12h30, 14h-18h.

Il suffit de se promener dans les rues de St-Pée bordées de maisons traditionnelles aux volets peints pour se rappeler que l'on est bien en terre basque ! Les plus vieilles demeures entourent l'église, dressée en bordure de Nivelle.

Église des Saints-Pierre-et-Paul – Admirez la voûte en cul-de-four dont la forme rappelle au choix un soleil levant ou une coquille. Elle domine un très beau **retable** aux tons doré et bleu pâle du 17e s., réalisé en l'honneur de saint Pierre, patron de la paroisse. Le panneau de gauche montre la scène du reniement au chant du coq et celui de droite, sa libération d'une prison par un ange. Les portes du tabernacle mettent en scène saint Antoine de Padoue. Notez la nef plate et peinte en bleu, ainsi que la beauté des galeries.

Château – *En direction de Cambo.* Appartenant jadis aux seigneurs de St-Pée, l'une des plus puissantes familles de la région, il fut le théâtre de procès en sorcellerie menés par Pierre de Lancre. Incendié en 1793, il n'en reste qu'une massive tour carrée des 15e et 17e s., ainsi que des bâtiments du 18e s.

NOS ADRESSES À SAINT-JEAN-DE-LUZ

HÉBERGEMENT

À St-Jean-de-Luz

BUDGET MOYEN

Hôtel Le Petit Trianon – *56 bd Victor-Hugo - ✆ 05 59 26 11 90 - www.hotel-lepetittrianon.com - fermé janv. - P - 26 ch. 55/80 € - ☕ 8 €.* Une adresse sans prétention, mais bien tenue. La plupart des chambres (1er et 2e étages) ont été rénovées, celles du 3e bénéficient de la climatisation. Deux suites familiales. En saison, vous prendrez votre petit-déjeuner dans la cour intérieure décorée d'une immense fresque basque.

Hôtel Ohartzia – *28 r. Garat - ✆ 05 59 26 00 06 - www.hotel-ohartzia.com - 17 ch. 60/90 € - ☕ 7 €.* Bien que située en plein centre-ville, cette demeure aux volets bleus, longuement restaurée, dégage un réel charme bucolique. Une partie des chambres donne sur le jardin orné de platanes, de bosquets et de fleurs. De l'autre côté de la rue, la brasserie et sa belle terrasse proposent des spécialités locales.

Chambre d'hôte Villa Argi-Eder – *Av. Napoléon III - 3 km par D 810 et rte secondaire - ✆ 05 59 54 81 65 - www.chambresdhotes-argi-eder.com - (carte bancaire non acceptée) - 4 ch. 55 € - ☕ 6 €.* Une adresse conviviale, à deux pas de la plage, loin de la foule. Vastes et paisibles, les chambres de plain-pied ouvrent sur des terrasses privées très agréables pour petit-déjeuner.

POUR SE FAIRE PLAISIR

Chambre d'hôte Nun Obeki – *6 r. Élie-de-Sèze - ✆ 05 59 26 30 71 - www.nunobeki.com - P - (carte bancaire non acceptée) - 5 ch. 75 € - ☕ 7 €.* Cette grande maison basque peut s'adapter à maintes demandes d'hébergement. Chambres simples, petit appartement ou villa : les possibilités de séparer ou regrouper les différentes pièces sont nombreuses. Autres atouts : le décor ultra « cosy », la proximité de la plage et du centre-ville, et surtout la quiétude du jardin.

À proximité

PREMIER PRIX

Camping Goyetchea – *Quartier Ibarron - 64310 St-Pée-sur-Nivelle - 3,8 km à l'O de St-Pée-sur-Nivelle par D 918 et D 855, rte d'Ahetze à Ibarron - ✆ 05 59 54 19 59 - www.camping-goyetchea.com - de mi-juin à mi-sept. - ♿ - réserv. conseillée - 140 empl. 23,70 €.* Ce camping a été repris en 2002 par deux sœurs vraiment dynamiques. Les 140 emplacements répartis sur 3 ha sont très bien entretenus. La plupart des mobile homes viennent tout juste d'être achetés et les allées montrent de jolies fleurs. Ambiance calme et accueil souriant.

Camping Zélaïa – *64310 Ascain - 2,5 km à l'ouest sur D 4 rte d'Urrugne (et du col d'Ibardin) - ✆ 05 59 54 02 36 - www.campingzelaia.com - de 40 €/pers. la nuitée à 735 €/6 pers. la semaine - ♿ - réserv. conseillée.* Le camping Zelaïa loue exclusivement des chalets en bois et des mobile homes, pouvant accueillir de 4 à 6 personnes. La propriété s'étend sur 2,4 ha bien ombragés et très propres. Les deux confortables blocs sanitaires sont quasiment neufs.

Chambre d'hôte Arrayoa – *64310 Ascain - ✆ 05 59 54 06 18 - www.arrayoa.com - (carte bancaire non acceptée) - 42/55 €*

☕. Ferme d'élevage de brebis et canards située à l'écart du village. Calme, accueil charmant, grande salle commune dotée d'un coin cuisine et d'une bibliothèque, chambres au mobilier campagnard, fronton privé et prix raisonnables en font une adresse très courue. Vous pourrez repartir avec quelques conserves maison (confit ou foie gras).

BUDGET MOYEN

Hôtel Axafla-Baïta – *Rte d'Olhette - 64310 Ascain - ✆ 05 59 54 00 30 - www.hotel-achafla-baita.com- fermé du 12 nov. à déb. déc. - ♿ - 🅿 - 11 ch. 57/62 €, demi-pension seult - rest. 17 €.* La famille Inda tient cet établissement depuis trois générations. En 2003, elle a décidé de tout refaire du sol au plafond. Résultat : onze chambres récentes ; certaines ont vue sur la montagne. À table, recettes basques servies, selon la saison, sur la belle terrasse ou devant la cheminée.

Chambre d'hôte Iguski-Begui – *8 chemin d'Atalaya - Socoa - ✆ 06 63 08 03 93 - 💳 - 4 ch. 65 € - ☕ 8 €.* Dans cette belle maison avec vue sur la Rhune et la baie de St-Jean-de-Luz, chaque chambre a sa personnalité. Si vous voulez voir le phare de Socoa, optez pour la Sémaphore.

POUR SE FAIRE PLAISIR

Château d'Urtubie – *64122 Urrugne - ✆ 05 59 54 31 15 - www.chateaudurtubie.fr - avr.-oct. - 🅿 - 10 ch. 85/160 € - ☕ 11 €.* Sur la route de l'Espagne, château fort du 14e s. remanié au fil du temps. Aujourd'hui musée et hostellerie, il abrite des chambres de caractère garnies de meubles de style.

RESTAURATION

À St-Jean-de-Luz

PREMIER PRIX

Piper Beltz – *22 r. Garat - ✆ 05 59 26 14 81 - 10/25 € - midi et soir sf mar. soir et merc.* Les jeunes propriétaires concoctent une cuisine variée, copieuse et inventive avec un seul mot d'ordre : vous faire plaisir. Régalez-vous de belles spécialités basques agrémentées d'épices et de plantes du monde entier telles que les *kokotxa* (joues) de merlu, pesto basilic-noisette et risotto au soja ou des salades généreuses le midi. À noter : la terrasse pour les beaux jours.

La Kantxa – *16 av. André-Ithurralde - ✆ 05 59 26 91 58 - 12,50/32 € - enf. 6,50 € - 1er mars-31 déc., midi et soir - fermé dim.* Jean Bert et son équipe sympathique vous accueillent dans cette belle brasserie moderne, branchée et sportive située dans les murs du *jaï-alaï* de St-Jean-de-Luz. On y vient pour sa cuisine honnête, sa généreuse côte de bœuf, son merlu à l'espagnole et les parties de cesta punta retransmises sur grands écrans. À côté du bar, joueurs, chanteurs, parieurs participent à l'ambiance du lieu.

BUDGET MOYEN

Chez Théo – *25 r. de l'Abbé-Onaindia - ✆ 05 59 26 81 30 - chez-theo@wanadoo.fr - fermé 1er Nov.-15 déc., janv., dim. soir et lun. hors vac. scol. - 18/27 €.* Une auberge dévolue au Pays basque espagnol : *azulejos*, affiches de férias, murs de torchis, mobilier massif en bois, grand choix de tapas et plats plus solides concoctés avec passion et servis dans une ambiance conviviale.

Zoko Moko – *6 r. Mazarin - ✆ 05 59 08 01 23 - www.zoko-moko.com - 18/50 € - midi et soir sf juil.-août soir - fermé lun.* Si l'on vient dans le « Coin Tranquille » de Charles Olascuaga, c'est pour se délecter d'une cuisine basque gastronomique et raffinée, dans cette maison du 18e s. où les pierres apparentes et la cheminée contrastent avec le mobilier design mais confortable. L'équipe dynamique et discrète saura vous conseiller de jolis vins à prix doux pour accompagner tartare de thon de ligne et sa fine ratatouille glacée, carré d'agneau, filet de pigeon poêlé ou pêche rôtie au miel et glace verveine.

Petit Grill Basque « Chez Maya » – *2 r. St-Jacques - ✆ 05 59 26 80 76 - fermé 20 déc.-25 janv., jeu. midi, lun. midi et merc. - 22/30 €.* Incontournable, cette auberge authentiquement basque ! Fresques et assiettes de Louis Floutier, cuivres et amusant système de ventilation manuelle. Cuisine régionale immuable.

POUR SE FAIRE PLAISIR

Olatua – *30 bd Thiers - ✆ 05 59 51 05 22 - www.olatua.fr - formule déj. 14 € - 35 €.* Institution locale revisitant le répertoire culinaire basque dans un cadre frais et coloré. Intérieur aux tons jaune et bleu ; terrasse d'été protégée et jardinet couvert.

À proximité

POUR SE FAIRE PLAISIR

Le Fronton – *Quartier Ibarron - rte de St-Jean-de-Luz - 64310 St-Pée-sur-Nivelle - ✆ 05 59 54 10 12 - jeanbaptiste.daguerre@wanadoo.fr - fermé 10 fév.-20 mars, le midi en août, dim. soir et lun.-jeu. - 37/43 €.* Ici, la cuisine rime avec tradition : produits du marché et nombreux poissons frais vous mettront en appétit. Décor confortable et compassé, façon jardin d'hiver ; terrasse.

BOIRE UN VERRE

Salon de thé L'Acanthe – *31 r. Garat - ✆ 05 59 26 85 59 - www.lacanthe.com - juil.-août : 9h-22h ; hors sais. : tlj sf lun. 9h-19h - fermé 15-30 janv. et lun. hors sais.* Voici une adresse toute simple et surtout très pratique, à 50 m de la plage. Vous pourrez y prendre un petit-déjeuner (entre 9h et 12h), une collation à toute heure (salades, quiches, plats du moment), un thé (grand choix de thés en feuilles, cafés, chocolat et desserts) ou goûter au superbe jambon exposé dans la salle.

Maison Pereuil – *Chemin Karrika - 64310 St-Pée-sur-Nivelle - ✆ 05 59 54 10 05 - 8h-13h, 15h-19h30 - fermé merc. sf juil.-août.* Petite boutique avec une porte d'entrée en fer forgé où l'on trouve des gâteaux basques. Maison créée en 1876.

EN SOIRÉE

Bon à savoir – Autour de la **place Louis-XIV** s'étalent les terrasses de nombreux bars, brasseries et autres restaurants. Lieu de rendez-vous de nombreux Luziens et Luziennes, cette place vit en été au rythme des manifestations et concerts qui y sont organisés.

Le Brouillarta – *48 prom. Jacques-Thibaud - ✆ 05 59 51 29 51 - été : 9h-3h ; hors sais. : tlj sf lun. 9h-2h, dim. 9h-18h - fermé janv.* Grâce à sa vue imprenable sur l'Océan et la digue centenaire de l'Artha, cet établissement est idéalement situé pour voir s'approcher la masse noire et inquiétante du *brouillarta*, cette tempête qui survient subitement en mer. Décor marin, peintures d'artistes locaux.

Le Duke – *Pl. Maurice-Ravel - ✆ 05 59 51 12 96 - été : jusqu'à 3h ; hors sais. : 8h-2h.* Ce bar

d'ambiance est tenu par Michel Chardié, un ancien champion de surf qui a baptisé ce bar du nom de son idole, le Duke, une star hawaïenne du surf qui se jouait des vagues dans les années 1950. Musique et clientèle branchées.
SAS Casino de St-Jean-de-Luz – *Pl. Maurice-Ravel - ✆ 05 59 51 58 58 - http://joa-groupe.com - 10h-2h, w.-end 10h-3h.* Ce casino est doté d'une salle de jeux traditionnels, d'un espace pour machines à sous et d'un restaurant. Animations musicales tous les samedis au restaurant.

ACHATS

Place des Halles – *Le matin et l'apr.-midi en sais. ; le matin hors sais.* Ces halles de type Baltard fraîchement rénovées réunissent des « indépendants » de la région venus vendre leur production. Pas de grands étals donc, mais une multitude de petits producteurs qui misent sur la proximité et la qualité : charcutiers, fromagers, épiciers, boulangers-pâtissiers et une dizaine de poissonniers.
Les macarons Adam – *6 pl. Louis-XIV - ✆ 05 59 26 03 54 - www.macarons-adam.com - de mi-juin à fin sept. : 8h-20h (de mi-juillet à la 3e sem. d'août 8h-23h sf lun.-mar.) ; reste de l'année : 8h-12h30, 14h-19h30, dim. 8h-13h, 14h-19h30 - fermé de déb. janv. à mi-fév. et 3 sem. en nov.* La famille Telleria-Adam tient cette pâtisserie depuis le 17e s., soit 12 générations. Les macarons Adam auraient même été servis lors du mariage de Louis XIV avec l'infante Marie-Thérèse en 1660. Gâteaux basques, tourons et chocolats mettent également l'eau à la bouche.
Maison Thurin – *32 r. Gambetta - ✆ 05 59 26 05 07 - juil.-août : lun.-dim. midi 8h30-12h30, 15h30-19h ; reste de l'année : mar.-sam. 8h30-12h30, 15h30-19h - fermé dim. et lun. hors sais.* Cette boutique de poche renferme des produits du terroir dénichés de part et d'autre de la frontière franco-espagnole : excellent jambon de Bayonne, goûteux fromages de brebis, piments d'Espelette bien rouges, bon foie gras et magnifiques pièces de volaille sur commande. Mini-cave de vins basques.
Maison Pariès – *9 r. Gambetta - ✆ 05 59 26 01 46 - www.paries.fr - 8h30-13h, 14h30-19h30 ; été : jusqu'à 23h.* Créé en 1910 par Robert Pariès, maître chocolatier, l'établissement figure parmi les « références gourmandes » de la ville. Le mouchou basque (macaron à base d'amandes) est très apprécié, mais « la » spécialité maison reste le caramel tendre kanouga.
Bipia – *Rte d'Halsou - 64480 Larressore - ✆ 05 59 93 21 86 - www.bipia.com - tlj sf w.-end 9h-12h, 14h-18h - fermé apr.-midi 24, 31 déc. et j. fériés.* Le piment d'Espelette, acheté aux petits producteurs locaux puis transformé artisanalement, est la spécialité de la maison : vous le trouverez présenté sous forme de poudre, en gelée, en purée, en sauce (basquaise, ketchupade, bayonnaise), en moutarde ou dans du vinaigre de cidre. Exposition sur son histoire et dégustation.
Maison Charles Larre – *Pl. Louis-XIV - ✆ 05 59 26 02 13 - www.maisoncharleslarre.com - juil.-août : 9h-20h ; reste de l'année : 9h30-12h30, 14h30-19h30 - fermé 1er janv. et 25 déc.* Cette adresse incontournable crée de la toile basque depuis 1925. Vous y trouverez le tissu aux motifs rayés traditionnel vendu au mètre, mais aussi la toile épaisse d'origine baptisée la mante à bœuf, du linge d'office, des nappes et une ligne bébé renouvelée chaque année.

Cidrerie artisanale Txopinondo – *Rte de St-Jean-de-Luz - 64310 Ascain - ✆ 05 59 54 62 34 - www.txopinondo.com - fermé 5-21 janv.* Monsieur Lagadec, seul artisan cidrier du Pays basque côté français, fabrique de goûteuses spécialités : *sagardoa* (boisson fermentée à base de pomme), *muztioa* (jus), *dultzea* (pâte de fruits accompagnant le fromage de brebis) et *patxaka* (liqueur anisée aux pommes sauvages). Visitez aussi son petit musée-atelier du goût.

La ferme Machalenea – *64310 St-Pée-sur-Nivelle - ✆ 05 59 54 16 37 - 9h-21h.* Dans cette ferme familiale typique, les hommes cultivent la terre et élèvent les bêtes pendant que les femmes assurent la fabrication du fromage : de brebis, de Noël à fin mai, et de vache (lait cru et pâte cuite) toute l'année. Vente sur place et sur les principaux marchés de la région (St-Jean-de-Luz, Espelette, Biarritz, etc.).

ACTIVITÉS

Hélianthal – *Pl. Maurice-Ravel - ✆ 05 59 51 51 51 - www.helianthal.fr - 9h-13h, 14h15-19h45 - fermé de fin nov. à mi-déc. - 18 € - accès fin de journée au Spa Bio Marin, sauna, hammam, Espace Forme.* Week-end découverte thalasso (vend.-dim. ou sam.-lun.) comprenant l'hébergement et 3 soins quotidiens durant 2 jours. Parcours bio-marin, plusieurs forfaits au choix : semaine bien-être et santé, dos, jeune maman, jambes toniques, antistress, cap minceur… il y en a pour tous les maux !

Jaï-Alaï – *Av. André-Ithurralde - ✆ 05 59 51 65 36 - www.cestapunta.com - tlj sf w.-end 9h-12h30, 14h-19h - fermé oct.-mars - 12 € (-12 ans 6 €).* De fin juin à fin août, des matchs professionnels de cesta punta ont lieu à cette adresse le mardi et le vendredi.

Trinquet Maïtena – *42 r. du Midi - ✆ 05 59 26 05 13 - 9h-22h.* Même si les Basques pratiquent volontiers d'autres sports comme le squash, le tennis ou le golf, ils en reviennent tous à la *pala*, qu'ils pratiquent dans un trinquet (petite salle couverte). Après une partie, c'est à cette adresse qu'ils se retrouvent pour se rafraîchir et pour chanter.

Luzaz gazte – *1 av. André-Ithurralde - ✆ 05 59 26 13 93 - http://perso.wanadoo.fr/luzazgazte/ - juil.-sept. : lun., jeu. 20h30-23h - 8 € pour les ateliers de pratique (-12 ans 5 €).* De juillet à septembre, vous pourrez assister à des parties de chistera le lundi et de grand chistera le jeudi (à 21h15) souvent accompagnées de chants et de danses.

Le Spot – *16 r. Gambetta - ✆ 05 59 26 07 93 - juil.-août : lun.-sam. 9h30-20h ; reste de l'année : lun.-sam. 10h-12h30, 14h30-19h30 - fermé lun. mat.* Cette boutique de sport organise des cours de surf et de *bodyboard*. Deux autres boutiques situées dans la même rue proposent les mêmes services : Bakea (au n° 37) et H2O (au n° 72).

Aquabalade – *✆ 06 62 58 09 97 www.aquabalade.com - juil.-août : 10h-18h ; reste de l'année sur RV - 10 € en canoës de 3 adultes ou 2 adultes + 2 enf. - autres tarifs en canoës mono ou biplaces.* Balades entre Ascain et St-Jean-de-Luz à bord de canoës insubmersibles de 1 à 4 places. Dépaysement, silence, découverte de la faune et de la flore font le charme de cette balade sur la Nivelle.

Hendaye

★

14 041 Hendayais - Pyrénées-Atlantiques (64)

NOS ADRESSES PAGE 358

S'INFORMER

Office de tourisme – *67 bd de la Mer - 64700 Hendaye - ✆ 05 59 20 00 34 - juil.-août : lun.-sam. 9h-19h30, dim. et j. fériés 10h-13h ; juin et sept. 9h30-12h30, 14h-18h30, dim. 10h-12h ; reste de l'année : se rens. auprès de l'office de tourisme - fermé 1er janv., 1er Mai, 8 Mai, 1er nov., 11 Nov. et 25 déc.* Visites guidées : l'une autour du bourg historique, et l'autre sur le côté plage.

Train – *✆ 0 800 872 872 - www.ter-sncf.com/aquitaine.* Le forfait Passbask, utilisable tlj en juil.-août (le reste de l'année le w.-end), permet de voyager librement entre Bayonne et San Sebastián. *En vente dans toutes les gares SNCF d'Aquitaine et celles d'Euskotren.*

Navette maritime – Une navette maritime relie le port d'Hendaye à Fontarabie (Hondarribia) en 5mn. *Dép. ttes les 15mn - 1,60 €.*

SE REPÉRER

Carte de microrégion A2 *(p. 304) – carte Michelin Départements 342 B2.*

Sur la rive droite de la Bidassoa qui vient se jeter dans l'Océan, Hendaye est formée de trois quartiers : Hendaye-Gare, Hendaye-Ville et Hendaye-Plage.

SE GARER

Près des plages.

À NE PAS MANQUER

Le château d'Antoine Abbadie.

AVEC LES ENFANTS

La longue plage en pente douce et le centre nautique restent des valeurs sûres pour les jeunes.

Posée entre mer et montagne, Hendaye n'est séparée de l'Espagne que par la Bidassoa : autant dire que les soirées, partagées entre la station française et ses voisines Irún et Fontarabie sont animées et que le txikiteo

Coucher de soleil sur les Deux-Jumeaux.
Terre et Côte Basques

(tournée des bars à pintxos) s'y poursuit jusqu'à des heures avancées… Rien de tel pour se remettre d'une journée consacrée à la baignade, à la planche à voile ou au surf sur l'immense plage de cette cité balnéaire abondamment fleurie ponctuée par la silhouette emblématique des Deux-Jumeaux.

Se promener

Hendaye-Plage

Si une chose ne manque pas à Hendaye-Plage, c'est bien le vert dans les jardins ou sur les avenues : magnolias, palmiers, tamaris, eucalyptus, mimosas et lauriers foisonnent. Dans l'ancien casino de style mauresque, vous flânez entre boutiques, cafés et restaurants. Il est le point de départ du GR 10 traversant les Pyrénées d'ouest en est.

Au nord-est de la plage, vous pouvez voir les rochers des Deux-Jumeaux, au large de la pointe de Ste-Anne ; à l'opposé, le **cap du Figuier★** (Cabo Higuer), déjà en Espagne, marque l'embouchure de la Bidassoa. Une piste cyclable relie la plage au centre-ville par la baie de Chingoudy.

Baie de Chingoudy

L'estuaire de la Bidassoa forme à marée haute un lac tranquille : la baie de Chingoudy, où l'on peut pratiquer toutes sortes d'activités nautiques. Port de plaisance avec navettes pour le petit port de pêche espagnol de **Fontarabie★**.

Église St-Vincent

Grande église de type basque. La présentation actuelle – fragments de retable détachés de leur meuble, statues en bois polychrome – permet de détailler chaque œuvre. À droite, un baptistère a été installé dans une niche à fronton du 17e s. ; un bénitier roman décoré de la croix basque sert de cuve. La première

ILLUSTRES HENDAYAIS

L'écrivain **Pierre Loti** est mort à Hendaye le 10 juin 1923, dans une modeste maison basque *(r. des Pêcheurs)*. La station est aussi la ville natale de **Bixente Lizarazu**, un des joueurs de l'équipe de France de football qui a remporté la Coupe du monde en 1998.
En 2009, la jeune Hendayaise **Pauline Ado** est devenue championne du monde junior de surf.

UNE VILLE-FRONTIÈRE

De par sa situation stratégique en bord de fleuve, Hendaye a toujours fait office de frontière et en a subi les inconvénients. Jusqu'au 18e s., la cité se trouve en effet régulièrement en conflit avec ses voisines Irún et Fontarabie, notamment à propos des droits de pêche sur le fleuve et le golfe. Cela lui vaut même d'être détruite en 1793.

La prospérité ne revient qu'à partir de 1864, avec l'arrivée du chemin de fer. Hendaye voit alors se construire le château d'Abbadie (1864), le casino de style mauresque (1884), un golf et l'hôtel Eskualduna (1911), ainsi que de nombreuses villas d'inspiration basque témoignant de son attrait balnéaire. Mais son atout économique est avant tout lié au train, puisque la ville devient un nœud ferroviaire incontournable entre l'Espagne et la France (notamment en raison de la différence d'écartement des rails entre les deux pays, ce qui nécessitait des arrêts).

galerie des tribunes supporte un petit orgue dont le buffet doré est décoré d'une Annonciation. Remarquez dans la chapelle du St-Sacrement, un grand **crucifix★**, œuvre sereine du 13e s.

Sentier du littoral

Voir St-Jean-de-Luz p. 344.

Sur 25 km, parcourez le sentier en découvrant la faune et la flore *(location d'audioguide à l'office de tourisme - 3 €/j).*

Chemin de la Baie

Du port de plaisance à l'île de la Conférence, cette promenade de 15 km autour de la baie de Txingudi offre une belle vue sur les villes d'Irún et Fontarabie.

À proximité Carte de microrégion

Domaine d'Abbadia A2

Sortez d'Hendaye par la D 912 en direction de St-Jean-de-Luz (par la corniche). Tournez à gauche en suivant le fléchage « Domaine d'Abbadia ». Chiens, VTT et cueillette sont interdits. 05 59 20 37 20 - www.abbadia.fr - plusieurs formules de visites commentées sont proposées de mi-juin à mi-septembre, voir sur le site Internet. Prévoir des jumelles pour observer les oiseaux.

À la pointe Ste-Anne, le domaine d'Abbadia est un site naturel protégé aux caractéristiques de la Côte basque : prairies couvertes de landes à ajoncs et à bruyères s'arrêtant en falaises abruptes sur la mer. Vous pouvez voir les rochers des Deux-Jumeaux et, à l'aide de jumelles, observer les oiseaux migrateurs, tels le pluvier argenté, le busard cendré, l'outarde canepetière et le milan royal.

★★ Château d'Antoine Abbadie A2

Suivez la D 912 que l'on quitte à gauche pour entrer dans le parc du château. 05 59 20 04 51 - www.academie-sciences.fr/Abbadia.htm - juin-sept. : lun.-vend. 12h30-14h, w.-end. 14h-18h (visites guidées et visites libres) ; oct.-mai : mar.-sam. 14h-17h (visites guidées uniquement) - fermé j. fériés, de mi-déc. à fin janv. - visite guidée 6,60 €, libre 5,50 € (enf. 3,30 € ou 2,70 €).

Étonnant bâtiment néogothique, ce château fut la demeure de l'explorateur et astronome **Antoine Abbadie** (1810-1897). Ce savant, après dix ans passés à cartographier l'Éthiopie, choisit la pointe Ste-Anne pour faire bâtir un château digne de ses rêves africains, mais servant son goût pour le Moyen Âge et pour la science. Pour ce faire, il fit appel à **Viollet-le-Duc** et à son élève **Edmond Duthoit**. Le mélange ne manque pas de piquant : tours crénelées à la médiévale et toits en poivrière dominent le parc planté d'essences et de plantes exotiques. Dans toutes les pièces – peintes, ornées de fresques, tendues de cuir de buffle… –, on peut lire des vers, des devises en anglais, en basque et en amharique (langue éthiopienne). Dans le grand **salon★**, peint en bleu foncé, brillent les monogrammes d'Antoine et de son épouse Virginie. Une façon de s'élever au rang d'étoile… L'observatoire conserve une lunette méridienne, utilisée par des prêtres astronomes jusqu'en 1975 ; elle servait principalement à déterminer le positionnement des étoiles dans le ciel.

Biriatou A2

5 km au sud-est. Quittez Hendaye par la route de Béhobie.

Une placette à fronton avec son auberge attenante, quelques marches et une église, voilà une image de carte postale. Du village, la vue s'étend sur les montagnes boisées, la rivière-frontière en contrebas et l'Espagne de l'autre côté. Jadis, l'activité de ce lieu était en grande partie consacrée à la contrebande et d'anciennes traditions se perpétuent encore. Le **jeu de l'oie** en est un exemple : des jeunes gens à cheval doivent trancher le cou d'un de ces malheureux volatiles, rite initiatique nécessaire pour devenir un homme.

LIEU D'ÉCHANGES

Le 7 novembre 1659, **Mazarin** et son homologue espagnol, **Luis de Haro**, signent à Hendaye le **traité des Pyrénées**, mettant officiellement fin à la guerre de Trente Ans. Symboliquement, la cérémonie se déroule sur l'île des Faisans posée au milieu de la Bidassoa entre Hendaye et Fontarabie. Grâce au traité, le royaume de France s'empare du Roussillon, du Vallespir, du Conflent, du Capcir, de la Cerdagne, de l'Artois ainsi que de quelques places fortes de Flandres et de Lorraine. De plus, une frontière est délimitée entre les deux territoires. Clause annexe : le jeune roi de France **Louis XIV** épousera l'infante d'Espagne, Marie-Thérèse, l'année suivante à St-Jean-de-Luz… et s'engage à renoncer à ce que ses héritiers briguent le trône espagnol. La dot de Marie-Thérèse ne sera jamais versée, permettant à Louis XIV de revendiquer, plus tard, la couronne d'Espagne, ravivant, de ce fait, les guerres entre les deux peuples…

NOS ADRESSES À HENDAYE

HÉBERGEMENT

À Hendaye

PREMIER PRIX

Camping Dorrondeguy – *R. de la Glacière - 5 km au NE par D 912 et D 658 à dr., rte de la Glacière - 05 59 20 26 16 - www.camping-dorrondeguy.com - de déb. avr. à fin sept. - ♿ - réserv. conseillée - 120 empl. 25 €.* Le propriétaire de ce camping très agréable a repris l'affaire fondée par sa grand-mère en 1950. Il propose des emplacements bien ombragés et séparés par des haies, des mobile homes tout neufs et un charmant petit village de cinq chalets. Parmi les activités : un fronton de pelote basque.

Camping Ametza – *Bd de l'Empereur - 05 59 20 07 05 - ametza@neuf.fr - de déb. juin à fin sept. - ♿ - réserv. conseillée - 300 empl. 29,50 €.* Le camping Ametza reste une valeur classique et sûre. Parmi ses principaux atouts : l'accueil souriant, le cadre boisé et ombragé, le bon entretien des lieux, le bar-snack-épicerie et la piscine. Si vous ne voulez pas dormir sous la tente, optez pour les mobile homes ou les chalets.

BUDGET MOYEN

Hôtel Valencia – *29 bd de la Plage - 05 59 20 01 62 - www.hotelvalencia.fr - fermé 15 déc.-31 janv. - ♿ - P - 21 ch. 50/82 € - ☕ 7 €.* Seule la route sépare cet hôtel de la grande plage d'Hendaye. La salle des petits-déjeuners, située au 1er étage, et quatre chambres bénéficient de la vue sur l'Océan et les côtes espagnoles. Décor et mobilier sobrement fonctionnels. Bar et salon de thé au rez-de-chaussée. Hébergements possibles dans des studios et appartements très bien aménagés.

POUR SE FAIRE PLAISIR

Villa Goxoa – *Av. des Magnolias - 05 59 20 32 43 - www.villa-goxoa.com - 7 ch. 68/118 € - ☕ 12 €.* Une villa traditionnelle abrite cet hôtel de charme qui a ouvert ses portes à l'été 2009.

Hôtel Uhainak – *3 bd de la Mer - 05 59 20 33 63 - www.hotel-uhainak.com - fermé de fin nov. à janv. - ♿ - P - 14 ch. 72/80 € - ☕ 6 €.* Seule la route qui longe le bord de mer sépare cet hôtel de la grande plage d'Hendaye. Les chambres et les salles de bains possèdent de beaux volumes. Celles du premier étage ont un balcon (à choisir de préférence côté Océan) et sont meublées dans le style basque. Accueil simple et convivial.

UNE FOLIE

Hôtel Serge Blanco Ibaia – *Bd de la Mer - 05 59 51 35 35 - www.hotelibaia.com - fermé en déc. - ♿ - 90 ch. 132/342 € - ☕ 14 €.* À la tête de cet hôtel et de son centre de thalassothérapie, bâtis entre plage et marina, le célèbre rugbyman. Chambres de style contemporain, spacieuses et entièrement rénovées. Trois formules de restauration au choix : diététique, gastronomique et grill en été.

À proximité

BUDGET MOYEN

Les Jardins de Bakéa – *R. Herri-Alde - 64700 Biriatou - 05 59 20 02 01 - www.bakea.fr - fermé 15 nov.-3 déc. et 17 janv.-4 fév. - ♿ - P - 25 ch. 57/125 € - ☕ 10 € - rest. formule déj. 28 € - 47/67 €.* Cette maison régionale du début du 20e s. a fait en partie peau neuve et propose huit chambres « prestige », dont quatre mansardées, et dix-sept traditionnelles avec mobilier basque. Nouveau restaurant (poutres apparentes) et agréable terrasse d'été sous les platanes.

RESTAURATION

À Hendaye

PREMIER PRIX

Restaurant du Casino – *121 bd de la Mer - ✆ 05 59 48 02 48 - casino.hendaye@club-internet.fr - 14/25 €.* Ce restaurant a des airs de brasserie cossue : banquettes confortables, nappes colorées, terrasse face à la plage et service efficace. Sa carte propose des produits très frais et bien mitonnés. À goûter en priorité : le poisson grillé *à la plancha*, la selle d'agneau en croûte de sauge et les frites maison.

BUDGET MOYEN

Marco Polo – *2 bd de la Mer - ✆ 05 59 20 64 82 - polom@wanadoo.fr - fermé 7 janv.-7 fév., le soir de nov. à mars sf w.-end et vac. d'hiver - ♿ - formule déj. 13 € - 23/33 €.* L'on pourrait se croire en croisière sur un bateau dans ce restaurant avec ses boiseries claires, ses rampes et objets en cuivre. Et par ses larges baies vitrées, la baie d'Hendaye, l'estuaire de la Bidassoa, la mer et… l'Espagne. Dans l'assiette, les poissons tiennent la vedette.

POUR SE FAIRE PLAISIR

Enbata – *76 av. des Mimosas - ✆ 05 59 48 88 88 - www.hotelibaia.com - fermé 4-26 déc. - formule déj. 20 € - 28/35 €.* L'hôtel d'Ibaia abrite plusieurs formules de restauration, dont l'Enbata. On dresse ses tables sur les terrasses de l'établissement – côté marina et côté piscine –, ainsi que dans des salles modulables. Le décor est contemporain et la cuisine, au goût du jour, emprunte son vocabulaire aux saveurs du terroir.

À proximité

PREMIER PRIX

La Cidrerie – *D 810 - 64700 Biriatou - ✆ 05 59 20 66 25 - fermé 2 sem. fin oct., 2 sem. fin déc.-déb. janv., 1 sem. en juin, dim. soir et mar. soir sf juil.-août et lundi - P - 12/23,50 €.* À La Cidrerie, vous boirez bien sûr le cidre de la propriété, que vous accompagnerez d'une copieuse côte de bœuf ou d'une daurade grillées, spécialités de la maison. Le décor est simple – murs blancs, bois et petites fenêtres – et le service sans chichi.

EN SOIRÉE

Bon à savoir – Les noctambules français prolongent souvent leurs sorties festives à **Irún**, de l'autre côté de la frontière. La vie nocturne s'y concentre autour de la place San Juan et la rue Karrika Nagusia. Là, des dizaines de bars à tapas ouvrent jusqu'à des heures indues.

Casino de Sokoburu – *121 bd de la Mer - ✆ 05 59 48 02 48 - www.casino-hendaye.com - 10h-4h.* Ce casino situé face à la plage et à proximité du centre de thalassothérapie vous permet de tenter fortune aux machines à sous tous les jours dès 10h du matin… Black-jack et roulette fonctionnent en soirée. Pub, restaurant et animations.

ACTIVITÉS

Complexe hôtelier et thalassothérapie – *125 bd de la Mer - ✆ 05 59 51 35 35 - hôtel : 24h/24 ; thalasso : 9h-18h - fermé 3 sem. en déc.* Week-end initiation thalasso comprenant une nuit en pension complète, 3 soins d'hydrothérapie (sam.) et accès libre à l'espace de remise en forme (dim.).

L'Hendayais II – *Port de Plaisance de Sokoburu - ✆ 05 59 47 87 68 - fermé nov.-fév.* La découverte de la Côte basque à bord de L'*Hendayais II* montre tour à tour les falaises de schiste, la petite baie de Loya au pied du château d'Abbadie et les contreforts des Pyrénées. Les sorties durent de 45 minutes à deux heures. Si vous le souhaitez, vous pouvez aussi participer à une pêche en mer.

Bidassoa Surf Club – *1 rte de la Corniche - ✆ 05 59 48 32 80 - www.hendayebidassoasurfclub.com/.* École de surf labellisée par la Fédération française de surf.

Onaka – *12, av. des Mimosas - ✆ 05 59 20 85 88 - www.onaka.fr.* Cette école de surf est un lieu incontournable pour qui veut pratiquer une activité sportive à Hendaye. Au programme : apprentissage et location de surf, randonnées à vélo ou à VTT (pour adultes et enfants), baptême de plongée, sorties en raft ou en kayak, skate et journée « Découverte de la pelote basque ».

Yakanoë – *Plage de Sokoburu - ✆ 05 59 39 35 36 - www.yakanoe.com.* Découverte du littoral et des rivières basques en pirogue hawaïenne ou en kayak de mer. Initiation ou stages plus sportifs.

Sare

★

2 271 Sarois - Pyrénées-Atlantiques (64)

NOS ADRESSES PAGE 363

S'INFORMER

Office de tourisme – *Herriko etxea - 64310 Sare - ✆ 05 59 54 20 14 - www.sare.fr - juil.août : lun.-vend. 9h30-12h30,14h-18h30, sam. 9h30-12h30, dim. 10h-12h30 ; avr.-oct. : lun.-vend. 9h30-12h30,14h-18h, sam. 9h30-12h30 (sf oct.) ; nov.-mars : lun.-vend. 9h30-12h30, 13h30-17h30.*

SE REPÉRER

Carte de microrégion B3 *(p. 304)* – *carte Michelin Départements 342 C3.*
À 3 km de la frontière espagnole et à 14 km au sud-est de St-Jean-de-Luz via Ascain, par la D 918 puis la D 4.

SE GARER

Parking devant la mairie ou à l'entrée de la ville.

À NE PAS MANQUER

La maison Ortillopitz.

AVEC LES ENFANTS

La grotte, le musée du Gâteau basque pour les plus gourmands, et la ferme Etxola pour ceux qui aiment les animaux.

C'est « l'un des plus beaux villages de France » et le label n'est pas usurpé ! Posé au pied de la Rhune, Sare, haut lieu de la préhistoire, a soigneusement préservé toute son authenticité basque avec son grand fronton, ses rues ombragées et sa belle église aux galeries de bois. Connue pour ses festivités, l'attachement des habitants à leurs traditions et pour sa gastronomie, Sare est aussi l'une des cités les plus vivantes du Pays basque.

Se promener

Église St-Martin

Elle abrite trois étages de galeries et de riches retables. La chaire peinte surplombant l'assemblée est du 18e s. Remarquez à gauche de la nef la plaque en l'honneur de **Pedro Axular**, auteur de *Guero*, un classique de la littérature basque paru en 1643.
À l'extérieur, notez les fenêtres découpées dans l'épaisseur du mur, ainsi que l'escalier donnant accès aux galeries.

Musée du Gâteau basque

Maison Haranea, quartier Lehenbiscay - ✆ 05 59 54 22 09 - www.legateaubasque.com - du 1er avr. au 8 Mai et du 8 juil. à fin août : visites lun.-vend. à 11h, 15h, 16h30 - mai-juin et sept. : lun.-vend. 11h, 15h ; oct. : mar.-vend. 11h - 6 € (enf. 5 €).
La *sukalde* (cuisine), garnie de meubles et objets d'époque, vaut déjà le détour et la suite vous réserve bien des surprises… Vous aurez le choix entre deux

RAMUNTCHO
Écrit en 1897, ce roman de **Pierre Loti** qui (il faut bien le reconnaître) date quelque peu, est censé se dérouler à Sare, décrite sous le nom d'Etchézar. Il présente un Pays basque de pacotille où si l'on n'est contrebandier, c'est que l'on joue à la pelote…

visites : dans la « visite classique », le chef pâtissier vous donnera quelques conseils avisés en réalisant devant vous ce gâteau traditionnel *(45mn - 6 €)*. La « visite plus » *(uniquement pour groupes à partir de 8 pers. - 1h20 - 12 €)* permet de préparer vous-même le dessert et de l'emporter à la fin du cours. Pour les sportifs et les gourmands, un goûter est proposé par le musée.

Lezea (Grottes de Sare)

✆ 05 59 54 21 88 - http://lezea.sare.fr - juil.-août : 10h-19h ; avr.-juin et sept. : 10h-18h (oct. 17h) ; fév.-mars 14h-17h ; nov.-déc. : 14h-17h - fermé janv. - 6,50 € (-14 ans 3,50 €).

Partie d'un vaste réseau de galeries creusées dans du calcaire dur, une des cinq grottes préhistoriques de Sare, **Lezea** (« grotte » en basque) est ouverte à la visite : le travail de corrosion et d'abrasion a fait apparaître toutes sortes de cavités karstiques. Les outils de silex (grattoirs, haches, pointes de sagaie, etc.) et débris d'os découverts témoignent d'une occupation humaine, dont la phase la plus dense a été située au périgordien supérieur (20 000 av. J.-C.). Passé le vaste porche, on suit un parcours de 900 m mis en valeur par des éclairages et un montage audiovisuel sur fond de *txalaparta* (instrument à percussions qui évoque le son d'un galop) : cette ambiance sonore contribue au projet d'ensemble qui est de retracer l'histoire du peuplement basque. La visite s'achève sur la découverte d'un **musée** évoquant notamment les travaux de l'ethnologue basque José Miguel de Barandiarán (1889-1991) et d'un **parc mégalithique** attenant à la grotte présentant des reconstitutions de dolmens et de cromlechs.

2h AR. Le sentier des Contrebandiers mène aux grottes de Zugarramurdi en Navarre *(voir « Ainhoa » p. 364)*.

À proximité Plan de microrégion

Ferme Etxola B3

3 km au sud-ouest par la D 306. Peu après l'intersection menant à la grotte de Sare, sur la gauche. Rte des grottes de Sare et col de Lizarrieta - www.parc-

L'« ENFER DES PALOMBES »
C'est ainsi que les connaisseurs appellent Sare. Mais leur enfer s'étend en fait à tout le Sud-Ouest, où la chasse au pigeon ramier prend des allures de sport national. Elle a lieu en automne, quand les palombes venues des pays nordiques descendent vers des horizons plus cléments. Les volatiles font halte dans les forêts landaises ou pyrénéennes, vivant là leur dernière heure. Depuis les palombières (tours-cabanes placées sur les lieux de passage des oiseaux), on les rabat en effet à grand renfort d'appeaux et de fausses palombes vers les filets tendus ou, usage de plus en plus fréquent, vers les canons des fusils.

animalier-etxola.com - ✆ 06 15 06 89 51 - juil.-août 10h-19h ; avr.-juin 10h-18h ; sept.-oct. : 10h-17h ; reste de l'année : se renseigner - 5 € (-12 ans 4 €).
Les clapiers à lapins côtoient les enclos à poules, les cages des calopsytes (perruches) jouxtent celles des dindons et des poules huppées, et les pigeons frisés de Hongrie avoisinent les sabelpoots (poules naines). Quant au cochon vietnamien, il dort non loin du parc à chèvres tandis que le mouton de Valachie partage son pré avec celui de Jacob. Bref, c'est une véritable arche de Noé que vous découvrirez, sans doute tout aussi rustique que l'originale.
Possibilité d'acheter du pain à l'entrée pour les animaux.

Col de Lizarrieta B3

9 km au sud-ouest par la D 406, sur la frontière espagnole, vers d'Etxalar.
Alt. 441 m. Très animé à l'époque de la chasse à la palombe (postes de guet et de tir le long du chemin de crête).

★★★ La Rhune B3

3 km au nord-est sur la route d'Ascain (D 4) jusqu'au col de St-Ignace.
Voir p. 348.

NOS ADRESSES À SARE

HÉBERGEMENT

BUDGET MOYEN

Hôtel Lastiry – *Pl. du Village - ✆ 05 59 54 20 07 - www.hotel-lastiry.com - fermé déc.-mars - 11 ch. 60/110 € - 11 €.* Cette demeure historique du 18e s., avec poutres et pierres apparentes, abrite 11 chambres de charme, spacieuses, calmes, disposant d'une belle vue sur les montagnes environnantes. Vous pourrez aussi goûter à la cuisine gastronomique élaborée à partir de produits régionaux.

RESTAURATION

POUR SE FAIRE PLAISIR

Maison Olhabidea – *✆ 05 59 54 21 85 - www.olhabidea.com - fermé déc.-fév. - 35 €.* Au bord de la rivière, dans cette ferme posée au milieu de la montagne, vous dégusterez le menu surprise de Guillaume, concocté avec les produits de saison du potager comme le risotto aux cèpes et fois gras à l'automne ou la meringue au mascarpone et fraises gariguette l'été. Service en terrasse aux beaux jours.

ACHAT

Boutique du musée du Gâteau basque de Sare – *Voir les coordonnées p. 361.* Après la visite du musée, les réalisations culinaires de la journée ainsi que des produits maison sont proposés à la vente.

Ainhoa

★

648 Ainhoars - Pyrénées-Atlantiques (64)

NOS ADRESSES PAGE 366

S'INFORMER

Maison du patrimoine – *64250 Ainhoa - 05 59 29 93 99, www.ainhoa.fr - juil.-août : lun.-sam. 10h30-12h30, 14h-18h ; avr.-juin et sept.-oct. : horaires variables, consulter l'office de tourisme - fermé dim. et j. fériés.*

SE REPÉRER

Carte de microrégion C3 *(p. 304) – carte Michelin Départements 342 C3.*
8 km au sud-ouest de Cambo-les-Bains, dans le Labourd. La petite D 20 mène au centre de ce village-rue.

À NE PAS MANQUER

Le site de la grotte des Sorcières, à Zugarramurdi.

ORGANISER SON TEMPS

Le village constituant un point de départ de randonnées ou d'excursions vers la vallée du Baztan, on pourra le visiter avant de partir en promenade ou en fin d'après-midi, lorsque la lumière le rase et l'enflamme.

AVEC LES ENFANTS

Découvrez les nombreuses grottes des environs.

Il suffit de parcourir les rues d'Ainhoa pour reconnaître qu'il s'agit d'une ancienne bastide comme en témoigne son plan rationnel. Mais c'est aussi et surtout LE village basque par excellence. Tout y est : maisons rouge et blanche, fronton de pelote qui fait presque corps avec l'église, cimetière hérissé de stèles discoïdales. Au coucher du soleil, la montagne elle-même prend une teinte « rouge basque ». Charme assuré !

Se promener

★ Rue principale

Cette ancienne bastide est un véritable lotissement ! Une haie de maisons des 17e et 18e s. aux toits débordants, aux façades de guingois sous la chaux datant de la dernière St-Jean, aux volets et aux colombages colorés, aux poutres ornées de frises et d'inscriptions : on ne sait laquelle choisir ! Les vastes *lorios* (porches) des maisons conservent des anneaux d'attache pour les mules, souvenirs du temps où Ainhoa était, outre une halte pour les pèlerins, un relais pour les marchands transitant par la frontière espagnole.

Église – Précédée d'un clocher-porche, elle est dédiée à N.-D.-de-l'Assomption. Son agencement et sa décoration sont typiquement basques : boiseries dorées du chœur (17e s.), nef à double galerie et plafond à caissons.

N.-D.-d'Aranzazu (N.-D.-de-l'Aubépine)

Prenez la rue à gauche de la mairie et suivez le balisage du GR. Comptez 2h AR. Pèlerinage lun. de Pentecôte avec messe en basque à 10h30 - 05 59 29 92 60.

Sur le tracé du GR 10, ce chemin vous mène à la chapelle, construite sur les lieux où la Vierge serait apparue dans un buisson d'aubépine. Ce lieu de pèlerinage est l'occasion d'une belle promenade. En haut, vue sur Ainhoa et panorama sur la rade de St-Jean-de-Luz et Socoa. Plus loin apparaissent les premiers villages espagnols au pied des hautes montagnes navarraises.

À proximité Carte de microrégion

Zugarramurdi B3

7 km au sud-ouest par la D 20, puis la NA 4401 après la frontière.
Difficile d'imaginer, en parcourant ce charmant village, que son nom est associé depuis des siècles à la sorcellerie. Pourtant… en 1610, plus de 300 personnes y furent arrêtées par l'Inquisition et une quarantaine condamnées pour avoir organisé des messes noires dans la grotte. Un petit **musée des Sorcières** (Museo de las Brujas) retrace ces événements. *(00 34) 948 599 004 - de mi-juil. à mi-sept. : mar. 16h-19h30, mer.-dim. 11h-19h30 ; de déb. avr. à mi-juil. : merc.-vend. 11h-18h30, w.-end et j. fériés 11h-19h ; reste de l'année : merc.-vend. 11h-18h - 4 €.*

★ **Cueva de las Brujas** (Grotte des Sorcières) B3 – *Panneau directionnel sur la place de l'église. (00 34) 948 599 305 - 10h30-20h - 3,50 €.* Un parcours balisé mène au canyon creusé par le ruisseau de l'Enfer, lieu de réunion des sorcières. Tout autour, plusieurs sentiers empruntent d'anciens chemins de contrebande. Une très belle vue sur le village et ses alentours attend les plus motivés depuis le mirador aménagé en haut de la colline.

Urdazubi C3

5,5 km au sud-ouest par la D 20 puis, en Espagne, par la N 121B et la NA 4402.
De petits canaux et une rivière sillonnent ce village dont le nom signifie « eau et pont ». Il conserve quelques maisons anciennes et se remarque par la massive silhouette de l'église San Salvador, dernier vestige d'un monastère prémontré, autrefois hôpital pour les pèlerins en route vers Compostelle.

Cuevas (grottes) de Urdazubi o Gruta de Ikaburu C3 – *Tourner à droite avant d'arriver au village. Prendre à nouveau à droite à l'embranchement et comptez 500 m. (00 34) 948 599 241 - visite guidée mars-déc. 11h-18h, se renseigner pour les horaires des visites - fermé lun. (sf mars-oct.), 1er janv. et 25 déc. - 4,50 € (enf. 2,50 €).* Patiemment sculptée par l'Urtxurme (« ruisseau humble ») dans lequel évoluent toujours truites et anguilles, cette grotte déploie de fascinants tableaux de silex, de marbre, de colonnes de calcite (dont la crèche) et de racines d'arbres prises dans des gangues de calcaire.

NOS ADRESSES À AINHOA

HÉBERGEMENT

POUR SE FAIRE PLAISIR

La Maison Oppoca – *Au bourg - ✆ 05 59 29 90 72 - www.oppoca.com - fermé 10 janv.-4 fév. et 22 nov.-16 déc. - P - 10 ch. 75/120 € - ☕ 9 € - rest. 27/65 €.* Les murs de cette demeure basque datent de 1663. Ils accueillent des chambres confortables où règne une ambiance d'autrefois. Dès l'arrivée des beaux jours, le jardin offre un cadre parfait pour les petits-déjeuners. Au restaurant, cuisine gastronomique.

RESTAURATION

BUDGET MOYEN

Hôtel-Restaurant Etchartenea – *Dancharia - ✆ 05 59 29 90 26 - fermé merc. - P - 18 €.* Une halte originale que ce restaurant situé à même la frontière. La terrasse, sous les arbres et au bord de l'eau, est fort sympathique mais attention, si vous empruntez le petit pont enjambant le ruisseau, vous vous retrouverez en Espagne ! Cuisine familiale.

ACHATS

Pierre Oteiza – *R. Principale - ✆ 05 59 29 30 43 - www.pierreoteiza.com - 10h-19h - fermé janv., 25 déc. et lun. sf juil.-août.* Fabrication artisanale de succulents jambons de porc pie noir de la vallée des Aldudes et de plats cuisinés basques.

Pains d'épice d'Ainhoa – *Grande-Rue - ✆ 05 59 29 34 17 - www.pain-epice.net - 10h-19h, sf juil.-août 9h-20h - fermé janv. et de déb. nov. à mi-déc.* Seul un chevalet portant la mention « Pains d'épice d'Ainhoa » indique l'existence de ce fabriquant. À peine entré, on est enivré par l'odeur du miel à laquelle se mêlent, selon la saison, sept autres parfums : pain d'épice nature, bergamote, pruneaux/armagnac, gingembre confit toute l'année, chocolat et orange à Noël et figue en été.

Piments d'Espelette séchant au soleil.
Office du tourisme d'Espelette

Espelette

★

1 936 Espelettars - Pyrénées-Atlantiques (64)

NOS ADRESSES PAGE 369

S'INFORMER

Office de tourisme – *Au château des barons d'Ezpeleta, 145 rte Karrika-Nagusia - 64250 Espelette - 05 59 93 95 02 - www.espelette.fr - juil.-août : lun.-sam. 9h-12h30, 14h-18h30, sam. 9h30-12h30 ; reste de l'année : lun.-vend. 9h-12h30, 14h-18h (juin et sept. : sam. 9h30-12h30) - fermé dim. et j. fériés.*

Randonnées au clair de lune – *Mar. 19h-23h. Inscription à l'office de tourisme.* Promenades en soirée en montagne avec un accompagnateur pour découvrir le pastoralisme, la contrebande, la Côte basque de nuit…

SE REPÉRER

Carte de microrégion C2 *(p. 304) – carte Michelin Départements 342 D2.* À 6,5 km à l'ouest de Cambo-les-Bains.

SE GARER

Se garer en haut du village et le parcourir à pied.

ORGANISER SON TEMPS

Espelette est un village où il fait bon flâner, notamment pendant les jours de marché *(voir « Nos adresses à Espelette »).*

Espelette fait partie de ces lieux dont le nom fait frétiller les papilles des gourmets : c'est bien entendu le piment qui lui vaut cette réputation quasi universelle, et les images des guirlandes rouge foncé des piments mis à sécher en automne sur les façades ont fait le tour du monde. Cela mis à part, vous ne regretterez pas une flânerie dans les rues tortueuses et pentues, bordées de maisons on ne peut plus basques de ce charmant village plein de vie…

Se promener

Village du piment, Espelette est aussi celui du pottok (prononcez *pottiok*). Ce petit cheval docile, trapu et pansu, habitué à une vie demi-sauvage sur les

versants inhabités des montagnes, était jadis utilisé comme auxiliaire dans les mines. Il s'est aujourd'hui reconverti dans le tourisme puisqu'il accompagne les randonneurs dans leurs excursions en qualité de porteur de bagages (mais attention : on ne monte jamais un pottok!).
La balade dans le village vaut à elle seule le détour, mais consacrez une attention particulière à l'église du 17e s. et à l'ancien château.

Église

En bas d'Espelette.
Fortifiée et dotée d'un massif clocher-porche depuis 1627, elle présente les galeries traditionnelles des églises basques. Dans la chapelle des Ezpeleta, beau retable du 16e s. À voir également, les stèles discoïdales des 17e et 18e s. dans le cimetière attenant.

Château des barons d'Ezpeleta

Mairie et office de tourisme sont installés dans ce château, élevé au 11e s., mais plusieurs fois détruit et reconstruit. **Exposition** permanente sur le « piment dans le monde ». *☎ 05 59 93 95 02 - ♿ - mat. et apr.-midi, sam. mat. - fermé dim. et j. fériés - gratuit.*

LE PIMENT

Introduit au Pays basque en provenance d'Amérique via l'Espagne au 17e s., le piment devient très vite le condiment favori de ses habitants : séché au soleil avant d'être réduit en poudre, on le mit d'abord dans le chocolat et il remplaça le poivre dans la cuisine locale (poulet basquaise, *tripotxa* – boudins de veau –, *axoa* – émincé de veau –, etc.). Mais, outre le terroir, tout est dans les semis : certains se fient à la Lune, pour d'autres, c'est le jour de la St-Joseph qu'il faut pratiquer cette délicate opération…
Le piment d'Espelette a gagné ses lettres de noblesse en décrochant l'AOC en 1999 (cette appellation concerne également une dizaine de villages environnants). Cette reconnaissance a relancé son exploitation, le nombre de producteurs passant d'une trentaine en 1997 à une cinquantaine en 2000. Cette épice est devenue la plante à tout faire des Espelettars : en bain de pieds, ce fruit soigne même les grippes et les bronchites ! *Pour plus d'informations : www.pimentdespelette.com.*

NOS ADRESSES À ESPELETTE

HÉBERGEMENT

BUDGET MOYEN

Hôtel Euzkadi – *285 Karrika-Nagusia - ✆ 05 59 93 91 88 - www.hotel-restaurant-euzkadi.com - fermé mar. hors sais. et lun. - ♿ - P - 27 ch. 64/75 € - ☕ 8 € - rest. 18/34 €.* On ne peut rater cette adresse typiquement basque tant le rouge de sa façade se voit de loin. Chambres entièrement rénovées dans le bâtiment principal, climatisées, d'un réel confort. Piscine et tennis. Vous dégusterez une cuisine régionale dans un cadre rustique agrémenté de guirlandes de piments d'Espelette.

RESTAURATION

PREMIER PRIX

Pottoka – *Pl. du Jeu-de-Paume - ✆ 05 59 93 90 92 - francoiseaguerre953@orange.fr - fermé 15 j. en fév. et lun. hors sais. - 14/28 €.* Des magnifiques piments d'Espelette décorent ce restaurant typiquement basque. La cuisine accorde une large place aux produits du terroir. Goûtez donc l'*axoa* (épaule de veau haché assaisonnée du piment local), le gâteau basque ou le gratin de fraises. C'est un régal. L'été, la terrasse couverte est recommandée.

ACHATS

Marché – Mercredi matin (et samedi matin en juillet et août).

Maison Bipertegia – *Pl. du Jeu-de-Paume - ✆ 05 59 93 83 76 - tlj sf dim. mat. 10h-13h, 14h-19h.* Cette maison organise des dégustations de piment d'Espelette. Sitôt en bouche, qu'il soit en poudre, séché, en purée ou en gelée, son goût se diffuse en même temps qu'une douce chaleur. À découvrir aussi : le *gotoxi*, une sauce à grillades, l'huile d'olive pimentée et la piperade maison.

Ttipia – *Pl. du Marché - ✆ 05 59 93 97 82 - www.ttipia.fr - 10h-18h30 ; été : 9h-19h - fermé en janv.* Le village d'Espelette est bien connu des gastronomes pour son fameux piment. Cette boutique propose évidemment la spécialité locale, mais aussi une belle sélection d'autres savoureux produits régionaux : foies gras, conserves de canard, vin d'Irouléguy, confitures de cerise noire, fromages, jambons, etc. Vous y trouverez également du linge basque.

Ferme Kukulu – *Rte d'Itxassou - ✆ 05 59 93 92 20 - www.fromage-basque-kukulu.com.* Le fromage de brebis fabriqué par les bergers de la ferme Kukulu a déjà obtenu maintes récompenses. La grande qualité du lait et de l'affinage (de 4 à 16 mois selon les goûts) y est bien sûr pour beaucoup. La maison vend également des spécialités basques et le *mamia* (caillé de brebis).

Cambo-les-Bains

★

5 671 Camboars (Kanboars) – Pyrénées-Atlantiques (64)

NOS ADRESSES PAGE 374

S'INFORMER

Office de tourisme – *Av. de la Mairie - 64250 Cambo-les-Bains - ✆ 05 59 29 70 25 - www.cambolesbains.com - juil.-août. : lun.-sam. 9h-18h30, dim. et j. fériés 9h-12h30 ; sept. : lun.-sam. 9h-12h30, 14h-18h30, dim. 9h-12h30 ; mars-juin et oct. : lun.-sam. 9h-12h30, 14h-18h ; nov.-fév. : lun.-sam. 9h-12h30, 14h-17h30.*

SE REPÉRER

Carte de microrégion D 2 *(p. 304) – carte Michelin Départements 342 D2.*

À 30 km à l'est de St-Jean-de-Luz par la D 918. Le Haut-Cambo, quartier administratif, commerçant et résidentiel, groupe ses propriétés et ses hôtels sur le rebord d'un plateau qui domine la Nive ; le Bas-Cambo, vieux village basque, est situé près de la rivière. En amont se trouve le quartier thermal (direction Hasparren).

À NE PAS MANQUER

La villa Arnaga.

ORGANISER SON TEMPS

Une fois la maison d'Edmond Rostand et l'église visitées, Cambo peut servir de point de départ pour rayonner à la journée ou la demi-journée sur l'intérieur du Pays basque.

AVEC LES ENFANTS

Contemplez les petits pensionnaires de la forêt des Lapins à Louhossoa, visitez la maison Labourdine à Ustaritz.

Dans un superbe cadre naturel, Cambo-les-Bains, connue pour ses vertus curatives et la douceur de son climat, dévoile le charme un peu nostalgique des stations thermales du début du 20e s. Mais si de prestigieuses ombres du passé (Sarah Bernhardt, Anna de Noailles, Isaac Albéniz…) la hantent encore, c'est bien sûr à Edmond Rostand que l'on pense tout d'abord, tant l'auteur de *Cyrano de Bergerac* est lié à la cité où il a choisi de s'installer.

Se promener

Thermes

Dans un parc planté de palmiers, l'établissement thermal est un petit bijou de style néoclassique (1927) paré de mosaïques Art déco et de ferronneries. Les deux sources thermales sourdent aux abords du parc.

Église St-Laurent

Une magnifique galerie sculptée et un retable baroque en bois doré du 17e s., niché dans un chœur, caractérisent cette église dominant la Nive.

★★ Villa Arnaga

✆ 05 59 29 83 92 ou 94 94 - www.arnaga.com - juil.-août : 10h-19h ; avr.-juin et sept. : 10h-12h30, 14h30-19h ; 1re quinz. d'oct. : 10h-12h30, 14h30-19h, 2e quinz. d'oct. 14h30-18h ; mars : w.-end 14h30-18h - fermé nov.-fév.- 6,20 € (12-18 ans 3,20 €).

« Toi qui viens partager notre lumière blonde… n'entre qu'avec ton cœur, n'apporte rien du monde », écrit **Edmond Rostand** sur le seuil de sa villa d'Arnaga. « Je ne mesure que les beaux jours », lui répond un cadran solaire, de l'autre côté de la maison. Lumineuse, elle l'est en effet, cette belle demeure. Clarté et chaleur des lambris boisés, fraîcheur des peintures décoratives et des frises de carreaux, raffinement des faux marbres et des trompe-l'œil, éclat des vitraux de couleur… Nombreux documents aussi sur la famille Rostand et la carrière du dramaturge : dessins originaux des costumes de *Chantecler*, épées d'académicien d'Edmond et de Jean Rostand, lettres de Léon Blum, Jules Renard, Cocteau… On y voit même le César obtenu par Gérard Depardieu pour *Cyrano de Bergerac*. Conçue par Rostand lui-même grâce aux droits de son *Cyrano*, l'immense villa de style basque-labourdin s'élève sur un promontoire aménagé en jardins à la française. La perspective vers les montagnes d'Itxassou s'achève sur un pavillon à pergola évoquant la gloriette du château de Schönbrunn à Vienne.

UN DRAMATURGE ET UN « PELOTARI »

Venu à Cambo soigner une pleurésie à l'automne 1900, **Edmond Rostand** tombe sous le charme et décide de s'y installer à demeure. Son œuvre théâtrale *Chantecler*, née de ses promenades à travers la campagne basque, et la villa Arnaga suffiront, jusqu'en 1910, à matérialiser ses rêves. Peut-être a-t-il eu l'occasion de vibrer aux exploits de **Joseph Apesteguy** (1881-1950) ? Surnommé « Chiquito de Cambo », ce célèbre *pelotari* mit à l'honneur le jeu de pelote basque dit « au grand chistera ». Il était très en vogue, à l'époque, de venir y assister… d'autant que l'on risquait d'y croiser Édouard VII, roi d'Angleterre.

À proximité Carte de microrégion

Larressore C2

3,5 km au nord-ouest par la D 932 en direction de Bayonne, puis, au rond-point, la D 650 à gauche.

À côté du fronton, l'atelier **Ainciart-Bergara★**, fondé avant la Révolution, est animé par des artisans de cette même famille qui, selon des méthodes d'antan, fabriquent des **makhilas**. Il s'agit de cannes en bois de néflier, finement ouvragées, symboles de liberté pour le peuple basque. C'est à la fois un bâton de marche et une arme de défense (une pointe d'acier acéré est dissimulée dans le manche). Que son pommeau soit d'or, d'argent ou de maillechort, le « makhila cuir » est gainé dans sa partie supérieure de cuir tressé ; le « makhila d'honneur », quant à lui, a un manche de métal. Tressage du cuir, coloration naturelle des bois et montage des pièces restent des secrets de famille bien gardés.

En face de l'**atelier**, ne manquez pas l'espace d'exposition, la **Maison du makhila**, avec un documentaire sur les étapes de la fabrication (30mn). *✆ 05 59 93 03 05 - www.makhila.com - ♿ - tlj sf dim. et j. fériés 9h-12h, 14h-18h - fermé fin août (se renseigner) - atelier gratuit, Maison du makhila : 3 €.*

Jatxou C2

6 km au nord-ouest par la D 932 dir. Bayonne, puis, au rond-point, la D 650 à droite.

Construite au 13e s., l'**église St-Sébastien** a été agrandie en 1782 et son porche comprend une salle capitulaire où se réunissait l'assemblée paroissiale. À l'intérieur, admirez le beau plafond de bois peint, au centre duquel se détachent la mitre papale et les évangélistes. Le retable du 18e s. est dédié à saint Sébastien.

Ustaritz C2

6,5 km au nord-ouest par la D 932 en direction de Bayonne.

Après que Richard Cœur de Lion décida de séparer Bayonne du Labourd à la fin du 12e s., le village resta capitale de la province jusqu'en 1790. À partir de 1451, il accueillit le **biltzar**, une assemblée locale qui avait pour charge d'administrer les biens collectifs, de répartir les impôts et de gérer les rapports entre communautés.

Quelques belles maisons traditionnelles à colombages avec leurs volets rouges ou verts subsistent dans le centre du bourg. Si vous flânez dans les alentours immédiats, vous verrez également certaines des villas construites à la fin du 19e s. par les « Américains », ces Basques revenus des Amériques après y avoir fait fortune.

La Maison labourdine – *Quartier Arrauntz - www.lamaisonlabourdine.com - ✆ 05 59 70 35 41 ou 06 62 07 35 41 - juil.-sept. : 11h-13h, 14h-18h ; avr.-juin et oct. : tlj sf lun. 14h-18h - possibilité de visite guidée mat. sur demande préalable - 5 € (-18 ans 3 €).* Cette ancienne auberge (17e s.) restaurée rassemble objets et documents évoquant les campagnes labourdines d'autrefois. Un coin école, une épicerie (début 19e s.) et une bergerie ont été reconstitués. Dégustation et vente de produits régionaux à la boutique.

★ Itxassou D3

4 km au sud par la D 918 et la D 932.

Itxassou baigne dans une lumière douce où ciel et pentes verdoyantes se mêlent pour donner un paysage immuable et mystérieux. Profitez…

Les hameaux du village sont dispersés parmi des centaines de cerisiers *(Fête des cerises, 1er dim. de juin)*. Le quartier de la Place, qui comprend le fronton et la mairie, est en surplomb, tandis que celui de l'Église s'est développé près de la Nive, dans un bassin verdoyant entouré d'une couronne de monts.

★ **Église St-Fructueux** – Très bel édifice du 17e s., doté de trois étages de galeries, d'une chaire aux beaux réchampis (ornement ressortant du fond) dorés et d'un **retable**★★ en bois doré sculpté à la mode espagnole du 18e s. Tous ces éléments, ainsi que les confessionnaux et les bancs du fond, sont classés. Notez la statue de la Vierge, polychrome et dorée (17e s.), à gauche dans la nef, et les stèles discoïdales et tabulaires le long de l'église, à l'extérieur.

La forêt des Lapins – *Fléchage en forme de lapin, au niveau de l'entreprise de carrosserie (à droite sur la D 918 dir. Louhossoa, avant le pont routier). ✆ 05 59 93 30 09 - www.laforetdeslapins.com - de mi-juin à fin sept. : 10h15-18h ; de déb. oct. à mi-juin : 14h-17h - 6,10 € (5-10 ans 3,90 €).* Point de sophistication ici, mais beaucoup de soins apportés aux 60 variétés de lapins et 30 races de cochons d'Inde qui peuplent les clapiers et les cages accrochés à flanc de colline. Ravissement assuré pour les enfants, les portées ayant lieu toute l'année. Les plus grands profiteront de l'agréable panorama sur les collines environnantes.

Louhossoa D3

4 km au sud-est d'Ixtassou par la D 918.
Fondé en 1684, ce village labourdin conserve un remarquable **retable** polychrome dans l'église de **N.-D.-de-l'Assomption** (17e s.). Admirez ses couleurs et la belle statue en bois polychrome représentant la Vierge portée par les anges. Des scènes de la Passion encadrent le tabernacle et des panneaux sculptés représentent les quatre évangélistes dans le chœur. Ce dernier déploie une jolie décoration de lierre et de tiercerons.

Itinéraire conseillé

LA ROUTE DES MONTS C2

20 km. Voir le circuit sur la carte de microrégion p. 304. Compter environ 2h. Depuis l'église d'Itxassou, descendre vers la Nive en passant à côté de l'hôtel du Chêne. Parvenu sur la route principale, prendre à droite et suivre le panneau « Pas de Roland ». La D 349 mène au site.

Pas de Roland D3

Faites un arrêt sur l'élargissement peu après une petite croix sur le parapet, pour regarder en contrebas. Juste en dessous de la route, le rocher percé fut, selon la légende, ouvert par Roland poursuivi par les Vascons : un coup de sa fameuse épée, Durandal, suffit à ouvrir la brèche dans la pierre. Évitez les marches, assez dangereuses, et faites le petit détour par le sentier.
Poursuivre jusqu'à Laxia. Là, laisser la rivière et tourner à droite pour monter jusqu'à Artzamendi.
La route, très étroite, à fortes rampes et virages serrés *(comptez 40mn de montée)*, traverse une forêt aux arbres et aux pierres couverts de mousse et de fougères. Prenez votre mal en patience si vous vous trouvez derrière un troupeau montant à l'estive. Le paysage récompensera largement votre attente !

★ Artzamendi C3

Des abords de la station de télécommunications, le **panorama★** s'étend au nord sur la basse vallée de la Nive, le bassin de la Nivelle et ses hauts pâturages, et, au-delà de la frontière, sur les hauteurs de la vallée de la Bidassoa.
Redescendre vers Laxia, et à l'intersection qui précède le lieu-dit Fagola, tourner à gauche en direction d'Itxassou.

Mont Urzumu C3

De la table d'orientation, près d'une statue de la Vierge, panorama sur les Pyrénées basques et sur la côte, de la pointe Ste-Barbe à Bayonne.
Revenir à Itxassou par la même route.

NOS ADRESSES À CAMBO-LES-BAINS

HÉBERGEMENT

PREMIER PRIX

À Cambo-les-Bains

Le Trinquet – *R. Trinquet - ✆ 05 59 29 73 38 - fermé 2 nov.-8 déc. et mardi sauf du 1er juil. au 14 sept. - 13 ch. 29/48 € - ☕ 6,50 €.* Cette grande maison a pris le nom d'une variante de la pelote basque. Les chambres, simples et bien entretenues, sont aménagées au-dessus d'un café. Ambiance familiale.

Hôtel Chez Tante Ursule – *Quartier Bas-Cambo - 2 km au nord de Cambo - ✆ 05 59 29 78 23 - chez.tante.ursule@wanadoo.fr - fermé 15-28 fév. et mar. - 38/50 € - ☕ 6,50 €.* Ce petit hôtel est idéalement situé en bordure du fronton de Bas-Cambo, vous assisterez peut-être à une partie de pelote. Chambres rustiques ou décor plus actuel à l'annexe. Cuisine régionale servie dans une pimpante salle à manger à l'âme basque.

BUDGET MOYEN

Hôtel Ursula – *Quartier Bas-Cambo - 2 km au nord de Cambo - ✆ 05 59 29 88 88 - www.hotel-ursula.fr - fermé 20 déc.-10 janv. - ♿ - P - 15 ch. 51/56 € - ☕ 10 €.* Ce petit hôtel familial et convivial, situé dans le pittoresque quartier du Bas-Cambo, met à votre disposition de grandes chambres personnalisées et bien tenues.

POUR SE FAIRE PLAISIR

Chambre d'hôte Domaine Xixtaberri – *✆ 05 59 29 22 66 - www.xixtaberri.com - ♿ - P - 5 ch. 80/106 € - ☕ 8,50 €.* La route est escarpée jusqu'à cette maison mais vous serez récompensé par la vue sur les Pyrénées et la Côte basque. Spécialités régionales à déguster sous la tonnelle ou dans la coquette salle à manger. Cueillette en métayage (myrtilles et cerises) et vente de produits du domaine. Chambres de charme personnalisées.

À proximité

PREMIER PRIX

Camping Hiriberria – *64250 Itxassou - 1 km au nord-ouest par D 918, rte de Cambo-les-Bains et chemin à dr. - ✆ 05 59 29 98 09 - www.hiriberria.com - ♿ - réserv. conseillée - 228 empl. 21 €.* Arbres, haies parfaitement taillées et fleurs délimitent agréablement les emplacements de ce camping. Côté location : mobile homes avec terrasse en bois couverte et superbes chalets blanc et rouge. Le plus : le bloc sanitaires avec chauffage et climatisation.

BUDGET MOYEN

Chambre d'hôte Soubeleta – *64250 Itxassou - ✆ 05 59 29 22 34 - www.gite64.com/chambre-soubeleta - P - ⊭ - 5 ch. 58/60 € ☕.* Sur les hauteurs, imposante demeure du 17e s. dont la tourelle et la façade agrémentée d'un bel encadrement en granit sculpté sont restées intactes. Deux chambres volumineuses sont nanties de meubles de famille et possèdent une cheminée en marbre. Les deux autres sont plus petites mais toutes bénéficient d'une bonne tenue.

POUR SE FAIRE PLAISIR

Chambre d'hôte Domaine de Silencenia – *64250 Louhossoa - ✆ 05 59 93 35 60 - www.domaine-silencenia.com - P - ⊭ - 5 ch. 90 € ☕ - rest. 35 € bc.* Une douce quiétude règne en cette maison de maître du 18e s. où tout est synonyme d'un véritable art de vivre. Chaque chambre raconte une des passions du propriétaire : rugby, pêche au gros, vin et bonne chère… La cuisine exalte les produits du terroir et s'accompagne de bons crus sélectionnés par Philippe.

Chambre d'hôte Legordia Borda – *Rte de l'Artzamendi - 64250 Itxassou - ✆ 05 59 29 87 83 - www.legordia.fr - ⊭ - 3 ch. 100/130 € - ☕ 7 € - rest. 18 €.* Hors du commun que ces trois cabanes perchées dans les arbres à côté de l'ancienne bergerie. Elles abritent les chambres d'hôte, un peu exiguës mais confortables, idéal pour un retour au calme, en pleine forêt. Petits-déjeuners et repas livrés dans un panier tissé à l'aide d'une corde.

RESTAURATION

À Cambo-les-Bains

BUDGET MOYEN

Auberge « Chez Tante Ursule » – *Fronton du Bas-Cambo 2 km au N - ✆ 05 59 29 78 23 - www.tante-ursule.fr - fermé 15-28 fév. et mardi - P - 16/35 € - 7 ch. 45 € - ☕ 8 €.* Cet établissement situé près du fronton de pelote du Bas-Cambo abrite une pimpante salle à manger agrémentée d'un joli vaisselier. Cuisine à l'âme basque. Chambres rustiques soignées (mobilier ancien).

Le Pavillon Bleu – *Thermes de Cambo - ✆ 05 59 29 38 38 - fermé mi-déc. à mi-fév. et dim. - ♿ - P - 21 €.* Belle architecture, décor intérieur en boiseries claires, terrasse tournée sur un jardin planté de palmiers, accueil agréable, service efficace, cuisine associant recettes d'aujourd'hui et produits du terroir : ce restaurant a tout pour séduire.

Le Bellevue – *R. des Terrasses - ✆ 05 59 93 75 75 - www.hotel-bellevue64.fr - fermé 8 janv.-12 fév. - P - formule déj. 13 € - 20/40 € - 6 appart. et 1 studio 70/110 € - ☕ 7 €.* Tableaux modernes sur murs immaculés et mobilier actuel créent le décor soigné de ce restaurant qui sert une cuisine dans l'air du temps. L'autre charme de cette maison du 19e s., bien rénovée : ses suites familiales d'esprit contemporain.

À proximité

BUDGET MOYEN

Venta Burkaitz – *64250 Itxassou - ✆ 05 59 29 82 55 - fermé de déb. janv. à fin mars sf w.-end - ♿ - P - ⊭ - 22 €.* Sur le versant espagnol, *venta* composée de deux salles : la plus authentique conserve son traditionnel comptoir où l'on peut prendre l'apéritif ou acheter alcools et conserves ; la seconde, en véranda, offre une jolie vue sur la vallée. Copieuse cuisine locale.

ACHATS

Jenofa – *64250 Itxassou - ✆ 05 59 29 33 20 - tlj sf dim. et merc. mat. 9h-12h30, 13h30-19h30 (hiver : 18h).* Jenofa, la propriétaire, fabrique ici une inégalable confiture de cerise noire, qu'elle vend dans sa petite boutique ou sur les marchés locaux. Autre spécialité : le piment d'Espelette AOC vendu en poudre, en purée, en gelée ou en corde.

ACTIVITÉS

Établissement thermal – *Av. des Thermes - ✆ 0 820 003 535 - www.chainethermale.fr - 8h-17h (sf sam. 8h-12h) - fermé 12 déc.-2 mars et dim. - 49 € forfait Aqua Découverte (une demi-journée de 4 soins).* Forfaits à la demi-journée ou séjours thématiques de plusieurs jours : « détente et vitalité », « spécial souffle », « objectif minceur »…

La Bastide-Clairence

★

990 Bastidots - Pyrénées-Atlantiques (64)

NOS ADRESSES PAGE 383

S'INFORMER
Office de tourisme – *Maison Darrieux, pl. des Arceaux - 64240 La Bastide-Clairence - ✆ 05 50 29 65 05 - www.labastideclairence.com - juil.-août : 10h-13h, 15h-19h ; reste de l'année : lun.-mar. et jeu.-vend. 9h30-12h30, 14h-18h, merc. 10h-12h.*

SE REPÉRER
Carte de microrégion A1 *(p. 378) – carte Michelin Départements 342 E2.*
Le village occupe une colline à une quinzaine de kilomètres à l'est de Bayonne par l'A 64.

À NE PAS MANQUER
Les stèles sous abri de l'église.

ORGANISER SON TEMPS
Un après-midi suffira pour flâner dans la bastide, avant de partir de village en village à la découverte du Labourd et des berges de l'Adour.

AVEC LES ENFANTS
Prendre le temps d'observer les artisans à l'œuvre et découvrir le bois de Mixe ainsi que sa cabane à pique-nique.

Nous voici aux portes de la Gascogne et c'est un vrai voyage dans le temps ! Avec ses adorables maisons blanchies à la chaux, ses linteaux colorés et sculptés, sa petite église, son lavoir et sa place à couverts, cette bastide paraît comme figée dans l'ancien temps. L'impression est renforcée par la présence de plusieurs ateliers d'artisans installés çà et là dans la cité. Répertoriée parmi les « plus beaux villages de France », elle propose de très bonnes chambres d'hôte, point de chute de rêve pour sillonner la région.

Se promener

Une longue rue principale, coupée à angle droit de ruelles transversales, et débouchant sur une place consacrée au marché : c'est le plan typique d'une bastide. Vous remarquerez qu'avec ses maisons blanches barrées de rouge, cette rue a un air de village du Labourd. Amusez-vous à distinguer les maisons labourdines des maisons navarraises… Vous pourrez y visiter les ateliers de la quinzaine d'artisans d'art qui se sont installés sur les lieux (potier, tisserand, ébéniste, photographe, etc.).

Église N.-D.-de-l'Assomption

Typiquement basque avec ses étages de galeries, elle est flanquée de deux couverts pavés de dalles funéraires des plus vieilles familles de La Bastide, que l'on appelle ici le « cimetière préau ».

Place à couvert de La Bastide-Clairence.
M. Sanchez / MICHELIN

TERRE D'ACCUEIL

Cette bastide fut fondée en 1312 dans la vallée de la Joyeuse par Louis Ier, roi de Navarre et futur roi de France sous le nom de **Louis X le Hutin**. Son but était d'assurer à la région un débouché sur la mer. Attirée par les privilèges de ce nouveau village, une population composite s'y implanta : Basques, Gascons, mais aussi pèlerins de St-Jacques-de-Compostelle, que l'on appelait les « francos ». Chacun reçoit un bout de terrain *(plaza)* sur lequel il doit implanter sa maison et son jardin, le *cazalot*. Le 17e s. voit également l'arrivée d'une colonie juive, fuyant l'Espagne et le Portugal. Aujourd'hui encore, on parle aussi bien français que basque ou gascon à La Bastide-Clairence. Cela tient à son histoire et au brassage de sa population. Il semblerait toutefois que l'on emploie, *intra-muros*, plus souvent le gascon que le basque.

Itinéraire conseillé

DE LA BIDOUZE À L'ADOUR : UNE ENCLAVE GASCONNE EN TERRE BASQUE A1 B1-2

84 km. Voir le circuit sur la carte de microrégion p. 378. Compter environ 1h30.

Quitter La Bastide-Clairence par la D 123 en direction de St-Palais. À La Haranne, prendre à gauche la D 246 vers Orègue, puis la première à gauche (D 313) en direction de Bidache et rouler tout droit pendant environ 10mn. Parking aménagé en bordure de route, à gauche.

Bois de Mixe B1

Cette petite forêt couvre 800 ha et permet de découvrir, en plus des essences endémiques (noisetiers, chênes, hêtres), des arbres importés tels que le chêne rouge d'Amérique ou le tulipier de Virginie. Un **sentier★** aménagé

pour toute la famille et jalonné de panneaux permet de les repérer et de traverser la Patarena, sur des plots ou des ponts suspendus *(1h - départ à droite de la cabane à pique-nique).*
Poursuivre la D 313 et prendre la D 11, à gauche, en direction de Bidache.

Bidache B1
Les seigneurs de Gramont établis là depuis le 14e s. tirèrent parti de la situation féodale de leurs terres à la limite de la Navarre, du Béarn et du royaume de France pour s'ériger en princes souverains de Bidache, indépendance qui dura jusqu'à la Révolution. Le bourg est encore navarrais par l'aspect de son unique rue aux maisons claires et percées de portes cintrées.
Antoine III, seigneur de Gramont et maréchal de France (le De Guiche brocardé par Cyrano chez Rostand), reçut Mazarin à l'époque de la paix des Pyrénées et se rendit en Espagne afin de demander la main de l'infante Marie-Thérèse pour Louis XIV.
Quitter Bidache par la D 936 vers Came, à 3 km.

Came B1
Traversé par la Bidouze dont les berges sont aménagées en promenades, Came se consacre, depuis le 19e s., à la confection artisanale de **chaises**, utilisant des bois comme le hêtre, le merisier, le chêne, le noyer et, pour le paillage, le jonc des marais de l'Adour. Plusieurs ateliers sont encore installés dans le village.
Reprendre la D 936 en direction de Bayonne.
Après Bidache, la route monte parmi les premières collines basques. En vue de Bardos, faites halte sur un terre-plein. À gauche, **vue★★** sur les Pyrénées jusqu'au pic d'Anie, premier sommet (alt. 2 504 m) de la haute chaîne.
Dans Bardos, prendre la direction de Guiche par la D 253.

Guiche B1
Le parvis de l'église de St-Jean-Baptiste offre un joli panorama sur les méandres de la Bidouze et le paysage moutonnant caractéristique de ce coin du Labourd.
Au-dessus de l'entrée du cimetière, une amusante construction sur piles dite « **maison du Fauconnier** » (ancienne mairie). À l'intérieur de l'église, des vitraux modernes aux couleurs vives égayent la nef menant au retable des 17e et 18e s.
Plus bas, à Guiche-Bourgade, se dressent les ruines du **château de Gramont** avec son donjon carré. L'édifice appartient à l'illustre famille depuis 1534, après avoir fait partie du système défensif anglais pendant la guerre de Cent Ans. Il domine le minuscule port de Guiche, à la confluence de l'Adour.
Suivre la Bidouze pour longer ensuite l'Adour sur la D 261.
La route passe à côté de vergers de kiwis, reconnaissables à leur culture en treilles.

Urt A1
Village typiquement basque avec son église blanche, au sobre intérieur rehaussé de galeries et d'orgues. On peut marcher le long de l'Adour en suivant la petite route asphaltée qui part de son port.
Rejoindre Urcuit par la D 261, puis la D 257.

Urcuit A1
Comme sa voisine Urt, cette petite ville s'est mise à l'ambiance basque, avec sa charmante **église** à galerie extérieure. Stèles discoïdales dans le cimetière attenant.

Rallier Briscous, puis prendre la D 936 et la D 123 en direction de La Bastide-Clairence. Tourner à droite dans la D 510.

Abbaye de Belloc A1
Monastère fondé en 1875 dans une ancienne métairie du nom de Bel-Locq par trois missionnaires diocésains d'Hasparren, dont Jean-Léon Bastres (1832-1904). Florissante à la fin du 19e s., sa communauté fut obligée de quitter les lieux une première fois en 1880, puis au moment de la séparation de l'Église et de l'État en 1905. Elle trouva alors refuge en Espagne, à Lazkao, avant de revenir définitivement en 1926. Son église inspirée de l'art brut a été élevée après Vatican II.
Rejoindre La Bastide-Clairence par la D 510.

NOS ADRESSES À LA BASTIDE-CLAIRENCE

HÉBERGEMENT

À La Bastide-Clairence

PREMIER PRIX

Camping Les Collines Iduki – *Au bourg - ✆ 05 59 70 20 81 - www.iduki.net - ♿ - 37 chalets (4 à 6 pers.) 103 €/nuit.* Ce petit village de 37 chalets et maisonnettes à l'architecture basque se trouve à deux pas du bourg. Adossé à une colline, il possède de beaux espaces ombragés, des fleurs et des bosquets. La décoration intérieure des habitations est également très soignée. Les plus : la piscine et le restaurant gastronomique.

BUDGET MOYEN

Chambre d'hôte La Croisade – *Rte de St-Palais - ✆ 05 59 29 68 22 - www.la-croisade.com - P - 💳 - 57/60 € ☕ - rest. 23 €.* Les pèlerins de St-Jacques-de-Compostelle faisaient jadis halte dans cette imposante maison basque. Les chambres sont d'un goût exquis : meubles patinés, douceur des coloris... Le salon, avec ses murs cirés, ses tapis et sa grande cheminée, donne envie de rester. Table d'hôte deux à trois fois par semaine.

POUR SE FAIRE PLAISIR

Chambre d'hôte Maison Maxana – *R. Notre-Dame - ✆ 05 59 70 10 10 - www.maison-maxana.com - ♿ - 💳 - 5 ch. 100/120 € ☕ - rest. 35 € bc.* Rêveries, Romances, Voyages... Les noms des chambres de cette maison basque donnent le ton : mariage réussi de meubles anciens et d'éléments africains, asiatiques ou contemporains.

À proximité

PREMIER PRIX

Hôtel Odile – *Au bourg - 64520 Bardos - ✆ 05 59 56 82 65 - fermé 1 sem. fin août, 1 sem. vac. de Toussaint et vac. de Noël - ♿ - 7 ch. 40/51 € - ☕ 6 € - rest. formule déj. 12 € - 18/27 €.* Nombre d'habitués se régalent des petits plats basques mitonnés par Odile. Sa cuisine est simple, servie sans chichi et surtout à des prix très intéressants. Si vous le pouvez, attablez-vous dans la petite salle à manger du fond, plus calme. L'été, la terrasse plaît aussi. Pour dormir : chambres rénovées et propres. Plats régionaux et recettes d'ailleurs servis à la table d'hôte (sur réservation).

Grottes d'Isturitz et d'Oxocelhaya

★★

Pyrénées-Atlantiques (64)

NOS ADRESSES PAGE 386

S'INFORMER
Office du tourisme d'Hasparren – *2 pl. St-Jean - 64240 Hasparren - ✆ 05 59 29 62 02 - lun.-vend. 9h-12h, 14h-18h, sam. 9h-12h.*

SE REPÉRER
Carte de microrégion B2 *(p. 378) – carte Michelin Départements 342 E2.*
Les grottes se trouvent à 14 km à l'est d'Hasparren et à 21 km à l'ouest de St-Palais. Accès par le village de St-Martin-d'Arberoue.

SE GARER
Se garer dans le parking aménagé à l'orée du site (aire de pique-nique).

ORGANISER SON TEMPS
Entre la visite des grottes et celle d'Hasparren, comptez une demi-journée.

Littéralement « le champ du loup » et « le lieu de la fontaine », ces grottes constituent l'un des plus riches sites préhistoriques d'Europe. De véritables cathédrales de calcaire aux colonnes monumentales et aux draperies majestueuses. Qui est à l'origine de ces merveilles ? Des artisans que l'on nomme l'eau, le calcaire… et le temps. Ces grottes plurent tout d'abord à l'homme de Neandertal venu s'y installer puis au Cro-Magnon, laissant tour à tour derrière eux de vrais trésors. C'est donc un étonnant voyage au centre de la Terre, au cœur de la colline de Gaztelu, qui vous attend.

Se promener

LES GROTTES

✆ 05 59 29 64 72 - www.grottes-isturitz.com - visite guidée (45mn) juil.-août : 10h-13h, 14h-18h ; juin et sept. : 11h, 12h, et 14h-17h ; mars-mai et oct.-nov. : 14h-17h, dim., j. fériés et vac. scol. visite suppl. 11h - 8,30 € (-14 ans 3,50 €). Visite limitée à 900 pers./j. en juil.-août - température constante à 14 °C à l'intérieur des grottes (vêtement chaud indispensable !). En saison (juil.-août), la Bodega propose une petite restauration sur une agréable terrasse ouvrant sur les vallons.
Les grottes, superposées, correspondent à deux niveaux, abandonnés, du cours souterrain de l'Arberoue (qui coule à présent au troisième niveau). Elles constituent une même visite.

Grotte d'Isturitz

Vous pénétrez dans la montagne par cette grotte qui présente surtout un intérêt scientifique. Sur un **pilier** ont été gravés trois rennes superposés

PASSIONNANTES DÉCOUVERTES

En 1895, les ouvriers qui travaillent dans l'exploitation de phosphate de la **grotte d'Isturitz** trouvent des pierres taillées. En les examinant, le pionnier de la préhistoire, Édouard Piette, pressent l'importance de cette mise au jour. Une première campagne de fouilles (1912-1922) révèle une série de couches stratigraphiques. Elle est suivie d'une seconde qui atteste de 80 000 ans de présence humaine.

Les collections exceptionnelles d'objets sont exposées au musée de St-Germain-en-Laye et une série aurignacienne a rejoint le Musée national des Eyzies (*voir* Le Guide Vert Périgord).

En 1929, la **grotte d'Oxocelhaya** est découverte par hasard. Devant la magnificence des lieux, le propriétaire des grottes, André Darricau, décide de l'ouvrir au public, faisant percer en 1953 un tunnel entre les deux grottes. Les représentations pariétales seront ensuite découvertes au fil des ans.

Une troisième grotte, **Erberua**, est découverte en 1973, mais elle reste encore aujourd'hui fermée au public.

Depuis 1999, une nouvelle campagne de fouilles est menée afin de mieux cerner l'évolution culturelle des premiers Homo sapiens.

Depuis les premières découvertes, la volonté du propriétaire (prolongée par ses descendants qui ont pris la relève) est de faire partager ces richesses qui renseignent sur l'histoire de l'homme. Le **musée** didactique en est la preuve, tandis que, depuis 2007, un **espace culturel** permet à des artistes (musiciens, conteurs, plasticiens ou danseurs) de réaliser des performances *in situ*. Ceci s'accompagne d'un engagement fort de la famille Darricau en faveur d'un tourisme responsable, respectueux tant de l'environnement que des cultures humaines présentes ou passées.

épousant le relief de la pierre, ainsi qu'un cheval. Les fouilles ont mis au jour des objets quotidiens mais aussi des objets d'art, notamment des baguettes demi-rondes sculptées et des gravures, dont vous pourrez admirer les copies dans l'espace musée des grottes.

Grotte d'Oxocelhaya/Otsozelaia

Quinze mètres plus bas se trouvent des salles décorées de **concrétions** dont les formes étranges et variées sollicitent l'imagination : stalactites, stalagmites, colonnes, draperies translucides, cascade pétrifiée scintillante.

En outre, deux reproductions illustrent la trentaine de **dessins** (contours au charbon de bois, raclage ou tracé au doigt sur argile) découverts sur les parois qui ne sont pas montrés au public par mesure de préservation.

À proximité Carte de microrégion

Hasparren A2

▶ *10 km au nord-ouest par la D 251, puis la D 10.*

La « cité des chênes » est un village labourdin autrefois dédié à la tannerie. **Francis Jammes** (1868-1938) s'y installa en 1921 et vécut jusqu'à sa mort dans la maison Eyhartzea. Poète célèbre admiré de Gide, Claudel, Rilke ou Kafka mais néanmoins père de neuf enfants et sans le sou, il parcourt le Béarn et le Pays basque à la recherche d'un toit qu'il finit par trouver à Hasparren, avec l'aide d'un père bénédictin *(fermé pour travaux - ✆ 05 59 29 60 22)*.

Chapelle du Sacré-Cœur – Édifice de 1933 construit pour la Maison des frères missionnaires. À l'intérieur, grande fresque murale dans la nef et Christ Pantocrator néobyzantin en mosaïque dans le chœur.

NOS ADRESSES À HASPARREN

HÉBERGEMENT ET RESTAURATION

PREMIER PRIX

Gîte d'étape ferme d'Urkodéa – *Quartier Zelaï - ✆ 05 59 29 15 76 - www.ferme-urkodea.com - ♿ - P - ⊭ - 8 ch. 32 € - ☕ 8 €.* Cette ferme labourdine, réhabilitée en gîte, est un centre de randonnées équestres. Elle organise des sorties à cheval à travers la lande d'Hasparren et la vallée de la Joyeuse. Elle propose aussi des chambres à plusieurs lits remarquables par leur propreté et leur calme.

BUDGET MOYEN

Hôtel Les Tilleuls – *✆ 05 59 29 62 20 - hotel.lestilleuls@wanadoo.fr - fermé 2-9 nov., 20 fév.-8 mars, dim. soir et sam. du 26 sept. au 4 juil. sf j. fériés - 25 ch. 55/60 € - ☕ 7 € - rest. 15/30 €.* La maison qu'habita l'écrivain Francis Jammes est à deux pas de cette construction de style basque disposant de chambres bien rénovées. Sympathique salle de restaurant rustique où l'on vous proposera de goûter aux recettes régionales.

Saint-Palais

1 874 Saint-Palaisins – Pyrénées-Atlantiques (64)

NOS ADRESSES PAGE 391

S'INFORMER

Office de tourisme – *14 pl. Charles-de-Gaulle - 64120 St-Palais - ✆ 05 59 65 71 78 - www.tourisme-saintpalais.com - de mi-juil. à fin août : lun.-sam. 9h30-19h, dim. et j. fériés 10h-12h30 ; reste de l'année : tlj sf dim. et j. fériés 9h30-12h30, 14h-18h30 (sam. 18h) - fermé j. fériés sf 1er et 8 Mai, 14 Juil. et 15 août.*

SE REPÉRER

Carte de microrégion B2 *(p. 378) – carte Michelin Départements 342 F3.*

En lisière de Soule, cette cité de Basse-Navarre se rallie par la D 933 depuis St-Jean-Pied-de-Port (31 km au sud-ouest) ou par la D 11 depuis Bidache (23 km au nord-ouest) qui se trouve à 33 km à l'est de Bayonne par la D 1.

ORGANISER SON TEMPS

Prévoyez une demi-journée pour découvrir St-Palais et ses environs.

AVEC LES ENFANTS

La visite du château de Camou.

Épreuve de force basque.
Office du tourisme de Saint-Palais

Vous voici dans un haut lieu du pèlerinage de Compostelle, l'ancienne capitale du royaume de Basse-Navarre. Sur cette terre paisiblement vallonnée, cette bastide du 13e s. vibre toute l'année au rythme de ses traditions : galas de pelote, festival de force basque, courses en sac… sans oublier sa vocation commerciale qui fait d'elle un gros centre agricole de la région. Il s'y tient, tous les vendredis matin sur la place du Foirail, un important marché qu'il serait dommage de rater.

Se promener

Départ devant la mairie, rue Gambetta. Partez à gauche vers l'église et prenez la première venelle qui s'ouvre à gauche.

Rue de la Monnaie

Adorable ruelle bordée de murs où serpente la glycine. Face aux volets blancs et à la façade d'ardoise de la maison du fond, le temps s'arrête.
Tournez à gauche dans la rue du Palais-de-Justice.

Palais de Justice

Après avoir servi de siège aux États de Navarre aux 16e et 17e s. ainsi que d'église réformée sous Jeanne d'Albret et Henri IV, l'ancienne église St-Paul est devenue édifice civil sous la Révolution.

Maison des Têtes

Face au tribunal. Ancienne maison noble Derdoy-Oyhenart (16e s.), elle se reconnaît aux cinq médaillons sculptés qui ornent sa façade. Ils caricaturent entre autres les rois de Navarre : Henri II, sa fille Jeanne d'Albret et le fils de celle-ci, le futur Henri IV de France. Ceux du diable et de la femme au bandeau ont été rajoutés au 17e s.

Plus loin dans la rue, remarquez cette maison en renfoncement, à gauche, dont le linteau affiche la date de 1660. Il s'agit de l'ancienne prison. Elle abrita la sénéchaussée de Navarre entre 1639 et 1790.
Revenir sur la rue Gambetta et aller vers l'église.

UNE ANCIENNE CAPITALE
Le nom de St-Palais viendrait du culte d'un jeune Navarrais, Pelayo (Pélage) martyrisé à Cordoue en 925. Fondée au 13e s., comme ville neuve, la cité a été, à partir de 1512 (et jusqu'en 1620 lorsque Louis XIII intègre le royaume de Navarre à la France), capitale de la Basse-Navarre après que la partie espagnole du royaume eut été rattachée à la Castille. Elle a battu monnaie de 1351 à 1672. Vers elle convergeaient les pèlerins de St-Jacques en provenance du Puy, de Paris, de Tours et de Vézelay. C'est pourquoi la ville s'est développée autour de sa rue principale d'alors, autrefois bordée de remparts et fermée par les péages : l'actuelle rue du Palais-de-Justice.

Église
Édifice néogothique du 19e s. au tympan Art nouveau. À l'intérieur, bel orgue de Cavaillé-Coll.
La rue Gambetta vous ramène à la mairie.

Musée de Basse-Navarre et des Chemins de St-Jacques
Accès par l'office de tourisme. Actuellement fermé pour inventaire et restructuration.
Divisé en quatre parties, il expose de façon claire l'histoire de St-Palais et des villes neuves de Navarre ainsi que leur importance sur la route de St-Jacques-de-Compostelle. Il explique également l'art lapidaire basque (linteaux et stèles discoïdales). La visite s'achève sur l'outillage et la cuisine basque, espace de vie traditionnel.

À proximité Carte de microrégion

★ Garris B2
3 km au nord-ouest par la D 11.
Fondée sur la voie romaine de Bordeaux à Astorga, cette très ancienne petite cité est antérieure à St-Palais. Elle a forgé sa réputation au Moyen Âge grâce à ses foires, mais a toujours été moins importante que sa voisine sauf pendant les cinq années durant lesquelles elle a organisé les états généraux de Basse-Navarre (18e s.). Demeurent aujourd'hui de sa prospérité la tradition de ses foires aux bestiaux et surtout un village au charme indéniable.
Arpenter la rue principale de cet adorable village admirablement entretenu revient à faire une promenade dans le temps. Ce n'est qu'une succession de maisons traditionnelles des 17e et 18e s. ! Certaines sont à pans de bois, d'autres en briques ou à encorbellement, la plupart donnant sur des bas-côtés pavés de galets. Les plus anciennes se trouvent à l'opposé de l'église. Remarquez les chevrons en têtes sculptées qui décorent la façade de la maison Sehabla (1641).

Château de Camou B2
5 km au nord par la D 29. ✆ 05 59 65 84 03 - juil.-août : apr.-midi - 3 €.
Sur une motte médiévale du 11e s., cette maison forte classée du 16e s. présente par le biais de petites mises en scène réalisées avec des outils, les travaux et les jeux agricoles d'autrefois. À l'étage, le guide explique, démonstration à l'appui, le mécanisme des inventions de Léonard de Vinci et de Francesco di Giorgio.

Le renouveau des chemins de St-Jacques

UN NOUVEL ENGOUEMENT

Au 21e s., les nouveaux pèlerins de Compostelle prennent la route pour toutes sortes de raisons : démarche mystique, besoin de faire le point, simple désir de randonnée. Leurs motivations pour ce voyage sont diverses, mais toutes constituent une expérience personnelle forte. Ce n'est pas un hasard si depuis 1998, les tronçons français figurent au Patrimoine mondial de l'humanité et que le Comité régional de tourisme d'Aquitaine estime le nombre de personnes ayant marché sur ces chemins en 2003 entre 32 000 et 37 000 personnes. Autre signe qui ne trompe pas : de nouveaux gîtes ouvrent chaque année le long du chemin français, rendant vie à des villages navarrais autrefois désertés.

PÈLERINAGE PRATIQUE

Pensez à voyager léger. Limitez votre bagage au strict nécessaire : affaires de toilette, pharmacie, habillement adapté à la saison, poncho imperméable, chaussettes, chaussures de marche, gamelle et gobelet, duvet, carte internationale de téléphone. Soyez prévoyant et renseignez-vous auprès de votre assurance. Demandez aussi la carte européenne d'assurance maladie pour d'éventuels frais médicaux en Espagne. Outre sa carte d'identité (s'il est ressortissant de l'espace Schengen), le vrai pèlerin doit aussi se munir d'un carnet appelé créanciale lorsqu'elle est délivrée par l'évêché (le sien ou celui de départ), ou credencial lorsqu'elle est émise par une association laïque. Cette carte fait office de passeport (sauf pour la frontière !), chaque étape du chemin étant tamponnée par une instance civile ou religieuse. Elle permet parfois d'avoir des réductions sur l'entrée de certains musées ou monuments, mais elle est surtout indispensable, côté espagnol, pour accéder aux gîtes. Enfin, c'est sur sa présentation que sera délivrée la **compostela** à St-Jacques.

ITINÉRAIRES CÔTÉ FRANÇAIS

Autrefois, un réseau très complet d'**hospices** géré par des **donats** facilitait le voyage et assurait l'hébergement et le bien-être spirituel des pèlerins. Plutôt laïcs (même s'ils avaient prononcé des vœux) et dirigés par un prieur, les donats assuraient la logistique du pèlerinage auprès des marcheurs, en faisant fonctionner les hôpitaux, sortes de chambres d'hôte qui assuraient aux marcheurs le gîte et le couvert.

Actuellement, il s'agit de gîtes d'étape. Moins nombreux, ils jalonnent les itinéraires qui convergent en Basse-Navarre, à Ostabat, avant d'atteindre St-Jean-Pied-de-Port. Aujourd'hui encore, les pèlerins gagnent Roncevaux par la route des hauteurs. Auparavant, chacun portait une croix de feuillage pour la planter près de la « Croix de Charles », au col d'Ibañeta. Certains le font toujours. Mais la cloche de l'ermitage voisin ne sonne plus par temps de brouillard ni la nuit afin de rallier les égarés…

Voir aussi le chapitre « Organiser son voyage » (p. 19).

Itinéraire conseillé

★★★ SUR LES CHEMINS DE COMPOSTELLE A4 C1

16 km. Voir le circuit sur la carte de microrégion p. 378. Compter environ 1h30.
Quitter St-Palais par la D 933 en direction de St-Jean-Pied-de-Port.

Stèle de Gibraltar B2

À l'entrée d'Uhart-Mixe, prenez à droite la D 302 qui marque un angle aigu. Laissez la voiture à un carrefour de chemins pour prendre le premier à droite.

À flanc du mont St-Sauveur, ce monument (1964), surmonté d'une stèle discoïdale, marque le point de convergence de trois des principaux chemins de Compostelle.

La stèle se trouve sur une petite boucle de randonnée dont le départ se prend à Uhart-Mixe, après le « château » qui longe la rivière, au-delà du petit pont de l'église, à gauche *(10 km - 3h30)*.

Revenir à Uhart-Mixe et suivre la D 933, puis à droite une petite voie.

Harambels B2

Jadis, une communauté de donats assurait dans ce hameau l'hébergement des pèlerins. Leurs descendants se chargent aujourd'hui de l'entretien de la **chapelle St-Nicolas★**, qui abrite des fresques sur bois et un retable du 17e s. *(travaux jusque courant 2010 - ✆ 05 59 65 71 78 - 11h-13h).*

Retourner sur la D 933 et prendre la direction d'Ostabat.

Ostabat-Asme B2

Autrefois importante étape sur la route de St-Jacques, le village ne conserve aujourd'hui de ses auberges et de ses deux hôpitaux que le souvenir.

Un sentier de randonnée part de l'église, descend la rue principale (escalier à droite de la maison) et tourne ensuite à gauche, hors du village. Il mène à la chapelle d'Harambels à travers la forêt communale *(6 km - 1h AR - le chemin peut se révéler boueux après la pluie).*

NOS ADRESSES À SAINT-PALAIS

HÉBERGEMENT

BUDGET MOYEN

Hôtel de la Paix – *33 r. du Jeu-de-Paume - ℘ 05 59 65 73 15 - fermé 1er-11 juil., 26 déc.-25 janv., dim. soir et sam. sf du 11 juil. au 31 août - 47/49 € - ☕ 6 € - rest. 11,50/25 €.* Cette jolie façade ornée de briques rouges et de loggias en bois est située sur la place du marché. Les chambres, parfois dotées de balcons, bénéficient toutes d'une cure de jouvence réussie. Salle à manger rustique prolongée d'une terrasse ombragée. Cuisine traditionnelle.

Chambre d'hôte La Maison d'Arthezenea – *42 r. du Palais-de-Justice - ℘ 05 59 65 85 96 - www.gites64.com/maison-darthezenea - avr.-déc. - ⊄ - 4 ch. 73 € ☕ - rest. 25 € bc.* Dans un joli jardin, demeure en pierre où l'on se sent comme chez soi. Les chambres, aux meubles anciens ou de style, se distinguent par leur couleur et leur nom. À la table d'hôte, belles spécialités (foie gras maison, ris d'agneau et palombe flambée en saison).

RESTAURATION

BUDGET MOYEN

Le Trinquet – *31 r. du Jeu-de-Paume - ℘ 05 59 65 73 13 - www.le-trinquet-saint-palais.com - fermé 13 avr.-4 mai et 18 sept.-6 oct., vend. soir en juin, dim. soir et lun. - formule déj. 12 € - 21/42 € - 9 ch. 57/67 € - ☕ 7 €.* Sur la place centrale, cette maison qui sort d'une cure de jouvence est dotée d'un authentique trinquet (salle de pelote basque) de 1891. Carte régionale servie dans un décor actuel. Chambres refaites au goût du jour.

ACHATS

Ona Tiss – *23 r. de la Bidouze - ℘ 05 59 65 71 84 - onatiss@wanadoo.fr - lun.-jeu. 9h-12h, 14h-17h, vend.-sam. en sais.* Attention, vous pénétrez ici dans le dernier atelier de tissage traditionnel et artisanal du Pays basque. Créé en 1948, il fabriquait à l'origine la toile des espadrilles. La visite, gratuite, raconte l'histoire du linge basque. On y apprend que chaque rayure représente une des sept provinces de l'Euskadi.

Saint-Étienne-de-Baïgorry

★

1 602 Baigorriars – Pyrénées-Atlantiques (64)

NOS ADRESSES PAGE 397

S'INFORMER

Office de tourisme – *Elizondonea, pl. de l'Église - 64430 St-Étienne-de-Baïgorry - ✆ 05 59 37 47 28 - www.pyrénees.basques.com (site commun avec St-Jean-Pied-de-Port) - juil.-août. : mat. et apr.-midi ; reste de l'année : tlj sauf sam. mat. et apr.-midi - fermé dim. et j. fériés.*

SE REPÉRER

Carte de microrégion A3 *(p. 378) – carte Michelin Départements 342 D3.*
À 11 km à l'ouest de St-Jean-Pied-de-Port par la D 15.

À NE PAS MANQUER

La belle église St-Jean-Baptiste et son retable.

AVEC LES ENFANTS

La vallée des Aldudes : fermes piscicoles, balades avec âne. Le parcours aventure de St-Martin-d'Arrossa.

C'est un lieu où il fait bon vivre, ne serait-ce que pour ses célèbres vins d'Irouléguy dont il partage la vedette avec Ispoure ! Des maisons typiquement basques, une belle place ombragée de platanes, un vieux pont romain, tous les ingrédients du pittoresque sont réunis dans ce village paisible. Avec en plus, l'originalité de ses quartiers répartis de part et d'autre de la Nive des Aldudes. Autrefois secoués par des rivalités, ils perpétuent ensemble aujourd'hui traditions et particularismes d'une terre montagnarde, posée entre France et Espagne.

Se promener

La commune de St-Étienne-de-Baïgorry compte 17 quartiers dispersés le long de la vallée. Les plus notables sont celui de Mitchelene, en amont du pont romain sur la rive gauche, autrefois quartier des cagots *(voir p. 72)* ; le quartier Urdos-Bastide, vers Bayonne ; et enfin Guermiette, vers St-Jean-Pied-de-Port.

UN PEU D'HISTOIRE

Le bourg et son territoire ont été rattachés à Pampelune et à la Navarre jusqu'au couronnement d'Henri IV, après lequel ils tombèrent dans l'escarcelle du royaume de France. Cela n'a pas empêché la famille d'Etxauz de régner en maître sur le village et la vallée des Aldudes pendant des siècles. Certains de ses membres se distinguèrent par de prestigieuses carrières, comme Bertrand d'Etxauz qui fut nommé évêque de Bayonne en 1599 et conseilla Louis XIII.

★ Église

Reconstruite au 18e s. sur une base romane, elle est intéressante pour ses galeries, son chœur surélevé dont les trois autels sont ornés de retables de bois doré, son orgue (contemporain) de style baroque et son arc triomphal peint. Notez, à droite de l'entrée principale, la porte des cagots avec le bénitier qui leur était réservé.

Passer sur l'autre rive.

Sur la rive gauche se dresse l'ancien **château d'Etchauz** *(voir la rubrique « Hébergement » dans « Nos adresses à St-Étienne-de-Baïgorry » p. 397)* au corps de logis rectangulaire flanqué d'échauguettes et de tours. Après la Révolution, il passa à la famille Harispe, puis fut racheté par la famille d'Abbadie d'Arrast. *05 59 37 48 58 - 10h-12h, 14h-17h30.*

Pont romain

Il date en fait de 1661 mais porte ce nom en raison de son arche unique, inspirée de l'architecture romaine. Notez l'empreinte des charrois dans les galets qui recouvrent son tablier. Très beau point de vue sur le château.

À proximité Carte de microrégion

Guermiette A3

En direction de St-Jean-Pied-de-Port. Après le restaurant L'Étape Gourmande, prenez à la fourche la direction de Germieta.

Fermes à l'abandon et maisons habitées se partagent ce hameau plein de charme où subsistent quelques demeures du 17e s. Elles se repèrent à leur linteau, souvent daté et parfois sculpté. Celui de la **chapelle** affiche 1668. Vous la dénicherez en prenant à droite du vieux lavoir.

Irouléguy A3

5 km à l'est par la D 15.

Petit village typiquement basque avec des fermes et des maisons crépies de blanc aux volets rouges. Connu pour ses vins, classés AOC depuis 1970, il n'est cependant pas noyé dans les **vignes** (environ 200 ha) qui s'étagent plutôt à flanc de colline. Un panneau devant l'église indique des itinéraires de randonnée (entre 30mn et 6h de marche).

Urdos A3

En direction de Bayonne. Après Eyrehalde, prenez la première à gauche après avoir dépassé de quelques centaines de mètres un hameau doté d'un restaurant.

Le hameau situé au pied d'Iparla comprend une petite chapelle du 17e s. dotée d'une voûte en trois plans, d'une double galerie et d'un retable de style classique. À deux pas se dresse la massive demeure des Ahaxe, autrefois propriété des seigneurs d'Urdos et aujourd'hui chambre d'hôte.

St-Martin-d'Arrossa A3

8 km au nord-est par la D 948.

Cet ancien quartier d'Ossès conserve quelques belles fermes anciennes et une église dont l'autel est en bois doré.

Possibilités de randonnées à partir du village. L'une part en direction du mont Jarra (812 m) depuis la voie de chemin de fer qui franchit la Nive, à l'entrée du village. L'autre part de l'église (à droite) et, après 1,5 km, fait le tour du mont Larla (700 m).

Ossès A3

1,5 km plus loin sur la route de Cambo-les-Bains (D 918).

Devenu tristement célèbre le 1er novembre 2004, jour où l'ourse *Cannelle* y a été tuée lors d'une battue aux sangliers, ce village est posté au rebord du bassin dessiné par le confluent de la Nive des Aldudes et de la Grande Nive.

À quelques tours de roue des sommets pyrénéens, ce village éclaté en différents quartiers sert de porte d'entrée aux collines verdoyantes de Basse-Navarre. Vous y découvrirez des maisons nobles à l'architecture très typique et des paysages de prairies baignés d'une lumière éthérée.

Ossès se partage en sept différents quartiers *(voir les principaux ci-après)*. La plupart des maisons anciennes témoignent d'une double influence : labourdine par la présence de pans de bois et basse-navarraise pour les murs latéraux en avancée, les auvents et les parements de pierre. Vous pourrez voir de très belles demeures nobles telles que l'imposante et opulente **maison Harizmendi**, reconnaissable à ses pans de bois et ses fenêtres à meneaux.

Église St-Julien – 16e s. Son clocher orné d'une superposition de pierres blanches et rosées comporte sept côtés (sans doute en référence au nombre de quartiers de la vallée). Elle abrite un retable baroque du 17e s. et un bel escalier à vis. Notez son portail, baroque lui aussi, construit en 1668 à la demande de l'évêque d'Olce, qui présida la cérémonie de mariage de Louis XIV.

Sur la **place** bordée de vieilles maisons à l'architecture navarro-labourdine, un puits jouxte un petit bâtiment longé par une espèce de balustrade : cette dernière signale la présence d'une ancienne balance à peser les animaux ou les chargements.

Vers Irissarry – *Prenez la route à gauche de l'église.* Il faut dépasser les maisons anciennes qui entourent l'église (1673, 1783), se diriger vers la sortie du village pour voir la **maison Sastriarena**, autrefois résidence secondaire des évêques de Bayonne. Admirez sa façade en encorbellement et ses colombages ouvragés (1628 indique la date de réfection de la maison). Mgr d'Olce, évêque de Bayonne qui bénit le mariage de Louis XIV et de l'infante d'Espagne, Marie-Thérèse, le 9 juin 1660 *(voir « St-Jean-de-Luz » p. 341)*, y aurait fini ses jours.

Quartier de Gahardou – *En direction de Cambo.* Vous verrez en bord de route quelques belles demeures traditionnelles dont les linteaux affichent souvent les noms et les dates de construction, qui remontent pour la plupart aux 17e et 18e s. Ne manquez pas la **maison Apalatzia**, de 1635, au croisement des deux départementales.

Quartier d'Eyharce – Voyez la **maison Arrosagaray** du 16e s., repérable à ses fenêtres à meneaux, et la **maison Arrossa** (linteau de 1613).

Village d'artisans – *Sur la D 918, en direction de St-Jean-Pied-de-Port.* Un potier, un ferronnier, un sandalier, un ébéniste, des producteurs de pays qui proposent directement le fruit de leur travail : fromages, miel, mais aussi foie gras… Ce regroupement d'artisans offre un large panel du savoir-faire basque. Certains ont aménagé leur espace de façon à laisser voir leur atelier (poterie, sandalier, conserves de foie gras…) : n'hésitez pas à pousser les portes.

Itinéraires conseillés

AUTOUR D'OSSÈS A2-3 B2

35 km. Voir le circuit sur la carte de microrégion p. 378. Compter 1h. Quitter Ossès par la D 8.

Les vignobles d'Irouléguy.
CDT64

Irissary A-B2

Le village a conservé la **commanderie** des chevaliers de St-Jean-de-Jérusalem édifiée au 12e s. et reconstruite pour l'ordre de Malte au 17e s. Cet ordre assurait la sécurité et l'hébergement des pèlerins en route pour Compostelle, mais le bâtiment lui-même ne constitua jamais une étape du pèlerinage. Il représentait plutôt le siège de la puissance seigneuriale et fut saisi à ce titre sous la Révolution. Restauré, il accueille aujourd'hui **Ospitalea**, un centre d'exposition et d'éducation au patrimoine. *☏ 05 59 37 97 20 - www.ospitalea.cg64.fr - lun.-sam. 10h-12h30, 13h30-17h - gratuit.* Remarquez les bretèches qui s'accrochent aux angles du bâtiment. Il s'agit d'éléments défensifs.

Église – Le plafond à berceau avec effet de caissons modernes abrite un orgue classique et un retable baroque représentant le baptême du Christ.

Poursuivre en direction d'Iholdy.

La D 8 se déploie dans un paysage de douces collines dont le vert est parfois ponctué de bosquets, plus sombres.

Château d'Olce B2

Sur la droite de la route. ☏ 05 59 37 51 07 - visite guidée de déb.-avr. à mi-sept. : 14h-18h sf merc. - 6 € (-16 ans 3 €).

Cette demeure mérite une visite autant pour Mgr d'Olce qui la fit rebâtir en 1664 sur un château de famille (14e s.) que pour ses actuels propriétaires qui ont sauvé de la ruine un bâtiment longtemps laissé à l'abandon ; vous pourrez apprécier le beau travail de restauration des plafonds à la française et surtout de récupération des stucs en relief (en vogue sous Louis XIV). À commencer par la chapelle avec son retable cannelé et le blason d'Olce qui orne le plafond. Puis l'escalier monumental, à vide central (15 m de haut), avec sa coupole baroque. Dans chaque pièce, une cheminée au décor plus ou moins chargé. L'ensemble est meublé 17e-18e s.

Iholdy B2

500 m plus loin. L'église, avec sa grande galerie extérieure en bois et le fronton accolé forment un bel ensemble.

Quitter Iholdy par la D 745, en direction d'Hélette (à 7,5 km).

Hélette A2

Agour - Musée basque du pastoralisme et du fromage – *Sur la D 119, en direction de Louhossoa. ☏ 05 59 37 63 86 - www.agour.com - juil.-août : lun.-vend. 9h-11h, 14h-17h ; reste de l'année, deux visites à 10h30 et 15h30 - 5 €.* Quel meilleur moyen de mettre en valeur ses produits que d'organiser un musée pour en expliquer la fabrication ? C'est ce qu'a fait cette fromagerie sur son site de production. La voix du berger Joanes explique la tradition basque du pastoralisme, projection et reconstitution d'une *etxe* et d'une bergerie. La visite s'achève par un film sur les procédés actuels de fabrication, et une dégustation, accompagnée au choix d'un verre d'Irouléguy ou de cidre. On peut voir les salles d'affinage à travers les vitres.

Prendre la direction d'Herautiz où la D 22 sur la gauche ramène à Irissary d'où on peut rejoindre Ossès par la D 8.

★★ VALLÉE DES ALDUDES A3-4

26 km. Voir le circuit sur la carte de microrégion p. 378. Compter 1h30. Sortir de St-Étienne-de-Baïgorry par la D 948 en direction de Banca.

Banca A3

Le village qui s'étage à flanc de montagne s'est développé au 18e s. grâce à la fonderie située sur la rive gauche de la rivière, à l'entrée du village (aujourd'hui en ruine).

La **ferme aquacole** de Banca occupe le site d'un ancien moulin du 19e s.

Aldudes A3

Grand centre de la chasse à la palombe. Sur la placette, église à la belle voûte de bois en berceau et aux galeries originales. Une grille fixée au sol précède l'auvent pour empêcher les animaux d'accéder à l'édifice. À voir, dans le cimetière, les stèles basques du 19e s., entreposées contre le mur.

★ **Randonnée du col de Lepeder** – *4 km - 2h - balisage jaune - départ avant la station-service (dir. Urepel), l'escalier en retrait sur la gauche.* Une sente pierreuse et pentue marque le début de cette promenade qui dévoile de beaux **panoramas** sur la vallée verdoyante et la frontière espagnole, plus découpée. La fin du circuit passe devant des élevages de cochons pie noir.

En prenant la première à droite en sortant du village, vous arriverez à **Esnazu**, dont la petite église renferme un retable en bois doré du 17e s. provenant de l'ancienne église de Larressore.

2 km - 40mn. Possibilité de faire le tour du bourg et de ses fermes en suivant le balisage jaune qui commence à gauche de l'église. Après environ 20mn de marche, parvenu au bout du chemin de terre, tournez à droite, quoi qu'en dise le marquage. Jolies vues sur les hauteurs des Aldudes.

Revenir sur ses pas et reprendre la D 948.

Urepel A4

À l'entrée du village, une stèle commémore un enfant du pays, Fernando Aire Etxart, dit **Xalbador** (1920-1976), berger et agriculteur qui fut un *bertsolari* réputé. Église intéressante avec une voûte de bois et une coupole.

★ **Randonnée Elizamendi** – *2 km - 1h30 - balisage jaune.* Depuis l'église, partez en direction de Bordaluzea. La route longe la rivière canalisée. Au premier hameau, un sentier, très raide, part sur la gauche. Prenez-le : l'effort est récompensé par une belle vue sur la vallée suivante, moutonnante et verdoyante. Le **panorama**★★ se dévoile pleinement depuis la petite éminence

qui se dresse à gauche. Le sentier descend ensuite dans un vallon boisé, traversé par un torrent, avant de remonter vers une route goudronnée qui ramène à l'église d'Urepel.
Prenez la D 158 (6 km AR) qui s'amorce à hauteur de l'église d'Urepel.

Pays Quint A4
Autrefois indivis entre les vallées française et espagnole, ce territoire présente, depuis le traité de Bayonne signé en 1856, la particularité d'être reconnu à l'Espagne mais donné en bail perpétuel aux habitants de la vallée des Aldudes, les Quintoars (au nombre de sept familles), qui jouissent des pâturages en territoire espagnol et ont le statut de ressortissants français à l'étranger.

NOS ADRESSES À SAINT-ÉTIENNE-DE-BAÏGORRY

HÉBERGEMENT

À St-Étienne-de-Baïgorry

PREMIER PRIX

Chambre d'hôte La Maison Inda – *Quai Occos - ✆ 05 59 37 43 16 - fermé Noël - P - ⊭ - 3 ch. 45/48 € ☕ - rest. 13 €.* Voici une vraie chambre d'hôte, comme on les aime. La ferme est toujours en activité. On peut y visiter le potager, l'étable où voisinent vaches et volailles et bien sûr dormir dans l'une des chambres meublées d'ancien. À table, les repas 100 % maison utilisent les succulents produits du terroir.

BUDGET MOYEN

Chambre d'hôte Jauregia – *Hameau d'Urdos - ✆ 05 59 37 49 72 - www.jauregia.fr - P - ⊭ - 3 ch. 55 € ☕.* Cette imposante demeure du 16e s., jadis halte sur le chemin de Compostelle et ancienne propriété de Jeanne d'Albret, est aussi une ferme laitière. Ses vastes chambres, où se mêlent meubles anciens et modernes, sont desservies par un magistral escalier en chêne. Le patron, guide, organise des randonnées.

UNE FOLIE

Château d'Etchauz – *✆ 05 59 37 48 58 - etxauz@wanadoo.fr - P - 149/169 €.* Ce petit château, magnifiquement restauré, vaut le coup d'œil. La salle d'armes et l'extraordinaire charpente du 16e s. de la salle de réception se visitent. Les chambres, immenses et nanties de meubles d'époque, possèdent parfois un salon. Une petite folie !

À proximité

BUDGET MOYEN

Hôtel-Restaurant Mendi-Alde – *Pl. de l'Église - 64780 Ossès - ✆ 05 59 37 71 78 - www.hotelmendialde.com - fermé 1er déc.-15 janv. - ♿ - P - 12/33 € - 15 ch. 52/69 € - ☕ 7 €.* Ce bel hôtel typique – le seul du village – vous réserve un accueil sympathique. Les chambres offrent un calme olympien et la cuisine regorge de saveurs. Goûtez donc la piperade et le gâteau basque… ce n'est pas pour rien si tout le monde connaît l'adresse dans la région.

RESTAURATION

À St-Étienne-de-Baïgorry

Bon à savoir – La place de la mairie accueille quelques

commerces, une boulangerie-pâtisserie et le Bar du Fronton. Ce dernier est l'endroit idéal pour une pause revigorante autour de ses belles salades et omelettes, à base de produits frais. Lorsque le temps le permet, vous vous régalez sur la terrasse ombragée d'énormes platanes.

BUDGET MOYEN

Le Manechenea – *Quartier Urdos - ✆ 05 59 37 41 68 - fermé déc.-janv. - P - 18/31 €.* Ce petit restaurant, protégé par les crêtes d'Iparla, et sa terrasse, ombragée de platanes et surplombant un ruisseau, offrent un cadre bucolique à souhait. Sa cuisine du terroir, à prix tout doux, ravira les papilles les plus difficiles.

ACHATS

Laurent Petricorena – *Rte de St-Jean-Pied-de-Port - ✆ 05 59 37 41 36 - www.petricorena.com - tlj sf dim. 8h30-12h30, 13h30-18h30 - fermé janv.* Ce magasin fabrique maintes spécialités gastronomiques locales. On trouve d'un côté les produits traditionnels à base de canard ou de brebis, de l'autre les créations maison : sauce sakari (huile, vinaigre, piment et aromates), confiture de piments doux, apéritif et liqueur pimentés.

GAEC Tambourin - Maison Enautenea – *Enautenea - ✆ 05 59 37 40 64 - 9h-13h, 14h-20h.* M. et Mme Tambourin, avec leur fils Michel, entretiennent l'exploitation familiale fondée en 1718. Dans leur laboratoire, et grâce à leur élevage de brebis manex tête rousse, ils fabriquent leur propre fromage fermier, onctueux et affiné comme il se doit : l'AOC Ossau-Iraty. Le sésame de la maison ? Dites « ardi gasna », autrement dit « fromage de brebis », et les portes s'ouvriront…

Domaine Ameztia – *À Germieta - ✆ 05 59 37 93 68 - tlj sf dim. 10h30-12h30, 16h-19h.* Héritier de la vigne parentale plantée dans les années 1960, Jean-Louis Costera a commercialisé sa première cuvée en 2001. Ses 3 ha donnent des vins rouges et rosés puissants. Le Domaine Ameztia 2002 plaît à ceux qui aiment les vins toniques. Le rosé de la Réserve du Domaine égaiera vos repas d'été.

Pierre Oteiza – *Rte d'Urepel - 64430 Les Aldudes - ✆ 05 59 37 56 11 - www.pierreoteiza.com - 9h30-19h - fermé 1er janv., 25 déc., et dim. en hiver.* C'est ici que sont élevés en liberté les porcs pie noir du Pays basque avec lesquels sont fabriquées les fameuses charcuteries. Un sentier de découverte permet de découvrir librement les élevages de la vallée des Aldudes (possibilité de faire la promenade en compagnie d'un âne). Une dégustation clôt la visite.

Cave d'Irouléguy – *Rte de St-Jean-Pied-de-Port - ✆ 05 59 37 41 33 - www.cave-irouleguy.com - 9h-12h, 14h-18h - fermé dim. et j. fériés de déb. oct. à fin avril.* La réputation de cette cave qui, depuis une cinquantaine d'années, vinifie et commercialise l'essentiel des vins d'AOC Irouléguy blancs, rouges et rosés n'est plus à faire. Elle propose de nombreuses cuvées de qualité.

ACTIVITÉS

Jean-Luc Durgueil – *Le bourg - 64430 Banca - ✆ 05 59 37 49 00 ou 06 80 63 34 60 - jean-luc.durgueil@wanadoo.fr - 23 € (-16 ans 18 €).* Cet accompagnateur en montagne organise des balades pédestres nocturnes dans les Aldudes.

Saint-Jean-Pied-de-Port

★

1 513 Saint-Jeannais - Pyrénées-Atlantiques (64)

NOS ADRESSES PAGE 403

S'INFORMER

Office de tourisme – *14 pl. Charles-de-Gaulle - 64220 St-Jean-Pied-de-Port - 05 59 37 03 57 - www.pyrenees-basques.com (site commun avec St-Étienne-de-Baïgorry) - juil.-août : tte la journée ; reste de l'année : mat. et apr.-midi - fermé dim. et j. fériés (sf juil.-août).* Visite guidée de la ville en été. Petit train touristique.

SE REPÉRER

Carte de microrégion A3 *(p. 378) – carte Michelin Départements 342 E4.*

St-Jean-Pied-de-Port se trouve à 34 km au sud-est de Cambo, soit à 53 km de Bayonne et 61 km de St-Jean-de-Luz. Elle se situe également à 31 km au sud-ouest de St-Palais et à 8 km de la frontière espagnole.

SE GARER

Laisser la voiture près de la porte de France ; suivre les remparts et prendre l'escalier pour gagner la porte St-Jacques par laquelle les pèlerins pénétraient dans la ville.

À NE PAS MANQUER

La vieille ville, les chapelles d'Alciette et Bascassan.

ORGANISER SON TEMPS

La découverte de la ville en elle-même ne prend qu'une demi-journée, mais les possibilités d'excursions aux alentours sont quasiment illimitées.

Dans un superbe cadre de montagnes, posée comme son nom l'indique au pied du port de Roncevaux, voici la dernière étape française des pèlerins de Compostelle. Modelée par une histoire militaire agitée dont témoignent ses remparts et sa citadelle, l'ancienne capitale de Basse-Navarre est aujourd'hui une cité aussi agréable que tranquille. Les maisons de grès rose se dorent paresseusement au soleil et seules viennent les envahir, aux beaux jours, des armées pacifiques de touristes… et, toujours, de pèlerins.

Se promener

★ SUR LES PAS DES JACQUETS

Accès par la porte St-Jacques.

Porte St-Jacques

Inscrite au Patrimoine mondial de l'Unesco, cette porte du rempart médiéval était celle par laquelle les pèlerins entraient dans la ville. Elle était alors dotée d'un péage…

Rue de la Citadelle

Dans le prolongement. En descente vers la Nive, elle est très fréquentée tant par les touristes que par les pèlerins ; elle est bordée de maisons des 16e (remarquez au n° 32 la maison Arcanzola de 1510) et 17e s. avec de beaux portails arrondis et linteaux droits sculptés. Au n° 41, la « **prison des Évêques** » (sans doute un ancien entrepôt où au grand jamais nul évêque ne fut emprisonné) abrite une exposition évoquant les chemins de St-Jacques au Moyen Âge. *41 r. de la Citadelle - ✆ 05 59 37 00 92 - juil.-août : 10h30-19h ; 23 mars-30 juin et sept.-oct. : tlj sf mar. 11h-12h30, 14h30-18h30 - 3 € (-10 ans gratuit).*

Rue de l'Église

Elle mène à la porte de Navarre. Vous y verrez l'**ancien hôpital** transformé en librairie et la **maison Jassu**, qui fut celle des ancêtres paternels de saint François Xavier (1506-1552).

Église N.-D.-du-Bout-du-Pont

Gothique, elle présente de beaux piliers de grès rouge (18e s.). Sa fondation remonterait à Sanche le Fort, victorieux des Maures à Las Navas de Tolosa (1212).

Passez sous la **porte Notre-Dame** ouverte sous le clocher.

Franchir la Nive.

Vieux Pont

Belle vue sur l'église et les vieilles maisons au bord de l'eau. Le chemin qui remonte la Nive, sur la rive droite, mène au pont d'Eyheraberry *(10mn AR).*

Rue d'Espagne

Elle monte vers la porte d'Espagne par où les pèlerins quittaient la ville en direction de Roncevaux : elle est restée commerçante, fidèle au temps où les **jacquets** l'empruntaient.

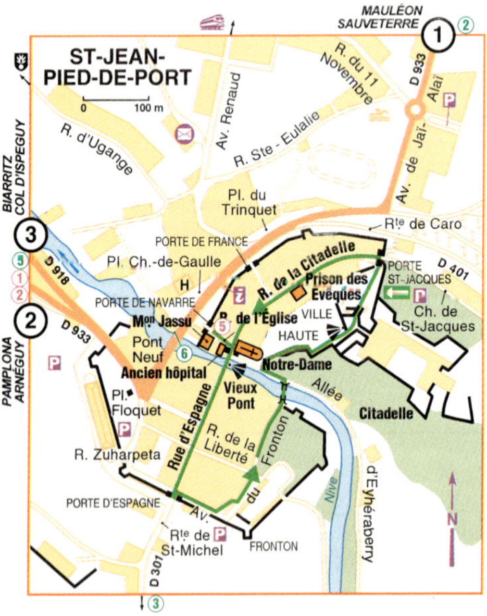

SE LOGER

- Chambre d'hôte Ferme Etxeberria 2
- Chambre d'hôte Maison Donamaria 3
- Europ' Camping 5
- Hôtel Central 6

SE RESTAURER

- Auberge Lafitte 1
- Cidrerie Aldakurria 2
- Paxkal Oillarburu 5

SUR LE CHEMIN DE ST-JACQUES
Au Moyen Âge, St-Jean-Pied-de-Port, dernière étape avant l'Espagne, est un grand centre de regroupement de jacquets venus de tous les coins d'Europe. Dès qu'un cortège est signalé, la ville est en émoi : les cloches sonnent, les prêtres récitent des prières ; les enfants escortent les pèlerins vêtus du manteau gris, le bourdon à la main ; les habitants, sur le pas de leur porte, tendent des provisions. Le cortège s'éloigne en chantant des répons. Ceux qui sont trop las font halte rue de la Citadelle où le monastère de Roncevaux leur a ménagé un abri.

UNE CITÉ DISPUTÉE
Ville neuve créée au 12e s. au confluent des trois Nive (la Nive d'Arnéguy, de Béhorléguy et le Laurhibar), St-Jean entre dans l'histoire en 1512 lorsque Ferdinand le Catholique, roi de Castille et d'Aragon, chasse le roi de Navarre, Jean d'Albret, au-delà des Pyrénées. Poursuivant leur avantage, les troupes espagnoles s'emparent de la ville en août 1512. Dès lors la place forte sera l'objet de sièges perpétuels, Navarrais et Espagnols s'y succédant jusqu'en 1530. À cette date, Charles Quint, devenu roi de Castille et de León, l'estimant trop difficile à défendre, l'abandonne aux Albret, reconnaissant du même coup l'indépendance de la Basse-Navarre.

Prendre à gauche l'avenue du Fronton. Traverser à nouveau la Nive et prendre les escaliers derrière l'église pour monter à la citadelle.

Citadelle
Bâtie en 1627, puis consolidée par Vauban. Du bastion formant un belvédère face à l'entrée du fort, vous pouvez voir tout le bassin de St-Jean et ses agréables villages (table d'orientation).

Itinéraire conseillé

VERS IRATY B3

25 km. Voir le circuit sur la carte de microrégion p. 378. Compter 1h30.
Quitter St-Jean-Pied-de-Port par la D 933 en direction de St-Palais, puis obliquer à droite sur la D 18.

St-Jean-le-Vieux
Jusqu'à la fondation de St-Jean-Pied-de-Port qui entraîna son déclin, ce fut le principal centre urbain de la région et une halte importante pour les pèlerins qui y trouvaient six églises ou chapelles. Aux alentours du village ont été retrouvées des traces de l'occupation romaine : le site d'un oppidum près de la rivière, dont les résultats des fouilles sont exposés au petit **Musée archéologique**. *Faire 50 m dans le village en venant de St-Jean et tourner à droite. ✆ 05 59 37 91 08 - de mi-juin à mi-sept. : lun.-jeu. apr.-midi - 2 € (-14 ans 1 €).*
Quitter le village par la D 18 en direction de Mendive. Après 1,5 km, tourner à droite et prendre la D 118.

Aincille
L'église, d'extérieur sobre, conserve un chœur de style baroque (18e s.) ainsi qu'une jolie Vierge ancienne du 14e s.
Revenir sur la D 18 et, après environ 2 km, prendre à droite vers Bascassan.

Bascassan

La petite **église St-André**, romane, en haut du hameau, présente des fresques naïves qui ont été récemment restaurées. Plafond étoilé, retable du 16e ou 17e s. et baptistère peint : ses thèmes se retrouvent dans sa chapelle jumelle à Alciette.

Revenir sur la D 18 et roulez en direction de Mendive. Dépasser l'intersection menant à gauche sur Ahaxe, et prendre la suivante sur la gauche (ne manquez pas le panneau !).

Alciette

Demander la clé de la chapelle à la ferme Bidart, dans le hameau en contrebas. Pour y accéder : au carrefour central du hameau, prendre la voie de droite qui fait une courbe.

Église St-Sauveur – Cette chapelle de campagne recèle de surprenantes **fresques★** touchantes de naïveté et peintes à même le bois, qui demanderaient à leur tour une restauration. Notez le baptistère caché derrière des panneaux de bois dont les vantaux du haut représentent le baptême du Christ.

Retourner sur la D 18 et rouler vers Mendive. Dans le village, prendre à gauche de l'église pour suivre la D 117.

Béhorléguy

Pittoresque petit village accroché à flanc de colline, gardé par son église qu'entoure le cimetière (alignement de croix basques).

Vous pouvez poursuivre au-delà de Mendive : en continuant le long de la D 18, vous gagnerez la forêt d'Iraty (voir p. 405). En empruntant la D 417 à gauche, vous pourrez partir à la découverte de la forêt des Arbailles (voir p. 416).

NOS ADRESSES À SAINT-JEAN-PIED-DE-PORT

HÉBERGEMENT

À St-Jean-Pied-de-Port

BUDGET MOYEN

Hôtel Central – *Pl. Ch.-de-Gaulle - ✆ 05 59 37 00 22 - 11 mars-30 nov. et fermé mardi de mars à juin - 12 ch. 62/77 € - ☕ 9 € - rest. 21/46 €.* Enseigne-vérité pour cet hôtel situé à deux pas de la citadelle. Escalier bicentenaire en bois ciré desservant de grandes chambres ancrées dans la tradition. Plats régionaux servis dans la salle à manger-véranda ou sur la mini-terrasse au bord de la Nive.

Chambre d'hôte Maison Donamaria – *1 chemin d'Olhonce - ✆ 05 59 37 02 32 - http://www.donamaria.fr/ - fermé oct.-avr. - 🚭 - 5 ch. 64 € ☕.* Le temps semble s'être arrêté dans cette grande demeure du 18e s. Ses chambres, véritablement coquettes, ouvrent leurs fenêtres sur la Nive, la petite cascade, le pont romain et le parc boisé. Le petit-déjeuner se prend sur la terrasse en surplomb de la rivière ou dans le salon près de la cheminée. Du pur bonheur !

À proximité

PREMIER PRIX

Camping Europ'Camping – *Quartier l'Ascarat - 64220 Acarat - 2 km au nord-ouest par D 918 rte de Bayonne et chemin à gauche, à Ascarat - ✆ 05 59 37 12 78 - www.europ-camping.com - de mi-avr. à fin sept. - ♿ - réserv. conseillée - 110 empl. 27 €.* Exemplaire est le mot qui qualifie le mieux ce camping : allées agrémentées de massifs de fleurs, emplacements bien ombragés pour les tentes, confortables locations en dur et entretien sans faille des sanitaires. Snack au bord de la piscine.

BUDGET MOYEN

Chambre d'hôte Ferme Etxeberria – *Domaine Mourguy - 64220 Ispoure - ✆ 05 59 37 06 23 - www.domainemourguy.com - fermé déc.-janv. - P - 🚭 - 4 ch. 54 € ☕.* Dormez dans l'ancienne grange de cette ferme face à la campagne, à deux pas de St-Jean-Pied-de-Port. Chambres sobres, pas très grandes mais avec une mezzanine, idéale pour les enfants. Belle véranda pour un petit-déjeuner face aux vignobles d'Irouléguy. Balades en famille inoubliables à dos d'âne. Visite du chai, dégustation et vente du vin de la propriété.

RESTAURATION

À St-Jean-Pied-de-Port

PREMIER PRIX

Paxkal Oillarburu – *8 r. de l'Église - ✆ 05 59 37 06 44 - fermé 1 sem. en janv. et mar. sf juil.-août - réserv. conseillée - 14/23 €.* Posé contre les remparts, ce restaurant joue le répertoire régional : garbure, ris d'agneau au chorizo et poivrons, truitelles d'Iraty au beurre aillé, anguilles en persillade et bien d'autres spécialités du terroir tout au long de l'année.

À proximité

BUDGET MOYEN

Auberge Lafitte – *Au bourg - 64430 Urepel - ✆ 05 59 37 58 58 - fermé 20 nov.-15 mars - 18 €.* Cette auberge sans prétention dotée d'une terrasse bordant la source Itarri-Aundi et réputée pour ses préparations de truites, conjugue avec brio simplicité, convivialité et goûteuse cuisine « de grand-mère ». Dans l'assiette, produits frais locaux accommodés sans façon (truitelles meunières, cuisse de canard confite…).

Cidrerie Aldakurria – *64220 Lass - 3,5 km à l'ouest de St-Jean par D 918 et D 403 - ✆ 05 59 37 13 13 - www.cidrerie-aldakurria.com - fermé 15 déc.-20 janv., dim. soir et lun. sf juil.-août - ♿ - 🅿 - 20 bc/30 € - 5 ch. 45/50 € - ☕ 6 €.* À la mode espagnole, cette cidrerie propose omelette de morue, côte de bœuf ou gigot d'agneau *à la plancha* avec cidre à volonté. Le cadre est rustique dans cette maison au milieu des champs : poutres et murs crépis, grandes tables et bancs de bois. Chambres confortables (avec terrasse).

ACHATS

Étienne Brana – *3 bis av. du Jaï-Alaï - ✆ 05 59 37 00 44 - www.brana.fr - tlj sf w.-end 8h30-12h, 14h-18h - fermé 2e quinz. de janv. - visite 7 €.* Au fil de la visite des chais, l'étendue de la gamme d'eaux-de-vie produites par ce domaine au charme indéniable se dévoile : connus et réputés sur tout le territoire français, le marc d'Irouléguy, l'eau-de-vie de poires williams et le txapa à base de vin blanc, cerises et épices n'ont plus besoin de faire leurs preuves.

Poterie navarraise – *36 r. d'Espagne - ✆ 05 59 37 34 46 - tlj sf dim. hors sais. 9h-19h - fermé 1 sem. en fév. et 5 déc.-2 janv.* Sitôt franchi le seuil, des rayonnages remplis d'objets, plats et autres ustensiles en terre cuite s'offrent à votre regard. L'atelier de poterie se trouve dans l'arrière-boutique. Olivier Carriquiry y façonne devant le public et cuit à 1 300 °C ses pièces selon les gestes transmis par son père.

Balade en raquettes dans la forêt d'Iraty.
Les Chalets d'Iraty

Forêt d'Iraty

★

Pyrénées-Atlantiques (64) et Navarre

NOS ADRESSES PAGE 407

S'INFORMER

Office de tourisme et centre d'interprétation de la nature (Centro de Interpretación de la Naturaleza) **à Ochagavía** – *Ctra Izalzu s/n - 31680 Ochagavía - ✆ (00 34) 948 890 641 - www.ochagavia.com - de mi-juin à mi-sept. : lun.-sam. 10h-14h, 16h-20h, dim. 10h-14h ; reste de l'année : vend.-sam. 10h-14h, 16h-19h, dim.-jeu. 10h-14h.*

SE REPÉRER

Carte de microrégion B4 *(p. 378) – carte Michelin Départements 342 E-F 4-5.*

On atteint le nord de la forêt d'Iraty par la D 18 en provenance de St-Jean-Pied-de-Port (32 km à l'ouest). Côté espagnol, le massif forestier se rejoint par la NA 140 qui relie les trois vallées à l'est de Roncevaux. On parvient alors à la forêt depuis Orbaiceta ou, plus à l'est, depuis Ochagavía.

SE GARER

Versant français, laissez votre voiture aux chalets d'Iraty ou un peu plus haut que le chalet de Cize, à proximité de l'embranchement avec la D 301 sur le parking herbeux à gauche de la route. Pour le massif sud, garez-vous à la Fábrica de Orbaiceta pour rejoindre le GR 11. Depuis Ochagavía, montez jusqu'à N. S. de las Nieves et vous retrouverez le GR 11. Mais vous pouvez déjà partir à pied de la ville.

ORGANISER SON TEMPS
Les randonnées dans le massif s'échelonnent de une à plusieurs heures, avec des degrés de difficulté différents. Le choix est donc très large.

À cheval sur la frontière, la hêtraie d'Iraty constitue l'un des plus vastes massifs de feuillus d'Europe. Dès le 18e s., elle fournissait des mâts de navire aux marines de France et d'Espagne. Tendez l'oreille, vous entendrez peut-être le souffle des grandes batailles navales. La forêt est traversée par deux sentiers pédestres, les GR 10 et 11, qui enchanteront les amoureux de nature.

Se promener

LE NORD DU MASSIF

Chalets d'Iraty B4

Le petit village de loisirs des Chalets d'Iraty fut construit dans les années 1960 au cœur de la forêt d'Iraty. Entre 1 200 et 1 500 m d'altitude, les 45 km de pistes de ski de fond et les nombreux sentiers pédestres offrent une vue unique sur la montagne.
Plusieurs sentiers de randonnée partent du village mais deux pénètrent plus avant dans la forêt : celui de la **crête d'Orgambideska**, qui amène à une altitude de 1 420 m *(1h, facile)* et, dans son prolongement, celui du **pic d'Orhy**

UN POUMON VERT TRANSFRONTALIER

La plus grande hêtraie d'Europe couvre 17 195 ha de plateaux, de montagnes et de vallées comme celles d'Aezkoa et de Salazar, en Navarre. Ses sommets pointent en moyenne à 1 300-1 400 m, mais le plus haut, le **pic d'Orhy**, qui est aussi le plus oriental, culmine sur la frontière à quelque 2 021 m.
La forêt et le massif tirent leur nom de l'Irati, une rivière qui naît de la convergence des torrents Urtxuria et Urbeltza, au niveau de N. S. de las Nieves. De là, elle file se jeter dans le lac d'Irabia pour ensuite couler vers Orbaiceta/Orbaitzeta, puis vers le sud. À la même latitude que Pampelune, elle bifurque vers le sud-est en direction de Sangüesa, pour rencontrer l'Aragón.
Deux zones sont particulièrement préservées : la **Reserva Integral de Lizardoia**, au nord du lac d'Irabia, et la **Reserva Natural de Mendilatz**, au nord-ouest du même lac, vaste hêtraie-sapinière occupant un plateau karstique.
Ces zones sont plantées de hêtres, de sapins, de houx ou de sorbiers, et constituent un habitat naturel idéal pour une foule d'animaux sauvages : oiseaux (roitelet triple-bandeau, rouge-gorge, pic noir et pic à dos blanc), petits mammifères (musaraigne, rat musqué, loir), petits carnassiers (chat sauvage, putois, belette, marte, renard, blaireau) ou seigneurs des forêts (cerf, sanglier, chevreuil).
Au cours des siècles, les hommes ont trouvé matière à exploiter le massif. Charbonniers, forestiers, forgerons, mineurs et bergers ont occupé ses pentes jusqu'au 20e s. Aujourd'hui, Iraty est surtout parcouru par les troupeaux et les randonneurs.

(5h AR, relativement difficile, à n'entreprendre que bien équipé et par beau temps) qui rejoint le sommet *(départ sur le chemin asphalté face à la réception)*. Les randonnées les plus faciles commencent quant à elles derrière le chalet d'accueil, en descendant vers le centre hippique.

★ Col Bagargui B4

Sur la D 19 entre le chalet et Larrau.

Vue★ à l'est sur les montagnes de Haute-Soule et les Hautes Pyrénées d'Aspe et d'Ossau. Proche sur la droite, la masse du pic d'Orhy où convergent les transhumances, plus loin, les sommets calcaires du massif du Pic-d'Anie derrière lesquels se profile le pic du Midi d'Ossau. Sous les couverts de la forêt s'échelonnent les différents centres du village touristique d'Iraty.

Col de Burdincurutcheta B4

À 9 km à l'ouest des Chalets d'Iraty, sur la route de St-Jean-Pied-de-Port, par la D 19 puis la D18. Faites halte 1 km en contrebas au nord du col, à l'endroit où la route se rapproche d'une crête rocailleuse. Vue sur les contreforts, tout lacérés, du massif-frontière, séparés par des vallons ; au loin s'épanouit le bassin de St-Jean-Pied-de-Port, centre du pays de Cize. Non loin de là, le **plateau d'Iraty** sert d'estive aux chevaux et têtes de bétail.

NOS ADRESSES DANS LA FORÊT D'IRATY

HÉBERGEMENT

BUDGET MOYEN

Camping d'Iraty – *64560 Larrau - 13 km à l'O par D 19, rte d'Iraty - ✆ 05 59 28 51 29 - 70 empl. - empl. 2,60 € par nuit (+2, 60 € par ad. et 1,80 € par enf.).* Les amateurs d'espace, de grand air et de calme trouveront leur bonheur en louant un de ces chalets disséminés dans la forêt d'Iraty. Certains se trouvent tout près de l'accueil, du restaurant et de l'épicerie. D'autres sont totalement isolés. Les jours de neige, une chenillette est même nécessaire pour les rejoindre.

RESTAURATION

PREMIER PRIX

Restaurant d'Iraty – *Au col de Bagargui sur D 19 - 64560 Larrau - ✆ 05 59 28 55 86 - fermé 1 sem. en mars, 3 sem. en nov., lun. soir et mardi sf vac. scol. - formule déj. 15 € - 19 €.* Ce restaurant jouit d'une situation exceptionnelle à 1 327 mètres d'altitude et en pleine forêt. L'hiver, les tables sont dressées autour de la cheminée centrale. L'été, la terrasse vous accueille pour profiter pleinement de la magnifique vue sur les Pyrénées. Dans l'assiette (fort bien garnie), goûteux plats régionaux.

BUDGET MOYEN

Le Chalet Pedro – *Dans la forêt d'Iraty - 64220 Mendive - ✆ 05 59 28 55 98 - www.iraty.chaletpedro.com - 10 avr.-11 Nov., vac. scol. et dim. en hiver et fermé merc. en avr.-juin et déb. sept.à déb. oct. - ♿ - P - 🚭 - 24/30 €.* À deux pas de la frontière espagnole, ce charmant chalet est niché dans un petit vallon au milieu de la forêt. Décor simple style bistrot familial avec ses tables en chêne. Au menu : truites de la rivière (en saison), anguilles, côte de bœuf au *piquillos*, etc. Location d'appartements dans la maison d'en face.

Larrau

209 habitants - Pyrénées-Atlantiques (64)

NOS ADRESSES PAGE 410

SE REPÉRER
Carte de microrégion C4 *(p. 378) – carte Michelin Départements 342 G4.*
On rallie Larrau via St-Jean-Pied-de-Port (43 km à l'ouest, par la D 18 puis la D 19) ou bien par Mauléon-Licharre (31 km au nord en suivant la D 918 puis la D 26).

SE GARER
Près du fronton couvert.

À NE PAS MANQUER
Les gorges de Kakuetta.

Ancienne étape de la route de Compostelle, Larrau a tout du village typique de la Haute-Soule : des toits pentus en ardoise, des maisons regroupées autour de l'église et un paysage grandiose. Niché au pied du pic d'Orhi, et face aux falaises noires du massif de Mendibelza, c'est un excellent point de départ pour de belles randonnées, notamment pour découvrir les gorges d'Holçarté.

Se promener

Demandez le dépliant des randonnées à l'office de tourisme.
On peut marcher sur les traces des pèlerins en suivant le chemin qui monte à l'ermitage St-Joseph, à 1 300 m *(départ derrière le fronton. Comptez env. 2h).*

Église

Minuterie derrière l'harmonium. Retouchée en 1655, elle conserve une abside romane où est exposée une belle **Vierge à l'Enfant** en bois polychrome. La tribune occupe presque toute la nef. Du temps des pèlerins de Compostelle, l'église a fait office de prieuré puis d'hôpital.

À proximité Carte de microrégion

★ Col d'Erroymendi B4

(Alt. 1 362 m). Vaste **panorama★** de montagne, illustrant la vocation pastorale et forestière du haut pays de Soule. Quelques pas vers l'est vous feront découvrir les vallées du haut Saison et, à l'horizon, le massif rocheux du Pic-d'Anie.

Itinéraire conseillé

LA ROUTE DES GORGES C4

37 km. Voir le circuit sur la carte de microrégion p. 378. Compter 2h. Quitter Larrau en direction de Mauléon.

★ Crevasses d'Holçarté

1h30 à pied AR par le GR 10 qui s'amorce aussitôt après le café et le pont de Laugibar.
Le site a été exploré en 1908 par le spéléologue **Édouard-Alfred Martel**. Après une montée rude, vous apercevez l'entrée des « crevasses », gorges taillées dans le calcaire sur près de 200 m de hauteur. Le sentier passe au-dessus de la gorge affluente d'Olhadubi, qu'il franchit sur une passerelle lancée, en 1920, à 171 m de hauteur!
Poursuivre vers Mauléon.
La route suit le **gave** de Larrau, encaissé et verdoyant.
À l'intersection avec la D 113, tourner à droite et rouler vers Ste-Engrâce. Ce village est dispersé en divers hameaux. Continuer vers Ste-Engrâce-Bourg.
La D 113 monte en surplomb des gorges, inondées par un barrage.

★★ Gorges de Kakuetta

Parking aménagé le long de la D 113, route de Ste-Engrâce. Passerelles aménagées sur les 2 km du parcours (à reprendre au retour). ✆ 05 59 28 73 44 (bar La Cascade qui délivre les billets) ou 05 59 28 60 83 (mairie) - de mi-mars à mi-nov. : de 8h à la tombée de la nuit - 4,50 € (enf. 3,50 €).
Taillées à pic dans le calcaire, ces gorges sont très belles. L'entrée du « Grand Étroit » est le passage le plus grandiose : ce splendide canyon verdoyant, large de 3 à 10 m et profond de plus de 200 m, mène à une cascade haute de 20 m formée par une résurgence. On franchit le torrent sur des passerelles. Ce superbe parcours s'achève par une grotte ornée de stalactites et de stalagmites géantes.
Reprendre votre voiture en direction de Ste-Engrâce.
Des niches, sur le côté de la route, permettent d'admirer les gorges.

★ Ste-Engrâce

Ce village de bergers est entouré de montagnes boisées. Son église romane, une ancienne abbatiale du 11e s., dresse son toit asymétrique dans le **site★** pastoral de la combe supérieure de l'Uhaïtxa ; elle jalonnait autrefois un itinéraire vers St-Jacques. Le chœur montre des **chapiteaux★** richement ornés. À gauche : scènes de bateleurs ; au centre : scènes de chasse et une Résurrection ; à droite : Salomon et la reine de Saba.

Devant l'église, un panneau marque le point de départ d'une randonnée pour les gorges Ujarre. Larges et grandioses avec leur profil en auge, elles ont la réputation d'être plus belles que celles de Kakuetta, mais ne sont pas aménagées.

NOS ADRESSES À LARRAU

HÉBERGEMENT ET RESTAURATION

À proximité

BUDGET MOYEN

Camping Les Chalets de Soule – *Quartier Cazenave - 64470 Montory - 15 km au SE par D 26, rte de Tardets et D 918 rte d'Oloron-Ste-Marie - ✆ 05 59 28 53 28 - www.leschaletsdesoule.com - 12 mobile homes (4/6 pers.) 295/460 €/sem.* Niché dans un domaine particulièrement verdoyant, ce parc résidentiel comprend 15 mobile homes ultra-confortables et bien isolés grâce à des haies d'arbustes. Chaque logement possède sa terrasse, son salon de jardin et son barbecue. L'intérieur est également bien équipé : micro-ondes et télévision sur demande.

Hôtel-Restaurant des Touristes – *Au bourg - 64560 Licq-Athérey - ✆ 05 59 28 61 01 - www.hotel-des-touristes.fr - fermé de déb. nov. à déb. mars - P - 12 ch. 45/60 € - ☕ 8 € - rest. formule déj. 10 € - 15/35 €.* Le plus ancien hôtel de la Soule, tenu par la même famille depuis cinq générations, propose des chambres meublées à l'ancienne. Celles côté jardin disposent d'une terrasse privative. À table, copieuse cuisine régionale. Pour le shopping, boutique de produits du terroir attenante à l'hôtel.

ACHATS

Ferme Elixabe – *Rte d'Iraty - ✆ 05 59 28 58 23 - m.bengochea@wanadoo.fr - fermé dim. apr.-midi du 1er oct. au 15 mars.* Cette ferme isolée mérite le détour. Plantée sur un piton, elle offre une vue impressionnante sur les Pyrénées. Elle produit par ailleurs un excellent fromage de brebis d'AOC Ossau-Iraty. Ce dernier est mis à la vente à partir du 15 mars et jusqu'à rupture du stock (en général fin septembre).

Les espadrilles de Mauléon.
CDT64

Mauléon-Licharre

3 255 Mauléonnais – Pyrénées-Atlantiques (64)

NOS ADRESSES PAGE 415

S'INFORMER
Office de tourisme – *10 r. J.-B.-Heugas - 64130 Mauléon - ☎ 05 59 28 02 37 - www.valledesoule.com - juil.-août : lun.-sam. 9h-13h, 14h-19h, dim. 10h-12h30 ; reste de l'année : lun.-sam. 9h-12h30, 14h-18h.* Visites guidées de la ville et du château en été.

SE REPÉRER
Carte de microrégion C3 *(p. 378) – carte Michelin Départements 342 G3.*
À 24 km au sud-est de St-Palais. Le quartier de Licharre, siège des États de Soule, s'étend sur la rive gauche autour de la place des Allées, bordée par quelques édifices dont le château d'Andurain. La ville neuve se blottit vers l'aval tandis que le château fort domine toujours la rive droite.

SE GARER
Sur la place de la mairie.

À NE PAS MANQUER
L'adorable église de L'Hôpital-St-Blaise.

Au pied d'une colline où s'élèvent les ruines d'un château fort coule le Saison. Joli nom pour un gave. Sur ses rives, Mauléon-Licharre est la capitale de la plus petite des sept provinces basques : le rude pays de Soule. C'est dans cette bastide du 13e s. que vous trouverez chaussure à votre pied, l'ancienne place forte étant aussi la patrie de l'espadrille. Vous savez alors ce que vous pourrez remporter dans vos bagages…

Une histoire tumultueuse

Mauléon, c'est le « mauvais lion ». Une façon affectueuse de rappeler la fonction défensive de la cité, ses résistances et ses coups de sang ? À l'origine, Mauléon est une bastide fondée en 1280 et dominée par son château fort, et c'est autour des murs de ce dernier que la capitale de la Soule vécut ses heures les plus mouvementées. La place forte résista en effet pendant cinquante ans avant de se rendre aux Anglais en 1307. Ces derniers y installèrent une capitainerie jusqu'à ce qu'ils la cèdent à la maison de Foix en 1449. C'est après que se focalisa sur Mauléon le mécontentement des croquants. En 1662, écrasés par les charges fiscales qu'impliquaient entre autres la démolition et la reconstruction de l'édifice, ces derniers suivirent Bernard de Goyhenetche, dit **Matalas**, curé de Moncayolles, et refusèrent de payer leur dû. Ils furent écrasés par les troupes royales et seigneuriales, et leur meneur décapité à Licharre. Licharre était à l'époque une commune indépendante. Elle ne devint que récemment un quartier industriel de Mauléon, celui où sont concentrées les fabriques d'espadrilles. La mairie y est installée, dans l'ancien **hôtel de Montréal** (17e s.) qui servait de résidence au gouverneur de la Soule.

LA CAPITALE DE L'ESPADRILLE

Espartina en basque, cette chaussure de toile à la semelle de chanvre a été utilisée dès le 18e s. Elle fait vivre Mauléon depuis cent-cinquante ans. D'abord fabriquée à domicile par les paysans en appoint de leurs travaux agricoles, elle est produite à échelle industrielle à la fin du 19e s. lorsque les premières usines ouvrent leurs portes vers 1880. On appelait « hirondelles » les jeunes Espagnoles qui venaient travailler dans ces usines pour la saison, de mai à septembre. Aujourd'hui, 70 % de la production française sort des manufactures mauléonnaises, qui ont du mal à résister à la concurrence internationale.

CÉLÉBRITÉS LOCALES

Pierre Bordaçarré (1908-1979), natif quant à lui de Trois-Villes, adopta le nom de plume d'**Etxahun Iruri**. Poète et musicien autodidacte, il a laissé une centaine de chansons. Un monument à son effigie se dresse devant le fronton de sa ville natale.

Enfin, qui l'eût cru ? Les **mousquetaires** d'Alexandre Dumas ne sont pas qu'une invention. Certains d'entre eux étaient originaires, ou ne fût-ce qu'attachés à la Soule ou à la frontière entre le Pays basque et le Béarn. Ainsi, M. de Tréville était-il en réalité Arnaud Jean du Peyrer, comte de Trois-Villes, nommé capitaine-lieutenant des mousquetaires en 1625. Isaac de Porthau, né à Pau en 1617 et devenu mousquetaire en 1643 après avoir été garde du roi, inspira Porthos. Il avait une résidence à Lanne (sur la D 918 à l'est de Tardets). Quant à Aramis, c'est Henri d'Aramits, écuyer et abbé laïque d'Aramits (à 2 km de Lanne), entré chez les mousquetaires la même année que son acolyte. C'est le cousin de Tréville, capitaine des mousquetaires (*voir Aramits, chapitre « Oloron-Ste-Marie » p. 456*).

Se promener

Château d'Andurain

05 59 28 04 18 - visite guidée de déb. juil. à mi-sept. : tlj sf jeu. 11h, 15h, 16h15, et 17h, dim. 15h, 16h15 et 17h - 5 € (enf. 2,30 €).
Cet édifice à décor Renaissance fut construit vers 1600 par un membre d'une illustre famille souletine, Arnaud Ier de Maytie, évêque d'Oloron. Belles cheminées sculptées, mobilier 17e-18e s. et exposition d'in-folio restaurés des 16e et 17e s. Les combles sont couverts de bardeaux de châtaignier avec une belle charpente de chêne.

Château fort de Mauléon

Montée un peu raide à pied. Possibilité d'accès pour les voitures uniquement. 05 59 28 02 37 - de mi-juin à fin sept. et vac. de Printemps : 11h-13h30, 15h-19h ; de déb. mai à mi-juin : w.-end et j. fériés 11h-13h30 - 2,50 € (-7 ans gratuit).
Élevé au 12e s. sur une colline surplombant la vallée du Saison, il aurait dû être démoli au 17e s. sur ordre royal. Dans la cour restent le puits et les bases de murs de bâtiments, mais on peut également voir le cachot et une salle de réserve. Sur le chemin de ronde, trois canons datant de 1685.
Le document de la visite décrit la bastide que vous pourrez aller voir ensuite (escaliers sur la droite en descendant du château).

Itinéraire conseillé

LA BASSE-SOULE C3

50 km. Voir le circuit sur la carte de microrégion p. 378. Comptez 1h30. Quitter Mauléon par la D 24, puis la D 25.

L'Hôpital-St-Blaise

Ce minuscule village du pays de Soule se distingue par son **église★★** du 12e s., classée Monument historique depuis 1888 et aujourd'hui inscrite au Patrimoine mondial de l'Unesco. *05 59 66 11 12 ou 19 20 - visite audioguidée - 10h-19h - tarif : à l'appréciation des visiteurs. Un spectacle son et lumière (15mn, minimum : 20 pers., 4 €) vous guide tel un pèlerin dans l'église.*
Construite par les chanoines augustins de l'abbaye Ste-Christine du Somport, elle est l'ultime vestige de l'ensemble édifié à l'époque pour accueillir les pèlerins en route pour Compostelle.
De construction romane très ramassée, c'est un précieux témoin de l'art hispano-mauresque au nord des Pyrénées. Les quatre corps de son plan en croix grecque contrebutent la tour centrale. La croisée est couverte d'une **coupole** à huit pans bandés de nervures en étoile. Admirez les bagues sculptées de façon naïve. Les grilles de pierre aux fenêtres sont d'inspiration espagnole.
Prenez le temps, en sortant de l'église, de flâner dans les rues du village. Vous verrez quelques belles demeures des 17e et 18e s.
Sortir du village en direction d'Oloron-Ste-Marie et prendre à droite la D 859.

Barcus

L'intérieur de son **église** surprend par la richesse de sa décoration baroque et de son agencement : galeries de bois, murs peints et retable baroque doré figurant l'Ascension.

La D 347 qui mène à Tardets passe à travers les collines couvertes d'un patchwork de bocages dont les vaches n'ont cure, préférant paître en bord de route.

Tardets

Office de tourisme – *Pl. Centrale - 64470 Tardets - ✆ 05 59 28 51 28 - juil.-août : lun.-sam. et j. fériés 9h-13h, 14h-19h, dim. 10h-12h30. ; reste de l'année : lun.-sam. 9h-12h30, 14h-18h - fermé dim. et j. fériés (sf juil.-août), www.valleedesoule.com.*

Ancienne bastide pourvue d'une place centrale entourée de maisons à arcades du 17e s. Le village sert de point de départ pour différentes randonnées ou excursions *(se renseigner à l'office de tourisme).*

Reprendre la route en direction de Mauléon.

Trois-Villes

Le nom, plus que le château construit par Mansart entre 1660 et 1663, rappelle la carrière militaire et le personnage littéraire de M. de Tréville. La demeure affiche deux avant-corps et des fenêtres à meneaux. Elle profite également de jardins à la française.

Continuer vers Mauléon.

Gotein-Libarrenx

Arrêtez-vous pour admirer le **clocher-mur** à trois pointes de cette église du 16e s. Elle est typique de ce que l'on appelait auparavant les clochers trinitaires, formés d'un solide mur de pierre percé d'alvéoles pour les cloches et surmonté de trois frontons triangulaires, comme les clochers-calvaires. À l'intérieur, remarquez le beau retable en bois doré du 18e s., une jolie Vierge et un bénitier Louis XIII.

L'itinéraire s'achève à Mauléon.

NOS ADRESSES À MAULÉON-LICHARRE

HÉBERGEMENT

À Mauléon-Licharre

BUDGET MOYEN

Hostellerie du Château – *R. de la Navarre - ✆ 05 59 28 19 06 - fermé 3 sem. en fév. - P - 47/49 € - ☕ 6,50 € - rest. 12 €.* Cette immense bâtisse est un vrai labyrinthe. Reprise en 2002, elle a été progressivement restaurée et les chambres ont été rénovées. Situées côté jardin, elles respirent le calme. À table, goûteuse cuisine régionale et un menu très attractif à midi.

À proximité

Le petit village de **L'Hôpital-St-Blaise** abrite deux hôtels-restaurants situés côte à côte, face à l'église romane : l'Hôtel des Touristes et l'Auberge du Lausset. Leur confort et leurs prix sont quasi similaires.

RESTAURATION

À Mauléon-Licharre

PREMIER PRIX

Bidegain – *13 r. de Navarre - ✆ 05 59 28 16 05 - bidegain-hotel@wanadoo.fr - fermé dim. soir sf en sais. et lun. midi - 11,50/33 €.* En pénétrant dans cet ancien relais de poste, attendez-vous à changer d'époque. Le décor possède un charme suranné : tapisseries avec médaillons, boiseries, moulures, odeur de cire d'abeille et cheminée dans la plus petite des deux salles à manger. L'été, la terrasse ombragée est particulièrement agréable.

ACHATS

Espadrille – *Pl. Centrale - ✆ 05 59 28 28 48 - www.espadrilles-mauleon.fr - été : 9h-13h, 14h-19h, dim. 10h-12h30 ; tlj sf dim. et j. fériés : hors sais. 9h-12h30, 14h-18h - fermé j. fériés hors sais.* Visite sur vidéo (30mn) de l'atelier situé dans la zone artisanale de Mauléon (prendre la rue de Navarre, puis à gauche au rond-point).

Forêt des Arbailles

★

Pyrénées-Atlantiques (64)

NOS ADRESSES PAGE 419

S'INFORMER

Office du tourisme de Tardets – *Pl. Centrale - 64470 Tardets - ✆ 05 59 28 51 28 - juil.-août : mat. et apr.-midi, dim. et j. fériés mat. ; reste de l'année : mat. et apr.-midi - fermé dim. et j. fériés (sf juil.-août).*

SE REPÉRER

Carte de microrégion B3 C3 *(p. 378) – carte Michelin Départements 342 F-G 4.*

Au sud de la route reliant St-Jean-Pied-de-Port à Mauléon-Licharre, la forêt s'étend sur les hautes surfaces (1 265 m au pic de Béhorléguy) d'un bastion calcaire bien détaché entre les sillons du Saison, du Laurhibar et de la Bidouze. À cette hêtraie, criblée de gouffres, succède, au sud, une zone pastorale s'achevant à pic face à la frontière.

À NE PAS MANQUER

Le panorama depuis Ahusquy.

ORGANISER SON TEMPS

On peut au choix faire le tour du massif forestier en moins d'une journée, ou bien entreprendre une randonnée d'une ou plusieurs heures.

Aucune route ne pénètre au cœur de ce massif que l'on découvre uniquement par les pistes pastorales. Mais qui s'en plaindrait ? C'est le meilleur moyen de capter la lumière mystérieuse de ses hêtraies, les effluves de mousse et de champignons et le son du vent malmenant les branches ou caressant l'herbe des clairières. C'est aussi la seule façon de rencontrer les Laminak, du moins s'ils le veulent bien…

Itinéraire conseillé B-C 3-4

36 km. Voir le circuit sur la carte de microrégion p. 378. Comptez environ 2h.

St-Just-Ibarre B3

Ce village bas-navarrais en lisière de Soule compte sept quartiers, symbolisés par les sept bassins de la fontaine moderne dressée à côté de la mairie.

Maison de saint Michel Garicoïts – *Depuis l'église, descendre vers la rivière en passant derrière la mairie. Franchir le pont. À la fourche, prendre à droite, puis à gauche sur la départementale. Au hameau, suivre à droite la direction « Ibarre ». À l'entrée du village, un panneau à droite indique la maison. Entrée gratuite. Pas de parking.* Les herbes folles envahissent le chemin menant à la maison natale de **saint Michel Garicoïts (1797-1875)**, parfois appelé le « dernier saint du Pays basque » et fondateur des pères de Bétharram *(sanctuaire décrit p. 434)*. La confiance est ici totale puisque la clé se trouve sur la porte ! Un autel est aménagé au centre de la pièce principale, sur laquelle donnent différentes portes de bois *(pour les ouvrir, passez le doigt dans l'orifice et soulevez le loquet)* :

Un haut lieu de la mythologie basque

DES PAYSAGES VARIÉS

Les 4 535 ha des Arbailles s'étendent sur un grand massif calcaire parsemé d'énormes dolines (dépressions circulaires tapissées d'argile), de crevasses inattendues et de gouffres où l'eau circule, discrète. Cette diversité de reliefs explique la grande variété de paysages : hêtraies, pâturages, reliefs doux et crêtes ravinées.
Le secteur compte aussi de nombreuses grottes et autres abris rocheux qui servaient déjà de protection aux hommes préhistoriques avant d'être utilisés comme bergeries ou caches de contrebande. De tout temps, l'homme a su tirer parti de ce milieu naturel qui offrait eau, bois de hêtre, gibier et champignons (cèpes ou girolles).

LE ROYAUME DES LAMINAK

Sans doute impressionné par le brouillard fréquent qui confère aux lieux une atmosphère d'étrangeté, l'homme a également fait du massif le lieu de toutes les légendes. Selon la tradition, on y croiserait des **Laminak**, ces petits êtres malicieux au talent de bâtisseurs reconnu, qui habitent les grottes et les sources. Mais si les dames Laminak sont inoffensives et se contentent de peigner leurs longs cheveux à proximité des sources, il n'en va pas de même de leurs époux qui ont la regrettable habitude de s'attaquer à la vertu des innocentes bergères et sont capables de se transformer en araignée ou en serpent…

LES SEIGNEURS DE LA FORÊT

On dit aussi qu'on y croise parfois un **Basajaun** (ou **Baxajaun**, le terme signifiant seigneur des forêts), sorte de *yeti* local. Ce géant qui atteindrait une taille de 3 m et porterait une chevelure rouge lui descendant jusqu'aux genoux a de quoi impressionner ! Ce n'est pourtant pas un mauvais bougre puisqu'il protège les troupeaux en criant lorsque les loups s'en approchent. Il a aussi transmis aux hommes l'agriculture. Si d'aventure vous en rencontrez un, posez-lui une devinette : il a la réputation d'avoir l'esprit si lent que vous aurez tout le temps de vous enfuir pendant qu'il réfléchit à la solution ! Peut-être mettrez-vous la main sur ses richesses qu'il dissimule dans une des cavités de la forêt…

FATALE GOINFRERIE

Non loin de la source d'Ahusquy vivait un redoutable serpent à sept têtes du nom d'**Herensuge**. Il habitait la grotte d'Azalegi et se nourrissait des bergers et des troupeaux qui passaient à proximité de son antre. Lassé de voir régner la terreur sur les estives, le fils du comte Zaro imagina une ruse pour se débarrasser du monstre. Il emplit la peau d'une vache de poudre et d'allumettes, et l'incorpora à un troupeau destiné au festin de l'immonde bête. Celle-ci, comme à son habitude, aspira le tout et prit feu tout en s'envolant vers Itxasgorrieta, la mer rouge du couchant. Cet être maléfique aurait occupé d'autres lieux mythiques, comme le gouffre d'Aralar en Navarre.

celle du débarras, celle de la chapelle et celle de la cuisine, avec son âtre, sa pierre à évier, sa table et son vaisselier. La visite donne une très bonne idée de l'architecture intérieure d'une humble ferme d'époque.

Sources de la Bidouze B3

À la sortie de St-Just en direction du col d'Osquich et de Mauléon, prendre le premier embranchement qui descend vers la vallée et la rivière. Suivre les panneaux. Le départ, bien fléché, se fait à la hauteur du parking. 9 km - 3h AR - 350 m de dénivelé. Après avoir longé quelques prairies, le sentier s'enfonce dans les sous-bois et grimpe alors jusqu'à la grotte d'où jaillit la rivière dans un paysage bucolique. Prenez garde de bien suivre le balisage, car l'endroit peut se révéler escarpé. *Balisage jaune.*

Revenir à St-Just jusqu'à la D 918 et prendre, à droite, la direction de Mauléon. Après 9 km, prendre à droite la D 348 en direction d'Ordiarp et d'Aussurucq.

★ Ordiarp C3

Charmant village traversé par une rafraîchissante rivière où caquettent les canards. Le cours d'eau est bordé d'un seul côté par les traditionnelles maisons souletines aux toits d'ardoise. Un pont romain l'enjambe.

★ **Église** – 12e s. Cette jolie église romane en surplomb de l'Arangorena arbore un original **clocher-mur** au clocheton carré. Elle est le seul vestige du relais hospitalier et de la commanderie des Augustins de Roncevaux, qui étaient installés dans ce village-étape du pèlerinage de Compostelle.

Centre d'évocation du patrimoine souletin – *05 59 28 07 63 - juil.-août : lun.-vend. 10h-12h30, 14h-18h30 - fermé w.-end - hors saison, sur demande - 3 € (-10 ans gratuit).* Culture basque, mythologie, art roman et témoignages de pèlerins de Compostelle se mêlent dans cet espace d'exposition. Il propose des visites guidées *(1h30)* du village par un conteur du pays *(lun.-vend. 17h, en saison).*

★ Aussurucq C3

Pittoresque village composé de fermes anciennes, du château de Ruthie (tours du 15e s.) et d'une église entourée de son cimetière. Notez le clocher-calvaire, typique de la Soule.

Suivre la D 147 vers Ahusquy.

★★ Ahusquy B4

De ce lieu de rassemblement de bergers, établi dans un site panoramique, subsiste une auberge (rénovée). En montant par la piste, sur 1 km, vous pouvez aller vous rafraîchir à l'excellente source d'Ahusquy (derrière un abreuvoir nettement visible sur la pente) qui, jusqu'à la Deuxième Guerre mondiale, justifiait des cures très courues (affections des reins et de la vessie).

Une randonnée d'une demi-journée permet de rejoindre le plateau d'Elzarreko depuis la fontaine - *10 km - env. 5h30 AR - 420 m de dénivelé - balisage jaune.*

Continuer sur la D 117.

Col d'Aphanize B3

Dans les pacages autour du col évoluent librement les chevaux. Les pâturages servent de lieux d'estive pour de nombreux troupeaux. À un kilomètre à l'est du col, la **vue**★★ devient immense, embrassant le pic des Escaliers, immédiatement au sud, le pic de Ger, à l'horizon au sud-est, en passant par le pic d'Orhy, le pic d'Anie et le massif de Sesques (entre Aspe et Ossau).

NOS ADRESSES DANS LA FORÊT DES ARBAILLES

HÉBERGEMENT

PREMIER PRIX

Chambre d'hôte Ibaremborde – *À Ibaremborde - 64470 Etchebar - ✆ 05 59 28 59 48 - perso.orange.fr/blanchet.artiere/ -* P *-* ⊭ *- 4 ch. 41/46 €* ☕. Cette ferme typiquement basque plaît à ceux qui recherchent les grands espaces, la nature et le calme absolu. Les chambres, aménagées dans l'ancienne grange, sont meublées en sapin blanc. La suite, indépendante, possède une mezzanine qui plaira aux enfants. Pour la détente, yoga et randonnées à dos d'âne.

BUDGET MOYEN

Chambre d'hôte Maison Elixondoa – *64120 Pagolle - ✆ 05 59 65 65 34 - www.elixondoa.com - fermé 15 nov.-15 fév. -* P *-* ⊭ *- 4 ch. 52 €* ☕. Dans un petit village basque, cette ferme du 17e s. bien restaurée sera parfaite pour méditer au calme en pleine nature. Campagne et collines pour décor extérieur, vieilles poutres, pierre apparente et couleurs gaies à l'intérieur : un charme pastoral rare. Petite cuisine à disposition des hôtes près de la piscine.

Chambre d'hôte Biscayburu – *64470 Sauguis-St-Étienne - ✆ 05 59 28 73 19 - www.chambres-hotes-pays-basque.com - fermé vac. de Noël -* P *-* ⊭ *- 4 ch. 50/55 €* ☕. Cette ancienne ferme restaurée dont le nom signifie « la maison en haut de la colline » offre un magnifique panorama sur la vallée et les Pyrénées. Ses chambres, décorées avec goût, bénéficient d'une grande tranquillité. Le matin, l'odeur du petit-déjeuner, préparé par le patron, ex-boulanger, aide au réveil.

RESTAURATION

PREMIER PRIX

Hôtel-Restaurant Eppherre – *64130 Aussurucq - ✆ 05 59 28 00 02 - fermé fév. et lun. hors sais. -* P *- 12,50/28 € - 8 ch. - 40 € -* ☕ *6 €*. Cette petite auberge qui se trouve au centre du village propose une cuisine traditionnelle très copieuse, toujours élaborée avec des produits du terroir. La terrasse ombragée est bienvenue en été. Chambres simples et calmes.

BUDGET MOYEN

L'Auberge d'Ahusquy – *Col de Burdin sur D 117 - 64130 Ahusquy - ✆ 05 59 28 57 27 - fermé 11 Nov.-15 juin -* ⊭ *- 20/28 €*. Seul le son des cloches suspendues au cou des vaches pourra éventuellement perturber votre repas. C'est dire si cette auberge isolée, nichée à plus de 1 000 m d'altitude, au col de Burdin, est tranquille. Vous y dégusterez une cuisine familiale, tout en profitant de la vue imprenable sur les Pyrénées.

ACTIVITÉS

Randonnées – La forêt des Arbailles demeure un massif volontairement très préservé, c'est pourquoi la plupart des randonnées balisées ne font que l'effleurer, comme celles des sources de la Bidouze ou d'Ahusquy. Son cœur profond n'est accessible qu'aux randonneurs accompagnés d'un guide. L'office du tourisme de Tardets *(voir p. 416)* vous en fournira une liste. Lui-même organise, en collaboration avec certains guides, des sorties estivales dans le massif. N'hésitez pas à prendre contact avec lui.

Le Béarn 7

Carte Michelin Départements 342 - Pyrénées Atlantiques (64)

Pic du midi d'Ossau.

A. Thuillier / MICHELIN

422

LE BÉARN

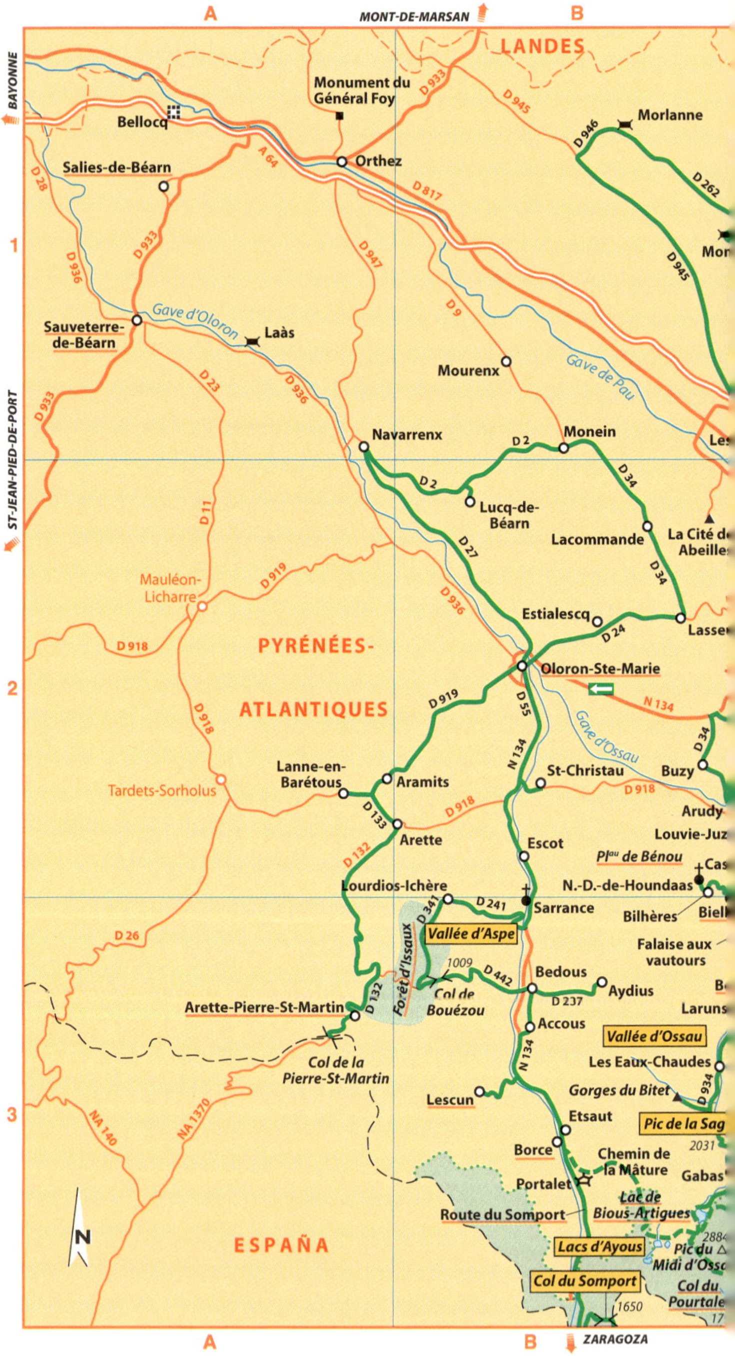

A
MONT-DE-MARSAN
B
LANDES
BAYONNE
Bellocq
Monument du
Général Foy
D 933
D 945
D 946
Morlanne
Salies-de-Béarn
A 64
Orthez
D 28
D 817
D 262
1
D 933
D 936
D 947
D 945
D 9
Sauveterre-
de-Béarn
Gave d'Oloron
Laàs
Mourenx
Gave de Pau
ST-JEAN-PIED-DE-PORT
D 933
D 23
D 936
Navarrenx
D 2
Monein
D 2
D 34
Lucq-de-
Béarn
Lacommande
D 11
D 27
D 34
Mauléon-
Licharre
D 919
D 936
Estialescq
D 24
D 918
PYRÉNÉES-
ATLANTIQUES
Oloron-Ste-Marie
2
D 919
D 55
N 134
D 918
Gave d'Ossau
N 134
D 34
Lanne-en-
Barétous
Aramits
St-Christau
Buzy
Tardets-Sorholus
D 918
D 133
D 918
Arudy
Arette
Louvie-Juz
D 132
Escot
Plau de Bénou
Lourdios-Ichère
N.-D.-de-Houndaas
D 341
D 241
Sarrance
Bilhères
Vallée d'Aspe
D 26
Forêt d'Issaux
Falaise aux
vautours
1009
D 442
Bedous
Aydius
Col de
Bouézou
D 237
Laruns
Arette-Pierre-St-Martin
D 132
Accous
Vallée d'Ossau
Col de la
Pierre-St-Martin
N 134
Les Eaux-Chaudes
Gorges du Bitet
D 934
Lescun
3
NA 140
NA 1370
Etsaut
Borce
2031
Chemin de
la Mâture
Portalet
Gabas
Route du Somport
Lac de
Bious-Artigues
N
ESPAÑA
Lacs d'Ayous
Col du Somport
1650
A
B
ZARAGOZA

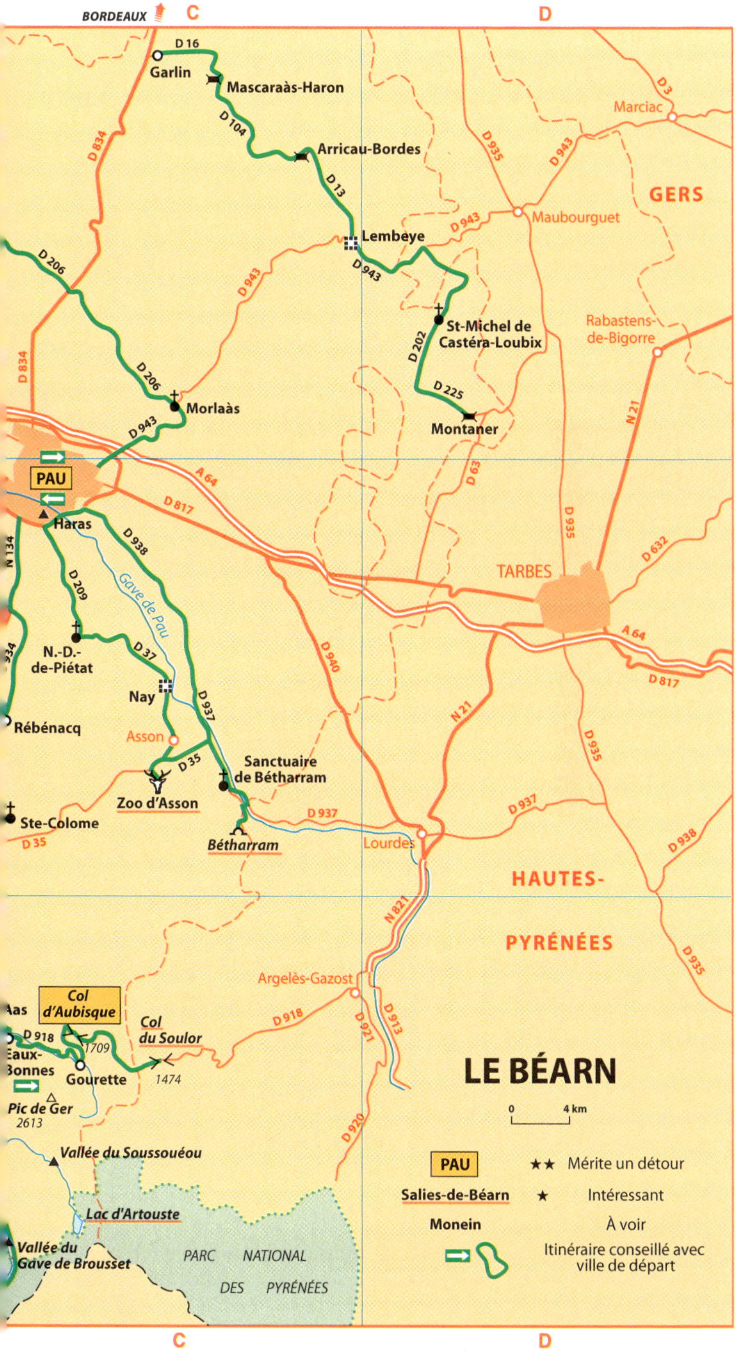
BORDEAUX
C
D
D 16
Garlin
Mascaraàs-Haron
D 104
Arricau-Bordes
D 13
Lembeye
D 943
St-Michel de Castéra-Loubix
D 202
D 225
Montaner
D 834
D 206
Morlaàs
PAU
A 64
D 817
Haras
D 938
D 209
Gave de Pau
N 134
N.-D.-de-Piétat
D 37
Nay
Rébénacq
Asson
D 35
Zoo d'Asson
D 937
Sanctuaire de Bétharram
Bétharram
Ste-Colome
Lourdes
Marciac
D 3
D 935
GERS
Maubourguet
Rabastens-de-Bigorre
N 21
D 63
TARBES
D 632
D 940
HAUTES-PYRÉNÉES
N 821
Argelès-Gazost
D 918
D 921
D 913
D 920
Col d'Aubisque
1709
Col du Soulor
1474
Aas
Eaux-Bonnes
Gourette
Pic de Ger
2613
Vallée du Soussouéou
Lac d'Artouste
Vallée du Gave de Brousset
PARC NATIONAL DES PYRÉNÉES
LE BÉARN
0
4 km
PAU
Salies-de-Béarn
Monein
★★ Mérite un détour
★ Intéressant
À voir
Itinéraire conseillé avec ville de départ

Pau

★★

83 903 Palois - Pyrénées-Atlantiques (64)

NOS ADRESSES PAGE 435

S'INFORMER

Office du tourisme de Pau – *Pl. Royale - 64000 Pau - ✆ 05 59 27 27 08 - www.tourismepau.com - juil.-août : lun.-vend. 9h-18h30 (sam. 18h), dim. 9h30-13h, 14h-18h, j. fériés 10h-12h30, 15h-18h ; sept.-juin : lun.-sam. 9h-18h, dim. 9h30-13h - fermé j. fériés (sf juil.-août).* Deux guides *(gratuits)* : *Histoire et patrimoine* et *Parcs et jardins* pour découvrir la ville, formules w.-end.

SE REPÉRER

Carte de microrégion C1-2 *(p. 422) – carte Michelin Départements 342 J3 – schéma p. 471.* Pau se trouve sur l'A 64, qui relie Biarritz à Toulouse, ainsi que sur la ligne de TGV Bordeaux-Tarbes. La ville est également desservie par un aéroport qui la relie à Paris et à Lyon par des vols réguliers.

SE GARER

Parkings : place Clemenceau dans le centre-ville, place Recaborde dans le quartier du Hédas (près du château), cours Bosquet (près du musée des Beaux-Arts), Palais Beaumont. Parking gratuit place de Verdun.

À NE PAS MANQUER

Le panorama depuis le boulevard des Pyrénées ; le château ; Lescar et sa cathédrale ; les circuits du Gave de Pau et de la vallée d'Ossau.

ORGANISER SON TEMPS

La visite de Pau et de ses environs mérite que l'on y consacre au moins deux jours. En été, diverses manifestations culturelles en plein air animent la ville.

AVEC LES ENFANTS

Une balade en calèche dans les parcs et jardins ou un tour en petit train touristique, le musée des Parachutistes, le Haras national de Gélos ; la Cité des Abeilles à St-Faust ; le zoo d'Asson ; la confiserie de Francis Miot *(voir la rubrique « Achats » dans « Nos adresses à Pau »)* ; les grottes de Bétharram ; le lac de Carolius à Lescar.

C'est la ville natale d'Henri IV et la plus élégante des cités de la bordure pyrénéenne. Même si elle n'a pas la grandiloquence d'un Versailles, elle porte son royal passé avec sobriété et raffinement, dont le château est la pierre angulaire. Pau n'en a pas pour autant le nez dans le passé et, héritage de sa colonie britannique, elle est sportive, intellectuelle et culturelle.

Se promener

Un **funiculaire** *relie la haute ville à la ville basse (voir la rubrique « Transports » dans « Nos adresses à Pau »). Autrement, possibilité de prendre l'ascenseur de la tour de la Monnaie (pour rejoindre le château) et celui de l'Hôtel du Département (pour rejoindre le boulevard des Pyrénées).*

★★ Boulevard des Pyrénées E2

C'est Napoléon Ier qui fit ouvrir la **place Royale**. Ensuite, sous l'impulsion des Anglais en villégiature, elle fut prolongée en véritable terrasse au-dessus de la vallée. Le boulevard des Pyrénées (long de 1 800 m) fut construit à la fin du 19e s. Il offre une magnifique vue sur la chaîne des Pyrénées. Au-delà des coteaux de Gelos et de Jurançon, le **panorama★★★** s'étend du pic du Midi de Bigorre au pic d'Anie *(les plaques apposées sur la balustrade désignent les sommets en vis-à-vis avec leurs altitudes respectives)*. Le pic du Midi d'Ossau se détache parfaitement. Par temps clair, surtout le matin et le soir et en période hivernale, le spectacle est d'une grande beauté.

Le boulevard domine des jardins en terrasses qui relient haute et basse villes par les sentiers du Roy. À son extrémité se trouve le **parc Beaumont** (F2), avec de nombreuses essences d'arbres, une belle roseraie, un lac et le **palais Beaumont**. Cet ancien palais d'Hiver 1900 abrite le casino et le centre de Congrès, qui accueille une **exposition** sur l'histoire de l'aviation à Pau, « terre d'aviation » *(voir p. 76)* : maquettes, films d'archives... *℘ 05 59 11 20 00 - 9h-19h - gratuit.*

Quartiers anciens D2

Une campagne de valorisation des façades, qui furent jadis recouvertes par du mortier de ciment, redonne à Pau toutes ses couleurs.

Partir de l'office de tourisme par la rue Henri-IV.

À l'est du château s'étend un lacis de rues pittoresques, bordées de magasins d'antiquités et de restaurants, où il fait bon flâner. Au bout de la rue Henri-IV se trouve le bâtiment de l'**ancien parlement de Navarre** rénové au 18e s. La tour accolée est une reconstruction de l'ancien clocher de l'église St-Martin, érigée au 15e s. ; d'ailleurs, au sol on peut voir la trace de ses fondations. Face au château, la **maison dite de Sully** du 17e s. (N, sur le plan), avec sa cour intérieure en galets roulés du gave et son escalier droit.

★★ Château D2

℘ 05 59 82 38 00 - www.musee-chateau-pau.fr - visite guidée exclusivement (1h15) - juil.-août : 9h30-12h30, 13h30-17h45 - de mi-juin à mi-sept. : lun.-vend. 9h30-12h30, 13h30-17h45, w.-end 9h30-11h45, 14h-17h - fermé 1er janv., 1er Mai, et 25 déc. - 5 € (-25 ans gratuit), 1er dim. du mois gratuit.

Dominant le gave, le château, élevé par Gaston Phébus au 14e s., a perdu tout caractère militaire, malgré son donjon de brique, typique des constructions de Sicard de Lordat. Au cours des siècles, chacun y va de son aménagement, ce qui donne au château une silhouette éclectique. Transformé en palais Renaissance par Marguerite d'Angoulême, il est entièrement restauré au 19e s. sous Louis-Philippe et Napoléon III.

Pour vous repérer, penchez-vous sur la maquette (19e s.) du château, exposée dans la cuisine du 16e s., qui ouvre la visite. Les **appartements** forment une suite de salles richement décorées au 19e s. qui abritent, en particulier, une admirable collection de **tapisseries★★★** constituée sous Louis-Philippe (nombreuses tapisseries des Gobelins). L'imposante **salle aux Cent Couverts** révèle un plafond à solives apparentes. Les murs sont tendus de somptueuses tapisseries représentant *Les Chasses de Maximilien* (Gobelins du début du 18e s.) et une partie des Mois Lucas, du nom de leur créateur (17e s.). Au premier étage, le fastueux **grand salon** de réception renferme la suite des Mois Lucas, des chaises recouvertes de cuir gaufré, deux vases de Sèvres, lustres néogothiques et vases de style extrême-oriental (18e s.). Le **cabinet de l'Empereur** conserve son curieux lit monumental de style Louis XIII. L'**appartement de**

l'impératrice Eugénie a été restitué dans son état du Second Empire : la toilette garnie se trouve dans le boudoir.

Un escalier à vis mène à la **salle des atours** où sont exposés des portraits d'Henri IV (16e-17e s.) sous toutes les coutures (peintures et statues). Enfin, dans la **chambre du roi** se trouve l'étonnant berceau de Henri IV : une écaille de tortue des Galapagos, présentée sous un panache blanc et entourée d'un faisceau de lances porte-drapeaux.

La rue du Château mène à la **place des États**, carrefour des transhumances jusqu'à la Renaissance, où débouche la rue du Moulin : jetez-y un œil, c'est l'une des plus anciennes de la ville. Dans le prolongement de la rue du Château, la rue du Maréchal-Joffre conduit à la **place Reine-Marguerite** (D2),

SE LOGER

- Camping les Ô Kiri 2
- Chambre d'hôte La Ferme du Hameau de Pau .. 4
- Hostellerie L'Horizon 6
- Hôtel Bosquet 7
- Hôtel Central 9
- Hôtel Le Bourbon 11
- Le Vieux Logis 13
- Maison Palu 15

SE RESTAURER

- Au Fin Gourmet 1
- Au Fruit Défondu 2
- Ciel et Chocolat 4
- Ferme-auberge La Clairière 6
- La Michodière 8
- La Table d'Hôte 13
- Marc Destrade 16
- O'Gascon 18

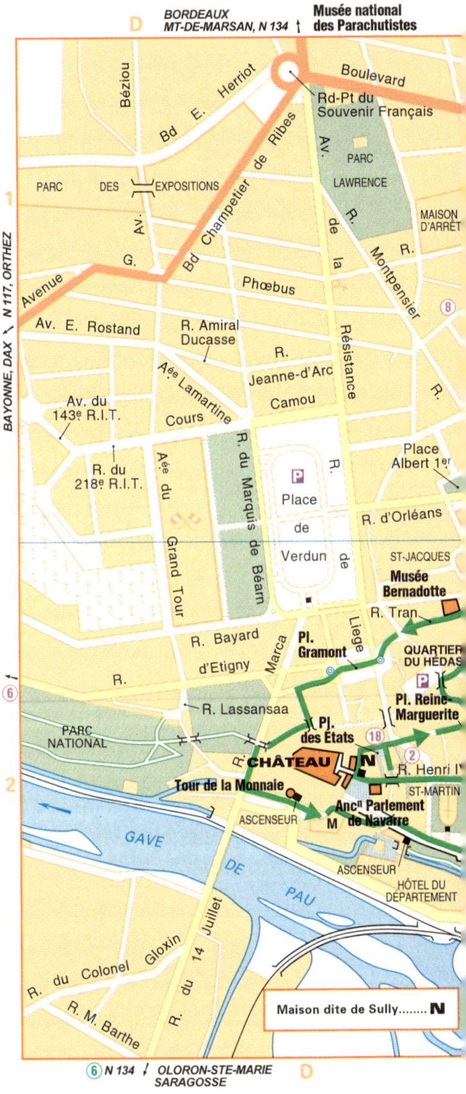

bordée d'arcades. Autrefois place du Marché, on y dressait aussi le gibet et la roue pour les exécutions capitales. La rue René-Fournets, sur la gauche, traverse le **quartier du Hédas**, jadis celui des artisans. Le passage Parentoy *(à la fontaine, prendre à droite puis à gauche)* rejoint la rue commerçante des Cordeliers. Prenez à gauche pour rejoindre la rue Tran.

Musée Bernadotte D2

8 r. Tran - ✆ 05 59 27 48 42 - 10h-12h, 14h-18h - fermé lun., 1er janv., 1er Mai et 25 déc. - 3 € (-18 ans gratuit).

La famille de Bernadotte était locataire au 2e étage de cette bâtisse traditionnelle, en pisé de galets. C'est ici donc que naquit Jean-Baptiste, à la destinée extraordinaire. À force de batailles, le simple soldat devint maréchal

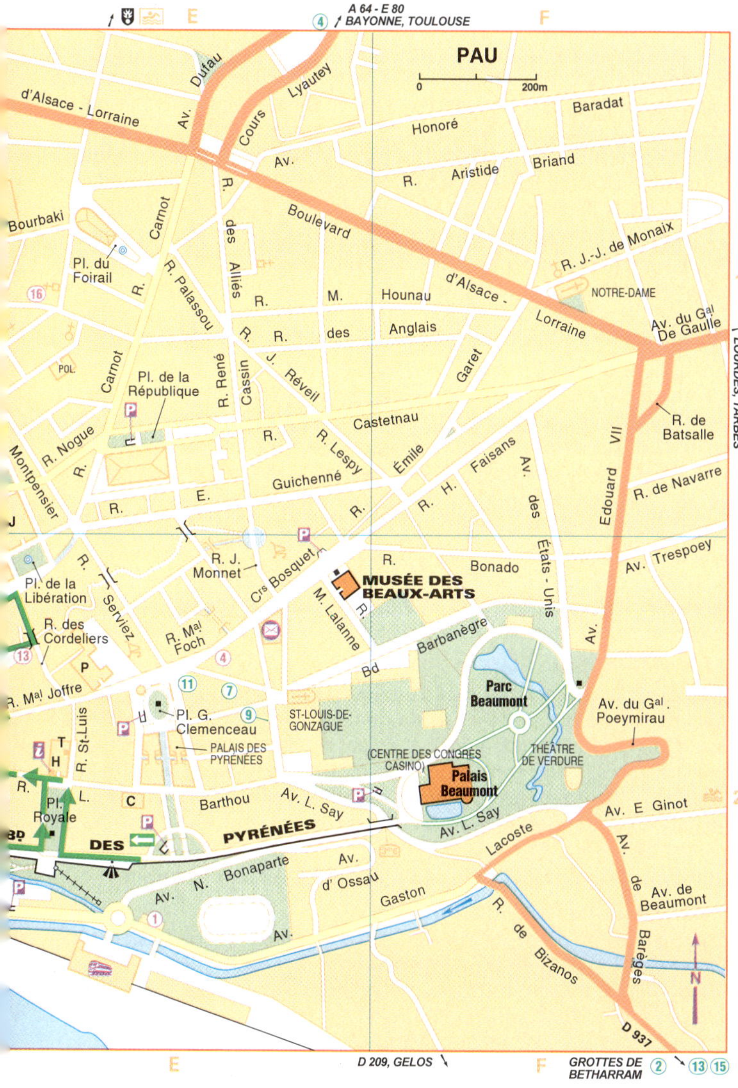

de France puis, en 1818, roi de Suède. Vous verrez la vieille cuisine béarnaise et les salons du 1er étage consacrés à la carrière militaire de ce grand homme et aux fastes dynastiques.
Poursuivre jusqu'à la place Gramont.
En descendant la place par la gauche , vous rejoindrez la porte de Corisande en empruntant la rue d'Espalungue, puis la rue Lassansaa. Cette porte en brique et le pont qui la suit mènent aux remparts puis débouchent sur la **tour de la Monnaie** bordée d'un canal (15e s.) qui alimentait la minoterie du château.

À voir aussi Plan de la ville

★ Musée des Beaux-Arts E2

R. Mathieu-Lalanne - ✆ 05 59 27 33 02 - 10h-12h, 14h-18h, w.-end 10h-12h30, 14h-18h - fermé mar., 1er janv., 1er Mai et 25 déc. - 3 € (-18 ans gratuit).
Un musée conçu avec esprit, au cœur du quartier étudiant, où grands noms de la peinture et de la sculpture côtoient artistes locaux, plus méconnus. Ce savoureux mélange d'œuvres anciennes et contemporaines est rehaussé de clins d'œil esthétiques et thématiques. Ainsi dans la première salle à gauche de l'entrée, le *St-François en extase* du Greco (1590) voisine avec une œuvre abstraite de 1993 *(Considération sur la métaphysique)*. Entre *Saint François* et *Les Pénitents* de Roda repose une sculpture de jeune fille nue alanguie sur son lit de repos (A. Boucher, 1892).
Dans les salles consacrées à la peinture italienne, flamande, hollandaise, espagnole, française, anglaise, du 15e au 20e s., admirez particulièrement les œuvres de Jordaens, Bruegel de Velours, Rubens, José de Ribera, Zurbarán, Nattier, Van Loo…
L'achat par les Beaux-Arts de Pau, en 1878, du *Bureau du coton à La Nouvelle-Orléans*, de Degas, marque l'entrée des **impressionnistes** au musée. La période moderne est également servie par des tableaux de Berthe Morisot, Armand Guillaumin ou André Lhote.
Présentation conséquente, aussi, des diverses tendances de l'**art contemporain**. La sculpture mérite une mention particulière, avec des créations de J. Arp, Gilioli, J. et B. Lasserre, etc.
La **note régionale** est donnée par l'œuvre romantique d'Eugène Devéria (1805-Pau 1865) – scènes et paysages pyrénéens, *Naissance d'Henri IV* – et des toiles de son élève Victor Galos (Pau, 1828-1879), peintre par excellence du Béarn, de ses gaves tumultueux et de ses horizons barrés par la « sublime enceinte ».

Parcs et jardins de Pau

La moitié de la ville est recouverte d'espaces verts (750 ha, soit 75 m^2 par habitant, un record d'Europe) ! Du parc du château qui rejoint le golf de Billère *(à l'ouest)* au parc de Beaumont *(à l'est)*, en passant par les jardins Renaissance du château, les jardins contemporains au pied de l'hôtel du département, les jardins Johanto sur les contreforts du boulevard des Pyrénées (pour ne citer que les plus importants), vous verrez des essences rares et exotiques qui ajoutent au charme de Pau.
Consultez le guide *Parcs et jardins* proposé par l'office de tourisme.

Musée national des Parachutistes D1

Sortie nord de Pau par la D 834 dir. Bordeaux (à l'entrée de l'École des Troupes Aéroportées) - ✆ 05 59 49 49 18 - www.museedesparas.com - ♿ - visite libre ou guidée (1h à 1h30) lun.-vend. 10h-12h, 14h-17h, w.-end et j. fériés 14h-17h (mat. sur réserv.) - 5€ (-18 ans gratuit).
Jeu de piste pour les enfants *(dossier remis à l'accueil)*.

Pau, une ville incarnée

LES GRANDES FIGURES QUI ONT FAÇONNÉ LA VILLE

Gaston Phébus – Il dote Pau d'une enceinte et jette les bases du château actuel. Il y séjourne souvent. En 1450, Pau devient capitale du Béarn, après Lescar, Morlaàs et Orthez. Modeste capitale à vrai dire : les jours où se tiennent les États, une partie des députés ne peut trouver de logis et doit coucher à la belle étoile !

La « Marguerite des Marguerites » – En 1527, Henri II d'Albret, roi de Navarre, seigneur souverain du Béarn, comte de Foix et de Bigorre, prend pour épouse la savante Marguerite d'Angoulême, sœur du roi François Ier. Elle transforme le château dans le goût de la Renaissance et crée de somptueux jardins où sont jouées des pastorales de sa composition.

Une « dame de fer » – Jeanne d'Albret (fille de Marguerite) mariée à Antoine de Bourbon, bien que portant le futur Henri IV, accompagne son mari qui se bat en Picardie contre Charles Quint. Quand le terme approche, elle revient à Pau pour que l'enfant y naisse. Dix-neuf jours de carrosse, et sur quels chemins ! Comme le lui a recommandé son père Henri, Jeanne d'Albret chante en béarnais pendant les douleurs d'enfantement afin que l'enfant ne soit « ni pleureux ni rechigné »…

L'enfance d'Henri de Navarre – Il passe sa « jeunesse paysanne » au château de Coarraze, près de Pau, puis est envoyé étudier à Paris. C'est sa mère, Jeanne d'Albret, convertie au protestantisme, qui, pendant ce temps, maintient les Palois sous une férule austère. Finie l'aimable fantaisie du règne précédent. Plus de fêtes brillantes, plus d'arbres de mai, plus de danses ni de jeux. Les églises sont transformées en temples, les sculptures brisées, les prêtres emprisonnés ou pendus, les catholiques traqués. Après la mort de Jeanne d'Albret, c'est la sœur d'Henri, Catherine, qui devient régente du Béarn, pendant que son frère fait campagne. Elle poursuit l'aménagement du château et en embellit les jardins.

LA CROISSANCE DE LA VILLE

Pau mania

À partir de la monarchie de Juillet, Pau compte des résidents anglais, dont certains anciens officiers attachés au pays pour y avoir combattu en 1814. Ce n'est toutefois qu'en 1842 qu'un médecin écossais, le docteur **Alexander Taylor** (1802-1879), préconise la cure hivernale à Pau, par un ouvrage rapidement traduit dans la plupart des langues européennes. Le succès en est éclatant auprès des malades. La colonie donne une impulsion décisive au sport : *steeple-chase* (1841) – le parcours de Pont-Long est l'un des plus redoutables d'Europe avec Liverpool –, golf (1856, premier terrain du continent), chasse au renard (1842), encore pratiquée aujourd'hui. La ville climatique devient ainsi la première station touristique.

La ville anglaise

Les Anglais se font construire à Pau de somptueuses villas sur le pourtour du centre-ville. Chacune, de style plutôt éclectique, possède parc et dépendances : serres et écuries sont deux éléments essentiels à la vie britannique. Aujourd'hui, on peut apercevoir ces villas, pour la plupart privées, en parcourant le quartier Trespoey, à l'est.

Ce musée de l'armée de l'air, implanté sur la lande du Pont Long qui a accueilli la première école d'aviation *(voir p. 76)*, retrace l'histoire des troupes aéroportées françaises à travers cinq périodes clés : précurseurs, Deuxième Guerre mondiale, guerres d'Indochine et d'Algérie, monde contemporain (films d'archives et vidéos, insignes, maquettes, mises en scène à l'aide de mannequins en uniforme, véhicules, armes...). Des expositions temporaires sont également organisées.

À proximité Carte de microrégion

Haras national de Gelos C2

À Gélos, au sud de Pau. 1 r. Mar.-Leclerc - ✆ 05 59 06 98 30 - visite guidée (1h30) - juil.-août : lun.-vend. 10h, 14h et 16h ; mai.-juin et sept.-oct. : lun.-vend. 14h et 16h - fermé lun., dim. et j. fériés, 24 déc.-8 janv. - 5 € (enf. 3 €).

Installé dans un ancien château du 18e s., le haras de Gelos fut créé par Napoléon en 1807. Vous verrez dans ce centre de reproduction et d'élevage hippiques des pur-sang arabes et anglo-arabes, des pottoks, des poneys landais et des chevaux de trait. Dans les écuries est présentée une collection de voitures hippomobiles du 19e s. Vous visiterez également la forge et la sellerie d'honneur.

La Cité des Abeilles B2

À St-Faust. 11 km à l'ouest par la route de Mourenx, puis à Laroin, prendre la D 502, en lacet, vers St-Faust-de-Bas et poursuivre sur 2 km. ✆ 05 59 83 10 31 - www.citedesabeilles.com - juil.-août : 14h-19h ; avr.- juin ; de déb. sept. à mi-oct., vac. de la Toussaint et de fév. : tlj sf lun. 14h-19h - fermé 23 déc.-1er fév. - 6 € (-18 ans 4 €).

Pour découvrir l'abeille et son environnement, cet écomusée didactique propose un parcours pédestre tracé à flanc de pente, au milieu de plantes mellifères (qui produisent du miel). Au programme, monde apicole d'hier et d'aujourd'hui : ruches anciennes typiques de certaines régions de France, rucher couvert provenant d'un monastère de Corrèze, ruche vivante. À travers des parois vitrées de la ruche d'observation, vous assistez au travail des ouvrières sur leurs rayons.

Itinéraires conseillés

DE CAPITALE EN CAPITALE BC1

85 km. Voir le circuit sur la carte de microrégion p. 422. Compter une demi-journée.

Quitter Pau au nord-est par la D 943. Dépasser le panneau Morlaàs-Berlanne, traverser une zone boisée. Morlaàs est indiqué sur la gauche.

Morlaàs C1

Pl. Ste-Foy - 64160 Morlaàs - ✆ 05 59 33 62 25 - www.paysdemorlaas-tourisme.fr - de mi-juin à mi-sept. : lun.-sam. 9h-12h30, 13h30-18h ; le reste de l'année : lun., mar. et jeu. 9h-12h30, 13h30-17h30, vend. 9h-12h30, 13h30-16h.

Capitale du Béarn après la destruction de Lescar, au 9e s., et jusqu'à ce qu'Orthez prenne le relais, au 12e s. Aujourd'hui, seule son **église romane** témoigne de son importance passée. Le **portail★** est la partie la plus intéressante de l'église Ste-Foy (11e s.). Les portes sont séparées par un trumeau dont la base

La statue d'Henri IV sur la place Royale.
M.-H. Carcanague / MICHELIN

repose sur deux hommes enchaînés. Les tympans représentent, à gauche, le Massacre des Innocents, à droite, la Fuite en Égypte ; au-dessus, le Christ en majesté, entre un homme ailé et un aigle, attributs des évangélistes saint Matthieu et saint Jean. Les voussures sont ornées de damiers, de losanges, de rosaces et autres motifs décoratifs dans l'intervalle desquels est représentée une théorie de canards montant vers le ciel (qui peut symboliser la marche des pèlerins vers Compostelle), les 24 vieillards de la Vision de l'Apocalypse tenant dans leurs mains des harpes ou des vases de parfums et les juges de l'Ancien Testament. Les voussures retombent sur des colonnettes aux chapiteaux sculptés de figurines, de monstres et d'entrelacs : entre les colonnettes, à gauche et à droite du portail, se dressent les statues nimbées des douze apôtres.

Prendre la jolie D 206 et poursuivre sur la D 262.

Château de Momas B1

✆ 05 59 77 14 71 - avr.-nov. : w.-end apr.-midi ou sur RV - 5 € (-12 ans gratuit).

De cette « maison noble de la Seigneurie de Momas, fief mouvant de la vicomté de Béarn », vous visiterez le rez-de-chaussée, mais vous viendrez surtout pour son **jardin conservatoire** : nombreuses espèces de plantes à fleurs, médicinales, légumes rares… La propriétaire, Mme Teillard, vous fera partager son savoir encyclopédique.

Vous pourrez aussi visiter l'église (11e s., remaniée au 19e s.) qui jouxte le château.

Un peu plus loin *(à 3 km au sud-ouest par la D 201)*, le **lac de l'Ayguelongue** pourra constituer une agréable halte. Un sentier en fait le tour (postes pour observer les oiseaux, pêche, aires de pique-nique).

Continuer sur la D 262 et tourner à gauche dans la D 946.

Château de Morlanne B1

✆ 05 59 81 60 27 - avr.-oct. : tlj sf mar. 14h-18h.

Le petit **château** de brique faisait partie du groupe de forteresses élevées à la fin du 14e s. par Gaston Phébus. Ensembles mobiliers au 1er étage : chambre

Consulat et Empire avec ses deux lits d'acajou ; chambre Louis XVI, tendue d'une soierie bouton-d'or à bouquets ; bureau-bibliothèque. Au 2e étage, chambre Louis XVI et galerie de tableaux, parmi lesquels on admire une *Vue de Venise* de Canaletto et une *Tête de vieillard* de Fragonard.
Reprendre la D 946 vers l'ouest et tourner à gauche dans la D 945.

Lescar B1

Pl. Royale - 64230 Lescar - 05 59 81 15 98 - www.lescar-tourisme.fr - juil.-sept. : 9h-12h, 14h-19h, dim. 15h-18h ; fév.-juin et oct. : lun.-sam. 9h-12h, 14h-18h ; nov.-janv. : lun.-sam. 9h-12h, 14h-17h - fermé 1er Mai.

Après la destruction par les Normands (vers 850) de *Beneharnum*, ville romaine importante qui avait donné son nom au Béarn et en était devenue la capitale, une nouvelle ville est élevée sur la colline. Les rois de Navarre de la lignée d'Albret choisissent la cathédrale pour abriter leur sépulture.

Prendre au fond de la vallée une rampe en forte montée pénétrant dans la vieille ville par une porte fortifiée.

Bon à savoir – Une signalétique vous renseigne sur l'histoire de la ville (*dépliant disponible à l'office de tourisme*). Pour en profiter pleinement, suivez l'une des 2 visites proposées par l'office de tourisme : la « randonnée médiévale » *(1h30 - 5€)*, incluant une partie de la cathédrale, ou la « randonnée gallo-romaine » *(de mi-juin à mi-sept. - 3h - 5,5 km - 6 €)* qui fait le tour des cités médiévale et gallo-romaine.

Cathédrale Notre-Dame★ – *Visite guidée (1h) sur demande à l'office de tourisme lun.-vend. 15h30 - 4 € (enf. 3 €).* Commencée par le chœur en 1120, elle fut saccagée par les protestants sous le règne de Jeanne d'Albret. D'importantes restaurations aux 17e s. et 19e s. la sauvèrent de la ruine. Le chevet a conservé la pureté de son architecture romane. Placez-vous dans le cimetière pour admirer les absides (fleurons à marguerites de la corniche, modillons décorés).

Entrez dans l'église par le portail sud, à droite duquel deux inscriptions ont été dégagées. Le vaisseau donne une impression d'ampleur. La décoration romane du chœur et du transept est remarquable : admirez les **chapiteaux★** historiés des piliers est de la croisée et ceux des retombées des arcades ouvrant sur les absidioles (scènes du cycle de Daniel, de la naissance du Christ, sacrifice d'Abraham). Le chœur est pavé d'une mosaïque du 12e s. représentant des scènes de chasse, avec un pittoresque personnage de petit archer estropié, à jambe de bois.

Derrière la cathédrale, empruntez la porte dans la tour face au cimetière et descendez les terrasses fleuries des **remparts** sud, qui offrent un beau panorama sur la montagne.

Musée Art et Culture – *05 59 81 36 65 - de mi-avr. à déb-nov. : 10h30-12h, 15h-19h - gratuit.* Il est installé dans le cellier d'un ancien palais épiscopal, dont deux tours seulement subsistent sur la place de l'Évêché (*derrière le musée*). Il accueille des vestiges archéologiques découverts sur le site de *Beneharnum* et d'une villa gallo-romaine (mosaïque du 4e s.), et des expositions d'art contemporain.

Alimenté par l'Ousse des Bois, le petit **lac des Carolins** *(fléché depuis le centre)*, refuge de la cistude d'Europe (tortue), est un sympathique lieu de détente : sentier avec panneaux d'interprétation nature, pêche, aires de jeu… Animations en été.

★ LE GAVE DE PAU

79 km. Compter une demi-journée. Suivre l'itinéraire 4 *tracé en vert sur la carte* *p. 471.*

Sortir de Pau au sud par la route d'Oloron puis prendre celle de Nay.

N.-D.-de-Piétat

Chapelle de pèlerinage du 17e s. De l'autre côté de l'esplanade, derrière le calvaire, la table d'orientation vous instruit sur le **panorama★** dominant la vallée du Gave, le pic du Midi de Bigorre, le Vignemale, le Gabizos, le Capéran de Sesques : essayez de vous y retrouver !

La route regagne la vallée du Gave.

Nay

Plan de découverte comprenant 2 circuits (1 et 3 km) disponible à la maison Carrée.

Avant toute chose… prononcez Naï. Cette bastide fondée en 1302, sur la rive gauche du gave, connut bien des vicissitudes (voir la frise chronologique sous les arcades de la maison Carrée). Elle conserve cependant son plan d'origine avec sa place à couverts (qui a certes perdu l'un de ses côtés) très animée les mardis et samedis, jours de marché.

Maison Carrée – *05 59 13 99 65 - visite guidée (1h) juil.-août : 10h-12h, 15h-19h ; mai-oct. et vac. scol. : mar.-sam. 10h-12h, 14h-18h - 3,50 €.* C'est un riche drapier qui fit construire cet hôtel particulier au 16e s. Sa cour intérieure, florentine, affiche les trois ordres d'architecture (dorique, ionique et corinthien), exemple unique de ce style en Aquitaine. Elle abrite des collections du Musée béarnais : mobilier 17e-19e s. et objets de la vie quotidienne dans la cuisine. Elle accueille également des expositions temporaires.

Musée du Béret – *05 59 61 91 70 - www.museeduberet.com - ♿ - août : tlj sf dim. mat. 10h-12h, 15h-19h ; avr.-juil. : mar.-sam. 10h-12h, 14h-18h ; nov.-mars : lun.-sam. 14h-18h - fermé j. fériés - 4 € (-10 ans gratuit).* Pour rendre à César ce qui est à César, sachez que le béret n'a de basque que le nom, sa véritable origine étant béarnaise. Un film de témoignages (15mn) d'habitants du Béarn, mais aussi du Pays basque et des Landes, sur le port et la place de cet objet sacré vous mettra dans l'ambiance ! Ensuite, à travers l'exposition de métiers animés et de machines anciennes, vous comprendrez les diverses étapes de fabrication industrielle du célèbre couvre-chef.

Quitter Nay par la D 36, au sud. À 3 km au-delà d'Asson (suivre la direction Bruges) se détache le chemin d'accès.

★ Zoo d'Asson

05 59 71 03 34 - www.zoo-asson.org - avr.-sept. : 9h-19h ; reste de l'année : 9h-18h - 10 € (3-11 ans 6 €).

Sur un site de 5 ha, planté d'une centaine de palmiers et comptant une belle serre de style Napoléon III, évoluent plus de 500 mammifères (dont vingt-deux espèces de primates) et oiseaux (perroquets, perruches, loris, flamants roses de Cuba…) des cinq continents. Le **parc aux kangourous**, rassemblant cinq espèces qui bondissent en toute liberté, se classe parmi les plus importants d'Europe. L'arrivée en 2002 de **panthères des neiges** participe d'une volonté de contribuer à la préservation des espèces menacées (le parc assure la reproduction d'espèces rares).

Revenir à Asson et prendre à droite la D 35 puis, encore à droite, la D 937.

Sites de Bétharram C2

Sanctuaire – Tous les **14 septembre**, il se transforme en lieu de pèlerinage et ce, depuis le 15e s. On raconte en effet que des bergers y virent un jour une statue miraculeuse de la Vierge apparaître dans un buisson. D'autres affirment qu'à cet endroit, une jeune femme qui se noyait dans le gave fut sauvée par un rameau divin envoyé par Marie.

Le cadre d'accueil est classique pour ce type de sanctuaire : de vastes bâtiments conventuels où loge aujourd'hui la congrégation des prêtres du Sacré-Cœur de Jésus et son collège. En surplomb de la chapelle, un **chemin de croix** du 19e s. jalonne la colline. Remarquez en particulier les huit bas-reliefs d'Alexandre Renoir (1845). Du calvaire, panorama sur les collines environnantes et la plaine du gave de Pau.

Chapelle Notre-Dame – Côté pont routier, elle affiche une façade classique (1661) en marbre gris. À l'intérieur, parmi la profusion baroque, on distinguera : en entrant à gauche, derrière une grille, une *Vierge allaitant* (bois polychrome du 14e s.), vénérée jadis au maître-autel ; à droite, un *Christ à la colonne* du 18e s. ; au maître-autel, statue de N.-D.-de-Bétharram, en plâtre (1845). Adossée au chevet *(accès par une porte à gauche du chœur)*, la **chapelle-rotonde de St-Michel-Garicoïts** (1926) abrite un sépulcre de marbre et de bronze doré, propre à faire honneur au saint homme qui restaura le sanctuaire et le calvaire, et qui fonda la congrégation. *✆ 05 59 71 92 30 - ♿ - 1,50 €.*

Au-delà de la chapelle, vers les bâtiments conventuels, **vieux pont** en dos d'âne daté de 1687.

Grottes★ – *✆ 05 62 41 80 04 - visite guidée 25 mars-25 oct. : 9h-12h, 13h30-17h30 ; 11 fév.-24 mars : 14h30-16h sf w.-end - fermé 26 oct.-10 fév. et j. fériés - 12 € (enf. 7 €).* En 1819, un ancien grognard de Napoléon, le sergent Caoules, découvre les grottes, mais leur exploration méthodique attendra 1888 avec la visite du Club alpin français. Elle durera dix ans et révélera 5 200 m de galeries souterraines au décor fantasmagorique. C'est **Léon Ross**, un artiste-peintre, qui aménagera la grotte en vue de la faire visiter. Elle ouvrira au public en 1903 ; à présent, le premier étage est accessible aux personnes handicapées.

Cinq étages de galeries, où scintillent de véritables trésors d'Ali Baba taillés dans l'eau et la roche : lustres, colonnes, cloches, cloître roman… On lit dans les concrétions comme dans les nuages ! L'étage inférieur correspond au

Stalactites, stalagmites, excentriques…

L'eau de pluie s'infiltre dans les fissures des massifs calcaires et, au cours de sa circulation souterraine, elle abandonne le calcaire dont elle s'est chargée, ciselant ainsi des concrétions aux formes fantastiques : pendeloques, pyramides, draperies. Les stalactites se forment à la voûte de la grotte. Les fistuleuses sont des stalactites offrant l'aspect de longs macaronis effilés pendant aux voûtes. Les stalagmites s'élèvent du sol vers le plafond. Une colonne est la réunion d'une stalactite et d'une stalagmite. La formation de ces concrétions est extrêmement lente ; elle est, actuellement, de l'ordre de 1 cm par siècle sous nos climats. Les excentriques, très fines protubérances dépassant rarement 20 cm de longueur, se développent en tous sens sous forme de minces rayons ou d'éventails translucides. Des phénomènes complexes de cristallisation les libèrent des lois de la pesanteur.

niveau actuel de la rivière née de l'écoulement des eaux. On la suit en **barque** sur quelques mètres. Un **petit train** épargne le parcours du tunnel ramenant au jour.
En revenant vers Pau, les amateurs de linge basque s'arrêteront à **Coarraze** *(voir la rubrique « Achats » dans « Nos adresses à Pau »).*

★★ **VALLÉE D'OSSAU** *(voir ce nom)*

NOS ADRESSES À PAU

TRANSPORT

Funiculaire –*Fréquence 3 mn : 6h45-12h10, 12h35-19h10, 19h35-21h40, dim. et j. fériés 13h30-19h10, 19h35-20h50 - fermé 1er janv., 1er Mai, 25 déc. et lors des Grands Prix automobiles de Pau - gratuit.* Mis en service en 1908 et rénové en 1978. Il emmène les voyageurs de la place Royale au pied de la gare.

HÉBERGEMENT

Bon à savoir – Attention, la ville étant une grande organisatrice de congrès et autres manifestations, se loger à Pau peut parfois présenter des difficultés. C'est pourquoi il est recommandé de réserver à l'avance. Ceci est particulièrement valable au printemps, lors du Grand Prix automobile et, à l'automne, pendant le Concours international d'équitation.

À Pau

PREMIER PRIX

Chambre d'hôte La Ferme du Hameau de Pau – *73 av. Copernic - ✆ 05 59 84 36 85 - http://pagesperso-orange.fr/lafermeduhameaudepau - P - ⍻ - 4 gîtes et 3 ch. 45/67 € ☕.* Voici une adresse idéale pour un séjour entre ville et campagne. Cette charmante fermette abrite des chambres simples et coquettes, décorées de tissus en partie fabriqués par la propriétaire. Les repas, élaborés avec les produits maison, peuvent être pris en terrasse, face aux Pyrénées, lorsque le temps le permet.

BUDGET MOYEN

Hôtel Central – *15 r. L.-Daran - ✆ 05 59 27 72 75 - www.hotelcentralpau.com - fermé 29 déc.-5 janv. - 26 ch. 55/79 € - ☕ 8 €.* Central, cet hôtel l'est en effet ! Ampleur et décor varient suivant les chambres (on rénove les plus anciennes), dont certaines offrent une connexion Wifi. Tenue sans faille.

POUR SE FAIRE PLAISIR

Hôtel Le Bourbon – *12 pl. Clemenceau - ✆ 05 59 27 53 12 - www.hotel-lebourbon.com - 33 ch. 69 € - ☕ 6,50 €.* Hôtel situé dans un quartier animé par de nombreux cafés. Les chambres, toutes rénovées, donnent en majorité sur la place, tout comme la salle des petits-déjeuners.

Hôtel Le Bosquet – *11 r. V.-Meunier - ✆ 05 59 11 50 11 - www.hotel-bosquet.com - 30 ch. 67 € - ☕ 7,50 €.* Proche du centre-ville, cet établissement a fait peau neuve et arbore dorénavant un décor d'esprit tendance (tons orangé, mobilier en bois clair). Chambres de bon confort.

À proximité

PREMIER PRIX

Camping Les Ôkiri – *Av. du Lac - à la base de loisirs - 64800 Baudreix - ✆ 05 59 92 97 73 - www.oela.net - de mi-avr. à fin sept. - ♿ - 🅿 - réserv. conseillée - 60 empl. 23,40 €.* Ce camping intégré à la base de loisirs borde le lac et bénéficie d'un assez bon ombrage. Terrain bien entretenu et chalets avec chambres indépendantes se louant à la nuitée. La terrasse du bar-restaurant ménage une jolie vue sur le plan d'eau et les paysages pyrénéens.

Chambre d'hôte Maison Palu – *19 chemin Arriuthouet - 64800 Asson - ✆ 05 59 71 05 05 - www.gites64-com/maison-palu - 🅿 - 💳 - 5 ch. 45 € ☕.* Un chemin à travers champs conduit à cette imposante ferme ordonnée autour d'une cour. Les chambres, aménagées dans une dépendance, sont simples tout comme les salles d'eau. Les enfants seront ravis d'approcher moutons, chèvres, chevaux… Cuisinette à disposition des hôtes.

BUDGET MOYEN

Hôtel Le Vieux Logis – *2 km rte des Grottes de Bétharram - 64800 Lestelle-Bétharram - ✆ 05 59 71 94 87 - www.hotel-levieuxlogis.com - fermé 31 oct.-6 nov., 22 déc.-4 janv., 16 fév.-1er mars, dim. soir et lundi hors saison - ♿ - 🅿 - 34 ch. 55/79 € - ☕ 11 € - rest. formule déj. 18 € - 25/40 €.* Au milieu d'un parc proche des grottes de Bétharram et accueillant cinq bungalows et une piscine. L'ex-ferme abrite le restaurant ; son aile récente des chambres fonctionnelles. Chaleureuses salles à manger rustiques, cuisine régionale et accueil aux petits soins.

Hostellerie L'Horizon – *Chemin Mesplet - 64290 Gan - ✆ 05 59 21 58 93 - www.hostellerie-horizon.com - fermé 2 janv.-13 fév. - 🅿 - 10 ch. 65/85 € - ☕ 8 € - formule déj. 16 € - 28/68 € bc.* La salle à manger-véranda et la terrasse regardent un plaisant jardin. Par beau temps, les Pyrénées ferment l'horizon. Préférez les chambres récentes, plus confortables.

RESTAURATION

À Pau

PREMIER PRIX

Ciel et Chocolat – *11 av. du Mar.-Foch - ✆ 05 59 27 44 15 - fermé dim., lun. soir et mar. soir - ♿ - formule déj. 10,50 €.* Pour un déjeuner ou une pause gourmande, optez pour ce restaurant niché dans une impasse du centre-ville. Le midi, il vous propose un choix de formules et le soir une carte. Cuisine traditionnelle à déguster en toute tranquillité dans la salle moderne ou en terrasse.

BUDGET MOYEN

Au Fruit Défondu – *3 r. Sully - ✆ 05 59 27 26 05 - fermé midi, merc. (sf veille de j. fériés), août ouv. tous les soirs - 19,50/27 €.* Si vous êtes fondu de fondues, fendez-vous donc de ce Fruit Défondu et fondez de plaisir en savourant les fameuses raclettes, fondues savoyardes ou, la favorite des fidèles, la fondue au magret de canard. Décor sans fard et atmosphère favorable à la fête.

O'Gascon – *13 r. du Château - ✆ 05 59 27 64 74 - restaurant-ogascon-pau.com - fermé mar., tous les midis sf dim. - 22/51 €.* Murs en pierres et briques, vieux meubles en bois et poutres au plafond : il règne une chaleureuse ambiance dans ce restaurant très orienté cuisine du terroir. On peut y déguster la vraie garbure, servie dans une soupière en terre cuite. Accueil très agréable et sans chichi.

La Table d'Hôte – *1 r. du Hédas - ✆ 05 59 27 56 06 - la-table-dhote@wanadoo.fr - fermé vacances de Noël, lundi sauf le soir en juil.-août et dim. - formule déj. 19 € - 24/31 €.* Briques, poutres et galets donnent un petit air campagnard à cette ancienne tannerie du 17e s. nichée dans une ruelle médiévale. Ambiance sympathique, cuisine du terroir.

La Michodière – *34 r. Pasteur - ✆ 05 59 27 53 85 - lamichodiere@wanadoo.fr - fermé 24 juil.-25 août, dim. et j. fériés - 15/27 €.* La façade en galets abrite deux salles à manger dont une, lambrissée, est animée par le spectacle des cuisiniers s'activant aux fourneaux. Cadre actuel et plats du marché.

POUR SE FAIRE PLAISIR

Au Fin Gourmet – *24 av. G.-Lacoste - ✆ 05 59 27 47 71 - www.restaurant-aufingourmet.com - fermé 25 juil.-10 août, vacances de fév., dim. soir, merc. midi et lundi - 27/75 €.* Un lieu très agréable au pied du funiculaire : pavillon sous verrière évoquant un jardin d'hiver et salle plus ancienne revue dans le même esprit. Cuisine au goût du jour.

Marc Destrade – *30 r. Pasteur - ✆ 05 59 27 62 60 -fermé août, dim. soir, merc. soir et lundi - 26/38 €.* Cette avenante maison ancienne donne envie de pousser la porte. Les tables près de la cheminée sont très demandées en hiver. Accueil aimable, cuisine traditionnelle.

À proximité

BUDGET MOYEN

Ferme-auberge La Clairière – *Chemin la Juscle - 64110 St-Faust - ✆ 05 59 83 06 59 - fermé dim. soir - ♿ - P - ⊠ - 18/31 €.* Vous aurez bien du mal à choisir entre le civet de canard, la poule au pot ou la pintade royale. Ces spécialités « maison » sont préparées avec les produits de la ferme et accompagnées de légumes du jardin. La salle à manger, aménagée dans un chai de 1725, vaut le détour.

EN SOIRÉE

Bon à savoir – L'office de tourisme propose un petit guide intitulé *La Culture à Pau*, utile pour connaître le programme des manifestations de la saison.

Casino municipal de Pau – *Allée Alfred-de-Musset - parc Beaumont - ✆ 05 59 27 06 92 - www.groupetranchant.com -* dim.-jeu. *10h-3h, ven., sam. et veilles de fêtes jusqu'à 4h.* Ce casino est équipé de 120 machines à sous en plus d'une salle de jeux traditionnels, d'un restaurant et d'un bar. Animation musicale le vendredi.

ACHATS

Henri-Burgué – *Chemin des Bois - 64110 Saint-Faust - ✆ 05 59 83 05 91 /06 85 20 53 23 - www.jurancon-domaine-burgue.com - 9h-20h.* Ce petit producteur réalise des jurançons moelleux et secs vieillis en fût de chêne, fruits de trois années d'attention et de patience. Petit détail amusant : les barriques sont fermées à l'aide de galets. Dégustation effectuée directement au tonneau avec une pipette en verre.

Cave de Gan Jurançon – *53 av. Henri-IV - 64290 Gan - ✆ 05 59 21 57 03 - www.cavedejurancon.com - 8h-12h, 13h30-19h - fermé dim. sf juin-août et j. fériés.* Grain Sauvage au goût intense de raisin, Château de Navailles obtenu par vendanges manuelles et tris successifs, Peyre d'Or, superbe jurançon sec, Château Les Astous ou Croix du Prince, parfait pour l'apéritif… Toutes ces merveilles sont à découvrir à un très bon rapport qualité-prix dans cette vitrine du jurançon.

Josuat – *2 r. du Mar.-Joffre - ✆ 05 59 27 65 67 - 9h30-12h, 14h30-19h15 - fermé dim.-lun. et j. fériés sf Pâques et 25 déc.* Fondée en 1880, cette maison de chocolatier réalise de nombreuses pâtisseries, chocolats et bonbons maison. Autre boutique au 23 rue Serviez.

Francis Miot – *Rond-point d'Uzos - D 37 - ✆ 05 59 35 05 56 - www.francis-miot.com - tlj sf dim. 10h-12h, 14h-18h - fermé j. fériés.* Francis Miot collectionne les titres prestigieux : champion du monde des maîtres confituriers en 1988, 1990 et 1991, il est aussi le créateur des Coucougnettes du Vert Galant, élu meilleur bonbon de France en 2000. Il vous ouvre les portes de ses ateliers de fabrication et de son musée des arts sucrés. Démonstrations (sur RV), dégustations et, pour les enfants, une « école du goût ».

Fromagerie Bachelet – *3 av. M.-Dassault - 64140 Lons - ✆ 05 59 32 49 07 - fromagesdespyrenees.fr - juil.-août : tlj sf dim. et lun. 9h-19h ; reste de l'année : mar.-sam. 9h-19h, lun. 14h-19h - fermé j. fériés*

Ce fromager connu et reconnu choisit avec grand soin ses fournisseurs et affine lui-même ses fromages. Dans sa nouvelle et grande boutique de la périphérie paloise, figurent en bonne place les vache, brebis, chèvre et autres « mixtes » du terroir, complétés de fromages des autres régions de France et de pays voisins.

Librairie des Pyrénées – *14 r. St-Louis - ✆ 05 59 27 78 75 - du mar. au sam. 10h-18h30.* On y trouve tous les ouvrages consacrés aux montagnes franco-espagnoles et à la région : guides de tourisme et de randonnée, littérature régionale, de voyage, histoire, cuisine, langues (gascon, basque, occitan), livres jeunesse faune ou flore, etc.

Au Parapluie des Pyrénées – *12 r. Montpensier - ✆ 05 59 27 53 66 - www.auparapluiedespyrenees.com - tlj sf dim. 8h-12h, 14h-19h, sam. 9h-12h, 14h-18h.* Depuis 1890, on fabrique ici les immenses parapluies des Pyrénées qui sont les seuls capables de résister aux pires averses du Sud-Ouest. C'est aujourd'hui la dernière entreprise du genre en France.

Sarl les Sonnailles Daban – *ZA Samadet - 64800 Bourdettes - ✆ 05 59 61 00 41 - www.daban.fr - sam. apr.-midi et lun. apr.-midi sur RV - fermé du 25 déc. à déb. janv.* L'un des derniers ateliers de sonnailles en activité en France. La visite de l'atelier (uniquement sur rendez-vous) vous fera découvrir les secrets de fabrication des traditionnelles clochettes de troupeaux. Vidéo et démonstration.

Tissage de Coarraze – *R. Louis-Barthou - 64800 Coarraze - ✆ 05 59 61 19 98 - mar.-sam. 9h-12h30, 14h-18h30; lun. 9h-12h30 - fermé j. fériés.* Le tissu basque est bien connu des maîtresses de maison qui apprécient sa qualité et sa résistance. Tissé en coton et en lin, il est le plus souvent décoré de bandes de couleur, parfois constituées de motifs floraux stylisés.

ACTIVITÉS

Randonnée – Plusieurs topo-guides sont en vente dans les librairies paloises : *Entre gave et coteaux, Aux marches du Béarn, Tour de pays du Jurançon…*

Le **chemin Henri IV** relie Pau au lac de Lourdes par des chemins de crête, souvent à travers bois. 40 km au total, avec possibilité de balades sur ses différentes portions *(documentation gratuite à l'office de tourisme).*

Romano Sport – *6 r. Jean-Réveil - ✆ 05 59 98 48 56 - été : tlj sf lun. 9h-12h, 15h-19h ; hiver : tlj sf dim. 9h-12h, 15h-19h - fermé j. fériés.* Magasin spécialisé dans les articles de sport. Le touriste de passage appréciera l'espace location : cycles, VTT, rollers, combinaisons de canyoning, tentes, chaussures de randonnée, skis, raquettes et autres équipements de montagne.

Association des amis du Parc national des Pyrénées – *32 r. Samonzet - ✆ 05 59 27 15 30 - mar.et jeu. 10h-12h30, vend. 10h-12h30, 14h-18h30.* Sorties gratuites toute l'année, moyennant une cotisation annuelle de 37 € + assurance, dans les Pyrénées. Elle propose également d'autres activités sportives (randonnées à thème, ski de fond, ski de piste, raquettes…).

Le Plantier de Pau – *5 allée du Grand-Tour - ✆ 05 59 62 37 96 - horaires variables.* Pratiqué dans les Landes, les Pyrénées-Atlantiques et les Hautes-Pyrénées où l'on dénombre 650 licenciés, le jeu de quilles de neuf est l'ancêtre du bowling. Il se pratique avec une boule de 6,2 kg et neuf quilles de 96 cm. Les joueurs, des retraités pour la plupart, se réunissent ici chaque après-midi.

Pau Golf Club 1856 – *1 r. du Golf - 64140 Billère - ✆ 05 59 13 18 56 - www.paugolfclub.com - 8h30-18h30 (18h en hiver) - fermé 1er janv. et 25 déc.* Créé en 1856 par des Écossais, ce beau parcours (18 trous) est l'un des plus anciens golfs du monde. Club-house de style victorien abritant un restaurant et un bar à l'ambiance toute britannique.

Orthez

10 329 Orthéziens - Pyrénées-Atlantiques (64)

NOS ADRESSES PAGE 443

S'INFORMER

Office du tourisme d'Orthez – *Maison Jeanne-d'Albret* - *05 59 38 32 84 - de mi-juin à mi-sept. : lun.-sam. 9h30-12h30,14h-18h30 (dim. 9h30-12h30 juil.-août) ; nov.-mars : lun. 14h-18h, mar.-sam. 10h-12h, 14h30-17h.* Le livret *Béarn des Gaves* avec plan et itinéraire permet de découvrir Orthez, Salies-de-Béarn, Sauveterre-de-Béarn et Navarrenx. Visites guidées. Topoguides.

SE REPÉRER

Carte de microrégion A1 *(p. 422) – carte Michelin Départements 342 H2.*
En venant de Pau (40 km) par la D 817 qui longe le gave de Pau, on rencontre plusieurs usines et complexes industriels liés au développement des gisements de gaz naturel regroupés autour de Lacq.

SE GARER

À Orthez, garez-vous devant l'hôtel de ville ou près de l'église *(payant).*

À NE PAS MANQUER

Le Pont Vieux ; le superbe panorama du haut de la tour Moncade ; le musée Jeanne-d'Albret sur l'histoire du protestantisme béarnais.

ORGANISER SON TEMPS

Comptez environ 3h pour faire le tour de la ville en visitant ses plus beaux édifices. Si vous êtes de passage fin juillet, participez à la féria d'Orthez.

AVEC LES ENFANTS

La chasse aux trésors (3 € - livret avec divers jeux pour découvrir la ville) organisée par l'office de tourisme ; le château Moncade ; les canoës du Pont Vieux.

À quoi font penser les toits d'Orthez ? À des jupes empesées sous lesquelles dépassent des jupons de dentelle. Coquetterie que peut bien se permettre une ancienne capitale : celle du Béarn, avant Pau. Elle eut ses galants en son temps : Gaston VII Moncade, vicomte de Béarn, qui la choisit au 13e s., puis Gaston Phébus qui y tint une brillante cour, après l'union du comté de Foix et du Béarn.

LA BATAILLE D'ORTHEZ

Un épisode des guerres napoléoniennes eut pour cadre le Béarn. Début 1814, alors que Napoléon Ier se battait dans l'Est de la France contre les Prussiens, les Russes et les Autrichiens, l'une des dernières aventures de l'Empire se jouait dans le Midi. À la tête d'une coalition anglo-hispano-portugaise, le marquis de Wellington avait chassé de la péninsule Ibérique le maréchal Soult et son « armée d'Espagne », retirés de Bayonne à Orthez. Le 27 février 1814 à Orthez, les Alliés triomphent d'une armée française diminuée, qui doit refluer vers Aire-sur-l'Adour, puis Tarbes et finalement Toulouse, où une dernière bataille sera livrée – alors même que la guerre est terminée et que l'Empereur a abdiqué.

Le Pont Vieux enjambe le gave de Pau.
M.-H. Carcanague / MICHELIN

Se promener

LA VILLE COMTALE

Au temps de Gaston VII et de Phébus, Orthez ne s'ordonnait pas parallèlement au gave, comme aujourd'hui, mais suivant la perpendiculaire Pont Vieux-château de Moncade. Aussi l'empreinte du passé subsiste-t-elle dans les rues du Bourg-Vieux, de l'Horloge et de Moncade, bordées de demeures à portail parfois sculpté.

Musée Jeanne-d'Albret

Angle rue Roarie et rue du Bourg-Vieux - ✆ 05 59 69 14 03 - www.museejeannedalbret.com - avr.-sept. : lun.-sam. 10h-12h, 14h-18h ; oct- mars : mar.-sam. 10h-12h, 14h-18h - fermé j. fériés et 3 dernières sem. de janv. - 4,50 € (enf. 2 €).

Quelle chance pour l'office de tourisme de loger dans cette demeure du 16e s. ! Une tourelle octogonale met en valeur l'entrée principale donnant sur une cour pavée. Observez la toiture dont la forte pente est typique de la région. Au premier étage, un musée retrace l'**histoire du protestantisme béarnais** (il ne s'agit pas d'un musée religieux) de la Réforme au début du 20e s., à l'appui de documents manuscrits, objets, médailles et maquettes. Une exposition claire sur un sujet complexe qui mérite que l'on s'y arrête.

Église St-Pierre

Jadis reliée aux remparts de la ville, cette église du 13e s. servit de poste de défense, comme le prouvent les fenêtres-meurtrières dans le mur nord. Plusieurs fois restaurée à la suite des guerres de Religion, elle fut agrandie au 19e s. Quatre belles **clés de voûte** sculptées ornent la nef.

★ Pont Vieux

Voir l'ABC d'architecture p. 89. Ce pont défendu autrefois par une tour percée d'une porte couvrait l'entrée de la ville. La tour remplit encore son office en 1814, lors de la lutte contre Wellington. Vous apprécierez la très jolie **vue** sur le gave.

LE SAVIEZ-VOUS ?
Le nom d'Orthez vient du latin *hortensis* (« pourvu de jardins »). Aujourd'hui, on pourrait presque dire d'Orthez qu'il est « pourvu de vignes » : lors du 600e anniversaire de la mort de Phébus, en 1991, des ceps ont été plantés autour de la ville. Ils produisent désormais chaque année des **vins rouges** et **blancs** commercialisés sous le nom de « Domaine de Moncade » (appellation béarn-bellocq).

Une autre façon d'avoir un bel aperçu du pont : la **balade en canoë** *(5 km)* qui vous permet de passer dessous ! *Voir la rubrique « Activités » dans « Nos adresses à Orthez ».*

Château Moncade

05 59 69 36 24 - juil.-août : 10h-12h30, 14h30-18h30 ; mai : w.-end et j. fériés 10h-12h30, 14h30-18h30 ; sept. : 10h-12h30, 14h30-18h30 ; oct. : w.-end 10h-12h30, 14h30-18h30 - visite guidée sur RV - fermé nov.-avr. - 3 € (8-18 ans 2 €).

De la grandiose forteresse des 13e et 14e s., construite par Gaston VII (panneaux explicatifs à l'extérieur), il ne subsiste que la **tour** : à l'intérieur, une maquette permet de visualiser le château tel qu'il se présentait autrefois et une animation son et lumière fait revivre son histoire. Exposition sur la vie de Gaston Phébus et sur son *Livre de chasse* (reproductions). De la terrasse (à 33 m de hauteur), **vue** sur les toits d'Orthez.

Maison Chrestia

05 59 69 11 24 - www.francis-jammes.com - lun.-vend. 10h-12h, 15h-17h - fermé w.-end, 2e quinz. de déc. et 1re sem. de janv. - gratuit.

C'est dans cette maison typiquement béarnaise du 18e s. que résida, de 1897 à 1907, le poète **Francis Jammes** (dont Brassens a emprunté *La Prière* pour la mettre en musique), avant de s'installer dans une autre habitation (en face de l'école communale) après son mariage. Depuis 1982 y siège l'Association Francis Jammes, qui a rassemblé quelques documents, souvenirs et ouvrages.

À proximité Plan de microrégion

Monument du Général Foy A1

3,5 km au nord par la D 947.

À la mémoire de la bataille d'Orthez (1814), une des batailles de la guerre d'indépendance espagnole opposant la France à l'Angleterre et au Portugal. De plus, le site est joli : belles fermes béarnaises aux grands toits à plusieurs pentes, vues lointaines vers les Pyrénées.

Mourenx B1

20 km au sud-est d'Orthez par la D 9.

En décembre 1951, lors d'une campagne de forages menée par la Société nationale des pétroles d'Aquitaine, la sonde « Lacq 3 » atteignit, à 3 550 m de profondeur, l'un des plus importants **gisements de gaz naturel** connus alors dans le monde. La cité fut construite au début des années 1960 pour loger les salariés du complexe de Lacq. Ces immeubles-tours côtoyant les coteaux béarnais paraissent quelque peu insolites. Pour en savoir plus sur l'histoire de cette ville nouvelle, sillonnez la ville à l'aide des audioguides, en suivant les

panneaux explicatifs du sentier d'interprétation urbain. *S'adresser à la bibliothèque de Mourenx (pl. Jules-Verne - ✆ 05 59 60 25 99) ou à l'office de tourisme de Monein (58 r. du Commerce - ✆ 05 59 12 30 40) - gratuit.*
Au sud de la ville sur la D 281 (direction Navarrenx). Un **belvédère** est aménagé sur la colline. Du parc de stationnement, côté plaine du Gave, vue sur la zone industrielle. Côté montagne, vous découvrez au premier plan les coteaux béarnais, puis les Pyrénées centrales, du pic d'Anie au pic du Midi de Bigorre, et, plein sud, la vallée d'Aspe.

NOS ADRESSES À ORTHEZ

HÉBERGEMENT

À proximité

PREMIER PRIX

Chambre d'hôte Costedoat – *64370 Hagetaubin - 15 km au nord-est d'Orthez par D 933 rte d'Hagetmau et à droite D 945 - ✆ 05 59 67 51 18 - - 4 ch. 30 €.* La vie à la ferme en toute simplicité vous tente ? Cette adresse est pour vous. Le propriétaire vous propose même de l'aider dans ses tâches quotidiennes, à moins que vous ne préfériez le billard ou la piscine. Chambres vastes et petit-déjeuner avec confitures maison.

BUDGET MOYEN

Chambre d'hôte Larroque – *114 r. Principale - 64150 Lagor - au nord-ouest de Mourenx par la D 9 - ✆ 05 59 71 57 02 - 2 ch. 50 €.* Les volets bleus de cette maison entièrement restaurée vous séduiront pour une étape béarnaise typique. Le propriétaire ne manquera pas de vous conseiller sur vos balades de la journée ou de vous faire déguster ses produits du terroir de fabrication maison.

RESTAURATION

À Orthez

BUDGET MOYEN

Auberge Saint-Loup – *20 r. du Pont-Vieux - ✆ 05 59 69 15 40 - fermé dim. soir et lun. - auberge 15 € déj. - 21/45 €.* Cet ancien relais du 15e s. aiguise l'appétit des gastronomes du pays tant les plats du terroir, arrosés de gouleyants vins locaux, garnissent généreusement ses assiettes. Bel ensemble de pierres apparentes, briques et bois dans la salle à manger.

Au Temps de la Reine Jeanne – *44 r. Bourg-Vieux - ✆ 05 59 67 00 76 - www.reine-jeanne.fr - fermé dim. soir du 18 oct. au 20 mars - 25/65 € - 30 ch. 66/110 € - 8,50 €.* Demeures des 18e et 19e s. abritant un plaisant restaurant. Recettes traditionnelles ; « dîners jazz » en saison. Chambres confortables, aménagées dans la partie ancienne et dans une partie plus récente.

À proximité

PREMIER PRIX

À Fleur de Goût – *15 av. de Monein - 64150 Mourenx - ✆ 05 59 71 58 47 - 12 € déj. - 12/42 €.* Cuisine raffinée et originale à base de produits frais du terroir, que le chef revisite de façon originale.

BUDGET MOYEN

Ferme-auberge Baron-Maisonnave – *40700 Castaignos-Souslens - 15 km au nord d'Orthez, sur D 933 rte d'Hagetmau - ✆ 05 58 89 08 10/06 82 92 73 23 - www.fermeauberge.maisonnave.fr - fermé lun. sf juil.-août et j. fériés. - 10 € déj. - 14,50/23 €.* Roulez lentement sur le chemin qui mène à cette ferme-auberge, les volailles se promènent en toute liberté sur l'exploitation agricole ! Les anciennes grange et étable abritent désormais une salle à manger. Dans l'assiette, recettes à base de canard, de poulet et de veau. Conserves à emporter.

ACHATS

Marché au gras – *Nov.- mars : mar. 7h30-10h.* Ce marché (oie, canard gras, foie gras) est saisonnier et très réglementé : vous n'y trouverez que des palmipèdes élevés traditionnellement et gavés au maïs.

ACTIVITÉS

Les Canoës du Pont Vieux – *37 r. du Bourg-Vieux - 64300 Orthez - ✆ 05 59 69 36 24 - de mi-juil. à fin août : tlj sf lun.* Location de canoës pour une balade familiale sur le gave de Pau, l'après-midi entre 15h et 19h. Les départs se font au Pont Vieux.

Salies-de-Béarn

★

4 793 Salisiens - Pyrénées-Atlantiques (64)

NOS ADRESSES PAGE 446

S'INFORMER

Office du tourisme du Béarn des Gaves – *R. des Bains - ✆ 05 59 38 00 33 - www.tourisme-bearn-gaves.com - de mi-juin à mi-sept. : lun.-sam. 9h30-12h30, 14h30-19h (dim. 9h30-12h30 juil.-août) ; reste de l'année : lun.-sam. 9h-12h, 14h-18h - fermé 1er janv., 1er et 8 Mai, jeu. de l'Ascension, lun. de Pentecôte, 1er et 11 Nov., 25 et 31 déc.* Le livret *Béarn des Gaves* comprend un plan et la description d'un itinéraire pour découvrir Salies, mais aussi Orthez, Sauveterre-de-Béarn et Navarrenx. Visites guidées de la ville.

SE REPÉRER

Carte de microrégion A1 *(p. 422) – carte Michelin Départements 342 G2.*
À 16 km à l'ouest d'Orthez par la D 817 puis la D 933 (en poursuivant sur cette même route vous arrivez à Sauveterre-de-Béarn, 11 km plus loin). La vieille ville, concentrée autour de la place du Bayàa, est séparée de la cité thermale par le ruisseau. Vous pouvez donc découvrir toute la ville à pied.

À NE PAS MANQUER

Le musée du Sel et des Traditions béarnaises ; le quartier therma.

ORGANISER SON TEMPS

Attention, le musée de la ville est fermé les dimanches et lundis.

Comme confite dans le sel de sa précieuse source, la vieille ville de Salies a conservé ses ravissantes maisons d'antan. Le Saleys s'y attarde paresseusement, reflétant dans ses miroirs d'eau, de part et d'autre du pont de la Lune, un chapelet de toits bruns retroussés à la béarnaise.

Impossible donc de visiter la région sans s'arrêter dans cette charmante petite station thermale, façonnée au fil du temps par le sel de ses eaux souterraines.

Se promener

Bon à savoir – Les principaux édifices sont signalés par un panneau explicatif.

La vieille ville

Le cœur de la vieille ville est l'irrégulière **place du Bayaà,** avec le bassin (recouvert en 1868) où l'on puisait l'eau de la source. En face de la mairie, voir la **fontaine du Sanglier** (1827), érigée avec des éléments d'architecture gothique.

Alentour, des ruelles aux noms évocateurs et aux jolies maisons 17e et 18e s. : au bout de la rue de la Fontaine-Salée, bas-relief qui relate la visite de Jeanne d'Albret ; au n° 8 rue du Pont-Mayou, dernier *coulédé* de Salies (bac de pierre devant la maison, où l'on déversait l'eau salée).

Musée du Sel et des Traditions béarnaises

R. des Puits-Salants - ✆ 05 59 38 19 25 - juin-sept. : 15h-19h ; mai et oct. : 15h-18h - fermé nov.-avr., lun., dim. et j. fériés - 4 € (5-12 ans 1 €).

Le musée du Sel abrite désormais le musée des Arts et Traditions. Ils sont aménagés dans une maison traditionnelle salisienne. Il faut y faire un tour pour tout savoir sur la présence géologique du sel dans les eaux de Salies, sur les premières civilisations locales, sur la Corporation des Parts-Prenants, sur le puisage du sel et son exploitation au fil des âges… la ville prendra du relief et n'en sera que plus agréable à découvrir. La projection d'une vidéo *(20mn)* prélude à la visite des salles : histoire du sel ; géologie, ébénisterie salisienne, thermalisme. Le 2e étage accueille le musée des Arts et Traditions. Il traite de la vie quotidienne au 19e s. et au début du 20e s. à travers objets, mobilier, habillement et présente les différents métiers et leurs outils : ferronnerie, menuiserie, saboterie…

HISTOIRE SALÉE

Saleys, Salies… n'y aurait-il pas un arrière-goût salé derrière tout ça ? On raconte qu'au Moyen Âge c'est grâce à un **sanglier**, trouvé mort tout couvert de cristaux de sel dans un marécage asséché, que l'on se rendit compte des propriétés des eaux du site, sur lequel on construisit alors une ville. La devise du sanglier : *« Sé you nou y éri mourt, arrès n'y biberé »* (Si je n'y étais mort, personne n'y vivrait.)

Véritable manne pour les habitants, le sel servait notamment à conserver les aliments (dont le jambon dit de Bayonne), évitant ainsi les famines. Pour réglementer la répartition du sel entre les Salisiens naît en 1587 la Corporation des Parts-Prenants de la Fontaine salée. Une charte définit les conditions nécessaires pour obtenir le droit de puisage à la fontaine : résider à Salies depuis six mois, tenir famille, etc. Des abus suivirent bien sûr l'instauration de cette charte. Ainsi, certains jeunes hommes, ne trouvant pas femme parmi les jeunes filles et ne voulant pas pour autant perdre la jouissance de leur droit au sel, épousèrent des femmes âgées, espérant fort qu'ils seraient bientôt libres. Les violations de droits, les injustices, les conflits nés autour de la fontaine salée valurent à celle-ci d'être nommée la *praube müde* (la « pauvre muette »).

En direction du quartier thermal, arrêtez-vous à l'**église St-Vincent** dont le clocher participait du système défensif de Salies.

La ville thermale

L'office de tourisme se tient proche du centre de congrès. Devant le jardin public se dresse l'**Hôtel du Parc** (1893), au somptueux hall à galeries et escalier à double révolution, qui abrite le casino. Il a servi de cadre à plusieurs films ainsi que de studio d'enregistrement au groupe de musique les Négresses vertes. Il côtoie les **thermes néomauresques** *(voir la rubrique « Activités » dans « Nos adresses à Orthez »).*

Le Pain de Sucre

1h. Ainsi se nomme la colline en surplomb de Salies. Elle vous réserve un beau **point de vue** sur la ville et une agréable promenade sous bois qui vous mènera au parc à daims.

À proximité Plan de microrégion

Bellocq A1

7 km au nord par la D 330, qui part au rond-point du casino.
La route offre de jolies vues sur les vallons et coteaux de vignes. Les amateurs de vins ne manqueront pas de s'approvisionner à la **cave coopérative**.
Se garer derrière l'église. Cette **bastide** *(en cours de rénovation depuis sept. 2009)*, la plus ancienne du Béarn, fut fortifiée au 13e s. par Gaston VII de Moncade. Elle en a conservé le plan caractéristique.
Sur la porte ouest de l'**église**, vous remarquerez une des plus anciennes représentations du béret (fin 15e s.-début 16e s.).
Le **château**, bâti au bord de la rivière, présente, si l'on fait exception de sa tour carrée-porte d'entrée, un ensemble de quatre tours rondes ainsi construites pour mieux résister aux projectiles. Réaménagé au 14e s. à l'époque de Gaston Fébus, le château fut démantelé sous Louis XIII de peur qu'il ne serve de refuge aux protestants. D'importants travaux ont permis la remise en état de la tour et son embellissement. *05 59 65 12 97 - se renseigner.*

NOS ADRESSES À SALIES-DE-BÉARN

HÉBERGEMENT

À Salies-de-Béarn

BUDGET MOYEN

Chambre d'hôte Léchémia – *Quartier du Bois - 05 59 38 08 55 - - réserv. obligatoire - 3 ch. 55/65 € - repas 25 €.* La propriétaire de cette ancienne ferme située en pleine nature vous contera avec passion quelques anecdotes liées à la maison de son enfance. Grange, étable et écurie ont été rénovées avec goût. Le décor des chambres panache le moderne et l'ancien. Table d'hôte soignée.

POUR SE FAIRE PLAISIR

Chambre d'hôte La Demeure de la Presqu'île – *22 av. des Docteurs-Foix - 05 59 38 06 22 - www.demeurepresquile.com - - 5 ch. 70 € - repas 28 €.* Cette demeure du 18e s. proche du centre-ville abrite des chambres spacieuses et garnies de meubles de style, une salle à manger d'époque et un charmant petit salon-bibliothèque. À table, cuisine d'inspiration régionale et délicieuses pâtisseries maison. Vaste parc planté d'un remarquable magnolia.

À proximité

BUDGET MOYEN

Chambre d'hôte La Closerie du Guilhat – *Le Guilhat - 4 km au nord de Salies-de-Béarn dir. Puyoo (anc. rte face hôtel du Parc) - ✆ 05 59 38 08 80 - www.holidayshomes.com/guilhat - ⊭ - réserv. conseillée - 4 ch. 56/60 € ☕ - repas 23 €.* Un remarquable parc paysager, de jolies chambres aux noms de fleurs, une exquise terrasse ouverte sur la vallée et au loin la chaîne des Pyrénées, une cuisine aux accents du terroir, un accueil charmant et le calme absolu.

RESTAURATION

À Salies-de-Béarn

PREMIER PRIX

Restaurant du Casino Le Parc – *Hôtel du Parc - ✆ 05 59 38 31 27 - www.hotelcasinoduparc.fr - 12/23 € - 51 ch. 89/139 € - ☕ 10 €.* Ce restaurant aménagé au sein du casino, qui fut autrefois un hôtel, a conservé sa superbe salle à manger d'époque : lustres, cheminée, parquet et vue sur le parc. Derrière les fourneaux, le chef prépare une cuisine traditionnelle tout à fait réussie. Accueil jeune et sympathique.

La Terrasse – *2 r. de Loumé - ✆ 05 59 38 09 83 - fermé lun. et mar. hors sais. - 12/27 €.* Vous l'aurez deviné, ce restaurant bien connu des locaux pour sa copieuse cuisine régionale doit son nom à son immense terrasse surplombant le Saleys. Intérieur très rustique. À la carte, pizzas, nombreux plats où le cochon est roi et une spécialité : la garbure.

À proximité

PREMIER PRIX

La Belle Auberge – *64270 Castagnède - 8 km au sud-ouest de Salies-de-Béarn par D 17, D 27 puis D 384 - ✆ 05 59 38 15 28 - fermé dim. soir et lun. soir, 1er-14 juin et 14 déc.-31 janv. - 12/24 € - 14 ch. 46/48 € - ☕ 7 €.* Voici une sympathique auberge familiale : cuisine du terroir copieuse, soignée et facturée à prix sages, plaisante terrasse ombragée, salle à manger campagnarde, chambres calmes et sobrement aménagées, belle piscine et agréable jardin.

ACTIVITÉS

Les Thermes de Salies – *Pl. du Jardin - ✆ 05 59 38 10 11 - www.thermes-de-salies.com - espace cure : 7h-12h45, espace remise en forme : lun.-sam. 8h30-12h, 14h-17h, dim. 9h-12h - fermé 1er janv. et 25 déc. - forfaits remise en forme 59/460 €, à la carte 10/62 €.* Outre les cures (rhumatologie, gynécologie et pédiatrie), l'établissement organise des programmes de remise en forme : dos vitalité, spa évasion, silhouette et bien-être, aquagym, yoga, etc.

Sauveterre-de-Béarn

★

1 352 Sauveterriens - Pyrénées-Atlantiques (64)

NOS ADRESSES PAGE 450

S'INFORMER

Office du tourisme du Béarn des Gaves – *Pl. Royale - 64390 Sauveterre-de-Béarn - ✆ 05 59 38 32 86 - www.tourisme-bearn-gaves.com - de mi-juin à mi-sept. : lun. 14h-18h30, mar.-sam. 9h30-12h30, 14h-18h30, dim. 9h30-12h30 (juil.-août) - reste de l'année : se renseigner - fermé dim. et j. fériés, dernière sem. de déc.* Le livret *Béarn des Gaves* comprend un plan et la description d'un itinéraire pour découvrir Sauveterre-de-Béarn et Navarrenx, mais aussi Salies-de-Béarn et Orthez. Visites guidées de la ville.

SE REPÉRER

Carte de microrégion A1 *(p. 422) – carte Michelin Départements 342 G2.* Sauveterre se trouve à 11 km au sud de Salies-de-Béarn par la D 933. Au carrefour de la Soule (Mauléon-Licharre est à 24 km au sud-est), de la Basse-Navarre (St-Palais à 12 km au sud-ouest) et de la Gascogne (le département des Landes à 20 km au nord), cette position stratégique lui valut bien des convoitises et une prospérité économique jusqu'au 16e s.

À NE PAS MANQUER

Les belles vues sur le gave et sur la ville depuis le Vieux Pont ; l'église St-André du 12e s. ; le château de Laàs.

ORGANISER SON TEMPS

Comptez une journée pour la visite de la ville et de ses environs. Attention, comme la chapelle de Sunarthe, le château de Laàs n'est ouvert qu'à partir d'avril.

AVEC LES ENFANTS

Le son et lumière sur la maquette de la ville à la chapelle de Sunarthe ; les Écuries de Sancie, pour les cavaliers en herbe.

Au pied de Sauveterre, la belle médiévale, le gave d'Oloron chahute au milieu des bouquets d'arbres. Le vieux pont de la légende, dominé par la tour Monréal, s'avance timidement vers l'île de la Glère. Un mariage heureux s'est, au fil du temps, noué à Sauveterre : celui des vieilles pierres et de la verdure.

Se promener

Bon à savoir – Deux panneaux d'itinéraire de promenade dans Sauveterre : avant l'église et à côté de la barbacane. Un point information à côté de la mairie indique trois balades.

Terrasse de l'église

Vue plongeante sur le gave, le Vieux Pont, l'île de Glère, au loin se profilent les Pyrénées *(table d'orientation).*

Église St-André

Le tympan du portail représente un Christ en majesté entouré des quatre évangélistes. Les voûtes ogivales s'harmonisent parfaitement avec l'intérieur de style roman. Le chevet flanqué de deux absidioles est surmonté d'un clocher quadrangulaire percé de fenêtres géminées. Au pilier situé à gauche du chœur, remarquez un **chapiteau historié** représentant la Médisance et la Gourmandise.

Descendre les escaliers au niveau de la tour Monréal, longer le gave et remonter à la barbacane. En face, vous apercevez la porte fortifiée du Datter (12e-13e s.).

Vieux Pont

Il subsiste du pont, en calcaire de Bidache, une arche avec une porte fortifiée du 12e s. à l'origine, le tablier se prolongeait jusqu'à l'île de la Glère. De là, la **vue★★** embrasse le gave, les fortifications, l'église romane et la superbe **tour Monréal** (12e s.).

À proximité Carte de microrégion

Chapelle de Sunarthe A1

1,5 km à l'est, fléché. ✆ 05 59 38 57 56 - juil.-août : mar.-sam. 15h-18h ; de mi-avr. à fin juin et sept. : sam. 15h-18h - 5 € (enf. 2,50 €).

Son et lumière sur la maquette (réalisée par un « meilleur ouvrier de France ») de la cité médiévale de Sauveterre-de-Béarn.

Château de Laàs A1

9 km au sud-est par la D 27. ✆ 05 59 38 91 53 - juil.-août : 10h-19h ; mai-juin et sept. : tlj sf mar. 10h-12h, 14h-19h ; avr. et oct. : tlj sf mar. 14h-19h - 4 € (10-17 ans 3 €).

En rassemblant le **mobilier★**, les objets d'art et les tableaux de famille provenant de trois résidences familiales, M. et Mme Serbat, les derniers propriétaires de cette gentilhommière du 17e s., constituèrent un musée d'arts décoratifs évoquant l'art de vivre dans le Hainaut au 18e s. Les chambres et salons sont ornés de boiseries Louis XVI, de tapisseries, de toiles peintes (salon de musique) mettant en valeur des tableaux de l'école du Nord (Watteau de Lille). L'histoire anecdotique n'est pas oubliée avec la chambre du 1er étage évoquant les lendemains de Waterloo : lit de Napoléon à Maubert-Fontaine (19 juin 1815). Dans la bibliothèque, curieuse collection d'éventails du 17e s. qui n'ont pas été montés.

Dans le **parc** de 12 ha, aux arbres centenaires, sont aménagés un jardin à la française et un jardin à l'anglaise. Sur la terrasse, en surplomb du gave d'Oloron, s'épanouit une roseraie et en contrebas bruit une bambouseraie *(aire de pique-nique)*.

LE SAVIEZ-VOUS ?

Sauveterre vient de *salva terra*, « sauveté », un nom qui désigne les bourgades du Midi de la France fondées à l'initiative de monastères pour servir de refuge aux fugitifs et aux errants.

On raconte que la ville fut le théâtre d'une étonnante histoire : en 1170, Sancie, veuve de Gaston V de Béarn, accusée d'avoir tué son fils nouveau-né, après avoir appris la mort de son époux, est soumise au jugement de Dieu. Sur l'ordre du roi de Navarre, son frère, elle est jetée dans le gave, pieds et poings liés, du haut du pont fortifié. Le courant l'ayant rejetée saine et sauve sur la rive, elle est reconnue innocente.

Avant de partir, faites un tour dans le charmant **village**, connu pour ses tailleurs de pierre qui œuvraient aux 18e et 19e s., comme en témoignent les belles maisons de maître. Quelques artisans ont élu domicile ici.

10mn AR. Après l'église, suivez le fléchage *(à droite)* qui mène à une chapelle romane.

NOS ADRESSES À SAUVETERRE-DE-BÉARN

HÉBERGEMENT

PREMIER PRIX

Camping du Gave – *Sortie sud par D 933, rte de St-Palais puis chemin à gauche avant le pont - 05 59 38 53 30 - camping-du-gave@wanadoo.fr - de mi-avr. à mi-oct. - - réserv. conseillée - 55 empl.* *12 €.* Ce camping propose des emplacements installés sur une pelouse propre et nette, à l'ombre de vieux platanes. Une adresse idéale pour les pêcheurs et les amateurs de sport en eaux vives car les départs en canoë se font juste à l'entrée du site.

RESTAURATION

PREMIER PRIX

Auberge du Saumon – *Av. de la Gare - 05 59 38 53 20 - fermé 15 janv.-15 fév., mar. midi et sam. sf juil.-août - 15 € déj. - 17/28,50 € - 4 ch. 45 € - 6 €.* Cette auberge typiquement montagnarde propose une appétissante cuisine préparée comme à la maison. Outre les confits et les pâtés, le saumon sauvage devient, en saison, la spécialité maison. Petite salle à manger et plaisante terrasse d'été ombragée.

ACHATS

La Ferme Moulinaoü – *Rte d'Orriule, à Audrein - 6 km à l'est de Sauveterre-de-Béarn par D 27, rte d'Orriule - 05 59 38 50 24/95 18 - 9h-17h (téléphoner avant visite).* Cela fait plus de 20 ans que la famille Baradat se consacre aux canards gras. Élevés en liberté et nourris au maïs, ils sont transformés dans le laboratoire de la ferme. Les produits (confits de canard gras à l'ancienne, foie gras, etc.) sont vendus sur place et sur certains marchés locaux.

ACTIVITÉS

Randonnées – Le topoguide *54 balades en Béarn des gaves* est en vente *(5 €)* dans les offices de tourisme du Béarn des gaves (Orthez, Navarrenx, Salies-de-Béarn et Sauveterre-de-Béarn).

Détail de la cathédrale Ste-Marie.
M.-H. Carcanague / MICHELIN

Oloron-Sainte-Marie

★

10 947 Oloronais - Pyrénées-Atlantiques (64)

NOS ADRESSES PAGE 458

S'INFORMER

Office du tourisme d'Oloron-Ste-Marie – *Allées du Comte-de-Tréville - 64400 Oloron-Ste-Marie - 05 59 39 98 00 - www.tourisme-oloron.com - juil.-août : lun.-sam. 9h-19h, dim. 10h-13h (de mi-juil. à mi-août) ; reste de l'année : lun.-sam. 9h-12h30, 14h-18h.* **Ville d'art et d'histoire**, Oloron propose des visites-découvertes (2h) animées par des guides conférenciers agréés par le ministère de la Culture (www.vpah.culture.fr*)*.

Un **circuit du patrimoine** permet de visiter la ville à votre rythme. Il suffit de présenter le bracelet-montre devant les bornes réparties dans Oloron pour activer un commentaire, diurne ou nocturne. *Disponible à l'office de tourisme : bracelet 2,50 € ; pass (4 sites + bracelet) 10 € (-13 ans 1 €).*

SE REPÉRER

Carte de microrégion B2 *(p. 422) – carte Michelin Départements 342 I3 – carte p. 462.*

À 32 km au sud-ouest de Pau par la N 134, Oloron est la porte d'entrée des trois vallées béarnaises : Aspe, Ossau et Barétous. La ville comprend trois quartiers : Ste-Croix, Ste-Marie et Notre-Dame réunis par un parcours piétonnier.

À NE PAS MANQUER

Le portail roman de la cathédrale Ste-Marie ; la vue panoramique sur la ville depuis le haut de la tour de la Grède ; le vieux wagon de la Compagnie du haut Béarn à l'office de tourisme.

ORGANISER SON TEMPS
Prévoyez de passer une journée si vous voulez visiter les trois quartiers. Ajouter une journée pour les itinéraires conseillés. Bref, l'idéal est de s'arrêter deux jours au moins, voire trois si vous souhaitez parcourir la vallée d'Aspe.

AVEC LES ENFANTS
Le « Circuit du patrimoine » dans la ville et le « voyage immobile » dans la villa Bourdeu ; l'arboretum à Lasseube.

Au centre, les gaves d'Aspe et d'Ossau se rejoignent, alentour la campagne et le vignoble du Jurançon s'étendent, à l'horizon la chaîne des Pyrénées se détache… Un cadre magnifique donc qui invite à faire étape ! La ville semble murmurer des secrets de famille en béarnais entre les murs de ses hautes maisons coiffées d'ardoises, mais elle sait aussi parler aux visiteurs, voire les surprendre. Elle mérite que l'on s'y attarde pour la richesse de son patrimoine, réparti sur trois quartiers, et son dynamisme, manifeste dans la diversité des activités proposées.

Se promener

À moins que vous ayez déjà en tête une idée de ce que vous voulez voir, rendez-vous en premier lieu à l'office de tourisme, installé dans la villa Bourdeu. Profitez aussi d'une balade nocturne pour admirer les berges des gaves et les monuments, illuminés en été.

Villa Bourdeu

Office de tourisme - allée du Comte-de-Tréville - ✆ 05 59 39 98 00 - mêmes horaires que ceux de l'office de tourisme - gratuit.
Cette demeure de la fin du 19e s. mérite un arrêt car son aménagement constitue un point de départ pour découvrir les environs. Sur le sol de la salle d'accueil, une **carte géante** délimite le territoire : Oloron, les gaves, les trois vallées et le Parc national des Pyrénées. Ensuite dans un large tunnel est présenté un kaléidoscope de photographies de la région (avec pour chaque site la mention du temps de parcours depuis Oloron).
Un wagon de la Compagnie du haut Béarn stationné dans une gare 1900 vous attend. Prenez place dans l'un des trois compartiments pour effectuer un « **voyage immobile** » dans cet espace muséographique. Projection de films de courte durée mis en scène comme des paysages défilant sous les yeux (cinq thèmes au choix : Oloron-Ste-Marie, pays d'Oloron et gaves, vallées d'Aspe, d'Ossau et du Barétous).

QUARTIER STE-CROIX

L'ancien quartier du château vicomtal (détruit en 1644) occupe une situation avancée entre les deux gaves.
Partir de l'office de tourisme, longer l'esplanade sur les berges du gave d'Aspe (des terrasses sur l'eau - parfois recouvertes par les flots - sont aménagées en contrebas). Emprunter la passerelle puis les escaliers (à hauteur de la Caisse d'épargne).

Promenade Bellevue

Tracée sur les remparts romains, comme en témoigne le remploi de briquettes, elle offre une vue en enfilade sur la cathédrale Ste-Marie, la vallée d'Aspe et ses montagnes.

Église Ste-Croix

L'originalité de cet édifice roman réside dans sa **coupole** d'influence mozarabe à la croisée du transept montée sur huit nervures. Les chapiteaux historiés aux couleurs vives retiennent l'attention (grande diversité de scènes).

Maisons anciennes

En face de l'église, deux **maisons Renaissance** sur « couverts ». C'est sur cette petite place que se tenait le marché à l'origine.

En contrebas, au n° 52 de la rue Dalmais, la **Maison du patrimoine**, installée dans une demeure du 17e s., rassemble sur deux étages des collections d'archéologie, d'ethnographie et de minéralogie relatives à la ville et au haut Béarn, ainsi que des peintures et des souvenirs du camp d'internement de Gurs. Enfin, vous irez flâner dans le petit jardin médiéval. *✆ 05 59 39 98 00 - juil.-sept. : tlj sf mar. 10h30-12h30, 13h30-18h30 - 3 € (-18 ans gratuit).*

À côté, s'élève la **tour de la Grède** avec ses baies géminées (14e s.). Restaurée, elle abrite un espace scénographique présentant la faune des Pyrénées. Depuis la terrasse, **vue★** panoramique. *✆ 05 59 39 98 00 - juil. août : se renseigner - 3 € (-13 ans 1 €).*

Au bas de la rue Dalmais, la place Mendiondou précède la pointe *(en cours d'aménagement)* à la confluence des gaves. Si vous êtes pressé par le temps, prenez le pont à gauche, sans oublier de jeter un œil aux maisons aux flancs d'ardoises surplombant le gave d'Aspe, pour rejoindre le quartier Ste-Marie (en repassant devant l'office de tourisme). Autrement…

QUARTIER NOTRE-DAME

… prenez à droite la rue de la Justice : appréciez au passage la vue agréable sur le gave d'Ossau, pour arriver à la **place de la Résistance** encadrée de quelques belles maisons du 17e s. C'est ici qu'avaient élu domicile les riches marchands, le quartier de Ste-Croix étant devenu trop petit pour accueillir un commerce croissant. D'ailleurs, le quartier porte aussi le nom de « Marcadet ». Le marché se tient toujours sur la place Clemenceau le vendredi matin.

Église Notre-Dame

De style romano-byzantin, elle fut édifiée au 19e s. à l'intérieur, les peintures murales de Paul Delance (élève de Gérôme) méritent que l'on s'y arrête.

La **crypte** renferme une exposition d'objets religieux des 19e-20e s. *✆ 05 59 39 98 00 - juil.-août : tlj sf vend. 10h-12h, 15h-18h - 3 € (enf. 1 €).*

OLORON ET STE-MARIE

Oloron aurait été un poste défensif (la butte offre une vue imprenable) ibère et tire son nom d'*Iluro*, à la fois nom de lieu ibérique et nom de dieu pyrénéen. Au 11e s., une cité vicomtale voit le jour sur les ruines de ce site stratégique. Centule V le Jeune fait édifier l'église de Ste-Croix et assure, par sa protection, l'activité commerciale. À ses pieds, sur la rive gauche du gave d'Aspe, le faubourg rural se développe autour de la cathédrale **Ste-Marie**. Il devient propriété des évêques au 13e s. La rivalité s'installe entre les deux villes, qui constituent une étape importante avant le passage du Somport pour les pèlerins se rendant à St-Jacques-de-Compostelle. Oloron prospère sous l'œil jaloux de Ste-Marie et s'étend peu à peu dans la partie basse, sur la rive droite du gave d'Ossau. Oloron et Ste-Marie seront finalement réunis en 1858, par décret impérial.

Envie de verdure ? Amateurs d'essences rares ? Poursuivez votre chemin sur les hauteurs, où le **parc Pommé** s'allonge sur 3 ha. Cette ancienne propriété privée aux arbres centenaires offre une belle perspective de promenade. Les mariés viennent s'y faire photographier sur le « lit de verdure ». Revenez ensuite vers l'office de tourisme.

LE SAVIEZ-VOUS ?
Avec Nay *(voir Pau)*, Oloron est la capitale du **béret**. Eh oui ! ce symbole de la France est originaire du Béarn (avant d'être basque). En effet, les bergers des montagnes le portaient pour se protéger du froid.

QUARTIER STE-MARIE

On savait ce quartier occupé du temps d'*Iluro*, mais des fouilles ont mis au jour des vestiges prouvant une présence humaine antérieure à la période gallo-romaine.

Cathédrale Ste-Marie

Sa construction fut entreprise au 12e s. Le clocher-porche abrite un magnifique **portail★★** dû à deux sculpteurs (tympan et voussures sont traités différemment) qui, miraculeusement, est resté presque intact. Cela tient autant à la chance qu'à la dureté du marbre pyrénéen qui, avec les siècles, a pris le poli de l'ivoire. Arrêtez-vous un moment et prêtez attention aux différents « tableaux », c'est une vraie collection d'histoires : atlantes enchaînés à la base du trumeau ; sur le tympan : Descente de Croix aux motifs symétriques, Daniel dans la fosse aux lions et Ascension d'Alexandre. À la voussure consacrée au Ciel, les 24 vieillards de l'Apocalypse jouent de la viole et adorent l'Agneau divin portant la Croix. Le Mal est représenté par la tête d'un dragon. À la voussure consacrée à la Terre et à la vie paysanne : chasse au sanglier, pêche et découpage du saumon, confection d'un tonneau, fabrication du fromage, préparation du jambon, plumage d'une oie, etc. À la retombée des voussures, statue équestre de Constantin piétinant le Paganisme *(à droite)* et monstre dévorant un homme *(à gauche)*.

Dans la première colonne, à gauche en entrant, est incrusté un curieux bénitier des lépreux (appelés « cagots »), du 12e s. Parmi le mobilier, la chaire du 16e s. et le buffet d'orgues de 1650 valent aussi le coup d'œil.

Le **trésor★** est rassemblé dans deux chapelles : orfèvrerie (16e-19e s.), lutrin en bois peint (17e s.), etc., dans la première. Crèche à santons de bois du début 18e s. et vêtements sacerdotaux (16e-19e s.) dans la seconde. *✆ 05 59 39 98 00 - visite libre 8h-20h - visite guidée du trésor en juil.-août : se renseigner.*

Contournez la cathédrale, pour voir au chevet les vestiges de **thermes romains**. En revenant vers le parvis de la cathédrale, prenez à droite le **passage Monseigneur Taurine**, à l'intérieur duquel la cité d'*Iluro* est évoquée à travers des moulages et vestiges. Plus loin, des photos présentent différentes vues d'Oloron-Ste-Marie. Au bout du passage Monseigneur Saurine, un petit jardin mène au parking Daguzan. Au centre, le **tumulus de Soeix** a été reconstitué.

Itinéraires conseillés

INCURSION DANS LE JURANÇON A1 B1-2

75 km. Voir le circuit sur la carte de microrégion p. 422. Compter environ 3h. Sortir d'Oloron par la D 24, au nord-est.

Estialescq B2

2h. Départ sur la D 24, 1 km avant le bourg. À éviter par temps humide. Le **sentier des Marlères**, un circuit d'interprétation à travers bois, vous mènera sur les traces de la fabrication de la chaux.

Poursuivre sur la D 24.

Lasseube B2

L'**arboretum de Payssas** est l'œuvre d'un passionné d'arbres exotiques qui, dans les années 1930, commença à planter des spécimens sur sa propriété agricole. Panneau explicatif pour chacune des 26 essences présentes.

Rejoignez Lasseube pour faire un tour dans le village, qui possède des maisons anciennes et une église de style gothique.

Quitter Lasseube vers le nord par la D 34.

Lacommande B2

Halte sur le chemin de St-Jacques-de-Compostelle. Arrêtez-vous pour visiter l'église romane de St-Blaise remaniée. La Route des vins du Jurançon (*voir p. 56*) justifiera autrement votre venue en découvrant la **Maison des Vins et du Terroir du Jurançon**. *05 59 82 70 30 : de mi-juin à mi-sept. : lun.-sam. 10h-12h, 15h-19h, dim. et j. fériés : 15h-19h.*

Poursuivez sur la D 34 qui pénètre au cœur du vignoble.

Monein B1

58 r. du Commerce - 05 59 12 30 40 - de mi-juin à mi-sept. : lun.- sam. 9h30-13h, 14h30-19h, dim. et j. fériés 15h-19h ; de déb. avr. à mi-juin et de mi-sept. à fin oct. : mar.-sam. 9h30-12h30 et 14h30-18h30 ; de déb. nov. à fin mars : mar.-sam. 9h30-12h30, 14h30-17h30.

Monein peut s'enorgueillir de compter parmi les meilleurs vignobles du Jurançon. Vous pourrez en juger par vous-même si vous avez suivi la route des vins du Jurançon réunissant 60 producteurs indépendants.

À chaque bourg son église, mais l'église St-Girons est imposante, avec un décor gothique flamboyant et un clocher de 40 m ! L'immense charpente de chêne, en forme de carène renversée, date du 15e s. *05 59 12 30 40 - www.coeurdebearn.com - visite incluant son et lumière : de mi-juin à mi-sept. : lun.-sam. 11h, 15h, 17h, dim. et j. fériés 17h ; de déb. avr. à mi-juin et de mi-sept. à fin oct. : mar., jeu., vend. 16h, merc. et sam. 16h et 18h ; nov.-mars : merc. 16h et 18h, sam. 15h et 17h - 5 € (12-16 ans 2 €).*

Sortir de Monein à l'ouest par la D 2. Après 9 km prendre à gauche la D 110.

Lucq-de-Béarn B2

Dans ce petit village paisible qui conserve de belles maisons (17e-18e s.), l'église surprend par son aspect composite alliant roman et gothique. À l'intérieur, remarquez l'imposant sarcophage paléochrétien finement sculpté.

Revenir au nord vers la D 2 et prendre à gauche.

Navarrenx A1

R. St-Germain - Arsenal - 05 59 38 32 85 - www.tourisme-bearn-gaves.com - de déb. juil. à mi-sept. : 9h30-12h30, 14h-18h30, de mi-sept. à fin oct. : lun. 14h-18h, mar.-sam. : 9h30-12h, 14h-18h ; de déb. avr. à mi-juin : 9h30-12h, 14h-18h ; nov.-fév. : mar.-sam. 10h-12h, 14h30-17h. Visites guidées de la ville.

Ancienne position stratégique au carrefour d'une des voies de Compostelle et de l'ancienne grand-route de la rive droite du gave d'Oloron, Navarrenx est une **bastide** (fondée en 1316) ceinte de fortifications postérieures au Moyen Âge.

Partir de la place des Casernes. Panneau explicatif sur les principaux bâtiments.
La **porte St-Antoine**, défendant la tête du pont du gave au nord-ouest, reste l'élément le mieux conservé de ce système fortifié. De son couronnement, vue agréable sur le gave, le pont et les Pyrénées à l'horizon. Sous le couvert de la porte, l'**arsenal** abrite l'office de tourisme. En face, maquette et exposition « Navarrenx à travers les siècles ». *05 59 38 32 85 - dans le cadre de la visite guidée de la ville - 4, 50 €.*
Dirigez-vous ensuite vers le demi-bastion de la Clochette surmonté d'une copie de canon. Descendez à la **poudrière** et continuez dans la rue en face pour rejoindre la rue St-Antoine. Prenez à droite jusqu'à l'**église** (16e s.) et de là, poursuivez le tour des **remparts** qui ramène à la place des Casernes.
Bon à savoir – À Navarrenx, on pêche la **truite** et le **saumon**, de mars à juillet. Lors des championnats de pêche au saumon, les curieux se pressent le long du pool (groupement de producteurs qui uniformisent les conditions d'exploitation sur une durée limitée) du gave d'Oloron, en aval de la digue (remarquez l'échelle à saumons).
Navarrenx réjouira les amateurs de cigares *(voir la rubrique « Achats » dans « Nos adresses à Oloron-Ste-Marie »).*

★★ VALLÉE D'ASPE

120 km d'Oloron au col du Somport. Suivre l'itinéraire 1 *tracé en vert sur la carte p. 462. Compter une journée. Voir description p. 461.*

VALLÉE DE BARÉTOUS

48 km d'Oloron au col de la Pierre-St-Martin. Suivre l'itinéraire 2 *tracé en vert sur la carte p. 462.*
La plus petite des trois vallées du Béarn *(voir les vallées d'Aspe et d'Ossau)* compte six villages. Ce pays de transition, entre le Pays basque et le Béarn, semble un damier de champs de maïs et de magnifiques prairies, entrecoupé de bouquets de chênes, avec en arrière-plan des sommets calcaires.
Quitter Oloron au sud-ouest par la D 919.

Aramits

L'ancienne capitale du Barétous abritait jadis une abbaye, propriété des abbés laïques de la famille d'Aramits. Seul reste aujourd'hui le **portail** à bossage. C'est de ce village qu'est originaire Henri d'Aramits, écuyer et abbé laïque de ladite commune et qui, devenu mousquetaire en 1643, inspira Alexandre Dumas pour la création du personnage d'Aramis (*voir Mauléon-Licharre p. 412*).
Continuer sur la D 919 puis tourner à droite dans la D 918.

Sports d'hiver en vallée de Barétous (Arette).
Domec / Office du tourisme d'Arette

Lanne-en-Barétous

Le village conserve une jolie église à double porche. L'ancienne chapelle du château fut la résidence d'Isaac de Porthau.

Revenir au croisement avec la D 919 que l'on suit vers Arette.

Arette

Pl. de la Mairie - 64570 Arette - ✆ 05 59 88 95 38 - www.lapierrestmartin.com ou www.valleedebaretous.com - juil.-août : 9h-12h30, 14h30-18h30 ; sept.-juin : lun.-sam. 9h-12h, 14h-18h.

Ce bourg fut reconstruit après le tremblement de terre du 13 août 1967. L'office de tourisme abrite les nouvelles salles de la **Maison du Barétous**. Elle expose le patrimoine de la vallée, terre de mouvement et de traditions, centré sur l'exploitation du bois et de la pierre (matériaux de base), et présente le pastoralisme (activité traditionnelle). Une salle est réservée à la spéléologie et à la sismologie.

Suivre la pittoresque D 132 vers Arette-la-Pierre-St-Martin.

★ Arette-la-Pierre-St-Martin

Une navette relie Oloron-Ste-Marie à la station pendant les vac. scol. et le w.-end durant la saison de ski (départ de la gare 8h45).

Perchée à la frontière espagnole, cette petite station de sports d'hiver dégage une ambiance latine bien sympathique. Idéale pour godiller en famille loin des autoroutes à skieurs. Et lorsque la neige fond, c'est pour dévoiler le fantastique relief des « arres », champs de lapiaz truffés de crevasses qui défendent les approches du pic d'Anie.

Col de la Pierre-St-Martin

Alt. 1 760 m. C'est ici qu'a lieu la **junte de Roncal**, à la borne-frontière 262 : chaque 13 juillet, en vertu d'un traité de 1375 relatif au droit de pacage dans la vallée navarraise de Roncal, une délégation de maires du Barétous vient remettre aux syndics de Roncal un tribut symbolique de trois génisses (les Navarrais reçoivent en réalité une compensation en argent). Cette cérémonie vieille de six siècles donne lieu à un rituel précis : les mains superposées au-dessus de la borne, les maires scandent « *Paz Abant* ! » (« Paix d'abord ! ») avant de procéder à l'échange.

En contrebas, en territoire espagnol *(accès, du parking du col, par une piste recoupant le virage de la route)*, s'ouvrait l'orifice du **gouffre** de la Pierre-St-Martin, ou gouffre Lépineux, maintenant obturé par une dalle. Une plaque y a été posée à la mémoire des spéléologues Loubens et Ruiz de Arcaute. C'est le plus grand réseau spéléologique d'Europe.

NOS ADRESSES À OLORON-STE-MARIE

HÉBERGEMENT

À Oloron-Ste-Marie

PREMIER PRIX

Chambre d'hôte l'Amphitryon – *23 pl. St-Pierre - ☏ 05 59 39 78 50 - www.amphitryon-oloron.com - ⊠ - 4 ch. et 1 suite 45/55 € ☕ - repas 19 €.* Située dans le quartier médiéval, cette maison du 18e s. a été rénovée. Meubles anciens et magnifique escalier en bois, confort moderne des salles d'eau. Aux beaux jours, les repas se prennent sur la terrasse qui surplombe le jardin.

Hôtel l'Astrolabe – *14 pl. Léon-Mendiondou - ☏ 05 59 34 17 35 - www.hotel-astrolabe.com - fermé 2 sem. en fév. et 1 sem. à la Toussaint - 8 ch. 45/85 € - ☕ 7 €.* Cette grosse bâtisse entièrement rénovée propose maintenant des chambres à la couleur des cinq continents. Une décoration réussie, un mobilier choisi, un confort moderne, tout est réuni pour un agréable séjour ! Petit salon de thé au rez-de-chaussée.

À proximité

PREMIER PRIX

Camping Barétous-Pyrénées – *64570 Aramits - sortie ouest par D 918, rte de Mauléon-Licharre, bord du Vert de Barlanes - ☏ 05 59 34 12 21 - atso64@hotmail.com - de déb. fév. à mi-oct. - réserv. conseillée - 50 empl. 23,50 € - restauration.* La situation de ce camping offre un bon compromis pour un séjour entre montagne et campagne. Trois bungalows meublés complètent les équipements traditionnels de ce terrain impeccablement entretenu. « Borne VTT » face à l'accueil pour démarrer une randonnée dans les environs.

BUDGET MOYEN

Chambre d'hôte La Maison Rachou – *64570 Lanne-en-Barétous - ☏ 05 59 34 10 30 - www.gites64.com/maison-rachou - ⊠ - 5 ch. 48 € - ☕ 2 € - repas 18 €.* Les propriétaires de cette ancienne ferme ont beaucoup œuvré pour vous recevoir dans ce lieu désormais impeccable et méticuleusement tenu. Chambres à peu près toutes identiques : plafond lambrissé, parquet, murs blancs et salle d'eau fonctionnelle. Le maître de maison prépare lui-même le dîner.

Hôtel et Bistrot de l'Ours – *8 pl. de l'Église - 64570 Arette - ☏ 05 59 88 90 78 - http://hoteldelours.valleedebaretous.com - fermé fin oct.-déb. déc. - P - 15 ch. 52/58 € - ☕ 6,50 € - rest. 13 €.* Dans cet hôtel, les chambres, dont quelques-unes familiales, sont sobrement décorées et bien tenues. Un jardin et une agréable terrasse côté cour en font une adresse pratique.

Chambre d'hôte La Ferme Dagué – *Chemin la Croix de Dagué - 64290 Lasseube - ☏ 05 59 04 27 11 - www.ferme-dague.com - fermé de mi-nov. à mi-mai - ⊠ - 5 ch. 53/62 € ☕.* Dans cette ferme du 18e s. située face à la chaîne des Pyrénées, les chambres, aménagées dans l'ancienne grange, marient l'ancien et le moderne. Terrasse et fauteuils près du feu invitent à la détente.

Ferme de Candeloup – *Quartier Candeloup - chemin Augas - 64360 Monein - 20 km au nord d'Oloron par la D 9 - ☏ 05 59 21 26 68 - www.fermedecandeloup.fr - 6 ch. 60 € - ☕ 5 €.* Cette ancienne grange béarnaise, restaurée dans le respect de l'environnement, propose 6 chambres avec vue sur la campagne du Jurançon. Séances de yoga… Un vrai lieu de détente.

POUR SE FAIRE PLAISIR

Chambre d'hôte Maison Rancesamy – *64290 Lasseube - 15 km à l'est d'Oloron-Ste-Marie par D 24 dir. Lasseube puis rte secondaire - ✆ 05 59 04 26 37 - www.missbrowne.com - 🚭 - 5 ch. 75/90 € ☕ - repas 32 €.* Dans cette ferme béarnaise du 18e s. vous ouvrirez vos fenêtres sur la campagne vallonnée. Chambres spacieuses, sobrement et joliment décorées. Salle des petits-déjeuners au cadre exotique, délicieux jardin fleuri et piscine avec vue sur la nature… Une adresse appréciée des artistes.

RESTAURATION

À Oloron-Ste-Marie

PREMIER PRIX

La Cancha – *4 allée du Fronton - complexe sportif Guynemer - ✆ 05 59 39 57 41 - 12/27 €.* Restaurant situé dans le nouveau complexe de pelote. Large choix de spécialités basco-béarnaises. Formule musette avec panier comprenant le menu du jour à déguster comme un pique-nique.

À proximité

PREMIER PRIX

Le Fœhn – *Rte de la Pierre-St-Martin - 64570 Arette-la-Pierre-St-Martin - ✆ 05 59 88 91 18/06 85 36 83 45 - www.vallee-baretous.com - 10h-2h - 7/20 €.* Cette ancienne bergerie abrite aujourd'hui une grande salle à manger rustique où l'on sert d'appétissants casse-croûte. Crudités, charcuteries et fromages du pays figurent au menu ; grillades sur commande. La terrasse donne sur un bassin de pisciculture. Pêche à la truite ; vente de produits régionaux.

Chez Gouaillardeu – *Le bourg - 64570 Arette - ✆ 05 59 88 90 94 - fermé 1 sem. en oct. et lun. soir hors sais. - 11/18 €.* La façade un brin austère de cette petite adresse dissimule une salle à manger rénovée et joliment colorée. La cuisine est copieuse, et sans fioritures : garbure, assiette de charcuteries, truite et tarte aux pommes donnent le ton !

BUDGET MOYEN

Chez Germaine – *Le bourg - 64400 Geüs-d'Oloron - ✆ 05 59 88 00 65 - www.oloron-ste-marie.com/restau/germaine/ - fermé lun. - réserv. obligatoire - 12 € déj. - 20/45 € - 18 ch. 43/50 € - ☕ 6 €.* Ici, tout est authentique ! L'accueil, le sourire, la décoration des salles à manger, la cheminée et surtout la cuisine ! Garbure, gras double flambé à l'armagnac, cou de canard farci…

L'Estaminet – *17 pl. Henri-la-Cabanne - 64360 Monein - www.lestaminet.com - ✆ 05 59 21 30 18 - fermé dim. soir - 12,50 € déj. - 20 €/30 €.* Cette table réputée propose une carte combinant produits du terroir, garbure béarnaise ou magret maison, à une carte des vins du Jurançon et de Madiran.

Chez Château – *64400 Esquiule - 10 km à l'ouest d'Oloron-Ste-Marie par D 24 - ✆ 05 59 39 23 03 - fermé de mi-fév. à mi-mars, dim. soir - lun. et mar. - 20/60 €.* Dans cette maison du 19e s., la première salle a conservé sa cheminée où jadis mijotait la garbure. Les deux autres sont décorées dans le style régional. Mini-terrasse sous les canisses.

BOIRE UN VERRE

Maison Artigarrède – *1 pl. de la Cathédrale - Oloron - ✆ 05 59 39 01 38 - tlj sf lun. et mar. 8h-12h30, 14h-19h30, dim. 7h30-13h, 14h30-19h30 - fermé de déb. juil. à fin juil.* Le « Russe » est la spécialité maison : un gâteau à base d'amandes et de crème pralinée, recette qui reste tout de même un secret de famille. Le salon de thé à l'étage permet de le déguster, tout en admirant la cathédrale en face.

ACHATS

Marché – Marché traditionnel vend. matin.
Tissages Lartigue – *2 av. Georges-Messier - 4 km au sud d'Oloron-Ste-Marie, rte de Sarragosse - 64400 Bidos - ✆ 05 59 39 50 11 - www.artiga.fr - 9h-12h, 14h-18h - fermé sam. sf juil.-août et dim.* À l'origine spécialisée dans la fabrication des fameux bérets et espadrilles, cette maison s'est tournée vers les arts de la table et de la décoration : nappes, torchons, sacs, etc. En été, visite possible de l'atelier.
Comptoir du Tabac des Gaves et de l'Adour – *Pl. des Casernes - 64190 Navarrenx - ✆ 05 59 66 22 22.* Réputés, les cigares de Navarrenx sont élaborés et capés à la main avec un tabac produit dans le Sud-Ouest. Visite possible du site.
Maison des Maîtres Chocolatiers – *Av. de Lattre-de-Tassigny - ✆ 05 59 88 88 88 - tlj sf dim. 9h30-17h30.* Dans le petit espace scénographique sont évoqués l'histoire et le processus de fabrication du chocolat. Ce magasin d'usine est aussi idéal pour faire le plein de produits Lindt & Sprüngli.
Fromagerie du Pays d'Aramits – *D 19 - 64570 Aramits - ✆ 05 59 34 63 03 - juil.-août 8h-18h ; reste de l'année : tlj sf dim. 8h-13h, sam. 9h-12h - fermé j. fériés.* Dans cette fromagerie artisanale, les affineurs grattent encore la croûte à l'eau salée... La boutique propose de nombreux fromages AOC parmi lesquels l'ossau-iraty, fleuron de la production régionale, ainsi que divers produits locaux.

ACTIVITÉS

Randonnée – Un plan local comprenant 32 itinéraires de balades pour découvrir la vallée du Barétous est en vente à l'office du tourisme d'Arette (5 €).
Escalade – Dans le marché couvert, vous pourrez vous entraîner sur le plus haut mur du grand Sud-Ouest, avant d'aller affronter les falaises !
Pêche – Parcours de pêche *no kill* sur les berges du gave d'Aspe.

Vallée d'Aspe

★★

Pyrénées-Atlantiques (64)

NOS ADRESSES PAGE 467

S'INFORMER

Office du tourisme de la vallée d'Aspe – *Pl. Saraille - 64490 Bedous - ☎ 05 59 34 57 57 - www.aspecanfranc.com - 15 juin-15 sept. : 9h-12h30, 14h-18h30, dim. 9h-12h30 ; reste de l'année : lun.-sam. 9h-12h30, 14h-17h30.* Un topoguide *45 randonnées en vallée d'Aspe* est en vente.

SE REPÉRER

Carte de microrégion B2-3 *(p. 422) – carte Michelin Départements 342 I 3-6.*

La vallée d'Aspe se répartit de part et d'autre de la N 134, entre Escot et le col du Somport.

SE GARER

Dans les petits villages, les rues sont étroites ; évitez donc de les traverser en voiture et garez-vous à l'extérieur sur les aires de stationnement.

À NE PAS MANQUER

L'écomusée de la vallée d'Aspe réparti sur quatre sites : Sarrance, Lourdios-Ichère, Accous et Borce, qui propose de mieux comprendre la vie singulière de la vallée.

ORGANISER SON TEMPS

Vous survolerez la vallée d'Aspe en une journée... Cependant, si vous envisagez quelques courses en montagne ou si vous souhaitez « vivre » la vallée, il faudra y rester plus longtemps.

AVEC LES ENFANTS

L'éco-zoo de Borce, le moulin d'Orcun, balade à dos d'âne à Etsau *(voir la rubrique « Activités » dans « Nos adresses dans la vallée d'Aspe »).*

Malgré les améliorations apportées à la route et l'ouverture, en 1928, d'une voie ferrée transpyrénéenne à grand renfort d'ouvrages d'art (désormais fermée), cette vallée étranglée a gardé sa rudesse montagnarde et c'est ce qui en fait le charme. Il se dégage une certaine harmonie de cette nature préservée, aux forêts encore habitées de quelques ours protégés par le Parc national des Pyrénées, et de ces villages sans coquetterie qui ont conservé leur architecture typique. Sans oublier la tradition pastorale toujours vivace. Vous viendrez ici pour la grande bouffée d'air frais... le véritable dépaysement !

Itinéraire conseillé

★★ VALLÉE D'ASPE

120 km d'Oloron au col du Somport. Suivre l'itinéraire 1 *tracé en vert sur la carte ci-dessous. Compter une journée.*
Sortir d'Oloron par le quartier Ste-Croix et la rue d'Aspe.

St-Christau

Cette petite station thermale est aménagée dans un parc de 60 ha. Les eaux de ses sources ferro-cuivreuses agissent sur les affections des muqueuses. La route de la rive droite du Gave remonte la vallée toute campagnarde avec ses champs de maïs coupés de rideaux de peupliers. Le **pic Mail-Arrouy** (alt. 1 251 m) semble fermer le passage au sud.

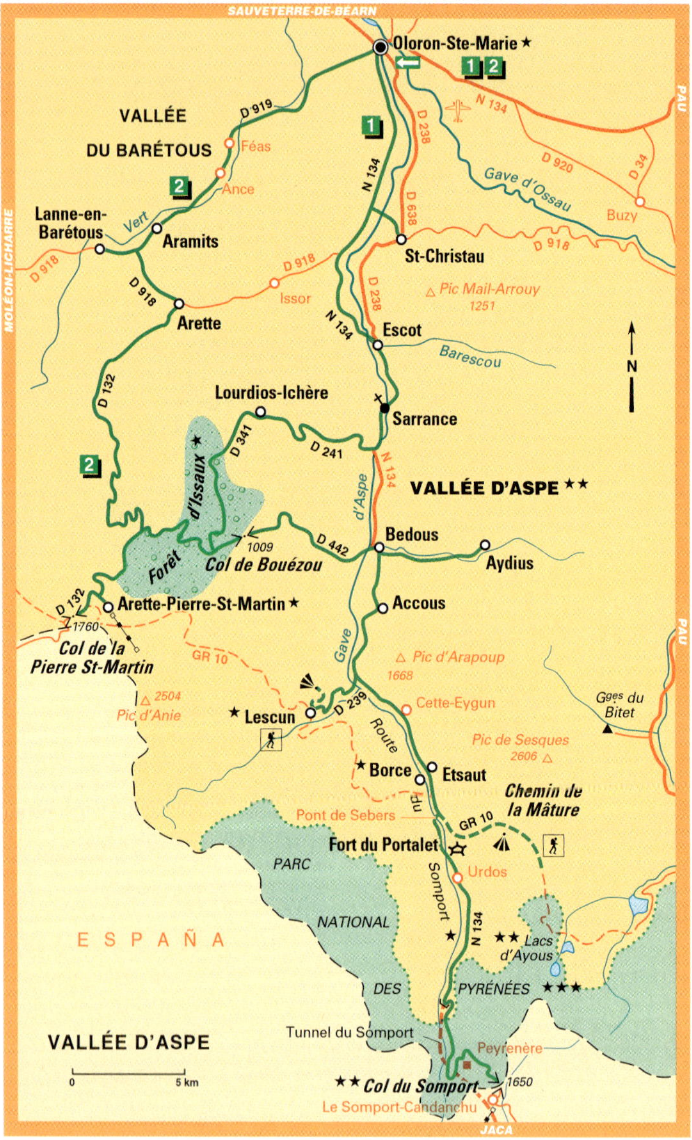

Escot

C'est le premier village aspois, au débouché de la vallée du Barescou. Avant d'y pénétrer, le vicomte du Béarn devait, suivant le « for » (droit), échanger les otages avec les représentants de la vallée. Un peu plus tard, Louis XI se rendant en pèlerinage à N.-D. de Sarrance signifia ici qu'il sortait de son royaume en ordonnant à son porte-épée de baisser sa garde.

Sarrance

Centre de pèlerinage béarnais *(1er w.-end de septembre)*, Sarrance reçut autrefois la visite de Louis XI (1461) et celle de Marguerite de Navarre *(voir p. 78)*, sœur de François Ier, qui y écrivit une partie de son *Heptaméron*.

Entrez dans l'**église** pour découvrir les panneaux de bois naïvement sculptés, du 18e s. Le **cloître** de l'ancien couvent (17e s.) s'abrite sous quatorze petits combles transversaux, couverts d'ardoises. Une porte dérobée ouvre sur un chemin qui monte au **calvaire**.

★ **Écomusée de la vallée d'Aspe – N.-D.-de-la-Pierre** – *✆ 05 59 34 55 51 - www.ecomusee.vallee-aspe.com - juil.-sept. : 10h-12h, 14h-19h ; reste de l'année : w.-end et vac. scol. 14h-18h - fermé janv. et 25 déc. - 4 € (-16 ans 2,50 €).* Il retrace l'histoire du pèlerinage à Sarrance grâce à des costumes d'époque et des objets de culte de la vallée d'Aspe. Il raconte aussi, à travers un récit dit par le chanteur béarnais Marcel Amont, les rapports entre l'homme, la pierre et l'eau.

Après Sarrance, tourner à droite dans la D 241.

La route quitte la vallée à droite pour grimper en serpentant au milieu des prairies et vallons montagnards.

Lourdios-Ichère

★ **Écomusée de la vallée d'Aspe – « Un village se raconte » –** *✆ 05 59 34 44 84 - mêmes conditions de visite que l'écomusée N.-D.-de-la-Pierre à Sarrance.* Une visite indispensable ! En effet, ici sont évoqués le rythme des saisons, les activités et les traditions pastorales de la vallée (diaporama, chants de bergers, etc.).

Dans le village, vous pourrez suivre le **sentier de découverte**.

Après le village, prendre à gauche la D 341 (route déconseillée en hiver) qui traverse les pittoresques gorges d'Issaux. Tourner à gauche dans la D 441.

★ Forêt d'Issaux

La route, praticable en été, serpente à travers les futaies de hêtres mêlés de bouleaux et de sapins. Cette forêt fut exploitée de 1772 à 1778 par la Marine nationale pour la construction navale, tout comme le bois du Pacq *(voir le chemin de la Mâture p. 466)*. Les billots étaient acheminés jusqu'au port d'Athas.

Arrivé au col de Bouézou, prendre la D 442 qui passe par le col de Hourarate.

Au **col de Bouézou**, le paysage change à nouveau de ton : la route s'accroche aux pentes du pic de Layens (1 625 m), dont on a un beau point de vue à gauche.

Rejoindre la N 134.

Vous découvrez le bassin médian de la vallée, où se groupent sept villages. À l'arrière-plan se découpent les crêtes d'Arapoup et, à l'extrême droite, les premiers sommets du cirque de Lescun (pic de Burcq).

Bedous

Dans ce village de service (tous commerces), vous pourrez visiter, sur la place de la Mairie qui accueille aussi l'office du tourisme de la vallée d'Aspe, la Maison d'exposition où sont présentés les **artisans d'art** installés dans la vallée. *✆ 05 59 34 59 75 - de mi-juil. à mi-sept. : mat. et apr.-midi.*

Moulin d'Orcun – *Route d'Aydius (accès fléché à la sortie du village) - 05 59 34 74 91 ou 06 08 54 45 27 - juil.-août : visite guidée (45mn) à 11h, 15h, 16h, 17h et 18h ; reste de l'année sur RV - 4 € (6-14 ans 3 €).* Ce moulin à eau, une ancienne forge devenue moulin à grains après la Révolution, est resté dans la même famille depuis des générations. La meule a cessé de tourner depuis longtemps mais l'installation, intacte, reprendra du service sous vos yeux pour une démonstration commentée, jusqu'à la fabrication du pain *(ateliers sur RV).*

La **chapelle d'Orcun**, remaniée aux 17e et 18e s., à l'intérieur richement décoré, est toujours une étape sur la route de St-Jacques-de-Compostelle. *Ouverte l'apr.-midi, si fermée clés auprès de Mme Virassamy : 05 59 34 70 67.*

Suivre la D 237 vers Aydius.

Aydius

Au bord de la route, après 2 km, vous verrez une cascade formée par les pétrifications spongieuses d'un ruisseau affluent du gave d'Aydius. Il fait bon se promener dans ce charmant village, à l'habitat traditionnel, fermé par un beau cirque.

Revenir à Bedous.

La route s'engage à nouveau dans une gorge avant de traverser Accous. Vous pouvez faire un détour par **Jouers** pour voir la chapelle romane.

Accous

★ **Écomusée de la vallée d'Aspe** – **Les fermiers basco-béarnais** – *05 59 34 76 06 - lun.-sam. 10h-12h, 14h30-18h - fermé dim. hors vac. scol., 1er janv. et 25 déc.* Il serait vraiment dommage de ne pas vous arrêter dans cette fromagerie. Un audiovisuel vous apprendra tout sur les troupeaux, les bergers, la fabrication du fromage… Vos papilles sont en éveil ? Eh bien vous allez pouvoir déguster.

3 km après Accous, prendre à droite vers Lescun.

★ Lescun

Parking à l'entrée du village. Aimé pour son cirque calcaire aux sommets acérés, dont les **aiguilles d'Ansabère** (alt. 2 377 m), c'est le repaire des montagnards.

30mn AR. Possibilité de suivre la boucle de 3h. Pour admirer le **panorama★★**, suivez la rue en montée à hauteur de l'église : remarquez au passage le lavoir. Continuez un peu sur le sentier… Retournez-vous. Vous voyez le **pic d'Anie** à droite, le Billare et le Dec de Lhurs, à gauche.

« Chemins de la Liberté » – *5 h AR env. (sentier balisé). Départ du plateau de Lhers - parking à l'entrée du Parc national des Pyrénées - rens. à la Maison du Parc.* Pendant la Deuxième Guerre mondiale, c'est l'un des itinéraires qu'empruntèrent, avec leurs passeurs, les Juifs fuyant vers l'Espagne, à travers les cols de Saoubathou et de la Cuarde.

La N 134, **route du Somport★**, remonte la vallée presque continuellement étranglée. Les villages, toujours deux par deux, semblent se surveiller l'un l'autre (Eygun et Cette, Etsaut et Borce).

Etsaut

À l'entrée du village, arrêtez-vous à la **Maison du Parc national des Pyrénées**, qui présente notamment une exposition sur l'ours des Pyrénées. *05 59 34 88 30 - de mi-mai à mi-sept. : 10h-12h30, 14h-18h30 ; fermé reste de l'année.*

Soleil couchant sur la vallée d'Aspe.
M.-H. Carcanague / MICHELIN

★ Borce

Suivez le parcours de découverte fléché dans cette petite cité médiévale. Maisons fortes, lavoir, four à pain, abreuvoir : Borce conserve tous les éléments architecturaux typiques des villages de la vallée.

Écomusée de la vallée d'Aspe★ – « Une halte sur le chemin de St-Jacques » – *℘ 05 59 34 88 99 - juin-sept. : 10h-19h ; reste de l'année : vac. scol., w.-end et j. fériés 10h-19h - gratuit.* Dernière étape pour découvrir l'écomusée. Muni de votre bourdon, vêtu de votre cape et la coquille autour du cou, entrez dans l'ancien hôpital pour compléter vos connaissances sur le fameux pèlerinage.

Éco-zoo de Borce – *℘ 05 59 34 89 33 - www.eco-zoo.fr - de mi-juin à mi-sept. : 10h-19h ; de mi-avr. à mi-mai et de mi-oct. à mi-nov. : 10h-18h ; de mi-mai à mi-juin et de mi-sept. à mi-oct. : 13h-18h - 8 € (4-12 ans 5 €).* Au-dessus du village, ce parc zoologique de 10 ha propose de découvrir par une approche

LE « VA-NU-PIEDS »

Les Béarnais l'appellent *pe descaous*, le « va-nu-pieds ». L'**ours brun** européen ne subsiste plus en France qu'en très petit nombre, dans la partie ouest des Pyrénées centrales. Il a élu domicile à 1 500 m d'altitude, sur les versants rocheux et dans les forêts de hêtres et de sapins qui surplombent les vallées d'Aspe et d'Ossau.

Ce plantigrade, autrefois carnivore, est devenu omnivore et, selon les saisons, se nourrit de tubercules, de baies, d'insectes, de glands mais aussi de petits mammifères et exceptionnellement de brebis (au grand dam des habitants du cru…). L'aménagement du réseau routier, l'exploitation forestière et l'engouement touristique, joints à un cycle de reproduction très lent (la femelle met bas un ourson tous les deux ans), ont entraîné la régression de l'espèce.

Pour en savoir plus, reportez-vous au chapitre « Nature » dans la partie « Comprendre la région ».

écologique la faune des montagnes du monde. Faune sauvage et domestique des Pyrénées (ours, isards, chèvres…) et d'ailleurs, parfois menacée (pumas des Rocheuses, chouettes de l'Oural), se côtoient dans un espace soucieux de leur protection et de la préservation de leur environnement. L'observation des animaux en semi-liberté ou celle des soins apportés aux ours invite au respect de certaines règles. Une belle démarche éducative pour vos enfants !

Chemin de la Mâture

Se garer au pont de Sebers en saison et marcher 15mn. Autrement, stationner au point de départ de la randonnée.

3h AR par le GR 10. Faire demi-tour en atteignant les prairies de la combe supérieure. Attention : parcours vertigineux sans protections (glissant les jours de pluie), très exposé au soleil (penser à la crème solaire et à l'eau).

Au 18e s., pour exploiter le bois du Pacq, les ingénieurs de la **Marine royale** taillèrent ce passage dans les dalles mêmes de la paroi au-dessus de la gorge du Sescoué. Débardés par ce chemin, les troncs étaient assemblés en train de bois, en période de hautes eaux du gave, pour être dirigés sur les chantiers navals de Bayonne. Vues en cours de route sur les superstructures du fort du Portalet.

Fort du Portalet

Verrouillant depuis le début du 19e s. l'un des passages les plus encaissés de la vallée, le fort est entré dans l'Histoire comme lieu de détention de personnalités, entre 1941 et 1945.

À la sortie de la gorge apparaît la chaîne frontière, avec l'encoche du pas d'Aspe et le pic de la Garganta (alt. 2 636 m), habituellement taché de neige.

Au-delà d'**Urdos** (dernier village), le **viaduc d'Arnousse** rappelle l'ancienne voie ferrée.

Domaine skiable du Somport-Candanchu

05 59 36 00 21 - www.lesomport.com ou www.aspecanfranc.com

Alt. 1 600-1 700 m. Au cœur du Parc national des Pyrénées, il comprend 34 km de pistes de ski de fond de tous niveaux et un itinéraire de balades en raquettes pour les amateurs. Le domaine est relié à Candanchu et permet ainsi une tranquille traversée de la frontière espagnole. Chaque année, une course entre la France et l'Espagne, la « Trace sans frontière », réunit de nombreux skieurs.

★★ Col du Somport

Alt. 1 632 m. Ce col, le seul des Pyrénées centrales accessible en toute saison, est chargé de souvenirs historiques depuis le passage des légions romaines. Les pèlerins de St-Jacques-de-Compostelle l'empruntèrent jusqu'au 12e s. Le grand gîte d'étape était alors l'hospice de Ste-Christine, disparu, sur le versant sud. Vues imposantes sur les Pyrénées aragonaises, aux sommets très découpés. Les roches rouges contrastent avec le vert des forêts et le bleuté des lointains.

NOS ADRESSES EN VALLÉE D'ASPE

HÉBERGEMENT

PREMIER PRIX

Chambre d'hôte Chez Michel – *R. Gambetta - 64490 Bedous - ✆ 05 59 34 52 47 - restaurantchezmichel@wanadoo.fr - fermé janv., sam. midi et dim. soir - 4 ch. 45 € ☕ - repas 10,50/25 €.* Ne vous fiez pas à l'aspect un peu anodin de la façade car l'intérieur de cet établissement a été rénové et les chambres climatisées, joliment décorées de faïence. Après une journée de randonnée, profitez du sauna avant de goûter aux recettes régionales servies au restaurant : garbure, truite, tarte aux myrtilles…

Chambre d'hôte L'Arrayade – *Le bourg - 64490 Accous - ✆ 05 59 34 53 65 - www.chambresdhotes-larrayade.com - ⊄ - 5 ch. 45 €.* Cette imposante maison située dans le bourg propose un hébergement simple à la tenue sans défaut. La salle des petits-déjeuners qui bénéficie d'un accès indépendant dessert directement les chambres. Agréable jardin à l'arrière. Bon rapport qualité-prix.

BUDGET MOYEN

Chambre d'hôte La Ferme aux Sangliers – *Micalet - 64570 Issor - 10 km à l'ouest de St-Christau par D 918 jusqu'à Asasp puis N 134 et D 918 dir. Arette - ✆ 05 59 34 43 96 - ⊄ - réserv. obligatoire - 5 ch. 49 € - ☕ 6 € - repas 14 €.* Restaurée dans le respect de la ferme d'origine, cette maison isolée est remarquablement située face aux Pyrénées. Jolies chambres où se mêlent pierres et poutres apparentes. On y élève des porcs noirs gascons que l'on cuisine pour la table d'hôte ainsi que le sanglier bien sûr ! Ventes des produits de la ferme.

Chambre d'hôte Maïnade – *6 pl. Cazenave - 64260 Buzy - 4 km au nord d'Arudy par D 920 - ✆ 05 59 21 01 01 - rolandeaugareils@free.fr - fermé hiver - ⊄ - 5 ch. 55/60 € - repas 18/20 €.* Voilà une bien jolie maison derrière son portail en fer forgé avec sa cour et ses fenêtres fleuries. Chambres simples, dotées de quelques meubles de famille. Vous serez convié à partager, avec les hôtes sympathiques, leur vraie cuisine béarnaise. Hors saison, des séjours à thème variés sont organisés pour les personnes seules.

Hôtel Au Bon Coin – *Rte des Thermes - 64660 Lurbe-St-Christau - ✆ 05 59 34 40 12 - www.thierry-lassala.com - fermé dim. soir, lun. et mar. midi du 10 oct. au 30 mars - P - 18 ch. 58/88 € - ☕ 10 € - rest. 30/52 €.* Une maison tout en longueur tournée vers la campagne. Les chambres, actuelles et confortables, sont plus calmes sur l'arrière. Appétissante cuisine régionale personnalisée et belle carte des vins servies dans une salle à manger champêtre ou en véranda. Piscine de l'autre côté de la petite route.

RESTAURATION

Bon à savoir – En vallée d'Aspe, 1 restaurant propose la formule « L'assiette de pays » *(voir p. 14)*.

PREMIER PRIX

Auberge des 3 Baudets – *Maison Escoubès - 64570 Issor - 5,5 km à l'est d'Arette par D 918 - ✆ 05 59 34 41 98 - www.3baudets-pyrenees.com - fermé janv. - ⊄ - réserv. obligatoire hors sais. - 13/28 € - 5 ch. 60/70 € ☕.* Cette ferme restaurée avec goût est une adresse idéale pour ceux qui recherchent le calme. On y sert une cuisine traditionnelle sans chichi dans une salle joliment décorée par les propriétaires qui réservent à leurs hôtes un accueil extrêmement chaleureux. Piscine et vue imprenable sur le village.

Au Château d'Arance – *Le Bourg - 64490 Cette-Eygun - ✆ 05 59 34 75 50 - www.auchateaudarance.com - fermé jeu. d'oct. à mars sf vac. scol., lun. soir et mar.- 13/30 € - 8 ch. 60/66 €.* Mariage réussi entre l'ancien et le contemporain dans ce château du 13e s. dominant la vallée d'Aspe. La salle à manger, moderne, occupe les anciennes caves mais, si vous le pouvez, profitez de la terrasse et de son superbe panorama. Cuisine de tradition. Chambres au décor épuré (parquet, murs blancs, mobilier design).

Voyageurs-Somport – *Rte de Somport - 64490 Urdos - ✆ 05 59 34 88 05 - www.hotel-voyageurs-aspe.com - fermé 18 oct.-1er déc., dim. soir et lun. sf vac. scol. - 14/30 €.* Cet ancien relais de diligences sur le chemin de St-Jacques est tenu par la même famille depuis plusieurs générations. On apprécie l'accueil chaleureux, les chambres rustiques (plus calmes sur l'arrière) et la salle à manger campagnarde où l'on déguste des recettes régionales comme la garbure ou la truite aux cèpes.

BUDGET MOYEN

La Pimparela – *Plateau d'Ipère - 64490 Osse-en-Aspe - ✆ 05 59 34 52 23 - ⊭ - réserv. obligatoire hors sais. - 17/28 €.* Dominant la vallée, c'est une ferme de montagne authentique au milieu des pâturages tapissés de *pimparelas* (pâquerettes). Un régal de produits fermiers (fromages, terrines maisons, grillades) à savourer en terrasse ou dans la charmante salle à manger. Sur rendez-vous, on peut aussi visiter la ferme grâce à un parcours découverte.

Auberge Cavalière – *L'Estanguet - 64490 Accous - 3,5 km au sud d'Accous par N 134 - ✆ 05 59 34 72 30 - www.auberge-cavaliere.com - fermé 1 sem. à Noël, vend. soir sf vac. scol. - 19,95 € - 6 ch. 46 € - ☕ 6,95 €.* Pierres et poutres apparentes, grande cheminée, mobilier rustique… Cette auberge typiquement montagnarde propose une appétissante cuisine régionale : garbure, confits, grillades, etc. On y organise aussi des randonnées équestres (une à plusieurs jours) à travers les montagnes françaises et espagnoles.

ACTIVITÉS

Le Parc aux Ânes – *Le Bourg - 64490 Etsaut - ✆ 05 59 34 88 98 - www.anepyrenees.com - de mi-juin à mi-sept. - 1/2 j. (23 €) et 1 j. (38 €) - réservation la veille.* Envie de sortir des sentiers battus ? Adressez-vous au Parc aux Ânes qui vous invite à découvrir les Pyrénées en compagnie… d'un âne. Plusieurs formules au choix : randonnées d'une demi-journée, d'une journée ou d'une semaine, libres ou avec un guide, avec ou sans hébergement.

Vallée d'Ossau

★★

Pyrénées-Atlantiques (64)

NOS ADRESSES PAGE 477

SE REPÉRER
Carte de microrégion B-C 2-3 *(p. 422) – carte Michelin Départements 342 J 3-6.*
Dans le sud du Béarn, se distinguent deux sommets aux formes hardies : le pic du Midi d'Ossau (alt. 2 884 m) et le pic d'Anie (alt. 2 504 m). Le célèbre col d'Aubisque (alt. 1 709 m) fait passer du Béarn en Bigorre. Vous pourrez rejoindre la vallée d'Aspe au départ de Louvie-Juzon : 22 km séparent la D 934 de la N 134, par la D 918, ou plus bas, à Bielle : 21 km jusqu'à Escot par la D 294. Après Laruns, vous entrerez dans le haut Ossau. Il vous restera 29 km à parcourir pour atteindre le col du Pourtalet au sud ou 18 km pour arriver au col de l'Aubisque à l'est.

SE GARER
Dans les petits villages, les rues sont étroites : évitez donc de les traverser en voiture, garez-vous à l'extérieur sur les aires de stationnement.

À NE PAS MANQUER
Bielle et Béost dans le bas Ossau, le lac d'Artouste dans le haut Ossau et le col de l'Aubisque à découvrir dans l'itinéraire dudit col.

ORGANISER SON TEMPS
Si vous n'avez qu'une journée à consacrer à la vallée d'Ossau, il faudra choisir l'un des deux cols ! Autrement, prévoyez de prolonger votre escapade d'un ou deux jours pour profiter de cet écrin verdoyant et vous accorder le temps d'une randonnée.

AVEC LES ENFANTS
La falaise aux Vautours à Aste-Béon ; le petit train d'Artouste ; le lac du Castet *(voir la rubrique « Activités » dans « Nos adresses dans la vallée d'Ossau »).*

Amoureux de la nature, vous allez être servis : paysages revigorants de fraîcheur et de pureté, pics se reflétant dans le miroir des lacs, cascades et torrents de montagne… Pour parfaire la chose, vous pouvez regarder tournoyer les grands rapaces dans le ciel, apercevoir une timide marmotte au seuil de son terrier, ou même un isard aux sabots légers sauter de rocher en rocher. Bref, ne vous en privez sous aucun prétexte et tous les moyens seront bons : en voiture, en petit train ou à pied.

Itinéraires conseillés

LE BAS OSSAU

70 km de Pau à Laruns. Suivre l'itinéraire 1 *tracé en vert sur la carte p. 471. Compter une demi-journée avec la visite de la falaise aux vautours. Quitter Pau au sud par la N 134.*

Rébénacq

C'est la porte d'entrée de la vallée d'Ossau. Pour découvrir ce village, suivez les sentiers de découverte : l'un au cœur de la **bastide**, l'autre offrant une vue d'ensemble.

Quitter Rébénacq par l'ouest (D 936). Après 5 km, prendre à gauche la D 34.

Buzy

Ce petit village agricole est le point de départ de randonnées dans la vallée de l'Escou. En sortant du village remarquez le **dolmen**, sur la gauche.

Poursuivre sur la D 920.

Arudy

Pl. de la Mairie - 64260 Arudy - 05 59 05 77 11 - de fin juin à déb. sept. : 9h-12h, 16h-19h ; vac. scol. : lun.-sam. 9h-12h ; reste de l'année : mar. 9h-12h, 16h-19h, sam. 9h-12h - fermé dim. et j. fériés.

Ce bourg, le plus développé du bas Ossau, grâce à l'activité de ses carrières de marbre et de ses usines métallurgiques, compte quelques maisons 16e-17e s. Il conserve également, le long du canal, ses lavoirs du 19e s.

Maison d'Ossau – *05 59 05 61 71 - juil.-août : 10h-12h, 15h-18h ; janv.-juin et sept. : mar.-vend. 14h-17h, dim. 15h-18h - fermé oct.-déc. - 2,70 € (-15 ans 1,50 €).* Installé au chevet de l'église dans une demeure du 17e s., ce musée vous permettra de mieux découvrir la région. Au sous-sol, plongez dans la préhistoire des Pyrénées avec, en particulier, une exposition relatant l'évolution de l'outillage. Les anciennes pièces d'habitation du rez-de-chaussée sont réservées au Parc national : géologie, faune et flore de la vallée d'Ossau. Dans les combles, exposition sur le berger ossalois et l'histoire de la vallée.

Rejoindre la D 934 et prendre en face.

Ste-Colome

Sur le chemin de St-Jacques-de-Compostelle, il faut s'y arrêter pour l'**église** du 16e s. et la **maison forte** qui serait la plus ancienne de la vallée. Derrière l'église, un chemin donne accès à une butte surmontée de trois croix : de là jolie vue panoramique (on distingue les ruines du château du 12e s.).

Revenir sur la D 934.

Louvie-Juzon

L'**église** (16e s.) présente un clocher de pierre en forme de calice renversé. À l'intérieur, vous vous attarderez sur les chapiteaux et les clefs de voûte sculptées. Au-delà du pont apparaît le pic du Midi d'Ossau.

Poursuivre sur la D 240.

Castet

Depuis l'abreuvoir, montez à l'église romane remaniée pour le point de vue sur le **donjon** *(propriété privée)*, seul vestige du château du 13e s., sur le lac, et Bielle, sur le versant d'en face.

Revenir sur la D 934, au rond-point de Bielle, suivre le fléchage.

LE SAVIEZ-VOUS ?

La vallée d'Ossau était autrefois l'*Ursialensis vallis*, la « vallée aux Ours ». Il y en a d'ailleurs toujours quelques-uns qui parcourent cette région des Pyrénées. Mais rassurez-vous, les hommes ne les intéressent pas du tout !

Pour en savoir plus, reportez-vous au chapitre « Nature » dans la partie « Comprendre l'Aquitaine » et à la Vallée d'Aspe p. 465.

VALLÉE D'OSSAU

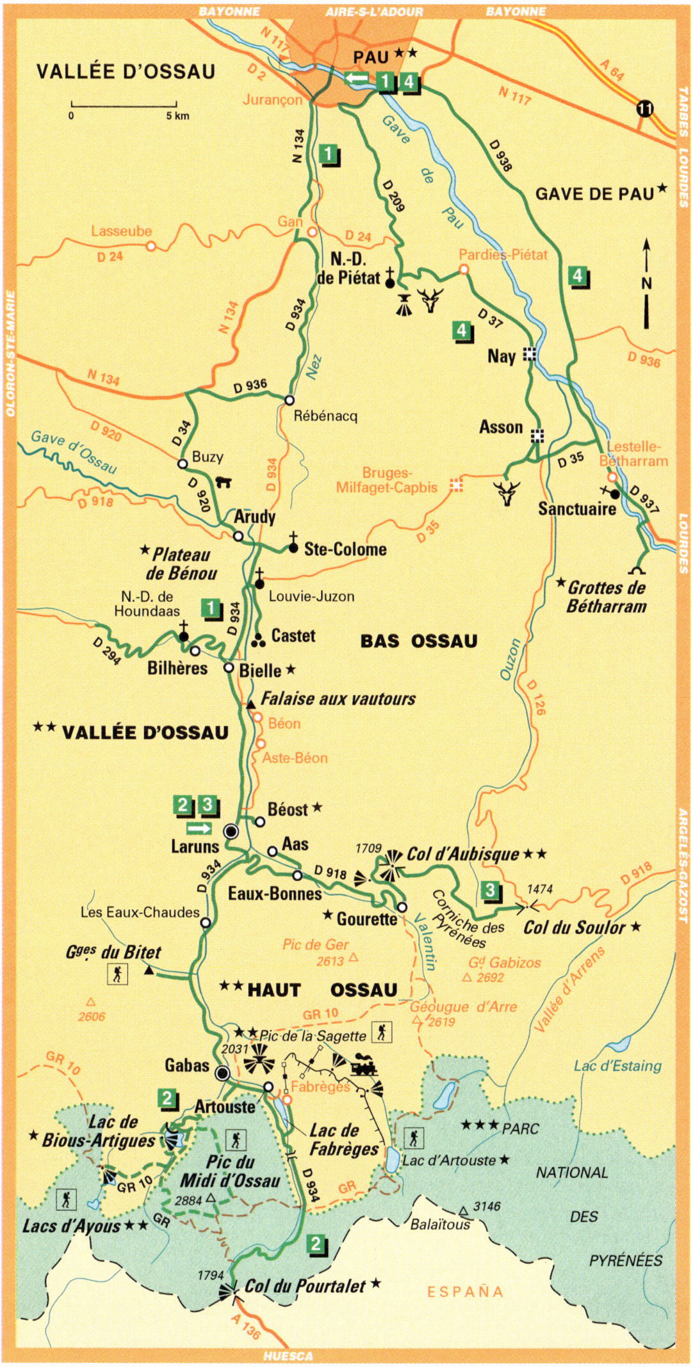

En toute saison, vous apprécierez les sentiers de découverte de l'**Espace naturel du Castet**. De juin à septembre, diverses activités et animations sont proposées.

★ Bielle

L'ancien chef-lieu de la vallée, partagé en deux quartiers par un torrent affluent du gave d'Ossau, a conservé une certaine dignité de petite capitale assoupie. De belles **maisons** des 15e-16e s. aux décors sculptés subsistent dans le quartier rive droite, entre la route nationale et l'**église**, dont vous admirerez les colonnes en marbre. Côté rive gauche se trouve le château bâti par le marquis de Laborde (1724-1794), banquier attitré de Louis XV.

Prendre à l'ouest la D 294 vers Bilhères.

Bilhères

Promenez-vous dans le centre du village : certaines maisons montrent des raffinements hérités des 16e et 17e s. (clés décoratives au cintre des portes).

★ Plateau de Bénou

Au-dessus de Bilhères, la vue s'étend, au sud, jusqu'aux roches grises du pic de Ger.

La **chapelle N.-D.-de-Houndaas** *(lieu de halte aménagé)* apparaît, à l'abri de deux tilleuls, dans un **site**★ rafraîchi par les eaux nées d'importantes sources. La route débouche dans la combe pastorale du Bénou où la **transhumance** a lieu à la fin du printemps. De nombreux troupeaux montent alors sur ces hauteurs pour y passer l'été. De là partent des randonnées et un parcours d'orientation.

Revenir à Bielle et remonter le gave en direction de Laruns.

La falaise aux Vautours à Aste-Béon

05 59 82 65 49 - www.falaise-aux-vautours.com - juil.-août. : 10h30-12h30, 14h-18h30 ; mai -juin : 14h-18h (sept. 17h30) ; avr. et vac. scol. (Toussaint, Noël et fév.) : 14h-17h - 7 € (5-15 ans 5 €).

À l'entrée du village de Béon, un espace muséographique consacré à une colonie de vautours a été aménagé au pied d'une falaise calcaire.

Point d'aigle royal ici : c'est le petit cousin pauvre, le **vautour fauve**, qui est le roi de la fête. La falaise aux Vautours le met en scène dans tous ses états. Un **écran panoramique** retransmet en direct les évolutions des vautours fauves qui nichent en haut de la falaise : parade nuptiale, construction des nids, couvaison de l'œuf unique, becquée et envol des petits.

Vous pourrez également parfaire ici votre culture sur le pastoralisme, la faune et la flore locales ou découvrir des contes et légendes de la vallée d'Ossau.

Avant Laruns, prendre à droite.

★ Béost

Rendez-vous ici pour une chasse aux trésors… Les trésors, ce sont les **lintaux de portes** que vous déchiffrerez tout au long du parcours d'interprétation. Rendez-vous également à l'église qui possède un beau portail. Le **château** attenant est une ancienne abbaye laïque. *05 59 05 30 99 - possibilité de visite sur demande 1 j. av. - gratuit.*

Laruns

Maison de la vallée d'Ossau - 64440 Laruns - 05 59 05 31 41 - www.vallee-dossau.com - juil.-août : lun.-sam. 9h-19h30, dim. 10h-18h ; sept.-juin (excepté les vac. scol.) : lun.-sam. 9h-12h, 14h-18h (dim. 9h-12h jusqu'à déb. oct.). En saison, le

Le Parc national des Pyrénées

CARTE D'IDENTITÉ

Le **haut Ossau** appartient en grande partie au **Parc national des Pyrénées**.

Créé en 1967 pour la protection de la nature, celui-ci dessine le long de la chaîne frontière, sur plus de 100 km, entre la vallée d'Aspe à l'ouest et la vallée d'Aure à l'est, une bande large de 1 à 15 km, entre 1 000 m et 3 298 m d'altitude (sommet du Vignemale). Il compte 45 700 ha, réserve naturelle de Néouvielle comprise. Le parc proprement dit est enveloppé par une zone périphérique de 206 000 ha partagée entre 86 communes des départements des Hautes-Pyrénées et des Pyrénées-Atlantiques.

Le Parc vise à ranimer l'économie pastorale et les anciens villages et à protéger la faune et la flore pyrénéennes, tout en prévoyant l'accueil de tous les publics (notamment les personnes handicapées). Parc national français le plus visité, sa mission de préservation et de sensibilisation à cet environnement exceptionnel est continuellement réaffirmée à travers la mise en place de programmes d'aménagements.

LIEUX D'ACCUEIL

Parc national des Pyrénées

Villa Fould - 2 r. du 4-Septembre - 65000 Tarbes - ✆ 05 62 54 16 40 - www.parc-pyrenees.com.

La Maison du Parc national située au milieu du grand domaine de la villa Fould se compose d'un nouvel espace muséographique et d'une médiathèque.

Vous y trouverez des informations sur la faune et la flore du Parc, les randonnées en montagne et diverses expositions permanentes ou temporaires, ainsi que des films ou documents multimédias. Dans les jardins, une serre présente à la fois les espèces cultivées et leurs parents sauvages, présents dans le Parc national.

Maison du Parc (vallée d'Ossau) à Laruns

64440 Laruns - ✆ 05 59 05 31 41 - www.valleedossau.com.

C'est un lieu incontournable : d'une part pour connaître le « mode d'emploi » du site afin de respecter sa réglementation, d'autre part pour se documenter sur les richesses naturelles du Parc (des fiches y sont entre autres proposées pour découvrir les mammifères ou les oiseaux).

OBSERVER LA NATURE

Dans les vallées d'Ossau et de Cauterets, où les animaux sont le plus facilement visibles, le Parc donne asile à 4 000 isards ainsi qu'à plus de 200 colonies de marmottes. Il n'est pas exceptionnel d'apercevoir en vol des vautours fauves, des aigles royaux ou des gypaètes barbus dans ces régions des Pyrénées fréquentées encore par le coq de bruyère, le lagopède (perdrix des neiges) ou le desman dit des Pyrénées (petit mammifère aquatique).

La chasse, la cueillette des fleurs, les feux et l'introduction des chiens y sont interdits ; en revanche, la pêche dans les gaves et dans les quelque 230 lacs du Parc (salmonidés) relève de la réglementation générale.

Point Info Montagne vous renseigne sur les activités et effectue les réserv. auprès des professionnels de la vallée d'Ossau (✆ 05 59 05 48 94).
Village de services (tous commerces), vous pourrez y faire étape pour vous informer à la Maison de la vallée d'Ossau et à la Maison du Parc national des Pyrénées *(voir p. 473).*

★★ LE HAUT OSSAU

40 km de Laruns au col du Pourtale. Suivre l'itinéraire 2 *tracé en vert sur la carte p. 471. Compter une journée avec les randonnées.*
Quitter Laruns au sud par la D 934.
La route suit le **gave d'Ossau** et traverse la petite station thermale d'**Eaux-Chaudes**.
Juste après le pont sur le Bitet, un large chemin forestier part sur la droite.

Gorges du Bitet

1h à pied AR par le chemin forestier. En remontant ces gorges très ombragées, vous profitez de très jolies cascades.
Reprendre la D 934.
3 km après le pont du Bitet, au « Chêne de l'Ours », **vue** sur le pic du Midi d'Ossau.

Gabas

Ce village de montagne, blotti au pied des torrents descendus du pic du Midi d'Ossau, est connu pour ses fromages de brebis. Sa **chapelle** du 12e s. a fait l'objet d'une décoration moderne.
Prendre à droite la D 231.
La route *(ouverte de mai à octobre selon les conditions)*, en forte montée, aboutit au barrage qui a noyé l'*artigue* (« terrain défriché ») de Bious.

★ Lac de Bious-Artigues

À proximité du barrage *(rive gauche)*, les **vues★** se dégagent sur les pics d'Ayous et du Midi d'Ossau dont les parois passent au coucher du soleil par toutes les nuances des rouges et des violacés.
1h. Vous pouvez faire le tour du lac.

Pic du Midi d'Ossau

Alt. 2 884 m. Sa cime en forme de croc, identifiable dès l'arrivée à Pau, tranche avec le style des crêtes pyrénéennes généralement découpées avec plus de finesse que de vigueur. Les contreforts sont le domaine d'un millier d'isards.
Tour du pic au départ de Bious-Artigues.

★★ Lacs d'Ayous

Montée 2h30, descente 1h30 (dénivellation : 560 m). Suivre les pancartes du Parc national et le balisage rouge-blanc du GR 10. Du refuge d'Ayous, **vue★★★** grandiose sur le pic du Midi se reflétant dans le lac.
Revenir vers Gabas et prendre à droite la D 934.
La route longe les centrales de Fabrèges et d'Artouste, puis s'élève pour arriver au niveau de la retenue de Fabrèges. En avant se dégagent les flancs du **pic de Soques**, très tourmentés.
Prendre la D 431 à gauche pour longer la rive droite du lac jusqu'à Fabrèges.

Montée en télécabine à la Sagette

✆ 05 59 05 36 99 - juil.-août : 8h30-20h ; mai-juin et sept. : 8h30-18h - 7 €.
De la station supérieure (alt. 1 950 m), la **vue★★**, plongeant sur l'ancienne vallée glaciaire du gave de Brousset (noyée en partie par la retenue de Fabrèges), ne se détache guère de la silhouette du pic du Midi d'Ossau.
1h AR. Montez jusqu'à la table d'orientation du **pic de la Sagette★★**.

Randonnée au lac d'Ayous.
M.-H. Carcanague / MICHELIN

De la Sagette au lac d'Artouste

℘ 05 59 05 36 99 - www.altiservice.com - juil.-août : 8h30-17h (train ttes les 1/2h) ; juin et sept. : 8h30-14h30 (train ttes les heures) - 21,50 € télécabine et train AR (4-15 ans 17 €).

Le **petit train** serpente à flanc de montagne, sur un parcours de 10 km, à 2 000 m d'altitude. Il offre des **vues★** plongeantes sur la **vallée du Soussouéou**, 500 m en contrebas.

30 mn AR. Du terminus *(arrêt limité à 1h30)*, un sentier mène au **lac d'Artouste★**. Un barrage a rehaussé le plan d'eau du lac qui baigne les pentes granitiques d'un cirque dont les sommets approchent les 3 000 m.

De retour à Fabrèges, revenir à la D 934 et prendre la direction du col du Pourtalet.

La route suit le **gave de Brousset** puis escalade un verrou et débouche dans le **cirque d'Anéou**.

★ Col du Pourtalet

Le col du Pourtalet reste généralement obstrué par la neige de novembre à juin.

Alt. 1 794 m. **Vue★** sur l'immense cirque pastoral d'Anéou, tout pointillé de moutons en été, et sur le pic du Midi d'Ossau.

★ ROUTE DU COL D'AUBISQUE

---

28 km de Laruns au col du Soulor. Suivre l'itinéraire 3 tracé en vert sur la carte *p. 471**. Compter environ 4h.*

Quitter Laruns au sud-est par la D 918.

Eaux-Bonnes

Jardin Darralde - 64440 Eaux-Bonnes - ℘ 05 59 05 33 08 - www.gourette.com - juil.-août : lun.-sam. 9h-12h30, 13h30-18h ; mai-juin et sept. : lun.-vend. 9h-12h30, 13h30-17h30, sam. 9h-12h ; reste de l'année : lun.-vend. 9h-12h30, 13h30-17h30 - fermé 1er et 8 Mai, Pentecôte, Ascension.

Cette station thermale, au fond de la **vallée** boisée **du Valentin**, procure les bienfaits de cures que le grand médecin béarnais **Théophile de Bordeu** orienta vers les affections des voies respiratoires *(voir p. 23)*. On peut de nos jours venir s'y détendre après une journée de ski (*voir la rubrique « Activités » dans « Nos adresses dans la vallée d'Ossau »)*.

Les « promenades », tracées au 19e s. sur les dernières pentes boisées, témoignent du sens raffiné de la nature et du confort régnant à l'époque. L'esplanade du **jardin Darralde**, autour duquel des hôtels affichent un décor caractéristique du Second Empire thermal, est un bon moyen de s'imprégner de l'ambiance locale.

Prendre à gauche vers Aas.

Aas

Village typiquement ossalois avec ses rues étroites en pente raide. Quelques-uns de ses habitants pratiquent encore le langage sifflé *(voir p. 50)*, qui permettait jadis aux bergers de communiquer entre eux dans la vallée jusqu'à une distance de 2,5 km. Ce type de langage est également utilisé dans l'île de la Gomera aux Canaries, dans les villages de la vallée de Göreme en Turquie et au Mexique chez les Indiens mazatèques et zapotèques. Mieux que le morse.

Au **pont d'Iscoo** (cascade), la route franchit le Valentin et attaque la montée à flanc de montagne. Si vous passez aux premières heures de la matinée ou en fin d'après-midi, vous assisterez à de superbes jeux de couleurs sur le massif du **pic de Ger**.

Gourette

Pl. du Sarrière - 64440 Gourette - 05 59 05 12 17 - www.gourette.com - juil.-août : lun.-sam. 9h-12h30, 13h30-17h30 ; de mi-nov. à déb. avr. : 9h-17h30 (sam. vac. scol. Noël et fév. 9h-19h).

Important centre de sports d'hiver (*voir la rubrique « Activités » dans « Nos adresses dans la vallée d'Ossau »)*, Gourette doit son existence au Palois **Henri Sallenave** qui, dès 1903, y effectua les premières descentes à ski des Pyrénées. Bien que des championnats internationaux s'y déroulent chaque année depuis 1908, la station ne voit le jour qu'en 1930.

Le **site★** lui-même vaut le détour : les immeubles se nichent en pleines Pyrénées calcaires, dans un **cirque** marqué par les strates du pic de Ger.

★★ Col d'Aubisque

Généralement obstrué par la neige de novembre à juin. Croisements difficiles sur la partie de la route en corniche, après le col d'Aubisque (route très étroite). Entre le col et le département des Hautes-Pyrénées, la circulation est alternée toutes les 2h.

LA PETITE REINE DANS LE « CERCLE DE LA MORT »

Le **col d'Aubisque**, peuplé d'ours, est au début du siècle sagement évité par les gens du cru. Le Tour de France n'en est alors qu'à ses balbutiements ; il se fait les dents hors des zones montagneuses, et les Pyrénées ne sont intégrées au Tour qu'en 1910. Depuis, beaucoup d'aventures ont eu lieu au col d'Aubisque. La route de la corniche est un beau morceau de bravoure : chaleur étouffante, à-pic vertigineux valent à chacun claquages musculaires mais également acclamations de la foule venue en masse de la France entière et d'Espagne encourager le Maillot jaune. En 1951 et 1952, deux coureurs passent par-dessus le parapet : 30 m de chute. Et rien. Quelques bleus, quelques bosses. Le « cercle de la mort » protégerait-il les amoureux de la petite reine ?

15mn jusqu'à l'émetteur, depuis le parking. Alt. 1 709 m. Rendu illustre par le passage du Tour de France cycliste, il offre, du mamelon sud, un **panorama★★** saisissant sur le cirque de Gourette.
Après le col, la D 918, taillée en corniche, procure de belles vues sur la **vallée de Ferrières** et au-delà sur la plaine béarnaise. La route domine ensuite de plusieurs centaines de mètres le **cirque du Litor** : c'est la corniche des Pyrénées, un des passages les plus saisissants du parcours et l'une des réalisations routières les plus hardies du 19e s.

★ Col du Soulor

Alt. 1 474 m. Au loin, au-delà de la vallée d'Azun, s'élèvent le **pic du Midi de Bigorre** et, plus à gauche, le **pic de Montaigu**. Des arêtes gazonnées hérissées de fines pointes composent les premiers plans d'un vaste paysage montagnard.

NOS ADRESSES EN VALLÉE D'OSSAU

HÉBERGEMENT

Refuges du parc

Parmi les refuges du Parc national, il faut distinguer les refuges gardés, qui ne sont ouverts que de mi-juin à mi-septembre, et les refuges non gardés (10 places en général). Tous sont destinés aux randonneurs de passage. Dans les refuges gardés, on mange ses provisions ou le repas préparé par le gardien. En été, les refuges gardés, dont la capacité d'accueil est limité (30 à 40 places), sont pris d'assaut. Il est donc préférable de réserver à l'avance.
Refuges gérés par le Parc national des Pyrénées – *✆ 05 62 54 16 40 - www.parc-pyrenees.com.*
Refuges gérés par le Club Alpin – *3 r. Servient - 69003 Lyon - ✆ 04 78 42 09 17.* Les refuges n'appartenant pas au Parc national des Pyrénées sont en général gérés par la Fédération des clubs alpins français.

Camping

Le camping est interdit dans le Parc national, mais le bivouac est toléré, uniquement pour la nuit ou en cas d'intempéries ; on peut monter une petite tente, à condition d'être à plus d'une heure de marche de tout accès motorisé (tolérance 19h-9h). Les offices de tourisme et syndicats d'initiative mettent à la disposition des touristes la liste des campings à proximité du Parc national.

Autres hébergements

PREMIER PRIX

Camping Les Gaves – *64440 Laruns - 1,5 km au sud-est par rte du col d'Aubisque et chemin à gauche - ✆ 05 59 05 32 37 - campingdesgaves@wanadoo.fr - 101 empl. 21 €.* Ce camping fort bien tenu bénéficie d'un bel emplacement entre des lacs et des cascades. Location de chalets en bois, très agréables, aménagés dans un espace ombragé et sans véhicules.

BUDGET MOYEN

Chambre d'hôte La Casa Paulou – *6 r. du Bourg-Neuf - 64440 Laruns - ✆ 05 59 05 35 98 - www.amivac.com/site3799 -* ⊭ *- 5 ch. 46 €.* Cette ferme du bourg abrite des chambres fonctionnelles toutes identiques ; celles avec mezzanine conviennent aux séjours familiaux. L'ex-bergerie convertie en salle des petits-déjeuners a conservé ses murs en pierres et mangeoires d'origine. L'accueil est à l'image de cette maison, simple et chaleureux.

Chambre d'hôte du Manoir d'Ossau – *4 av. Georges-Messier - 64260 Izeste - ✆ 05 59 05 71 51 - http://gite.ossau.free.fr - fermé 2 sem. en oct. -* ⊭ *- 3 ch. 48 €* ☕. Un délicieux jardin fleuri et arboré entoure cette belle maison en pierres du pays. La propriétaire y a aménagé un gîte et trois chambres en rez-de-chaussée avec entrée indépendante. Elles sont toutes différentes, meublées simplement, et offrent un véritable confort.

RESTAURATION

BUDGET MOYEN

L'Arregalet – *37 r. du Bourguet - 64440 Laruns - ✆ 05 59 05 35 47 - fermé dim. soir, jeu. soir et lun. - 11,80 € déj. - 14,80/30 €.* Amateurs de cochonnaille, ne manquez pas cette adresse ! Vous y dégusterez dans une ambiance conviviale de savoureuses spécialités locales, le tout servi copieusement et « à la bonne franquette ».

France – *1 pl. de l'Hôtel-de-Ville - 64260 Arudy - ✆ 05 59 05 60 16 - fermé mai et 24-31 déc., sam. sf sais. et vac. scol. - formule déj. 14,70 € - 15/26 €.* L'hôtel de France accueille d'une année sur l'autre sa fidèle clientèle de gourmands dans une belle salle à manger rustique agrémentée d'une imposante cheminée. En cuisine, le chef a remis cent fois l'ouvrage sur le métier pour mijoter ses petits plats traditionnels. Chambres simples mais bien tenues.

L'Amoulat – *64440 Gourette - ✆ 05 59 05 12 06 - fermé 1er avr.-15 juin, 11 sept.-19 déc., midi (sf juil.-août) - 20/26 € - 12 ch. 62/66 € -* ☕ *8 €.* Mobilier robuste et belle collection d'assiettes anciennes président au décor rustique de ce sympathique chalet idéalement situé sur la route du col de l'Aubisque. La cuisine du chef, qui panache saveurs régionales et touches actuelles, flatte joliment les papilles. Chambres d'esprit montagnard.

ACHATS

Miellerie de la Montagne Verte – *À Aàs - 64440 Eaux-Bonnes - ✆ 05 59 05 34 94 - 10h-12h, 14h-19h (15h-18h30 hors sais.) - fermé 2e quinz. de nov.* Cette miellerie est implantée dans un site panoramique exceptionnel. Les apiculteurs vous feront découvrir la vie des abeilles à travers la visite du petit musée, avant de vous emmener déguster les spécialités issues de la ruche dans la boutique attenante.

Fromagerie Pardou – *Rte de Laruns - 64260 Gère-Bélesten - ✆ 05 59 82 60 77 - www.fromagerie-pardou.com - tlj sf merc. apr.-midi et dim. 9h-12h, 14h-19h - fermé 1 sem. en avr.* Elle occupe en effet un ancien tunnel de la SNCF racheté par Christian Pardou en 1990. Il y affine les produits que lui confient de nombreux bergers de la région. Visites possibles des caves et dégustation des fromages à la boutique.

ACTIVITÉS

Dans le Parc national

Plus de 350 km de sentiers tracés et balisés (topoguide en vente à la Maison du Parc). Le sentier de grande randonnée (GR 10) traverse le Parc national par endroits.

Gardes-moniteurs du Parc national des Pyrénées – *Rens. au siège du Parc national et dans les Maisons du Parc.* Sorties à thème à la journée ou demi-journée en juil.-août. « Points-rencontres » sur les sentiers.

Où faire du ski ?

Domaine skiable de Gourette – Alt. 1 400-2 450 m. 13 remontées mécaniques, 28 pistes. La glisse version Gourette, ce sont 30 km de pistes dont certaines prennent naissance à 2 400 m. Située au cœur d'un environnement privilégié, Gourette vous invite à quitter un temps les pistes damées pour vous rendre hors des sentiers battus, à pied ou en raquettes pour une randonnée sportive ou une balade en famille. Station dynamique, Gourette accueille régulièrement des compétitions internationales de ski comme de surf. En mars se déroule le « Pyrenea Triathlon » (course à pied, à vélo et à ski de randonnée entre Pau et Gourette).

Domaine skiable d'Artouste – Alt. 1 400 m-2 100 m. 9 remontées mécaniques, 15 pistes. Cette petite station familiale offre 25 km de pistes et est équipée pour les amateurs de nouvelles glisses.

Activités de montagne

Randonnées – Le topoguide de la vallée d'Ossau, qui comprend 30 itinéraires, est en vente dans les offices de tourisme *(7 €).*

Bureau des guides et de la vallée d'Ossau – *2 r. Barteque - 64440 Laruns - ✆ 05 59 05 33 04 - www.guides-pyrenees.fr.* Contactez-les pour toutes vos sorties en montagne, escalade, ascension de sommet, descente de canyon, randonnée, raid à ski, cascade de glace, etc.

Via Ferrata de Siala – *64440 Gourette - ✆ 05 59 05 33 04.* Chemin suspendu équipé d'échelles et protégé par des câbles, la Via Ferrata permet aux randonneurs sportifs de découvrir l'univers vertigineux de la paroi de montagne. Celle de Siala propose plusieurs itinéraires (facile à très difficile).

Autres activités

Lac de Castet – *D 934 - 64260 Bielle - ✆ 05 59 82 64 54 - juil.-août : 9h-19h ; juin et sept. : 11h-19h ; mai et oct. : w.-end.* Nombreuses activités proposées, pour la plupart familiales : raft, canyoning, bouées, promenades en barques ou en canoës, etc. Espace muséographique à la Maison du Lac, aire de jeux pour les enfants et tables de pique-nique.

Thermes – *R. Dr-Greignou - 64440 Eaux-Bonnes - ✆ 05 59 05 34 02 - 8h-12h, 14h-17h, merc. et sam. 8h-12h - fermé nov.-avr.* Après le ski, rien de mieux qu'une petite séance de remise en forme (douche au jet, sauna, bain) aux thermes d'Eaux-Bonnes.

Château de Montaner

Pyrénées-Atlantiques (64)

S'INFORMER
Point touristique du château de Montaner – *64460 Montaner - ✆ 05 59 81 98 29 - juil.-août : 10h-19h ; avr. -juin et sept.-oct. : tlj sf mar. 14h-18h - fermé le reste de l'année.*

SE REPÉRER
Carte de microrégion D1 *(p. 422)* *– carte Michelin Départements 342 L2.*
À 40 km à l'est de Pau, par les D 943, D 7 et D 225. Au nord du Béarn, le Vic-Bilh est à la limite du département des Landes.

À NE PAS MANQUER
Le splendide panorama depuis le donjon du château ; les fresques du 15e s. de l'église romane St-Michel à Castéra-Loubix, que vous pourrez comparer à celles de l'église St-Michel de Montaner.

ORGANISER SON TEMPS
En saison, prévoyez plutôt de vous rendre à Montaner l'après-midi, car l'église St-Michel ne se visite que l'après-midi. L'itinéraire conseillé vous prendra une demi-journée si vous visitez les deux châteaux.

Une route sinueuse à travers la campagne. Un hameau perdu entre champs et bois, des vaches qui traversent paisiblement la route, rentrant à l'étable : c'est Montaner. Au loin, un donjon isolé se dresse sur une butte, vigile, en son temps, du puissant Gaston Fébus. Un rien évocateur de la tranquillité du terroir...

Se promener

Château

✆ 05 59 81 98 29 - www.pau-pyrenees.com - juil.-août : 10h-19h ; avr.-juin et sept.-oct. : tlj sf mar. 14h-19h - 3 € (10-18 ans 1,50 €).
Élevée entre 1375 et 1380 sur une éminence, la forteresse de brique rouge servait à surveiller les confins du Béarn, de la Bigorre et de l'Armagnac. Le **donjon carré** s'élève à 40 m. Fébus fit apposer une pierre sculptée avec l'écu symbole du Béarn et de Foix surmonté de cette phrase : « Febus me fe » (« Fébus m'a fait »), matérialisant ainsi son rêve de gloire. De la plate-forme, le **panorama★** vers le sud s'ouvre sur la chaîne des Pyrénées.
Les fouilles effectuées à l'intérieur de l'enceinte permirent de retrouver le plan et l'affectation des constructions de la **basse cour** aujourd'hui disparues.

Église St-Michel

✆ 05 59 81 92 21/93 55 - visite guidée juil.-août : tlj sf mar. 14h-18h ; sept.-juin : sur demande à la mairie - 1,50 €.
Elle a été élevée au 15e s. en contrebas de la butte castrale. **Peintures murales** du début du 16e s. relatant, dans le chœur, la Création et la Nativité. Dans la nef figurent les Apôtres et, sur le mur ouest, le Jugement dernier.

Itinéraire conseillé

À TRAVERS LE VIC-BILH C-D1

37 km. Voir le circuit sur la carte de microrégion p. 422. Compter environ 2h. Quitter Montaner par le nord-ouest, après Pontiacq, prendre la D 202.

Église St-Michel de Castéra-Loubix D1

05 59 81 97 88 - visite sur demande préalable auprès de M. le maire.

Dans le chœur de l'église romane (11e s. mais remaniée aux 15e s. et 18e s.), bel ensemble de **peintures murales** représentant la Passion du Christ et le Jugement dernier.

Poursuivre sur la D 202. À Monségur, prendre à gauche la D 4. À Vidouze, prendre à gauche la D 943.

Lembeye C1

Cette ancienne **bastide**, dont il reste une porte fortifiée, est la capitale du Vic-Bilh qui signifie « le Vieux Pays ». C'est là que vous trouverez toutes les informations (office de tourisme), sur ce petit territoire très disputé, aujourd'hui plus connu pour son vin blanc (sec ou moelleux).

Sortir au nord en suivant la D 13. Après Bordes, prendre à gauche.

Château d'Arricau-Bordes C1

Il ne se visite pas, mais l'extérieur vaut le coup d'œil. Bâti sur un tertre au 13e s. et remanié au 16e s., il en impose dans son écrin boisé.

3 km. Un petit circuit balisé autour du château permet, au printemps, d'admirer de nombreuses **orchidées**. Attention, ça grimpe !

Continuer à descendre, en bas, tourner à gauche, puis à l'intersection prendre à droite. Traverser Vialer, puis prendre à droite dans la D 104.

Château de Mascaraàs-Haron C1

05 59 04 92 60 - ♿ - visite guidée de mi-mai à mi-sept. : tlj sf mar. 10h-12h, 15h-18h ; reste de l'année : w.-end et j. fériés 10h-12h, 15h-18h - 6 € (enf. 3 €).

Cette ancienne demeure seigneuriale, entourée d'un parc de 20 ha, couronne une butte autrefois fortifiée et surplombant le Vic-Bilh. Ancien relais de chasse construit au 16e s. pour Jeanne d'Albret, selon la tradition, le château fut largement transformé aux 17e et 18e s. Il a conservé un ensemble d'**intérieurs★** d'époque, meublés en style flamand et brabançon. Le grand salon est orné d'une belle fontaine en marbre d'Arudy de la fin du 17e s., et le petit salon renferme des boiseries peintes de scènes mythologiques en camaïeu de bleu. La bibliothèque possède de nombreuses éditions rares et des gravures anciennes. Plus intime, la « volière de la marquise », une chambre de favorite, est décorée de 65 oiseaux peints d'après Buffon. Pour les amateurs, spacieuse cuisine rustique...

Enfin, le chai du château, qui a conservé ses outils du 19e s., instruit sur les vignobles de **Madiran** et du **Pacherenc du Vic-Bilh**.

7 km - 2h30. Départ en contrebas du château. Un parcours balisé offre de belles vues sur les crêtes.

Vous pouvez alors rebrousser chemin, ou poursuivre sur la D 104 puis, à gauche sur la D 16, jusqu'à **Garlin** (C1).

7 km - 2h30. Départ du parking du Marcadieu. Itinéraire balisé, mais topoguide (en vente à la mairie et dans les offices de tourisme) indispensable pour repérer son chemin dans le bourg.

LE LOT-ET-GARONNE

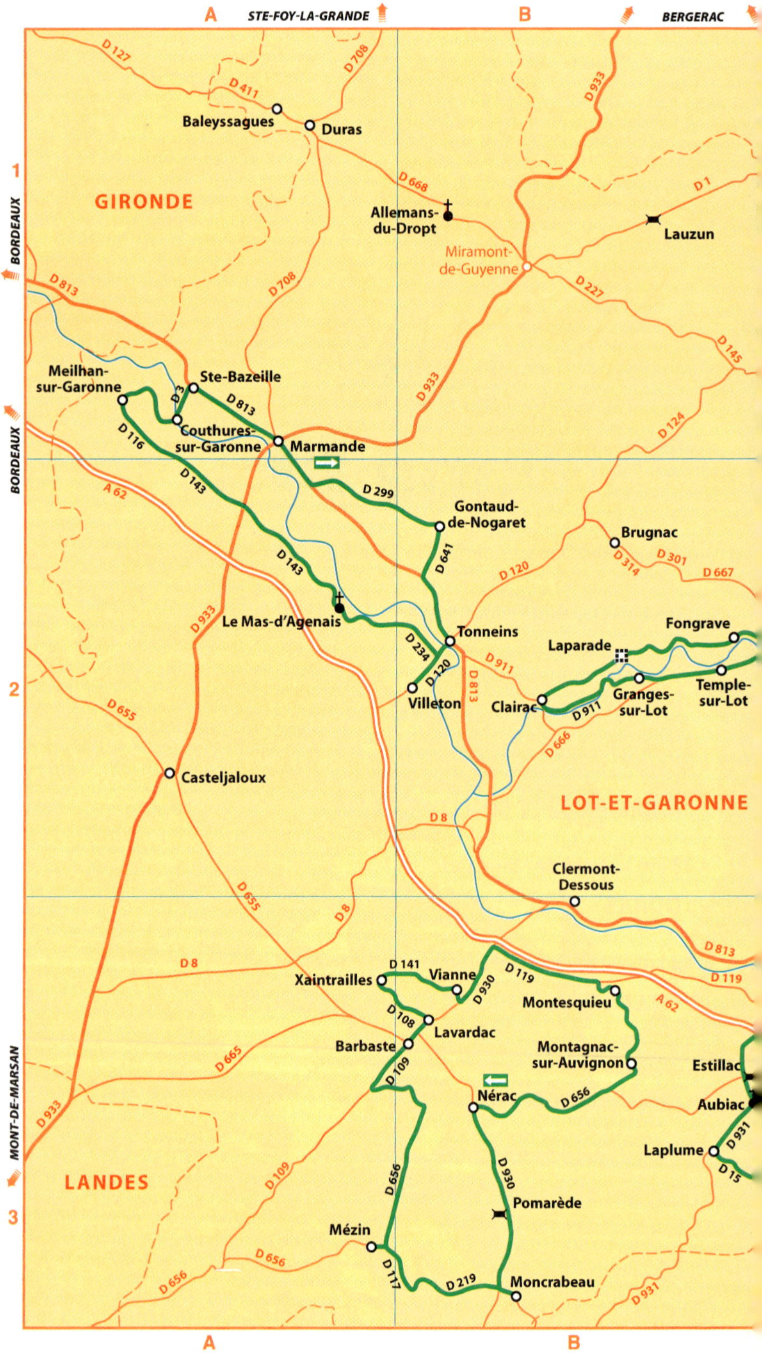

LE LOT-ET-GARONNE
C
D
1
2
3
0
8 km
DORDOGNE
LOT
TARN-ET-GARONNE
GERS
N21
D2
Villeréal
D 676
D 255
St-Avit
St-Sardos-de-Laurenque
Gavaudun
D 162
Sauveterre-la-Lémance
D 660
D 170
Bonaguil
D 124
Monflanquin
Fumel
D 811
Monsempron-Libos
Lot
D 911
Lustrac
D 243
Casseneuil
Villeneuve-sur-Lot
Pujols
Penne-d'Agenais
D 661
Tournon-d'Agenais
D 656
D 118
D 103
Lastournelles
Hautefage-la-Tour
Fontirou
Frespech
D 110
Laroque-Timbaut
D 122
Beauville
D 16
D 13
Agen
St-Maurin
D 953
Walibi Aquitaine
Villascopia
Puymirol
Garonne
Moirax
Layrac
D 813
D 268
A 62
N
AUCH
Bonaguil ★★ Mérite un détour
Agen ★ Intéressant
Marmande À voir
Itinéraire conseillé avec ville de départ

Agen

★

33 728 Agenais – Lot-et-Garonne (47)

NOS ADRESSES PAGE 492

S'INFORMER

Office du tourisme d'Agen – *38 r. Garonne - 47000 Agen - 05 53 47 36 09 - www.ot-agen.org - juil.-août : 9h-19h, dim. 9h30-12h30 ; sept.-juin : tlj sf dim. et j. fériés 9h-12h30, 14h-18h30.* Suivez Vincent le Jacquet qui vous guidera à travers la ville pour une visite nocturne *(gratuit).* Sinon, demandez à découvrir Agen en 28 escales.

SE REPÉRER

Carte de microrégion C3 *(p. 484) – carte Michelin Départements 336 F4.*
Pour un accès rapide, prenez l'A 62 ou la D 813 (Bordeaux-Toulouse). Si vous avez le temps, les départementales vous feront profiter de la très belle campagne agenaise. La ville est longée au nord par le canal, à l'ouest par la Garonne. Centre névralgique : le carrefour des boulevards de la République et Carnot, et les petites rues avoisinantes.

SE GARER

Nombreux parkings à la périphérie du centre-ville *(voir le plan).*

À NE PAS MANQUER

Le musée des Beaux-Arts ; la rue Beauville ; la confiserie Boisson pour tout savoir sur la fabrication du fameux pruneau, dégustation à la clé *(voir la rubrique « Achats » dans « Nos adresses à Agen »).*

ORGANISER SON TEMPS

Comptez une demi-journée pour faire le tour de la vieille ville et visiter le musée des Beaux-Arts, ouvert toute la journée. Attention : il est fermé le mardi. Agen fête son emblématique pruneau le dernier week-end d'août.

AVEC LES ENFANTS

Le musée des Beaux-Arts, pour se cultiver en s'amusant ; le scénovision Villascopia à Castelculier ; le parc d'attractions Walibi Aquitaine.

Ave' l'accent, cette cité méridionale à l'insouciante bonhomie prend tout son relief. Agen n'a-t-elle pas été élue « Ville la plus heureuse de France » ? En effet, il fait bon flâner dans les ruelles médiévales bordées de demeures à pans de bois et de placettes ombragées, ou le long des boulevards aux allures de rues piétonnes. Mais Agen ne s'assoupit pas pour autant ! De grands travaux visent à mettre en valeur le centre, encadré par les berges de la Garonne et du canal latéral.

La rue Beauville et ses maisons médiévales à Agen.
A. Cassaigne / MICHELIN

Se promener

LA VIEILLE VILLE

Compter 4h. Partir de la place Dr-Pierre-Esquirol.
Bon à savoir – Une signalétique patrimoniale jalonne les rues d'Agen. Un document intitulé « Agen en 28 escales » l'accompagne pour une visite libre de la ville (*disponible gratuitement à l'office de tourisme*).

Place Dr-Pierre-Esquirol A2

Sur la place, du nom d'un ancien maire de la ville, se dressent l'hôtel de ville, ancien tribunal du 17e s., le musée des Beaux-Arts et le **théâtre** « à l'italienne » Ducourneau dont la première pierre fut posée en 1906 sous l'œil d'Armand Fallières, président de la République originaire de la région.

★★ Musée des Beaux-Arts A 1-2 (M)

Pl. du Dr-Pierre-Esquirol - ✆ 05 53 69 47 23 - www.agen.fr/musee - mai-sept. : 10h-18h ; oct.-avr. : 10h-17h - fermé mar., 1er janv., 1er Mai, 1er nov. et 25 déc. - 4,10 € (-18 ans gratuit) - gratuit 1er dim. du mois.
Demander le document pour le jeu de piste.
Un bien joli écrin pour ce musée. Les quatre hôtels particuliers d'Estrades, de Vaurs, Vergès et Monluc, des 16e et 17e s., ont, en grande partie, gardé leurs façades d'origine alors que les murs intérieurs ont été abattus pour permettre l'agrandissement du musée.

Archéologie médiévale – Dans la salle, les murs sont garnis de chapiteaux romans et gothiques ornés de feuillages et d'animaux fantastiques. C'est ici que reposent les **gisants** d'Étienne de Durfort et de son épouse. Remarquez la tapisserie de Bruxelles (16e s.), intitulée *Le Mois de mars*.

Archéologie de l'Antiquité – Mosaïques, amphores, céramiques et petits bronzes (tête de cheval celte d'une grande finesse). La Vénus grecque de marbre (1er s. av. J.-C.), découverte au siècle dernier près du Mas-d'Agenais, est le plus bel ornement de cette collection.

La chasse et la guerre – Il fallait bien une cheminée monumentale Renaissance pour cette pièce consacrée aux armes anciennes. Tapisserie du 17e s. représentant une chasse au cerf. Profil féminin en marbre du 15e s., d'après Mino da Fiesole. À côté se dresse un grand Minotaure de bronze, œuvre de François-Xavier Lalanne, artiste natif d'Agen.

Préhistoire et minéraux – Dans les caves voûtées de l'hôtel de Vaurs, anciennes prisons de la ville (chaînes et bracelets fixés au mur, soupiraux, gémissement du vent… Chair de poule assurée !), ont pris place les collections de préhistoire, des plus anciens galets taillés aux formes les plus évoluées du néolithique agenais, ainsi qu'une collection de minéraux.

SE LOGER

- Appart'Valley-Quiétude Évasion 1
- Atlantic Hôtel 4
- Chambre d'hôte Domaine de Bernou 7
- Régina Hôtel 9

SE RESTAURER

- La Part des Anges 6
- La Table d'Armandie 10
- Le Washington 12
- Margoton 14
- Mariottat 16

LE SAVIEZ-VOUS ?
La Renaissance brille à Agen d'un bel éclat : banni de Milan, l'aventureux **Bandello**, connu pour ses contes et ses nouvelles, trouva un asile doré sur les rives de la Garonne ; **Jules César Scaliger**, né à Padoue, apporta à Agen, sa ville adoptive, la célébrité par son érudition et son influence sur les hommes de lettres ; son fils, **Joseph Juste Scaliger**, fut un éminent philologue. Plus tard,**Jacques Jasmin**, perruquier-poète de son état, retint l'attention. Il composait des chansons et de petits poèmes qu'il déclamait à ses clients ! Tant et si bien qu'il fut un jour reçu, ce n'est pas rien, à la cour de Napoléon III, et fêté dans tous les salons parisiens pour son œuvre en occitan.

Peintures et arts décoratifs – Un superbe escalier à vis mène aux spacieuses et lumineuses pièces des étages supérieurs. Belles œuvres (natures mortes, portraits, grands sujets) d'écoles françaises et étrangères des 16e et 17e s. (*Tentation de saint Antoine* par David Teniers le Vieux, *Portrait d'homme* de Philippe de Champaigne), faïences européennes (14e-19e s.) dont des plats de **Bernard Palissy**, étonnante série de sulfures (camées incrustés dans du cristal) de l'Agenais Boudon de St-Amans (1774-1856) et exemplaires uniques de faïence fine par laquelle il tenta de concurrencer l'Angleterre. La salle du 18e s., outre des portraits de Greuze et un beau Tiepolo *(Page expirant)*, abrite cinq toiles de **Goya**, léguées au musée par un ancien ambassadeur d'Espagne. Notez l'œil acerbe de ce peintre de cour, impitoyable et se jouant des conventions, dans l'*Autoportrait* très expressif.
La peinture du 19e s. est très bien représentée par une œuvre de Corot, *L'Étang de Ville-d'Avray*, plusieurs toiles de Courbet, une collection de préimpressionnistes (Boudin) et d'impressionnistes (Caillebotte, Sisley, Guillaumin, Lebasque). Agen possède la collection la plus importante en France d'œuvres du peintre impressionniste roumain **Griguerescu** : remarquez les différentes versions de *Tête de paysanne roumaine*. Le tableau *Bord du Loing*, de Picabia, un peu insolite par son côté impressionniste, annonce le 20e s.
Salle du Dr-Esquirol – Tableaux, meubles et figurines asiatiques. Deux beaux portraits par Clouet, ainsi qu'une charmante *Tête d'enfant* de Greuze.

Rue Beauville A2

Atmosphère d'antan garantie avec ses maisons médiévales restaurées. Au no 1, très belle maison à pans de bois et à encorbellement.
Tourner à droite dans la rue Richard-Cœur-de-Lion. Au carrefour avec la rue Moncorny, la façade à pans de bois du débit de tabac vaut le coup d'œil. La rue Garonne mène à la place des Laitiers.

Place des Laitiers A1

Vous êtes au cœur du vieil Agen, marchand depuis le Moyen Âge. De nos jours, de nombreux commerces continuent d'investir les arcades. Sur la place, remarquez la sculpture contemporaine d'un pèlerin de Compostelle, reconnaissable à sa coquille.
Traverser le boulevard de la République pour rejoindre la rue des Cornières.

Rue des Cornières A1

Jolie rue commerçante de pans de bois et de pierre sur arcades (cornières).
Prendre à gauche la rue Puits-du-Saumon.

Maison du Sénéchal A1

Demeure du 14e s. percée de fenêtres gothiques. À travers une porte vitrée, on aperçoit divers objets appartenant au musée des Beaux-Arts.

Tourner à droite dans la rue Floirac pour reprendre la rue des Cornières jusqu'à la place de la Cathédrale.

Cathédrale St-Caprais B1

Fondée au 11e s., mais cathédrale seulement depuis 1802. L'intérieur, restauré au siècle dernier, est décoré de fresques représentant les saints tutélaires de l'Agenais. De la place Raspail, vue sur le chevet du 12e s. aux modillons sculptés.

Non loin, la petite **église Ste-Foy** arbore la devise nationale : « Liberté, Égalité, Fraternité », gravée dans la pierre. Cette étonnante inscription pour un monument religieux est le signe d'une tradition républicaine agenaise qui s'affiche jusque sur les plaques de rue. Elles rendent hommage aux notables radicaux locaux et à la République.

Revenir dans la rue des Cornières, puis prendre à gauche la rue Banabéra. À l'angle de la rue Jacquard, belle maison à pans de bois. Traverser le boulevard de la République en direction du marché couvert que l'on laisse à gauche avant d'arriver rue Montesquieu.

Rue Montesquieu A 1-2

Pittoresque église **N.-D.-du-Bourg** des 13e-14e s. (A1) en brique et pierre avec un clocher-mur et, au n° 12, l'**hôtel Escouloubre** du 18e s. (A2).

Place Armand-Fallières A2

Au milieu des magnolias et des cèdres voisinent l'imposant palais de justice du 19e s. et la préfecture, ancien palais épiscopal du 18e s. Au nord de la place, l'**hôtel Lacépède** du 18e s. abrite la bibliothèque municipale.

Prendre à gauche la rue Palissy, puis à droite la rue Louis-Vivent. Prendre en face la rue Richard-Cœur-de-Lion.

Église des Jacobins A2

Vaste édifice gothique en brique présentant deux nefs identiques qui, contrairement aux Jacobins de Toulouse, aboutissent à des chevets plats. Elle accueille des expositions.

Revenir à la place du Dr-Esquirol par la rue Beauville à droite.

AU FIL DE L'EAU

Si vous aimez les balades à pied ou à vélo, profitez des berges de la Garonne et du canal, et notamment de la **voie verte** qui longe ce dernier sur 87 km à travers le Lot-et-Garonne. Le **pont-canal** (580 m), qui surplombe le fleuve de 10 m, offre une jolie vue sur la ville.

Esplanade du Gravier A2

La plus courue des balades agenaises. Le Gravier, espace vert aménagé au 19e s. au bord de la Garonne, entretient des pelouses fleuries ponctuées de statues, bassin, kiosque à musique, allées de gravier. Jolie vue de la passerelle qui enjambe le fleuve. À droite, les vingt-trois arches du **pont-canal** (A1), long de 500 m, permettent au canal latéral de franchir la Garonne. À gauche, le **pont de pierre** (A3) commandé par Napoléon lors de son passage à Agen.

À proximité Carte de microrégion

★ Villascopia à Castelculier

7,5 km par la D 813 direction Toulouse - ✆ 05 53 68 08 68 - juil.-août : 11h-20h ; juin et sept. : tlj sf lun. 10h-18h ; fév.-mai : tlj sf lun. 14h-17h ; oct.-déc. : merc., sam., dim. 14h-17h - 6 € (5-12 ans 3 €). En été, spectacle « Les nuits de Villascopia » (merc. 20h).

Face au site gallo-romain de Lamarque, ce nouveau « **scénovision** » (*spectacle en 3D, 30mn*) reconstitue l'organisation de la vie dans cette villa antique à la fin du 4e s., à travers le récit de deux personnages historiques : le poète latin Ausone, originaire d'Aquitaine, et son petit-fils Paulin de Pella. Un **espace muséographique** expose divers objets mis au jour lors des fouilles. La visite, libre ou guidée, du **jardin archéologique** aménagé sur les vestiges de la villa (2e-4e s.), la plus importante découverte en Aquitaine, complète le parcours.

★ Walibi Aquitaine C3

4 km à l'ouest par D 656. ✆ 05 53 96 58 32 - www.walibi-aquitaine.fr - juil.-août : 10h-18h ; avr.-juin et sept. : w.-end et j. fériés 10h-17h (merc. en juin) ; oct. : w.-end et j. fériés 11h-17h - fermé nov.-mars - 21 € (4-11 ans 19,50 €).

Voilà un parc de loisirs où passer une divertissante journée en famille. Virer, rouler, glisser, il y en a pour tous les goûts et tous les âges. Après avoir tourné dans les tasses à café géantes ou descendu la Radja River en furie, assistez au spectacle des fontaines musicales (650 jets d'eau animés) et aux acrobaties des otaries savantes. Attention aux éclaboussures dans le Splash Battle, la toute dernière attraction, unique en France ! Pour la pause-déjeuner, pique-nique ou restaurant. Prenez le temps d'observer les cèdres bicentenaires et les rapaces rares qui volent parfois aux alentours du château.

Clermont-Dessous

19 km à l'ouest par la D 813 qui longe de très près la Garonne.

Le village, ranimé par le tourisme grâce à sa situation au-dessus de la plaine de la Garonne, est signalé par son église romane trapue, qui émerge des ruines du château. Au départ du parc de stationnement, le circuit balisé *(compter 30mn)* vous permet d'admirer la vallée et ses vergers. Vous reconnaîtrez au loin Port-Ste-Marie, ancienne ville de mariniers étirée entre l'abrupt du coteau et le fleuve.

Itinéraire conseillé

LE BRULHOIS BC3

41 km. Voir le circuit sur la carte de microrégion p. 484. Compter 3h.
Quitter Agen à l'ouest par la D 1021 et prendre à gauche la D 656.

La campagne à perte de vue… Un paysage de pentes douces et d'abrupts calcaires. Un patchwork de collines cultivées de vignes, de maïs et de vergers. De-ci, de-là, apparaît une demeure perchée sur une butte ou égarée au milieu des champs.

Château d'Estillac B3

Le **château de Monluc**, ouvrage militaire (13e-16e s.) masqué par les arbres, surveille la plaine de la Garonne agenaise du haut du dernier ressaut des collines du Brulhois. Blaise de Monluc, fameux homme de guerre qui gagna ses galons lors des guerres d'Italie, s'installa au château d'Estillac aux environs de 1550. Il est l'inventeur du pousse-rapière, liqueur à base d'armagnac et de macération de fruits.

Aubiac B3

L'**église romane** fait corps avec le village qu'elle semble défendre. À l'intérieur, chœur tréflé éclairé par une tour-lanterne où courent des frises de billettes et de palmettes.

Laplume B3

Ancienne capitale du Brulhois, ce bourg se tient sur une crête dans un site très dégagé. Autrefois, de nombreux moulins à vent tournaient sur ces hauteurs.
À Laplume, prendre la D 15 à gauche sur 3 km, puis à nouveau à gauche la D 268 vers Moirax.

★ Église de Moirax C3

Voir l'ABC d'architecture p. 87.
Datant pour sa plus grande partie du 12e s., l'église est un très bel exemple d'architecture romane. Elle appartenait à un prieuré clunisien fondé au 11e s.
Sa silhouette très allongée est rehaussée d'un clocheton conique et d'un campanile de façade. Les éléments décoratifs les plus intéressants sont ceux qui parent le chevet et les absidioles. À l'intérieur, l'avant-chœur est sans doute la partie la plus originale : carré à la base, il devient octogonal avant de se terminer en coupole tronconique. Les **chapiteaux** du chœur sont décorés de feuillages et de personnages. À la croisée du transept, on reconnaît Daniel dans la fosse aux lions *(à gauche)*, et le Péché originel *(à droite)*. La statue de la Vierge dans le chœur, les stalles et les panneaux sculptés en noyer dans les bas-côtés, sont l'œuvre du sculpteur Jean Tournier (fin du 17e s.).

Layrac C3

8 pl. du 11-Nov.-1918 - 47390 Layrac - ✆ 05 53 66 51 53 - www.brulhois.com - lun. 13h30, mar.-vend. 9h-12h, 13h30-17h30 - fermé w.-end et j. fériés.
La terrasse de la place du Royal est encadrée au sud par l'**église Notre-Dame** (12e s.). La dernière restauration de l'édifice, en ramenant le chœur à son ancien niveau, a dégagé un fragment de mosaïque romane : Samson luttant contre le lion. Au nord se trouve l'église St-Martin, dont il ne subsiste que le clocher. La vue sur la vallée du Gers débouchant dans la plaine de la Garonne vaut le coup d'œil.
Retour à Agen par la D 1021.

NOS ADRESSES À AGEN

HÉBERGEMENT

À Agen

Bon à savoir – Tous les ans, mi-mars, se tient le SIFEL (Salon international des fruits et légumes) qui rassemble les professionnels venus du monde entier. Difficile de trouver une chambre à Agen et dans les environs à cette époque de l'année !

PREMIER PRIX

Régina Hôtel – *139 bd Carnot - ✆ 05 53 47 07 97 - www.hotelreginagen.com - fermé fin déc. - P - 24 ch. 39/46 € - ☕ 7 €.* Une rénovation réussie de la plupart des chambres a doté cet hôtel central de tout le confort moderne. Personnalisées par de jolis coloris, elles sont souvent grandes et toutes équipées d'un double vitrage efficace. Jetez un coup d'œil à la jolie fresque bretonne ornant le hall.

BUDGET MOYEN

Atlantic Hôtel – *133 av. J.-Jaurès - ✆ 05 53 96 16 56 - www.agen-atlantic-hotel.fr - fermé 23 déc.-3 janv. - P - 44 ch. 49/58 € - ☕ 7,50 €.* Cet hôtel construit dans les années 1970 est à l'écart du centre-ville, derrière une station-service. Ne vous fiez pas à l'environnement et prenez votre petit-déjeuner au bord de la piscine. Les chambres sont agréables et les plus récentes sont spacieuses et modernes.

Appart' Valley - Quiétude Évasion – *1350 av. du Midi - ✆ 05 53 69 65 10 - www.quietude-evasion.com - P - 66 € - ☕ 8 €.* Cette résidence moderne située aux portes d'Agen abrite 77 appartements T2 (dont une dizaine de studios) complets et fonctionnels. Les couleurs – turquoise, terrecotte et blanc – offrent un aspect un peu froid mais assez élégant. Surface habitable agréable avec accès direct à la piscine pour un prix très intéressant.

À proximité

BUDGET MOYEN

Chambre d'hôte Domaine de Bernou – *Domaine de Bernou - 47340 La Croix-Blanche - ✆ 05 53 68 88 37 ou 06 17 36 50 32 - www.domainedebernou.com - P - ⊄ - 65/75 € ☕ - rest. 23 € - réserv. conseillée.* Édifiée en 1780, au milieu d'un domaine de 30 ha, cette demeure abrite aujourd'hui une maison d'hôte, un relais équestre et un élevage de chevaux. Les chambres, aux volumes impressionnants, sont très calmes et meublées simplement. Dans une annexe (ancienne prison au 14e s.?), on a aussi aménagé quatre « cellules » style chambres monacales.

RESTAURATION

À Agen

Bon à savoir – La rue Voltaire située en centre-ville est « la » rue des restaurants à Agen. Il y en a pour tous les goûts et pour toutes les bourses : grillades, pâtes, cuisine asiatique, etc. Parmi les adresses à retenir : *L'Épicerie* pour sa cuisine traditionnelle dans un cadre convivial.

BUDGET MOYEN

La Part des Anges – *14 r. Émile-Sentini - ✆ 05 53 68 31 00 - www.lapartdesanges.eu - fermé 15-31 août, vacances de fév., dim. soir et lundi - formule déj. 12 € - 19/40 €.* Une rue piétonne, une petite adresse toute simple au niveau décoration des deux salles à manger, mais une vraie cuisine traditionnelle à base de produits frais et de recettes régionales. Céline et Xavier, jeune couple sérieux, assurent à eux deux la bonne marche de la maison.

Le Washington – *7 cours Washington - ✆ 05 53 48 25 50 - www.le-washington.com - fermé 31 juil.-23 août, sam. et dim. - formule déj. 15 € - 21/38 €.* Dans une maison édifiée par l'architecte Charles Garnier, restaurant contemporain où l'on sert une carte traditionnelle et des plats du marché soutenus par un beau choix de vins.

La Table d'Armandie – *1350 av. du Midi - ✆ 05 53 96 15 15 - latable.darmandie@orange.fr - fermé 9-17 août, dim. et lundi - ♿ - P - formule déj. 16 € - 20/46 €.* Décor contemporain épuré avec grande table d'hôte, cuisine ouverte et écran géant (retransmissions sportives). Suggestions du marché et carte des vins essentiellement régionale.

Le Margoton – *52 r. Richard-Cœur-de-Lion - ✆ 05 53 48 11 55 - perso.orange.fr/lemargoton - fermé 18 août- 4 août, 22 déc.-6 janv., sam. midi, dim. et lundi - formule déj. 17 € - 24/35 €.* Sympathique adresse de la vieille ville : accueil familial, décor à base de matériaux traditionnels, couleurs cosy et notes actuelles. Appétissante cuisine dans l'air du temps.

POUR SE FAIRE PLAISIR

Mariottat – *25 r. L.-Vivent - ✆ 05 53 77 99 77 - www.restaurant-mariottat.com - fermé 20-27 avril, 1er-4 nov., 24-28 déc., merc. midi d'oct. à avril, sam. midi, dim. soir et lundi - P - 28/72 €.* Intérieur bourgeois cossu, agréable terrasse d'été, cuisine de saison fine et personnalisée, carte des vins étoffée : cet hôtel particulier du 19e s. séduit les gourmets agenais.

EN SOIRÉE

Bon à savoir – Bruissante de conversations, de tintements de verres et de couverts, la **place Jasmin** est occupée par de nombreux bars et brasseries dont les terrasses, à la belle saison, attirent beaucoup d'Agenais.

ACHATS

Bon à savoir – C'est dans les vallées du Lot et de la Garonne que l'Agenais concentre l'essentiel de son économie. Leur climat particulièrement doux donne les cultures maraîchères et fruitières qui font leur renommée. N'hésitez pas à vous gaver de chasselas, prunes et pêches achetés sur les marchés ou chez les producteurs.

Marché traditionnel – *Tlj sf lun. jusqu'à 13h.* Marché couvert.

Marché bio – *Sam. mat., pl. des Laitiers.*

Marchés fermiers – *Sam. mat., dim. mat. et merc. mat., sur l'esplanade du Gravier.*

Marché au gras – *✆ 05 53 69 47 47 - www.agen.fr - nov.-mars : merc. et dim. mat. Halle du Pin ; sam. mat. pl. Jasmin.*

Confiserie Boisson – *20 r. Grande-Horloge - ✆ 05 53 66 20 61 - www.confiserieboisson.com - tlj sf dim. 9h-12h, 14h-19h ; j. fériés : sur demande préalable.* Depuis 1835, la famille Boisson excelle dans la fabrication de confiseries à base de pruneaux. Son premier succès remonte à 1876, quand un mitron eut l'idée de fourrer les pruneaux. Un diaporama gratuit relate l'histoire de ce lignage. Dégustation.

Ferme Roques – *D 119 - Quartier « Le Vacqué » - 47130 Montesquieu - ✆ 05 53 68 60 39 - www.fermeroques.com - lun.-sam. 8h30-12h, 14h-19h - fermé dim. et j. fériés.* Cette exploitation agricole est spécialisée dans l'arboriculture fruitière. Outre des prunes, elle produit aussi pommes, poires, kiwis, pêches et brugnons. Le fleuron de la maison, c'est le pruneau d'Agen préparé à l'ancienne. On y propose aussi jus de fruits, liqueurs et apéritifs.

Nérac

6 885 Néracais – Lot-et-Garonne (47)

NOS ADRESSES PAGE 499

S'INFORMER

Office du tourisme du Pays d'Albret – *7 av. Mondenard - 47600 Nérac - 05 53 65 27 75 - www.albret-tourisme.com - juil.-août : lun.-sam. 9h-19h, dim. et j. fériés 10h-12h30, 15h-17h30 ; mai-juin et sept. : mar.-sam. 9h-12h, 14h-18h, dim. et j. fériés 10h-12h30, 15h-17h ; oct.-avr. : mar.-vend. 9h-12h, 14h-18h, sam. 10h-12h, 14h-17h.*

SE REPÉRER

Carte de microrégion B3 *(p. 484) – carte Michelin Départements 336 E5.*
À 30 km à l'ouest d'Agen par la D 656. La ville ancienne comprend le quartier du château et, sur la rive droite, le Petit Nérac. La ville moderne, bâtie au 19e s., s'est collée parallèlement aux allées d'Albret.

SE GARER

Le long du fleuve près de la capitainerie (du côté opposé au château).

À NE PAS MANQUER

Les élégantes arcades de la galerie sud du château d'Henri IV ; les Croisières du Prince Henry sur la Baïse *(voir la rubrique « Activités » dans « Nos adresses à Nérac »)* ; la cité médiévale et le musée du Liège et du Bouchon à Mézin ; les ateliers de verrerie et de gravure sur cristal de Vianne.

ORGANISER SON TEMPS

Prenez garde : le château de Nérac est fermé le lundi. En juillet et en août, de nombreuses animations et ateliers s'y déroulent, et les enfants ne sont pas oubliés. Tous les mardis soir d'été, un marché nocturne s'installe à la Garenne. Pour profiter du circuit, prévoyez d'y consacrer une petite journée.

AVEC LES ENFANTS

Le train touristique de Nérac à Mézin *(voir la rubrique « Activités » dans « Nos adresses à Nérac »)*, et en saison le verger-musée de Montesquieu.

Fine fleur du pays d'Albret, Nérac a le charme robuste que l'on connaît au maître des lieux, Noste Henric. Sans hésiter, suivez les traces de panaches blancs pour découvrir la ville où Clément Marot trouva « un asile plus doux que la liberté ».

Se promener

★ LA VIEILLE VILLE

Petit Nérac

La **rue Séderie**, parallèle à la Baïse et bordée de maisons à colombages, mène au pont Vieux. Rue Sully, remarquez sur la gauche la **maison de Sully** (bien sûr), riche demeure datant de la Renaissance (seconde moitié du 16e s.).

Pont Vieux

De ce pont gothique en dos d'âne, vue sur les bâtisses du quartier des tanneries en amont, et sur le barrage et l'écluse en aval.

Traverser le pont. Place des Tanneries, tourner à gauche pour longer la Baïse.

Jolies vues sur les maisons à loggias du Petit Nérac. Sur votre droite, une rampe conduit à l'église St-Nicolas et au château.

Au moindre rayon de soleil, les joueurs de pétanque se retrouvent près de St-Nicolas pour taquiner le cochonnet.

Château

✆ 05 53 65 21 11 - avr.-sept. : 10h-18h ; oct.-mars : tlj sf lun. et vend. 14h-18h - fermé 25 déc. et 1er janv. - 4 € (-12 ans gratuit).

De cet édifice Renaissance terminé sous Jeanne d'Albret, il ne reste qu'une aile sur les quatre qui délimitaient la cour, et une tourelle d'escalier. L'aile rescapée présente au sud une galerie aux arcades en anse de panier et aux graciles colonnes torsadées. Le **musée** présente des collections archéologiques, retraçant l'histoire du pays d'Albret de la préhistoire à la conquête romaine, dans les belles salles voûtées du rez-de-chaussée. À l'étage, souvenirs des Albret et de la cour de Navarre.

Rejoindre le pont Neuf.

Pont Neuf

Là encore, de jolies vues : sur les quais du port (qui fut actif au 19e s. lorsque intervint la canalisation de la rivière), sur le pont Vieux et sur d'antiques demeures. En amont verdoient les frondaisons de la Garenne.

Tourner à droite après la traversée du pont, en face de la capitainerie.

DES TÊTES BIEN FAITES

Sous l'influence successive de trois femmes lettrées – Marguerite d'Angoulême, sœur de François Ier et reine de Navarre ; Jeanne d'Albret, mère du futur Henri IV ; Marguerite de Valois (Margot), femme du même Henri IV – la cour de Nérac accueillit maints penseurs pendant la Renaissance. S'y côtoyèrent et s'y succédèrent des poètes, humanistes, théologiens (Clément Marot, Lefèvre d'Étaples, Jean Calvin, Théodore de Bèze, Agrippa d'Aubigné, Michel de Montaigne…). Le « Béarnais », quant à lui, fera de Nérac une citadelle huguenote et la principale base des expéditions guerrières dirigées contre les places catholiques.

Le pont Vieux et ses bateaux.
M.-H. Carcanague / MICHELIN

Promenade de la Garenne

Antoine de Bourbon, père d'Henri IV, choisit l'emplacement d'une ancienne villa romaine *(vestiges de mosaïque romaine dans une niche, à gauche du chemin)* pour faire dessiner cette longue promenade *(2 km)* le long de la Baïse. Sous les chênes et les ormes centenaires, un collier de fontaines : celle de Fleurette, une pauvre jeune fille dont la légende dit que, le cœur brisé par le Vert Galant, elle se jeta dans la Baïse, celle des Marguerites et celle du Dauphin (1602). On y trouve aussi un théâtre de verdure. Sur l'autre rive, on aperçoit le pavillon des Bains du Roi.

Itinéraire conseillé

LE PAYS D'ALBRET AB3

84 km. Voir le circuit sur la carte de microrégion p. 484. Compter une journée.
Quitter Nérac au sud par la route de Condom (D 930). À 7 km, sur la droite, dissimulé par les frondaisons, s'élève le château de Pomarède.
Entre forêt landaise et Gascogne s'ouvre le doux pays d'Albret. Un paysage légèrement vallonné qui a échappé à l'industrialisation rurale. Là, un pigeonnier, un manoir, plus loin, un château, et des champs à perte de vue. Dans ce pays, la table est pantagruélique : foies gras et confits, chasselas, prunes, tomates et melons, le tout arrosé d'un buzet AOC… Certains appelleront ça le bonheur.

Château de Pomarède B3

05 53 65 43 01 - visite guidée de mi-juil. à mi-sept. : 9h-12h, 15h-18h ; reste de l'année : sur RV - 5 € (-18 ans gratuit).
Maison de maître de type gascon datant des 17e s. et 18e s., avec pigeonnier, chai, écuries et sellerie.
Poursuivre sur la D 930.

Moncrabeau B3

Ce village sur les bords de la Baïse est connu comme la **capitale des menteurs**. Créée au 12e s. sous l'impulsion d'un moine de Condom, l'Académie des Menteurs rassemble « tous les hâbleurs, menteurs et nouvellistes qui s'exercent dans le bel art de mentir finement, sans porter préjudice à autre chose qu'à la vérité, dont ils font profession d'être des ennemis jurés ». Elle compte aujourd'hui 40 membres.

Un circuit fléché *(panneaux explicatifs)* vous conduira par la rue Cocu Saute au Fauteuil des menteurs, et vous instruira sur cette drôle de tradition. Chaque année à l'issue du concours international, le gagnant est sacré « roi des menteurs » suivant le rite consacré *(1er dim. d'août)*.

Retraverser la Baïse et suivre la D 219, puis, après Lannes, la D 117 à droite.

Mézin A3

La localité, qui travaille la vigne et le liège, occupe un site en hauteur surplombant le confluent de la Gélise et de l'Auzoue, aux confins du Pays d'Albret. Les maisons de pierre à arcades qui bordent la place témoignent de son opulence passée. L'ancienne église du prieuré clunisien fondé au 11e s., l'**église St-Jean-Baptiste**, arbore un style composite.

Au **musée du Liège et du Bouchon**, souvenirs de l'époque où Mézin était une des capitales du bouchon en France. Quatre salles présentent successivement une forêt de la région, la fabrication manuelle, mécanique *(démonstrations)* et actuelle du bouchon *(projection)*. *☎ 05 53 65 68 16 - ♿ - de déb. juil. à mi-sept. : mar.-vend. 10h-13h, 14h-18h30 ; avr.-juin : mar.-dim. 14h-18h - fermé lun., janv.-mars et j. fériés - 4 € (14-18 ans 2 €).*

Sortir par la D 656 (direction Nérac), prendre à gauche la D 408, puis la première à gauche (direction Cauderoue) pour rejoindre la D 109.

Barbaste B3

Du centre du village suivez le balisage « moulin des Tours ». Sur la rive droite de la Gélise, le **moulin de Henri IV** (13e s.) dresse ses quatre tours carrées de hauteur inégale depuis la guerre de Cent Ans. On le nomma « moulin » car le Vert Galant, qui y entretenait une garnison, aimait à s'en intituler le « meunier ». *☎ 05 53 65 09 37 (association des Amis du Moulin des Tours) - visite guidée : vend.-mar. 10h30, 15h et 17h - tarif libre.*

Le vieux **pont roman** à dix arches que défendait l'ouvrage est toujours là, et complète ce tableau de charme.

Lavardac B3

La petite ville, une ancienne bastide établie sur la terrasse dominant la Baïse (grossie de la Gélise quelques centaines de mètres en amont) fut, avant l'éphémère canalisation de la rivière, le port d'embarquement des barriques d'armagnac apportées par chars du Condomois.

Descendre vers la Baïse et, après le pont, prendre à gauche la D 108.

Xaintrailles A3

En grimpant en haut de ce village situé sur une colline, vous aurez de très belles **vues** sur la vallée de la Garonne et Port-Ste-Marie, d'un côté, la forêt des Landes de l'autre. Le château du 12e s. a été reconstruit au 15e s. par Jean Poton de Xaintrailles, compagnon d'armes de Jeanne d'Arc.

Les amateurs de vin pourront poursuivre sur la D 108, qui marque la limite entre forêt de pins et vignoble de Buzet, pour rejoindre **Buzet-sur-Baïse** où se trouve la cave coopérative des vignerons *(voir la rubrique « Achats » dans « Nos adresses à Nérac »).*

Repartir vers Vianne par la D 141, qui traverse le vignoble de Buzet.

Vianne B3

Cette ancienne bastide d'origine anglaise fondée en 1284 a conservé presque intacte son enceinte fortifiée rectangulaire et son plan en damier. Près de la porte nord : l'église, défendue par un clocher avec chambre forte, et l'ancien cimetière. L'activité ancestrale (depuis le 19e s. tout au moins) de la petite cité

est la verrerie : souffleur de verre, graveur sur cristal travaillent toujours.
Traverser l'étroit pont sur la Baïse et prendre à gauche la D 930. À Feugarolles, suivre la D 119 en direction d'Agen. Après 8 km, prendre à droite vers Montesquieu. Le Conservatoire est indiqué sur la gauche.

Montesquieu B3

Conservatoire des espèces fruitières d'Aquitaine – *05 53 47 29 14 - www.conservatoirevegetal.com - avr.-oct. : lun.-jeu. 9h-12h, 13h30-17h30 (vend. 16h30) - 4,50 € (-12 ans gratuit).* Il rassemble 2000 variétés d'espèces fruitières régionales anciennes. Un verger-musée d'1,5 ha permet d'apprécier cette diversité, à travers 550 variétés fruitières et cépages locaux. Visite guidée (1h) ou libre à l'aide du livret du visiteur. Projection d'un film *(20mn)* et hall d'exposition. Selon la saison, vous ramasserez vos fruits à l'aide de paniers fournis sur place (prix au poids).

Vous pourrez aussi acheter des fruits à la ferme Roques *(voir la rubrique « Achats » dans « Nos adresses à Nérac »).*

Du haut de son éperon rocheux, le **vieux bourg** jadis fortifié surplombe la vallée de la Garonne. On peut voir des vestiges des anciennes portes.
En redescendant du vieux bourg, prendre à gauche et grimper à travers bois.

Montagnac-sur-Auvignon B3

Encore un ancien village fortifié, et surtout un très beau panorama sur les coteaux de l'Albret ! L'église date des 13e et 17e s.
La D 7, puis la D 656, ramènent à Nérac.

NOS ADRESSES À NÉRAC

HÉBERGEMENT

BUDGET MOYEN

Chambre d'hôte La Tour de Brazalem – *3 r. de l'École - 05 53 97 20 09 ou 06 82 39 80 62 - la-tour-de-brazalem.pagesperso-orange.fr - fermé nov.-fév. - P - - 5 ch. 50/55 €.* Ce castel, en plein cœur du vieux Nérac, est pétri de charme. Les chambres, un brun exiguës, possèdent parfois de beaux meubles des années 1930. Bibliothèque dans le pigeonnier et petit-déjeuner servi dans la cour en été.

Chambre d'hôte Le Domaine du Cauze – *Le Domaine du Cauze - 05 53 65 54 44 - www.domaineducauze.com - P - 5 ch. 53/70 € - rest. 24 €.* Accueillante ancienne ferme perchée sur une colline verdoyante. Les chambres sont diversement aménagées : pièces chinées chez les brocanteurs, meubles de famille, ou éléments modernes et fonctionnels. Aux beaux jours, vous pourrez dîner sous la tonnelle.

RESTAURATION

BUDGET MOYEN

Restaurant du Château – *7 av. Mondenard - fermé vend. soir, sam. midi et dim. soir d'oct. à mai - formule déj. 11,50 € - 19/40 € - 15 ch. 48 € - 6,50 €.* Demeure ancienne en pierres blanches. Restaurant à la mise en place soignée où se mitonnent des petits plats fleurant le Sud-Ouest. Chambres rénovées.

POUR SE FAIRE PLAISIR

Les Terrasses du Petit Nérac – *7 r. Sèderie - 05 53 97 02 91 - www.terrasses-nerac.fr - formule déj. 11,50 € - 26 € - 4 ch. 56 € - 6 €.*

Charmante adresse au bord de la rivière. Dans l'une des salles à manger ou sur la terrasse au ras de l'eau, vous goûterez de bons plats traditionnels accompagnés d'une belle carte des vins locale. Chambres simples et coquettes.

EN SOIRÉE

L'Escadron Volant – *7 r. Henri-IV - ✆ 05 53 97 19 04 - juin-sept. : 9h-0h ; oct.-avr. : 9h-15h, vend.-sam. jusqu'à 23h - fermé mai.* Ce pub de standing offre de sa terrasse une superbe vue sur le château de Nérac. Comptoir en ormeau et étagères en sapin contribuent à la chaleur du décor. Vous y dégusterez une cuisine plutôt traditionnelle.

ACHATS

Château du Frandat – *Rte d'Agen, D 7 - ✆ 05 53 65 23 83 - www.chateaudufrandat.fr - tlj sf dim. 9h-12h, 14h-18h - fermé nov.-mars sf sur RV et j. fériés.* Le Château du Frandat élabore trois produits d'appellation d'origine contrôlée : buzet (vins rouges et rosés), floc de Gascogne (rosé et blanc) et armagnac. Visite du chai et dégustations gratuites. Le domaine propose également des pruneaux d'Agen.

Chocolaterie artisanale La Cigale – *2 r. Calvin - ✆ 05 53 65 15 73 - tlj sf dim. et lun. 9h-12h, 14h-18h30 - fermé les 3 premières sem . de juil. et j. fériés.* Vous trouverez dans cette chocolaterie artisanale plusieurs dizaines de variétés de petits chocolats et de bouchées, et de nombreuses sortes de pruneaux enrobés de chocolat.

Cave coopérative des vignerons de Buzet – *Av. des côtes de Buzet - 47160 Buzet-sur-Baïse - ✆ 05 53 84 74 30 - www.vignerons-buzet.fr - visites juil.-août : lun.-sam. 10h30 et 16h - reste de l'année 15h et sur RV - boutique : se renseigner.* Au cœur de l'AOC Buzet, la visite des chais se termine par un petit jeu de senteurs qui s'accompagne d'un film et d'une dégustation.

ACTIVITÉS

Cyclotourisme en Albret – *Brochure en vente à l'office de tourisme.* 6 circuits fléchés entre 74 et 100 km.

Les Croisières du Prince Henry – *Quai de la Baïse - capitainerie du Port - ✆ 05 53 65 66 66 - croisière : juil.-août : 11h, 15h, 16h30, 17h30 ; avr. et oct. : dim. 15h et 16h30 ; mai-juin et sept. : tlj 15h et 16h30 - fermé nov.-mars - 7,50 € (enf. : 5 €).* C'est l'une des plus belles croisières du Sud de la France : vous découvrirez la promenade de la Garenne, les tanneries, les Bains du Roi et le château des Templiers. Location de gabares (2 à 12 pers.) à la journée et à l'heure.

Train Touristique de l'Albret – *12 ter av. du 19-mars-1962 - Gare de Nérac - ✆ 06 85 62 77 47 - www.lafrancevuedurail.fr/ttalbret - 10h30, 14h30 et 16h45 selon période - fermé nov.-mars ; lun., mar., jeu., vend. en avr.-mai et en sept.-oct. - 8,50 € AR 1h30 (-12 ans 6 €).* Ce train touristique circule sur une voie ferrée de 1890, entre Nérac et Mézin. Au cours de la balade commentée (2h), vous découvrirez l'architecture locale, la faune et la flore, la forêt des Landes, etc.

Marmande

17 317 Marmandais – Lot-et-Garonne (47)

NOS ADRESSES PAGE 504

S'INFORMER

Office du tourisme du Val de Garonne – *Bd Gambetta - 47200 Marmande - ℘ 05 53 64 44 44 - www.valdegaronne.com - juil.-août : mar.-sam. 9h30-12h30, 14h30-18h30, dim. 10h -12h ; mai-juin et sept. : 9h-12h, 14h-18h (17h30 sam.) ; oct-avr. : 9h-12h, 13h30-17h30 - fermé 1er janv., lun. de Pâques, 1er et 8 Mai, 15 août, 1er et 11 Nov.*

Le site **www.valdegaronne.com** regroupe l'information des différents offices de tourisme du **Val de Garonne**.

SE REPÉRER

Carte de microrégion A1 *(p. 484) – carte Michelin Départements 336 C2.*

À 70 km au sud-est de Bordeaux et à 65 km au nord-ouest d'Agen, dans les deux cas par l'A 62 puis la D 933. Marmande est le gros bourg du coin !

À NE PAS MANQUER

La *Crucifixion* de Rembrandt, dans l'église du Mas-d'Agenais ; le scénovision « Gens de Garonne » à Couthures ; le Musée archéologique de Ste-Bazeille.

ORGANISER SON TEMPS

Une journée vous permet de découvrir Marmande et sa région. Attention, certains sites du circuit sont accessibles sur réservation, d'autres l'après-midi uniquement, selon la saison.

AVEC LES ENFANTS

La réserve naturelle de l'étang de la Mazière ; « Gens de Garonne » à Couthures.

Prunes, pêches, melons, tabac, et surtout tomates, ces « pommes d'amour » qui font la renommée de Marmande. Voilà une ville qui a bien su profiter de la fertilité de la plaine garonnaise environnante. Une cité pas précisément belle, mais qui a la plénitude de l'opulence.

Se promener

Suivre l'itinéraire conseillé du vieux Marmande.

Église Notre-Dame

Voir l'ABC d'architecture p. 86. Sa construction s'est étalée du 13e au 16e s. ; le chœur a été restauré au 17e s. Remarquez, à gauche en entrant, une Mise au tombeau du 17e s. Dans la première chapelle à droite du chœur, retable du 17e s. représentant saint Benoît en prière et persécuté par le diable. Du côté sud de l'église s'ouvre un **cloître** Renaissance aux beaux jardins à la française.

À proximité Carte de microrégion

Casteljaloux A2

23 km au sud par la D 933.

Maison du Roy - 47700 Casteljaloux - 05 53 93 00 00 - www.casteljaloux.com - juil.-août : lun.-sam. 9h-12h, 14h-19h, dim. 10h-12h ; sept.-juin : lun.-sam. 9h-12h, 14h-18h - fermé j. fériés (sf juil.-août 9h-12h).

Le tracé de ce village, traversé par l'Avance, remonte au Moyen Âge. Devenu place forte protestante, démantelé en 1621, il conserve de son passé, dominé du 11e s. au 16e s. par la présence de la famille d'Albret, quelques belles demeures (dont la maison du Roy qui abrite l'office de tourisme).

Côté activités, le **lac de Clarens** offre d'agréables aménagements pour la baignade ou la promenade. Et pourquoi pas une petite remise en forme aux thermes ?

Itinéraire conseillé

LE VAL DE GARONNE A1-2 B2

68 km. Voir le circuit sur la carte de microrégion p. 484. Compter 4h.
Quitter Marmande au sud-est par la D 299, entre champs et serres.

La plaine aux fleurs à Gontaud-de-Nogaret B2

À droite avant le bourg - 05 53 83 47 90 - juin-sept. : lun.-jeu. mat. et apr.-midi, w.-end apr.-midi, oct.-mai : vend., sam. apr.-midi ou sur RV - 5 € (enf. gratuit).

Dans cette petite exploitation qui produit fleurs fraîches et séchées, vous pourrez admirer les cultures en plein champs et sous serre (70 variétés), et suivre le procédé de séchage et de confection des compositions florales, jusqu'à la salle d'exposition-vente.

Dans le bourg de Gontaud, prendre la direction de Tonneins (D 641), puis, à la sortie, à gauche, « moulin de Gibra ».

Au bord de cette route bucolique, le **moulin**, fièrement dressé sur sa colline, se détache sur le ciel.

Poursuivre en direction de Tonneins (C 504, D 101 à gauche, puis D 120).

À **Tonneins** (B2), à gauche avant le pont, vous pourrez emprunter l'agréable **promenade des Quais**, en bord de Garonne (aire de pique-nique).

À la sortie de Tonneins par la D 120, suivre à droite « Réserve de l'étang de la Mazière ».

Réserve naturelle de l'étang de la Mazière à Villeton B2

Maison de la réserve « Les Mazières » - 05 53 88 02 57 - visite accompagnée uniquement (2h env.) tlj sur réserv. (sf en cas de pluie) - 20 € (1 à 4 pers., 4 €/pers. suppl.). Dans cette zone humide, bottes bienvenues (surtout en hiver).

L'étang de la Mazière est un vestige du cours ancien de la Garonne. La réserve (100 ha) abrite une faune et une flore très riches (222 espèces d'oiseaux répertoriées, postes d'observation). La visite est particulièrement intéressante pendant la migration *(de mi-août à fin oct.)* : c'est ici l'une des plus importantes stations de baguage en France (*tous les matins pendant cette période*). La maison de la réserve accueille une exposition permanente sur le milieu naturel.

Repartir en direction de Tonneins et prendre à gauche la D 234.

La route traverse une vaste forêt de peupliers.

Cloître de l'église Notre-Dame à Marmande.
M.-H. Carcanague / MICHELIN

Le Mas-d'Agenais A2

D'origine romaine, le site a été le lieu d'importantes fouilles qui ont notamment mis au jour la Vénus du Mas. L'**église** romane St-Vincent recèle une **Crucifixion★**, œuvre de Rembrandt (1631), qui met en scène un Christ à l'expression à la fois douloureuse et extatique. Dans le chœur, la stalle centrale, celle du prieur, montre le Christ tenant le globe surmonté d'une croix. Intéressants chapiteaux dans la nef et les bas-côtés (mythes païens, scènes de l'Ancien Testament et de l'Évangile). Le sarcophage en marbre blanc portant le monogramme du Christ, au centre, date du 5e s. *9h-12h, 14h-19h - audioguides à disposition de mi-juin à mi-sept. à l'office de tourisme, en face de l'église (✆ 05 53 89 50 58) et à la mairie le reste de l'année (pl. des Marronniers - ✆ 05 53 89 50 37) - 2 €.*

Prendre la petite route en descente derrière la halle en bois, puis emprunter à gauche la D 143 qui longe le canal latéral à la Garonne, dont les berges sont aménagées en voie verte (voir p. 16), et le traverse plusieurs fois. Puis suivre la D 116 jusqu'à Meilhan.

Meilhan-sur-Garonne A1

Ce village prend place sur un site d'exception : son Tertre (table d'orientation et plaques d'information), sur un promontoire rocheux de 40 m, surplombe la Garonne et son canal latéral qui se frôlent à ses pieds, offrant une vaste **vue★** sur la vallée. De l'ancienne citadelle, détruite sur ordre de Richelieu en 1622, ne subsiste qu'une tour dans la rue du Château. En empruntant la « brèche des Anglais » (par où ces derniers reprirent la citadelle aux Albret en 1345), on descend au bord du canal, bordé par la **voie verte**, qui accueille une halte fluviale.

Repartir par la D 116 en direction de Marmande, puis tourner à gauche sur la VC1 jusqu'à Couthures-sur-Garonne.

Gens de Garonne à Couthures A1

✆ 05 53 20 67 76 - www.gensdegaronne.com - séance (45mn) ttes les heures - juil.-août : 11h-18h (séances ttes les h) ; mai-juin et sept. : mar.-dim. 11h-17h ; reste de

l'année (sf vac. scol. zone C) : merc. et w.-end 14h-17h ; vac. scol. zone C : 14h-17h - fermé 1er janv. et 25 déc. et de déb. janv. à mi-fév. - 6 € (-18 ans 4 €).

Garonne, comme l'appellent familièrement les gens du coin, est la « star » de ce **scénovision** : ce spectacle original en 3D met en scène, grâce à des techniques élaborées, les souvenirs émouvants des villageois, dont la vie est liée à la générosité mais aussi aux caprices du fleuve. Un bâtiment annexe accueille une petite exposition sur les « aïgats » ou inondations récurrentes (photos, films de témoignages…), et à l'étage, sur la pêche (à voir : un birol, appareil de pêche fixe destiné à capturer lamproies et aloses).

2h30. Départ du lavoir sur la D3 entre Couthures et Ste-Bazeille. Un itinéraire ponctué de panneaux (histoire, environnement…) vous mènera en bordure de Garonne.

Ste-Bazeille A1

Dans ce bourg, les anciens bains-douches abritent… un **musée archéologique** ! Le lieu est insolite et les collections surprenantes, issues du sous-sol de Ste-Bazeille et du Marmandais qui recèle des vestiges antiques et médiévaux. La présentation chronologique (2 000 ans d'histoire) et thématique de plus de 700 pièces illustrant la vie quotidienne intéressera les néophytes comme les passionnés, chacun pouvant s'attarder devant les riches vitrines selon son goût (objets de l'âge de fer, reconstitution d'un four de potier du 1er s. av. J.-C., monnaies antiques, céramiques sigillées, bijoux, habitat gallo-romain, mobilier mérovingien, etc.). *05 53 94 48 92 - - juil.-août : tlj sf mar. 14h30-18h ; reste de l'année : dim. 14h30-18h - fermé 1er janv., 15 août et 25 déc. - 2 € (-14 ans gratuit).*

NOS ADRESSES À MARMANDE

HÉBERGEMENT

À proximité

PREMIER PRIX

Club de Clarens – *Lac de Clarens - 47700 Casteljaloux - 05 53 93 07 45 - 25 chalets 275/480 €/sem./2 à 7 pers. - www.castel-chalets.com - aire de camping-car et caravane fermée de nov. à avr. ; chalets ouverts tte l'année - P -* . Ce camping abrite 25 chalets. Pour les loisirs et la détente : un lac de 17 ha avec plage de sable fin, pêche, tennis, planche à voile, piscine, accrobranches, etc.
Location à la nuit hors été.

BUDGET MOYEN

Résidence Les Bains de Casteljaloux – *La Bartère - 47700 Casteljaloux - 05 53 20 59 00 - www.eurothermes.com - fermé 4 j. fin juin et 2 sem. en nov. - - P - 40 ch. 49/64 € - 7 €.* Cette résidence flambant neuve en pleine nature abrite 30 studios et 10 appartements équipés (cuisinette, lave-vaisselle) et dotés de balcons. De votre logement, vous pourrez rejoindre les Thermes, les Bains et l'Institut. Formules week-end, semaine, etc.

Chambre d'hôte Château Cantet – *47250 Samazan - 05 53 20 60 60 - fermé de nov. au 15 avr. - P - - 2 ch. 60/80 € et 1 suite pour 4 pers. 106 €* . Une noble demeure du 18e s., entourée d'un parc. Les chambres, le salon et la salle à manger sont garnis d'un plaisant mobilier. Petits-déjeuners au bord de la piscine aux beaux jours.

RESTAURATION

BUDGET MOYEN

L'Escale – *Pont des Sables - 47200 Fourques-sur-Garonne - ✆ 05 53 93 60 11 - fermé lun., sam. midi, dim. soir -* P *- 19/63 €.* Cette fermette de 1683 est appréciée des gens du cru qui viennent y savourer de bons plats, mais aussi y admirer les expositions de peinture. L'été, deux terrasses au choix : face au canal ou côté jardin.

Auberge du Moulin d'Ané – *Rte de Gontaud - 47200 Virazeil - ✆ 05 53 20 18 25 - fermé dim. soir, lun. et mar. - réserv. conseillée -* ♿ *-* P *- 19,50/39 €.* Ce vieux moulin du 17e s. perdu dans la campagne accueille ses hôtes dans une véranda avec vue sur une cascade ou dans sa salle à manger, et les régale de spécialités régionales renouvelées au gré des saisons.

POUR SE FAIRE PLAISIR

La Vieille Auberge – *11 r. Posterne - 47700 Casteljaloux - ✆ 05 53 93 01 36 - www.restaurant-la-vieille-auberge.fr - fermé 22 juin-5 juil., 23 nov.-6 déc., 23 fév.-1er mars, dim. soir, mardi soir et merc. -* P *- formule déj. 20 € - 27/65 €.* Charmante maison de pierre bordant une ruelle de la bastide. La salle à manger bourgeoise, redécorée et colorée, est bien fleurie. Cuisine classique soignée.

ACHATS

Palmagri – *9 r. Léopold-Faye - ✆ 05 53 64 40 65 - tlj sf dim. et lun. 9h-12h15, 14h30-19h - fermé 10 j. en juin ou sept. et j. fériés.* Cette boutique créée par une association d'agriculteurs locaux propose un grand nombre de produits dérivés du canard (foie gras, terrine, pâté, etc.)
ainsi que des plats cuisinés : pot-au-feu, canard aux petits légumes, foie gras au Sauternes… Spécialités à base de pruneaux.

ACTIVITÉS

Randonnée – 13 itinéraires balisés permettent de sillonner le **Val de Garonne** à la découverte de ses paysages, de son petit patrimoine, de ses villes et villages. Fiches disponibles dans les offices de tourisme du val de Garonne ou téléchargeables sur leur site Internet.

Gabare « Val de Garonne » – *Maison du tourisme du Val de Garonne - pont des Sables - 47200 Fourques-sur-Garonne - ✆ 05 53 89 25 59.* Croisières sur le canal de Garonne à bord de la gabare Val-de-Garonne *(mars-oct.).*

Les bains de Casteljaloux – *La Bartère - 47700 Casteljaloux - ✆ 05 53 20 59 00 - www.eurothermes.com - 10h-20h (vend., sam. 21h) - fermeture, se renseigner - 14 € (enf. 12 €).* Grande souplesse dans le choix des activités : espace santé aux Thermes ; formules détente, loisirs ou revitalisation aux Bains ; soins à l'Institut avec les forfaits ciblés (silhouette, anti-âge…). Bain japonais, Jacuzzis géants, hammam, bain turc, etc.

Duras

1 182 Duraquois – Lot-et-Garonne (47)

NOS ADRESSES PAGE 508

S'INFORMER

Office du tourisme de Duras – *14 bd Jean-Brisseau - 47120 Duras - ✆ 05 53 93 71 18 - www.paysdeduras.com - juil.-août : lun.-sam. 9h30-12h30, 14h-18h, dim. 10h-13h ; sept.-juin : lun.-vend. 9h-12h30, 14h-17h30 - fermé j. fériés.*

SE REPÉRER

Carte de microrégion A1 *(p. 484) – carte Michelin Départements 336 D1.*
À la limite du département de la Gironde, à 24 km au nord-est de La Réole par la D 668 et à 22 km au nord de Marmande par la D 708.

À NE PAS MANQUER

Un passage par la Maison des vins pour se ravitailler en côte-de-duras, les fresques de l'église d'Allemans-du-Dropt.

ORGANISER SON TEMPS

La visite du château dure environ 1h30. En saison, de nombreuses manifestations y sont organisées. Pour sillonner la région de Duras, prévoyez une demi-journée. Elle est superbe au printemps lorsque les arbres sont en fleur.

AVEC LES ENFANTS

L'exposition et le jardin de la Maison des vins.

Un peu médiéval, un peu classique, le château reste en tout cas le plus bel ornement de l'ancienne bastide qui veillait sur les terres des ducs de Duras et la vallée du Dropt. La vigne, quant à elle, a su trouver ici un terroir d'élection : la région, au sol siliceux peu calcaire, produit les côtes-de-duras, des vins rouges ancestraux, corsés et robustes. Autour de Duras s'étire une belle campagne vallonnée aux faux airs de Toscane.

Se promener

Château

✆ 05 53 83 77 32 - www.chateau-de-duras.com - juil.-août : 10h-19h ; juin et sept. : 10h-12h30, 14h-19h ; reste de l'année : se renseigner - audioguides et possibilité de visite guidée nocturne à la chandelle (merc. en été) - fermé 3 dernières sem. de janv., 1er janv., 1er nov. et 25 déc. - 6 €.

En 1308, la mode est à la forteresse : le château d'origine possède alors huit tours reliées par des courtines. En 1680 : le château est réaménagé en demeure de plaisance. Le vent de la Révolution, évidemment, soufflera jusqu'ici, découronnant une tour par-ci, endommageant une salle par-là.

À voir : la salle des gardes, les chambrées d'hommes d'armes, la cuisine et la boulangerie, le puits,

LE SAVIEZ-VOUS?
Ce sont les ducs de Duras qui ont soufflé son nom de plume à **Marguerite** (son père avait une exploitation aux environs). Pour tout savoir sur sa vie, lire *Les Impudents* : la ville y apparaît sous le nom d'Ubzac.

les cachots et bien entendu la salle aux Secrets, où l'on peut tout se dire sans que personne n'entende rien. Aussi, n'ayez crainte, vos conversations avec les fantômes que les Duraquois soupçonnent de hanter le château ne laisseront aucun écho…
Pour compléter la visite, **quatre musées** vous donneront maintes informations sur la paléontologie, la vigne et le vin, le grain et, enfin, les arts et traditions populaires.

Maison des vins de Duras

En contrebas du bourg (D 708 dir. Marmande) - ✆ 05 53 94 13 48 - de mi-juin à mi-sept. : lun.-sam. 10h-13h, 14h-18h30 ; reste de l'année : lun.-sam. 9h-12h30, 14h-17h30 (tlj pour le jardin) - dégustation gratuite.

Au-dessus de l'espace boutique de l'Union interprofessionnelle des vins de Duras, une petite exposition ludique et didactique donne « les clés du vignoble » de Duras (histoire, géologie, arômes…), expliquant aussi comment fonctionnent le goût et l'odorat. Vous retrouverez les cépages du vignoble à l'extérieur, dans le « jardin des vignes », parcouru par un sentier viticole et jalonné de panneaux d'interprétation.

À proximité Carte de microrégion

Jardin de Boissonna à Baleyssagues A1

4 km à l'ouest. Suivre la direction Dieulivol, puis à gauche après le petit pont (panneau « Boissonna ») - ✆ 05 53 83 81 43/06 87 59 84 32 - avr.-oct. : tte la journée - 5 €.

Voici un agréable jardin, organisé en 5 petits parcours, où contempler notamment une collection de 450 variétés de roses. On peut en profiter pour y prendre un thé… à la rose, accompagné de douceurs (*sur réserv.*).

Allemans-du-Dropt B1

10 km au sud-est par la D 708 et la D 668.

Ce village (sont-ce les Alamans venus au début du 6e s. qui lui donnèrent son nom ?) est surtout connu pour les **fresques** de son église (15e s.). Sur le mur nord de la nef, la Cène et, quelque peu mutilées par l'ouverture de larges arcades, l'Arrestation de Jésus et la Flagellation ; dans le chœur, la Crucifixion et la Descente de Croix ; derrière l'autel, saint Martin et le blason des seigneurs d'Allemans ; sur le mur sud de la nef, la Résurrection, le Jugement, saint Michel et l'Enfer *(juin-sept. : 8h30-19h ; reste de l'année : 8h30-18h).*
À la sortie ouest du village, beau **pigeonnier** sur piliers de pierre (17e s.).

Château de Lauzun B1

26 km au sud-est. Prendre la même direction que ci-dessus. À Miramont-de-Guyenne, prendre au nord-est la D 1. ✆ 05 53 94 18 89 - visite guidée juil.-août : mat. et apr.-midi - 3,50 € (-12 ans 2,50 €).

Le **maréchal de Lauzun** (1633-1723), cadet de Gascogne, homme plein d'esprit et adoré du beau sexe, bien que fort laid, était un des plus brillants courtisans à la cour de Louis XIV dont il devint très vite le favori. Il défraya par ses frasques la chronique mondaine de l'époque.
Le château offre une belle façade sur cour, visible en pénétrant dans le parc. Le logis du 15e s., à tourelle octogonale, est relié à une partie Renaissance par un pavillon coiffé d'un dôme entrepris au 17e s. par Lauzun, mais achevé au 19e s.

ÉLISÉE RECLUS

Né à Ste-Foy-la-Grande (1830-1905), ce scientifique et géographe visionnaire milita pour l'établissement de conditions de vie plus justes, respectueuses des ressources et des milieux naturels. Rédacteur d'une monumentale *Géographie universelle* (19 volumes), il est encore de nos jours unanimement reconnu pour ses travaux scientifiques.

Ste-Foy-la-Grande A1

22 km au nord par la D 708.

102 r. de la République - 05 57 46 03 00 - http://tourisme.paysfoyen.com - juil.-août : lun.-sam. 9h30-18h30, dim. 10h-13h ; juin et sept. : lun.-sam. 9h30-12h30, 14h30-18h ; reste de l'année : lun.-sam. 9h30-12h30, 14h30-17h30 - fermé j. fériés.

Cette ancienne bastide (fondée par Alphonse de Poitiers en 1255) est un centre vinicole où règne l'animation des villes commerçantes. Plan en damier, place à couverts et nombreuses maisons médiévales, Renaissance et 17e s. aux alentours. Les quais de la Dordogne, au pied des vestiges de remparts, sont parfaits pour flâner à deux.

NOS ADRESSES À DURAS

HÉBERGEMENT

À proximité

BUDGET MOYEN

Hôtel L'Escapade – *La Grâce - 33220 Port-Ste-Foy-et-Ponchapt - 05 53 24 22 79 - www.escapade-dordogne.com - ouv. 2 fév.-14 oct. et fermé vend. et dim. soir en fév.-mars - - P - 11 ch. 52 € - 7 € - rest. 22/30 €.* Sur la route de Compostelle, ancienne ferme à tabac (17e s.) voisinant avec un centre équestre. Chambres rustiques, sauna, piscine d'été et silence de la campagne. Spécialités régionales servies dans une salle champêtre ou en terrasse.

Chambre d'hôte Mounica – *Domaine du Pech - 47120 Baleyssagues - 05 53 83 33 52 - www.domaine-du-pech.com - P - - 2 ch. 57 € .* Un joli parc bien entretenu avec piscine entoure cette maison de maître située aux portes de la Dordogne. Les chambres, sobrement élégantes et garnies de meubles chinés, et le salon (cheminée et tomettes anciennes) invitent au calme et à la détente. Accueil discret et attentionné.

RESTAURATION

À Duras

PREMIER PRIX

Le Don Camillo – *Pl. Marguerite-Duras - 05 53 83 76 00 - fermé 2 sem. en avr. et 2 sem. en nov. - - formule déj. 12 € (formule servie de sept. à juin) - juil.-août, carte seulement : 5 €/17,90 €.* Cette adresse toute simple du centre-ville est réputée dans le pays pour ses services de semaine imbattables : on y propose une cuisine familiale, délicieuse et plus que copieuse, à des prix particulièrement sages à midi… Le sourire et l'efficacité du personnel sont compris dans l'addition.

BUDGET MOYEN

Hostellerie des Ducs – *Bd J.-Brisseau - 05 53 83 74 58 - www.hostellerieducs-duras.com - fermé lundi sf le soir de juil. à sept.,* *dim. soir d'oct. à juin et sam. midi - ♿ - 15/44 € - 18 ch. 70/150 € - ☕ 10 €.* Cet ex-presbytère voisin du château propose une cuisine traditionnelle. Salle meublée en style Louis XIII, véranda. Chambres actuelles ; les nouvelles occupent une bâtisse du 13e s.

À proximité

PREMIER PRIX

Au Fil de l'Eau – *3 r. de la Rouquette - 33220 Port-Ste-Foy-et-Ponchapt - ✆ 05 53 24 72 60 - www.restaurantaufildeleau.com - fermé 2-16 mars, 8-30 nov., merc. soir d'oct. à mars, dim. soir sf juil.-août et lundi - 14/53 €.* La maison est d'allure un peu banale, certes, mais il fait bon s'attabler dans son intérieur refait, doté d'une véranda au bord de la Dordogne. Cuisine régionale actualisée.

ACHATS

Domaine de Baignac – *Lieu-dit Baignac - 47120 Baleyssagues - ✆ 05 53 83 77 59 - tlj sf dim. 9h-12h, 14h-19h - fermé j. fériés.* Les propriétaires de cette ferme traditionnelle vous feront découvrir comment la prune d'ente devient pruneau : visite des installations, dégustation gratuite puis passage par la boutique qui regorge de spécialités (pruneaux fourrés, enrobés de chocolat, à l'armagnac, etc.).

ACTIVITÉS

Bateau-promenade – *Rens. à l'office de tourisme.* Promenades commentées sur la Dordogne, avec arrêt possible au musée de la Batellerie.

Cyclotourisme en pays du Dropt – *Fiches téléchargeables sur www.lot-et-garonne.fr - rens. dans les offices de tourisme.* 5 circuits entre 53 et 102 km, et un itinéraire (60 km) reliant le Pays du Dropt à la voie verte du canal de Garonne.

Villeneuve-sur-Lot

23 466 Villeneuvois – Lot-et-Garonne (47)

NOS ADRESSES PAGE 516

S'INFORMER

Office du tourisme de Villeneuve-sur-Lot – *3 pl. de la Libération - BP 165 - 47304 Villeneuve-sur-Lot - ✆ 05 53 36 17 30 - www.tourisme-villeneuve-sur-lot.com - juil.-août : 9h30-12h30, 14h30-18h30, dim. 10h-13h ; mai-juin et sept. : tlj sf lun. et dim. 9h-12h, 14h-18h.* Brochure *(gratuite)* complète sur la ville, avec plan commenté avec les principales curiosités. Documentation sur la vallée du Lot. Visites guidées en été.

SE REPÉRER

Carte de microrégion C2 *(p. 484) – carte Michelin Départements 336 G3.*
À 33 km au nord-est d'Agen, par la N 21.

SE GARER
Inutile de vous aventurer en voiture dans les rues de la rive droite du centre-ville. Des parkings ont été aménagés aux abords *(voir le plan)*.

À NE PAS MANQUER
À Villeneuve, la porte de Pujols, le pont Vieux et la chapelle N.-D.-du-Bout-du-Pont ; les villages de Laparade et de Pujols d'où se dégage une vue splendide ; pour les gastronomes curieux : le musée du Pruneau à Grange-sur-Lot et celui du Foie Gras à Frespech.

ORGANISER SON TEMPS
Comptez 1h30 pour la visite de Villeneuve, après un tour au marché, le matin, si vous êtes de passage un mardi ou un samedi. Les circuits autour de la basse vallée du Lot et de Serres du bas Quercy occupent chacun une journée.

AVEC LES ENFANTS
Le Haras national de Villeneuve ; les grottes de Lastournelles et de Fontirou ; la ferme du Chaudron magique à Brugnac ; pour la détente : Dédal'Prune et Mam'zelle Prune à Granges-sur-Lot.

Cette ancienne bastide, qui a conservé son quadrillage de ruelles, s'étale sur les rives du Lot. Alentour, ce ne sont que moutonnement de verts coteaux fertilisés par la rivière, vignes et vergers à perte de vue. Nul doute, les cultures du pays de Serres portent leurs fruits… Il n'est qu'à goûter, pour s'en rendre compte, l'atmosphère de ses pantagruéliques marchés hebdomadaires.

Se promener

Portes de ville

Seuls vestiges des anciens remparts, les portes de Pujols et de Paris dressent leur haute silhouette au sud-ouest et au nord-est de la ville ancienne.

Toutes deux bâties en pierre et en brique, elles sont couronnées de créneaux et de mâchicoulis et couvertes d'un toit de tuiles brunes. La **porte de Pujols** (A2) comporte trois étages, avec fenêtres à meneaux. La **porte de Paris** (B1) permit une farouche résistance aux troupes de Mazarin, lors du siège de 1653.

Église Ste-Catherine B1

Cette église de brique de style roman-byzantin, à la fois imposante et quelque peu austère, fut consacrée en 1937. À l'intérieur, remarquez la suite de **vitraux** des 14e et 15e s. *(restaurés)* attribués à l'école d'Arnaud de Moles, maître émailleur de la cathédrale d'Auch. De belles **statues en bois doré** des 17e

UNE BASTIDE
Villeneuve (du gascon *bièle*, « bourgade » et *nave*, « nouvelle ») fut fondée en 1264 par **Alphonse de Poitiers**, frère de saint Louis, aux confins du Périgord et de la Guyenne. Servant de point d'appui aux places fortes échelonnées dans le haut Agenais, elle comptait parmi les plus vastes et les plus puissantes bastides du Sud-Ouest. La ville a conservé des maisons du Moyen Âge, notamment autour de la **place Lafayette**, place typique à cornières.

et 18e s. garnissent les quatre piliers de la nef (N.-D.-du-Rosaire, saint Joseph, sainte Madeleine et saint Jérôme), au-dessus de la porte du baptistère Ste-Catherine d'Alexandrie. Les fonts baptismaux en marbre, sous des rayons de lumière bleutée, se détachent nettement. Les peintures de la nef, due à **Maurice Réalier-Dumas** *(voir musée de Gajac)*, montrent une procession se dirigeant vers le chœur.

Pont des Cieutat (ou pont Vieux)

Ce pont aux arches inégales, construit au 13e s. par les Anglais, offre une vue pittoresque sur les bords du Lot et sur la **chapelle N.-D.-du-Bout-du-Pont** (B1), du 16e s., dont le chevet s'avance au-dessus de l'eau (à l'endroit, dit la légende, où un marin découvrit une statuette de la Vierge en plongeant pour dégager son embarcation mystérieusement arrêtée).

Musée de Gajac B2

2 r. des Jardins. ☎ 05 53 40 48 00 - ♿ - mat. et apr.-midi (mar. nocturne), w.-end apr.-midi - fermé 1er janv., 1er et 8 Mai, 14 Juil., 15 août, 25 déc. - 1 €.

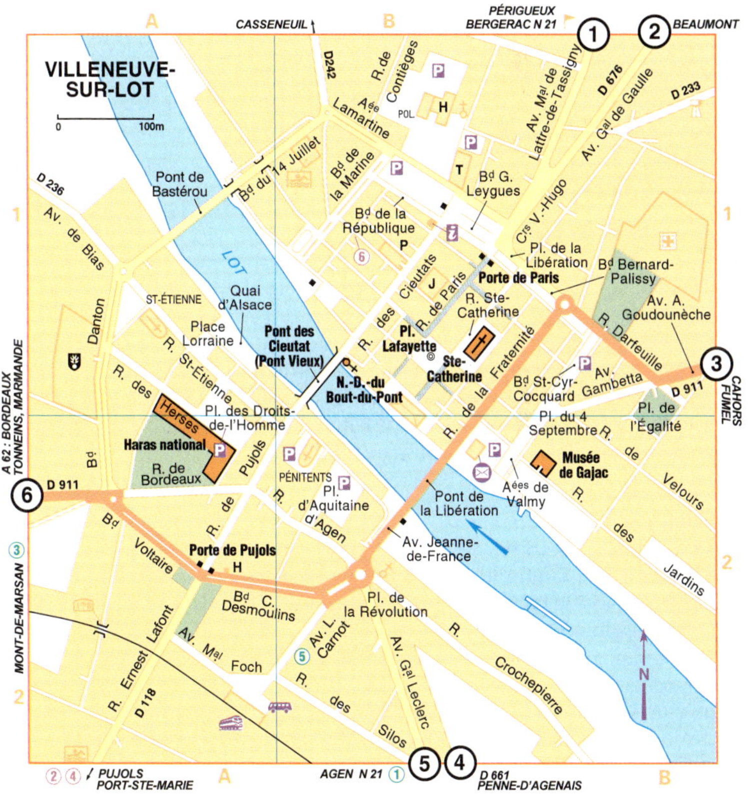

SE LOGER		SE RESTAURER	
Camping Le Pouchou	1	Auberge Lou Calel	2
Chambre d'hôte Château de la Seiglal	3	La Toque Blanche	4
Hôtel La Résidence	5	L'Amandine	6

Installé dans un ancien moulin surplombant le Lot, il présente des collections de peintures du 18e s. (école de Lebrun), du 19e s. (Maurice Réalier-Dumas, Hippolyte Flandrin, Eva Gonzalès et André Crochepierre) et du 20e s. (Henri Martin, Brayer). Il accueille aussi des expositions temporaires.

Haras national A1-2

Pl. des Droits-de-l'Homme - ♿ - ✆ 05 53 70 57 46 - www.haras-nationaux.fr.

Créé en 1804 au cœur de la ville, ce haras national avait alors pour vocation la remonte des armées. Aujourd'hui, l'élevage est orienté vers le cheval de sport. On y trouve des races de sang (anglo-arabe, selle français, arabe…) et des races de trait (trait breton, percheron et comtois).

À proximité Carte de microrégion

Ferme du Chaudron magique à Brugnac B2

26 km au nord-ouest de Villeneuve. ✆ 05 53 88 80 77 - www.chaudronmagique.fr - juil.-août : 10h-19h ; reste de l'année : 15h-18h - fermé 25 déc., 1er janv. - différents tarifs selon les activités (5,25 € à 12,50 €).

Cette vaste ferme pédagogique, agro-écologique, propose différentes visites et activités (« l'éleveur », « le fromager », « le boulanger », « le paysan ») qui raviront les tout-petits comme les plus grands : film, découverte des animaux d'élevage (une trentaine de races), traite des chèvres et soins aux chevreaux, fabrication de pain ou de fromage, plantes tinctoriales pour l'atelier mohair…

Itinéraires conseillés

LA BASSE VALLÉE DU LOT B-C2

65 km. Voir le circuit sur la carte de microrégion p. 484. Compter la journée. Quitter Villeneuve, au nord-ouest, par la D 242 en direction de Casseneuil.

« Entre Agen et Marmande, c'est un pays aussi beau que l'Italie, le charme des coteaux, la couleur de la terre, le costume, jusqu'au langage évoquent les rives de Florence et de Sienne. Le Lot-et-Garonne est la Toscane de la France », dixit Stendhal qui s'y connaissait en Italie. À part pour le costume, la définition vaut toujours. Une région à découvrir donc absolument.

Casseneuil C2

Visite guidée : vieux bourg, bord de la Lède, église en juil.-août, mar. et vend. mat. - rens. à l'office de tourisme au ✆ 05 53 41 13 33 - gratuit.

Bâtie dans un méandre au confluent de la Lède et du Lot, Casseneuil offre un charmant lacis de ruelles médiévales autour de son **église** qui renferme de belles fresques (13e-15e s.).

En contournant le bourg (en direction de St-Pastour puis Hauterive), belles perspectives sur les **maisons à loggias** (15e-16e s.) penchées vers la Lède ainsi que sur les jardins en terrasses. Vous profiterez des belles journées d'été pour pique-niquer au bord de l'eau ou vous adonner au canoë *(base nautique).*

Descendre au sud-ouest par la D 217 jusqu'à Ste-Livrade et bifurquer à droite dans la D 667. À 1 km, tourner à gauche vers Fongrave.

Fongrave B2

Le prieuré de Fongrave fut fondé en 1130 et placé sous la règle de Fontevraud, n'admettant que des religieuses de noble extraction. Dans son **église**, arrêtez-

vous devant le monumental **retable★** en chêne sculpté (17e s.) : des sarments de vigne s'enroulent autour des colonnes torses où rampent des serpents.
Rejoindre Castelmoron-sur-Lot à l'ouest. Prendre la D 249, puis la D 263 vers Laparade.

Laparade B2

Des remparts de cette bastide française commandant la vallée du Lot se dégage une **vue★** très étendue allant de Villeneuve-sur-Lot, à gauche, au confluent du Lot et de la Garonne, à droite *(table d'orientation)*. La rivière décrit des courbes au milieu des cultures et des vergers.
De Laparade, prendre la D 202 à l'ouest puis la D 911.

Clairac B2

Les pittoresques maisons à colombages sont les témoins du riche passé de Clairac. Siège d'une abbaye bénédictine, elle a maintes fois été détruite puis reconstruite au cours des guerres religieuses (les croisés reprennent la ville aux cathares en 1224, mais elle devient fief protestant en 1560).
Prendre la D 911 à l'est et suivre les panneaux annonçant le « musée du Pruneau », peu avant Granges-sur-Lot.

Musée du Pruneau à Granges-sur-Lot B2

Ferme Berino-Martinet - ✆ 05 53 84 00 69 - ♿ - visite guidée sur demande - de mi-mars à mi-oct. : lun.-sam. 9h-12h, 14h-19h, dim. et j. fériés 15h-19h ; de mi-oct. à mi-mars : lun.-sam. 9h-12h, 14h-18h30, dim. et j. fériés 15h-18h30 - fermé 15-30 janv., 1er janv. et 25 déc. - 3,70 € (-12 ans gratuit).

Le **musée**, au domaine du Grabach, entouré de pruniers d'ente, présente le matériel qui, il y a encore quelques années, servait au ramassage des prunes et à la préparation des pruneaux. Un film explique le déroulement de cette production ancestrale.

En fin de parcours, vous pourrez déguster les spécialités de la maison. À base de pruneaux, bien entendu !

En face, petits et grands se perdront avec joie dans le labyrinthe géant de maïs (15 000 m^2) **Dédal'Prune** *(juil-août : 9h-19h ; sept. : 9h-12h, 14h-19h - fermé de fin oct. à juin - de 3,90 à 4,40 €)*, pour 2h d'aventure, de jeu et de plaisir « à la recherche du pruneau perdu ». Et si ça ne leur suffit pas, le parcours de **Mam'zelle Prune** qui mêle jeu et pédagogie dans le verger de pruniers devrait leur plaire. *Pensez à être équipés de bonnes chaussures et de vêtements chauds en cas de mauvais temps (mêmes horaires que ceux du musée).*
Rejoindre la D 911 en direction de Villeneuve.

Temple-sur-Lot B2

La Commanderie du Temple de Breuil, qui donnera son nom à l'agglomération, fut fondée à la fin du 12e siècle, et reconstruite en briques toulousaines après la guerre de Cent Ans. Elle abrite aujourd'hui un bar-restaurant.

LES SERRES DU BAS QUERCY C-D 2-3

95 km. Voir le circuit sur la carte de microrégion p. 484. Compter la journée. Quitter Villeneuve au sud-ouest par la D 118.

Doux reliefs où s'égrènent le vert des cultures (maïs, vignes, sages rangées de pruniers…) et les bruns d'une terre rocailleuse qu'imitent les tuiles rondes des toits. En surplomb du monde, les villages se gardent du temps. Vues d'en haut, les vallées qui strient le paysage font penser à des serres d'oiseau.

Pujols C2

Ce très joli bourg ancien, perché sur un *pech* (colline) dominant Villeneuve, offre une belle **vue★** sur la large vallée du Lot, couverte de cultures maraîchères et d'arbres fruitiers. Une porte, aménagée sous une tour servant de clocher à l'église St-Nicolas, donne accès au vieux village encore enserré dans les restes de ses remparts du 13e s. Place forte, puis forteresse cathare à la fin du 13e s., le village médiéval fut détruit puis reconstruit au 14e s.

La nef de l'église Ste-Foy-la-Jeune sert de salle d'expositions.

Prendre à gauche dans la D 118 puis dans la D 220.

Grottes de Lastournelles C2

✆ 05 53 40 08 09 - visite guidée (45mn) - juil.-août : 10h-18h ; fév.-juin : 14h-18h ; oct.-janv. : sur RV - 5,50 € (-14 ans 3,50 €).

Des ossements découverts sur les lieux sont exposés à l'entrée dans des vitrines. Les galeries ont été creusées par le ruissellement souterrain. De petites stalactites en voie de formation tombent des voûtes ; parmi les sept salles, celle des Colonnes est ornée de robustes piliers.

Atteindre la D 212 où l'on tourne à gauche, puis tourner encore à gauche en direction de St-Antoine-de-Ficalba.

Grottes de Fontirou C2

✆ 05 53 41 73 97/40 15 29 - www.grottes-fontirou.com - visite guidée juil.-août : 10h-12h30, 14h-18h ; de Pâques à juin : 14h-17h30 ; reste de l'année : dim. sur RV et en fonction de la météo - 6 € (enf. 4,50 €).

Les galeries et salles creusées dans le calcaire gris de l'Agenais sont ornées de concrétions, colorées en ocre-rouge par l'argile, parmi lesquelles se détachent des stalagmites blanches. Des ossements d'animaux de l'époque tertiaire, retrouvés sur place, sont rassemblés dans l'une des salles.

Rejoindre la N 21, tourner à droite, puis prendre à gauche la D 110.

La route traverse les **serres**, collines calcaires séparées par de larges vallées. On passe par **Laroque-Timbaut**, petite localité qui a conservé de vieilles demeures (dans sa partie sud) et des anciennes halles.

Continuer sur la D 110.

Puymirol C3

Perché sur une colline qui domine la vallée de la Séoune, un village de maisons de pierre blanche, coiffées de tuiles brun-roux. Des remparts, jolie vue sur les plantureuses plaines de l'Agenais.

La D 16 mène à St-Maurin.

Le pont de Villeneuve-sur-Lot à la nuit tombante.
M.-H. Carcanague / MICHELIN

St-Maurin D3

Le village étage ses maisons coiffées de tuiles rondes au pied de tours carrées. L'une à mâchicoulis, flanquée d'une tourelle *(actuelle mairie)*, l'autre à deux étages d'arcatures aveugles, sont les vestiges d'une importante abbaye clunisienne. L'église de style gothique, remaniée au 17e s., conserve de beaux chapiteaux historiés.
Continuer sur la D 16, puis prendre la D 122.

Beauville D2

i Pl. de la Mairie - 47470 Beauville - ✆ 05 53 47 63 06 - www.ot-beauville.com - de mi-juin à mi-sept. : mar.-sam. 9h30-12h30, 14h-18h, dim. 9h30-12h ; reste de l'année : mar.-sam. 9h-12h - fermé j. fériés.
Cette bastide perchée est aussi jolie que son nom. Sur sa place à arcades alternent maisons de pierre et maisons à pans de bois. Parcourez le chemin de ronde. À l'extrémité de l'éperon se trouve un château Renaissance avec tour à mâchicoulis.
Revenir à la D 122 puis, au carrefour avec la D 656, suivre Frespech, au nord.

Frespech C2

Entouré de murailles du 11e s. (renforcées durant la guerre de Cent Ans), ce petit village plein de charme conserve une église romane du 11e s. ainsi que quelques vieilles maisons de pierre.
À 3,5 km de Frespech, dans la ferme de Souleilles, le chaleureux **musée du Foie Gras** réconcilie le visiteur avec la pratique du gavage. Au programme, panneaux didactiques, scènes historiées, vidéo et coups d'œil sur la poussinière et la salle de gavage, suivis d'une dégustation de spécialités maison… *✆ 05 53 41 23 24 - www.souleilles-foiegras.com - ♿ - juil.-août : 10h-19h ; sept.-juin : lun.-sam. 10h-19h, dim. et j. fériés 15h-19h - fermé 1er janv. et 25 déc. - 4 € comprenant visite + dégustation (-12 ans gratuit) ; billet combiné avec le musée du Pruneau 5 €.*
Prendre à droite la direction de Hautefage-la-Tour.

LA ROBE DE SERGENT

C'est le nom que l'on donnait au 18e s. à la **prune violette d'ente** (du verbe enter, « greffer ») qui, mise à sécher, donne le pruneau. Elle serait venue de Syrie dans les bagages des croisés et aurait été acclimatée à la région par les moines de Clairac.
C'est aux alentours de **Villeneuve-sur-Lot** que se trouve le véritable pays de la prune d'ente. Mais Agen, plus grand port fluvial du Lot-et-Garonne oblige, a donné son nom au petit fruit sec, exporté par bateau loin de son Clairac natal. Le « pruneau d'Agen » vit ainsi le jour.

Hautefage-la-Tour C2

Vous voyez de loin Hautefage où pointe une haute tour hexagonale Renaissance qui sert de clocher à l'**église**. Sur la placette, en contrebas, plantée de beaux platanes, se trouvent un ancien lavoir et une fontaine de pèlerinage. Un havre de paix hors du temps.

La D 103, la D 223 à gauche, puis la N 21 à droite ramènent à Villeneuve-sur-Lot.

NOS ADRESSES À VILLENEUVE-SUR-LOT

HÉBERGEMENT

À Villeneuve-sur-Lot

PREMIER PRIX

Hôtel La Résidence – *17 av. L.-Carnot - ✆ 05 53 40 17 03 - www.hotellaresidence47.com - fermé 27 déc.-5 janv. - 18 ch. 30/60 € - ☕ 6,50 €.* Aux portes de la bastide médiévale, hôtel convivial offrant un hébergement simple. Les chambres côté cour, claires et calmes, ont l'avantage de donner sur les jardins voisins.

À proximité

PREMIER PRIX

Camping Le Pouchou – *47370 Courbiac - 1,8 km à l'O par rte de Tournon-d'Agenais et chemin à gauche - ✆ 05 53 40 72 68 - www.camping-le-pouchou.com - ♿ - 🚭 - réserv. conseillée - 20 empl. 16,50 €.* Cette ferme qui jouxte un petit étang propose un espace dédié au camping simple ainsi qu'une partie locative composée de chalets en bois, avec ou sans sanitaires, parfois très bien équipés (possibilité de les louer à la nuitée sauf en juillet et en août).

POUR SE FAIRE PLAISIR

Chambre d'hôte Château de la Seiglal – *Château de la Seiglal - 47380 Monclar-d'Agenais - ✆ 05 53 41 81 30 - www.chateau-de-la-seiglal.fr - 🅿 - 🚭 - 5 ch. 69 € ☕.* Bien-être et convivialité caractérisent cette belle demeure du 19e s. entourée d'arbres centenaires. Vous aimerez ses confortables chambres, baptisées du nom des cinq sœurs du propriétaire, avec vue sur le parc et les prairies. Table d'hôte chaleureuse dans la salle à manger aux meubles et à la cheminée ouvragés.

RESTAURATION

À Villeneuve-sur-Lot

PREMIER PRIX

L'Amandine – *60 r. Casseneuil - ✆ 05 53 70 10 37 - 5/10 € - fermé lun.* Boulangerie-pâtisserie-salon de thé, cette adresse sans prétention permet de combler les petites faims et les ventres gourmands : sandwichs, tartes salées ou sucrées, chocolats et macarons faits maison à petits prix. Vente à emporter ou sur place grâce aux quelques tables disposées dans l'annexe.

À proximité

BUDGET MOYEN

Lou Calel – *Le bourg - 47300 Pujols - ✆ 05 53 70 46 14 - restaurantloucel@orange.fr - fermé 10-17 juin, 7-22 oct., 7-22 janv., mar. et merc. - 24/40 €.* Cette auberge située dans le village vous accueille dans deux salles rustiques (dont une panoramique) ou sur sa terrasse surplombant la vallée du Lot. Goûteuse cuisine du terroir.

POUR SE FAIRE PLAISIR

L'Air du Temps – *Mounet - 47140 Penne-d'Agenais - ✆ 05 53 41 41 34 - www.restaurant-lairdutemps.fr - fermé 2 sem. en fév., 1 sem. fin oct., 1 sem. en nov. - ♿ - P - formule déj. 14 € - 26/39 €.* Cette ferme en brique et pierre du Lot est exquise : le restaurant est très « cosy » avec ses multiples recoins, son décor mi-rustique, mi-moderne, et ses deux délicieuses terrasses où l'on s'attarde volontiers pour déguster les bons petits plats maison. Accueil charmant.

EN SOIRÉE

Bon à savoir – Au cœur de Villeneuve-sur-Lot, **la place Lafayette** ou « place des Cornières », est l'objet d'une animation intense. Les rues autour d'elle sont très commerçantes. On y trouve les bars où les couche-tard trouvent refuge.

ACHATS

Marchés – Marché traditionnel (mar. et sam.) et marché des producteurs (vend. à partir de 17 h en juil.-août) pl. Lafayette. Marché bio merc. pl. d'Aquitaine.

Marché au gras – *Mar. et sam., de nov. à mars,* sous la halle.

Marché paysan de la ferme Souleilles – *Souleilles - musée du Foie Gras - 47140 Frespech - ✆ 05 53 41 23 24 - www.souleilles-foiegras.com - Marché paysan de déb. juil. à déb. sept. : vend. 9h-15h ; 1er vend. d'août : Festa Occitana avec concert et bal occitans gratuits.* Au menu : poulets à la ficelle, escargots, foie gras, confits, armagnac, fruits, légumes… L'idéal est de venir à l'heure du déjeuner et de pique-niquer.

La Boutique des Pruneaux – *Pl. de la Libération - ✆ 05 53 70 02 75 - www.boutique-des-pruneaux.fr - tlj sf dim. apr.-midi 9h-12h, 14h-19h.* Cette boutique située au pied de la porte de Paris est spécialisée dans les pruneaux et ses dérivés. Épicerie fine, vieux armagnacs de propriétaires, produits du terroir, chocolats fins et conserves sélectionnées attendent également les amateurs de bonne chère.

Maitre Prunille S.A. – *Sauvaud - 47440 Casseneuil - ✆ 05 53 36 19 11 - www.maitreprunille.com - Boutique : lun.-vend. 9h30-12h, 14h-19h.* Calibrage du fruit, réhydratation, reconditionnement… la culture et la transformation de la prune n'ont pas de secret pour Maître Prunille, plus gros producteur de prunes français. À découvrir dans sa boutique : pruneaux, fruits secs, produits régionaux, etc.

ACTIVITÉS

Aviron Villeneuvois – *Quai d'Alsace - ✆ 05 53 49 18 27 - accueil : lun.-vend. 9h-12h, 14h-17h.* Situé en plein centre-ville, ce club d'aviron organise en juillet et août des promenades en bateaux électriques et randonnées en canoë sur le Lot.

Penne-d'Agenais

★

2 415 Pennois – Lot-et-Garonne (47)

NOS ADRESSES : VOIR VILLENEUVE-SUR-LOT PAGE 516

S'INFORMER
Office du tourisme de Penne d'Agenais – *R. du 14-Juillet - 47140 Penne-d'Agenais - ✆ 05 53 41 37 80 - www.penne-tourisme.com - juil.-août : lun.-sam. : 9h-12h30, 14h-18h30, dim. et j. fériés : 14h-18h - fermé 1er Mai.*

SE REPÉRER
Carte de microrégion C2 *(p. 484) – carte Michelin Départements 336 G3.*
À 9 km à l'est de Villeneuve-sur-Lot par la D 911.

SE GARER
Stationnez à l'entrée du vieux centre (ville haute), place Gambetta. La balade se fait à pied, d'ailleurs mieux vaut éviter les chaussures à talons hauts, elles supporteraient mal la montée.

À NE PAS MANQUER
La vue sur la vallée du Lot, derrière l'église N.-D.-de-Peyragude ; Tournon-d'Agenais, une bastide située sur les hauteurs.

ORGANISER SON TEMPS
Si vous aimez la tranquillité, mieux vaut visiter Penne hors saison, avant que le village ne soit envahi par les nombreux artisans et visiteurs.

« Penne » signifie la colline, on se rend vite compte que son nom lui va comme un gant ! Des petites rues montent jusqu'à cette drôle d'église à coupole argentée. Difficile de ne pas se laisser séduire par la rose Penne, jolie vigile au-dessus des coteaux fertiles de l'Agenais. Une bien bonne balade en perspective !

Se promener

Place Gambetta

Avec sa terrasse ombragée, c'est un bon point de départ pour faire le tour de Penne. La porte de la ville s'ouvre sous deux belles maisons du 16e s., dont l'une a longtemps servi de prison consulaire.

Franchir la porte (tout de suite à droite, le passage couvert devant l'office de tourisme mène à la place Aliénor-d'Aquitaine) et suivre la rue du 14-Juillet, puis, à gauche, la rue Notre-Dame.

N.-D.-de-Peyragude

Ce sanctuaire moderne, plutôt anachronique (il est de style néoroman-byzantin), se dresse au sommet de la colline. De là, vue étendue sur la vallée du Lot.

De nombreux pèlerins de St-Jacques viennent saluer la Vierge à N.-D.-de-Peyragude, entre mai et juin.

Contourner l'église et longer les quelques pans de mur qui constituent les vestiges du château fort.

★ Point de vue

De la table d'orientation, on domine la vallée du Lot, de Villeneuve à Fumel ; la vue porte au loin sur le haut Quercy.

S'engager dans la rue de Peyragude.

Cette rue, livrant de belles échappées à droite, mène à la porte de Ferracap.

Rue de Ferracap

Cette rue ainsi que les ruelles adjacentes sont bordées de belles maisons rénovées, certaines à colombages et à encorbellement. Le voisinage du gibet a valu son nom à la porte de Ferracap (cap... c'est la tête. Fer au cap : faites la traduction).

Place Paul-Froment

Pour prendre le temps d'un verre et d'une expo, vous trouverez ici un café et des salles d'exposition.

Emprunter la rue entre l'église et la mairie.

Porte de Ricard

L'ancienne porte fortifiée tire son nom de Richard Cœur de Lion (« Ricard » en langue d'oc) qui apporta à la cité ses premières fortifications.

Revenir place Gambetta, à droite.

À proximité Carte de microrégion

Tournon-d'Agenais D2

16 km à l'est par la D 661.

Sur la crête d'une colline proche de la vallée du Lot, c'est ce qu'on appelle un **site★**. Au fur et à mesure que vous pénétrez dans le bourg, vous découvrez l'ancienne ligne des remparts (aménagée en promenade) sur lesquels se sont établies des maisons. La localité a gardé son plan de bastide avec ses rues étroites se coupant à angle droit. Du petit jardin public, jolie **vue** sur la vallée du Boudouyssou cultivée de vigne et de maïs *(table d'orientation)*. Remarquez, sur le beffroi, l'horloge lunaire.

Moulin de Lustrac D2

10 km au nord-ouest par la D 159 puis la D 243. Tourner à gauche à Clauzade.

Dépendance du château du même nom, ce moulin fortifié du 13e s. a conservé ses meules et vannes. Des abords, agréable point de vue sur les méandres du Lot.

Monflanquin

★

2 258 Monflanquinois – Lot-et-Garonne (47)

NOS ADRESSES PAGE 525

S'INFORMER

Office du tourisme de Monflanquin – *Pl. des Arcades - ✆ 05 53 36 40 19 - www.cc-monflanquinois.fr - juil.-août : 10h-13h, 14h-19h ; mai-juin et sept. : lun.-sam. 10h-12h, 14h-18h ; oct.-avr. lun.-sam. 10h-12h, 14h-17h.* C'est en compagnie du guide troubadour Janouille la Fripouille que vous découvrirez Monflanquin. Le soir, la visite se fait aux flambeaux. En été, visite-spectacle avec jongleurs et troubadours.

SE REPÉRER

Carte de microrégion C1 *(p. 484) – carte Michelin Départements 336 G2.*
À 17 km au nord de Villeneuve-sur-Lot par la D 676.

À NE PAS MANQUER

Le musée des Bastides, pour tout savoir sur ces villes caractéristiques de la région ; la forteresse de Gavaudun, sur son éperon rocheux.

ORGANISER SON TEMPS

Il faut quelques heures pour visiter la ville et son musée. En saison, de nombreuses animations sont organisées à Monflanquin et dans les villages alentour.

AVEC LES ENFANTS

Le musée des Bastides, les visites-spectacles de la ville ; une promenade en gabare au départ de Fumel *(voir la rubrique « Activités » dans « Nos adresses » à Monflanquin).*

Aux confins du Périgord et de la Guyenne, le Pech de Monflanquin s'élève fièrement au cœur d'une paisible et charmante campagne. Dans cette ancienne bastide du 13e s., où se serrent les maisons aux toits de tuiles rondes, il fait bon flâner dans les ruelles à l'atmosphère médiévale.

Se promener

Bon à savoir – Des panneaux vous informeront sur l'histoire de la ville au cours de vos déambulations *(plan disponible à l'office de tourisme).*

Autour de la **place des Arcades** se déploient les *carrétots*, ruelles parfois enjambées par des *pontets* formant des passages couverts. Restaurée, la place est fermée à la circulation en été, pour mieux profiter de ses agréables terrasses.

À l'emplacement des anciens remparts, démantelés sur ordre de Richelieu, une **promenade** a été aménagée : on y profite d'une jolie vue sur le paysage vallonné alentour (table d'orientation à côté de l'église).

Musée des Bastides

Au-dessus de l'office de tourisme - pl. des Arcades - ✆ 05 53 36 40 19 - http://bastides.free.fr. - juil.-août : 10h-13h, 14h-19h ; mai-juin et sept. : lun.-sam. 10h-12h, 14h-18h ; oct.-avr. : lun.-sam. 10h-12h, 14h-17h - 4 € (-12 ans gratuit).

UNE BASTIDE
Monflanquin fut fondée en 1256 par Alphonse de Poitiers, frère de saint Louis, sur une colline *(pech)* à la limite des possessions anglaises du duché d'Aquitaine. Elle tombe sous administration anglaise dès le **Traité d'Amiens** (1279) et, pendant la Guerre de Cent ans, passera tour à tour aux mains des Français et des Anglais. Monflanquin devient l'un des principaux bastions huguenots de la région ; l'église Notre-Dame est incendiée par les calvinistes en 1569. Aujourd'hui c'est l'un des « plus beaux villages de France » et une « station verte de vacances ».

Une muséographie moderne et interactive pour expliquer l'apparition des villes nouvelles aux 13e-14e s. dans le Sud-Ouest de la France, leur urbanisme, leur organisation sociale, leur rôle dans la société médiévale : maquettes, documents audiovisuels… Vous en ressortirez avec l'envie de (re)découvrir Monflanquin et d'aller voir d'autres bastides…
Pour en savoir plus sur les bastides, voir p. 83.

À proximité Carte de microrégion

Sauveterre-la-Lémance D1

33 km au nord-est par la D 124, puis la D 710.
Édouard Ier, roi d'Angleterre et duc d'Aquitaine, y fit bâtir une **forteresse** à la fin du 13e s. pour protéger ses domaines face au royaume de Philippe le Hardi.
Musée de Préhistoire mésolithique L.-Coulonges – *05 53 40 73 03 - juin-août : mar.-vend. mat. et apr.-midi, sam. et dim. apr.-midi ; avr. et sept.-oct. : lun.-vend. apr.-midi ; reste de l'année sur demande préalable - fermé 1er Mai - 3 € (-16 ans 2 €).* Il retrace les découvertes archéologiques effectuées de 1920 à nos jours dans la vallée de la Lémance, riche en vestiges de l'époque des derniers chasseurs-cueilleurs. Présentation des techniques préhistoriques de fabrication des outils *(vidéo 16mn)*.

Itinéraire conseillé C1 D1-2

80 km. Voir le circuit sur la carte de microrégion p. 484. Compter une journée.
Quitter Monflanquin par le nord (D 676).

Villeréal C1

Pl. de la Halle - 47210 Villeréal - 05 53 36 09 65 - www.villereal-tourisme.com - juil.-août : lun.-sam. 10h-12h30, 15h-18h30, dim. 10h-12h ; reste de l'année : mar.-sam. 10h-12h, 14h-17h - fermé lun., dim. et j. fériés.
Cette bastide fondée en 1269, elle aussi par Alphonse de Poitiers, a conservé son plan initial, avec des rues en angle droit, des maisons à encorbellement et à toit débordant. Sur la place centrale, **halles à étage** (14e s.) supportées par des piliers de chêne. Édifiée au 13e s., l'**église fortifiée** possède une haute façade encadrée de deux tours couronnées de clochetons pointus et reliées par un chemin de ronde crénelé ; la tour de gauche est percée de meurtrières.
Au pied du village de Villeréal, équipements de loisirs au bord d'un **lac**.
Suivre au sud-est la D 255 jusqu'à Lacapelle-Biron, puis prendre la D 150.

LE FAÏENCIER ANIMALIER

Bernard Palissy (1510-1590), né à St-Avit près d'Agen, est certes l'auteur d'ouvrages techniques et philosophiques, mais il est surtout connu comme verrier et potier. Au prix d'un labeur acharné et de sacrifices très lourds – on raconte qu'il brûla même ses meubles pour alimenter ses fours –, il s'acharna à retrouver la composition de l'émail. Eurêka ! il réussit à mettre au point une poterie intermédiaire entre la faïence italienne et la terre vernissée. Ses bassins décorés en « rustique » (moulages colorés de serpents, lézards, poissons, écrevisses...) lui valurent un vif succès.
Foire à la poterie à St-Avit – Chaque année le 2e dim. d'août.

St-Avit D1

Dans ce hameau de pierre couleur terre de Sienne, à l'église couverte de lauzes et aux maisons anciennes aux toits patinés, **Bernard Palissy** *(voir le musée des Beaux-Arts à Agen)* est à l'honneur. Le **musée** qui porte son nom présente un diaporama sur sa vie ainsi que des collections de céramiques anciennes et contemporaines. Chaque année *(de mai à octobre)* a lieu une grande exposition. *✆ 05 53 40 98 22 - www.ceramique.com/Palissy - mai-sept. : apr.-midi sf mar. ; oct.-avr. : dim. apr.-midi - fermé 1er janv., Pâques, 1er Mai, 1er nov. et 25 déc. - 3,20 € (-18 ans 1,60 €, -12 ans gratuit).*

La D 150 court entre Lède et bois escarpés où affleure la roche claire. De rares demeures se cachent derrière de sages haies.

Gavaudun D1

Ce très beau **site★** dans l'étroite et sinueuse vallée de la Lède, entre plaine du Lot et vallée de la Dordogne, fut un haut lieu de l'histoire de l'Agenais. L'impressionnant **donjon** crénelé (11e et 13e s.) du château fort semble véritablement né de la roche, sur laquelle il dresse ses six étages. *✆ 05 53 40 04 16 - juil.-août : visite guidée (1h) tte la journée ; juin et sept. : w.-end tte la journée - 4 €.*

St-Sardos-de-Laurenque D1

L'**église** du 12e s. présente un intéressant portail sculpté, aux chapiteaux ornés d'animaux et de personnages et à la frise décorée de poissons. Remarquables chapiteaux également dans la nef romane. *✆ 05 53 40 04 16 - juil.-août : tte la journée ; avr.-juin : apr.-midi sf jeu.- clé disponible à la mairie - possibilité de visite guidée sur demande.*

Revenir à Gavaudun pour continuer sur la D 150, puis prendre la D 162 vers Fumel.

★★ Château de Bonaguil D1

✆ 05 53 71 90 33 - www.bonaguil.org - juil.-août : 10h-19h ; avr.-mai et oct. : 10h30-12h30, 14h-17h30 ; juin-sept. : 10h-12h30, 14h 18h - fermé janv. - 6 € (-7 ans gratuit). En été, nombreux ateliers découverte organisés dans les salles - visite nocturne contée.

On pénètre dans le château par la **barbacane**, énorme bastion qui avait sa garnison autonome, ses magasins et son arsenal. La barbacane faisait partie de la première ligne de défense, longue de 350 m, dont les bastions permettaient le tir rasant grâce à des canonnières.

La seconde ligne se composait de cinq tours, dont la « **Grosse Tour** » qui est l'une des plus importantes tours de plan circulaire jamais construites en France. Haute de 35 m, couronnée de corbeaux, elle servait à ses étages supérieurs de logis d'habitation, tandis que ses étages inférieurs étaient équipés de mousqueteries, couleuvrines, arquebuses, etc.

Le château de Bonaguil, un bel exemple d'architecture militaire.
S. Sauvignier / MICHELIN

Dominant ces deux lignes, ultime bastion de la défense, le **donjon** à pans coupés était le poste de guet et de commandement. Ni circulaire ni carré, il a la forme d'un vaisseau dont la proue est tournée vers le nord, secteur le plus vulnérable. À l'intérieur, une salle abrite des armes et des objets provenant de fouilles effectuées dans les fossés. Panorama depuis la terrasse.
Un puits taillé dans le roc, des dépendances (dont un fournil) où l'on accumulait les provisions, des cheminées monumentales, un réseau d'écoulement des eaux fort bien conçu, des fossés intérieurs secs, voire des tunnels admirablement voûtés constituant de véritables axes de circulation rapide des troupes, permettaient à près d'une centaine d'hommes de soutenir un siège (ce qui n'arriva jamais).

BONAGUIL, GLOIRE ET PUISSANCE D'UN CHÂTEAU

L'orgueil de Roquefeuil – « Par Monseigneur Jésus et tous les Saincts de son glorieux Paradis j'eslèveroi un castel que ni mes vilains subjects ne pourront prendre, ni les Anglais s'ils ont l'audace d'y revenir, voire même les plus puissants soldats du Roy de France », proclame, en 1477, Béranger de Roquefeuil. Fils de l'une des plus anciennes familles du Languedoc, l'orgueilleux baron ne lésine ni sur les exactions ni sur les violences. Mais ses sujets se révoltent ! Béranger fait alors transformer le château de Bonaguil, qui existait depuis le 13e s., en une forteresse inexpugnable.
Un fort inébranlable – Il fallut quarante ans à Roquefeuil pour édifier ce nid d'aigle, déjà anachronique à une époque où la mode tend à la demeure de plaisance. Mais Bonaguil présente la particularité d'offrir, sous la carapace traditionnelle des châteaux forts, une remarquable adaptation aux techniques nouvelles des armes à feu : canonnières et mousqueteries. Jamais attaqué, c'est l'un des plus parfaits spécimens de l'architecture militaire de la fin du 15e s. et du 16e s. La Révolution, dans son ardeur à supprimer les symboles de l'Ancien Régime, démantèlera et découronnera bien le colosse, mais sans pour autant réussir à le déposséder de sa puissance.

Fumel D2

Pl. Georges-Escande - 47500 Fumel - 05 53 71 13 70 - www.tourisme-fumelois.fr - de mi-juin à mi-sept. : lun.-sam. 10h-18h30, dim. 10h-12h30 ; avr.-juin et sept.-oct. : lun.-vend. 10h-12h, 14h-17h ; nov.-mars : mar. 14h-17h, merc.-vend. : 10h-12h, 14h-17h - fermé j. fériés.

Au 11e s., les barons de Fumel y firent bâtir un château et l'habitèrent jusqu'au début du 19e s. Il abrite aujourd'hui la mairie, mais les jardins et les terrasses sont ouverts au public. Le **baron de Langsdorff** (l'amateur de renards, propriétaire du château par mariage depuis le 19e s.) ayant rapporté de ses chasses à l'étranger diverses essences d'arbres et d'arbustes, vous pourrez découvrir, en contrebas du château, une végétation très variée.

En descendant du château vers le Lot, vous rencontrerez de vieilles maisons. Des promenades sont aménagées le long de la rivière.

En saison, vous pouvez également découvrir la vallée du Lot sur l'eau, grâce à un parcours commenté *(1h30)* d'une quinzaine de kilomètres à bord d'une gabare *(voir la rubrique « Activités » dans « Nos adresses à Monflanquin »).*

Sortir de Fumel par l'av. Léon-Blum.

LE SAVIEZ-VOUS ?

Au fond d'une niche de pierre, dans le jardin du **château de Fumel**, un renard dresse l'oreille, aux aguets. La statue marquait, à l'origine, le point de départ d'une chasse à courre qu'appréciait tout particulièrement l'ancien propriétaire : celle au renard !

Monsempron-Libos D2

Ce village fortifié du 12e s. perché sur une butte possède une **église★** romane, vaste mais très sobre. Elle serait construite à l'emplacement (ou à côté) d'un temple de Cybèle, déesse de la Fécondité. Si déesse il y eut, elle lui a donné son caractère réconfortant, la douceur des formes (gros piliers cylindriques, absidioles couvertes de coupoles rondes…).

Au pied de Monsempron la Médiévale, la ville industrielle de Libos dresse ses hautes cheminées d'usine.

Regagner Monflanquin par la D 124.

NOS ADRESSES À MONFLANQUIN

HÉBERGEMENT

BUDGET MOYEN

Chambre d'hôte Domaine de Majoulassie – *Lieu-dit Majoulassie - 47150 Gavaudun - 05 53 40 34 64 - www.villereal-tourisme.com/majoulassie - P - 5 ch. 50/60 € - rest. 22 €.* Un ruisseau, des bois, de la verdure, un vieux moulin et un étang de pêche composent l'environnement bucolique à souhait de cette longue bâtisse qui jadis tenait lieu de papeterie. Les chambres, d'un confort des plus simples, possèdent un petit balcon et de grandes salles de bains neuves.

Domaine de Guillalmes – *47500 Condat - 05 53 71 01 99 - www.holidayvillagelot.com - fermé nov.-fév. - 18 chalets - P - 65/90 € - 7 € - rest. 11/25 €.* Ce domaine riverain des eaux du Lot est l'adresse idéale pour se mettre au vert. Les chambres, aménagées dans des chalets individuels, sont toutes équipées d'un salon, d'une cuisinette et d'une terrasse. Côté détente : tennis, base nautique, jolie piscine avec jacuzzi et pataugeoire, etc.

POUR SE FAIRE PLAISIR

Chambre d'hôte Domaine du Moulin de Labique – *Rte de Villeréal - 47210 St-Eutrope-de-Born - 05 53 01 63 90 - www.moulin-de-labique.fr - fermé 17-23 nov. - P - 6 ch. 90/115 € - 10 € - rest. 25/31 €.* Domaine paisible, bordé par un ruisseau et agrémenté d'une piscine, d'un potager et d'un coin pêche. Belles chambres logées dans la maison, l'écurie et la grange. Servie dans une salle à manger champêtre, la cuisine honore joliment le terroir.

RESTAURATION

À Monflanquin

BUDGET MOYEN

La Tonnelle – *Pl. du 8-Mai - 05 53 71 63 54 - http://tonnelle.free.fr - fermé janv.-14 fév., dim. soir, lun. et mar. sf juil.-août - P - formule déj. 12 € - 20/33 €.* Le chef de ce restaurant concocte une cuisine traditionnelle parfaitement maîtrisée à partir de produits frais. Vous pourrez la découvrir dans la salle à manger ornée d'une exposition de tableaux ou sur la délicieuse terrasse agrémentée d'une petite fontaine et de beaux rosiers grimpants.

À proximité

PREMIER PRIX

Auberge le St-Hubert – *Rte de Périgueux - 47500 Cuzorn - 05 53 40 91 85 - fermé dim. soir, lun., les soirs hors saison mar.-jeu. - P - formule déj. 11 € - 15/34 €.* Le grand parking situé devant cet établissement des années 1970 est très pratique. Selon la saison, vous vous attablerez dans la salle à manger réchauffée par de belles flambées, ou sur la terrasse tournée vers la campagne. Cuisine simple, traditionnelle.

ACHATS

Marché de Monflanquin – Chaque jeudi matin, depuis 1256 ! Nocturnes en été.

ACTIVITÉS

Promenade commentée en gabare – *Dép. de Fumel - de mi-juin à mi-sept. : 11h, 15h, 17h - réserv. à l'office de tourisme - 05 53 71 13 70 - 6 € (4-10 ans 4 €).*

Notes

Notes

INDEX GÉNÉRAL

Bordeaux : villes, curiosités et régions touristiques.
Albret, Jeanne d' : noms historiques ou termes faisant l'objet d'une explication.
Les sites isolés (châteaux, abbayes, grottes...) sont répertoriés à leur propre nom.
Nous indiquons par son numéro, entre parenthèses, le département auquel appartient chaque ville ou site. Pour rappel :
33 : Gironde
40 : Landes
47 : Lot-et-Garonne
64 : Pyrénées-Atlantiques

A

INDEX GÉNÉRAL

C

F

G

H

N

O

P

Q

R

S

T

CARTES ET PLANS

CARTE GÉNÉRALE

Premier rabat de couverture

CARTES DES RÉGIONS

PLANS DE VILLE

CARTES THÉMATIQUES

CARTES DES ITINÉRAIRES

CHANGEMENT DE NUMÉROTATION ROUTIÈRE !

Sur de nombreux tronçons, les routes nationales passent sous la direction des départements. Leur numérotation est en cours de modification. La mise en place sur le terrain a commencé en 2006 mais devrait se poursuivre sur plusieurs années. De plus, certaines routes n'ont pas encore définitivement trouvé leur statut au moment où nous bouclons la rédaction de ce guide.

LÉGENDE DES CARTES ET PLANS

Curiosités et repères

- Itinéraire décrit, départ de la visite
- Église
- Mosquée
- Synagogue
- Monastère - Phare
- Fontaine
- Point de vue
- Château - Ruine ou site archéologique
- Barrage - Grotte
- Monument mégalithique
- Tour génoise - Moulin
- Temple - Vestiges gréco - romains
- Temple : bouddhique - hindou
- Autre lieu d'intérêt, sommet
- Distillerie
- Palais, villa, habitation
- Cimetière : chrétien - musulman - israélite
- Oliveraie - Orangeraie
- Mangrove
- Auberge de jeunesse
- Gravure rupestre
- Pierre runique
- Église en bois
- Église en bois debout
- Parc ou réserve national
- Bastide

Sports et loisirs

- Piscine : de plein air - couverte
- Plage - Stade
- Port de plaisance - Voile
- Plongée - Surf
- Refuge - Promenade à pied
- Randonnée équestre
- Golf - Base de loisirs
- Parc d'attractions
- Parc animalier, zoo
- Parc floral, arboretum
- Parc ornithologique, réserve d'oiseaux
- Planche à voile, kitesurf
- Pêche en mer ou sportive
- Canyoning, rafting
- Aire de camping - Auberge
- Arènes
- Base de loisirs, base nautique ou canoë-kayak
- Canoë-kayak
- Promenade en bateau

Informations pratiques

- Information touristique
- Parking - Parking - relais
- Gare : ferroviaire - routière
- Voie ferrée
- 1 Ligne de tramway
- Départ de fiacre
- Métro - RER
- Station de métro (Calgary, ...) (Montréal)
- Téléphérique, télécabine
- Funiculaire, voie à crémaillère
- Chemin de fer touristique
- Transport de voitures et passagers
- Transport de passagers
- File d'attente
- Observatoire
- D Station service - Magasin
- Poste - Téléphone
- Internet
- H H B Hôtel de ville - Banque, bureau de change
- J J POL Palais de justice - Police
- GNR Gendarmerie
- T T U U M Théâtre - Université - Musée
- Musée de plein air
- Hôpital
- Marché couvert
- Aéroport
- Parador, Pousada (Établissement hôtelier géré par l'État)
- A Chambre d'agriculture
- D Conseil provincial
- G Gouvernement du district, Délégation du Gouvernement Police cantonale
- L Gouvernement provincial (Landhaus)
- P Chef lieu de province
- Station thermale
- Source thermale

Axes routiers, voirie

- Autoroute ou assimilée
- 0 0 Échangeur : complet - partiel
- Route
- Rue piétonne
- Escalier - Sentier, piste

Topographie, limites

- Volcan actif - Récif corallien
- Marais - Désert
- Frontière - Parc naturel

Comprendre les symboles utilisés dans le guide

LES ÉTOILES

★★★ Vaut le voyage ★★ Mérite un détour ★ Intéressant

HÔTELS ET RESTAURANTS

9 ch.	Nombre de chambres
7,5 €	Prix du petit-déjeuner en sus
50 €	Prix de la chambre double, petit-déjeuner compris
bc	Menu boisson comprise
	Air conditionné dans les chambres
	Restaurant dans l'hôtel
	Établissement servant de l'alcool
	Piscine
CC	Paiement par cartes de crédit
	Carte de crédit non acceptée
P	Parking réservé à la clientèle

SYMBOLES DANS LE TEXTE

	A faire en famille
	Pour aller au-delà
	Promenade à pied
	Randonnée à vélo
	Facilité d'accès pour les handicapés
A2 B	Repère sur le plan

Manufacture française des pneumatiques Michelin
Société en commandite par actions au capital de 304 000 000 EUR
Place des Carmes-Déchaux - 63000 Clermont-Ferrand (France)
R.C.S. Clermont-Fd B 855 200 507

Dépôt légal : 12/2009 – ISSN 0293-9436
Compograveur : Nord Compo, Villeneuve-d'Ascq
Imprimeur : La Tipografica Varese, Italie
Imprimé en Italie : 12/2009

Dans la collection Le Guide Vert

Nos guides sur l'étranger

- Allemagne
- Andalousie
- Angleterre Pays de Galles
- Autriche
- Barcelone et la Catalogne
- Belgique Luxembourg
- Bulgarie
- Canada
- Chine [N]
- Chypre [N]
- Croatie
- Écosse
- Égypte
- Espagne Atlantique
- Espagne du Centre Madrid Castille
- Espagne Méditerranéenne Baléares
- Grèce
- Irlande
- Italie du Nord
- Italie du Sud Rome Sardaigne
- Japon
- Londres
- Maroc
- Mexique [N]
- Moscou St-Pétersbourg
- Nouvelle Angleterre [N]
- Pays Baltes
- Pays Bas
- Pologne
- Portugal
- Québec
- Rome
- Roumanie
- Sardaigne [N]
- Scandinavie
- Sicile
- Sud-Ouest américain [N]
- Suisse
- Thaïlande [N]
- Toscane Ombrie Marches

Nos guides week-end en France et à l'étranger

- Week-end Amsterdam
- Week-end Barcelone [N]
- Week-end Berlin
- Week-end Bordeaux [N]
- Week-end Bruxelles
- Week-end Budapest
- Week-end Cracovie
- Week-end Edimbourg [N]
- Week-end Florence
- Week-end Istanbul
- Week-end Lisbonne
- Week-end Londres
- Week-end Lyon [N]
- Week-end Marrakech Essaouira[N]
- Week-end Marseille [N]
- Week-end Montpellier [N]
- Week-end Nantes [N]
- Week-end New York
- Week-end Prague
- Week-end Rome [N]
- Week-end Stockholm [N]
- Week-end Tunis [N]
- Week-end Venise
- Week-end Vienne [N]

Nos guides sur la France

- Alpes du Nord
- Alpes du Sud
- Alsace Lorraine
- Aquitaine
- Auvergne
- Bourgogne
- Bretagne
- Champagne Ardenne
- Charente Maritime
- Châteaux de la Loire
- Corse
- Côte d'Azur
- Essonne
- France
- France Sauvage
- Franche-Comté Jura
- Haut-Rhin
- Idées de promenades à Paris
- Idées de week-ends aux environs de Paris
- Idées de week-ends en Provence
- Île-de-France
- Languedoc Roussillon
- Limousin Berry
- Loire
- Loiret
- Lyon Drôme Ardèche
- Meuse
- Midi Toulousain
- Moselle
- Nord Pas-de-Calais Picardie
- Normandie Cotentin
- Normandie Vallée de la Seine
- Paris
- Paris enfants
- Pays Basque France Espagne et Navarre
- Périgord Quercy
- Poitou Charentes Vendée
- Provence
- Puy-de-Dôme
- Tarn [N]
- Touraine côté Sud
- A75 La Méridienne
- 31 sites français au patrimoine de l'Unesco [N]

[N] : Nouveau